Max Mittler   Der grosse Aufbruch

MAX MITTLER

★★★★ DER GROSSE AUFBRUCH ★★★★

DIE EROBERUNG
DES
AMERIKANISCHEN KONTINENTS

BÜCHERGILDE GUTENBERG
Printed in Switzerland 1975

Alle Rechte vorbehalten
© 1968 Atlantis Verlag AG Zürich
Für die Mitglieder der Büchergilde Gutenberg Frankfurt am Main Wien Zürich genehmigte Ausgabe
Gestaltung: Hans Frei, Zürich
Photolithos und Klischees: Diggelmann AG, Schlieren-Zürich
Druck: Druckerei Winterthur AG, Winterthur
Einband: Buchbinderei Burkhardt, Zürich
Printed in Switzerland 1975
ISBN 3 7632 1962 5

An der Wende zum 19. Jahrhundert war der junge amerikanische Bundesstaat noch zum Atlantik hin gerichtet. Die dreizehn ehemaligen Kolonien sahen sich von europäischen Mächten umgeben, die in den unendlichen Weiten des Kontinents Stützpunkte und Siedlungen behaupteten: Im Norden war Kanada fest in britischen Händen – angesichts der noch kaum geminderten Feindschaft für die Amerikaner ein bedenklicher Umstand. Spanien beanspruchte die Souveränität über die gewaltigen Territorien westlich des Mississippi und am Golf von Mexiko, die unter dem Namen Louisiana bekannt waren, und verteidigte außerdem seine prekäre Position in Florida. Doch zu diesem Zeitpunkt ging die spanische Herrschaft offensichtlich ihrem Ende entgegen. Die Amerikaner selber waren erfüllt von der Gewißheit, daß die Kolonialpolitik der europäischen Mächte von Bösem sei und die Unterjochung anderer Völker zum Ziel habe. Als sie selber zur Eroberung des amerikanischen Kontinents aufbrachen, taten sie es nicht zuletzt in der Hoffnung, damit der europäischen Expansion einen Riegel vorzuschieben. Die Art und Weise des Vorgehens war in den sogenannten Ordonnanzen von 1784, 1785 und 1787 festgelegt worden: Nach der Vermessung neuer Ländereien sollte der Boden an die Pioniere verkauft werden. War eine gewisse Dichte der Besiedlung erreicht, so wurde die neue Region als ‹Territorium› und später, wenn eine Verfassung angenommen war, als Staat in die Union aufgenommen. Nach diesem Schema – Besiedlung und Staatsbildung in einem Zug – ging der elementare Aufbruch vor sich, der die Amerikaner in wenigen Jahrzehnten bis an die Ufer des Pazifiks führte.

‹American Progress›, das Fortschreiten der amerikanischen Zivilisation in einer idealen Landschaft. In dieser Darstellung aus ‹Crofutt's New Overland Tourists' Guide› (1878) erscheinen Eroberung und Besiedlung des Kontinents als schicksalhafter und dennoch harmonischer Prozeß.

Der Ferne Westen

Noch zu Beginn des 19. Jahrhunderts
lagen die Rocky Mountains am Rande
des amerikanischen Horizonts, in
einer Region, die man vage als den
‹Fernen Westen› bezeichnete.

Im Oktober des Jahres 1800, in einer Zeit des fortgeschrittenen Mißvergnügens, trat Spanien das ‹Louisiana› genannte Territorium westlich des Mississippi und im Delta des Stromes an Frankreich ab und entledigte sich damit einer lästig gewordenen Bürde. Dieser Handel blieb in der Folge längere Zeit geheim. Das Schweigen ist verständlich, denn die Transaktion wurde lediglich auf dem Papier vollzogen. An eine Übernahme der neuen Ländereien durch Frankreich war kaum zu denken, es sei denn, die britische Flotte im Atlantik und die amerikanischen Siedler am Mississippi hätten dem Vorgang tatenlos zugesehen. Immerhin, der Friede von Lunéville und die vorübergehende Waffenruhe in Europa lenkten die Phantasie Napoleons auf den unvergessenen Traum vom französischen Imperium in Amerika. Im Januar 1802 landeten französische Truppen in Santo Domingo und Haiti. New Orleans, die Eingangspforte zum Stromgebiet des Mississippi, schien damit, wie man eine Zeitlang hätte glauben können, in greifbare Nähe gerückt. Doch bevor das Jahr zu Ende war, hatte Frankreich auf Santo Domingo mehr als vierzigtausend Mann seiner besten Truppen verloren – hingerafft vom gelben Fieber oder gefallen im Kampf mit den zur Verzweiflung getriebenen Negern Toussaint l'Ouvertures.

Vage Gerüchte von einem Geheimvertrag zwischen Frankreich und Spanien drangen im Mai des Jahres 1801 zu Präsident Thomas Jefferson; doch erst im folgenden Jahr wurde der Verdacht zur peinlichen Gewißheit. Peinlich aus dem einfachen Grunde, weil sich weder die Siedler im Westen noch der Präsident mit der Vorstellung befreunden konnten, daß in New Orleans und am Mississippi Napoleons Soldaten saßen. Mit der nachlässigen spanischen Herrschaft in Louisiana hatte man sich einigermaßen abgefunden, solange die Schiffahrt auf dem Strom offen blieb. Frankreich als Nachbar und Hüter des Mississippi-Deltas war schwerer zu ertragen. Jefferson hat die neue Situation in seinem oft zitierten Schreiben an den amerikanischen Gesandten in Paris formuliert: «Am selben Tag, da Frankreich von New Orleans Besitz ergreift, wird eine Entscheidung fallen, welche diese Macht ein für allemal in ihre engen Küstengewässer verweist. An diesem Tag wird das Bündnis zwischen zwei Nationen besiegelt, die zusammen stark genug sind, die unbeschränkte Herrschaft im Atlantik auszuüben. Von diesem Augenblick an müssen wir uns eng mit der britischen Flotte und der britischen Nation verbinden.»

Jeffersons Reaktion war eindeutig und von weitreichenden Folgen: Robert Livingston, amerikanischer Gesandter in Paris, erhielt den Auftrag, West-Florida und die Insel von Orleans zu kaufen. Ein kühner und, wie es im Augenblick schien, aussichtsloser Plan. Mit nicht geringeren Chancen hätte man sich um den Kauf von Le Havre oder Marseille bewerben können. Die Verhandlungen mit Talleyrand schleppten sich hin, ohne daß ein Ergebnis in Aussicht stand. Nach einjährigem Disput sandte Jefferson James Monroe mit neuen Instruktionen nach Paris. Das Frühjahr 1803 brachte – für die Beteiligten unerwartet, aber doch folgerichtig – die Entscheidung. Das Debakel auf Santo Domingo und die neuerdings verdüsterte Szene in Europa hatten inzwischen die Unternehmungslust Napoleons jenseits des Atlantiks gedämpft, und in Kulissengesprächen war durchgesickert, daß der Erste Konsul nach neuen Lösungen suchte. Am Ostersonntag endlich, in einer Plauderei nach dem Gottesdienst, erklärte Bonaparte seinen vor den Kopf geschlagenen Ministern rund heraus, daß er Louisiana in seiner ganzen Ausdehnung zu verkaufen gedenke. Ende April war das Geschäft nach einigem Feilschen perfekt: Die Vereinigten Staaten erwarben das Territorium von Louisiana für die nach damaligen Begriffen horrende Summe von fünfzehn Millionen Dollar. Eine Zeitlang war man in Washington in Sorge über die möglichen spanischen Reaktionen. Frankreich hatte Karl IV. die formelle Zusicherung gegeben, daß es Louisiana nicht an eine dritte Macht abtreten werde. Auch von den französischen und spanischen Siedlern am Mississippi waren Schwierigkeiten zu erwarten. Dann aber wurden auf dem Schauplatz selber in Eile die Formalitäten vorgekehrt, die angesichts eines so bedeutsamen Handels unerläßlich schienen. In der alten französischen Kolonialstadt New Orleans gingen im Spätherbst 1803 die folgenden Veranstaltungen in Szene: Am 30. November übertrugen die Vertreter der spanischen Krone, Salcedo und Casa Calvo, dem französischen Präfekten Pierre Clement de Laussat die Hoheitsrechte über das Territorium von Louisiana. Der Akt war feierlich-pompös, wenn auch verspätet. Als sichtbares Symbol der Ungeduld assistierte eine hastig aufgestellte amerikanische Siedlermiliz. Am 20. Dezember zog der Präfekt nach kurzem Gastspiel die Trikolore wieder ein, und die Agenten Claiborne und Wilkinson ergriffen – etwas formloser, jedoch endgültig – im Namen der Vereinigten Staaten von den neuen Ländereien Besitz. Dasselbe Schauspiel erlebten die Bürger von St. Louis, in der Mehrzahl Franzosen und Spanier, die mit Bedauern von der europäischen Herrschaft Abschied nahmen. Die Föderation der amerikanischen Staaten, bisher ein dem Atlantik zugewandtes Gebilde, wurde damit zur kontinentalen Macht.

Mit dem ‹Louisiana Purchase›, wie die Geschichtsschreiber den Handel benannten, ging eine Prophezeiung in Erfüllung, welche im Jahre 1794 der spanische Gouverneur von Louisiana in einer pessimistischen Stunde niedergeschrieben hatte: «Dieses große und rastlose Volk (gemeint sind die Amerikaner) treibt unablässig die Indianerstämme vor sich her und auf unsere Grenzen zu. Es versucht, die ganze von den Indianern bewohnte Region zwischen Ohio, Mississippi, Golf von Mexiko und Appalachen-Gebirge in die Hände zu bekommen, und wird dadurch unser Nachbar. Gleichzeitig fordern diese Leute drohend die freie Schiffahrt auf dem Mississippi. Erreichen sie dieses Ziel, so wird ihr Ehrgeiz nicht an den Ufern des Stromes zur Ruhe kommen. Ihre Schriften und Abhandlungen, ihre Reden, sie alle kreisen um die gleiche Sache: um die freie Schiffahrt auf den in den Golf mündenden Flüssen, um den einträglichen Pelzhandel auf dem Missouri und gelegentlich auch um den Besitz der reichen Minen im Innern unseres Königreichs von Mexiko. Die Art und Weise, wie sich diese Nation ausdehnt und ihre Politik betreibt, ist für Spanien mindestens so gefährlich wie ihre Armee. Der rastlose Geist und die Leichtigkeit, mit der sich diese Leute Lebensunterhalt und Unterkunft zu beschaffen wissen, fördert die rasche Ansiedelung. Ein Gewehr und Reis für eine Mahlzeit ist für den Amerikaner Ausrüstung genug, um während eines Monats allein durch die Wälder zu streifen. Mit einigen ineinandergefügten Balken baut er sich ein Haus oder selbst ein uneinnehmbares Fort gegen die Indianer. Kälte schreckt ihn nicht, und wenn seine Familie eines Ortes überdrüssig ist, so zieht er anderswo hin und siedelt sich dort mit der gleichen Leichtigkeit an. Wenn solche Männer sich an den Ufern von Mississippi und Missouri festsetzen oder die Schiffahrt kontrollieren, so kann sie nichts mehr davon abhalten, die Ströme zu überqueren und tief in unsere Provinzen einzudringen. Da unsere Ländereien kaum besiedelt sind, wird sich ihnen nichts in den Weg stellen ...»

Die Vision vom westwärts ziehenden Amerikaner, der sich auf seinem vorbestimmten Weg nicht von Spaniern und nicht von Indianern beirren läßt, erzeugte selbst unter den Politikern in der Hauptstadt einiges Unbehagen. Um die Jahrhundertwende entzogen sich die nach West-Georgia, Alabama, ins Mississippi-Tal und nach Florida drängenden Siedler zusehends der Kontrolle der Union und der einzelnen Staaten. Zusammenstöße mit den Indianerstämmen des Südens, den Choktaws, Creeks und Seminoles, schienen unvermeidlich. Alte Probleme stellten sich in neuer und dringlicher Form: die Frage der Staatsgrenzen, der Anspruch der Farmer auf die öffentlichen Ländereien, die Rettung der in ihrem Lebensraum bedrohten Indianerstämme. Während sich die Pioniere mit Axt, Pflug und Feuer Wege zum Mississippi und nach Florida bahnten, bemühte sich die Administration in Washington – stets zögernd und hoffnungslos verspätet –, die entfesselte Grundwelle in den Dämmen der Konstitution aufzufangen. Das kaum gewonnene Gleichgewicht der Union schien durch die Vorgänge im Westen gefährdet, denn in den Augen der atlantischen Politiker kam der regellose Vormarsch der Siedler einem Ausbruch aus der festgefügten Ordnung des Bundesstaates gleich – einer Ordnung, die man nicht durch eine unabsehbare und abenteuerliche Spekulation gefährden wollte.

Aus dieser Stimmung heraus ist der Widerspruch zu verstehen, der sich gegen Präsident Jeffersons ungewöhnliches Geschäft erhob. Männer wie Henry Adams betrachteten die Expansion nach Westen als Handstreich auf die Verfassung; andere wiederum zeigten sich erschüttert ob der Rechnung, die Jefferson der Nation präsentierte. Der Kongreß ratifizierte den Kaufvertrag nach mühseliger Debatte. Eine Schranke im Westen war gefallen, doch die Hemmungen gegen den Zuwachs an Macht und Territorium blieben in den atlantischen Staaten bestehen. Fast zehn Jahre später erklärte James Madison dem französischen Botschafter, die Vereinigten Staaten hätten kein Interesse an einer Ansiedelung ihrer Bevölkerung jenseits des Mississippi. Sie müßten einen derartigen Vorgang eher fürchten. Die Angst vor allzu schnellem Wachstum – notabene wohl begründet, wie sich im Sezessionskrieg zeigen sollte – hielt ein ganzes Jahrhundert an, ohne daß sie den rapiden Lauf der amerikanischen Geschichte hätte korrigieren können.

Die Siedler im Westen brachten den verfassungsrechtlichen Disputen wenig Verständnis entgegen. Was den Politikern als juristisches Problem erschien, war für sie Lebensfrage. Die Pioniere brauchten billiges Land, Kredite, freie Schiffahrt auf dem Mississippi und ungehinderten Zugang zum Hafen von New Orleans, denn sie wollten nicht bloß anbauen, sondern auch die Produkte verkaufen. Wer ihnen diese Rechte verschaffte, war im Grunde genommen gleichgültig, so gleichgültig wie die Frage, unter welcher Flagge sie die neuen Ländereien urbar machten. Versagte die Bundesregierung die erhoffte Unterstützung, so waren sie bereit, die Sache selber in die Hand zu nehmen oder sich anderswo nach Hilfe umzusehen. Die Familien, die auf den unförmigen ‹flatboats› Ohio und Mississippi hinunterfuhren, waren nicht die Sendboten einer aus Prädestination und Auftrag nach Westen drängenden Nation. Die missionarische Vorstellung vom ‹Manifest Destiny› – vom aufgetragenen Schicksal – wurde ihren Unternehmungen post festum von eilfertigen Apologeten aufgepropft. Die Siedler selber, die ‹backwoodsmen› aus den westlichen Flußtälern, hatten durchaus handfeste Ziele im Auge und verschwendeten kaum einen Gedanken an die zukünftige Glorie der Union. Wirtschaft war bis auf weiteres wichtiger als Politik.

Eine typische Szene, die sich auf dem Ohio, dem Tennessee und andern Flüssen sozusagen täglich wiederholte: Pioniere steuern mit ihrem plumpen ‹flatboat› dem Mississippi zu.

Jedoch ergab es sich unvermeidlich, daß die rohe Gesellschaft der Pioniere und Siedler auch im Bereich der Politik zu Worte kam. Ihre Wünsche entstanden aus den Erfahrungen des ‹Frontier›, dem bewegten Grenzbereich zwischen Zivilisation und Wildnis. Eine Garde junger Politiker münzte die wirtschaftlichen Fakten in politische Forderungen um, denn eine Tatsache war offenkundig: Der persönliche Wagemut der Siedler reichte angesichts der unabsehbaren Aufgabe, die neuen Territorien zu erschließen, nicht aus. Es fehlten Verkehrswege, öffentliche Einrichtungen wie Schulen, Krankenhäuser; es fehlten auch Banken und Handelsgesellschaften. Einiges konnte aus privater Initiative geschaffen werden, andere Unternehmungen bedurften der staatlichen Förderung. Die Straßen zum Beispiel: Noch im Jahre 1810 führte kein ausgebauter Weg vom Atlantik zum Ohio, ganz zu schweigen von den weiter westwärts gelegenen Landesteilen, die nur in mühsamer Schiffahrt auf Ohio oder Mississippi zu erreichen waren. Wohl hatte Präsident Jefferson im März 1806 die sogenannte National Road Bill unterzeichnet, eine Gesetzesvorlage, die den Bau einer nach Westen führenden Bundesstraße ermöglichte. Doch die Geduld der Leute im Westen wurde auf eine harte Probe gestellt. Die Arbeiten an der sogenannten ‹Cumberland Road›, die Cumberland in Maryland mit Wheeling am Ohio verband, wurden erst im Jahre 1811 in Angriff genommen. 1818 erreichte die Bundesstraße das Ufer des Ohio. In den folgenden Jahren rollten mit Gütern beladene Frachtwagen zu Tausenden über die ‹Cumberland Road›, und die eleganten Postkutschen brachten die Passagiere auf verhältnismäßig komfortable Weise nach Westen. Ein wichtiger Schritt zur innern Festigung der Union war getan. Siedler und Politiker durften damit zufrieden sein. Doch nicht nur auf der Straße kündigte sich der Fortschritt an. Noch bevor die ersten Meilen der ‹Cumberland Road› vollendet waren, hatte ein anderes Ereignis die Gemüter in Erregung versetzt: Auf dem Ohio war im Oktober 1811 das von Fulton konstruierte Dampfboot ‹New Orleans› erschienen, von der überraschten Bevölkerung als Wunderwerk gepriesen oder auch als Teufelsding verdammt, Vorbote und Pionier einer alles verändernden Revolution im Verkehrswesen. Später haben die Dampfboote auf den Flüssen des Westens den vorrückenden Amerikanern Dienste erwiesen, die erst in der zweiten Jahrhunderthälfte von den Eisenbahnen übertroffen wurden.

Die Politiker des Westens, allen voran Henry Clay, genannt ‹Harry of the West›, und Andrew Jackson, waren dafür besorgt, daß die Nation in diesen Jahren mit den Ideen und Wünschen der neuen Territorien vertraut wurde. In Wort und Tat auf Expansion bedacht, durchdrungen vom Gedanken der besondern Sendung der Amerikaner, bildeten die sogenannten ‹War-Hawks› (‹Kriegsfalken›) im Kongreß eine militante und lautstarke Gruppe, die sich weder mit der Gegenwart der Briten in Kanada noch mit der kümmerlichen spanischen Herrschaft in Florida abfand. So war es kein Zufall, daß der Westen mit der unablässig und monoton vorgetragenen Parole «Canada!» schließlich den entscheidenden Anstoß zum britisch-amerikanischen Krieg von 1812 gab. Einige Jahrzehnte später lautete die Devise folgerichtig: Texas, Kalifornien und Oregon!

Die Hoffnung, die amerikanische Nation würde sich unter der Vision des unaufhaltsam westwärts strebenden Sternenbanners finden, erwies sich bald als unzulängliche Konstruktion. Die Expansion trug im Gegenteil nicht wenig zur Verschärfung der Gegensätze zwischen Nord und Süd bei. Die Gründe für diesen Vorgang sind vielfältig. Gegenläufige Tendenzen waren bald nach der Jahrhundertwende erkennbar: Die unaufhaltsam wachsende Industriegesellschaft des Nordens, in sich dynamisch und auf Ausdehnung bedacht, gewann vom zweiten Dezennium des Jahrhunderts an ein unverkennbares Übergewicht über die patriarchalisch organisierten Südstaaten, die in einer konservativen Plantagenwirtschaft verharrten und bei weitem nicht dieselben expansiven Kräfte entwickelten. Die meisten Pioniere des Westens stammten aus den nördlichen Atlantikstaaten. Ihrem Herkommen gemäß lag ihnen der Norden näher, und sie bedauerten um so mehr das Fehlen leistungsfähiger Ost–West-Verbindungen. Mit den geographischen Voraussetzungen verhielt es sich anders: Der Mississippi bildete mit seinen Nebenflüssen den einzigen natürlichen Weg zwischen den östlich der Alleghenies gelegenen Staaten und den neuen Territorien. Es war also – so hätte man meinen können – mit einer gewissen Interessengemeinschaft zwischen Westen und Süden zu rechnen. Die Annahme war nicht unbegründet, wenn man den rasch zunehmenden Verkehr auf dem großen Strom in Betracht zog. Aus dieser Sicht ist verständlich, daß die Geschäftsleute am Atlantik bei der Nachricht vom Auftauchen der Dampfboote auf westlichen Gewässern peinlich überrascht waren, und ebenso verständlich ist die Tatsache, daß von dieser Stunde an in Boston, New York und Baltimore die Begeisterung für Straßenbau und Kanalprojekte im Westen erheblich anstieg. Man glaubte nun plötzlich, der Wettbewerb mit dem Süden sei einige Opfer wert.

Henry Clay entwarf in diesen Jahren das Modell einer politisch und wirtschaftlich geeinten Nation, eine unter dem Titel ‹American System› bekannte Konstruktion, an der eine Mehrheit der Bürger steigenden Gefallen fand. Dieser Entwurf forderte unter anderem die Schaffung eines autarken Inlandmarktes, also eines sich selbst genügenden amerikanischen Haushalts, in dem die Farmer des Westens die städtischen Regionen am Atlantik mit agrarischen Erzeugnissen versorgten und ihrerseits aus dem Osten die Produkte der neu entstandenen Industrien bezogen. Dazu bedurfte es ausgebauter Straßen, schiffbarer Flüsse und Kanäle. Doch Clay war nicht bereit, sich beim Aufbau der Union allein auf den langsam voranschreitenden Straßenbau zu verlassen. Eine raschere Wirkung versprach er sich von massiven Schutzzöllen, einem in derartigen Situationen immer wieder angerufenen Wundermittel. Damit würde man ein für allemal die englischen Waren vom amerikanischen Kontinent fernhalten. Im Jahre 1824 war es so weit: Der Kongreß stimmte einem Zollgesetz zu, das eine protektionistische Schutzmauer errichten sollte.

Das ‹American System› Henry Clays war mit einem folgenschweren Fehler behaftet: In dem großangelegten Plan war für den Süden kein Platz. Die Plantagenstaaten lebten vom Handel mit Europa. Von dort bezogen sie nicht bloß den eigenen Bedarf, sondern wenn möglich auch die Güter, deren der Westen bedurfte. Doch die Rechnung ging nur auf, wenn die englischen und französischen Fabrikate zu konkurrenzfähigen Preisen ins Land gelangten. In der Sicht der westlichen Farmer erschien der Hafen von New Orleans zwar als verhältnismäßig günstig gelegene Transitstation, doch ein ebenbürtiger Handelspartner war der Süden nicht. Außer den nun teurer gewordenen europäischen Produkten hatte er wenig anzubieten. Dieser Umstand wurde von Jahr zu Jahr offensichtlicher, denn der Schutzzoll tat seine Wirkung. In diesem Zeitpunkt war die Spaltung der Nation nicht mehr zu übersehen.

Im Westen entstand inzwischen in der täglichen Erfahrung des ‹Frontier› die neue amerikanische Gesellschaft. Der von einem Mythos umwobene Begriff des ‹Frontier› – im Deutschen durch kein entsprechendes Wort wiederzugeben – umfaßt sämtliche Aspekte jener Grenzzone, in der sich die Pioniere am Rande der Wildnis eine Heimstätte schafften. Gedacht ist nicht eine Grenzlinie im politischen Sinne und auch nicht eine ‹Front› als Abgrenzung eines militärischen Bereichs. ‹Frontier› meint nicht bloß eine geographische Zone, sondern einen gesellschaftlichen Zustand. Unter den Bedingungen des ‹Frontier› begegneten Pioniere und Siedler den umherschweifenden Indianervölkern, der unermeßlichen Natur, den Wäldern am Ohio, dem Mississippi und dem Missouri, der Prärie, dem Felsengebirge, den Wüsten in Nevada und Utah. Es gab einen ‹Frontier› der Trapper, der Farmer, der Viehzüchter und der Minenarbeiter. Allen gemeinsam war die Grenzsituation, die Trennung vom organischen Leben der Nation, die Bewährung einer mehr oder minder homogenen Gruppe von Individuen in Schwierigkeiten und Gefahren aller Art. Ein Merkmal statistischer Natur bildete die geringe Dichte der Besiedlung. Zu den allgemein gültigen Kennzeichen gehörten die rudimentäre Organisation des öffentlichen Lebens, das Fehlen einer ausgebauten Verwaltung und schließlich – auf keinen Fall zu vergessen – all jene Attribute, die den ‹Wilden Westen› ausmachen: Abenteuer und Spekulation, Faustrecht anstelle einer ordentlichen Justiz, handfeste Selbsthilfe der Pioniere und Verachtung für die Rechte der Indianer. Also eine Ausnahmesituation im privaten und im öffentlichen Bereich, ein zeitlich beschränktes Provisorium.

Der Westen war das Exerzierfeld einer turbulenten Nation. In gleichmäßigen Intervallen wiederholte sich derselbe Vorgang. Der ‹Frontier› wurde gewissermaßen von der Zivilisation eingeholt, die vor kurzem noch wilde Zone in einen Staat oder ein Territorium eingegliedert. In den zwanziger Jahren des 19. Jahrhunderts herrschten ‹Frontier›-Bedingungen im Tal des Mississippi. Man errichtete Forts und Handelsstationen am Missouri und an der Grenze von Texas. «No law west of Leavenworth», lautete damals ein Ausspruch der Trapper und Pelzhändler. Wer sich bei Leavenworth über den Missouri nach Westen wagte, verließ den Boden, auf dem das amerikanische Gesetz galt. Ein Jahrzehnt später, nach einer Zeitspanne voll Unruhe und Bewegung, erfolgte ein neuer Vorstoß. Der ‹Frontier› dehnte sich im mexikanischen Texas und am Missouri aus. Abenteuerlustige Siedler waren mit unzulänglicher Ausrüstung nach dem fernen Oregon unterwegs. Von Independence am Missouri zogen Karawanen mit amerikanischen Gütern nach Santa Fé. Fährten und Wagenspuren durchquerten die Prärie nach Westen, lange bevor sich die Farmer von den Flüssen weg in die Ebene hinaus wagten. Hartnäckig hielt sich die Sage vom sogenannten ‹American Desert›, der Zone zwischen Missouri und Rocky Mountains, die unfruchtbar, den Winden und den Indianern vorbehalten, für die Landwirtschaft untauglich und nicht einmal für den Jäger ergiebig sei. Mag sein, daß dieses Vorurteil den Untergang der Prärie-Indianer um ein Jahrzehnt verzögerte. Doch in den dreißiger Jahren stand die große Auseinandersetzung unverkennbar bevor, obschon die Bundesregierung sich selbst mit dem Gedanken zu beschwichtigen suchte, ihr Vertragswerk mit den Indianervölkern habe auf ein Menschenalter hinaus eine sinnvolle Regelung geschaffen. Es häuften sich die Zeichen, die auf umstürzende Vorgänge hinwiesen. In den vierziger Jahren entluden sich die Energien der Nation ungezügelt und planlos, und dennoch einer neuen Ordnung entgegen, in einem Aufbruch, der in wenigen Jahrzehnten das Gesicht des Kontinents verwandelte.

Jefferson und das Land jenseits des Mississippi

Als Jeffersons kühner Louisiana-Handel den Amerikanern den Weg nach Westen frei gab, lag vor ihnen keine Terra incognita, die eines neuen Kolumbus harrte. Doch die Kenntnisse über den ‹Fernen Westen› waren lückenhaft und stammten zumeist aus zweiter Hand, umständlich zusammengetragen aus den Berichten französisch-kanadischer Trapper, von den Pelzhandelsgesellschaften im Norden und Nordwesten und – ebenso selten wie unzuverlässig – aus dem eifersüchtig gehüteten Bereich der spanischen Niederlassungen in Neu-Mexiko und Kalifornien. Zu spät trafen die amerikanischen Pioniere am Mississippi ein, als daß sie am Abenteuer der ersten Entdeckungen in der Prärie und im Flußgebiet des Missouri hätten teilhaben können.

Das so erworbene Bild ergab um die Wende zum 19. Jahrhundert eine grobe Vorstellung von den gewaltigen Landmassen im Westen. Man wußte beispielsweise, daß im zentralen Massiv der ‹Stony Mountains›, des über den ganzen Kontinent hin gelagerten Gebirges, das Quellgebiet von vier großen Strömen zu finden war: des Missouri, des Rio Grande del Norte, des Colorado und des Columbia. Hoch oben im kanadischen Norden hatte Sir Alexander Mackenzie zwischen 1789 und 1793 im Dienste der North West Company den Kontinent durchquert und eine einigermaßen brauchbare Karte von den Zonen nördlich des fünfzigsten Breitengrades nach Hause gebracht. Nur an der pazifischen Küste leistete ein Amerikaner einen frühen Beitrag zur Erweiterung der geographischen Kenntnisse: Im Jahre 1792 entdeckte Kapitän Gray von Boston die Mündung des Columbia River. Doch Gray hatte keine Zeit mit umständlicher Forscherarbeit zu verlieren, denn sein Metier war der spekulative Handel mit Seeotterpelzen zwischen der Nordwestküste und China. Mit Grays Karte in der Tasche segelte der englische Kapitän George Vancouver wenige Wochen später erneut in die von einer gefährlichen Brandung umspülte Mündung des Columbia. Diesmal ging es nicht um Pelzhandel. Vancouver erforschte im Auftrag der britischen Admiralität die Nordwestküste. Seine friedliche Mission blieb nicht ohne Folgen. Als in einem spätern Zeitpunkt am politischen Horizont die unvermeidliche britisch-amerikanische Auseinandersetzung um Oregon heraufzog, diente Kapitän Vancouvers Unternehmung als hervorragendes Zeugnis für den britischen Souveränitätsanspruch.

Die Vereinigten Staaten traten wie gesagt erst zu einem späten Zeitpunkt in den Wettbewerb um den Westen ein. Doch der Mann, der in den entscheidenden Jahren das Geschick der Nation verwaltete, Thomas Jefferson, erwies sich als wohlvorbereitet. Die Vision von einem amerikanischen Staatsgebilde, das bis zum Pazifik reichen würde, beschäftigte ihn schon kurz nach dem Unabhängigkeitskrieg, also zwanzig Jahre vor dem Anschluß von Louisiana. Immer wieder äußerte er den Gedanken, eine Forschungsexpedition quer durch den Nordwesten bis zur pazifischen Küste zu senden. Im Hintergrund stand nicht unbegründet die Furcht, die Engländer könnten den Amerikanern zuvorkommen. «Ich habe gehört, daß die Engländer eine große Geldsumme für die Erforschung des Landstrichs zwischen Mississippi und Kalifornien bereitgestellt haben. Sie behaupten, es gehe um reine Forschung. Doch ich fürchte, sie wollen jene Gebiete besiedeln», schrieb Jefferson im Jahre 1783.

Neuen Grund zur Beunruhigung gaben bald darauf die Unternehmungen des tatkräftigen Sir Alexander Mackenzie, der die britische Vorherrschaft im Norden durch eine vom Atlantik bis zum Pazifik reichende Kette von Handelsstationen

sichern wollte. Damit würden die amerikanischen Seefahrer, die an der Nordwestküste einen turbulenten Handel betrieben, ein für allemal aus dem Pelzgeschäft
verdrängt. Nur die russischen Niederlassungen an der Küste sollten nach dieser
Konzeption geduldet bleiben. Mackenzies Plan, klug erdacht und gar nicht so
utopisch, wie seine Gegner weismachen wollten, setzte allerdings das gute Einvernehmen der beiden großen Pelzhandelsgesellschaften, der Hudson's Bay Company und der North West Company, voraus, und eben darin offenbarte sich die
Schwäche der britischen Position in Kanada. Die beiden Gesellschaften, in ihren
Territorien souverän wie Königreiche, konnten sich um keinen Preis zu einer
gemeinsamen Unternehmung zusammenfinden.

Die Präsidentschaft gab Jefferson endlich die Möglichkeit, seinen großen Plan
in die Tat umzusetzen. Die Expedition durch den Kontinent sollte von seinem
ehemaligen Sekretär, Captain Meriwether Lewis, geführt werden. Lewis teilte
sich mit Captain William Clark in die vielseitige und ungewohnte Aufgabe, eine
bunt zusammengewürfelte militärische Abteilung auf Flüssen und Wegen, die nur
vom Hörensagen bekannt waren, quer durch den Kontinent zu leiten. «Andere
zivilisierte Nationen haben, indem sie Forschungsreisen durchführten, beträchtliche Aufwendungen zur Erweiterung der Grenzen ihrer geographischen Kenntnisse nicht gescheut», erklärte der Präsident in einer Botschaft an den Kongreß.
«Unsere Nation ist sich und ihren Interessen die gleiche Aufgabe schuldig, nämlich die leichteste Verbindung durch den Kontinent zu erforschen und die in
unserem Bereich gelegene Zone zu durchqueren.» Als Jefferson im Januar 1803
diese Zeilen schrieb, ahnte er nicht, daß wenige Monate später die Verhandlungen
in Paris zur Abtretung von ganz Louisiana führen würden. Das Territorium westlich des Mississippi stand noch unter spanischer Souveränität. Es war wenig
wahrscheinlich, daß die spanische Krone der als wissenschaftliche Forschung de-
klarierten Tätigkeit des Captain Lewis Hindernisse in den Weg legen würde, denn
sie bekümmerte sich kaum noch um Dinge, die weit oben am Missouri geschahen.
Frankreich, Spanien und Großbritannien wurden über das Vorhaben unterrichtet.
Da und dort fragte man nach den wirklichen Gründen. Eine eher harmlose Version bot die Instruktion an Lewis, ausgefertigt am 20. Juni 1803, noch bevor
der Louisiana-Handel Jefferson in Einzelheiten vertraut war: «Gegenstand Ihrer
Mission ist die Erforschung des Missouri und seiner wichtigsten Nebenflüsse,
wobei auf Grund seines Laufes und der Landverbindung zu den pazifischen Gewässern festzustellen ist, welcher Fluß – Columbia, Oregan, Colorado oder irgendein anderer – die kürzeste und beste Wasserverbindung für den Handel durch den
Kontinent gewährleistet.» Deutlicher drückte sich Jefferson in einem privaten
Brief an den Leiter der Expedition aus: «Wir haben allgemein die Parole ausgegeben, daß Sie das Tal des Mississippi erforschen. Damit stellen wir die Neugierde des Publikums zufrieden und verschleiern genügend die wirkliche Absicht.» 2500 Dollar stellte der Kongreß für die Unternehmung zur Verfügung.

Sobald der Louisiana-Vertrag bekannt wurde, schwand der Zwang, die wahren
Motive zu verschleiern, von einem Tag auf den anderen. Frankreich und Spanien
waren nun aus dem Spiel. In bezug auf die nordwestliche Grenze würde man sich
keine überflüssigen Hemmungen auferlegen. Die Grenze zu Kanada lag irgendwo
in einer den Amerikanern fremden Zone – vom Lake of the Woods «in gerader
Linie westwärts, bis zu den Quellen des Mississippi» –, eine beiderseits anerkannte
Hypothese, die während Jahrzehnten unangefochten in den Kanzleien von
Washington und London ruhte, bis sich herausstellte, daß der Ursprung des
Mississippi viel weiter südlich zu suchen war, als man vermutet hatte. Jefferson
gab Lewis den ausdrücklichen Wunsch mit auf den Weg, er möchte sich nach
dem Standort der nördlichsten Mississippi-Quelle erkundigen. Doch diese Frage
war im Augenblick von nebensächlicher Bedeutung. Eine andere Sorge war
brennender: Am obern Missouri saßen die Agenten und Händler der kanadischen
North West Company, auf unbeschränkte Dauer bei einigen mächtigen Indianer-

Die braunen Fluten des Missouri wälzten sich zwischen versunkenen Ufern und über hingeworfene Wälder hinweg dem Mississippi entgegen. Der Naturforscher Audubon schrieb beim Anblick des Flusses: «Die Böschungen sind eingestürzt und haben Tausende von Bäumen mit sich gerissen. Die Strömung trägt den Wald vom Orte weg, wo er gewachsen ist und während eines ganzen Zeitalters gestanden hat. Es ist ein schreckliches Beispiel für den Lauf der Natur, wo alles in einem Konflikt zwischen Leben und Tod begriffen ist.»

nationen etabliert. Dies war keine Frage der Souveränität oder der Grenzziehung, aber immerhin ein Umstand, der den Amerikanern auf Jahrzehnte hinaus den Zugang zu dem weitverzweigten Flußgebiet erschwerte. Allein der Handel vermochte den Weg durch die Jagdgründe der kriegerischen Völker zu öffnen, und da zeigte sich, daß die Amerikaner spät – beinahe zu spät – am Missouri erschienen waren.

Am 14. Mai des Jahres 1804 begann die Expedition die mühsame Reise den Missouri hinauf. Sie hatte den Winter nicht weit von St. Louis in einem Lager am Ostufer des Mississippi verbracht. Soldaten, Pioniere aus dem Mississippi-Tal, französische ‹voyageurs› und Dolmetscher hatten sich freiwillig zu dem Unternehmen zusammengefunden, das sie – fünfundvierzig Leute an der Zahl – für Jahre aus den besiedelten Regionen hinaus in den unbekannten Westen führen sollte. Langsam ging die Fahrt auf drei Schiffen vonstatten: einem gewöhnlichen Flußboot – ‹keelboat› oder ‹batteau› genannt – und zwei sogenannten Pirogen, flachen Kähnen, die sich nur schwerfällig durch die turbulenten Wasser des Flusses steuern ließen. Stromschnellen, eingestürzte Ufer und ein Gewirr halbversunkener Baumstämme zwangen häufig zu zeitraubenden Manövern. Die Flottille bewegte sich vorwärts, wie es die Umstände zuließen: Man zog die Schiffe an langen, oben an den Masten befestigten Tauen, man stemmte sie im seichten Gewässer mit Stangen flußaufwärts, und gelegentlich, wenn Wind und Strom günstig gesinnt waren, setzte man die Segel.

Ein Teilnehmer, Sergeant Gass, schildert in seinem Tagebuch die Gefühle und Empfindungen, die zu Beginn der Reise die Gesellschaft beherrschten: «Am Abend dieses ersten Tages bezogen wir ein Lager auf dem nördlichen Ufer des Flusses, 1¹/₂ geographische Meilen von seiner Mündung entfernt. Hier hatten wir nun Muße, um über unsere Lage und die Natur unserer eingegangenen Verbindlichkeiten nachzudenken. Da wir als Freiwillige die Unternehmung mitmachten, so mußten wir uns fragen, inwiefern auch wir für den Erfolg einer Reise verantwortlich wären, die von der Regierung zum Vorteil und auf Kosten der Vereinigten Staaten veranstaltet worden war und von welcher man sich so vieles versprach. Es war uns aus sichern Nachrichten bekannt, daß das Land, das wir durchreisen sollten, von zahlreichen mächtigen und kriegerischen wilden Völkern bewohnt wurde, die von gigantischem Körperbau, grausam, treulos und vor allem entschiedene Feinde der Weißen waren. Wenn wir dem Gerüchte und einer allgemeinen Tradition Glauben beimessen wollten, so wurden wir auch auf unserm Marsch durch völlig unübersteigbare Berge aufgehalten. Allein, die gesamte Mannschaft war von Mut und Entschlossenheit beseelt, es herrschte allgemein ein festes Vertrauen in die beiden Anführer, und wir selbst waren von dem Gefühl der Ehre und der Pflicht so lebendig durchdrungen, daß auch nicht die geringste Furcht oder Besorgnis Zugang in unsere Herzen fand.»

Tag für Tag, während Wochen und Monaten, arbeitete sich die Expedition Meile für Meile den Missouri hinauf durch Untiefen, Gewitter und Stürme, dann wieder in gemächlicher Fahrt unter Segeln. Das Abenteuer war vorerst nicht gegen Indianer, sondern gegen die Gewalten der Natur und gegen den unberechenbaren Strom zu bestehen. Die Unternehmung war offensichtlich vom Glück begünstigt. Dann starb – erster und einziger Todesfall – nach einer heftigen Kolik Sergeant Floyd. Sachlich und knapp meldet Sergeant Gass in seinem Tagebuch unter dem 20. August: «Um zwei Uhr landeten wir, um zu Mittag zu essen; während wir damit beschäftigt waren, starb der Sergeant Floyd, obgleich von seiten der beiden kommandierenden Offiziere und der gesamten Mannschaft alles geschehen war, um ihn zu retten. Wir ließen seinen Leichnam in einen Wiesengrund tragen, der sich ungefähr eine Viertel-Meile oberhalb des nördlichen Ufers befand, und begruben ihn dort mit all den Feierlichkeiten, welche die Umstände erlaubten. Hierauf begaben wir uns an einen kleinen Fluß am gleichen Ufer, und die Befehlshaber legten diesem Gewässer den Namen Floyd-Fluß bei zum Andenken an den ersten auf dieser wichtigen Reise gestorbenen Mann.»

Je weiter die Reisegesellschaft nach Nordwesten vordrang, desto häufiger begegnete sie Gruppen von Indianern. Die Anweisungen, die Lewis von Präsident Jefferson in bezug auf sein Verhalten gegenüber den Eingeborenen erhalten hatte, waren eindeutig. Er sollte sich um die Freundschaft der indianischen Stämme am Missouri bemühen, ihnen zugleich die Stärke und den guten Willen der amerikanischen Nation und – dies ein besonderes Anliegen – die Vorzüge guter Handelsbeziehungen vor Augen halten. Im Missouri-Tal bewegte sich die Expedition auf neuerworbenem amerikanischem Territorium. Diesen Sachverhalt wollte Lewis den Führern der indianischen Nationen zur Kenntnis bringen. Einigen Völkerschaften überreichte er persönliche Botschaften des ‹Großen Vaters› in Washington, so zum Beispiel den Osage-Indianern, die, am Rande der Prärie auf dem Wege vom Missouri nach Neu-Mexiko angesiedelt, wohl einen Brief des Präsidenten wert waren: «Meine Kinder! Auf Grund einer kürzlich getroffenen Vereinbarung mit Frankreich und Spanien nehmen wir jetzt den Platz dieser Nationen ein als Eure Nachbarn, Freunde und Väter: wir hoffen, Ihr werdet keinen Grund haben, diesen Wechsel zu bedauern. Unsere Väter sind vor so langer Zeit über das große Wasser in dieses Land gekommen, daß wir die Erinnerung daran verloren haben, und so erscheinen wir als seine Eingeborenen wie Ihr selbst. Nie wieder werdet Ihr gezwungen sein, Eure Väter zu wechseln. Wir alle sind jetzt eine einzige Familie, geboren im selben Land und dazu angehalten, als Brüder zu leben. Die Fremdlinge von jenseits des großen Wassers haben uns verlassen. Der Große Geist hat uns Macht gegeben, und er hat auch Euch Macht gegeben, nicht, damit wir uns gegenseitig schädigen, sondern vielmehr dazu, daß wir uns gegenseitig alles Gute tun, das in unserer Macht liegt. Unsere Siedlungen liegen zwar weit voneinander entfernt, aber nicht zu weit, um nützlichen Handel und Austausch zu pflegen. Ihr habt Pelzwaren, die wir gebrauchen können, wir aber haben Kleider und andere nützliche Dinge, die Ihr benötigt. Laßt uns also beginnen mit der gegenseitigen Freundschaft!»

So die Worte des Präsidenten. Captain Lewis als beredter Anwalt Jeffersons sparte nicht mit Gesten der Freundschaft. Die Requisiten dieser Diplomatie –

Als Lewis und Clark ihre Reise zur pazifischen Küste unternahmen, fehlten ihnen die genauen Kenntnisse über die topographische Beschaffenheit des Weges. Vor allem unterschätzten sie die Distanz von den Mandan-Dörfern am Missouri bis zur Mündung des Columbia River. In der Karte, die mit dem Tagebuch von Gass publiziert wurde, blieb dieser wesentliche Irrtum bestehen. Es fiel den Zeitgenossen offensichtlich schwer, die wahren Dimensionen des Kontinents zu begreifen.

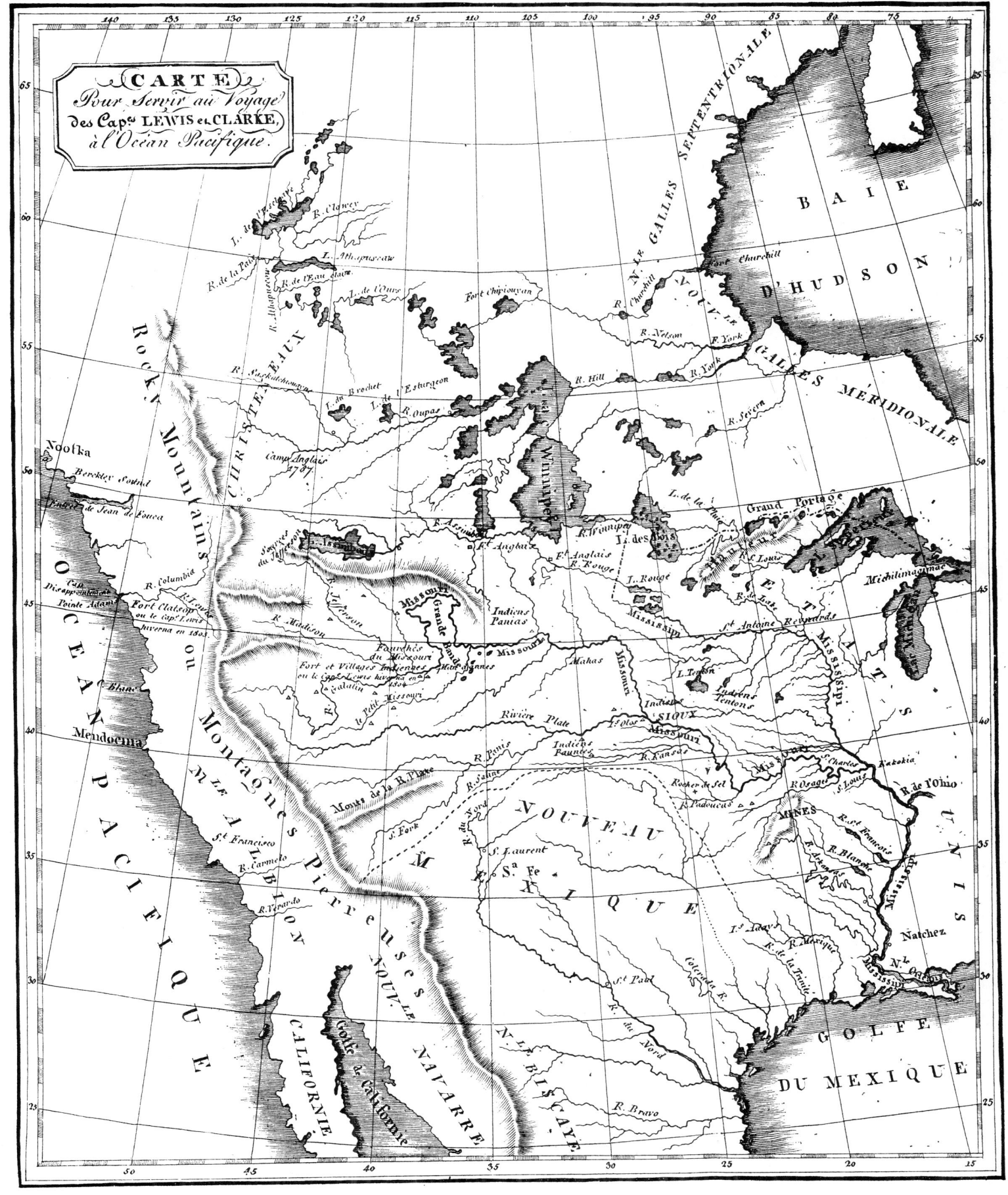

wohlgesetzte Reden, Orden, Tabak, Branntwein und andere kleine Geschenke – waren durchaus auf den Charakter der Eingeborenen abgestimmt. Wichtige Häuptlinge lud man zu einem Besuch nach Washington ein. Nach Möglichkeit wurden die Begegnungen mit einiger Feierlichkeit umgeben. Eine erste, legendär gewordene Versammlung ging auf einem Hügel zwanzig Meilen oberhalb der Mündung des Platte River, auf den ‹Council Bluffs›, in Szene. Darin präsentierte sich Meriwether Lewis den führenden Männern der Ottoes und der Missouris mit einer Ansprache, in der er die anwesenden Stämme des besondern Schutzes der amerikanischen Regierung versicherte. Dieselbe Rede wiederholte er noch manchesmal mit unterschiedlichem Erfolg. Diesmal zeigte sich die Runde mit dem Ergebnis zufrieden: «Alle sechs Häuptlinge ergriffen nach unserer Rede das Wort», steht im Tagebuch von Lewis und Clark zu lesen, «einer nach dem andern, ihrem Rang entsprechend. Sie gaben ihrer Freude über den Wechsel in der Herrschaft Ausdruck. Sie hoffen, wir möchten sie dem ‹Großen Vater› empfehlen, damit sie in den Genuß von Handelsbeziehungen und anderer Hilfe kämen. Dann wollten sie auch Waffen für die Jagd und zur Verteidigung und richteten an uns die Bitte, wir möchten zwischen ihnen und den Omahas, mit denen sie im Kriege stehen, vermitteln.»

Spät im September erreichte die Expedition das Gebiet der Teton-Sioux. Jefferson hatte Captain Lewis besonders nahegelegt, mit den Sioux freundschaftliche Beziehungen zu pflegen. Diese unberechenbare Nation saß am mittleren Lauf des Missouri, eine ständige Quelle des Schreckens und der Bedrohung für die schwächeren Indianergruppen und für die Händler, die ihr den geforderten Tribut verweigerten. Schon die erste Begegnung mit den Tetons verlief unerfreulich. Gass berichtet darüber: «Am 25. September blieben wir vor Anker liegen, um die Indianer, deren Besuch uns gemeldet war, zu erwarten. Um zehn Uhr kamen sie wirklich an, und zwar fünfzig Mann stark. Unsere Befehlshaber ernannten drei von ihnen zu Häuptlingen und machten ihnen einige kleine Geschenke. Fünf derselben kamen zu uns an Bord und blieben daselbst drei Stunden lang. Captain Clark brachte sie hierauf mit einigen Soldaten in der Piroge ans Land. Allein, die Indianer hatten offensichtlich nicht die Absicht, ihn wieder zurückkehren zu lassen. Sie seien arm, sagten sie, und möchten gerne die Piroge behalten. Als der Captain darauf bestand, daß er wieder zum Schiff zurückfahren müsse, setzten sie sich dagegen zur Wehr und fügten bei, sie hätten so gut wie er Soldaten. Da ließ er ihnen bedeuten, er habe an Bord seines Schiffes mehr ‹Medizin› als er brauche, um zwanzig Nationen wie die ihrige in einem einzigen Tag von der Erde zu vertilgen. Der Wink genügte. Die Indianer gaben nach und äußerten bloß den Wunsch, man möchte bei ihren Hütten stillhalten, damit auch Weiber und Kinder die Barke sehen könnten.»

Die folgenden Tage verstrichen – immer noch im Machtbereich der Tetons – mit Besuch und Gegenbesuch in seltsamem Hin und Her zwischen Freundschaftsbezeugung und Drohung. Die Indianer erwiesen sich als Bettler, Diebe und großzügige Gastgeber in einem. Als die Expedition schließlich unter Segel ging, ergriffen einige Eingeborene die Taue des großen Flußbootes. Eine blutige Auseinandersetzung schien unvermeidlich, doch drängten im letzten Augenblick die Häuptlinge, von der entschlossenen Haltung der Amerikaner beeindruckt, ihre Leute von den Schiffen zurück. Ein Anführer forderte – gewissermaßen als Lösegeld – eine Rolle Tabak. Captain Clark warf ihm den Tabak ins Gesicht, und die Boote stießen ab. Seit dieser Begegnung war Clark auf die Teton-Sioux schlecht zu sprechen. Er nannte sie die ‹Piraten des Missouri› und erklärte noch zwei Jahre später: «Solange die Banden der Tetons nicht auf wirksame Weise zur Vernunft gebracht werden, bilden sie eine ständige Bedrohung der freien Schiffahrt auf dem Missouri, auf jeden Fall in jenen obern Regionen, aus denen die reichste Ausbeute für den Pelzhandel zu erwarten ist.» Eine Tatsache, die in den folgenden Jahren bei verschiedenen Gelegenheiten in fataler Weise bestätigt wurde.

Die erste Ausgabe des Tagebuches von Sergeant Patrick Gass ist mit unbeholfenen Zeichnungen illustriert, die bemerkenswerte Episoden der Expedition von Lewis und Clark festhalten. Oben: Das erste Palaver der amerikanischen Offiziere mit den Ottoes und den Missouris auf den sogenannten ‹Council Bluffs›. Unten: Captain Lewis und seine Soldaten erschießen zwei Blackfoot-Indianer.

In den letzten Oktobertagen, kurz vor Einbruch eines langen Winters, gelangten Lewis und Clark zu den Dörfern der Mandan-Indianer. Die Mandans, als Handelsvolk seit Jahrzehnten wohlbekannt, bereiteten den Amerikanern einen freundlichen Empfang. Es folgte nach bekanntem Ritus eine Friedenskonferenz mit den benachbarten Nationen: «Als die Versammlung vollständig beisammen war, feuerten wir ein Steinstück ab, und hierauf reichten unsere beiden Befehlshaber den indianischen Häuptlingen die Hand zum Zeichen der Freundschaft. Nachdem Captain Lewis mit Hilfe eines Dolmetschers eine Rede an sie gehalten hatte, schenkte er einem jeden eine vollständige Kleidung und gab ihnen außerdem alle möglichen Kleinigkeiten mit dem Wunsch, sie unter die Einwohner der Dörfer zu verteilen.» In den kommenden Wochen errichteten die Soldaten der Expedition am Ufer des Missouri ein komfortables Winterlager, das sie zu Ehren der Nachbarn ‹Fort Mandan› tauften. Am 24. Dezember – in strenger Winterkälte – war der Bau vollendet. Der Chronist Sergeant Gass schildert das Weihnachtsfest: «Am 25. Dezember wurde das heilige Fest durch zwei Schüsse mit Steinstücken und durch zweimaliges Abfeuern unserer Flinten feierlich angekündigt. Captain Clark ließ einem jeden von uns ein Glas Branntwein einschenken. Hierauf pflanzten wir zum erstenmal die Flagge der Vereinigten Staaten auf Fort Mandan auf, und zuletzt wurde noch ein Glas Branntwein zur Ehre dieser Flagge ausgeteilt. Unsere Leute brachten in großer Eile eine der Stuben in Ordnung und fingen an zu tanzen ...» Das Jahr 1804 ging am Missouri friedlich zu Ende.

Der Zug der Amerikaner nach dem oberen Louisiana hatte bisher keineswegs durch Neuland geführt. Wenn die Unternehmung von Lewis und Clark bei den Indianern gleichwohl Staunen erregte, so lag dies wohl zur Hauptsache im äußern Aufwand begründet, in militärischer Machtentfaltung und in den bunten Uniformen. Als Einzelperson stach groteskerweise der im Rang niedrigste Mann hervor, York, der Negersklave des Captain Clark. Seiner schwarzen Hautfarbe galt die Neugier der indianischen Männer und die grenzenlose Bewunderung der Frauen. Der weiße Mann war, wie gesagt, um die Wende zum 19. Jahrhundert den Indianern am Missouri eine durchaus vertraute Erscheinung. Da und dort hausten französische Trapper in ungebundener Freiheit bei den Stämmen, der europäischen Herkunft entfremdet. Auf ihrem Zug zu den Mandan-Dörfern war die Expedition häufig diesen seltsamen Gestalten begegnet, die sich mit so verblüffender Sicherheit zwischen zwei Welten bewegten. In den Mandan-Dörfern stießen die Amerikaner wie erwartet auf die Agenten der North West Company und der Hudson's Bay Company, deren Niederlassungen in einer Entfernung von 150 Meilen am Assiniboine River lagen. In einem Brief aus dem Winterlager schrieb Clark mit unverkennbarem Ärger: «Diese Händler stehen miteinander nahezu in einem offenen Krieg, und sie sind weit eher imstande, das Glück der indianischen Nationen zu zerstören als zu fördern. Sie haben erst kürzlich ihren Handel bis hierher ausgedehnt und beabsichtigen, noch in diesem Jahr in der Nähe ein Fort zu errichten.»

Die Wochen und Monate in Fort Mandan blieben nach verschiedenen Zeugnissen zu schließen, den Teilnehmern in angenehmer Erinnerung. Jagd, Feste im nahegelegenen Mandan-Dorf, gelegentliche Besuche britischer Pelzhändler verkürzten den in diesen Breitengraden so hartnäckigen Winter. Sergeant Gass rührt in seinen Aufzeichnungen im Rückblick auf diese Zeit diskret und doch mit Behagen an ein Thema, das von jeher auch den Trappern geläufig war: «Wenn dieses Tagebuch das Glück haben sollte, erhalten und vielleicht gar des Druckes gewürdigt zu werden, so könnten manche Leser wünschen, daraus Interessantes über Sitten und Gebräuche des weiblichen Geschlechts an den Ufern des Missouri zu erfahren, da wir uns ja so lange bei den Indianern aufgehalten und so viele Nachrichten auch über die benachbarten Völkerstämme haben sammeln können. Vielleicht wünschen sie sogar, daß wir sie, ehe wir unsere Reise fortsetzen, auch mit unsern Liebesabenteuern unterhalten möchten, wie wir es mit unsern Jagdgeschichten getan haben. Diesem Verlangen könnten wir in der Tat sehr befriedigend entsprechen und ihnen eine Menge lustiger Anekdötchen auftischen. Allein, dieses Tagebuch hat einen nützlichen Zweck, und ich bin deshalb nicht berechtigt, solche Nebendinge einzuschalten. Immerhin muß ich bemerken, daß Keuschheit und Enthaltsamkeit keineswegs unter die Tugenden dieser Völker zu rechnen sind. In mehreren an den Ufern des Missouri gelegenen Dörfern findet man, so gut wie in den größten Städten der zivilisierten Nationen, eigentliche Hurenhäuser.»

Am 8. April 1805 verließ die Expedition das Winterlager und segelte den Strom hinauf den Rocky Mountains entgegen. Die Informationen, die Lewis über den nun folgenden Abschnitt der Reise zur Verfügung standen, waren dürftig. Man würde den bestmöglichen Übergang über das Felsengebirge selbst erkunden müssen. Die Indianer im Gebiet der Mandan-Dörfer hatten auf ihren Kriegszügen das Felsengebirge nie überschritten, wußten aber, daß der Missouri, abgesehen von den großen Fällen, beinahe bis zur Quelle schiffbar war und daß unmittelbar jenseits der Berge ein Fluß von Süden nach Norden floß, also offensichtlich dem Columbia River entgegen. Im Quellgebiet des Missouri, am Jefferson River, traf die Expedition auf die Nation der Shoshonen. Die indianische Frau des Dolmetschers Charbonneau, Sacagawea, erwies den Amerikanern hier wie bei andern Gelegenheiten durch klugen Rat und geschicktes Auftreten unschätzbare Dienste. Die Shoshonen, selbst in armseligen Bedingungen vegetierend, verschafften der Expedition Pferde zum Transport des umfangreichen Gepäcks. Gegen Ende

Büffeltanz der Mandan-Indianer in ihrem Dorf am Missouri. George Catlin, der erfolgreichste amerikanische Indianermaler in der ersten Hälfte des 19. Jahrhunderts, fuhr im Jahre 1832 mit dem Dampfer ‹Yellowstone› den Strom hinauf. Später reiste Catlin, begabter Künstler, Schausteller und Propagandist, mit seiner ‹Indian Gallery› durch den Osten der Vereinigten Staaten und durch Europa, wo er dem schaulustigen Publikum die unbekannten Aspekte des amerikanischen Westens erschloß.

August überschritt der umständliche Troß die Wasserscheide und zog durch unwegsames Gelände dem Columbia entgegen. Die Shoshonen, von den Trappern damals verächtlich ‹Wurzelfresser› genannt, zeigten den Weg durch die engen Flußtäler. Die Amerikaner erinnerten sich angesichts der kümmerlichen Lebensverhältnisse in dieser Bergregion mit Sehnsucht der fetten Jagdgründe am Missouri. «Die Indianer hier», schrieb Sergeant Gass, «sind das ärmste und elendeste Volk, das ich jemals gesehen habe. Außer einigen Arten von Beeren und einer geringen Quantität von Fischen, die ihnen der Fluß liefert, haben sie fast gar keine Lebensmittel. Ihr einziger Reichtum besteht in einer großen Anzahl schöner Pferde, die ihnen jedoch von andern indianischen Nationen oft geraubt werden.»

Bald stellte sich heraus, daß die Gewässer im Westen der Rocky Mountains nicht, wie man gehofft hatte, überall schiffbar sind. Von einer gemächlichen Reise bis zu den Gestaden des Stillen Ozeans konnte keine Rede sein. Von Hunger und Krankheit geplagt, schlug sich die Expedition zu Land bis zum Columbia River durch. Die Fahrt auf dem Strome, unterbrochen durch gefährliche Stromschnellen und Wasserfälle, ging nicht so glatt vonstatten, wie man etwas leichtfertig angenommen hatte. Am 15. November 1805 erblickten die Amerikaner zwischen Windböen und Regenschauern den Pazifischen Ozean. Man begann südlich der Columbia-Mündung mit dem Bau eines befestigten Lagers, Fort Clatsop genannt. Die Expedition ging dem zweiten Winter, diesmal einem Winter in Nebel und Regen, entgegen.

Im folgenden Jahr kehrten die Amerikaner über die Rocky Mountains an den Missouri zurück und trafen am 23. September 1806 wohlbehalten in St. Louis, dem Ausgangspunkt der Reise, ein. Ihre Aufgabe war unter anderem gewesen, den gangbarsten und bequemsten Weg vom Missouri zum Columbia River zu finden. «Unsere Bemühungen in dieser Hinsicht sind vollkommen gelungen, und wir erklären ohne Zögern, daß wir, soweit uns die Natur darin entgegenkommt, die beste Route durch den nordamerikanischen Kontinent gefunden haben», schrieb Clark noch am Tage der Rückkehr an seinen Bruder. Erst einige Jahre später sollte sich zeigen, daß die für den Handelsverkehr geeigneten Übergänge über das Gebirge weiter im Süden liegen.

Die Reise und mehr noch die Heimkehr von Meriwether Lewis und William Clark vollzogen sich vor dem Hintergrund einer leidenschaftlichen patriotischen Emotion. Das Unternehmen wurde zu einem Markstein im Prestige der Nation, die eben in diesem Augenblick der Selbstbestätigung bedurfte, trieb man doch unverkennbar einem Konflikt mit England zu. Nicht allein die Briten standen den nationalen Ansprüchen entgegen. Auch an den Küsten von Louisiana und an der texanischen Grenze spielten sich undurchsichtige Vorgänge ab, die früher oder später zu einem Krieg mit Spanien führen konnten. Ein nationales Schaustück, ein Heldenepos war vor allem den Politikern des Westens, die sich in diesen Jahren in beträchtlicher Lautstärke zu melden begannen, in jeder Hinsicht willkommen, und auch das reale Ergebnis, das Jefferson vorweisen konnte, war gewichtig genug. Der spektakuläre Zug über die Rocky Mountains hatte die amerikanische Gegenwart im Westen deutlich bekundet, deutlich für die indianischen Nationen, aber auch für England, Spanien und Rußland. Mit den Eingeborenen hatte sich Captain Lewis leidlich zurechtgefunden, abgesehen von einem peinlichen Mißgeschick, das ihm mit den Blackfeet widerfahren war: In einer Auseinandersetzung mit einer räuberischen Horde von Eingeborenen töteten er und seine Soldaten zwei Leute aus dieser Nation. Die Folgen der verhängnisvollen Schüsse – tödliche Feindschaft der Blackfeet gegen die Amerikaner – waren Jahrzehnte später noch nicht überwunden.

In einer Hinsicht war der Gewinn dürftig: Präsident Jefferson konnte seinerzeit nicht genug auf das vornehme Ziel der Expedition hinweisen, die wissenschaftliche Forschung voranzutreiben, unterließ es aber aus unerklärlichen Gründen, einige Fachleute mit auf den Weg zu schicken. Lewis und Clark bemühten sich redlich und mit unendlichem Fleiß, in holprig geschriebenen Tagebüchern alles

Der Schweizer Maler Karl Bodmer begleitete den Prinzen Maximilian zu Wied auf seiner amerikanischen Forschungsreise. Im Jahre 1833 begaben sich der gelehrte Herr und sein Illustrator zu den Indianern am Missouri. Während der Prinz seinen Studien nachging, hielt Bodmer die überwältigenden Eindrücke einer fremden Welt in über dreihundert Skizzen fest. Seine Indianerdarstellungen, die er später als Kupferstiche publizierte, sind gleich wertvoll als Kunstwerke wie als Dokumente einer untergegangenen Kultur. Der hier abgebildete Kupferstich zeigt den angesehenen Mandan-Krieger Mato-Tope.

Wissenswerte festzuhalten, doch die dürftige Schulbildung erlaubte ihnen nur in bescheidenem Maße, die Geheimnisse dieser neuen Welt und ihrer Einwohner zu entziffern. Damit war eine einmalige Gelegenheit zu einer wissenschaftlichen Bestandsaufnahme im Fernen Westen vertan.

Doch für den Augenblick standen handgreifliche Interessen im Vordergrund: Auf den Spuren von Lewis und Clark zogen amerikanische Pelzhändler den Missouri hinauf, unter ihnen Manuel Lisa von St. Louis, auf lange Zeit hinaus der einfallsreichste und gewandteste Vertreter der Gilde. An den Ufern des Flusses entstanden Forts und Handelsstationen als Vorposten und Stützpunkte der neuerworbenen Herrschaft über das Territorium Louisiana. Im Schatten der großen Forschungsreise von Lewis und Clark hatte der betriebsame Gouverneur von Louisiana, General Wilkinson, eine kleinere Expedition in Szene gesetzt. Im September des Jahres 1805 machte sich Leutnant Zebulon Montgomery Pike mit einer dürftig ausgestatteten Gruppe auf den Weg, um den Mississippi von St.Louis aufwärts bis zu den Quellen zu erforschen. Weder Präsident noch Kongreß hatten dazu den Auftrag erteilt, doch kam die Unternehmung einem alten Wunsche Jeffersons entgegen. Der Auftrag an Pike, mitten im Winter in den verschneiten Sumpfgebieten nach den Quellen des großen Stromes zu suchen, war jedoch mehr als fragwürdig und lief schlicht und einfach auf ein Rätselraten hinaus. Pike entschied sich für den Leech Lake als Ursprung des Mississippi, deutete aber zum vorneherein an, er könne sich auch geirrt haben. Auch hier waren andere Motive im Spiel. In die unermeßlichen Weiten nördlich von Prairie du Chien, also ins heutige Minnesota, hatten sich damals noch keine Amerikaner vorgewagt. Nun galt es, die Indianer – darunter einige Stämme der Sioux – mit dem Ergebnis des Louisiana-Vertrages vertraut zu machen und dem Vordringen der kanadischen North West Company Grenzen zu setzen. «Die North West Company hatte zur Zeit meiner Reise eben den Vorsatz gefaßt, ihren Handel den Mississippi hinunter so weit auszudehnen, bis sie mit unsern Handelsleuten von Michillimackinac zusammenträfe; allein, ich habe ihrem Direktor bestimmt zu verstehen gegeben, daß man diese Anmaßung niemals dulden würde», schrieb Zebulon Pike später in seinem Rechenschaftsbericht. Die amerikanischen Kaufleute am untern Mississippi waren über den Umstand verärgert, daß die kanadischen Händler ihre Waren unverzollt ins Land brachten und somit in der Lage waren, mit den Eingeborenen einen vorteilhaften Handel zu treiben. Als Pike in der Gegend des Leech Lake bei der Niederlassung der North West Company eintraf, flatterte zu seinem Kummer die Flagge der britischen Majestät über dem Fort. MacGillis, Leiter der Unternehmungen der North West Company am obern Mississippi, war den halberfrorenen Amerikanern ein mustergültiger und liebenswürdiger Gastgeber und um so peinlicher, wenn auch unvermeidlich, die Pflicht des Gastes Leutnant Pike, unter fremdem Dach die Autorität der Vereinigten Staaten zur Geltung zu bringen. Für die britische Flagge, so argumentierte Pike in einer schriftlichen Botschaft an MacGillis, sei auf amerikanischem Territorium kein Platz, jede politische Agitation unter den Indianern sollte den Engländern verboten sein, die Waren müßten jährlich vor der Einfuhr in amerikanisches Territorium in Mackinaw (Michillimackinac) am Michigan-See verzollt werden. Wenige Tage später zeigte der amerikanische Offizier als Probe aufs Exempel, wie ernst seine Forderungen gemeint waren: «Am 10. Februar ließ ich die amerikanische Flagge im Fort aufziehen, und da sich die englische noch auf ihrer Stange befand, befahl ich den Indianern und meinen Schützen, sie herabzuschießen In der Tat zerschmetterte nach wenigen Schüssen eine Kugel die eiserne Spitze, an der die Fahne befestigt war, so daß sie mit großem Gerassel herunterstürzte.» Nach diesem Anschauungsunterricht versprach MacGillis, die Anweisungen des Amerikaners strikte zu befolgen und in Zukunft alles zu unterlassen, was der amerikanischen Hoheit über das Territorium abträglich sein könnte. Im übrigen seien die Niederlassungen der Gesellschaft lediglich zum Schutz gegen die Indianer befestigt worden.

Nach St. Louis zurückgekehrt, fand Leutnant Pike einen neuen Auftrag Gouverneur Wilkinsons vor. Er sollte, so lautete die Instruktion, die Quellgebiete des Arkansas und des Red River erforschen, die endlosen Zwiste der Prärie-Indianer – der Osages, der Pawnees und der Comanchen – beilegen und die Eingeborenen gewissermaßen im Zeichen der Pax Americana zu friedlichem Verhalten bewegen. Die Grenze zu Neu-Mexiko – in Einzelheiten nicht festgelegt und vor allem den Amerikanern unvertraut – verlief den Flüssen Arkansas und Red River entlang. Wilkinson empfahl denn auch Leutnant Pike, «größte Vorsicht anzuwenden, um ja nicht auf ein Detachement indianischer oder spanischer Truppen zu stoßen, das der Jagd oder einer Rekognoszierung wegen die Grenze der Provinz überschritten haben könnte, und überhaupt jeden Anlaß zu unangenehmen Auftritten zu vermeiden ...». Im Juli des Jahres 1806 brach die Expedition von Belle Fontaine am Missouri nach dem Gebiet der Osage-Indianer auf, kaum zwanzig Mann stark und ziemlich mangelhaft ausgerüstet. Hinter der Unternehmung stand, wie gesagt, General James Wilkinson, skrupelloser Herrscher im Mississippi-Tal und Schlüsselfigur in dem eben heraufziehenden nationalen Drama, das als Aaron-Burr-Affäre in die Geschichte einging. Aaron Burr, als Vizepräsident neben Jefferson eine beachtliche Figur im Horizont des nationalen Spektakulums, tötete im Duell den bekannten Politiker Alexander Hamilton und wurde sozusagen über Nacht zum politischen Desperado. Im Jahre 1805 legte er sein Amt nieder und wandte sich dem Westen zu, wo für Männer seines Zuschnitts genügend Platz war. Auf eine glanzvollere Zukunft bedacht, produzierte er Ideen in Menge, die sich, soweit sie überhaupt zuverlässig registriert wurden, in eigenartiger Weise zwischen Pioniertum, Freibeuterei und Verrat bewegten. Es besteht kein Zweifel, daß General Wilkinson und seine mißgestimmten Kostgänger am Mississippi durch das Auftreten Burrs nicht dermaßen schockiert waren, wie sie es später wahrhaben wollten. Wenn Burr militärische Unternehmungen gegen Texas und Neu-Mexiko in Aussicht stellte, so konnte er mit allgemeinem Beifall rechnen – auch von Wilkinson, obwohl dieser früher von den Spaniern Gelder für gute Dienste bezogen hatte. Die Zugehörigkeit zur Union, von vielen bloß als Bindung auf Zeit empfunden, sollte der Entwicklung und der Eigenständigkeit nicht entgegenstehen. Burr hoffte zu seinem Verhängnis auf englische Unterstützung. Um die Frage, an welchem Punkt der Landesverrat beginne, kümmerte man sich vorläufig nicht. Burr zählte jedenfalls – dies ein weiterer Fehler – auf die tatkräftige Hilfe Wilkinsons.

Die Expedition Pikes zu den Quellen des Arkansas ist ein nicht geklärter Schachzug im undurchsichtigen Spiel General Wilkinsons. So ging der gute Soldat Zebulon Pike einem Abenteuer entgegen, das ihn nicht wie Lewis und Clark zur nationalen Glorie, sondern in spanische Gefangenschaft führte. Bis in den September hinein hielt sich die kleine Schar bei den Eingeborenen an den Flüssen Osage und Kansas auf, wo sich Leutnant Pike mit dem vollen Einsatz seiner Person bemühte, die verworrenen Verhältnisse zwischen den indianischen Völkerschaften zu regulieren. Von den Pawnees kam die unangenehme Nachricht vom Auftauchen eines spanischen Kavalleriekommandos, das zwischen dreihundert und sechshundert Mann umfaßt und erst kürzlich die Siedlungen dieser Nation besucht habe. Als Pike mit seiner kläglichen Streitmacht bei den Pawnee-Dörfern eintraf, standen die Eingeborenen noch sichtlich unter dem Eindruck der kriegerischen Demonstration. Pike schreibt dazu in seinen Memoiren: «Das Kommando von sechshundert Mann, das unmittelbar vor uns bei den Pawnees gewesen ist, hat sie derart beeindruckt, daß die Spanier im Falle eines Krieges mit Sicherheit auf sie rechnen können, und zum Überfluß hat Leutnant Melgares, der Anführer des Kommandos, mehrere Geiseln mit sich nach Chihuahua geführt.» Bei einer mit dem üblichen Zeremoniell abgehaltenen Friedenskonferenz flatterte auf der Hütte des obersten Pawnee-Häuptlings eine spanische Fahne. Pike verlangte, daß sie unverzüglich entfernt werde, denn, so argumentierte er, «die eine und die nämliche Nation könne unmöglich zwei Väter haben». Die nun folgende Szene, von Pike im Tagebuch geschildert, veranschaulicht die gefährdete Lage der Indianer im Grenzbereich zwischen zwei weißen Nationen: «Es herrschte einige Minuten lang eine tiefe Stille. Dann endlich erhob sich ein alter Mann, trat vor die Tür und riß die spanische Flagge herunter. Er brachte sie in den Raum und legte sie zu meinen Füßen. Darauf ergriff er die bereitliegende amerikanische Flagge und steckte sie an den nämlichen Stock, von dem noch kurz vorher die Fahne Seiner katholischen Majestät geweht hatte. Bei den anwesenden Osage- und Kansa-Indianern herrschte darob Freude, denn beide Nationen anerkennen eindeutig, daß sie dem Schutz der Amerikaner unterstellt sind. In der übrigen Versammlung hingegen verbreitete sich die größte Bestürzung, und die Gesichter sämtlicher Pawnees waren so sehr von Kummer und Sorgen umwölkt, als wenn sie ein unermeßliches nationales Unglück betroffen hätte. Ich hob deshalb die strittige Fahne von der Erde auf und sagte zu den Indianern, daß ich mit Vergnügen gesehen hätte, wie sie als gehorsame Söhne ihren großen amerikanischen Vater anerkennen, daß ich aber keineswegs gesonnen wäre, sie gegenüber den Spaniern in Verlegenheit zu bringen, denn die Amerikaner hätten keinen lebhafteren Wunsch, als daß ihre roten Brüder ruhig und friedlich an ihrem eigenen Herde leben und sich in keinerlei Streitigkeiten mischen möchten, die allenfalls zwischen den Weißen entstehen könnten. Da es nun leicht möglich wäre, daß die Spanier früher oder später zurückkehrten, so wolle ich ihnen, den Pawnees, ihre Flagge überlassen, immerhin unter der Bedingung, daß sie während des Aufenthalts der Amerikaner nicht mehr aufgezogen werde.»

Die spanische Truppe unter Leutnant Melgares hatte sich, wie Pike später erfuhr, mit dem eindeutigen Auftrag ins Gebiet des Kansas River begeben, die amerikanische Expedition abzufangen. Spanische Agenten in St. Louis wachten sorgsam über alle Bewegungen im Grenzgebiet. Bereits im Juli war eine Gruppe von Amerikanern unter der Leitung von Thomas Freeman, die im Auftrag Präsident Jeffersons den Red River erforschen sollte, auf halbem Weg von einem spanischen Kommando gestoppt worden. Die so unbewegliche Kolonialverwaltung in Chihuahua und Santa Fé reagierte auf die amerikanische Annäherung wider Erwarten rasch und energisch.

Ende September machte sich Pikes Truppe auf den Weg nach den Quellen des Arkansas. Ohne Winterausrüstung, halb erfroren und ausgehungert schleppten sich die Soldaten durch die verschneite Bergwelt des südlichen Colorado. Dann unterlief Leutnant Pike der verhängnisvolle Irrtum, an den weder die Spanier noch die Amerikaner selber so recht glauben wollten: Im Januar 1807 überquerte die Expedition die Sangre de Christo Mountains und betrat den Boden Neu-Mexikos: «Am Abend des 30. Januar gelangten wir zu unserer Freude ans Ufer des Rio del Norte [Rio Grande del Norte], den ich damals fälschlicherweise für den Red River hielt. Da nun der Rio del Norte in Neu-Mexiko fließt, so befand ich mich, ohne es zu wissen und gegen den ausdrücklichen Inhalt meiner Instruktion, bereits auf spanischem Gebiet.» So die Version Zebulon Pikes. Am folgenden Tag überschritten die Amerikaner den Rio Grande und begannen an einem Nebenfluß mit dem Bau eines kleinen Forts. «Die Palisaden bestanden alle aus zwei Fuß dicken Holzstämmen», schreibt Leutnant Pike. «Ringsherum lief ein tiefer Graben, und ein vier Fuß hoher Wall schützte die Mannschaft gegen das kleine Gewehrfeuer. Um hinzugelangen, mußte man auf einem Brett über den Graben gehen und anschließend auf allen vieren durch ein Loch hindurchkriechen, das in der Nähe des Flusses durch den Wall führte. Das ganze Fort war so beschaffen, daß ich mich darin ohne Zweifel zwei bis drei Tage lang gegen ein Korps von hundert Spaniern hätte halten können, und bis dahin wäre es mir wahrscheinlich geglückt, einmal des Nachts in tiefer Dunkelheit abzuziehen.»

Das Verhalten Pikes am Rio Grande ist rätselhaft. Wenn er tatsächlich der Meinung war, sich im Tal des Red River aufzuhalten, wie konnte er dann sein

Lager am rechten Ufer des Flusses einrichten? Er hätte sich ja auch dort auf spanischem Territorium befunden, und seine Lage wäre, politisch gesehen, um kein Haar besser gewesen als am Rio Grande. Doch es folgten noch weitere Ungereimtheiten. Der Arzt der Expedition, Doktor Robinson, verließ am 7. Februar das Fort, um sich angeblich in einer privaten Angelegenheit nach Santa Fé zu begeben. Dabei war Santa Fé nie als Ziel der Unternehmung erwähnt worden. Der Gedanke liegt nahe, Pike habe zum vorneherein mit einer möglichen Gefangenschaft in der Hauptstadt Neu-Mexikos gerechnet. Am 26. Februar erschien ein spanisches Kavalleriekommando vor dem Fort. Ohne Widerstand ließ sich Leutnant Pike nach Santa Fé führen. Der mit so großen Erwartungen begonnene Zug war zu Ende. «Als wir in Santa Fé ankamen», schreibt Pike, «bestand mein ganzer Anzug in einem Paar blauer Schifferhosen, Halbstiefeln aus roten Häuten, einer Decke anstatt eines Kleides und einer Mütze von scharlachrotem Tuch, mit Fuchspelz gefüttert. Meine Leute erschienen in Gamaschen, völlig zerrissenen Hosen und Mänteln von rohen Häuten, anstatt in Kleidern ... Das Volk in Santa Fé war über unsern Aufzug in solchem Maße erstaunt, daß meine Leute von allen Seiten gefragt wurden, ob wir in unserm Land in Häusern wohnten oder in Feldlagern wie die Indianer.» Als Gast und Gefangener zugleich erschien Leutnant Pike vor Gouverneur Alencaster. Tagebücher und Aufzeichnungen wurden beschlagnahmt, doch gleichzeitig traktierte man den amerikanischen Offizier mit dem überschwenglichen gesellschaftlichen Aufwand einer spanischen Provinzstadt. Dann brachte Leutnant Melgares – der gleiche Melgares, der das Kavalleriekommando zu den Pawnees geführt hatte – seinen überwundenen Gegenspieler auf einem langen Umweg über Chihuahua und Texas nach Natchitoches ins Reich General Wilkinsons zurück.

Hier hatten sich inzwischen Dinge zugetragen, die unvermeidlich auch die Unternehmung Zebulon Pikes in ein zweifelhaftes Licht rückten. Aaron Burr, der ehrgeizige Abenteurer mit der angeschlagenen Reputation, versuchte im Herbst des Jahres 1806 seine verworrenen Pläne in die Tat umzusetzen. Wilkinson war dabei offensichtlich eine beachtliche Rolle zugedacht. Soweit Burr einen Feldzug gegen die Spanier predigte, fand er die Unterstützung mancher Politiker des Westens, wie etwa Henry Clays und Andrew Jacksons. Mit einer lächerlich kleinen Flottille segelte er Ohio und Mississippi hinunter auf der Suche nach Anhängern, die bereit waren, ihm auf seinem Kreuzzug zu folgen. Nun setzte sich aber allmählich die Meinung durch, Burr stelle eine Gefahr für die Nation dar. Wilkinson, jederzeit bereit, Isaak zu opfern, wenn es sein eigenes Wohl erforderte, schlug Alarm und präsentierte sich als Retter des Vaterlandes. Er verhängte das Kriegsrecht über das untere Louisiana, warnte Jefferson vor drohendem Verrat und legte – dies ein ganz besonderer Theatercoup – in einer Vereinbarung mit dem texanischen Gouverneur Simon de Herrera selbstherrlich die Grenzstreitigkeiten mit Spanien bei. Aaron Burr wanderte inzwischen als Gefangener nach Richmond zurück, wo gegen ihn Anklage wegen Verrats erhoben wurde.

Vor dieser verwandelten Szene – leidliche Freundschaft mit den spanischen Behörden in Texas, Burr in sicherer Verwahrung – nahm sich der Zug Pikes etwas peinlich aus. Kein Wunder, daß General Wilkinson den Winter über keinen Finger für seinen Leutnant rührte. Um so offener äußerten die Spanier in Santa Fé den Verdacht, Pike habe sich im Auftrag Wilkinsons absichtlich in Gefangenschaft begeben, um die hermetisch abgeschlossene Provinz Neu-Mexiko auszukundschaften. Noch weiter geht eine andere Version: Die ‹verlorene Expedition› hätte Wilkinson einen Vorwand für Streifzüge und militärische Unternehmungen in Neu-Mexiko geliefert, wäre nicht die Spekulation am Ausgang der Aaron-Burr-Affäre gescheitert. Unter solchen Umständen blieb es dem ‹verlorenen Pfadfinder› Zebulon Montgomery Pike verwehrt, gleich Lewis und Clark als leuchtende Gestalt in die Geschichte des amerikanischen Westens einzugehen.

Pelzhandel und Politik

Nicht die vorausblickende Weisheit eines Staatsmannes hat den Amerikanern den Weg in den Westen gebahnt. Jahre und Jahrzehnte vor Lewis und Clark haben Jäger, Trapper und Händler die Weiten des Kontinents ausgemessen. Die Geschichte hat indessen häufig genug kaum die Namen dieser Männer zur Kenntnis genommen. Das Geschäft, das Generationen von Unternehmern und Abenteurern unwiderstehlich in seinen Bann schlug, war der inzwischen zur Legende gewordene Handel mit Pelzen. Washington Irving beschwor den alle Hindernisse überwindenden Handelsgeist in seinem berühmten Buch ‹Astoria› in pathetischen Worten: «Zwei Hauptgegenstände des Handels haben, wie die frühe Geschichte Amerikas lehrt, weit ausgreifende, kühne Unternehmungen bewirkt. Es sind dies die edeln Metalle im Süden und das kostbare Pelzwerk im Norden. Während der stolze, prachtliebende Spanier seine Entdeckungen über reiche, von einer tropischen Sonne versengte Länder ausdehnte, verfolgten der leichte, gewandte Franzose und der kalte, berechnende Brite den minder glänzenden, aber nicht weniger einträglichen Pelzhandel mitten in den hyperboräischen Regionen Kanadas, wobei sie diese Tätigkeit bis in den nördlichen Polarkreis führte. Beide Unternehmungen wurden gewissermaßen die Vorläufer der Zivilisation. Ohne an den Grenzen zu verweilen, drangen ihre Förderer mit einemmal, allen Hindernissen und Gefahren zum Trotz, bis ins Herz der wilden Länder, offenbarten die dicht umschleierten Geheimnisse der Wüste, zeigten den Weg in ferne Zonen, deren Schönheit und Fruchtbarkeit sonst vielleicht noch manches Jahrhundert unbekannt geblieben wären, und brachen dem langsam und zögernden Schrittes folgenden, von der Zivilisation begleiteten Ackerbau Bahn.»

Der Pelzhandel war in seinen Ursprüngen in Kanada angesiedelt. Um die Wende zum 19. Jahrhundert, um die Zeit also, da die Amerikaner ins Geschäft traten, jagte man in weiten Teilen des Kontinents nach Pelzen: im kanadischen Westen zwischen den Großen Seen und der pazifischen Küste, am obern Mississippi und am Missouri, im spanischen Neu-Mexiko. Das Metier der Pelzhändler kanadisch-britischer Herkunft war reich an Tradition, gebunden in den festen Regeln eines Berufes, der nicht einfach Broterwerb, sondern darüber hinaus Gesellschaftsordnung und Lebensform war. Die beiden Pelzhandelsgesellschaften – aristokratische Gebilde mit einer perfekten Hierarchie – hatten den kanadischen Markt ein für allemal unter sich aufgeteilt: die englische Hudson's Bay Company, 1670 als Konkurrenzunternehmen gegen die französischen Händler etabliert, und die ebenso britische, von den Kaufleuten Montreals im Jahre 1783 gegründete North West Company, die in der Tradition des französisch-kanadischen Pelzhandels stand.

In seiner festen Ordnung unterschied sich der kanadische Pelzhandel von den freien Methoden der Amerikaner. Der Gegensatz ergab sich nicht zuerst und nicht allein aus der Ausübung des Berufes. Eine Welt lag zwischen den kanadischen ‹bourgeois› und den freien amerikanischen Trappern, ein Kontrast, wie er eben zwischen einem treuen Untertan Seiner Britischen Majestät und einem an keine Gesellschaft gebundenen Pionier unvermeidlich war. Der französisch-kanadische ‹coureur des bois›, gesetzlos, dem freien Leben des Westens verfallen, war gegen Ende des 18. Jahrhunderts fast ganz von der Szene verschwunden. Die Nachkommen dieser Waldläufer hatten sich als sogenannte ‹voyageurs› in den Dienst der großen Gesellschaften begeben, wo sie als gewandte Bootsfahrer auf den wilden Wassern des Westens geschätzt waren, auch sie ein einmaliger Menschenschlag mit widersprüchlichen Eigenschaften: ausdauernd und gewandt, solange sie guter Laune waren, berühmt für ihren unerschöpflichen Vorrat an altfranzösischen Liedern, unzuverlässig und liederlich, wenn ihnen die Arbeit nicht behagte. So kannte sie Thomas Farnham, ein zuverlässiger Kenner des Westens, noch in den vierziger Jahren des letzten Jahrhunderts: «Unsere neuen Freunde stammten aus Kanada [von französischer Herkunft] und waren, wie alle diese Leute, lustig und vergnügt; solange sie noch Kraft zum Wandern, Fallenstellen und Singen haben, tönt ihr Lager von den Liedern des Mutterlandes wider. Die amerikanischen Jäger sind ganz anders, viel ernster und ruhiger. Sie begegnen der Gefahr wohl kühn, aber nicht mit dem unverwüstlichen Leichtsinn, den der kanadische Franzose in allen Lebenslagen beibehält.» Doch die ‹Reisenden› waren nur noch Statisten in den gewaltigen Unternehmungen, die sich unter dem Titel ‹Pelzhandel› im kanadischen und amerikanischen Westen entfalteten. In der sozialen Rangordnung standen sie weit unten und zählten nicht zu den Pionieren.

Die britischen Gesellschaften in Kanada waren in ihrer konservativen Struktur gewissermaßen das in die Wildnis projizierte Abbild Englands im 18. Jahrhundert. Die Hudson's Bay Company, englisch bis in die Glieder, blieb trotz der inzwischen eingetretenen Erstarrung ein respektgebietender Koloß. Doch die unternehmungslustigen Leute, Händler aus Montreal und Quebec und Schotten aus dem Hochland, hatten sich gegen die Jahrhundertwende in der North West Company versammelt. Das Operationsfeld dieser Gesellschaft reichte schon bald nach der Gründung von den Großen Seen bis an die Rocky Mountains im Westen. Auch die North West Company war ein hierarchisches Gebilde, das mit seinen ungeschriebenen Gesetzen geradezu mittelalterliche Lebensverhältnisse auf amerikanischen Boden übertrug. Am Sitz der Gesellschaft in Montreal lebten die wichtigsten Teilhaber, auch ‹Partner› genannt, eine Handelsaristokratie, deren Glanz alles übertraf, was man bisher auf diesem Kontinent gesehen hatte. Sichtbar offenbarte sich diese Herrlichkeit im berühmten Biber-Club von Montreal. Draußen, auf den entfernten Handelsposten, saßen die sogenannten ‹Winter-Teilhaber› gleich Satrapen in Provinzen von unübersehbarer Ausdehnung. Sie blieben den Winter hindurch in ihren entlegenen, aber meist mit allen Annehmlichkeiten des Lebens versehenen Residenzen, überwachten die Geschäfte und verhandelten mit den Indianern. Im Frühjahr brachen sie mit großem Gefolge zum jährlichen Treffen der Teilhaber in Fort William am Lake Superior auf. Reisen durch den kanadischen Westen waren zwar beschwerlich, aber keineswegs ungewöhnlich, legten

Der Biber als geschickter Baumeister

doch tüchtige ‹voyageurs› in ihren Booten die Strecke vom Pazifischen Ozean nach Montreal in hundert Tagen zurück. In Fort William wurden die Winter-Teilhaber als die geringeren Brüder von den geschäftsführenden Partnern «mit allem Pomp und aller Würde regierender Fürsten» empfangen. Washington Irving schildert die jährliche Zusammenkunft der Teilhaber als glanzvolles Ereignis: «Fort William, der Schauplatz dieser wichtigen jährlichen Versammlung, war ein großes Dorf am Ufer des Obern Sees. Hier befand sich in einem ungeheuern hölzernen Gebäude der mit indianischen Waffen und den Trophäen des Pelzhandels geschmückte Saal, wo Rat gehalten und getafelt wurde. In diesem Hause wimmelte es zu solcher Zeit von Handelsleuten und Reisenden, die sich teils von Montreal nach den Posten im Innern, teils von diesen letztern nach Montreal begaben. Die Beratungen wurden im größten Staate gehalten, denn jedes Mitglied dünkte sich so wichtig, als ob es einen Sitz im Parlament einnähme, und das Gefolge blickte mit heiliger Scheu zu der Versammlung wie zu dem Hause der Lords empor. Man hörte da die umständlichsten Diskussionen und ein derbes schottisches Räsonnement, gelegentlich mit pomphaften Deklamationen vermischt. Diese ernsten und wichtigen Beratungen wechselten mit großen Festen und Gelagen, denen ähnlich, die in den alten Schlössern der schottischen Hochlande gefeiert wurden. Die Tische bogen sich unter der Last von Wildbret aller Art aus den Wäldern, Fischen aus den Seen, und Jagdleckerbissen verschiedener Art, wie zum Beispiel Büffelzungen, Biberschweifen und so weiter nebst vielen Delikatessen aus Montreal, alles von geschickten Köchen zubereitet. An edeln Weinen ließ sich ebenfalls kein Mangel spüren, denn es war damals noch eine Zeit, wo man aus großen Humpen tüchtig trank und unter bacchanalischen Gesängen loyale Toaste ausbrachte. Während die Herren sich so gütlich taten und der Saal von schottischen Balladen widerhallte, von Stimmen gesungen, die der Nordwind rauh gemacht hatte, lagerte außerhalb ein großer Troß von kanadischen ‹Reisenden› von gemischtem Blut, indianischen Jägern und umherziehenden Schmarotzern, um von den Brosamen zu leben, die von der Herren Tische fielen, und, von dem schneidenden Geschrei der Indianer begleitet, alte französische Balladen zu singen.»

In Fort William, auf den Außenposten und selbst auf Expeditionen war die Gliederung in drei gesellschaftlich und sozial streng getrennte Klassen unverkennbar. Zur Herrenklasse zählten allein die Briten, auch sie wieder in Gruppen mit unterschiedlichen Rechten und Pflichten gespalten. Die nützliche Kleinarbeit in den Forts und auf den Streifzügen in die Jagdgebiete wurde von den sogenannten ‹clerks›, den Kommis der Gesellschaft, verrichtet. Als junge Anfänger – allgemein unter dem Spottnamen ‹mangeurs de lard› (Speckesser) bekannt – begannen sie ihr gefährliches Metier auf entfernten Posten. Bewiesen sie außergewöhnliche Tüchtigkeit oder, was vorzuziehen war, hatten sie einen einflußreichen Gönner unter den Partnern in Montreal, so stiegen sie nach Jahren harter Arbeit in den exklusiven Rang eines ‹bourgeois› auf. Doch nur wenigen war dieser Weg beschieden. Der ‹bourgeois› verwaltete einen Bezirk und gehörte meistens zu den Winter-Teilhabern. Eine Klasse tiefer standen die französisch-kanadischen ‹voyageurs›, die ihren Dienst als Bootsmänner und Fallensteller, gelegentlich auch als Dolmetscher versahen. Für sie gab es keine Hoffnung auf Reichtum oder Aufstieg in die führenden Schichten, so wenig wie für die letzte Klasse, die von der North West Company engagierten Indianer. Diese Eingeborenen, meist aus dem Osten herbeigeholte Irokesen, waren geübte Fallensteller und verrichteten im übrigen die niedrigen Arbeiten; eine unzufriedene und streitsüchtige Gesellschaft, die sich mit den Indianern im Westen schlecht verstand.

Als die amerikanischen Trapper auftraten, gaben sich die Kanadier darüber Rechenschaft, daß ihr eigenes System ziemlich schwerfällig war. Es kostete einen ungewöhnlichen Aufwand an Menschen und Material, um einige wenige Biber zu erlegen. Dabei wurden die meisten Pelze nicht von eigenen Jägern, sondern im Tauschhandel von den einheimischen Indianern beschafft. Auch die North West Company verließ sich in der Regel auf die von der Hudson's Bay Company eingeführte Arbeitsmethode: Die Agenten saßen in den Handelsstationen und warteten auf die Indianer, die von Zeit zu Zeit mit Biberpelzen anrückten und dafür Feuerwaffen, Werkzeuge und Branntwein eintauschten. Nur selten wagte man eigene Unternehmungen in die Fanggebiete. Später, im Wettbewerb mit den Amerikanern, sollte sich zeigen, daß dieses allzu passive Verhalten unter den neuen Bedingungen nicht mehr taugte.

Doch die Angehörigen der North West Company galten bis ins 19. Jahrhundert hinein als die unbestrittenen Herren im amerikanischen Westen, die für die bescheidenen Pelzjäger an den amerikanischen Flüssen nur Hohn und Spott übrig hatten. «Die Tartaren haben ihrem Groß-Lama nicht ehrfürchtiger Reverenz erwiesen, als es die Kanadier in diesen Tagen gegenüber den ‹Nordwestern› tun», berichtet ein Zeitgenosse. Kanadische und amerikanische Händler trafen sich damals in Mackinaw am Lake Michigan, bis nach dem Kauf von Louisiana St. Louis am Mississippi als neue Metropole des Pelzhandels emporstieg. Neben andern Zeitgenossen schildert auch Washington Irving das furchterregende Auftreten der ‹Nordwester›: «Von Zeit zu Zeit erschienen auch ‹Nordwester›, von Fort William kommend, in Mackinaw, die sich als die Ritterschaft des Pelzhandels betrachteten. Es waren Männer von Eisen, abgehärtet gegen alle Kältegrade, gegen Entbehrungen und Gefahren jeglicher Art. Sie trugen den Knopf der North West Company auf ihren Kleidern, ein furchtbares Jagdmesser an der Seite, und sie hatten eine militärische Haltung. Ihre Hüte waren gewöhnlich mit Federn geschmückt. Mit der tiefsten Verachtung blickten sie auf die Jäger der Südwest-Gesellschaft herab, die sie als durch mildes Klima und leckere Kost (Brot und Speck) verweichlicht betrachteten. Sie pflegten sie nie anders als ‹Schweinefleischfresser› zu nennen und riefen ihnen im Vorübergehen mit trotziger Miene, die Faust in die Seite gestemmt, zu: ‹Je suis un homme du nord!›»

Die Dinge nahmen eine rasche Wendung, als in St. Louis die amerikanische Flagge wehte. St. Louis, im Jahre 1763 von Pierre Laclède und Auguste Chouteau gegründet, war vor der Ankunft der Amerikaner zwar ein verschlafener Handelsplatz, aber immerhin ein Tor zu den Jagdgründen des Westens. Die Franzosen und bald darauf die Spanier betrieben den Pelzhandel zur Hauptsache am Mississippi. In den sechziger Jahren hatte der spanische Gouverneur von Louisiana auch Lizenzen für den Handel am obern Missouri vergeben, doch blieben die so fernen Gebiete bis auf weiteres unerreichbar. Nördlich der Omaha-Siedlung blockierten die Sioux und die Arikaras den Weg, so daß die Spanier bei ihren Unternehmungen nur wenige Meilen über die Mündung des Platte River hinaus gelangten. So vertrieben zum Beispiel die Mandan-Indianer im Jahre 1796 den in spanischen Diensten stehenden Engländer John Evans, weil, wie sie sagten, seine aus Spanien stammenden Waren den von kanadischen Händlern vertriebenen Gebrauchsartikeln an Qualität nachstanden. Im Gebiet der Sioux, der Mandans und der Blackfeet hatten sich die Agenten der Hudson's Bay Company und später der North West Company niedergelassen.

Den Weg zu den Quellen des Missouri öffneten, wie geschildert, Lewis und Clark auf ihrem Zug zum Pazifik. Jetzt trat das Prestige der Vereinigten Staaten ins Spiel, langsam zwar, doch erkennbar selbst für die entlegensten indianischen Nationen, die sich fortan mit dem amerikanischen Souveränitätsanspruch auseinanderzusetzen hatten. Nach der Rückkehr der Expedition im September 1806 machten sich sogleich amerikanische, französische und spanische Pelzjäger und Abenteurer auf den Weg in die Jagdgebiete am obern Missouri. «Was Lewis und Clark und ihre Gefährten über das wilde Land zu berichten wußten, entfachte unter den jungen Leuten im Westen sogleich den Drang nach abenteuerlichen Geschäften», schreibt ein Zeitgenosse. Im folgenden Jahr waren mehrere Gruppen von Trappern am obern Missouri und seinen Nebenflüssen tätig, unter ihnen

Stromschnelle am Hoar-Frost River in Kanada

John Colter, Mitglied der Expedition von Lewis und Clark, der hier einem Abenteuer entgegenging, das zuverlässig und unvergeßlich in der Legende vom Westen aufgehoben ist. Colter und die andern Jäger machten sich auf ihren einsamen Streifzügen im Reiche der oft feindlich gesinnten indianischen Nationen kaum Gedanken darüber, daß sie so etwas wie eine Revolution im Pelzhandel anstifteten. Sie waren selber Jäger und nicht Händler, die mit Indianern um Pelze feilschten, und somit die ersten einer berühmten Generation von Trappern, die als ‹Mountain Men› ihren Platz in der Geschichte des Westens behaupten. Doch die Beteiligten waren kaum in der Lage, solche vielleicht für die Nachwelt ergiebige Betrachtungen anzustellen, denn der Aufenthalt am Big Horn River, am Yellowstone oder an den Gabeln des Missouri bedeutete für sie einen Kampf auf Leben und Tod. Die Blackfeet waren nach dem unglücklichen Zwischenfall mit Captain Lewis nicht gesonnen, irgendeinen Amerikaner in ihren Gefilden zu dulden. Wie weit sie auf ihrer unentwegten Jagd nach amerikanischen Skalps auf den Beifall oder gar auf eine Belohnung durch die kanadische North West Company zählen durften, darüber gehen die Meinungen auseinander. Die Sitten im Pelzgeschäft waren dazumal nicht zimperlich. Wir können nur vermuten, daß die Bilanz des im Rückblick so bedeutsamen Jahres 1807 für die amerikanischen Trapper nicht sehr günstig ausfiel. Vielleicht mit einer Ausnahme: Manuel Lisa.

Der Spanier Manuel Lisa hatte sich bisher dem von den Kanadiern so verachteten Pelzgeschäft am Mississippi und am Missouri gewidmet und versuchte nun, von St. Louis aus die Jagd am obern Missouri in großem Stil in Gang zu bringen. Sein erster Auszug führte ihn mit seiner Trapperbrigade zu den Mandan-Dörfern und den Yellowstone hinauf bis zur Mündung des Big Horn River. Hier erbaute er eine befestigte Handelsstation, später Manuel's Fort genannt, eine Herausforderung für die Blackfeet und zugleich ein Ärgernis für die freien Trapper, denn das Fort bedeutete für sie die ununterbrochene Gegenwart einer übermächtigen Konkurrenz. Denn wie Manuel Lisa sich den Pelzhandel vorstellte, blieb nicht länger verborgen. Nach seiner Rückkehr nach St. Louis gründete er gemeinsam mit der Dynastie der Chouteau und einigen andern Bürgern der Stadt die St. Louis Missouri Fur Company. Das Kapital der neuen Gesellschaft, knapp vierzigtausend Dollar, war, an den ehrgeizigen Zielen gemessen, mehr als dürftig; doch die Energie und die Schlauheit des Spaniers wogen diesen Mangel auf. Lisa hielt sich an die alte, den Amerikanern ungewohnte Erfahrung, daß der Pelzhandel keinen freien Wettbewerb ertrug, und richtete sich auf einen unbarmherzigen Kampf gegen jeden ein, der ihm bei seinen Unternehmungen in die Quere kam. Gegenüber den im Umgang so schwierigen indianischen Nationen am Missouri von den Teton-Sioux bis zu den Mandans bewies Manuel Lisa persönlichen Mut und außerdem eine Gewandtheit, wie sie bisher noch kein Amerikaner gezeigt hatte. Daher der Verdacht, er stifte die Indianer zu Untaten gegen seine Konkurrenten an. Kein Mensch im Westen, der dem dunkelhäutigen Kreolen gegenübertrat, tat es mit unbeteiligten Gefühlen. Vermutlich überwog die Abneigung gegen den fremdartigen, unheimlich tüchtigen Mann. «Wir verabscheuten und verachteten Lisa durch und durch, sowohl seiner Taten wie auch seines schlechten Rufes wegen», schrieb der biedere und erfolglose Trapper Thomas James. «Es gingen zahlreiche Gerüchte um, die von den Gaunerstücken handelten, die er im Frontier verübt haben soll. Diese Geschichten mögen falsch oder doch übertrieben sein, doch über sein Aussehen gab es keine Täuschung. Schurkerei saß in jeder Falte seines dunkelhäutigen Mexikaner-Gesichts, aus dem schwarze spanische Augen blickten, und Schurkerei schien auch hinter seiner schuftenhaft niedrigen Stirne zu herrschen.»

Schritt für Schritt baute Manuel Lisa, für manchen Zeitgenossen der Bösewicht in Person, sein neues Reich auf. Im Frühjahr 1809 sandte er eine Expedition von zweihundertfünfzig Mann den Fluß aufwärts bis zu den Gabeln des Missouri. Hier und am Big Horn River hausten noch Biber im Überfluß, die dank ihrer kostbaren Felle die besseren Preise einbrachten als die weiter unten erlegten Tiere.

Der ‹Mountain Man› war während Jahrzehnten eine legendäre Gestalt

Erfahrene Trapper wie Andrew Henry und John Colter arbeiteten für die St. Louis Missouri Fur Company. Bei den Sioux, den Arikaras und den Mandans legte die Gesellschaft Handelsposten an. Soweit bewegten sich die Männer Manuel Lisas in einem notdürftig gesicherten Revier, in dem die Diplomatie des leitenden Teilhabers mindestens für seine Leute einen prekären Landfrieden erwirkte. Doch weiter hinauf reichte die Macht des Spaniers nicht. Andrew Henry errichtete zwar im Sommer 1810 am Zusammenfluß des Jefferson und des Madison ein bescheidenes Lager. Henrys Trapperbrigade glich aber bald einer belagerten Garnison auf verlorenem Außenposten, denn wiederum stürzten sich die Blackfeet auf die unerwünschten Amerikaner. Der Gelehrte H. M. Brackenridge, der im folgenden Jahr Manuel Lisa auf der Suche nach Andrew Henry begleitete, schilderte diese Episode in seinem Reisebericht: «Der größere Teil der Mannschaft, der aus Jägern bestand, zog vorwärts zu den Gabeln des Missouri, wo das Land einen Überfluß an Bibern aufweist, denn ihre Absicht war gleicherweise auf Jagd wie auf Handel gerichtet. Bevor sie dort eintrafen, sahen sie ihre Hoffnung getäuscht durch die Feindseligkeit der Blackfoot-Indianer, eines mächtigen Volkes, das nach dem unglücklichen Streit, in dem Lewis und Clark zwei oder drei Leute von ihrer Nation getötet hatten, den Amerikanern feindlich gesinnt war, wobei vermutlich die britischen Gesellschaften in ihrem Konkurrenzneid die Glut noch schürten. Fünfzehn oder zwanzig amerikanische Jäger waren überfallen und neun davon getötet worden. Die größte Vorsicht war angebracht, wollte man auf die Jagd gehen, und die Trapper sahen sich genötigt, innerhalb ihres festen Platzes zu bleiben oder sich in der nächsten Umgebung aufzuhalten. Man nimmt an, daß bei den verschiedenen Gefechten mit den Wilden diese etwa vierzig Mann, die Weißen mindestens zwanzig einbüßten. Auf diese Weise wurde über das Unglück hinaus eine unversöhnliche Feindschaft heraufbeschworen, die unsere Kaufleute und Jäger auf lange Zeit aus diesem westlichen Landstrich, der weitaus die besten Chancen bietet, vertreibt. Wäre die Gesellschaft ungestört geblieben, so rechnet man, sie hätte im ersten Jahre dreihundert Ballen Biberfelle gesammelt, so aber brachte sie nur zwanzig nach Hause. Im folgenden Jahr fuhr ein beträchtlicher Teil der Amerikaner den Fluß hinab. Die restliche Mannschaft blieb bis zum Herbst im Fort, wo Herr Henry, der damalige Anführer, in Sorge wegen eines möglichen Angriffs und mehr noch wegen der allgemein mühseligen Lage, sich zu einem Marsch über das Gebirge entschloß, um den Winter an einem Arm des Columbia zuzubringen.»

Der Rückzug der Trapper von den Gabeln des Missouri war ohne Zweifel eine empfindliche Niederlage für den amerikanischen Pelzhandel. Der Umstand, daß Andrew Henry auf seinem langen Heimweg am Snake River den ersten amerikanischen Handelsposten jenseits des Gebirges errichtet hatte, war ein geringer Trost. Manuel Lisa wagte sich im folgenden Jahr nicht über die Mandan-Dörfer hinaus. Hier traf er zu seiner Erleichterung Andrew Henry und die wenigen überlebenden Trapper vom obern Missouri. Zu diesem Zeitpunkt – im Jahre 1811 also – ahnte freilich keiner der Beteiligten, daß es ungefähr zehn Jahre dauern würde, bis die Amerikaner das Land der Blackfeet wieder betreten durften. Der im folgenden Jahr ausbrechende englisch-amerikanische Krieg setzte dem Pelzhandel am obern Missouri bis auf weiteres ein Ende. Der Feldzug im Norden nahm für die Amerikaner von Anfang an einen katastrophalen Verlauf, und die Vermutung, die mächtigsten unter den indianischen Nationen würden am Missouri mit den Engländern gemeinsame Sache machen, gedieh in St. Louis beinahe zur Gewißheit. In dieser Lage leistete der gebürtige Spanier Manuel Lisa seiner neuen Heimat einen Dienst, der, hätte ihn ein anderer vollbracht, wahrscheinlich in seiner ganzen Bedeutung gewürdigt worden wäre: Lisa überzeugte die ewig unruhigen ‹Piraten des Missouri›, die Teton-Sioux, von der Notwendigkeit, sich im eben heraufziehenden Krieg der Weißen neutral zu verhalten, womit die möglicherweise aus dieser Richtung drohende Gefahr behoben war. Ob es Manuel Lisa aus Loyalität oder aus Geschäftssinn tat, braucht die Nachwelt nicht zu kümmern.

In sechs turbulenten Jahren hatte sich am Missouri eine Generation von amerikanischen Trappern geformt, erfahren, verschlagen, mit dem Leben in der Wildnis und den Eigenarten der Indianer vertraut. Sie betraten Wege und Landstriche, die von den Vereinigten Staaten erst ein halbes Jahrhundert später wirklich in Besitz genommen wurden. Zwar wurden ihre Abenteuer nicht so gewissenhaft registriert wie die Erlebnisse von Lewis und Clark. War ein Trapper so vom Schicksal begünstigt, daß er seine unwahrscheinlichen Geschichten selber in St. Louis oder anderswo kolportieren konnte, so fand er meist keinen Glauben. Manches geriet in Vergessenheit, denn Taten und Ereignisse nahmen mit den Personen, die sie bestanden, ihr Ende. Einige Namen und Ereignisse wurden überliefert: Unter den Trappern, die im Kampf mit den Blackfeet ihr Leben ließen, befand sich der Franzose George Drouillard, ein Mann, der sein Leben lang im Westen zu Hause war. Unvergessen ist eine Episode, die unter dem Titel ‹Colter's Race› (Colters Rennen) berühmt geworden ist und die von John Colter und seinem unglücklichen Gefährten John Potts handelt. John Colter also: Im Jahre 1808 jagten Colter und Potts im Auftrag der St. Louis Missouri Fur Company am Jefferson River oberhalb der Gabeln des Missouri. Als sie in ihren Kanus auf der Suche nach Bibern den Fluß hinaufruderten, gerieten sie in einen Hinterhalt der Blackfeet. Colter verzichtete auf Widerstand, wurde von den Eingeborenen entwaffnet und nackt ausgezogen. Potts hingegen hielt sich in einiger Distanz vom Ufer und schoß, selber schon von einem Pfeil getroffen, einen Indianer nieder. Augenblicke später sank er, von unzähligen Kugeln durchbohrt, in sein Boot zurück. Die Blackfeet zogen den toten Trapper an Land und hieben ihn in Stücke. Für John Colter sah die Sache schlimm aus. Wie es schließlich zur unerwarteten Wendung kam, schildert Thomas James, der ein Jahr später mit Colter zusammentraf: «Er erwartete jeden Augenblick den Todesschlag oder den fatalen Schuß, der ihn neben seinen Kameraden hinstrecken würde. Rasch wurde ein Rat gehalten, der auf der Stelle über

---

HINDERNISREICHE SCHIFFAHRT AUF DEM MISSOURI zu Seite 40/41

Als Prinz Maximilian zu Wied seine Missouri-Reise auf dem Dampfboot ‹Yellowstone› unternahm, war er beunruhigt und fasziniert zugleich wegen der Gefahren der Schiffahrt auf dem mächtigen Strom. Am 18. April 1833 geriet das Boot auf eine Sandbank – ein alltäglicher Zwischenfall, den der Prinz getreulich beschreibt. Der Illustrator Karl Bodmer hielt denselben Vorgang im Bilde fest (nächste Doppelseite):

«Nachdem die zerstreute Mannschaft durch den mehrmaligen Ruf der Glocke aus den Waldungen zurück gerufen war, setzte man die Reise fort, war aber bald genöthiget zu sondiren und einige gefährliche Baumstämme abzusägen, dann setzte man 26 Mann auf einer Sandbank links aus, welche das Dampfschiff zogen. Ihre vereinten Anstrengungen zerrissen plötzlich das Seil, und alle Schiffzieher stürzten zur allgemeinen Belustigung auf den Sand nieder. Zur Vorsicht hatte man das Schiff an einen großen Baum befestigt, welches unsere Rettung war; denn bald nachher wurde das Steuerruder ausgehoben und

unbrauchbar gemacht, wir würden daher ohne Zweifel gegen die Spitzen der Baumstämme getrieben seyn. Erst um 2 Uhr war das Ruder wieder eingerichtet, wir geriethen aber bald auf eine Sandbank, wo wir die ganze kommende Nacht hindurch zu verweilen genöthiget waren. Als die Nacht kam, war unsere Lage nicht sehr sicher, auf der Bank war der Strom sehr stark, und da das Schiff nicht zu befestigen war, so konnten wir sehr leicht fortgeführt werden, jedoch der Fluß fiel immer mehr. –

Am folgenden Morgen (19. April) war die Atmosphäre trübe, ohne Zweifel durch einen Prairie-Brand; um 9 Uhr 65° Fahr. Das Schiff lag noch immer 3½ Meilen von Fort-Osage auf der Sandbank, bewegte sich jedoch ein wenig, und man versuchte dasselbe durch Ausladen zu erleichtern. Ein Flatboat (flaches Fahrzeug, oder eine flache viereckige Fähre) wurde aus der Nähe herbei geschafft, mit einem Theile der Waaren beladen, und auf diese Art mehrmals an das Land gesendet, wo man die Güter am Ufer im Walde aufschichtete und mit Tüchern bedeckte. Während des-

sen waren die Jäger ausgegangen, welche zwar ein Rudel Wildpret sahen, aber nichts erlegten, als einige Eichhörnchen. Um 12 Uhr am Mittage 70½° Fahr. Herr Bodmer hatte die Scene sehr getreu gezeichnet, wo das Dampfschiff durch das platte Fahrzeug erleichtert ward. Um 4 Uhr nach Mittag war es endlich den vereinten Anstrengungen der Mannschaft gelungen, den Yellow-Stone von der Sandbank zu ziehen, und etwas unterhalb des einfallenden Fishing-Creek an das rechte Ufer in tieferes Wasser zu bringen.»

Als Mark Twain beinahe dreißig Jahre später über die gleiche Strecke fuhr, meinte er: «In der Tat, das Boot hätte fast ebensogut zu Land nach St. Joseph fahren können, machte es doch nahezu die ganze Zeit seinen Weg auf dem Trockenen – indem es mit Geduld und Emsigkeit den ganzen Tag über Riffe kletterte und über ‹snags› hinrutschte ...»

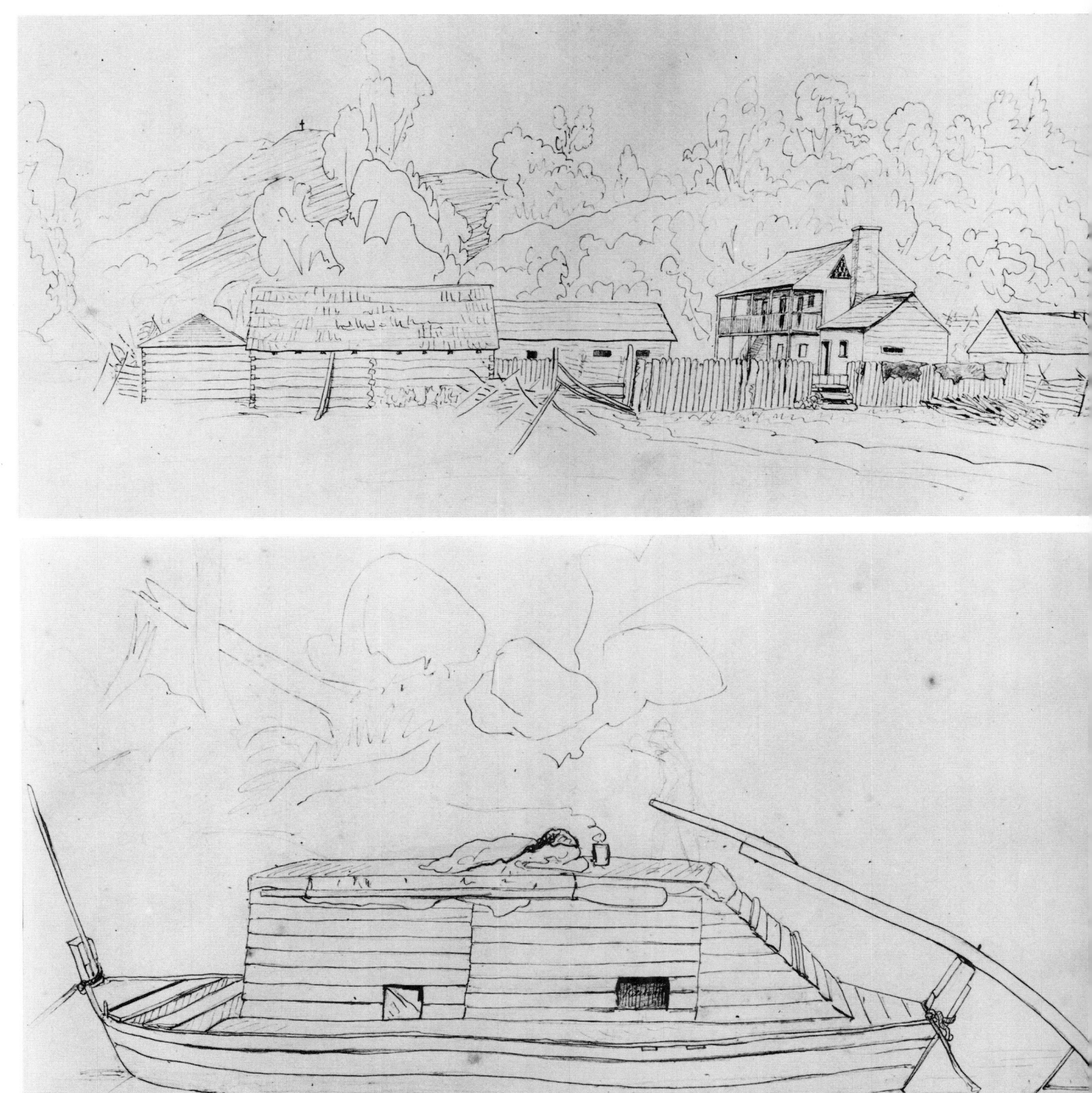

Der Handelsposten Bellevue, unterhalb der spätern Stadt Omaha am Missouri gelegen (oben). Flußboot auf dem Missouri, wie es bis über die Jahrhundertmitte hinaus verwendet wurde (unten). Die Zeichnungen stammen aus dem Skizzenbuch des Schweizers Friedrich Kurz.

Der Dampfer ‹Yellowstone› sitzt im Unterlauf des Missouri auf einer Sandbank fest und
wird mit Hilfe eines flachen Kahns entladen,
damit er leichter flottgemacht werden kann.
Der Kupferstich stammt von Karl Bodmer.

Karl Bodmer: Indianer auf der Büffeljagd.
In den dreißiger Jahren zeigten sich die Bisons
noch zu Tausenden am Oberlauf des Missouri.

sein Schicksal entscheiden sollte. Er erwartete, durch den Tomahawk zu sterben, langsam und gräßlich. Doch die Eingeborenen hatten großzügig beschlossen, ihm eine wenn auch geringe Chance des Überlebens zu geben. Ein Anführer zeigte auf die Prärie, bedeutete ihm mit der Hand, sich zu entfernen, und sagte in der Crow-Sprache: ‹Geh – geh weg!› Colter nahm an, er werde erschossen, sobald er sich etwas von der Menge entfernt habe und ein gutes Ziel für ihre Gewehre biete. So begann er, im Schritt davonzugehen. Doch ein alter Indianer forderte ihn mit ungeduldigen Zeichen und Rufen auf, schneller zu gehen, und als er immer noch im Schritt marschierte, äußerte der selbe Indianer seinen Wunsch mit noch heftigeren Zeichen und Beschwörungen. Als er sich achtzig oder hundert Schritte von seinen Feinden entfernt hatte, blickte er zurück und sah, wie die jüngeren Krieger ihre Decken, Gamaschen und andere hindernde Kleidungsstücke von sich warfen, als ob sie sich für ein Rennen vorbereiteten. Nun erkannte er die Absicht. Es sollte ein Rennen stattfinden, bei dem sein Leben und sein Skalp als Preis eingesetzt waren. Nun raste er davon mit der Geschwindigkeit des Windes. Sofort erhob sich hinter ihm ein Kriegsgeschrei, und wie er sich umwandte, sah er eine beträchtliche Gesellschaft von jungen Kriegern, die ihn, mit Speeren bewaffnet, verfolgten. Er rannte mit aller Kraft, die ihm seine zum äußersten angespannte Natur verlieh. Furcht und Hoffnung liehen seinen Füßen übernatürliche Ausdauer, und er selbst staunte über seine Schnelligkeit. Vor ihm, fünf Meilen vom Ausgangspunkt entfernt, lag Madison Fork. Er hatte den halben Weg zurückgelegt, als seine Kräfte zu schwinden begannen und Blut aus seiner Nase floß. Er stand still und blickte zurück. Die Verfolger hatte er weit hinter sich gelassen, und seine Flucht mußte gelingen, wenn seine Kraft ausreichte. Ein einziger Indianer, den andern weit voraus, kam rasch heran. In der rechten Hand hielt er einen Speer, von seinem linken Arm und von der Schulter flatterte eine Decke. An Flucht war nicht mehr zu denken. So wartete Colter auf seinen Verfolger und rief ihm in der Crow-Sprache zu, er solle sein Leben in Sicherheit bringen. Der Indianer schien nicht zu hören. Vielmehr warf er die Decke weg, faßte den Speer mit beiden Händen, stürzte auf den nackt und wehrlos vor ihm stehenden Colter zu und versuchte verzweifelt, ihn zu durchbohren. Colter ergriff mit der rechten Hand den Speer nahe der Spitze und brach, unterstützt vom Gewicht des fallenden Indianers, die eiserne Spitze ab. Er behielt sie in der Hand, während der Eingeborene zu Boden fiel und ausgestreckt und entwaffnet zu seinen Füßen lag. Nun war es an ihm, um sein Leben zu bitten, was er in der Crow-Sprache tat, und er hob flehend die Hände. Doch Colter war nicht in einer Laune, die Gnade aufkommen ließ. Mit einem Streich durchbohrte er seinen Gegner und heftete ihn mit der Speerspitze an den Boden. Dann zog er die Waffe aus dem Körper des sterbenden Indianers, nahm seine Decke als rechtmäßige Beute an sich und begann mit neuer Kraft zu rennen. Dabei fühlte er sich, wie er mir später erzählte, als ob er noch keine Meile zurückgelegt habe ...» Colter erreichte heil den Madison River, tauchte unter die verwachsenen Ufer und versteckte sich vor den anrückenden Indianern in einem Biberbau. Sein Abenteuer endete nach Tagen der Flucht in Manuel's Fort am Yellowstone. Die Geschichte von ‹Colter's Race› jedoch wurde zum Modell und zum anerkannten Beispiel für das gefahrvolle Leben der Trapper. Eigenartig genug: John Colter starb Jahre später in St. Louis an Gelbsucht.

Die St. Louis Missouri Fur Company war den zivilen Behörden und der Armee im Westen um Jahre voraus; doch beschränkte sie sich in ihrer Tätigkeit, von einigen Streifzügen über die Rocky Mountains abgesehen, auf das Territorium der Union. Zwar zielte der Ehrgeiz Manuel Lisas weit über die Grenzen hinaus, aber Operationen auf der pazifischen Seite des Gebirges hätten Mittel erfordert, die weder ihm noch den andern Teilhabern zur Verfügung standen. So blieb es zu seinem Verdruß einem andern vorbehalten, als Pionier und Schrittmacher der nationalen Expansion den amerikanischen Pelzhandel bis zum Pazifik auszudehnen. Der Mann hieß Johann Jacob Astor und stammte aus Waldorf bei Heidelberg. Das Unternehmen, das er kurz vor dem englisch-amerikanischen Krieg von 1812 in Gang brachte, endete mit einer eindeutigen Pleite, doch es setzte politische Kräfte in Bewegung, die nach einem Jahrzehnte dauernden Konflikt den Anschluß Oregons an die Union herbeiführten. Washington Irving hat dem so hoffnungsvoll begonnenen Feldzug Astors in seinem Buch ‹Astoria› ein historisches und literarisches Denkmal gesetzt. Astor hatte nach der Jahrhundertwende den Pelzhandel im Osten der Vereinigten Staaten in die Hände bekommen und pflegte seither auch enge Beziehungen zu den kanadischen Gesellschaften. Im Jahre 1809 gründete er die American Fur Company mit einem Kapital von einer Million Dollar. Astor zeigt in seinen Veranstaltungen einen ausgesprochenen Hang zum Monumentalen. So war niemand erstaunt, als er im Jahre 1811 die Aktien der kanadischen Mackinaw Company kaufte. Vermutlich würde er das Pelzgeschäft in den Vereinigten Staaten bald souverän beherrscht haben, hätte nicht die vergleichsweise so bescheidene Gesellschaft Manuel Lisas in St. Louis ihre Domäne hartnäckig behauptet. Doch wie gesagt, Astors Pläne gingen über die Rocky Mountains hinaus. Zu einem Teil ließ er sich von den Ideen leiten, die Sir Alexander Mackenzie erfolglos seinen Partnern von der North West Company vorgetragen hatte. An der pazifischen Nordwestküste betrieben amerikanische, britische und russische Schiffe den Seeotterhandel, wobei einzig die Russen in Sitka und an andern Küstenplätzen in festen Niederlassungen saßen. Im Innern des Landes hatte hingegen die Jagd auf Biber noch kaum begonnen. Erst im Jahre 1807 erforschte Simon Fraser, ein Winter-Teilhaber der North West Company, den später nach ihm benannten Fluß im heutigen British Columbia, und im selben Jahr begann David Thompson, Astronom und Geograph im Dienste der gleichen Gesellschaft, mit Forschungen und Jagd an den Quellwassern des Columbia River. Doch es fehlten feste Stützpunkte.

Washington Irving, der sich auf Astor persönlich beruft, schildert das Konzept des großen Unternehmers wie folgt: «Er wollte ein Haupt-Comptoir an der Mündung des Columbia River, eine Kette von Handelsposten längs dieses Flusses und am Missouri errichten, sowie einige weniger bedeutende Stationen im Innern des Landes und an einigen Nebenflüssen des Columbia. Diese Posten sollten alles, was sie benötigten, vom Haupt-Comptoir beziehen und anderseits das gewonnene Pelzwerk dorthin führen. Ferner wollte er an der Mündung des Columbia River Küstenschiffe bauen lassen, die während der günstigen Jahreszeit den Handel längs der Nordwestküste betreiben und die gesammelten Pelze ebenfalls zum Haupt-Comptoir bringen sollten. Von New York aus würde jährlich ein großes Schiff mit dem Nachschub für das Unternehmen nach der Hauptniederlassung am Pazifik segeln. Hier sollte es das im Laufe des Jahres gewonnene Pelzwerk an Bord nehmen, damit nach China fahren und von dort mit chinesischen Artikeln beladen nach New York zurückkehren.» Astor war nicht so naiv, zu glauben, die North West Company und die russische Pelzhandelsgesellschaft in Alaska würden die Gegenwart eines neuen Rivalen im Pazifik ohne Widerspruch hinnehmen. Die Russen waren zwar in ihrer Versorgung auf amerikanische Schiffe angewiesen, doch gerade dieser Umstand war nicht dazu angetan, ihre Stimmung gegenüber den Vereinigten Staaten zu verbessern. Die Kapitäne der amerikanischen Segler trieben, so lautete die Klage der Russen, die inzwischen bis nach Washington gedrungen war, mit den Indianern an der Küste einen chaotischen Handel, wobei sie den gefährlichen Nachbarn der russischen Stützpunkte bedenkenlos Feuerwaffen lieferten. In dieser Frage war Astor um eine Lösung nicht verlegen. Er würde, so lautete sein Angebot, die Lebensmittel für die russischen Stationen auf seinen eigenen jährlich nach dem Columbia River segelnden Schiffen mitführen und somit den unzuverlässigen amerikanischen Kollegen das Geschäft verderben.

Mehr Sorge bereitete die kanadische North West Company. Soeben hatte David Thompson am Oberlauf des Columbia den ersten Posten der Gesellschaft westlich der Rocky Mountains errichtet. Es stand also, wenn sich kein Ausweg fand, in den

Sitka, Residenz des russischen
Gouverneurs von Alaska, im Jahre 1843

zum Pazifik führenden Flußtälern ein erbarmungsloser Kampf zwischen zwei
mächtigen Rivalen bevor. Astor schlug den Kanadiern eine Beteiligung an seiner
eigenen Unternehmung vor. Die umständlichen Verhandlungen blieben ohne Er-
gebnisse, denn die North West Company war davon überzeugt, daß sie sich im
Westen in einer günstigeren Position befand als die Amerikaner. Sie setzte eine
Expedition nach der Mündung des Columbia in Bewegung mit dem Auftrag, ein
Fort zu bauen, noch bevor die Leute Astors erschienen. Astor hätte zu diesem
Zeitpunkt noch auf sein Vorhaben verzichten können, doch es lag nicht in seiner
Natur, vor Hindernissen zu kapitulieren. Präsident Jefferson war der Sache gün-
stig gesinnt, und die Hoffnung, bei gutem Verlauf würde früher oder später auch
das Prestige der Nation engagiert sein, war nicht unbegründet. Außerdem wußte
Astor sehr genau, wo die schwache Stelle der kanadischen North West Company
lag: Die in Monopolen erstarrte Handelsstruktur des britischen Weltreichs
hinderte die Gesellschaft daran, den Pelzhandel westlich der Rocky Mountains
nach Belieben einzurichten. Das vorteilhafteste Geschäft, nämlich der Handel mit
Kanton, scheiterte am fest verankerten Privileg der Ostindischen Gesellschaft, die
keinen britischen Rivalen in chinesischen Häfen duldete. Wollte die North West
Company Pelzwerk nach chinesischen Märkten bringen, so war sie – peinlich
genug – auf amerikanische Schiffe angewiesen, deren Kapitäne sich nicht um
Monopole scherten und bei diesem Geschäft den Löwenanteil in ihre Tasche
steckten. Blieb also nur der Landweg quer durch den Kontinent, der wegen seiner
Umständlichkeit das geschäftliche Ergebnis zum vorneherein schmälerte.

Am 23. Juni 1810 errichtete Johann Jacob Astor die Pacific Fur Company. Dabei
machte er drei Männer zu Teilhabern, die bisher im Dienste der North West Company gestanden hatten und aus irgendwelchen Gründen in ihrer Karriere nicht
über die untern Ränge hinausgelangt waren: Alexander McKay, ein Gefährte Sir
Alexander Mackenzies auf seinen beiden Expeditionen zum Pazifik, Duncan
McDougal und Donald McKenzie. Zum Stellvertreter und eigentlichen Führer
der Unternehmung wurde ein weiterer Teilhaber, der Amerikaner Wilson Price
Hunt, erkoren, ein rechtschaffener Mann, doch ohne Erfahrung im Westen.
Washington Irving nennt einige wichtige Bedingungen des Gesellschaftsvertrages:
«Den Artikeln des Vertrages zufolge sollte Astor Chef der Gesellschaft sein und
ihre Angelegenheiten in New York verwalten. Er verpflichtete sich, Waren zum
Tauschhandel, Lebensmittel, Munition und alles zum Unternehmen Notwendige
zum Selbstkostenpreis und bis zum Betrag von 400000 Dollar zu liefern. Das
Kapital der Gesellschaft sollte in hundert gleiche Teile geteilt werden, von denen

fünfzig zur Verfügung Astors blieben, die übrigen fünfzig hingegen den Teilhabern überlassen werden sollten.» Außerdem wurde vereinbart, daß die Teilhaber der zweiten fünfzig Aktien verpflichtet seien, «die ihnen von der Gesellschaft an der Nordwestküste zugewiesenen Geschäfte getreulich zu erfüllen und sich überall hinzubegeben, wohin sie durch den Willen der Mehrheit geschickt würden». Je weiter das Unternehmen fortschritt, desto weniger sollten sich, wie Astor später zu seinem Schaden erfuhr, die Teilhaber an diese Klausel erinnern.

Die Historiker sind sich darüber einig, daß Astor in der Wahl seiner Mitarbeiter einen unverzeihlichen Fehler beging. Ein Schluß, der sich post festum mühelos ergibt, aber die Frage offenläßt, ob sich geeignetere Leute hätten finden lassen. Vielleicht hätte sich Astor in St. Louis und anderswo am Mississippi umsehen müssen, aber dort war man mit eigenen Unternehmungen beschäftigt und nicht gewillt, für den Geschäftsmann in New York die Kastanien aus dem Feuer zu holen. In der Tat scheint Astor, als er die britischen Teilhaber gewann, die damals schon offenkundige Gefahr eines Krieges zwischen England und Amerika unterschätzt zu haben. Diese Männer mußten im Falle einer bewaffneten Auseinandersetzung unweigerlich in einen Gewissenskonflikt geraten, hatten doch die Pläne der Pacific Fur Company unverkennbar auch eine politische Seite. Sollten sie sich, vor die Entscheidung gestellt, gegenüber ihrem Geschäftspartner oder gegenüber der Heimat loyal verhalten? Wie ernst sich diese Frage stellte, geht daraus hervor, daß zwei der kanadischen Teilhaber noch vor der Abreise den britischen Gesandten über die Einzelheiten des Unternehmens ins Bild setzten.

Astor rüstete zwei Expeditionen aus, um sein Projekt zu verwirklichen. McDougal und McKay sollten mit den Angestellten, einer Gruppe von kanadischen ‹voyageurs› und mit sämtlichen Vorräten an Bord des Schiffes ‹Tonquin› nach der Mündung des Columbia segeln und am Bestimmungsort eine befestigte Niederlassung anlegen. Die ‹Tonquin›, ein Segler von 290 Tonnen mit zwanzig Matrosen, stand unter dem Befehl von Kapitän Jonathan Thorn. Eine Gruppe unter Wilson Price Hunt wollte die Reise auf dem Landweg über die Rocky Mountains unternehmen und unterwegs die für Handelsstationen geeigneten Stellen erkunden.

Die Schwierigkeiten begannen auf der ‹Tonquin›. Bereits die Ausfahrt aus dem Hafen von New York gab zu Besorgnis Anlaß. In der Stadt ging das Gerücht um, ein britisches Kriegsschiff kreuze vor der Küste mit dem Auftrag, die ‹Tonquin› aufzuhalten und die aus Kanada stammenden britischen Staatsangehörigen von Bord zu holen. Schließlich gewann das Schiff im Schutz der Fregatte ‹Constitution› die hohe See. Kapitän und Passagiere fanden vom ersten Tag an wenig Gefallen aneinander. Kapitän Thorn, eine unglückliche Wahl auch er, stammte aus der Kriegsmarine und hielt sich bei aller Tüchtigkeit engstirnig an die dort üblichen Begriffe von Disziplin. Mit den streitsüchtigen ‹voyageurs› kam er so wenig zurecht wie mit den Teilhabern, die er als Angestellte seines Herrn und nicht, wie sie wünschten, als Miteigentümer des Schiffes betrachtete. Die endlose Reihe der Zwischenfälle hob bereits am ersten Abend an. Ein banaler Anlaß führte zu einer unwürdigen Szene, die Washington Irving in Einzelheiten schildert: «In der ersten Nacht manifestierte Thorn seine Kriegsschiff-Disziplin damit, daß er befahl, um acht Uhr alle Lichter in der Kajüte zu löschen. Der Stolz der Teilhaber war sogleich verletzt, denn sie betrachteten eine solche Verfügung als einen nicht zu duldenden Eingriff in ihre Rechte, da sie sich ihrer Meinung nach an Bord ihres eigenen Schiffes befanden, wo sie sich nach Lust und Laune betragen konnten. McDougal warf sich zum Sprecher in der Sache auf. Er war ein lebhafter, reizbarer, jähzorniger und ruhmrediger kleiner Mann, der sich als Stellvertreter Astors auf dem Schiff nicht wenig einbildete. Ein heftiger Zank brach los, und Thorn drohte, er werde die Teilhaber in Ketten legen, wenn sie sich widerspenstig zeigten. Darauf zog McDougal eine Pistole und drohte, den Kapitän zu erschießen, wenn er es wagen würde, die Teilhaber so schimpflich zu behandeln. Es brauchte ziemlich lange, bis es den gemäßigten Zuschauern gelang, die erzürnten Parteien zu besänftigen.» Am 8. September 1810 hatte die ‹Tonquin› den Hafen von New York verlassen, am 22. März des folgenden Jahres traf das Schiff nach einem Aufenthalt auf den Sandwich-Inseln vor der Mündung des Columbia River ein. Die Feindschaft zwischen Kapitän Thorn und seinen Passagieren war während der langen Fahrt bis zu einem Punkt gediehen, wo an eine weitere Zusammenarbeit nicht mehr zu denken war. Im einfachen Gemüt des Kapitäns hatte sich inzwischen der unverrückbare Verdacht festgesetzt, die aus Schottland stammenden Teilhaber und Angestellten planten einen Verrat an Astor. In den Briefen an Astor führte er darüber bewegte Klage.

Auf einer ‹Point George› genannten Landzunge in der Mündung des Flusses begannen die Teilhaber mit dem Bau eines Forts. Thorn ließ sämtliche für die Niederlassung bestimmten Vorräte und Gegenstände, darunter einen in seine Bestandteile zerlegten Küstenschoner, so rasch wie möglich an Land schaffen, denn er wollte gemäß den Instruktionen Astors den Sommer hindurch mit seinem Schiff an der Nordwestküste den Pelzhandel betreiben. Noch bevor die Expedition ein Dach über dem Kopf hatte, stach die ‹Tonquin› mit ihrem hypochondrischen Kapitän wieder in See, dem Untergang entgegen.

Die Teilhaber gaben der Niederlassung, die langsam emporwuchs, den Namen ‹Astoria›. Wohnhaus und Faktorei wurden nach dem im Westen verbreiteten Modell mit einem rechteckigen, von zwei Bastionen flankierten Palisadenzaun umgeben. Das Fort mit den beiden Vierpfündergeschützen war eine bescheidene Anlage, doch auf die Eingeborenen verfehlte es die Wirkung nicht. Die Stimmung in Astoria war in diesem ersten Sommer gedrückt. Indianer brachten die zuverlässige Nachricht, daß die North West Company soeben am Spokane River, einem nördlichen Zufluß des Columbia, eine Niederlassung gegründet hatte. Man beschloß, dem Vorstoß der Kanadier mit einer eigenen Unternehmung zu begegnen und am Okinagan einen Handelsposten einzurichten. Der Leiter der neuen Expedition, David Stuart, hatte Astoria noch nicht verlassen, als ein kleines Boot mit britischer Flagge im Hafen vor dem Fort einlief: David Thompson, der kühne Astronom der North West Company, der sich seit Jahren am Oberlauf des Columbia River aufhielt und nun vergeblich versuchte, den Amerikanern im Wettlauf nach der Mündung des Flusses zuvorzukommen. Über die Natur seiner Mission herrschte kein Zweifel: Thompson hatte unterwegs in den indianischen Dörfern britische Flaggen verteilt und an den Gabeln des Columbia im Namen des Königs von England das Territorium für die North West Company in Besitz genommen. Das Verhalten McDougals, der bis zur Ankunft Hunts in Astoria die

Fort George, das ehemalige Astoria, in den vierziger Jahren des 19. Jahrhunderts.

Geschäfte führte, gab den andern Teilhabern Rätsel auf. Er empfing den ungebetenen Besucher mit einem Aufwand, der zwar den Gesetzen der Gastfreundschaft, aber kaum den Intentionen Astors entsprach. Dazu schreibt Washington Irving: «Obschon Herr Thompson von den Astoriarern für nichts anderes als ein Spion gehalten wurde, nahm ihn Herr McDougal, der für die North West Company eine geheime Neigung hegte, sehr gut auf, lud ihn ins Hauptquartier ein und bewirtete ihn samt seinen Leuten aufs beste. Darüber hinaus versah er ihn, was allerdings auffallend erscheint, mit Waren und Lebensmitteln zur Rückreise über das Gebirge, ganz gegen den Willen des Herrn David Stuart, der die sehr richtige Ansicht vertrat, der Zweck der Reise des Herrn Thompson sei nicht der Art, daß er ihm Anspruch auf Unterstützung von seiten der Astorianer verleihe.»

Im August des Jahres 1811 brachten Eingeborene die ersten unsicheren Gerüchte über das Schicksal der ‹Tonquin› nach Astoria. Mit der Zeit stellte sich die Gewißheit ein. Der halsstarrige Kapitän Thorn, ahnungslos im Umgang mit Indianern, hatte gegen den Rat seines Dolmetschers vor Vancouver Island angelegt, um mit den Eingeborenen eines Dorfes Handel zu treiben. McKay, der einzige Teilhaber an Bord, begab sich an Land und begann mit den Häuptlingen einen freundschaftlichen Palaver. Inzwischen ließ Thorn in der Hoffnung auf rasche Geschäfte die Indianer an Bord. Doch ihr lärmiges Gebaren und vor allem ihr Hang zum Feilschen versetzten ihn rasch in Wut. Er warf einem alten Häuptling das dargebotene Otterfell ins Gesicht und jagte die Gesellschaft schimpfend von Bord. Als der erfahrene McKay von der Sache hörte, riet er dem Kapitän, unverzüglich die Anker zu lichten, denn Rache schien ihm unvermeidlich. Kapitän Thorn hingegen fühlte sich sicher hinter seinen Schiffsgeschützen. Den dringenden Rat Astors, gegenüber den Indianern Vorsicht walten zu lassen, hatte er längst in den Wind geschlagen. Früh am nächsten Morgen wimmelte das Deck von Eingeborenen, die allem Anschein nach zu friedlichem Handel erschienen waren. Mit Vorliebe tauschten sie gegen ihre Felle Messer ein, doch die Amerikaner nahmen daran keinen Anstoß. Immerhin, dem Kapitän wurde die Sache wieder einmal zu bunt, und er befahl, das Deck zu räumen und die Anker zu lichten. Da stürzten sich die Indianer mit den neu erworbenen Waffen auf die wehrlosen Seeleute. Im allgemeinen Gemetzel gelang es nur wenigen Matrosen, sich in der Kajüte zu verschanzen und von dort aus die Angreifer mit Gewehrfeuer zu vertreiben. Am nächsten Morgen lag die ‹Tonquin› immer noch bewegungslos vor Anker. Die Eingeborenen näherten sich vorsichtig in ihren Booten, erblickten jedoch an der Reling nur den einzigen Überlebenden, den schwer verletzten Schiffsschreiber Lewis, der sie mit Zeichen aufforderte, an Bord zu kommen. Nach kurzer Zeit war das Deck von Indianern besetzt, die in wilder Freude zu plündern begannen. Da flog das Schiff mit gewaltigem Krachen in die Luft. Lewis hatte die Munitionskammer in Brand gesteckt und für seine gefallenen Kameraden fürchterlich Rache genommen. Das war das Ende der ‹Tonquin›.

Der Verlust des Schiffes wurde in Astoria als Katastrophe empfunden. Auch war am Ende des Jahres 1811 Wilson Price Hunt, Stellvertreter Astors und Anführer der Landexpedition, immer noch nicht in Astoria eingetroffen. Das Gefühl, verlassen in einem fernen Winkel des Kontinents zu sitzen, wurde noch verstärkt durch die feindselige Haltung einiger indianischer Völker. Mit den in der Nähe hausenden Chinooks hatte man zwar freundschaftlichen Umgang, und McDougal heiratete später eine Tochter des einäugigen Häuptlings Comcomly. Aber es bedurfte nach so viel Mißgeschick doch eines sichtbaren Zeichens, um die angeschlagene Reputation des weißen Mannes am untern Columbia wiederherzustellen. McDougal verfiel auf einen wirksamen, wenn auch fragwürdigen Trick. Vor den versammelten Häuptlingen zog er ein Fläschchen aus der Tasche und gab seinen Gästen zu verstehen, er halte darin die Pocken verschlossen und er sei als Besitzer dieses Giftes in der Lage, ganze Nationen von der Erde zu vertilgen. Die Pocken hatten kurz zuvor unter den Indianern am Columbia gewütet und mehrere Dörfer vernichtet. McDougal, in den Augen der Eingeborenen mit dieser schrecklichen Waffe ausgestattet, hieß fortan der ‹große Häuptling der Pocken›, und Astoria blieb von feindlichen Umtrieben verschont.

Wilson Price Hunt hatte sich noch im Sommer des Jahres 1810 mit dürftigem Erfolg bemüht, das Unternehmen von der Landseite her in Gang zu bringen. In Montreal und Mackinaw warb er kanadische ‹Reisende› und Angestellte, doch die North West Company verstand es mit List und Tücke, die guten Leute vom amerikanischen Rivalen fernzuhalten. Immerhin befanden sich in seiner Begleitung tüchtige Männer wie der Teilhaber Donald McKenzie und Ramsay Crook, auch er ein ehemaliger Mann der kanadischen Gesellschaft. Erst im September traf die Expedition in St. Louis ein, so daß an einen Aufbruch vor dem Frühjahr 1811 nicht zu denken war. Die Stadt St. Louis galt als teures Pflaster, und Hunt riskierte außerdem, daß sich seine Leute in den langen Wintermonaten eines Besseren besannen und samt den Vorschüssen davonliefen. So zog er mit seiner Gesellschaft noch im Oktober ein Stück weit den Missouri hinauf und errichtete bei Nodowa ein Winterlager. Er selbst begab sich nach St. Louis zurück, denn er hoffte, noch einige Jäger für seine Partie zu gewinnen. Noch nie waren die ‹Mountain Men› mit so verlockenden Angeboten überhäuft worden wie in diesem Winter, rüstete doch Manuel Lisa im gleichen Zeitpunkt eine Expedition, die nach dem an den Gabeln des Missouri verschollenen Andrew Henry forschen sollte. Für die Teilhaber der St. Louis Missouri Fur Company bedeutete die Versicherung Hunts, seine Unternehmung sei ausschließlich auf das Flußgebiet des Columbia gerichtet, einen geringen Trost, denn auch sie wünschten früher oder später in die Jagdgründe jenseits der Rocky Mountains vorzudringen.

Hunt verließ das Winterlager mit einem beachtlichen Vorsprung von drei Wochen auf seinen Widersacher aus St. Louis. Der zwischen den beiden Gruppen ausgetragene Wettlauf war reich an dramatischen und an komischen Zwischenfällen. Sorgen bereiteten wiederum die Teton-Sioux, die sich einmal mehr auf dem Kriegspfad befanden und Hunt an der Reise zu den Arikaras und den Mandan-Indianern, ihren geschworenen Feinden, zu hindern suchten. Eine kriegerische Demonstration der amerikanischen Flottille und reichliche Geschenke brachten sie zur Vernunft. Inzwischen nahte Manuel Lisa in Tages- und Nachtreisen, wie sie noch kein Missouri-Fahrer je unternommen hatte. In vierundzwanzig Stunden legten seine ‹voyageurs› bis zu fünfundsiebzig Meilen zurück. Am dritten Juni holte er die langsamer vorankommenden Boote der Pacific Fur Company ein. «Die beiden feindlichen Parteien fuhren, ständig in Sichtweite, den entgegengesetzten Flußufern entlang, doch waren die Boote Herrn Hunts immer etwas voraus, denn man wollte den übelgesinnten Lisa nicht früher zu den Arikaras kommen lassen», schreibt Washington Irving. Eine Zeitlang verbargen die beiden Parteien ihre Abneigung hinter mühsam bewahrter Höflichkeit. Vermutlich haben drei unbeteiligte Touristen, die beiden Naturforscher Bradbury und Nutall und der im Gefolge Manuel Lisas reisende Brackenridge, in ihrer Friedfertigkeit, die sich im Westen so seltsam ausnahm, einen blutigen Zusammenstoß verhindert, denn vor diesen Zeugen bewahrten die Hitzköpfe eine gewisse Selbstbeherrschung.

Hunts Wunsch, im Dorf der Arikaras oder bei benachbarten Nationen die für eine Landexpedition benötigten Pferde zu erwerben, ging nur zum Teil in Erfüllung, so daß die Hälfte der Mannschaft den Weg zu Fuß zurücklegen mußte. Man hatte sich für einen neuen, südlicheren Weg entschieden und hoffte, damit die gefährlichen Blackfeet zu umgehen. «Die alten Jäger und ‹Reisenden› von Lisas Expedition schüttelten den Kopf, als ihre Kameraden aufbrachen», weiß Washington Irving zu berichten, «und nahmen Abschied von ihnen als von verlorenen Männern. Selbst Lisa äußerte, als sie fort waren, sie würden das Gestade des Stillen Ozeans nie erreichen, sondern vorher in der Wildnis durch Hunger aufgerieben oder von den Indianern erschlagen werden.»

Die Expedition bewegte sich mühsam durch die Prärie, an den Black Hills vorbei und das Tal des Wind River aufwärts zum Union-Paß. Jenseits der Wind-River-Bergkette gelangte man ins Tal des Green River und von dort bis zur Stelle, wo im Vorjahr Andrew Henry sein Winterlager errichtet hatte. Hier beging Wilson Price Hunt einen schlimmen Fehler: Es galt zu wählen zwischen der Reise zu Land oder auf dem Fluß. Hunt entschied sich für die Bootsfahrt. Die Pferde überließ er den in der Gegend ansässigen Shoshonen. Nachdem sich die Fahrt auf den selbstgezimmerten Kanus anfänglich gut anließ, stand man plötzlich vor Stromschnellen und Schluchten, so daß jeder Gedanke an eine Fortsetzung der Reise verging. Also ließ die entmutigte Schar die Boote liegen und suchte sich einen Weg durch die winterlich verschneiten Blue Mountains. Hunt war keine überlegene Persönlichkeit, die ihre Leute auf dem nun folgenden Leidensweg hätte anführen können. Die Expedition spaltete sich in mehrere Gruppen auf, die nach unsäglichen Entbehrungen mitten im Winter am Columbia River eintrafen. Hunt selber erreichte Astoria im Februar 1812. «Ein ganzer Tag ging unter Festlichkeiten zur Ankunft Herrn Hunts und seiner Gefährten hin: die Flaggen wurden gehißt, die Kanonen und das kleine Gewehr abgefeuert, die Tische mit Fischen, Biberfleisch und Wildbret beladen – Gerichte, die den Wanderern, die sich so lange mit Pferde- und Hundefleisch hatten begnügen müssen, vortrefflich schmeckten ...»

Im Frühjahr zogen die Trapperbrigaden in die Fanggebiete aus, und alles deutete darauf hin, daß die Angelegenheiten der Pacific Fur Company nun allmählich den von Astor gewünschten Verlauf nehmen würden. Von New York her traf das Schiff ‹Beaver› mit reichlichem Nachschub ein, ging aber bereits im August wieder unter Segel, um an der Küste Pelzwerk zu laden und damit nach Kanton zu fahren. Auch Wilson Price Hunt, der leitende Teilhaber in Astoria, begab sich an Bord, obschon seine Anwesenheit im Fort angesichts des zwiespältigen Charakters von McDougal dringend erwünscht gewesen wäre. So fielen in seiner Abwesenheit die Würfel über das Schicksal des Unternehmens, ohne daß er den Lauf der Dinge hätte steuern können. Im Jahre 1812 brach der englisch-amerikanische Krieg aus, und die North West Company setzte nun alles daran, die aufblühende Kolonie am Pazifik an sich zu bringen. Die Nachricht vom Kriegsausbruch drang im Januar des folgenden Jahres nach Astoria. Man vernahm ferner, daß ein Partner der North West Company, McTavish, einen Zug nach Astoria vorbereitete und daß sich ein britisches Kriegsschiff auf dem Weg zur Mündung des Columbia befand. Von diesem Augenblick an war McDougal nur noch auf die Liquidation des Unternehmens bedacht. Die unsicher gewordenen Teilhaber stimmten nach einigem Zögern zu. Als McTavish mit dem Gehaben eines Triumphators vor Astoria eintraf, beeilte sich McDougal, das Fort mit seinen bedeutenden Vorräten zu einem Schundpreis an die North West Company zu verschachern. So eilig ging der Handel vonstatten, daß bereits die britische Flagge auf dem Fort wehte, als das englische Kriegsschiff ‹Racoon› in den Columbia River einlief. Der Kapitän des Schiffes hatte auf einen glorreichen Kampf und reiche Beute gehofft und zeigte sich über alle Maßen verärgert, daß die Kaufleute das Geschäft bereits unter sich abgeschlossen hatten.

Das Verhalten McDougals beim Untergang Astorias war später Gegenstand endloser Erörterungen. Astor sprach offen von Verrat, andere hingegen urteilten nachsichtiger. Immerhin gibt die Tatsache zu denken, daß McDougal, während er formell noch die Geschäfte Astors verwaltete, im geheimen bereits in die Dienste der North West Company übergetreten und Teilhaber dieser Gesellschaft geworden war. Es wäre lediglich beizufügen, daß auch die Regierung der Vereinigten Staaten wenig oder nichts unternahm, um Astoria vor dem britischen Zugriff zu bewahren. Vielleicht hätte man sich die Kapitulation ehrenhafter vorstellen können; doch wie durfte man von den schottischen Teilhabern etwas verlangen, das die Union selbst nicht zu tun gewillt war? Am wenigsten über diesen Ausgang betrübt zeigten sich die Kaufleute von St. Louis, die stets um die führende Position ihrer Stadt besorgt waren. Im Friedensvertrag von Ghent verpflichteten sich die Engländer, Astoria den Amerikanern zurückzugeben. So geschah es im Jahre 1818, als in einem kümmerlichen Akt die amerikanische Flagge über dem Fort gehißt wurde. Für Astor war der symbolische Flaggenwechsel bloß eine Farce, denn die North West Company behauptete weiterhin unangefochten den Platz. Die Dinge gerieten erst wieder in Bewegung, als die englische Regierung, der blutigen Rivalitäten zwischen den beiden Gesellschaften überdrüssig, North West Company und Hudson's Bay Company im Jahre 1821 zur Fusion zwang. Von da an herrschte die Hudson's Bay Company in Oregon, bis die in wachsender Zahl über die Rocky Mountains vordringenden amerikanischen Siedler den Kongreß in Washington auf den Plan riefen.

Nach dem englisch-amerikanischen Krieg kehrten die amerikanischen Trapper nur zögernd in die Jagdgebiete zurück. Die Missouri Fur Company, Nachfolgerin der St. Louis Missouri Fur Company, versuchte ohne Erfolg, ihre Geschäfte wieder bis zu den Mandan-Dörfern auszudehnen. Der obere Missouri blieb für die Amerikaner ein unsicheres Revier. Im Sommer 1820 starb Manuel Lisa. An seine Stelle traten Männer, die im nun folgenden Jahrzehnt – zum Teil im Dienste anderer Gesellschaften – die Dinge im Westen erneut vorantrieben: Joshua Pilcher, Charles Bent, Lucien Fontenelle, William Henry Vanderburgh. Im Jahre 1822 gelang Johann Jacob Astor der Einbruch in die eifersüchtig gewahrte Domäne der Pelzhändler am Mississippi. Der Kongreß erteilte der American Fur Company die Konzession zur Errichtung einer Niederlassung in St. Louis. Ramsay Crook, ein Veteran des Astoria-Abenteuers, übernahm die Geschäftsführung. Wo sich Astor einließ, waren zum vornherein Unternehmungen von ungewöhnlichem Ausmaß zu erwarten. Doch vor ihm kamen andere Männer zum Zug. Im März 1822 erschien im ‹Missouri Republican› von St. Louis ein Aufruf, unterzeichnet von William H. Ashley, mit folgendem Wortlaut:

«An unternehmungslustige junge Männer:

Der Unterzeichnete wünscht hundert junge Männer in seinen Dienst zu nehmen in der Absicht, sie bis zu den Quellen des Missouri zu senden, wo sie ein, zwei oder drei Jahre für ihn tätig sein würden. Um Einzelheiten wende man sich an Major Andrew Henry bei den Bleiminen im County von Washington, der mit der Gruppe reisen und auch das Kommando übernehmen wird, oder an den Unterzeichneten, der sich in der Nähe von St. Louis aufhält.   William H. Ashley»

William H. Ashley, Geschäftsmann und Politiker in St. Louis, hatte sich während der Kriegsjahre wie der Trapper Andrew Henry in den Bleiminen von Potosi im spätern Staate Missouri betätigt. Inzwischen war das Pelzgeschäft wieder so verlockend geworden, daß sich die beiden Männer zu einer eigenen Unternehmung zusammentaten, die später unter dem Namen ‹Rocky Mountain Fur Company› so etwas wie eine Revolution im Pelzhandel bewirkte. Ashley war sein Leben lang kein ‹Mountain Man›, sondern ein auf raschen Reichtum bedachter Spekulant, doch die von ihm propagierten Methoden brachten einen neuen Stil in das traditionsreiche Gewerbe. Seine Gesellschaft operierte mit Brigaden von Trappern, die zumeist auf eigene Rechnung jagten und das Pelzwerk im Austausch gegen Ausrüstungsgegenstände und Handelswaren an Ashley übergaben. So blieb die Rocky Mountain Fur Company zur Hauptsache eine Vereinigung von freien Trappern, die sich für längere Zeit in den Jagdgebieten einrichteten und mit dem Leben in der Wildnis völlig vertraut wurden. Ashleys Männer bildeten gewissermaßen eine Zunft, die auch in ihrem äußeren Gehaben den unermeßlichen Abstand erkennen ließ, der sie von den gewöhnlichen Jägern der kanadischen oder auch der amerikanischen Gesellschaften trennte. Im Unterschied zu diesen Angestellten waren sie nicht auf den fixen Lohn ihres Dienstherrn ange-

Das Tal des Green River war eine von den Trappern bevorzugte Gegend. Hier versammelten sie sich häufig zum ‹Rendezvous›.

wiesen, sondern sie lebten von ihrem eigenen Geschick und ihrer eigenen Tüchtigkeit, und hätten sie Sinn für Sparsamkeit besessen, so wäre mancher unter ihnen wohlhabend geworden. Andrew Henry führte seine Leute noch im selben Frühjahr den Missouri hinauf. Inzwischen waren auf dem Fluß die ersten Dampfboote erschienen, so daß die Reise wenigstens im Unterlauf komfortabler vonstatten ging. Die Schiffahrt war so gefährlich wie je: Der Dampfer ‹Enterprize› kenterte unterhalb der Mündung des Kansas River, und mit ihm sank wertvolle Fracht der Rocky Mountain Fur Company auf den Grund des Flusses. Doch Ashley, von seinen Zeitgenossen ‹der General› genannt, ließ sich von Rückschlägen nicht beeindrucken.

Man jagte an den Gabeln des Missouri, am Yellowstone und am Big Horn River. Das Jahr 1823 brachte Unglück über die Trapper am Missouri. Fünfzehn von Ashleys Leuten verloren ihr Leben in einem Kampf mit den Arikaras, andere wurden von den Blackfeet getötet. Der Missouri Fur Company erging es nicht besser. Die Indianer töteten sieben ihrer besten Jäger. Material und reiche Erträge an Pelzwerk blieben in den Händen der Eingeborenen, so daß die Gesellschaft vor dem Ruin stand. Am Missouri und am Yellowstone räumten die Trapper verschiedene erst kürzlich errichtete Handelsposten. Darauf machte sich, zum erstenmal in diesem fernen Bereich, die Armee unter Colonel Leavenworth auf den Weg, beschoß das Dorf der Arikaras und bereitete sich auf eine glorreiche Schlacht vor. Doch die Indianer verschwanden über Nacht mit Kind und Kegel, ohne daß sie Leavenworth hätte daran hindern können. Nach militärischen Begriffen hatten die Truppen einen Sieg errungen, und sie zogen einigermaßen zufrieden in ihren Stützpunkt Fort Atkinson zurück. William H. Ashley und Andrew Henry hingegen waren kaum beruhigt, denn das Vokabular der Armee, auf Vorgänge im Westen angewendet, flößte ihnen wenig Vertrauen ein. Es bestand kein Zweifel: Der amerikanische Pelzhandel am obern Missouri stand wiederum vor der Pleite. Den in entlegenen Flußtälern jagenden Trappern war mit militärischen Eskorten wenig geholfen. Ashley traf nun eine Entscheidung, die dem Pelzhandel in wenigen Jahren ein neues Jagdgebiet erschloß. Man wollte in Zukunft den Missouri meiden, die Jagd ins Gebiet zwischen dem obern Yellowstone und den Rocky Mountains verlegen und, sobald es die Umstände erlaubten, die Wasserscheide überschreiten und den jenseits der Berge erhofften Reichtum ausbeuten. Mit den Indianern in den Felsregionen unmittelbar westlich der Prärie, den Crows (Krähen) und den Shoshonen, fanden sich die Amerikaner eher zurecht als mit den Stämmen am Missouri, denn die gemeinsame Feindschaft gegen die Blackfeet war Anlaß genug, sich ans Lagerfeuer zu setzen und die Friedenspfeife zu rauchen.

Im Sommer 1824 kehrte Andrew Henry mit einer bescheidenen Beute an Pelzen nach St. Louis zurück. Verärgert und von allzu vielen Mißerfolgen enttäuscht, zog er sich vom Pelzgeschäft und vom freien Leben im Westen zurück. Ashley hingegen bewies, daß er auch unter widrigen Umständen den Mut nicht verlor. Noch im gleichen Jahr zog er selber mit einer auf Kredit ausgerüsteten Expedition durch die verschneiten Ebenen in die Rocky Mountains, überquerte die erste Gebirgskette und traf im April des Jahres 1825 im Tal des Green River ein. Von hier aus begaben sich die Trapperbrigaden zur Frühjahrsjagd in die ihnen zugewiesenen Fanggebiete. Ashleys Leute durchstreiften in diesen Jahren die entlegensten Winkel im Westen, folgten dem Green River bis hinunter zu den Cañons des Colorado, lagerten an den Ufern des Großen Salzsees, entdeckten – zum zweitenmal nach John Colter – die grandiose Bergwelt des spätern Yellowstone-Parks und jagten am Snake River. Jedidiah Smith durchquerte die Wüsten des südlichen Nevada und erreichte zum Mißvergnügen des mexikanischen Gouverneurs das südliche Kalifornien.

Unabwendbar angesichts dieser weit ausgreifenden Unternehmungen war der Zusammenstoß mit der Hudson's Bay Company, die nach der Vereinigung der beiden kanadischen Gesellschaften die Geschäfte am Columbia River übernommen und die sogenannte ‹Snake-River-Brigade› weit nach Süden getrieben hatte. Im Mai 1825 trafen die von Peter Skene Ogden geführten Leute der Hudson's Bay Company und die amerikanischen Trapper aufeinander. Es geschah, was keinen der Beteiligten verwunderte: Zahlreiche Angestellte der britischen Gesellschaft – sogenannte ‹Freemen›, meist Irokesen – desertierten und begaben sich ins amerikanische Lager. Die Hudson's Bay Company hatte wenig unternommen, um sich der Loyalität ihrer Leute zu versichern. Mangelhaft ausgerüstet und schlecht entlohnt wurden sie in die Wildnis geschickt. Ein amerikanischer Trapper kennzeichnete die Verhältnisse bei der Gesellschaft mit einem krassen Vergleich: «Ich kann versichern, hätte ich die Wahl, als Sklave bei einem Herrn in Missouri oder als Angestellter der Hudson's Bay Company zu leben, so würde ich vorziehen, ein Sklave zu sein.» So mußte den Kanadiern das Leben der freien amerikanischen Trapper über alles verlockend erscheinen. Der Streit der beiden Trapperbrigaden erscheint im Rückblick wie ein frühes Signal für den ein Jahrzehnt später anhebenden Konflikt um Oregon. Zwar kümmerten sich die ‹Mountain Men› und die Pelzhändler weder um Grenzen noch um Souveränitätsansprüche, doch in besonderen Situationen versuchte man es auch mit politischen Argumenten. Peter Skene Ogden verzeichnet den Vorfall in seinem Tagebuch: «Dienstag, 24. Mai. – Diesen Morgen kam Gardner [Johnson Gardner, Anführer der amerikanischen Trapperbrigade] zu meinem Zelt. Nach einigen unbedeutenden Worten stellte er mir die folgende Frage: ‹Wissen Sie, in welchem Land Sie sich aufhalten?› Darauf antwortete ich, daß ich es nicht wüßte, da zwischen Großbritannien und Amerika nicht ausgemacht sei, zu welchem Staat dieses Gebiet gehöre. Er aber erklärte, die Sache sei entschieden und das Land an Amerika abgetreten, und da ich keine Lizenz habe, hier zu jagen oder Handel zu treiben, soll ich mich dorthin begeben, wo ich herkomme. Ich aber sagte ihm, daß ich gehorchen würde, wenn ich einen entsprechenden Befehl von der britischen Regierung erhielte, worauf er meinte, in diesem Fall halte ich mich auf eigene Gefahr in diesem Territorium auf ...» Dieser für den Gang der Geschichte harmlose Disput wurde, ohne daß es die Beteiligten ahnten, groteskerweise auf mexikanischem Hoheitsgebiet ausgetragen, denn die beiden Gruppen befanden sich südlich des 42. Breitengrades, der damals in den Rocky Mountains die Nordgrenze Mexikos darstellte. Doch, wie gesagt, die Trapper nahmen es in diesen Dingen nicht so genau. Ogden zog sich mit seiner kläglich reduzierten Schar nach Norden zurück, nicht weil er auf Gardners Trick mit der angeblichen Gebietsabtretung hereingefallen wäre, sondern einfach unter der Macht der Umstände. Später sollten die Amerikaner zur Genüge erfahren, daß der Hudson's Bay Company in ihrem eigentlichen Revier am Columbia nicht so leicht beizukommen war.

Ashleys neues System war den amerikanischen Trappern wie auf den Leib geschnitten. Hatte man vorerst die veränderte Taktik als Notlösung betrachtet, so erwies sie sich bald als taugliches Instrument zur Erschließung der Bergregion. Die Rocky Mountain Fur Company verzichtete zum vorneherein auf feste Stützpunkte jenseits der Wasserscheide. Ihre Trapper streiften meist von einem Jagdgrund zum andern, zuweilen in Brigaden vereint oder dann im Gefolge eines befreundeten Indianerstammes. Das Problem, Jäger und Händler zusammenzubringen, löste Ashley ebenso originell wie einfach. Am Missouri und bei den kanadischen Gesellschaften hatte man sich in den Forts getroffen, in den Rocky Mountains jedoch drängte sich ein Verfahren auf, das die Gesellschaft nicht ein für allemal an dieselbe Lokalität band. Als Ashley im Frühjahr 1825 seine Brigaden in die Jagdgründe entließ, vereinbarte er als Treffpunkt für den kommenden Sommer einen ‹Henry's Fork› genannten Platz am Green River. Hier würde man in der Zeit, da die Jagd ohnehin ruhte, die Pelze sammeln und zum Transport nach dem Osten bereithalten, die Trapper neu ausrüsten und Weisungen für den Herbstfeldzug erteilen. ‹Rendezvous› nannte der ‹General› die sommerliche Versammlung der Jäger und Händler, die unter diesem Namen zu einer weiterum berühmten Einrichtung wurde. Hier trafen sich Ashleys kühne Trapper, Namen von unvergänglichem Glanz: William L. Sublette, der neue Teilhaber der Gesellschaft, Thomas Fitzpatrick, Jedidiah Smith, Jim Bridger und der junge Kit Carson. Jährlich sollte eine Karawane den Nachschub zum Ort des ‹Rendezvous› führen und auf dem Rückweg das Pelzwerk nach St. Louis bringen. Dabei benützte man den später unter dem Namen ‹Oregon Trail› bekannt gewordenen Landweg entlang dem Platte River und überquerte die Gebirgskette am Süd-Paß. Ashleys Geschäft lag in den beträchtlichen Preisdifferenzen, die sich zwischen dem Markt in St. Louis und dem ‹Rendezvous› in den Rocky Mountains ergaben. Die Trapper, auf lebenswichtige Güter wie Gewehre, Munition, Tauschartikel und Branntwein angewiesen, bezahlten die erworbenen Gegenstände mit dem Ertrag ihrer Arbeit, den Biberpelzen. Der Handel war so einträglich, daß sich Ashley bereits nach zwei Jahren als vermögender Mann aus der Rocky Mountain Fur Company zurückzog und das Geschäft seinen Partnern überließ.

Inzwischen gedieh das ‹Rendezvous› zu einer Institution, die allmählich nicht nur die Arbeitsweise der Trapper, sondern auch die Lebensgewohnheiten zahlreicher indianischer Nationen bestimmte. Man traf sich jeden Sommer am Green River oder an einem andern günstig gelegenen Ort im zentralen Gebirgsmassiv. Wer im Westen mitagieren wollte, stellte sich ein. Aus dem Pelzmarkt der Trapper wurde ein Volksfest, eine Schaustellung, die sich wie ein improvisierter Zirkus ausnahm. Doch die turbulenten Festlichkeiten, die Pferderennen der Shoshonen, die Wettschießen der Trapper und die maßlosen Gelage gingen vor einem bedeutenden Hintergrund in Szene. Das Leben in den Rocky Mountains war im Umbruch begriffen, die Bedingungen wurden von Jahr zu Jahr härter. Das ‹Rendezvous› war ein getreues Spiegelbild davon. Als im Sommer 1830 Astors American Fur Company am Treffpunkt erschien, herrschte unter den freien Trappern Alarmstimmung. Die Gesellschaft des berühmten Unternehmers hatte inzwischen den Pelzhandel am Missouri neu aufgebaut und wandte sich nun in ihrem ungezügelten Drang nach Herrschaft den Rocky Mountains zu. Doch waren die Biber an den bekannten Flußläufen nahezu ausgerottet, so daß sich die Trapper gezwungen sahen, ihre Fallen in immer entlegeneren Winkeln zu stellen. Auch das Wild wurde zu Beginn der dreißiger Jahre spärlich, und Büffel hatte man auf dieser Seite des Gebirges nie in größerer Anzahl angetroffen. So waren Trapper und Indianer durch den ungehemmten Zustrom neuer Jäger in ihren Lebensbedingungen bedroht.

Am ‹Rendezvous› traten diese Dinge durch Anzeichen in Erscheinung, die nur Eingeweihte zu deuten wußten. Auf dem Festplatz wahrte man gegenüber der Konkurrenz die höflichen Formen und überließ sich der so kurz währenden Muße zwischen zwei aufreibenden Jagden. Zahlreiche Augenzeugen haben das ‹Rendezvous› geschildert, unter ihnen der romantische Captain Bonneville, dessen Tagebuch durch Washington Irving die literarische Gestalt erhielt. Bonneville, erfolgloser Anführer eines eigenen Unternehmens, besuchte im Jahre 1833 das Treffen am Green River. Seine Darstellung gibt vielleicht das lebendigste Bild, das je von den Vorgängen am ‹Rendezvous› gezeichnet wurde: «Von Mitte Juni bis Mitte September ist die Jagd eingestellt, weil die Biber in dieser Zeit ihre Haare verlieren und die Pelze von geringem Wert sind. Das sind die Feiertage des Trappers, in denen er für Streiche und Lustbarkeiten zu haben ist, und die Zeit, in der er sich für die Saturnalien mitten in den Bergen rüstet. In der diesjährigen Ruhepause waren alle Beteiligten guter Laune. Das Jahr hatte reichen Ertrag gebracht. Der Wettbewerb der Trapper, an sich geeignet, die Beute zu schmälern, hatte die Sinne geschärft, die Energien entfacht, so daß sie jede mögliche Chance zu ihrem Vorteil nützten. Als sich die Gesellschaften auf ihren bestimmten Plätzen am ‹Rendezvous› besammelten, zeigte sich, daß jede einen reichen Vorrat an Pelzen mit sich führte.»

«Die Führer der Gesellschaften verkehrten unter sich freundschaftlich, tauschten Besuche aus und beschenkten sich gegenseitig im besten Stil, den die vorhandenen Mittel erlaubten. Nicht nur wurden die ‹Captains› nobel traktiert, auch in den Lagern herrschte ritterliches Gehaben: Man bewies seine Geschicklichkeit in Wettläufen, im Weitsprung, im Ringen, im Schießen mit dem Gewehr und in Pferderennen. Dazu gehörten auch die Feste und Trinkgelage der rauhen Jäger. Sie tranken zusammen, sangen, lachten und schrien. Jeder suchte den andern mit wirklichen und erfundenen Geschichten über bestandene Abenteuer und Heldentaten auszustechen. Hier erschienen die freien Trapper in ihrer vollen Glorie. Sie betrachteten sich selbst als die ‹Hähne im Gehege› und trugen den Kamm stets so hoch wie möglich. Hin und wieder wurde die Vertraulichkeit zu weit getrieben, so daß sie in Handgemenge und rohe Schlägerei ausartete. Doch immer endete sie in herzlicher Versöhnung und rührseliger Umarmung. Die Anwesenheit der Shoshonen führte gelegentlich zu vorübergehender Eifersucht und zu Fehden. Die Schönheiten aus der Nation der Shoshonen waren Gegenstand der Rivalität zwischen verliebten Trappern. Glücklich der Mann, der eine rote Decke, eine Kette mit leuchtenden Glasperlen oder ein kostbares zinnoberrotes Papier ausbreiten und damit das Lächeln eines hübschen Shoshonen-Mädchens hervorrufen konnte.»

«Die Karawanen mit dem Nachschub trafen in dem Augenblick im Tale ein, da man Galanterie und gute Nachbarschaft übte. Jetzt begann in den verschiedenen Lagern das Schauspiel eines eifrigen Wettbewerbs und wilder Verschwendung. Die Ballen wurden hastig aufgeschnitten, so daß sich ihr bunter Inhalt auf den Boden ergoß. Die Sucht, alles zu kaufen, erfaßte die verschiedenen Gruppen – Ausrüstung für Kampf und Jagd, Galanteriewaren und anderes wurden mit der gleichen Gier zusammengerafft – Gewehre, Jagdmesser, Fallen, scharlachrotes Tuch, rote Decken, auffallende Perlen, funkelnden Schmuck kaufte man zu jedem beliebigen Preis, und die Schulden häuften sich, ohne daß man einen Gedanken daran verschwendet hätte, wie sie je wieder getilgt werden könnten. Die freien Trapper vor allem zeigten sich verschwenderisch in ihren Käufen. Hätte sich ein freier Mann auch nur einen Augenblick bei erbärmlicher Rechnerei mit Dollars und Cents aufgehalten, wenn er eine Ware, die seinen Gefallen fand, tatsächlich erwerben wollte, so wäre er in den Augen seiner Kameraden als erbärmlicher Wicht erschienen. Würde jedoch ein Händler einem dieser ungebundenen und blühenden jungen Leute einen Kredit verweigert haben, so hätte dies eine offenkundige, kaum je zu vergebende Beleidigung bedeutet, selbst wenn dem Mann

Duell zwischen Kit Carson und Bully Shunar

die unbezahlten Schulden ins Gesicht geschrieben standen. Nun kamen von neuem Rivalität und Überspanntheit zum Ausbruch. Die Trapper, frisch gekleidet und herausgeputzt, flanierten auf ihren in indianischem Stil zurechtgemachten Pferden hin und her. Die Shoshonen-Mädchen prunkten ihrerseits in allen Farben des Regenbogens. Man gab jeder verschwenderischen Laune ohne Hemmung nach, und so hatten in kurzer Zeit die meisten Trapper ihren ganzen Erlös vertan und waren, meist knietief in Schulden, bereit für einen weitern harten Feldzug in der Wildnis.»

Sachliche Berichte, Anekdoten und Legenden von den einzelnen ‹Rendezvous› sind in die Überlieferung eingegangen. Im Jahre 1832 zum Beispiel fochten bei Pierre's Hole die Trapper und die mit ihnen verbündeten Nez Percés in einem blutigen Gefecht gegen einen Stamm der Blackfeet. Das ‹Rendezvous› von 1835 war durch zwei spektakuläre Vorfälle gekennzeichnet: Kit Carson schoß im Duell den großmäuligen Bully Shunar vom Pferd. Doktor Marcus Whitman, Missionar und früher Reisender auf dem Weg nach Oregon, operierte vor den erstaunt und bewundernd assistierenden Indianern einen Blackfeet-Pfeil aus dem Rücken Jim Bridgers, der drei Jahre lang im Fleisch des Trappers gesteckt hatte. 1837 erschien der englische Sportsmann William Drummond Stewart auf einer ausgedehnten Vergnügungsreise am ‹Rendezvous›. Bei dieser Gelegenheit schenkte er dem kämpferischen Jim Bridger zum Ergötzen der Anwesenden eine Ritterrüstung, nach der später unentwegte Forscher umsonst gesucht haben. Stewarts Begleiter, der Maler Alfred Jacob Miller, der erste und einzige Künstler, der je das ‹Rendezvous› besuchte, machte sich begeistert an die Arbeit und hielt das farbenfrohe Theater auf der Leinwand fest. Die andern zeitgenössischen Maler des Westens, Peter Rindisbacher, George Catlin und Karl Bodmer zum Beispiel, hatten sich nicht in die Rocky Mountains vorgewagt.

«Der amerikanische Trapper ist ganz auf sich selbst gestellt», meinte Captain Bonneville, «und unvergleichlich ist seine Eignung für das Leben in der Wildnis. Wirf ihn mitten in die Prärie oder ins Herz des Gebirges, er geht nie verloren! Er kennt jedes Merkmal in der Landschaft, findet den Rückweg durch die einförmigste Ebene oder durch die verschlungenste Bergwelt. Keine Gefahr und kein Hindernis lassen ihn erbleichen, auch ist es unter seiner Würde, sich über Entbehrungen zu beklagen.» So steht das Bild des ‹Mountain Man› in den großen Tagen der Rocky Mountain Fur Company. Es wäre noch beizufügen, daß die besten Männer zur Gilde der freien Trapper gehörten. Die erfahrenen Jäger unterschieden sich in ihrem Äußern kaum von den Indianern, deren Lebensgewohnheiten sie teilten, und sie betrachteten es als Auszeichnung, wenn man sie für indianische Stammesführer hielt. Zumeist dem Zwang der Zivilisation entwöhnt, lebten sie in völliger Freiheit, nur jenen Regeln unterworfen, welche ihnen die Natur und vielleicht noch die Indianer auferlegten. Von Bridger erzählte man sich, er habe einst nach langen Jahren in den Bergen seine Schwester in St. Louis besucht und mitten im Winter, nicht gewohnt, unter einem Dach zu schlafen, vor der Haustüre genächtigt.

Das Leben in einer annähernd freien Gesellschaft hielt eine Generation von abenteuerlustigen Männern jahrzehntelang in den Bergen und in der Prärie. Die meisten Trapper hatten sich mit Indianerstämmen angefreundet und verbrachten die Pause zwischen zwei Jagdzeiten in den Winterdörfern. Bei den Indianerinnen standen die ‹Mountain Men› in hoher Gunst, so daß selten einer ohne eine eingeborene Frau oder Freundin blieb. ‹The trapper's bride› (die Braut des Trappers), wenn möglich die hübsche Tochter eines Häuptlings, wurde im Westen zur legendären Figur, und wer ein ganzer Trapper sein wollte, legte Wert darauf, daß seine Romanze den Tag überlebte und an den Lagerfeuern die Runde machte. Die nach außen hin so rohe Gesellschaft pflegte einen geistigen Haushalt, den man bei ihr kaum vermutet hätte. Manche Trapper führten Tagebücher, obschon die Aussicht, daß sie je dem Publikum zu Gesicht kommen würden, äußerst beschei-

Das ‹Rendezvous› war das große Fest der Trapper, das jährlich im Sommer in den Rocky Mountains in Szene ging.

den war. Lesen war eine beliebte Winterbeschäftigung. In den sogenannten ‹caches›, sorgfältig getarnten Verstecken für Wintervorräte, Munition und Handelsware, lagen meist auch Bücher. Man las Shakespeare, philosophische Werke und Unterhaltungsromane und kannte sich in der Literatur oft besser aus als der durchschnittliche Zeitgenosse. Bildung war nicht verpönt. An langen Winterabenden debattierten die Trapper zuweilen in der Runde gewichtige Probleme, so daß sich die Anwesenden wie in akademischen Sphären vorkamen. Sie sprachen dann im Scherz vom ‹Rocky Mountain College›.

Die Trapper unter sich waren eine seltsame, durch Treue und Verrat gleicherweise gekennzeichnete Brüderschaft. Die Gesetze der Vereinigten Staaten hatten unter ihnen keine Geltung und wären auch den besondern Bedingungen kaum gerecht geworden. Dagegen herrschten einige ungeschriebene Regeln, die allerdings mit der Zeit, als die Gangart unter den Konkurrenten härter wurde, an Wirkung verloren. So war beispielsweise ausgemacht, daß Mord und Totschlag weit geringere Verbrechen darstellten als Diebstahl. «Der Trapper lebt in einem ständigen Kriegszustand, und er schläft mit dem Gewehr in der Hand», schrieb Bonneville. Ohne Kampf gab es kein Überleben. Nur selten trennte sich der in der Wildnis lebende Mann von seinen Waffen: Gewehr, Pistolen, Tomahawk und ein langes Messer lagen griffbereit. Man war hart im Geben und hart im Nehmen. «Junge, lasse wenn möglich nie einen Indianer lebend entwischen, der dich einmal angegriffen hat», lehrte Old Bill Williams seinen Trapperlehrling William Thomas Hamilton. Auch die Amerikaner kehrten nach siegreichem Gefecht mit den Skalps der getöteten Feinde ins Lager zurück. Man kannte die Methoden, die den Gegner beeindruckten. Die Meinung war im Umlauf, ein Trapper sei im Einzelkampf drei Indianern gewachsen, und manche Stämme zögerten tatsächlich, sich mit dieser Zunft in Auseinandersetzungen einzulassen, die nach allen Erfahrungen viel Blut kosteten. Auch die ‹Mountain Men› zahlten einen hohen Preis. Kein Register verzeichnet, wie viele von dieser stolzen Generation in den Bergen und in der Prärie geblieben sind. Selbst der listenreiche Old Bill Williams, dessen unbarmherzige Parole von seinen Kameraden wie ein Glaubenssatz befolgt wurde, fiel von der Hand der Indianer, ein Opfer der weithin reichenden Blutrache. Daß es zu diesem verheerenden und von Jahr zu Jahr sinnloseren Blutvergießen kam, ist die Schuld der Amerikaner.

57

Als Astors American Fur Company in den Bergen erschien, artete der den Amerikanern von Natur aus vertraute freie Wettbewerb in eine hemmungslose Jagd aus, die mit den Bibern und andern pelztragenden Tieren in wenigen Jahren aufräumte. Kein Mittel blieb unversucht, die Rivalen aus dem Feld zu schlagen. Wortbruch und Hinterlist gehörten zu den gebräuchlichen Arbeitsmethoden. Das schlechte Beispiel der Weißen wirkte ansteckend auf die am Pelzhandel beteiligten indianischen Nationen. Auch der Branntwein tat seine Wirkung. Wie hätte man von den aus der Bahn geworfenen Rothäuten Einsichten verlangen können, die ihren amerikanischen Kontrahenten fehlten? Immer noch lieferten die indianischen Stämme einen beträchtlichen Teil der Pelze, so daß sie aufs engste an das Gedeihen und den Ruin der Händler gekettet waren.

Die unseligen Wirkungen hemmungsloser Rivalität offenbarten sich augenfällig nach dem ‹Rendezvous› von 1832 in Pierre's Hole. Fitzpatrick und Bridger hatten sich entschlossen, die Herbstjagd ins gefährliche Revier der Blackfeet an den Gabeln des Missouri zu verlegen. In diesem von den Trappern nur selten aufgesuchten Gebiet konnte man mit Beute rechnen, wie sie an den ausgeplünderten Flüssen westlich der Wasserscheide nicht mehr zu finden war. Vanderburgh und Drips, die residierenden Partner der American Fur Company, hefteten sich mit ihren Brigaden den beiden Trappern an die Fersen in der Hoffnung, auf den Spuren der erfahrenen Rivalen in die fettesten Jagdgründe zu gelangen. Fitzpatrick und Bridger fanden wenig Geschmack an diesem Trick. Nicht gewillt, den Ertrag mit Astors Gesellschaft zu teilen, verzichteten sie überhaupt auf die Jagd und führten die wie Schatten an ihnen haftenden Verfolger kreuz und quer in die Irre. Als Vanderburgh die Absicht der beiden durchschaute, stand er in unbekanntem Gelände in der Nähe der Gabeln des Missouri, umgeben von feindlichen Indianern. Für seine Schlauheit zahlte er teuer: kurz darauf fiel er tödlich getroffen in einem von den Blackfeet gelegten Hinterhalt.

Der Tod Henry Vanderburghs wurde eifrig kommentiert, doch die Besinnung bei den auf ihren Profit versessenen Geschäftsleuten blieb aus. Zwei Jahre später wurde Fitzpatrick von den früher einmal freundlich gesinnten Crow-Indianern am Tongue River, einem südlichen Zufluß des Yellowstone, ausgeplündert und mit Schimpf entlassen. Es blieb nicht lange verborgen, daß die American Fur Company die Eingeborenen zu diesem Streich angestiftet hatte. Fitzpatrick äußerte sich darüber erbittert in einem Brief an Ashley: «Wenn nicht sehr bald ein Wandel in den in diesem Land üblichen Geschäftsmethoden eintritt, so wird das herrschende System den Vereinigten Staaten Schaden und Schande bringen. Da so viele Gesellschaften von einem Stamm zum andern streifen, jeder neue Geschichten erzählt und einer den andern anschwärzt, werden sich die Indianer unweigerlich voll Abscheu gegen alle Amerikaner wenden.» Fitzpatricks Klage war zweifellos berechtigt, doch aus seinem Mund klang sie nicht überzeugend. Hätte sich ihm Gelegenheit zu ähnlichen Manipulationen geboten, so würde er wohl keinen Augenblick gezögert haben.

Die Annalen des Pelzhandels verzeichnen zu Beginn der dreißiger Jahre in den Rocky Mountains einen wachsenden Zulauf. Abenteurer, Glücksucher, Touristen und Sportsleute stellten sich ein, und jeder trug das Seine zur fortschreitenden Verwirrung bei. Vornehm und etwas wichtigtuerisch kreuzte Captain Bonneville mit seinen Trappern durch die Landschaft, errichtete am Horse Creek im Tal des Green River das sagenhafte Fort Bonneville, das nur wenige Monate überdauerte und von den schadenfrohen Konkurrenten wegen seiner angeblich verfehlten Lage ‹Fort Nonsense› oder ‹Bonneville's Folly› genannt wurde. Im Jahre 1832 erschien Nathaniel J. Wyeth mit einer Schar Leute aus Neu-England, die bisher weder Berge noch Indianer gesehen hatten. Sein Vorhaben, den Pelzhandel und den Nachschub zum ‹Rendezvous› von der pazifischen Seite her zu betreiben, war neu und kühn und rief sogleich die ‹Ausrüster› von St. Louis auf den Plan, die, um ihre lukrativen Geschäfte besorgt, alles daransetzten, den unerwünschten

‹Der letzte Schuß des Trappers›, ein beliebtes Thema für volkstümliche Illustratoren. Die kolorierte Lithographie wurde von Currier and Ives nach einem Gemälde von William Ranney angefertigt.

Indianerüberfall auf Pelzhändler am Ufer des Missouri. Die
Zeichnung von William M. Cary, 1868 in ‹Harper's Weekly›
veröffentlicht, zeigt eine Szene, wie sie in den ersten Dezennien
des Jahrhunderts häufig vorkommen mochte.

Die einsamen Handelsstationen waren die Treffpunkte der weißen Händler und der Indianer. Die Niederlassungen wurden meist als schwer befestigte Forts angelegt, die mit ihren Palisaden und Bastionen einem Angriff der ‹roten Krieger› trotzen konnten. Doch die friedlichen Szenen herrschten vor. Nicht alles, was sich in diesen Stationen zutrug, war dem Wohl der Eingeborenen förderlich. In manchen Forts trieben die Angestellten einen schwunghaften Alkoholhandel, und kaum ein Indianeragent war imstande, diese illegalen Geschäfte zu unterbinden. Fort Union zum Beispiel, ein Posten der American Fur Company (Bild oben), stand längere Zeit im Mittelpunkt unsauberer Affären, die sich um die Herstellung und den Verkauf von Branntwein drehten.

Der Berner Maler Friedrich Kurz weilte im Jahre 1851 als Angestellter der American Fur Company am Missouri. In seinem Skizzenbuch hielt er den wichtigsten Posten der Gesellschaft, Fort Union, fest.

Karl Bodmer ging auf seiner Reise mit bewundernswürdigem Eifer den indianischen Lebensgewohnheiten nach. Bei Fort Pierre beobachtete er ein Pferderennen der Sioux, und im Winter 1833/34 sah er am zugefrorenen Missouri, wie die Indianer mit ihren Hundeschlitten über das blanke Eis zogen.

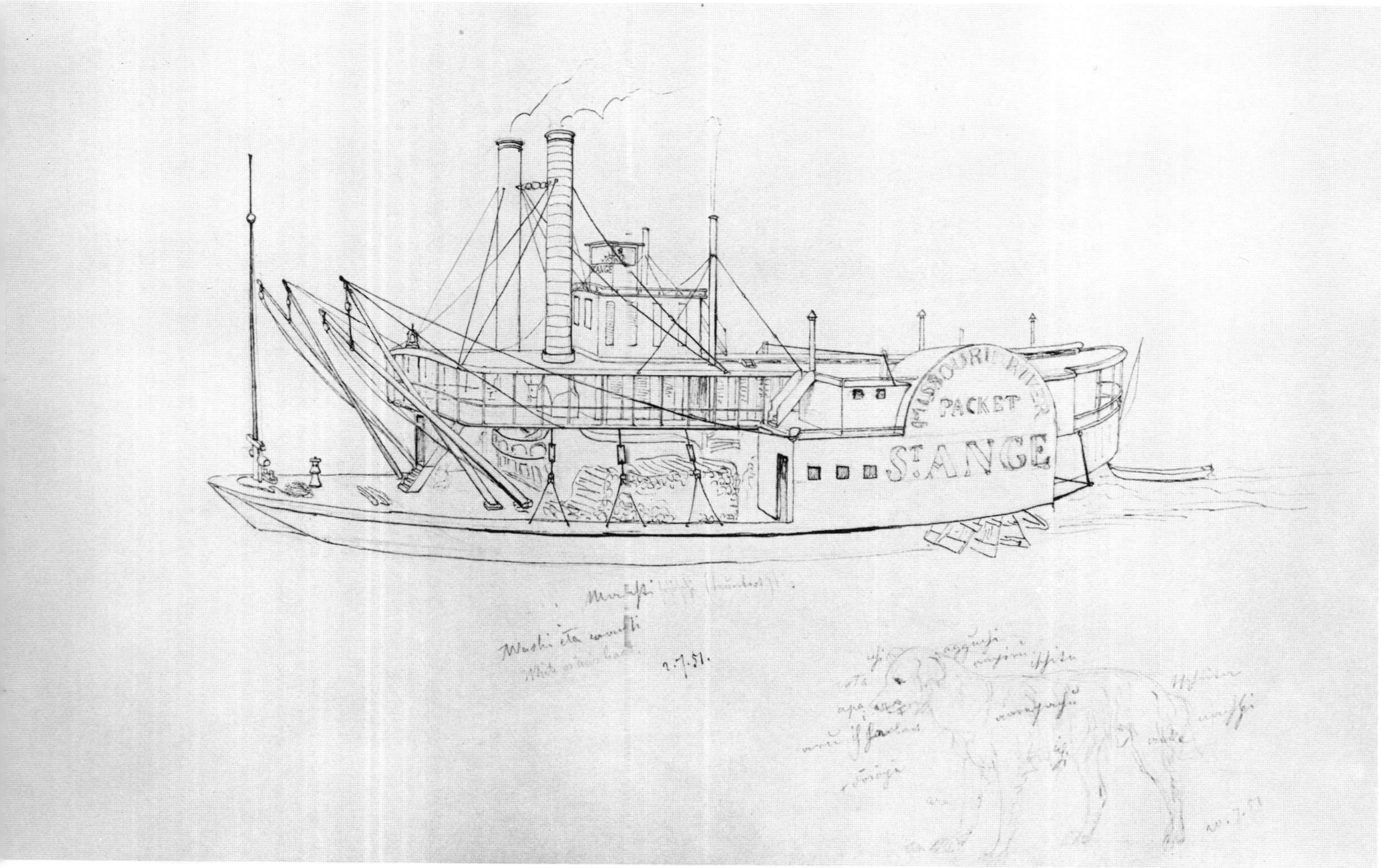

Pelzhändler am obern Missouri (oben). Das Dampfboot ‹St. Ange›,
das im Dienste der American Fur Company die Verbindung
zwischen den Handelsstationen besorgte (unten). Die beiden Skizzen
von Friedrich Kurz stammen aus dem Jahre 1851.

Außenseiter aus dem Feld zu schlagen. Auch hier brachte ein Wortbruch die gewünschte Wirkung. Die Rocky Mountain Fur Company weigerte sich nach einem schlechten Fangergebnis, am ‹Rendezvous› des Jahres 1834 den bei Wyeth bestellten Nachschub in Empfang zu nehmen. Der ruinierte Geschäftsmann zog mit einer unverkäuflichen Jahresausrüstung weiter, baute im Quellgebiet des Snake River Fort Hall und verkaufte den Stützpunkt bald darauf an die Hudson's Bay Company. Damit machte er seine Drohung wahr, er werde der Rocky Mountain Fur Company «einen Stein in den Garten rollen, den sie nie wieder hinausschaffen könnte».

Doch die Entscheidung zwischen den großen Rivalen war bereits gefallen. Im Sommer 1834 löste sich die alte Rocky Mountain Fur Company auf. Einige Partner bildeten eine neue Gesellschaft, die aber eine Verbindung mit der fortan allmächtigen American Fur Company einging und ziemlich kümmerlich dahinvegetierte. Aber auch Astors Koloß stand vor Entscheidungen, die nicht zu umgehen waren. Auf dem zentralen Pelzmarkt in London hatten sich Vorgänge abgespielt, denen selbst der Fürst des amerikanischen Pelzhandels machtlos gegenüberstand. Die Biberpreise fielen in kurzer Zeit von acht auf einen Dollar pro Pfund. In der männlichen Hutmode war eine Revolution im Gange: Der vornehme Mann trug neuerdings Seidenhüte, so daß die Nachfrage nach Bibern rapid zurückging. Astor stieg aus dem Geschäft aus und überließ die Gesellschaft ihrem Schicksal.

In den Bergen waren inzwischen die Zeichen der Habgier und des menschlichen Unverstands für jedermann sichtbar geworden. Die Jagd auf die Biber ging unweigerlich zu Ende. Das letzte ‹Rendezvous›, das kaum noch den glanzvollen Namen verdiente, spielte sich im Jahre 1840 am alten Platz im Tal des Green River ab. Längst hatte der Rückzug in die Forts am Missouri und in die neuen Handelsstationen in der großen Ebene eingesetzt. Die Indianer hingegen blieben in Verwirrung und Verderbnis zurück, uneins unter sich und eine ständige Bedrohung für die ersten Siedler, die sich im folgenden Jahrzehnt auf den gefahrvollen Weg nach Oregon und Kalifornien begaben. Die Pelzhandelsgesellschaften verlegten sich in ihren neuen Revieren immer mehr auf die Büffeljagd. Noch durchzogen die Bisons auf ihren jährlichen Wanderungen zu Tausenden die Prärie. Doch das Töten, das nun anhob, reduzierte die gewaltigen Herden in kurzer Zeit so beträchtlich, daß bald auch die Existenz der Prärie-Indianer gefährdet war. Hatten die Indianer bisher die Büffel des Fleisches wegen erlegt, so galt die Jagd der Amerikaner den Fellen. Leutnant Frémont schrieb darüber in einem Bericht an den Kongreß: «Die Schnelligkeit, mit der die Büffel aus unseren Gebieten verschwinden, ist leicht erklärbar, bedenkt man die ungeheure Vernichtung dieser Tiere Jahr für Jahr. Mit wenigen Ausnahmen besteht der Handel der amerikanischen Posten allein in Büffelfellen. Jedes Jahr errichten die Indianer in ihren Dörfern neue Hütten, wozu Büffelhäute das Material liefern. In jenen Teilen des Landes, wo die Tiere noch vorhanden sind, dienen sie den Indianern zu ihrem Unterhalt, und sie töten sie mit einer beklagenswerten Gedankenlosigkeit ...» Frémont schätzte zu Beginn der vierziger Jahre die Anzahl der jährlich nach Osten verkauften Büffelhäute auf ungefähr neunzigtausend. Doch, so meinte er, ein weit größerer Teil der getöteten Tiere blieb einfach liegen.

Am Missouri und am Fuß der Rocky Mountains entstanden in diesen Jahren Dutzende von Forts. Jeder neue Stützpunkt rief eine rivalisierende Gesellschaft auf den Plan, die jeweilen in nächster Nähe eine zweite Station hinpflanzte in der vagen Hoffnung, die Schachzüge der Konkurrenten zu durchkreuzen und mit den benachbarten Indianern im Geschäft zu bleiben. Man baute einige bedeutende Handelsposten, die auf Jahrzehnte hinaus bei der Erschließung des Westens unschätzbare Dienste leisteten, wie zum Beispiel Fort Union am Missouri, eine Gründung der American Fur Company, das von William L. Sublette errichtete Fort Laramie am North Platte River, Bent's Fort am Arkansas und Fort Bridger an einem Nebenfluß des Green River, damals der einzige amerikanische Stützpunkt jenseits der Wasserscheide. Seit auf dem Missouri die Dampfboote ‹Yellowstone› und ‹Assiniboine› verkehrten, ließen sich die Transporte mit einiger Zuverlässigkeit bewerkstelligen. Wagenkarawanen besorgten den Handelsverkehr zwischen den Prärie-Forts und den Stapelplätzen im Osten ebenso prompt und billig wie die Schiffe. Unter diesen veränderten Bedingungen blieb der Pelzhandel bis über die Jahrhundertmitte hinaus ein einigermaßen rentables Geschäft.

Die ‹Mountain Men› hingegen zerstreuten sich nach dem Rückzug aus den Bergen in alle Winde. Einige ließen sich in Forts und Handelsstationen nieder und dienten der Armee oder den nach Westen ziehenden Siedlern als Führer und Dolmetscher. So beispielsweise Jim Bridger und Kit Carson. Andere begaben sich nach Oregon und begannen ein neues Leben als Farmer. Zahlreiche Trapper fanden den Anschluß an die Gesellschaft nicht mehr. Sie blieben als frühe Desperados in den Rocky Mountains, lebten von kümmerlichen Raubzügen am Rande der Zivilisation, überfielen Karawanen oder mexikanische Haciendas in Kalifornien und gingen häufig genug in Kämpfen mit Indianern zugrunde. Als Leutnant John C. Frémont im Jahre 1843 eine militärische Expedition nach Oregon führte, stellte er unterwegs in St. Vrains Fort am South Platte (im späteren Staat Colorado) fest, daß die Trapper verschwunden waren. «Es ist eigenartig», schrieb er in seinem Reisebericht, «daß ich hier, unmittelbar am Fuß der Berge, niemanden finden konnte, der genügend mit dem Gebirge vertraut ist, um uns in die Ebene an seinem westlichen Fuß zu führen. Das Geschlecht der Trapper, das einst im Gebirge lebte, ist so gut wie ausgestorben. Es sind nur einige wenige übriggeblieben, von denen die Indianer jährlich einen oder zwei umbringen ...»

Betrachtungen über den amerikanischen Pelzhandel pflegen mit einer wohl unvermeidlichen Kritik zu enden, die etwa besagt, daß das Verhalten der amerikanischen Gesellschaften nie von Voraussicht zeugte, sondern ausschließlich von kurzsichtigem Gewinnstreben. Die Sorgfalt, mit der beispielsweise die Hudson's Bay Company ihre Reviere bewirtschaftete, war der ungeduldigen Amerikanern so fremd wie das aristokratische Gehaben der Briten, das von ihnen geradezu als Zeichen der Untüchtigkeit gewertet wurde. Es bestätigte sich die auch in Kanada gemachte Erfahrung: Waren mehrere Gesellschaften im gleichen Gebiet tätig, so führte der anhaltende Wettbewerb unweigerlich zum Raubbau an den wertvollen Tierbeständen. Das Verhältnis zwischen Trappern und Indianern war vielleicht enger und besser als die späteren Beziehungen zwischen Amerikanern und Rothäuten. Doch gehen die Konflikte der zweiten Jahrhunderthälfte in ihren Ursachen häufig genug auf die Pelzhändler und ihre fragwürdigen Praktiken zurück.

Hätte sich ein Präsident der Vereinigten Staaten vorgenommen, den Westen des Landes in einem gewaltigen Anlauf zu erschließen, so würde er mit dem Einsatz der ganzen Armee nicht erreicht haben, was die Jäger und die Händler in wenigen Jahrzehnten vollbrachten. Die Trapper haben unbewußt und ohne Pathos, dafür in handgreiflichem Eigennutz, der Nation die Wege geöffnet.

Wege, Forts, Karawanen

Der Westen des amerikanischen Kontinents war zu Beginn des 19. Jahrhunderts zwar weglos, aber immerhin nach allen Richtungen von Fährten durchzogen. Die Büffelherden und auf ihren Spuren die Indianer durchmaßen weite Landstriche auf endlosen Wanderungen. Bald darauf folgten Trapper und Händler. Ihre Pfade waren nicht auf Landkarten verzeichnet. Man verließ sich auf Instinkt und Gedächtnis. Aus Spuren wurden Wege, über die später Generationen von Pionieren und Siedlern gingen. Einige wurden zufällig entdeckt, andere nach beharrlicher Suche; doch stets erfolgte die Bewegung den von der Natur gesetzten Zeichen entlang, auf Flüssen, durch Täler und Engnisse, über die Prärie von einer Wasserstelle zur andern. Wo sich Flüsse zur Schiffahrt anboten, verließ man gerne den meist beschwerlichen Landweg. In den zwanziger Jahren tauchten mancherorts Dampfboote auf, obschon die Gewässer zwischen Rocky Mountains und Mississippi gefährliche Hindernisse bargen. Zahlreiche Flüsse, wie der Platte River zum Beispiel, erlaubten im besten Fall eine dürftige, häufig unterbrochene Fahrt in flachen Kähnen. Auf Missouri, Yellowstone, Kansas, Arkansas und Red River hingegen verkehrten pittoreske Flußdampfer in halsbrecherischer Navigation.

Doch die Schiffahrt im Westen endete vor den Rocky Mountains an natürlichen Grenzen. Wer tiefer in den Kontinent eindringen wollte, war auf den Landweg angewiesen. Die Amerikaner nannten die regelmäßig benützten Pfade ‹Trails› – ein Wort, das annähernd den deutschen Begriffen ‹Spur› oder ‹Fährte› entspricht. In den zwanziger Jahren begannen sich verschiedene Wege abzuzeichnen. Man sprach vom ‹Santa Fé Trail› und etwas später vom ‹Oregon Trail›. Beide führten über die damaligen Grenzen der Union hinaus und öffneten den unbändig nach Westen drängenden Amerikanern die Pforten zu neuen Landstrichen.

Der Weg nach Santa Fé: Seit einem Jahrhundert war er den Weißen im Norden und Osten, den Franzosen in Kanada und am Mississippi als der Eingang ins Gelobte Land erschienen. Die Sage von den Reichtümern Neu-Mexikos ging noch um, als die Spanier selbst den Glauben daran längst verloren hatten. Sie hielt sich um so hartnäckiger, als die spanische Provinzverwaltung die Pforten zum Paradies verriegelt hatte. Hinter dem von der Natur und den Soldaten Seiner katholischen Majestät geschaffenen Wall bot Santa Fé das Bild einer in Lethargie versunkenen Kolonialstadt, deren spanische Bevölkerung in Resignation dahinlebte, gewissermaßen ein Symbol des Mißerfolgs, den die Conquistadoren bei ihrer vergeblichen Suche nach den Schätzen von Cibola und Quivira erlitten hatten. Von der Prärie und ihren unzuverlässigen indianischen Klienten hielt man sich fern. An einem traurigen Exempel war schon früh sichtbar geworden, daß die Macht des Gouverneurs von Santa Fé kaum bis zum Arkansas reichte: Don Pedro de Villasur war im Jahre 1720 mit einer bescheidenen Streitmacht nach Nordosten aufgebrochen in der Absicht, den unternehmungslustigen Franzosen jeden Gedanken an Neu-Mexiko auszutreiben. Nach einem umständlichen und nutzlosen Feldzug geriet Villasur am North Platte River in einen Hinterhalt der Pawnees und verlor mit einem Teil seiner Soldaten das Leben.

Als Louisiana für einige Jahrzehnte unter spanischer Verwaltung stand, blieb der Weg in die sogenannten ‹Inneren Provinzen› gleichwohl verschlossen. Immerhin gelangten im 18. Jahrhundert einige Franzosen auf dem verbotenen Pfad nach Santa Fé. Leutnant Pike betrat auf seiner seltsamen Forschungsreise Neu-Mexiko sozusagen durch die Hintertür und zog als Gefangener in die Hauptstadt ein. Hier traf er zwei Amerikaner, Baptiste La Lande und James Purcell, die sich in der spanischen Kolonie niedergelassen hatten und bemüht waren, den Handel in Gang zu bringen. Doch das Mißtrauen der Spanier den Amerikanern gegenüber nahm nach dem Louisiana-Handel noch zu, und die Grenze blieb bis zum Ende der spanischen Herrschaft geschlossen. Im Jahre 1810 durchquerten amerikanische Händler die Prärie in voreiliger Hoffnung auf einen Sieg des mexikanischen Freiheitshelden Hidalgo und verschwanden darauf für ein Jahrzehnt in den Kerkern von Chihuahua.

Den Santa-Fé-Handel eröffnete im Jahre 1821 Captain William Becknell im Zeichen der neuerworbenen mexikanischen Unabhängigkeit. Die in St. Louis eingekauften Waren setzte er in Neu-Mexiko zum zwanzigfachen Preise ab. Dieses beispiellose Geschäft wirkte wie ein Signal auf die hüben und drüben wartenden Händler. Von da an durchquerten Karawanen in steigender Zahl die Ebene zwischen dem Missouri und den spanischen Siedlungen. Man brachte handwerkliche Gegenstände, Eisenwaren, Glas und Textilien nach Santa Fé und deckte sich für den Heimweg mit Silber, Pelzen, Fellen und Maultieren ein. Die Provinz Neu-Mexiko, bisher notdürftig auf dem Weg über Veracruz mit zumeist englischen Waren versorgt, lernte zum erstenmal die Vorzüge eines einigermaßen freien Handels kennen. 1824 unternahm Becknell die Reise mit einer Wagenkarawane und begegnete dabei keinen bedeutenden natürlichen Hindernissen. In den folgenden Jahren kreuzten die schweren Conestoga-Wagen in Scharen die Prärie wie Flotten den Ozean und beförderten Güter in Mengen, wie sie auf dem Rücken der Maultiere nie hätten spediert werden können. Doch nicht alle, die sich auf dem ‹Santa Fé Trail› tummelten, waren vom Glück begünstigt wie Becknell auf seinem ersten Zug. Maultiere, Ochsen und Pferde gingen in den wasserlosen Weiten zugrunde, Pawnees, Comanchen und andere herumstreifende Indianer stellten sich in den Weg und forderten, fasziniert vom Anblick der noch nie gesehenen Schätze, ihren Tribut. So kaufte sich beispielsweise der von Mißgeschick verfolgte Thomas James von den Comanchen los, indem er ihnen den größten Teil seiner Waren überließ. «Meine Gläubiger umschwärmten mich wie Bienen und schrien wie eine Horde hungriger Wölfe», klagte er nach seiner Rückkehr. «Ich hatte von Santa Fé 2500 Dollar zurückgebracht. Das war der ganze Erlös aus Gütern im Wert von 12000 Dollar, mit denen ich im Jahr zuvor von St. Louis aufgebrochen war. Ich zahlte diese Summe sofort an meine Schulden und bot den Gläubigern auch meine übrige Habe an: Doch sie wollten Geld.» Die meisten Händler waren im Umgang mit Indianern ebenso sorglos wie brutal. Schon in den ersten Jahren floß Blut. Man rächte sich auf beiden Seiten für begangenes Unrecht und traf dabei wie üblich meist Unschuldige. Im Jahre 1829 stationierte die Bundesregierung zum Schutze der Karawanen eine bescheidene Streitmacht an den Ufern des Arkansas. Jenseits des Flusses auf mexikanischem Boden blieben die Neu-Mexiko-Fahrer sich selbst überlassen. Die Reise nach Santa Fé war von diesem Punkte an beinahe eine militärische Veranstaltung.

Die ersten Karawanen rüsteten sich in Franklin am Missouri aus, wenig später wurde jedoch das weiter westlich gelegene Independence das Zentrum für die Unternehmungen auf dem ‹Santa Fé Trail›. Auch die meisten Züge nach Oregon nahmen hier ihren Anfang. Dabei blieb es während zweier Jahrzehnte, obschon im Städtchen Westport Landing (Kansas City) an der Mündung des Kansas River ein Rivale im lukrativen Ausrüstungsgeschäft heranwuchs. Kein Kaufmann dachte mehr daran, seine Karawanen in St. Louis auszustatten, seit die Dampfboote Waren in beliebiger Menge in wenigen Tagen zu den Stapelplätzen am Missouri brachten.

Ein amerikanischer Händler hat dem ‹Santa Fé Trail› ein von der gestrengen Historie als klassisch bezeichnetes Werk gewidmet: Josiah Gregg in ‹Commerce of the Prairies›. Exemplarisch vor allem ist seine Beschreibung der Karawanen, der Nöte und der Freuden unterwegs wie auch der fremdartigen Welt, die sich den Amerikanern in der mexikanischen Provinz auftat. Die Santa-Fé-Karawanen pflegten in Independence im Monat Mai aufzubrechen. Die Wochen vor dem Start waren für die Beteiligten eine erregende Zeit. Die Aufgabe, hundert und mehr Planwagen zur Fahrt durch die Prärie fachgerecht herzurichten, war inzwischen zu einer ausgeklügelten Wissenschaft geworden, denn es galt, die kostbare Fracht so zu verstauen, daß ihr eine monatelange Reise durch Sturm, Regen und Hitze nichts anhaben konnte. Nicht weniger wichtig war die Wahl der Tiere. Mit Pferden vor den schweren Wagen hatte man schlechte Erfahrungen gemacht. Also spannte man häufig sechs oder acht in Joche gezwängte Ochsen vor. Sie waren billig und genügsam, doch ließen nach der Meinung Greggs ihre Kräfte auf der langen Fahrt allzu früh nach, und nur selten konnte man sie noch im selben Jahr auf dem Rückweg gebrauchen. Teuer im Preis, dafür ausdauernd in der Arbeit waren die Maultiere. Im Falle eines ‹stampede› (panikartigen Ausbrechens der Tiere) waren Ochsen meist leichter aufzufinden als Pferde und Maultiere, da die Indianer mit ihnen nichts anzufangen wußten. Josiah Gregg trat im Mai 1831 seine erste Reise nach Santa Fé an. Er schildert den Aufbruch der Karawane als erlösenden Augenblick nach der Unruhe der vorangegangenen Tage: «Endlich ist die Gesellschaft glücklich auf die Prärie hinaus in Bewegung gesetzt – die Widerwärtigkeiten der Vorbereitung sind vorüber, die tausend Ängste, erzeugt in mühsamen Verhandlungen und unnötigem Zeitverlust, sind vergessen. Der Wa-

Marsch einer Santa-Fé-Karawane. Standort des Betrachters ist der sogenannte ‹Round Mound›, eine in die Ebene vorspringende Anhöhe.

‹Camp Comanche› lautet der Titel dieser Szene, die eine Begegnung zwischen einer Karawane und Comanche-Kriegern zeigt. Die beiden Illustrationen wurden in ‹Commerce of the Prairies› von Josiah Gregg veröffentlicht.

genlenker fühlt, sobald er mit der Peitsche knallt, unwillkürlich eine nicht zu zügelnde Kraft in seiner Seele. Sogar die Maultiere spitzen ihre Ohren in seltsamer Weise, wie wenn sie den nun folgenden Szenenwechsel voraussähen. Rund herum herrschen Harmonie und Freundschaft. Fröhliche Gesänge, Bonmots und schlagfertiges Red-und-Antwort-Spiel lösen einander ab. Bevor es den Leuten bewußt geworden ist, haben sie das liebenswerte Independence samt den vielen Freunden und Bekannten bereits aus den Augen verloren.»

Erstes Ziel der Wanderung pflegte ein ‹Council Grove› genannter Ort zu sein, an dem sich die Karawanen endgültig bildeten. «Der Platz ist etwa hundertfünfzig Meilen von Independence entfernt», schreibt Gregg «und besteht aus einer ununterbrochenen, fast eine halbe Meile weit reichenden Zeile von Bäumen, darunter Eichen, Walnußbäume, Eschen, Ulmen und Hickory. Die Baumreihe zieht sich dem Einschnitt eines kleinen Flusses entlang, der unter dem Namen ‹Council Grove-Creek› bekannt ist und den wichtigsten Arm des Neosho River darstellt.» Hier, wie gesagt, wurden die entscheidenden Vereinbarungen getroffen, bevor sich die einzelnen Kaufleute in der Karawane zu einer Schicksalsgemeinschaft zusammenschlossen. Erste Handlung war die Wahl eines ‹Captains›. Gregg schildert, wie dieser demokratische Akt in ungewohnter Umgebung vor sich ging: «Die Bezeichnung ‹Council Grove› (Hain der Ratsversammlung) ist vielleicht der zutreffendste Name, der diesem Platz gegeben werden konnte. Hier hielten wir unsern ‹großen Rat›, in welchem die Bewerbungen der verschiedenen ‹Amtsanwärter› erwogen, die Führer erkoren und ein Regierungssystem gewählt wurden, wie es der ständige Brauch in so bunt zusammengewürfelten Karawanen ist. Man hätte annehmen können, daß Wahlfieber und Parteigeist kaum so weit in die Wildnis vordringen: Doch auch hier fehlten sie nicht. Selbst in unserer kleinen Gemeinschaft hatten wir unsere Postenjäger mit ihrem Anhang, die sich so ernsthaft und eifrig gebärdeten wie irgendein Politiker moderner Schule mitten in der Zivilisation. Nach ausgiebigem Gezänk und wortreichem Hin und Her fanden es jedoch sämtliche Kandidaten ratsam, zu verzichten, und ein Mann namens Stanley, der das Amt weder gesucht noch gewünscht hatte, wurde einstimmig zum ‹Captain der Karawane› proklamiert. Die Befugnisse dieses Funktionärs werden jedoch durch keine klar umschriebene Konstitution geregelt. Folglich sind sie vage und ungewiß: Befehle werden als bloße Anregungen aufgefaßt, und die Untergebenen befolgen oder mißachten sie je nach Laune. Dabei darf nicht vergessen werden, daß der Captain nach allgemeiner Übereinkunft die Weisungen für den Marsch am Tag erläßt und den Ort bestimmt, an dem nachts das Lager errichtet wird.»

Die Rolle des Captain einer Karawane war nach dem übereinstimmenden Zeugnis der Beobachter undankbar und aufreibend. Starke Persönlichkeiten verschafften sich mit Überredung, Drohung und Gewalt Gehör. Doch in den immer wieder eintretenden Notfällen, bei einem Indianerangriff zum Beispiel, waren so zeitraubende Verfahren schlecht angebracht. Gregg äußerte dazu seine radikale Meinung: «Was mich betrifft, so kann ich nicht einsehen, warum der Anführer einer Prärie-Karawane nicht dieselbe Gewalt wie der Kapitän eines Schiffes auf hoher See haben sollte, der seine Leute wegen Ungehorsam oder Meuterei zur Rechenschaft zieht.» Später, auf ‹Oregon-› und ‹California Trail›, regelte man häufig die gegenseitigen Verpflichtungen mit einer schriftlich niedergelegten und von allen Teilnehmern approbierten Konstitution. Doch das Ergebnis blieb dasselbe. Nur selten durchmaß eine Karawane den ganzen Weg, ohne daß in den qualvoll langen Monaten gefährliche Mißstimmung oder Meuterei ausbrach.

Nun hatte also die in Council Grove lagernde Karawane ihren Captain. Es folgte eine Musterung von Mann und Wagen. Die Expedition, mit der Josiah Gregg erstmals die Reise antrat, zählte gegen hundert Fahrzeuge, auf denen Handelsware im Wert von zweihunderttausend Dollar untergebracht war. Man bildete vier sogenannte ‹Divisionen›, von denen jede einen ‹Leutnant› zum Anführer bestimmte.

Die Aufgaben des Leutnants waren eindeutig: Einmal unterwegs, ritt er zumeist an der Spitze seiner Kolonne, wies den Weg durch Schluchten und Hindernisse, suchte die besten Furten aus und dirigierte die Fahrzeuge, wenn abends die Wagenburg errichtet wurde.

Den Aufbruch der Karawane in Council Grove, das turbulente Durcheinander der Gespanne zwischen dem ersten Signal «Catch up!» und dem endgültigen Befehl «Fall in!» – «alles hat sich zu einer lärmenden Konfusion verschworen, die unbegreiflich ist, wenn man sie nicht mit Augen gesehen hat», meint Gregg –, den Abschied von der letzten Oase vor der unheimlichen Prärie haben Jahr für Jahr Tausende mit wachen Gefühlen erlebt. Von hier aus strebten die Karawanen dem Arkansas zu und zogen auf dem amerikanischen Ufer flußaufwärts. Es führte mehr als ein Weg nach Santa Fé. Am häufigsten begangen wurde die unter dem Namen ‹Cimarron Cut-Off› bekannte Spur. Sie überquerte am ‹Santa Fé Crossing›, einer Furt in der Nähe der späteren Stadt Cimarron, den Arkansas und ging von da in südwestlicher Richtung bis an den Fuß der Sangre de Cristo Mountains – die kürzeste, aber auch gefährlichste Variante des ‹Santa Fé Trail›. Wasser war in diesem Landstrich selten, und die herumstreifenden Indianer brachen wie Gewitter über die einsam dahinziehenden Karawanen herein. Die zweite Variante, mühsam und zeitraubend, führte weiter den Arkansas hinauf bis zu Bent's Fort, einem komfortablen Handelsposten, der den Zugang zu den Bergregionen sicherte. Von diesem Punkte aus marschierten die Karawanen, von Indianern selten behelligt, über den Raton-Paß und der Ostflanke des Gebirges entlang bis zu den ersten mexikanischen Siedlungen. Man bezeichnete diesen Weg als ‹Mountain Branch› des ‹Santa Fé Trail›. Es blieb noch ein dritter Weg: Von Bent's Fort dem Arkansas folgend nach Westen, dann den Huerfano River hinauf über den La-Veta-Paß ins Tal des Rio Grande.

Die Karawane des Captain Stanley, der Josiah Gregg in seinem unvergleichlichen Werk ein Denkmal setzte, ging am ‹Santa Fé Crossing› über den Arkansas und wählte die Abkürzung durch die Prärie. Vier Kolonnen nebeneinander, zogen die Gespanne wie zu einer Flotte vereint durch die Ebene. Jedermann, ob Händler, Fuhrmann oder Vergnügungsreisender, war jetzt den Gesetzen der Prärie unterworfen. Zu den selbstverständlichen Pflichten gehörten die Wachen, in die sich alle männlichen Mitglieder der Expedition teilten. Doch, wie gesagt, häufig genug herrschte offenkundige Sorglosigkeit. Mancher Santa-Fé-Fahrer zahlte teuer dafür. Falsche Alarme beunruhigten die Kolonnen. Sie wurden in der Regel von unerfahrenen Neulingen verursacht, die hinter jeder Bodenerhebung Indianer oder Büffelherden vermuteten. Anderseits ließ die Reaktion bei wirklicher Gefahr zu wünschen übrig, solange Erfahrung und Gewöhnung fehlten. Die Karawane begegnete der Bedrohung durch Indianer mit einem Manöver, das jedem Wagenlenker geläufig war und doch ein gutes Maß an Geistesgegenwart und Geschicklichkeit verlangte: Die Spitzen der beiden äußeren Kolonnen schwenkten gegen die Mitte ein und trafen sich ungefähr in einem rechten Winkel. Die beiden inneren Kolonnen hielten in langsamem Marsch gegen die Mitte zu, drehten darauf nach links und nach rechts und schlossen mit den vordersten Wagen zu den Enden der beiden äußeren Kolonnen auf. Es entstand eine viereckige Wagenburg, die als Schutzwall und Lager diente. Durch eine Lücke am Schluß der beiden rückwärtigen Kolonnen wurden die Tiere in den so entstandenen ‹Corral› geführt. Fast unvermeidlich begegneten die Santa-Fé-Karawanen auf dem Weg durch die Prärie mehr oder weniger kriegerischen Indianerbanden. Den Eingeborenen war wohl bekannt, welche Reichtümer in den langsam dahinrollenden Prärie-Schonern verborgen lagen. Nicht nur mit den am Arkansas und im Süden beheimateten Indianern, den Osage-Stämmen, den Comanchen und etwa noch den Pawnees, war zu rechnen. Von weit her stellten sich die Zaungäste ein, und so war es nicht verwunderlich, wenn Kriegsparteien der Sioux oder der Blackfeet den ‹Santa Fé Trail› kreuzten.

Von einer aufregenden Begegnung mit Indianern an den Ufern des Cimarron
River, die wider Erwarten harmlos verlief, berichtet Josiah Gregg: «Man stelle
sich unsern Schrecken und unsere Bestürzung vor, als bei unserem Abstieg ins
Tal des Cimarron am Morgen des neunzehnten Juni plötzlich eine Bande von
indianischen Kriegern zu Pferd aus einem Hohlweg hervorbrach – ein imposanter
Ansturm von todbringenden Wilden! Hier gab es nichts mehr zu lachen. Es war
ein wirklicher Alarm – eine greifbare Realität. Die Krieger waren, wie wir bald
entdeckten, nur die Vorhut einer unübersehbaren Heerschar, die sich in diesem
Augenblick über den gegenüberliegenden Höhenzug ergoß und direkt auf uns
zu galoppierte. Die Wagenburg war am Abhang bald notdürftig formiert, aber
ein großer Teil der Leute, sorglos wie gewohnt, war auf den Ernstfall nicht vorbereitet ... Die Kühnsten stürzten nach vorn, dem Feind entgegen, während sich
die Ängstlichen und Vorsichtigen mit ihren Gewehren hinter den Wagen einrichteten. Die Indianer in der Vorhut machten einen verwegenen Versuch, in
unsere Kolonnen einzudringen, was sie beinahe teuer zu stehen gekommen wäre.
Einige unserer hitzigen Hinterwäldler richteten mehrmals ihre rostigen, aber treff-
sicheren Flinten auf die Störenfriede, von denen manche unvermeidlich ihren Kugeln zum Opfer gefallen wären, hätten sich nicht einige besonnene Händler da-
zwischengestellt. Die Indianer machten ihrerseits nicht weniger kriegerische Veranstaltungen und stürzten sich mit gespannten Bogen auf einige von unseren Leuten, die sich auf der Suche nach Wasser etwas entfernt hatten. Es wäre daraus vermutlich ein Unglück entstanden, hätten sich nicht weise Männer aus der Indianernation dem Ungestüm der Krieger entgegengeworfen. Die Indianer waren nun
in so großer Zahl um uns herum versammelt, daß es ratsam schien, sie mit Gewalt
zum Weichen zu bringen, damit wir unsern Marsch fortsetzen oder wenigstens
eine vorteilhaftere Stellung einnehmen konnten. Unsere Gesellschaft wurde gesammelt und in ‹Schlachtlinie› gegliedert. Dann zogen wir, begleitet von Trommelwirbel und Pfeifenklang, gegen die mächtigste Gruppe der Indianer. Diese
zeigten sich ob der seltsamen Parade und der Musik mehr erfreut als erschreckt,
denn sie hatten ohne Zweifel noch nie ein solches Schauspiel gesehen, und wahrscheinlich betrachteten sie den ganzen Auftritt eher als einen besondern Gruß denn
als feindlichen Vorstoß. Es war ja auch kein Dolmetscher auf dem Platz, mit dessen
Hilfe man sich hätte verständigen können. Welches nun immer die Empfindungen
der Indianer waren, eines ist gewiß: ihr wichtigster Anführer schien volles Vertrauen in sein ‹calumet› (Friedenspfeife) zu haben. Er zündete es an und kam kühn
unserem kriegerischen Korps entgegen, indem er ernsthaft die Pfeife rauchte.
Unser Captain tat ebenfalls einen Zug und bedeutete dem Häuptling mit Zeichen,

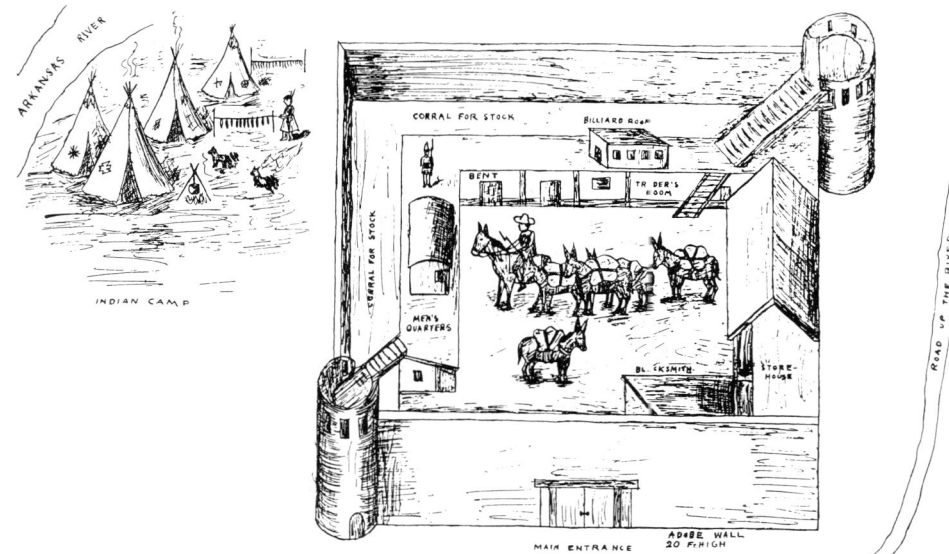

Bent's Fort, gezeichnet
vom Pelzhändler W. M. Boggs
im Jahre 1844.

Bent's Fort, auch Fort William genannt,
nach einer Skizze von Leutnant
J. W. Abert aus dem Jahre 1845.

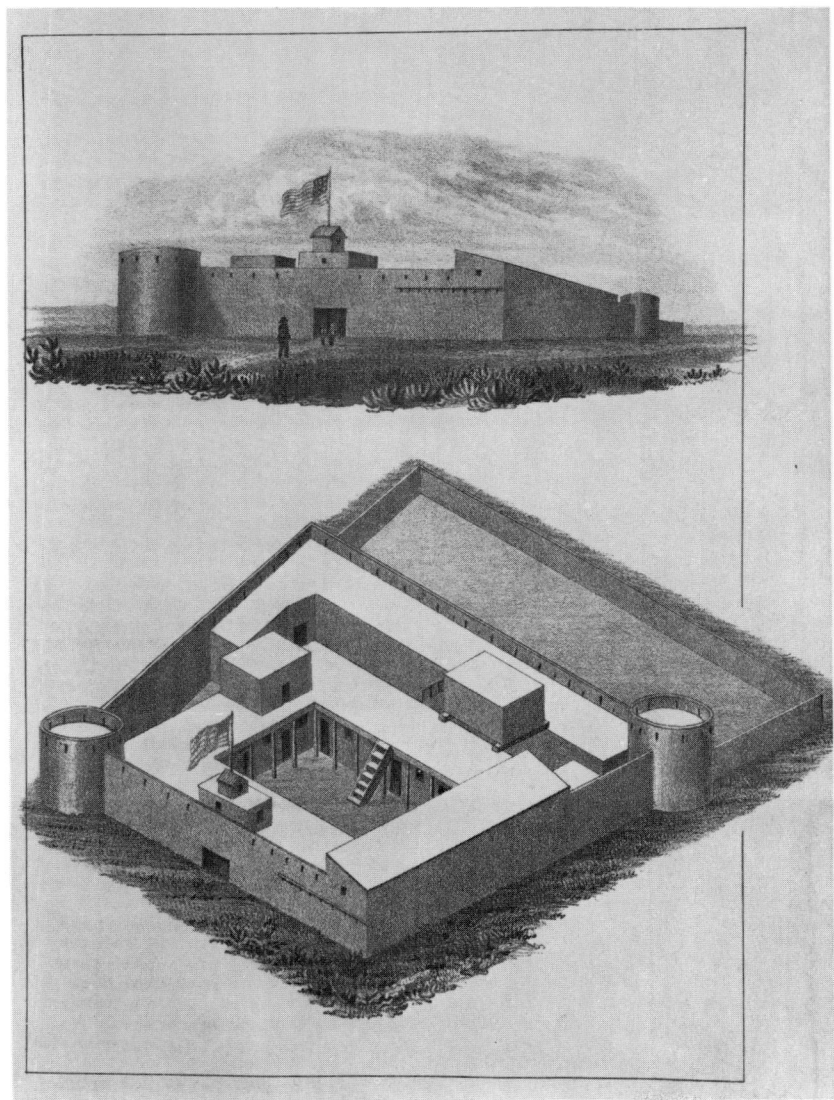

Unter den Handelsstationen im Westen genoß das Fort
der drei Brüder Bent, das am oberen Arkansas lag, einen
hervorragenden Ruf. Von dieser Station aus zogen Karawanen nach Santa Fé und nach Oregon. Die Gebäude
des Forts waren nach der in Neu-Mexiko üblichen Bauweise aus Adobe – an der Sonne getrockneten Lehm-
ziegeln – errichtet.

Thomas J. Farnham, der im Jahre 1839 nach Oregon
zog, äußert sich begeistert über seine Ankunft in der
gastlichen Station: «Endlich, nach drei Tagen scharfen
Reitens, sahen wir am Ufer des Arkansas den so lang er-
sehnten Handelsposten der Herren Bent vor uns liegen
und trabten frisch und fröhlich in die Ebene hinunter
dem Gebäude entgegen, während die Maultiere, die wir
aufgefangen hatten und die ihre alten Weideplätze wit-
terten, nebenher galoppierten. Unsere Herzen, jetzt
von der Not und Sorge befreit, die sie in den letzten
Wochen so gedrückt hatten, schlugen froh bewegt, als
sich die Tore des Forts endlich öffneten und uns von
den Landsleuten in der Wildnis ein herzliches ‹Willkommen in Fort William› zugerufen wurde ...»

Häufig brachten herumstreifende Indianerbanden das Fort
und seine Besatzung in Gefahr. Ein solches Beispiel erwähnt Farnham:
«Ungefähr in der Mitte des Monats Juni [1839] durchschwamm
eine Bande von Comanchen, etwa sechzig Mann stark, unter dem
Schutze der Nacht den Fluß und verbarg sich im Ufergebüsch, da,
wo die Tiere gewöhnlich grasen. Keine Schildwache bemerkte sie,
und als der Morgen anbrach, bestieg der mexikanische Treiber
sein Pferd und trieb das ihm anvertraute Vieh mit dem gewöhnlichen Rufen und Geschrei aus dem Fort. Von einer Seite zur andern galoppierend, hatte er die Tiere bald in einem kleinen Tal besammelt, wo sie, noch von den Geschützen des Forts gedeckt, das
kurze Gras abweideten. Eine Wache postiert sich stets so, daß sie
die ihr anvertrauten Tiere zwischen sich und den Gebäuden be-
hält, damit sie beim Auftauchen irgendeiner Gefahr das Vieh so
schnell wie möglich zurücktreiben oder die Herde besser zusam-
menhalten kann ... Die treue Wache war an diesem Morgen eben
vom Pferd gestiegen und saß scharf umherspähend auf der Erde,
als die Indianer aus ihren Schlupfwinkeln hervorbrachen und mit

fürchterlichem Geheul und Geschrei versuchten, die Tiere durch
den Fluß zu treiben. Die Wache ließ sich nicht einschüchtern und
galoppierte mitten in die Herde. Als die Maultiere und Pferde
unter dem gräßlichen Gebrüll der Wilden die bekannte Stimme
ihres Hirten vernahmen, liefen sie in starkem Trab dem Fort zu.
Aber die Indianer tauchten auf den Seiten auf und machten die
Herde scheu und wild. Der treue Mexikaner trieb die Tiere vorwärts und rief um Hilfe. Doch die Besatzung war zu schwach und
ermunterte von den Mauern herab vergebens den braven Treiber.
Schon sah der Mann das geöffnete Tor des Forts vor sich, das ihm
und seiner Herde Rettung versprach, als er, von drei Pfeilen durchbohrt, vom Pferde sank. Jetzt trieben die Herren der Steppe ihre
Beute ohne weitere Belästigung nach den Grenzen von Texas,
denn die nachgesandten Kugeln hatten keinen Erfolg. Ich sah das
Grab des treuen Wächters; er war erst wenige Tage vor unserer
Ankunft hinabgesenkt worden, und schon hatten die Wölfe versucht, ihn wieder auszuscharren. So verloren die Herren Bent an
einem Tag einen ihrer besten Leute und über vierzig Maultiere ...»

71

Das letzte Wegstück auf der langen Reise nach Santa Fé:
Jedermann in der Karawane brach in Jubel aus, wenn die
Anhöhe über der Stadt erreicht war. Die Zeichnung wurde
in der ersten Ausgabe von ‹Commerce of the Prairies›
von Josiah Gregg veröffentlicht.

Die Handelsstation Fort Laramie zu Beginn der
vierziger Jahre. Die Darstellung stammt vom Deutschen
Charles Preuss, der Leutnant Frémont als Kartograph
und Zeichner auf seinen beiden ersten Expeditionen nach
Oregon und Kalifornien begleitete.

Die zerklüftete Bergkette der Wind River Mountains. Zeichnung von Charles Preuss (oben). Indianerangriff auf eine Karawane, die zu ihrer Verteidigung eine Wagenburg gebildet hat (unten). Gezeichnet wurde die Szene von Captain Seth Eastman.

74

er möge seine Leute zurückschicken. Das geschah, und die meisten begaben sich zur langen Kolonne der Squaws und der Kinder zurück, die in der Nachhut folgten und eben jetzt hinter den Hügeln auftauchten. Langsam bewegte sich der Troß zu den Ufern des Flusses hinab, wo die Frauen die Wigwams errichteten. Bald bedeckten über fünfhundert Zelte das Tal vor uns, und auf einmal glich der vorher so kümmerliche Grund einem riesigen indianischen Dorf ... Das Auftauchen der Frauen und Kinder überzeugte uns bald, daß die Indianer wenigstens für den Augenblick keine feindseligen Absichten hegten. So stiegen auch wir ins Tal hinunter und errichteten unser Lager einige hundert Schritte unterhalb der indianischen Zelte. Die ‹Captains› oder, genauer gesagt, die einflußreichsten Männer unter den Weißen und den Indianern trafen sich, rauchten wiederum die Pfeife und beschlossen, fortan Freunde zu sein ...»

Nicht immer schlossen die Begegnungen mit Verbrüderung. Zur gleichen Zeit wie die Karawane Josiah Greggs zogen die Trapper William L. Sublette und Jedidiah Smith durch die Prärie am Cimarron River, denn auch sie hofften auf klingenden Erfolg im Santa-Fé-Handel. Doch das Geschäft kam zu einem jähen Abschluß: Jedidiah Smith hatte sich unvorsichtig von der Kolonne entfernt und wurde von einer Schar Comanchen in einem Hinterhalt umgebracht.

Außer den herumstreifenden Indianern barg die Prärie noch mehr Gefahren: Karawanen kamen vom Wege ab und suchten vergeblich nach Wasser; orkanartige Stürme trieben die Gespanne auseinander, warfen die Wagen um und verdarben die Ladung; Büffel brachen durch die Kolonnen und trieben Pferde und Ochsen in regellose Flucht. Immerhin schätzte man sich glücklich, wenn der gewaltige Bison in der Nähe der Karawane auftauchte, denn auf der eher spartanischen Speisekarte war sein Erscheinen zum vorneherein vorgesehen. Man jagte bei jeder sich bietenden Gelegenheit, um die bescheidenen Vorräte zu ergänzen. «Man kann sich nicht vorstellen, welch nicht zu sättigender Appetit von den Reisenden in der Prärie hervorgebracht wird», sagt Gregg. «Noch größer sind die Mengen an Kaffee, die täglich getrunken werden. Dieses immer vorhandene und unentbehrliche Getränk wird zu jeder Mahlzeit aufgetischt – auch unter der brütenden Mittagssonne verzichtet kaum ein Wagenlenker darauf, seinen gewaltigen Zinnbecher ein zweitesmal zu füllen.»

Unter den besonderen Umständen des Lebens in der Prärie erwachten Energien und Kräfte, die unter den wohlgeordneten Bedingungen der Zivilisation kaum zutage traten. Es sind Beispiele des Überlebens in aussichtsloser Lage überliefert, die unwahrscheinlich klingen. Nicht umsonst herrschte die Meinung, eine Reise in den Westen sei das beste Mittel, eine Krankheit zu kurieren. Von zahlreichen Autoren, unter ihnen Josiah Gregg, ist das Exempel jenes Mannes belegt, der sich unterwegs mit einem unglücklichen Schuß den Arm zerschmetterte. Nachdem der Wundbrand so weit fortgeschritten war, daß keiner mehr an ein Überleben glaubte, entschloß man sich zur Amputation. Einige Freiwillige aus der Karawane riskierten den verzweifelten Eingriff mit so regelwidrigen Instrumenten wie Handsäge und Fleischermesser. Zum Abschluß versengten sie den Armstumpf mit einem glühenden Eisen. Die Operation war nach allen Zeugnissen ein chirurgisches Meisterstück. Das Opfer, ein Mister Broadus, traf leidlich gesund und zufrieden in Santa Fé ein.

Sobald sich die Karawane den südlichen Ausläufern der Sangre de Cristo Mountains näherte, sandte man einige Leute voraus, die in der Hauptstadt für Lagerhäuser sorgten und die ersten Verhandlungen mit den Zollbehörden führten. In der Prärie-Sprache hießen sie ‹avant-couriers› oder schlicht die ‹runners›. In dieser Gegend traf man auf die ersten ‹Ciboleros›, mexikanische Büffeljäger, die in pittoreskem Aufzug erschienen und den Amerikanern mit Vorliebe ihre verblüffenden Reitkünste demonstrierten. Es dauerte meist nicht mehr lange, bis eine militärische Eskorte auftauchte und die Karawane nach Santa Fé geleitete. Der Zweck dieser umständlichen Manifestation war offenkundig: Die mexikanischen Behörden wollten verhindern, daß die Händler ihre begehrten Waren am Zollhaus vorbei direkt zu den wartenden Kunden führten.

Der Einzug in Santa Fé, Endstation und Triumph des Unternehmens, entschädigte die Reisenden für Mißbill und Strapazen der vergangenen Monate. «Es war eine Szene, in der ein Künstler mit seinem Pinsel hätte schwelgen können», meint Gregg. «Sogar die Tiere schienen an der guten Laune ihrer Reiter teilzuhaben, die um so lustiger und lauter wurde, je weiter die Kolonne nach Santa Fé hinunterstieg. Ich möchte bezweifeln, daß die Kreuzfahrer beim Anblick der Mauern Jerusalems so viel ungestüme und herzerfrischende Freude gezeigt haben. Die Ankunft der Karawane erzeugte unter den Einheimischen viel Hin und Her und Erregung. ‹Los Americanos!› – ‹Los carros!› – ‹La entrada de la caravana!› Man hörte die Rufe in allen Richtungen. Frauen und Kinder scharten sich in Mengen, um die Fremden zu sehen. Bettler tummelten sich wie üblich in der Hoffnung, etwas zu erbeuten. Auch die Fuhrleute waren offensichtlich von der allgemeinen Erregung erfaßt. Sie wußten, daß so etwas wie eine Parade bevorstand, und hatten deshalb den Morgen damit zugebracht, sich reinlich herauszuputzen. Jetzt waren sie bereit, mit saubern Gesichtern, glattgekämmtem Haar, in sorgfältig gepflegtem Sonntagsanzug, den Schönheiten, die sicher am Weg stehen würden, in die glänzenden schwarzen Augen zu blicken. Noch eine andere Verrichtung hatten sie treffen müssen, um möglichst vorteilhaft herauszustechen: Die Wagenlenker befestigten an ihrer Peitschenschnur eine neu geflochtene Quaste, denn jeder versuchte, bei der Fahrt durch die Straßen und über die ‹plaza pública› der Stadt seine Kameraden durch die Geschicklichkeit auszustechen, mit der er das geschätzte Kennzeichen seiner Autorität geschmückt hatte.»

Die Wechselfälle der Politik lasteten als schwer abzulösende Hypothek auf dem ‹Santa Fé Trail›. Auch in den Jahren leidlichen Einvernehmens beklagten sich die Händler und die Einwohner von Santa Fé über die unmäßigen Zölle, die meist den Warenwert überstiegen. Eine kostspielige und unnütze Verwaltung hatte sich der armen Provinz bemächtigt und suchte in natürlichem Selbsterhaltungstrieb ihre Einkünfte dort, wo etwas zu holen war. Zum Glück für die Kaufleute waren die Beamten bestechlich, so daß man selten um einen Ausweg verlegen war. Die amerikanische Regierung hatte sich schon recht früh bemüht, den Handel mit der mexikanischen Provinz in Gang zu bringen. Im Jahre 1825 schickte sie Captain Sibley mit dem Auftrag nach Mexiko, den ‹Santa Fé Trail› zu markieren. Doch der mexikanische Gouverneur widersetzte sich auf seinem Hoheitsgebiet dem Versuch und erlaubte bloß eine flüchtige Vermessung. So kam Sibley mit nichts weiter als der bescheidenen Erkenntnis nach Hause, daß unterwegs keine wesentlichen natürlichen Hindernisse zu finden waren. Das wußten die Händler bereits seit Jahren. Inzwischen hatten sich amerikanische Siedler der mexikanischen Provinz Texas bemächtigt, und der neue Staat proklamierte im Jahre 1836 die Unabhängigkeit. Wenn der Gouverneur von Neu-Mexiko fortan in jedem Amerikaner einen Komplizen der unberechenbaren Nachbarn erblickte, so konnte er dafür gute Gründe anführen. Zwar hatten die Santa-Fé-Händler wenig mit den turbulenten Viehzüchtern am Rio Brazos gemein, doch einiges deutete darauf hin, daß das texanische Exempel auch anderswo als Vorbild dienen würde. Als schließlich im Frühjahr 1843 ein angesehener Kaufmann von Santa Fé, Don Antonio José Chavez, mitten in der Prärie von texanischen Freischaren ausgeraubt und ermordet wurde, nahm der mexikanische Präsident Santa Anna den barbarischen Akt zum Anlaß, den ‹Santa Fé Trail› zu schließen. Auch die Tatsache, daß einige Leute aus der Bande von amerikanischen Truppen festgenommen und in St. Louis vor Gericht gestellt wurden, vermochte am Entscheid der Mexikaner nichts mehr zu ändern. Der Weg nach Santa Fé blieb gesperrt, bis sich die Amerikaner im mexikanischen Feldzug der Provinz Neu-Mexiko bemächtigten.

An der Stelle, wo der nach den Rocky Mountains führende Pfad den ‹Santa Fé Trail› verließ, stand während Jahren ein einsamer Wegweiser mit der Aufschrift

‹Road to Oregon› (‹Weg nach Oregon›). So einfach verhielt es sich anfänglich mit der Geographie im Westen. Trapper und Indianer hatten diesen Pfad und seine Varianten in den dreißiger Jahren hundertfach begangen. Sollte jedoch der Weg die Karawanen der Siedler aufnehmen, so mußte er mit Wagen befahrbar sein. Eigentlich hatte man schon vor Jahrzehnten die Meinung gehört, daß der ‹Oregon Trail› auch von Fahrzeugen bewältigt werden könnte. Als Robert Stuart, ein Mitglied der Astoria-Expedition, im Jahre 1813 auf dem Rückweg in St. Louis eintraf, schrieb die ‹Missouri Gazette›: «Nach den Auskünften, die wir von diesem Herrn erhalten haben, sollte es möglich sein, den nordamerikanischen Kontinent mit Wagen zu durchqueren. Es findet sich auf dem ganzen Weg kein Hindernis, das jemand im Ernst ein Gebirge nennen würde.» Dieser Befund war denn doch allzu leichtfertig, als daß er die vorhandenen Berge hätte versetzen können. Erst viel später machte man sich ernsthaft mit Rädern auf den Weg. 1827 schleppten Ashleys Leute eine Kanone über den Süd-Paß bis in die Gegend des Großen Salzsees. Am ‹Rendezvous› des Jahres 1830 im Tal des Wind River, also an der östlichen Flanke der Rocky Mountains, erschienen Smith, Jackson und Sublette zum maßlosen Erstaunen der Anwesenden mit einer Kolonne von zehn Wagen. In einem Brief an den Kriegsminister in Washington schrieben sie begeistert: «Die Reise ging so mühelos und sicher vonstatten, daß wir nun den Beweis für die Möglichkeit einer Überlandverbindung zum Pazifischen Ozean erbracht haben ...» Im folgenden Jahr zog Captain Bonneville, stets auf Theatereffekte bedacht, mit zwanzig Wagen über den Süd-Paß, kam aber so langsam voran, daß er das ‹Rendezvous› in Pierre's Hole verpaßte. Dafür konnte er die Ehre für sich beanspruchen, erstmals die Wasserscheide mit einer Karawane von Prärie-Schonern überwunden zu haben.

Viel ernsthaftere Schwierigkeiten bot die Wegstrecke vom Quellgebiet des Snake River bis ins Tal des Columbia. Missionare und Siedler mühten sich während Jahren vergeblich, ihre Fahrzeuge über den ganzen Weg zu bringen. Häufig resignierten sie bereits in Fort Hall, verschacherten die Wagen für einen Pappenstiel und luden ihre Habe auf den Rücken der Pferde und Maultiere. Im Jahre 1840 gelangte der erste Planwagen an den Columbia River, und fünf Jahre später fuhren die Siedler mit ihrem Gespann vom Missouri in einem Zug bis Oregon und bis zur Stelle, wo sie ihr Blockhaus errichteten. Nach wie vor erzählte der Agent der Hudson's Bay Company in Fort Hall, der englische Captain Grant, den anrückenden Pionieren mit besorgter Miene von den Gefahren des Weges nach dem Columbia River und versicherte, es sei ein für allemal ausgeschlossen, einen Wagen auf diesem Weg zum Pazifik zu bringen. Es war ein untauglicher Versuch der Hudson's Bay Company, die heranströmenden amerikanischen Siedler von Oregon abzulenken. Amerikanische Missionare, Methodisten und Presbyterianer, waren den Pionieren vorangegangen. Unter ihnen erwarb sich Dr. Marcus Whitman, Arzt und Prediger der Presbyterianer, besondere Verdienste um die Öffnung des ‹Oregon Trail›. Er errichtete in der Nähe von Fort Walla Walla unter den Cayuse-Indianern eine Missionsstation, die während Jahren so etwas wie die Endstation des ‹Oregon Trail› darstellte. Als Whitman und sein Kollege Spalding im Jahre 1836 ihre Frauen mit auf den beschwerlichen Weg nahmen, erhob sich im Westen Protest und Widerspruch. Keiner hatte bisher einer weißen Frau die unmenschlichen Strapazen dieser Reise zugemutet. Spalding selber schrieb später an seine kirchliche Behörde in Boston: «Senden Sie nie wieder eine Frau über diese Berge, wenn Sie noch Achtung für das menschliche Leben empfinden!»

Die Wanderung der Siedler über den ‹Oregon Trail› begann im Frühjahr 1841. Die Karawane, die unter Führung eines John Bidwell nach Westen zog, hatte sich den wohlklingenden Namen einer ‹Western Emigration Society› zugelegt. Ursprüngliches Ziel war Kalifornien, doch bei Fort Hall entschied sich ein Teil der Auswanderer für Oregon. Der Expedition Bidwells schloß sich eine Gruppe von katholischen Missionaren an, unter ihnen der Jesuit Father Jean-Pierre DeSmet. Thomas Fitzpatrick hatte sich DeSmet als Führer und Berater zur Verfügung gestellt. Im folgenden Jahr waren wiederum Siedler in großer Zahl nach dem Columbia unterwegs. Nach Kalifornien fühlten sich die Amerikaner damals weniger hingezogen, und so wurde der Weg über die Sierra Nevada nicht allzu häufig begangen. Oregon würde eines Tages ein Teil der Vereinigten Staaten werden. Also konnte man sich dort – so oder ähnlich mochten die Überlegungen lauten – mit einiger Zuversicht niederlassen, während in bezug auf Kalifornien die Zukunft ungewiß schien.

Man beging jetzt einen Pfad, der nicht mehr an den Arkansas und nach Bent's Fort, sondern an der Stelle an den Platte-Fluß führte, wo später Fort Kearney errichtet wurde. Stationen am Weg waren Fort Laramie am North Platte River und Fort Bridger am Black Fork des Green River. In Soda Springs oder spätestens in Fort Hall hatten sich die Auswanderer für Oregon oder für Kalifornien zu entscheiden. Offenbar wurde die Wahl zwischen den beiden Zielen zumeist gefühlsmäßig getroffen. Fünf bis sechs Monate dauerte die Reise über eine Distanz von mehr als zweitausend Meilen. Dabei legten die Ochsengespanne selten mehr als fünfzehn Meilen am Tag zurück. Der entscheidende Ansturm über den ‹Oregon Trail›, von den Historikern mit dem Titel ‹Great Emigration› (Große Auswanderung) bedacht, geschah im Jahre 1843. Entscheidend ist dieser Vorgang, weil er in Oregon endgültig das amerikanische Übergewicht über die Gefolgschaft der Hudson's Bay Company etablierte. Nach den Schätzungen Whitmans zogen in diesem Jahr zweihundert Familien mit etwa tausend Personen in den fruchtbaren Nordwesten. Sie führten mehr als 120 Wagen, 694 Ochsen und 773 Stück Vieh aller Art mit sich.

Der Exodus nach den beiden pazifischen Landstrichen hielt in den folgenden Jahren an. Tausende ertrugen Hunger, Durst und Staub in der unerschütterlichen Erwartung auf Erfolg und Reichtum unter einem neuen Horizont. Doch senkte sich bald ein Schatten über den ‹Oregon Trail›, der erst nach Jahren wich: Im November 1847 erhoben sich die Cayuse-Indianer und ermordeten Whitman und die andern auf der Missionsstation anwesenden Amerikaner. Das letzte Wegstück des ‹Oregon Trail› war bis auf weiteres geschlossen. Die Pioniere, die Oregon zustrebten, setzten die Reise über den ‹California Trail› fort und begaben sich später der Küste entlang nach Norden. Inzwischen hatte sich auch am Pazifik die Szene entscheidend verändert: In Kalifornien betraten die Auswanderer amerikanischen Boden, seit der rabiate John C. Frémont im Jahre 1847 in der Pose eines Deus ex machina im Tal des Sacramento erschienen und an der Spitze der unzufriedenen Siedler gegen die mexikanische Herrschaft in den Kampf gezogen war.

Nach dem mexikanischen Krieg wehte auch am Pazifik das Sternenbanner. Die Wege zum Pazifischen Ozean waren festgelegt und bereit für eine noch bedeutsamere Veranstaltung. Bisher hatten Siedler den Kontinent durchquert. Bald sollten in einem neuen Aufbruch von nie gesehenem Ausmaß Goldsucher, Spekulanten, Kaufleute, Glücksjäger, Vagabunden folgen.

Könnte sich der Betrachter in die Epoche der ‹Trails› zurückversetzen, so würde er den Unterschied zwischen einer Santa-Fé-Karawane und den Zügen der Auswanderer auf der Überlandroute leicht erkennen. Auf dem ‹Oregon Trail› war kein Raum für Manöver wie in der Prärie südlich des Arkansas. Man zog in langen Kolonnen dahin, Fahrzeug um Fahrzeug in der gleichen Spur, denn unebenes Gelände und hohes Buschgras ließen Abstecher in unbekannte Gefilde als wenig ratsam erscheinen. Auch traf man hier nur selten den schweren Conestoga-Wagen, der im Süden bedeutende Frachten nach Neu-Mexiko schaffte. Die Siedler zogen kleinere, leichter zu manipulierende Planwagen vor, in denen sie in qualvoller Enge die Familien und einen bescheidenen Hausrat unterbrachten.

Verschieden waren auch die Gesichter. Über den ‹Santa Fé Trail› zogen Händler und Fuhrleute, unter ihnen Veteranen, die den Weg seit Jahren zurücklegten. Nach Oregon und Kalifornien strebten Auswanderer, Viehzüchter und Farmer zumeist, einige unter ihnen vertraut mit den Bedingungen des ‹Frontier›. Doch nur wenige wußten aus eigener Anschauung, was sie unterwegs erwartete. Hier reisten nicht bloß Männergesellschaften, sondern zu Hunderten in Planwagen verladene Haushalte. Damit wurde die Sache nicht einfacher. Prärie und Gebirge waren mit einemmal Schauplatz gesellschaftlichen Lebens und häuslicher Szenen. Solange die Reise mühelos vonstatten ging, lag über dem Vorgang ein Schimmer von Lagerfeuerromantik. Doch häufig genug störten die unberechenbare Natur, Krankheit oder feindliche Indianer den Frieden. Cholera und Dysenterie, von verdorbenem Wasser hervorgerufen, waren die gefürchteten Begleiter. Angehörige und Freunde starben, und Kinder kamen zur Welt. Bald war das ‹covered wagon baby› (Planwagen-Baby) ein im Westen geläufiger Begriff. Häufig zog man schlecht vorbereitet und ahnungslos in die Prärie hinaus, und die Anführer hatten ihre liebe Not, die Leute beisammenzuhalten. Zerbrochene Wagen, weggeworfene Gegenstände, die um so unnützer erschienen, je weiter man sich von der Zivilisation entfernte, Skelette von Ochsen und erloschene Lagerfeuer, hin und wieder auch ein Grab, zeigten den Weg der Karawanen an. In zahlreichen Handbüchern für Auswanderer und Prärie-Fahrer stand zu lesen, wie es eigentlich gemacht werden sollte. Das bekannteste unter ihnen ist ‹The Prairie Traveler› (Der Prärie-

Zeichnung aus einem Handbuch für Prärie-Reisende von Captain Randolph B. Marcy.

Reisende) von Captain Randolph B. Marcy, ein Vademecum für Anfänger, das allerdings erst im Jahre 1859 erschien. Hier war in schlichten Worten gesagt, was jeder tun und lassen mußte. Das Buch enthielt Anweisungen über Nahrung, Kleidung und Ausrüstung, zeigte am illustrierten Beispiel, wie man mit Prärie-Schonern einen Fluß durchquert, erläuterte die Zeichensprache der Indianer und suchte dem Leser den Charakter dieser Naturvölker verständlich zu machen. Captain Marcy sprach aus reicher Erfahrung, und seine Ratschläge sind simpel und einleuchtend: «Wenn sich Indianer auf einem Streifzug nähern und so weit herangerückt sind, daß man Zeichen unterscheiden kann, so kann man ihre Absicht leicht erkennen, wenn man die rechte Hand hebt und sie einige Male vorwärts und rückwärts bewegt, wobei man die Handfläche nach vorne kehrt. Das wird von den Indianern ohne weiteres als Aufforderung zum Anhalten verstanden, und wenn sie nicht feindlich gesinnt sind, so werden sie sofort gehorchen.» Eindringlich sind Marcys Ermahnungen: «Viele Auswanderer haben auf dem Weg nach Kalifornien ohne Überlegung ihre Lebensmittel vorzeitig aufgebraucht. Häufig waren sie gezwungen, die Vorräte unterwegs zu übersetzten Preisen zu ergänzen ... Ich zog einst mit einer Gesellschaft von New-Yorkern nach Kalifornien. Sie hatten keine Ahnung von dieser ihnen so fremden Art des Reisens und überluden ihre Wagen mit allen möglichen Dingen. Nur die unbedingt wichtigen und unentbehrlichen Waren fehlten. Die Folge war, daß sie ihre Zugtiere verbrauchten und gezwungen waren, den größten Teil der Ladung wegzuwerfen. Sie mußten bald erkennen, daß Champagner, indische Süßigkeiten, Oliven und ähnliches in der Prärie nicht gerade zu den nützlichen Dingen gehören.»

Doch die so vielfältig angewendeten Belehrungen trafen häufig auf taube Ohren. «Die Emigranten sind immer und immer wieder zur Vorsicht gemahnt worden», schrieb der Trapper Bill Hamilton, der wie Bridger und Fitzpatrick manchen Karawanen als Pfadfinder diente, «doch sie schienen ihrer Umgebung gegenüber gleichgültig zu sein und vernachlässigten die einfachsten Vorkehrungen. Das Ergebnis: Die Indianer jagten die Zugtiere davon und ließen die Auswanderer mit Familien und Wagen hilflos in der Prärie stehen. In solchen Fällen mußten Soldaten zu Hilfe kommen.» Aus der unabsehbaren Reihe der Unglücksfälle auf dem ‹Overland Trail› ist vor allem ein Ereignis gegenwärtig geblieben: Der Untergang der sogenannten ‹Donner Party› in der Sierra Nevada. Die von einem Mister Donner geführte Karawane gelangte spät im Herbst des Jahres 1846 nach umständlicher Reise in die Sierra Nevada und blieb hoffnungslos in Schneeverwehungen stecken. Es dauerte drei Monate, bis die ersten Hilfskolonnen aus dem Tal des Sacramento eintrafen. Von einundachtzig Mitgliedern der Gesellschaft hatten nur sechsunddreißig die schreckliche Gefangenschaft überdauert. Wie man später erfuhr, waren einige von ihnen im alles beherrschenden Drang nach Überleben zu Kannibalen geworden.

Kaum jemand ließ sich durch Mißgeschick oder Unglück der andern von eigenen Vorhaben abhalten. Wo ein Weg war, stellten sich Pioniere ein, die oft nur vage bekannten Zielen zustrebten. Gegen die Mitte des Jahrhunderts zogen die Mormonen mit ihren Handkarren über den ‹Mormon Trail›, der genau genommen nur eine Variante der allgemeinen Überlandroute darstellte. Amerikaner suchten ihr Glück auch auf dem alten ‹Spanish Trail›, dem von Santa Fé nach dem südlichen Kalifornien führenden Weg.

Als die ersten Missionare über den ‹Oregon Trail› wanderten, gab es zwischen Independence am Missouri und dem Columbia River noch kaum ein Dach, das dem Auswanderer Schutz bot. Trapper bauten keine Häuser, denn sie zogen vor, wie die Eingeborenen zu leben. Die Forts der Pelzhandelsgesellschaften lagen weitab vom Weg am oberen Missouri und seinen Nebenflüssen. Das sollte sich bald ändern. Als sich die Pelzhändler in den dreißiger Jahren allmählich in die Ebene zurückzogen, zeigte sich das Bedürfnis nach neuen Handelsposten. So entstanden, wie gesagt, Bent's Fort und Fort Laramie, während Bridgers Posten jenseits der

Wasserscheide zum vornerein auf die Karawanen der Auswanderer zählte. Im Einzugsgebiet des Columbia River unterhielt die Hudson's Bay Company drei Stationen, die paradoxerweise und sozusagen wider Willen die amerikanische Einwanderung nach Oregon entscheidend erleichterten: Fort Hall, Fort Boisé und Fort Walla Walla. In den vierziger Jahren schossen im Westen die Forts wie Pilze aus dem Boden und waren bald kaum noch zu zählen. Für die einen, die im Schutz ihrer Bastionen Rettung fanden, standen sie wie Samariter in der Wildnis, wie Räuber hingegen für andere, die hier lebensnotwendige Güter zu übersetzten Preisen einhandelten. Doch im allgemeinen überwog die Dankbarkeit für die oft spontan erwiesene Hilfsbereitschaft. Besonders die Handelsposten am ‹Oregon Trail› trugen entscheidend zur Sicherheit des Weges bei.

Faszinierend und geheimnisvoll war das Leben auf diesen einsamen Treffpunkten, die sichere Oasen inmitten einer gefährlich bewegten Szene bildeten. «Nicht aus einer Beschreibung kann man einen solchen Handelsposten kennenlernen», meint der Reisende Thomas J. Farnham. «Die stattlichen Händler selbst, die indianischen Weiber und die Kinder aus dieser gemischten Ehe, das behutsame Ein- und Ausschleichen der handelnden Wilden, die Schildwachen mit brennenden Lunten neben ihren Geschützen auf den Mauern, dann das Lager der roten Steppenkinder um das Fort herum, ihre nächtlichen Gelage und Tänze, das muß man selbst gesehen haben ...» Anschaulich und getreu ist die Schilderung, die Farnham vom Leben und Treiben in Bent's Fort gibt. Sie mag hier als Beispiel stehen für das Bild, das sich in den über den Westen hin verstreuten Stationen hundertfältig wiederholte: «Fort William oder Bent's Fort, an der nördlichen Seite des Arkansas, 80 Meilen nordöstlich von Taos in den mexikanischen Provinzen, und ungefähr 160 Meilen von den Felsengebirgen entfernt, wurde im Jahr 1832 von den Eigentümern erbaut, um als Handelsposten mit den Spaniern in Santa Fé und Taos und den Eutaw-, Cheyenne- und Comanche-Indianern zu dienen. Es ist in der Form eines Parallelogramms errichtet und die nördliche und südliche Seite 150, die westliche und östliche 100 Fuß lang. Die Wälle sind an der Basis 6 bis 7 Fuß dick und an 18 Fuß hoch. An der östlichen Seite ist der Eingang, den ein großer Torweg, aus zwei ungeheuren Plankentüren bestehend, bildet. An der nordöstlichen und südwestlichen Ecke stehen zwei zylindrische Bastionen, ungefähr 10 Fuß im Durchmesser und 30 Fuß hoch, die zweckmäßig für den Gebrauch von Kanonen und kleinem Gewehrfeuer eingerichtet sind und das Fort und seine Umgebung bestreichen. Der innere Hof ist in zwei Hälften geteilt, von denen die eine, und zwar die größere, im nordöstlichen Teile liegt und fast viereckig ist. Eine Reihe von zweistöckigen Häusern, der Brunnen und die Schmiedewerkstatt sind an der nördlichen Seite, an der westlichen und südlichen aber Reihen von einstöckigen Gebäuden; an der östlichen ein Teil der Schmiedewerkstatt, das Tor und der äußere Wall. Dies ist der Geschäftsplatz; hier haben auch die Eigentümer und Aufwärter ihre Schlafstellen und Küchen, und hier sind ebenfalls die Warenhäuser. In diesem Hof versammeln sich in ihrer Handelsjahreszeit die Indianer in großer Anzahl und kaufen und verkaufen, während die mit Kartätschen geladenen Kanonen, auf sie gerichtet, drohend von den Bastionen herniederschauen.»

«Von diesem Hof führt ein Gang zwischen der östlichen und äußeren Mauer und den einstöckigen Häusern zu dem anderen Hof hinüber, der den noch übrigen Teil des Forts einnimmt. – Hier werden nachts die Pferde und Maultiere vor den Räubereien der Indianer bewahrt. An der Westseite des Hofes und unmittelbar an der Mauer ist das Wagenhaus. Es ist stark gebaut und geräumig genug, zwölf bis fünfzehn jener großen Wagen, welche die Felle und Pelze nach St. Louis und Güter für den Tauschhandel wieder zurückschaffen, aufzunehmen, da der lange Sommer es unerläßlich macht, sie gegen die heißen Strahlen der Sonne zu schützen. Die Mauern des Forts, wie die Bastionen und Häuser, sind aus ungebrannten Backsteinen errichtet und durch einen Lehmkitt miteinander verbunden. Die Böden der Gebäude sind tennenartig hergerichtet, ebenso die Dächer, die flach und mit Kies bedeckt sind und in den Sommermonaten einen höchst angenehmen Platz zum Spazierengehen gewähren.»

«Das Land, auf welchem das Fort liegt, ist häufig Schlachtfeld verschiedener Stämme, die nicht allein gegen die Weißen, sondern auch gegeneinander feindlich gesinnt sind. Die Eutaws und Cheyennes aus den Gebirgen unweit von Santa Fé und die Pawnees vom großen Platte kommen an den oberen Arkansas, um die Büffel in ihren jährlichen Wanderungen nach dem Norden zu treffen, und der Fährte dieser Tiere folgen auch die Comanchen, wobei dann in den Monaten Juni, Juli, August und September fünfzehn- bis zwanzigtausend Wilde in der Nähe dieses einsamen Forts ihr Wesen treiben, die alle nach Plünderung und Blut dürsten. Falls sie alter Fehden wegen selbst miteinander in Streit geraten, fühlen sich die Herren Bent ziemlich sicher; schonen sie aber das Leben und Eigentum der roten Brüder, dann herrscht große Angst und Sorge in Fort William. Jede Stunde des Tages wie der Nacht gebiert neue Gefahren; diese unbezähmbaren Wilden mögen die Büffel, in denen größtenteils die Nahrung des Forts besteht, so weit hinwegtreiben, daß sich die Besatzung nicht nachwagen darf; oder sie mögen das Fort belagern und alle Zufuhr abschneiden, mögen das Grasen ihrer Lasttiere auf der Ebene verhindern oder die Besatzung selber in der Festung aushungern; alles dies sind Befürchtungen, die allein wegen der Unwissenheit der Indianer in bezug auf die Stärke des Forts bis jetzt nicht in Erfüllung gegangen sind. Sollte aber ein Häuptling oder ein weißer Bösewicht sie über diese Dinge aufklären, so könnte das unfehlbar das Verderben der kleinen Besatzung nach sich ziehen ...»

«Das Geschäft innerhalb der Wälle wird von Rechnungsführern und Handelsleuten besorgt; die ersteren sind gewöhnlich junge Männer aus den Städten der Vereinigten Staaten, welche einzig und allein Bücher zu führen haben, die letzteren aber werden aus den kühnen Männern ausgewählt, die schon früher die Wildnis als Jäger, Biberfänger oder Handelsleute durchzogen und mit den Indianern umzugehen verstehen. Es wird aber nicht nur ihre List und Kühnheit in Anspruch genommen, sie müssen auch Kaffee, Zucker oder Pulver in einem Pintmaß (blechernen Becher) abmessen und rotes Band, Glasperlen und so weiter ausmessen sowie als Dolmetscher zwischen den beiden Nationen dienen. Recht prächtige, liebe Leute findet man unter diesen Händlern. Das Fort William gehört drei Brüdern namens Bent von St. Louis. Zwei von ihnen waren, als wir dort ankamen, im Fort. Sie schienen sich übrigens gänzlich an das indianische Leben gewöhnt zu haben und gingen auch ganz wie Häuptlinge gekleidet. Ihre Mokasins hatten sie reich mit Glasperlen und Stachelschweinborsten verziert, ihre ledernen Leggins reichten an der äußeren Seite mit Fransen besetzt, vom Knöchel bis zur Hüfte hinauf, und ihr Jagdhemd, aus demselben Stoff gearbeitet und ebenfalls mit Fransen vom Handgelenk über den Ellbogen bis zur Schulter und an allen Nähten besetzt, war mit farbigen Figuren geschmückt. Häuptlinge waren sie auch in der Gewalt, die sie in ihrem einsamen, wilden Fort ausübten ...»

Private Geschäftsleute bauten und unterhielten die Forts. Handel stand im Vordergrund; doch unverkennbar trugen die Posten in der unermeßlichen Prärie zum Landfrieden bei. Als sich aber die Zwischenfälle mit den Indianern zu häufen begannen, erhob sich der Ruf nach Militär. Doch die Armee residierte einige hundert Meilen weiter östlich in den Kasernen von Leavenworth am Missouri. Ihr Einfluß auf den Gang der Dinge war bescheiden. Zwar zog Colonel Kearny im Jahre 1845 mit einigen Dragonerkompanien nach Fort Laramie und von dort dem Fuß der Rocky Mountains entlang nach Bent's Fort. Eine solche Manifestation der bewaffneten Macht sollte die unruhig gewordenen indianischen Nationen zur Räson bringen. Der im Westen bewanderte zeitgenössische Autor Francis Parkman schildert den Aufenthalt Kearnys in Fort Laramie: «Während Kearny in Fort Laramie weilte, schickte er einen Teil des Kommandos nach Westen bis Sweetwater. Er selbst blieb im Fort und schickte Botschaften an die in der Nähe streifenden Indianer, damit sie sich bei ihm zu einer Besprechung einfänden. Da sahen die Stämme aus der Umgebung zum erstenmal weiße Krieger, und sie wurden, wie erwartet, von grenzenlosem Staunen erfaßt über ihre gleichmäßige Ordnung, ihren stolzen Aufzug, über die vollständige kriegerische Ausrüstung und über Größe und Kraft der Pferde. Unter anderen kamen auch Arapahoes in großer Zahl ins Fort. Sie hatten kürzlich zahlreiche Morde verübt, und Colonel Kearny drohte, er werde, falls sie noch einen einzigen Weißen umbrächten, mit seinen Dragonern zurückkehren und die ganze Nation vernichten. Um seine Rede wirksamer zu gestalten, ließ er am Abend ein Geschütz abfeuern und eine Rakete steigen. Viele Arapahoes warfen sich flach zu Boden, andere rannten voll Schreck und Entsetzen davon. Am nächsten Tag kehrten sie in die Berge zurück, völlig verwirrt vom Anblick der Dragoner und ihres großen Geschützes und von dem feurigen Boten, den sie zum Großen Geist hinauf gesandt hatten.» Doch Kearny kehrte auf seinen Stützpunkt zurück, und bald war der Effekt seiner kriegerischen Demonstration dahin. «Die Errichtung eines Militärpostens», schrieb John C. Frémont ungefähr um dieselbe Zeit, «ist zur Erhaltung der Verbindung mit dem Oregongebiet durchaus notwendig, und mehrere Vorteile lassen die Wahl eines Ortes am Laufe des Nebraska [Platte River] in der Nähe von Fort Laramie als angezeigt erscheinen ... Militärposten am unteren Nebraska werden dadurch unnötig, denn die gewöhnliche Verbindung zum Missouri genügt, die dazwischen wohnenden Indianer im Zaum zu halten.» Im Jahre 1848 wurde Fort Laramie von der Union übernommen. Seit dem mexikanischen Feldzug war auch die Armee in Bewegung geraten. Militärstationen und Forts entstanden in den neubesetzten Territorien im Süden Colorados, in Neu-Mexiko und in Arizona. Nur William Bent erlebte mit seinem Fort am Arkansas eine Enttäuschung: Des gefährlichen und kaum noch ergiebigen Geschäftes müde, wollte er den Handelsposten der Armee verkaufen. Als die Angebote weit hinter den Erwartungen zurückblieben, demolierte er sein Fort, zog mit seinen Leuten den Fluß hinab und errichtete einen neuen Handelsposten an einem Ort, der unter den veränderten Umständen günstiger gelegen schien.

Die Shoshone-Fälle des Snake River im spätern Staate Idaho, wiedergegeben in ‹Harper's Weekly›.

Indianer auf dem Rückzug

«Es ist unglaublich, wie der Urstamm des amerikanischen Menschen bei den jetzigen fremden Usurpatoren verhaßt und vernachlässigt ist», schrieb der deutsche Prinz Maximilian zu Wied nach seiner Studienreise zu den Indianern am oberen Missouri. Die Haltung der amerikanischen Nation gegenüber den Eingeborenen war widersprüchlich, hin- und hergezogen im Zwiespalt der Gefühle. Die Urteile waren weitgehend bedingt durch die mehr oder weniger große Entfernung vom ‹Frontier›. James Fenimore Cooper prägte die romantische Vision im Sinne von Rousseau, den Indianer von heroischem Zuschnitt und untadeligen Sitten, ein Modell des naturverbundenen Lebens. Zu Beginn des 19. Jahrhunderts schwärmte man wieder einmal vom ‹edlen Wilden›, was zu diesem Zeitpunkt in Boston oder New York ungestraft geschehen konnte, denn die einst am Atlantik angesiedelten Indianer waren längst ausgerottet oder vertrieben. Auch Alexis de Tocqueville hatte dieses romantische Urbild vor Augen, als er in seinem Buch über die Demokratie in Amerika schrieb: «Die berühmtesten Republiken des Altertums haben niemals stärkeren Mut, stolzere Seelen und unbezähmbarere Liebe zur Freiheit bewundert, als damals [zur Zeit der Ankunft der Europäer] in den Urwäldern der Neuen Welt verborgen war. Die Europäer erzeugten geringen Eindruck, als sie an den Ufern Nordamerikas landeten. Ihre Gegenwart erweckte weder Neid noch Furcht. Welchen Vorzug hätten sie gegenüber solchen Menschen aufweisen können? Der Indianer wußte bedürfnislos zu leben, ohne Klagen zu leiden und mit Gesang zu sterben.»

Im ‹Frontier›, im Bereich der harten Auseinandersetzung, stellten die Pioniere den roten Mann auf dieselbe Stufe wie die ungebärdige Natur und die wilden Tiere. In manchen Regionen glaubten die Siedler eine gute Tat zu vollbringen, wenn sie einen Indianer umbrachten. Zur Rechtfertigung war ein oft zitiertes Sprichwort zur Hand: «Die Knochen des Indianers müssen den Boden düngen, ehe der Pflug des Weißen ihn öffnen kann.» Auch nüchternen Beobachtern, die sich im Grenzgebiet aufhielten, fiel unter dem Eindruck der indianerfeindlichen Stimmung ein objektives Urteil schwer. Der Deutsche Gottfried Duden, der in den zwanziger Jahren auf seiner Farm in Missouri kaum je einen Eingeborenen zu Gesicht bekam, meinte herablassend: «Stupid sind die Indianer keineswegs. Allein die Weisheit ist ihnen so fremd als die Unschuld. Ihre religiösen Sagen und Erzählungen enthalten schöne poetische Züge eines für die Strahlen der Gottheit empfänglichen Gemüthes neben widrigen Spuren der Rohheit und sittlicher Verzerrung.» Washington Irving verwarf die von zeitgenössischen Schriftstellern verbreiteten romantischen Vorstellungen, verbarg aber nach einem Besuch bei den Osage-Indianern nicht sein Vergnügen an der natürlichen Lebensart der Eingeborenen: «Die Indianer, die ich im wirklichen Leben sehen durfte, sind sehr verschieden von jenen, die in der Dichtung beschrieben werden. Sie sind in keiner Weise so stoisch, wie sie dargestellt werden; auch nicht schweigsam, unbeugsam, ohne Tränen und ohne Lächeln. Schweigsam sind sie, es ist wahr, wenn sie sich in Gesellschaft weißer Männer befinden, deren Absichten sie mißtrauen und deren Sprache sie nicht verstehen. Aber der weiße Mann ist ebenso schweigsam unter ähnlichen Umständen. Indianer unter sich sind außerordentlich geschwätzig. Die halbe Zeit bringen sie damit zu, ihre Kriegs- und Jagdabenteuer auszubreiten und wunderliche Geschichten zu erzählen. Sie sind große Mimen und Possenreißer und unterhalten sich glänzend auf Kosten der Weißen, mit denen sie zusammensitzen und die glauben, sie hätten den Eingeborenen einen tiefen Respekt vor ihrer Größe und Würde beigebracht. Sie sind neugierige Beobachter, nehmen alles schweigsam, aber mit scharfem und wachsamem Auge zur Kenntnis. Gelegentlich tauschen sie einen raschen Blick oder ein kurzes Grunzen aus, wenn sie etwas ganz besonders trifft: aber sie halten mit ihrem Kommentar zurück, bis sie allein sind. Dann lassen sie der Kritik, der Satire, der Nachahmung und der Fröhlichkeit freien Lauf ... Soweit ich beurteilen kann, ist der Indianer in unserer poetischen Dichtung ähnlich wie der Schäfer in der pastoralen Romanze die bloße Verkörperung imaginärer Eigenschaften.»

Den ‹typischen Indianer› gab es weder im 19. Jahrhundert noch zu einem anderen Zeitpunkt. Dieser Umstand macht jedes summarische Urteil über die indianischen Bewohner des amerikanischen Kontinents fragwürdig. In Sprache, Lebensgewohnheiten und Kultur herrschte eine verwirrende Vielfalt, so daß die gemeinsamen Merkmale oft nur schwer zu erkennen waren. Als das 18. Jahrhundert zu Ende ging, hatte die Ankunft des weißen Mannes die Lebensbedingungen auch jener Eingeborenen verändert, die mit Spaniern, Franzosen, Briten und Amerikanern noch kaum in Berührung gekommen waren. Drei Dinge verursachten die Transformation der indianischen Welt: das Pferd, die Feuerwaffen und der Whisky. Vor dem Eindringen des weißen Mannes hatten die Bewohner des amerikanischen Kontinents neben der Jagd und dem Fischfang auch Ackerbau betrieben. Mais war wie im benachbarten Mexiko das wichtigste Produkt des Bodens. Die Indianer waren also nie jene rastlos herumstreifenden Nomaden, als die sie in der Phantasie der Europäer lebten. Die rivalisierenden Kolonialmächte trugen Unruhe und Bedrohung auch in jene Teile des Kontinents, die vorläufig außerhalb ihrer direkten Einwirkung lagen. Aus dem Osten zurückweichende Völkerschaften kamen den weiter im Westen residierenden Nationen ins Gehege. In einer völlig veränderten Landschaft suchten sie nicht bloß neue Heimstätten, sondern auch den andersgearteten Umständen angemessene Lebens- und Wirtschaftsformen. Es entspann sich ein unübersichtlicher Kampf zwischen stets wechselnden Gruppierungen, der nach der Wende zum 19. Jahrhundert noch anhielt. Von Neu-Mexiko her war inzwischen das Pferd zu den südlichen Indianerstämmen gelangt: durch Diebstahl, im Kampf mit spanischen Grenzpatrouillen oder auf anderen wenig bekannten Wegen. Gegen Ende des 18. Jahrhunderts waren die mächtigsten Stämme in der Prärie und die Shoshonen in den Rocky Mountains beritten. Sie lebten nun hauptsächlich als Jäger und folgten den Bisons auf ihren jährlichen Wanderungen. Daraus ergaben sich neue Gewohnheiten. Der berittene Indianer war dem unberittenen überlegen, und bald wurde der Pferdediebstahl unter indianischen Nationen nicht nur zu einer Ehrensache, sondern auch zu einer Frage von Leben und Tod. Indianerstämme, die zu Pferd weit nach Norden streiften, trafen im Gebiet des oberen Missouri auf Völkerschaften, die zwar nicht beritten, aber mit Feuerwaffen ausgerüstet waren. Englische und kanadisch-französische Händler hatten ihnen die gefährlichen Instrumente verschafft. Damit war den Indianern ein Werkzeug in die Hand gegeben, mit dem sie in selbstmörderischen Kämpfen ihren eigenen Untergang beschleunigten. Da die Eingeborenen immer tiefer in die Kämpfe der kolonialen Mächte verwickelt wurden, fanden die in ihrem Ursprung europäischen Konflikte ihre fatale Fortsetzung im amerikanischen Westen. Bemühungen, die indianischen Nationen angesichts der Bedrohung durch den weißen Mann zu einigen, schlugen fehl, denn die tiefverwurzelten Stammesfehden und die von Europäern und Amerikanern geübte Bestechungspraxis ließen keine Selbstbesinnung aufkommen. Einen letzten Versuch unternahmen kurz nach 1800 der Indianerführer Tecumseh und sein Bruder, der Shawnee-Prophet. Die Eingeborenen – Winnebagos, Shawnees und Pottawatomis – wurden damals vom Gouverneur des sogenannten ‹Indiana Territory›, William Henry Harrison, durch Überredung und sanfte Gewalt aus ihren angestammten Wohnsitzen vertrieben. Das Gebiet war ein Teil des ehemaligen ‹Northwest Territory› und umfaßte im wesentlichen das spätere Indiana. Harrison, zugleich Indianeragent für sein Territorium, war ein skrupelloser Realpolitiker, der die Indianer mit einem System von Verträgen, die meist durch Bestechung und mit Hilfe von Alkohol zustande kamen, aus ihren Heimstätten manövrierte. Tecumseh war entschlossen, diesem Spiel wenn nötig mit Gewalt ein Ende zu setzen, und zählte dabei auf die tatkräftige Unterstützung durch die Briten in Kanada. Die von den Amerikanern im ‹Frontier› mit lautem Protest verurteilte Komplizenschaft zwischen Engländern und Indianern mag denn auch wesentlich zum Ausbruch des englisch-amerikanischen Krieges beigetragen haben. Das Bündnis mit dem mächtigen Großbritannien trug den indianischen Nationen wenig ein. Tecumseh fiel im Kampf, und die alten Bewohner des ‹Indiana Territory› wurden zum Rückzug über den Mississippi gezwungen.

Zu Beginn der zwanziger Jahre, als die Amerikaner ihre Energien wiederum nach Westen richteten, gab es östlich des Mississippi nur noch eine indianische Gruppe von Bedeutung: die sogenannten ‹Fünf zivilisierten Stämme› (Five Civilised Tribes), die Choctaws, Chickasaws, Creeks, Cherokees und Seminoles, die vor allem in Georgia, Alabama, Mississippi, Tennessee und Florida in permanenten Siedlungen hausten. Die fünf Nationen hatten teilweise amerikanische Lebensgewohnheiten übernommen und durften recht eigentlich als Musterschüler der Zivilisation gelten. Die Indianer des Südostens, die Apachen, die Navajos und die Pueblo-Indianer, standen zu dieser Zeit noch unter mexikanischer Verwaltung. Zwischen Rocky Mountains und Sierra Nevada vegetierten die Shoshonen in kümmerlichen Umständen, und erst mit der Ankunft der Pelzhändler sahen sie bessere Tage. Die Shoshonen wurden notabene treue Freunde der amerikanischen Trapper, mit denen sie in zahlreichen Fehden gegen die Blackfeet fochten. Die Indianer Kaliforniens lebten bis in die dreißiger Jahre genügsam im Schutze der Missionsstationen. Sie standen in ihren Lebensformen auf einer weit niedrigeren

Der sogenannte ‹Whisky Peddler›, der bei den Indianern und auf abgelegenen Posten der Armee seinen unerlaubten Geschäften nachging, war im Westen eine vertraute Erscheinung. Kein Gesetz war stark genug, den unheilbringenden Alkoholschmuggel zu unterbinden.

Stufe als etwa die Pueblo-Indianer oder auch die Stämme in der Prärie. Ein Eigenleben weitab von den übrigen Bewohnern des Kontinents führten die Eingeborenen an der pazifischen Nordwestküste, und die Kultur dieser Fischer und Jäger – vor allem ihre Holzschnitzerei – war durchaus bemerkenswert. Von Unruhe ergriffen waren zu Beginn des Jahrhunderts die Stämme in der Prärie. Über den Missouri drängten kraftvolle Nationen wie die Sioux nach Westen, entschlossen, sich hier einen neuen Lebensraum zu sichern. Der erbarmungslose Kampf um die enger werdenden Jagdgründe setzte ein, und bereits spielten auch hier die Weißen – Trapper, Agenten, Pelzhandelsgesellschaften – in nicht gerade nobler Weise mit. Der im Gebirge und in der Prärie einsetzende Handel brachte die Indianer in eine nicht mehr zu lösende Abhängigkeit von Amerikanern und Briten. Alkohol verdarb den Charakter der Anführer und demoralisierte ganze Völkerschaften. ‹Tarantula juice› nannten die Händler den eigens für die Indianer zubereiteten Whisky, der mit rotem Pfeffer und Tabak angereichert war und sich verheerend auf die geistige und körperliche Gesundheit der Eingeborenen auswirkte. Man hatte schon früh herausgefunden, daß die Indianer unter dem Einfluß von Alkohol ihren freien Willen und selbst ihre Seele verkauften. Also wurde das Gift im Umgang mit dem roten Mann bewußt und ohne Skrupel eingesetzt. Benjamin Franklin sagt in seiner Autobiographie, Alkohol sei das geeignete Mittel, den Willen der Vorsehung zu erfüllen, welche die Wilden vertilgen und Raum für die Bauern dieser Erde schaffen wolle.

Zu Beginn des 19. Jahrhunderts versuchte die amerikanische Regierung, den Handel mit den Indianern in eigene Regie zu nehmen und vor allem die von Kanada aus operierenden englischen Händler aus dem Feld zu schlagen. Instrument dieser auf ein staatliches Handelsmonopol hin zielenden Politik war das System der sogenannten ‹factories› (Handelsstationen). Über die ‹factories› und die entgegengesetzten Tendenzen der privaten Händler berichtet Thomas L. McKenney, der bekannte Leiter des Bureau of Indian Affairs, der eine Zeitlang auch den Handel mit den indianischen Nationen beaufsichtigte:

«Der Plan der Regierung der Vereinigten Staaten, mit den Indianern einen eigenen Handel zu eröffnen, geht auf das Jahr 1796 zurück. Das System war von rein humanitären Überlegungen diktiert und umfaßte die Lieferung aller Güter, deren die Indianer bedurften, ohne daß ein Gewinn beabsichtigt war. Im Austausch wurden Pelze und Felle zu anständigen Preisen übernommen. Die bestimmende Grundregel dieses Handels sah lediglich vor, daß das investierte Kapital erhalten bleiben sollte. Den Bedürfnissen der Indianer kam man entgegen, indem man die Handelsstationen der Grenzlinie entlang errichtete, möglichst nahe beieinander und auch möglichst nahe an den Jagdgründen der Indianer, aber doch so, daß für die jährlichen Nachschubtransporte ein leichter Zugang auf dem Wasserweg oder sonstwie gewährleistet war. Geeignete und fähige Leute wurden als Agenten, Schreiber und Übersetzer verpflichtet, um den Handel in Gang zu bringen.»

«Zur selben Zeit wurde noch auf andere Weise mit den Indianern Handel getrieben. Dies geschah durch private Händler und durch Gesellschaften. Der Unterschied zwischen diesem System und dem Handel der Regierung wird auch den oberflächlichsten Leser beeindrucken. Die maßgebenden Grundsätze für das System der Regierung waren im Zeichen der Humanität geübte Protektion und Gerechtigkeit. Seine Haltung war gütig und barmherzig. Alles, was den Indianern zum Verderben gereichte, war vom Handel der Vereinigten Staaten ausgeschlossen. Kein Tropfen Brandy, Rum oder Whisky ging durch die Handelsstationen. Wir haben bereits gesagt, daß kein Cent an Gewinn beabsichtigt war. Das war das einzige System, mit dem man die Indianer hätte beschützen, beglücken und bewahren können. Mancher blutige Hader, mancher Krieg zwischen Stämmen und Banden und der größte Teil der Grenzschwierigkeiten zwischen den Indianern und unserem Volk hätten vermieden werden können. Die Indianer selber, bewahrt vor dem doppelten Effekt dieser Kriege und des ‹Feuerwassers›, hätten ihre natürliche Stärke und Würde behalten und wären nicht so dahingeschwunden und zugrunde gegangen, wie es heute geschieht.»

Das ‹Factory›-System litt von Anfang an unter bürokratischer Schwerfälligkeit und wurde seiner humanen Zielsetzung nie gerecht. Die Indianer waren damit unzufrieden, weil sie keinen Branntwein erhielten; die Vertreter des Pelzhandels, allen voran Johann Jacob Astor und Senator Thomas H. Benton, liefen gegen das in Amerika verpönte Staatsmonopol Sturm. Im Jahre 1822 beschloß der Kongreß, die ‹factories› zu schließen und den Handel mit den indianischen Nationen ganz der privaten Initiative zu überlassen. Das ‹Factory›-System hätte vermutlich nur dann eine Chance gehabt, wenn auch der Pelzhandel in den indianischen Regionen nach kanadischem Vorbild monopolisiert worden wäre. Solange sich die Pelzhandelsgesellschaften harte Kämpfe um den Einfluß bei den Indianern lieferten, gab es keine Möglichkeit, Ordnung in den Handel zu bringen. Doch die amerikanische Mentalität ertrug Monopole nicht, und so waren die indianischen Nationen schutzlos dem für ihre Gemeinschaft verheerenden Treiben ausgesetzt.

Am Beispiel der Indianer manifestierte sich in krasser Weise das amerikanische Unvermögen, andersgearteten Kulturen und Lebensformen auch nur das mindeste Verständnis entgegenzubringen. «Während zweier Jahrhunderte hat sich das Problem der Erziehung der Indianer jeder Generation der Amerikaner von neuem gestellt und wurde jedesmal in der gleichen Weise gelöst», schrieb Thomas H. Benton, der mächtige Politiker aus Missouri, im Jahre 1825. «Schulen wurden errichtet, ‹Colleges› gegründet und Missionen aufgebaut. Jedes dieser Unternehmen hatte am Anfang prachtvolle Erfolge zu verzeichnen; dann aber, nach einer gewissen Zeit, verschwanden Schulen, ‹Colleges›, Missionen und Indianer zugleich.» Benton vergaß zu erwähnen, daß in einer Gesellschaft, die den roten Mann als ein zum Untergang verurteiltes wildes Tier behandelte, für pädagogische Versuche kein Platz war. Immer wieder zeigten die Weißen fassungsloses Erstaunen, wenn sich die Indianer nicht ihren Erwartungen gemäß verhielten. Im ‹Frontier› sagte man den Eingeborenen nach, sie seien faul, verlogen, blutrünstig, und übersah dabei, daß die eifrig kolportierten indianischen Untaten oft genug die Folgen vorangegangener amerikanischer Handlungen waren.

Der amerikanische Bundesstaat anerkannte im Prinzip die indianischen Nationen als mehr oder weniger souveräne Körperschaften. Die Union schloß mit ihnen Verträge, wie es seinerzeit die englischen Kolonialherren getan hatten, und gewährleistete den Anspruch der Stämme auf bestimmte Territorien und Ländereien. Nach dem Buchstaben dieser feierlich besiegelten Übereinkommen begaben sich die indianischen Gemeinschaften unter den Schutz des Präsidenten und genossen innerhalb der Union weitgehende Autonomie. «Es kann als sicher angenommen werden, daß den Indianern nicht ein Fußbreit Boden ohne ihre Zustimmung weggenommen wird», schrieb Jefferson 1786, und noch im Jahre 1819 sicherte man den Cherokees in einem Vertrag zu, daß alle unrechtmäßig in ihr Land eingedrungenen Weißen von der Bundesregierung wenn nötig unter Anwendung von Gewalt vertrieben würden. In den einzelnen Staaten herrschten allerdings über diesen Punkt weniger strikte Ansichten, und die Pioniere im ‹Frontier› waren kaum geneigt, indianische Rechtstitel zu respektieren. Die Frage, ob die Ansprüche der Indianer zu Recht bestünden, wurde eifrig diskutiert, wobei man im allgemeinen zu einem negativen Schluß kam. Man berief sich auf Naturrecht und Bibel und zitierte John Locke und den Schweizer Juristen Emer de Vattel. Im 16. Jahrhundert hatte der Spanier Francisco de Vitoria, gestützt auf das Naturrecht, die These von der Gültigkeit der indianischen Titel in der Neuen Welt verfochten. Vattel hingegen schränkte in seinem Völkerrecht die Ansprüche der Urbevölkerung wesentlich ein: «Es gibt eine andere berühmte Frage, die sich nach der Entdeckung der Neuen Welt gestellt hat. Die Frage lautet, ob eine Nation rechtmäßig den Teil eines großen Landes in Besitz nehmen kann, in dem sich nur einige herumwandernde Nationen aufhalten, die wegen ihrer geringen Zahl nicht imstande sind, das ganze Territorium zu besiedeln. Wir haben, als wir von der Verpflichtung sprachen, die Erde zu bebauen, bereits erwähnt, daß diese Nationen sich nicht mehr Land aneignen sollen, als ihren Bedürfnissen entspricht, und nicht mehr als das, was sie bewohnen und bestellen können. Die Tatsache, daß sie mit ihren Heimwesen in diesem ungeheuren Land herumziehen, kann nicht einen wirklichen und rechtmäßigen Besitz begründen. Wenn die Völker Europas, die so eng gedrängt sind, nun ein Land finden, dessen jene Nationen nicht besonders bedürfen und das sie nicht ständig benützen, so können sie es zu Recht in Besitz nehmen und Kolonien errichten. Wir haben bereits gesagt, daß die Erde dem Menschengeschlecht als Ganzem gehört und daß sie dazu bestimmt ist, ihm den Unterhalt zu liefern ... Ein Volk handelt also nicht gegen die Absichten der Natur, wenn es die Indianer in enge Grenzen verweist.» Auf dem Hintergrund dieser Rechtsphilosophie agierten die Propheten der Expansion, denen stets zur rechten Zeit ein Bibelzitat einfiel, wenn es galt, die Indianer um ihren Besitz zu bringen. So meinte Senator Benton, die Weißen «nützten das Land

Kampf zwischen Indianern (oben). Skalptanz (unten). Die Holzschnitte sind in den Memoiren des Indianeragenten McKenney wiedergegeben.

gemäß den Intentionen des Schöpfers». Die Eingeborenen, fast ausschließlich auf die Jagd eingestellt, benötigten nach landläufiger Ansicht zuviel Boden und waren somit nicht imstande, eine wahre Zivilisation zu entwickeln. In solcher Weise vor Gott und der Natur ins Unrecht versetzt, blieb dem Indianer nur eine geringe Hoffnung, daß er auf die Dauer seine Jagdgründe behaupten könnte.

In ihrem Umgang mit den indianischen Nationen bediente sich die Bundesregierung der Indian Agents (Indianeragenten), einer besonderen Gruppe von Beamten, die gewissermaßen als Vertrauensleute zwischen den ungleichen Partnern wirkten. Anfänglich waren die Gouverneure der westlichen Territorien gleichzeitig auch Indianeragenten. Es vertrat also die gleiche Person die Interessen der Siedler und der Eingeborenen. Wie absurd sich eine solche Konstruktion in der Wirklichkeit ausnahm, zeigt die skrupellose Politik von Gouverneur Harrison von Indiana, der die Indianer mit immer neuen Schlichen aus ihren Heimstätten am Ohio vertrieb. Im Jahre 1834 schuf der Kongreß in der Indian Intercourse Act die legalen Grundlagen für die zum Teil schon vorhandenen Indianeragenturen (Indian Agencies). In der ersten Jahrhunderthälfte wurden im Bereich des ‹Frontier› etwa hundert derartige Institutionen geschaffen, Zentren für die soziale Betreuung und die Erziehung der Eingeborenen. Die Aufgaben der Agenten waren vielfältig: Sie wachten über Gesetze und Verträge und sorgten wenn nötig dafür, daß sie angewendet wurden, sie zahlten an die Stämme die jährlichen Subsidien des Bundes, pflegten Freundschaft mit den Führern der Nationen, indem sie ihnen die obligaten Geschenke überreichten, stellten den Händlern Lizenzen aus, überwachten den Alkoholschmuggel und bemühten sich ganz allgemein um die Wohlfahrt der indianischen Ländereien und Reservationen. Die zentrale Leitung dieser Organisation lag beim Bureau of Indian Affairs in Washington, das seinerseits dem Kriegsministerium unterstellt war. Das so ideal konzipierte Pflichtenheft des Indianeragenten wurde nur selten in die Realität umgesetzt. Die wenigsten unter diesen Männern brachten die Kenntnisse, den Charakter und die Standfestigkeit mit, die ihre delikate Aufgabe erforderte. Zu den rühmlichen Ausnahmen gehörten beispielsweise die früheren Trapper Thomas Fitzpatrick und Kit Carson. Wo sich die Siedler oder auch die Armee über Verträge und Schutzbestimmungen hinwegsetzten, stand der Agent zum vornherein auf verlorenem Posten. Das Kriegsministerium als oberste Instanz zeigte keinerlei Eifer, wenn die Interessen der Indianer auf dem Spiele standen. Versuchte ein Offizier, die verbrieften Rechte der Eingeborenen vor Amerikanern zu schützen, so lenkte er unweigerlich die Feindschaft der ‹Frontier›-Politiker auf sich und lief sogar Gefahr, von lokalen Gerichten zur Rechenschaft gezogen zu werden. Die Indianeragenten selber gerieten zusehends in Verruf, da sie sich oft auf Kosten der Indianer bereicherten. Um die Jahrhundertmitte wuchs die Korruption in den Agenturen ins Maßlose, ohne daß die Regierung dagegen etwas Ernsthaftes unternommen hätte.

Die Verträge mit den indianischen Nationen hatten ursprünglich die Meinung, die beidseitigen Interessen im ‹Frontier› gegeneinander abzugrenzen und die Rechte der Eingeborenen vor den anrückenden Pionieren zu wahren. Rücksichtslose Politiker kehrten den Sinn dieser Veranstaltungen in ihr Gegenteil und formten daraus ein Instrument, mit dem sie die Indianer aus ihren Heimstätten vertrieben. Der Vorgang spielte sich nach üblichem Schema wie folgt ab: Unter dem Druck der Siedler forderte der Gouverneur eines Staates oder Territoriums, daß ein indianischer Stamm den Amerikanern den Zugang zu seinen Ländereien öffnete. Leisteten die Indianer Widerstand, so kam es häufig zu blutigen Fehden zwischen den Pionieren und den roten Kriegern. Am Ende jeder Auseinandersetzung pflegte ein Vertrag zu stehen. Mit Gewalt, Bestechung und Alkohol brachte man irgendeinen Indianerführer dazu, seine Unterschrift unter das Dokument zu setzen. Dann war der Auszug der Stämme aus ihren alten Jagdgründen unvermeidlich, wenn sich auch oft im letzten Augenblick verzweifelte Opposition

‹Die Überrumpelung› (‹The Surprise›) heißt der Titel dieser kolorierten Lithographie, die im Jahre 1858 vom Verlagshaus Currier and Ives herausgegeben wurde. Während Jahrzehnten blieben die bunten Blätter dieser Firma die populärsten Druckerzeugnisse des Landes, die in großer Auflage bis in die hintersten Winkel verbreitet wurden. Pathetische und romantische Szenerien, aktuelle Ereignisse und technische Errungenschaften waren die Gegenstände, die immer wieder kolportiert wurden.

regte. Gelegentlich kehrten Teile der indianischen Nationen in ihre angestammten Gebiete zurück und versuchten, sich mit Gewalt zu behaupten. So hoffte Black Hawk im Jahre 1832, mit den Kriegern der Sacs und Foxes die verlorenen Territorien östlich des Mississippi wiederzugewinnen. Nach einem erbitterten Krieg wurden die Indianer zurückgeschlagen. Sie zahlten teuer für ihre Verwegenheit: Im ‹Black Hawk Purchase› traten sie gegen eine schäbige Entschädigung gleich noch einen Teil von Iowa ab, so daß die Siedler freies Feld für den Vorstoß bis zum Missouri hatten.

Setzten sich die Indianer gegen einen ungerechten Vertrag zur Wehr, so sprachen die Amerikaner sogleich von Verrat und Vertragsbruch. Sie übersahen dabei, daß sich die Eingeborenen nur selten Rechenschaft über die Konsequenzen der Verträge gaben. Die angelsächsische Vorstellung von Eigentum blieb, soweit sie sich auf Grund und Boden bezog, für sie ein Rätsel. Man kannte die Landnutzung, aber nicht den absoluten Besitz. Land war für die Indianer ein Bestandteil der ganz und gar unteilbaren Natur. Diese Vorstellung kommt in einem Ausspruch des Indianers Tecumseh zum Ausdruck, der einmal mit Bezug auf die amerikanische Vertragspolitik meinte: «Ein Land verkaufen! Warum nicht die Luft, die Wolken oder die große See verkaufen?» Die Verträge waren noch aus einem andern Grund ein fragwürdiges Mittel der amerikanischen Politik. Die indianischen Führer, die ihre Unterschrift liehen, waren in den wenigsten Fällen berechtigt, im Namen ganzer Nationen zu handeln. Oft bedienten sich die Agenten der Union einer demoralisierten Figur, die man sich mit Verlockungen und Zwang gefügig machte, und waren über die Maßen erstaunt, wenn sich die Stämme an eine Vereinbarung nicht gebunden fühlten. Die Struktur der indianischen Völker war keineswegs so hierarchisch, daß einige wenige Anführer eine willenlose Gefolgschaft hätten dirigieren können. Die Autorität der Häuptlinge beruhte auf ihrer Präsenz und war nur selten unbestritten. Die führenden Männer hatten sich stets von neuem durch Tapferkeit, gutes Beispiel und Kunst der Überredung vor ihrem Volk zu bewähren.

Der große Auszug der Indianer, der in den zwanziger Jahren einsetzte, ging unter dem Titel ‹Indian Removal› (Umzug der Indianer) vor sich. Gleich nach dem englisch-amerikanischen Krieg von 1812 waren die indianischen Nationen dem ‹Frontier› entlang in Bedrängnis geraten. Im sogenannten ‹alten Nordwesten›, im ‹Indiana Territory›, hatte Gouverneur Harrison die Dinge schon früher in Bewegung gebracht, und im Jahre 1821 waren Indiana, Illinois und Michigan fast völlig in amerikanischen Händen. Eine Kette von Forts sicherte die neuerworbenen Gebiete. Der verzweifelte Aufstand von Black Hawk brachte eine Zeitlang wilde Panik über den ‹Frontier›, doch bei Bad Axe am Mississippi wurde das Unternehmen von der Armee blutig und endgültig unterdrückt.

Im Südosten hatte Andrew Jackson als Agent des Kriegsministeriums umsonst versucht, die Cherokees und die Choctaws durch schamlos manipulierte Verträge aus dem Land zu vertreiben. Die Nationen beharrten auf ihren Rechten und residierten weiterhin östlich des Mississippi, wo sie hauptsächlich Landwirtschaft betrieben und sich in den Lebensgewohnheiten zusehends den Amerikanern anglichen. Im Jahre 1825 leitete Präsident James Monroe die neue Politik ein, welche die ‹Fünf zivilisierten Stämme› ein für allemal in die Regionen westlich des Mississippi verwies. In einer Botschaft an den Kongreß erklärte Monroe: «Die Erfahrung hat eindeutig gezeigt, daß es unmöglich ist, die Indianer in ihrem gegenwärtigen Zustand in unser System einzugliedern. Mit der gleichen Gewißheit hat es sich herausgestellt, daß ihre Entartung und ihre Ausrottung unvermeidlich sein werden, wenn nicht rechtzeitig Vorkehren gegen die Gefahren getroffen werden, denen sie ausgesetzt sind und deren Ursachen wir kaum oder gar nicht kontrollieren können.» Um die Vertreibung der Indianer aus ihren östlichen Wohnsitzen setzte sogleich eine heftige Kontroverse ein. Human gesinnte Bürger in den atlantischen Staaten warfen dem Präsidenten vor, er opfere die Eingebo-

Begräbnisstätte vor dem Dorf der Mandan-Indianer. An zwei Stangen hängen Medizinbündel, denen nach dem Glauben der Eingeborenen eine magische Kraft innewohnte. Kupferstich von Karl Bodmer.

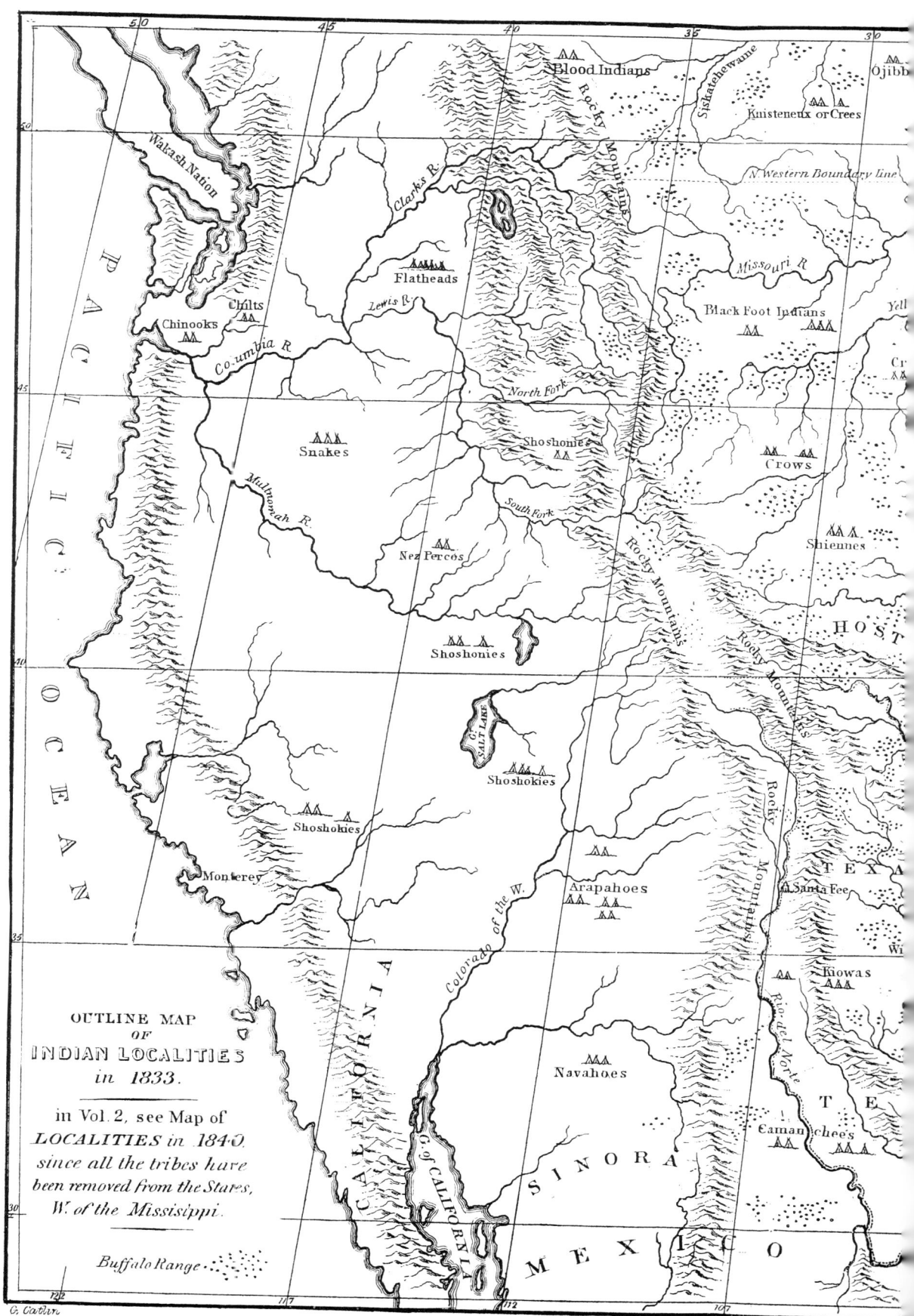

Karte aus dem Werk des Indianermalers George Catlin, ‹Letters and Notes on the Manners, Customs and Condition of the North American Indians›. Die Darstellung zeigt die ungefähren Standorte der indianischen Nationen vor dem ‹Indian Removal›.

renen dem unersättlichen Landhunger der Pioniere und breche die früher abgegebenen Versprechungen. Tatsächlich warteten in Georgia und in andern Staaten
des Südostens Tausende von Siedlern auf den Augenblick, da sie über den indianischen Besitz herfallen konnten. Vor allem die Baumwollpflanzer von der Atlantikküste suchten im Westen neue Ländereien, da die Böden ihrer Plantagen von
der intensiven Nutzung erschöpft waren. Es gab aber auch redliche Freunde des
roten Mannes, die Monroes Politik des ‹Indian Removal› zustimmten. Nach ihrer
Meinung mußten die Indianer zu ihrem eigenen Schutz aus dem Bereich der amerikanischen Siedlungen entfernt werden, da sie in der Nähe der weißen Pioniere
unweigerlich zugrunde gingen. So dachte zum Beispiel Thomas L. McKenney,
der Leiter des Bureau of Indian Affairs, der aus bitterer Erfahrung heraus die
einzige Lösung in einem weit im Westen gelegenen, dem ‹Frontier› entrückten
indianischen Territorium sah.

Der Gedanke, die Indianer aus dem Bereich amerikanischer Niederlassungen zu
entfernen, führte in logischer Folge zur Konzeption des ‹Indian Frontier›, einer
Grenze, welche die Eingeborenen in alle Zukunft von den Pionieren trennen
sollte. Die damals herrschende Überzeugung, die Ebenen westlich des Mississippi
und des Missouri seien zur Besiedlung ungeeignet, erleichterte der Bundesregie-
rung den gewagten Entschluß. John C. Calhoun, Kriegsminister unter James
Monroe, formulierte als erster den Plan, die Indianer in neuen Reservationen im
Westen der großen Ströme unterzubringen. Das indianische Territorium sollte
jenseits des 95. Grades westlicher Länge liegen, wobei die Grenze vom großen
Missouri-Bogen bei Fort Leavenworth in südlicher Richtung nach Fort Smith am
Arkansas und weiter bis zum Red River führte. Für die Stämme aus dem alten
Nordwesten, ungefähr 14000 Menschen an der Zahl, waren Gebiete im nörd-
lichen Wisconsin, vor allem aber die großen Ebenen westlich des Missouri vor-
gesehen. Die südlichen Nationen, nach Calhouns Schätzung etwa 79000 Menschen, sollten sich zwischen Missouri und Red River niederlassen. Da sich in
dieser Zone einige Nationen von Prärie-Indianern aufhielten, unter ihnen die
Osages und die Kansa, bemühten sich die Agenten der Regierung, diese Völkerschaften zum Abzug zu bewegen. Im Jahre 1825 übergaben die Osages und die
Kansa ihre Ländereien der Bundesregierung und behielten nur noch schmale
Streifen im nördlichen Oklahoma und am Kansas River. Präsident Monroes Politik wurde vom Kongreß im gleichen Jahr gebilligt, und die Agenten der Bundesregierung begannen sogleich, den Plan in die Tat umzusetzen. Im Vordergrund
stand die Aufgabe, die ‹Fünf zivilisierten Stämme› über den Mississippi nach
Westen abzuschieben.

Was nun folgte, war ein infames Kapitel in der an Unfällen reichen Indianerpolitik der amerikanischen Regierung. Zwar gab es gute Gründe für den Plan
des ‹Indian Removal›; doch die Art der Durchführung brachte der Nation wenig
Ehre. Die ersten Opfer waren die Creeks, die sich im westlichen Georgia niedergelassen hatten. Die Behörden dieses Staates versuchten schon lange, die Indianer-
nationen von ihrem Boden zu vertreiben. Im Februar 1825 schlossen die Agenten
von Präsident Monroe mit einer kleinen Gruppe von korrupten Stammesführern
den Vertrag von Indian Springs, das Ergebnis einer schamlosen Bestechung. Auf
Grund dieses fragwürdigen Dokuments hätten die Eingeborenen ihren ganzen
Grundbesitz abtreten und Georgia bis zum 1. September 1826 räumen müssen.
Die Mehrheit der Creeks setzte sich zur Wehr. John Quincy Adams, Monroes
Nachfolger in der Präsidentschaft, erkannte bald, daß dieser Nation Unrecht geschah. Er schloß mit ihr einen neuen Vertrag, der längere Fristen für die Aus-
wanderung und eine bedeutend höhere Entschädigung vorsah. Doch der Staat
Georgia weigerte sich, die neue Vereinbarung zu akzeptieren, und die amerika-
nischen Siedler fielen rücksichtslos über das Land der Eingeborenen her. Die
Creeks waren dieser brutalen Willkür hilflos ausgeliefert, und auch der Präsident
verfügte über keine Mittel, mit denen er die unbotmäßigen Bürger hätte zur

Charakteristische indianische Art, zu reisen. Die Pferde ziehen
den sogenannten ‹travois› (oben). Ein Dorf der Sioux (unten).
Illustrationen von Captain Seth Eastman aus dem Werk
‹Indian Tribes of the United States› von Henry R. Schoolcraft.

Büffeltanz der Mandan-Indianer. ▷
Kupferstich von Karl Bodmer.

Herantsa-Indianer mit
Booten aus Büffelhaut in
der Nähe von Fort
Berthold.

Indianerfamilie aus dem
Stamm der Pottawatomie.
Aus dem Skizzenbuch
von Friedrich Kurz.

Räson bringen können. Im Herbst des Jahres 1827 begann der große Auszug. Tausende von Creeks zogen unter erbärmlichen Bedingungen einem ungewissen Schicksal entgegen. Der Weg führte sie durch die Täler des Tennessee und des Mississippi bis zur Mündung des Arkansas River und von dort flußaufwärts zu den neuen Heimstätten im ‹Indian Territory›. Da die Vereinigten Staaten nicht in der Lage waren, die Unglücklichen auf ihrem Exodus mit den notwendigsten Bedarfsgütern zu versorgen, gingen Tausende zugrunde, bevor sie das Ziel der Reise erreichten.

Nachdem die Creeks verschwunden waren, blieben auf dem Territorium von Georgia nur noch die Cherokees. Die Nation der Cherokees hatte einen außergewöhnlich hohen Stand der Zivilisation erreicht, betrieb Landwirtschaft und Viehzucht und glich in den Lebensgewohnheiten so weit dem amerikanischen Vorbild, daß sie gerade dadurch die Eifersucht der weißen Hinterwäldler weckte. Die Cherokees unterrichteten ihre Kinder in eigenen Schulen, und die Sprache dieser Eingeborenen war zur Schriftsprache entwickelt. Eine eigene, im indianischen Idiom redigierte Zeitung erschien unter dem Namen ‹The Cherokee Phoenix› und vertrat mit Geschick die politischen und sozialen Anliegen des Stammes. Im Dienste der Cherokees arbeiteten 1300 Negersklaven, die sich dank ihrer Tüchtigkeit einen erheblichen Einfluß in der indianischen Gemeinschaft sicherten. Alles in allem waren die Cherokees weder nomadisierende Jäger noch kriegführende Barbaren, entsprachen also in keiner Weise den geläufigen Vorstellungen vom ‹blutrünstigen roten Mann›. Vielleicht wurde ihnen gerade dieser Umstand zum Verhängnis, denn die Siedler von Georgia waren nicht bereit, Indianer als ebenbürtige Partner neben sich zu dulden. Als die Cherokees im Jahre 1827 eine eigene Republik unter ihrem Präsidenten John Ross bildeten, war für den Staat Georgia der Augenblick zum Handeln gekommen. Georgia verlangte von der Bundesregierung und vom Kongreß die Vertreibung der Indianer. Das Kriegsministerium versuchte es anfänglich mit friedlichen Mitteln, mit Bestechung und Überredung. Jedem Eingeborenen, der freiwillig sein Land aufgab, versprach man Boden im Westen, kostenlosen Transport, eine Decke, ein Gewehr, einen Kessel, fünf Pfund Tabak, einen Jahresvorrat an Lebensmitteln und fünfzig Dollar in bar. Doch alle Mühe war vergebens. Die Cherokees weigerten sich, ihre Heimstätten zu räumen.

Im Jahre 1828 wurde der rauhe ‹Frontier›-Politiker Andrew Jackson zum Präsidenten der Vereinigten Staaten gewählt. Die Periode der friedlichen Überredung war nun zu Ende. Der neue Präsident kannte gegenüber den Indianern weder Toleranz noch Geduld, und er beeilte sich sogleich nach seinem Amtsantritt, die Wünsche seiner Freunde im ‹Frontier› zu erfüllen. Unter Jacksons Verwaltung verloren die Cherokees jeden Rechtsschutz, denn der Präsident ließ unter dem Vorwand, die Hoheit der einzelnen Staaten dürfe nicht angetastet werden, die Beamten Georgias nach Gutdünken die vorhandenen Gesetze mißachten. Die bedrängte Nation wandte sich an die Bundesregierung und an den Obersten Gerichtshof, doch blieb ihr selbst die mindeste Protektion versagt. Im Jahre 1830 stimmte der Kongreß der sogenannten ‹Indian Removal Bill› zu, einer Gesetzesvorlage, die den Präsidenten ermächtigte, widerspenstige indianische Stämme mit Gewalt über den Mississippi abzuschieben. In den folgenden Jahren wurde der Fall am Beispiel der Cherokees durchexerziert.

Bundesagenten fanden nach vergeblichen Versuchen einen bestechlichen Cherokee-Führer, Chief Major Ridge, der bereit war, seine Nation gegen gute Belohnung an die Amerikaner zu verkaufen. Major Ridge unterzeichnete im Jahre 1835 den Vertrag von New Echota, nach dem die Cherokees ihre sämtlichen Ländereien der amerikanischen Regierung abtraten und dafür die Summe von 5 600 000 Dollar und freien Transport nach dem ‹Indian Territory› zugesichert erhielten. Die Mehrheit der Stammesangehörigen lehnte den betrügerischen Handel ab, doch lieferte sie damit Präsident Jackson den willkommenen

Vorwand, die Umsiedlung mit Gewalt in die Wege zu leiten. In den folgenden drei Jahren zogen von Hunger und Unglück gezeichnete Karawanen westwärts. Gegen 15 000 Cherokees wurden aus ihren Wohnstätten vertrieben, wobei ihnen oft nicht einmal die Zeit blieb, die dürftigen Habseligkeiten auf den Rücken zu laden. Weiße Siedler folgten wie Schakale den Elendskolonnen und raubten den wehrlosen Indianern das wenige, das ihnen geblieben war. Einheiten der Armee, mit der Durchführung der brutalen Aktion betraut, taten nur wenig zum Schutze der Opfer. Wo der gute Wille vorhanden war, fehlte es an Mitteln. Verpflegung und Versorgung der Karawanen waren privaten Unternehmern anvertraut, die ihre Aufgabe durchwegs liederlich erfüllten und als einziges Ziel einen möglichst hohen Profit im Auge hatten. Einige unter diesen Ehrenmännern waren Freunde Andrew Jacksons.

Der Auszug der Cherokees erregte Unwillen und Protest unter den human gesinnten Amerikanern. Die Zeitungen im Osten brachten eindrückliche Schilderungen von den elenden Bedingungen, unter denen der Transport vor sich ging. «Die Gesichter der Indianer zeigen die verschiedensten Gefühle, doch der Ausdruck von Zufriedenheit ist nirgends zu finden», schrieb ein Beobachter im ‹New York Observer›. «Einige haben die Augen niedergeschlagen und befinden sich in einem offenkundigen Zustand der Verzweiflung, während andere den Anschein wilder Wut erwecken, als ob sie die Ketten der Natur sprengen und sich auf ihre Feinde stürzen wollten. Die meisten unter ihnen machen einen gescheiten und gediegenen Eindruck. Mr. Bushyhead, Sohn eines alten Mannes mit gleichem Namen, ist ein intelligenter und vielseitig interessierter baptistischer Prediger. Einige Missionare begleiten ihn auf seinem Weg. Viele Cherokees sind wohlhabend und reisen ihrem Stande gemäß. Eine Dame ritt in Begleitung ihres Gatten zu Pferd vorbei, und dies mit einer Ausrüstung, als sei sie eine Mutter aus Neu-England. Ihr jüngstes Kind lag krank in ihren Armen, und sie bettete es den Umständen entsprechend so bequem wie möglich ... Sie konnte das sterbende Kind nur noch wenige Meilen weit führen. Dann vertraute sie den toten Körper in einem fremden Land dem kalten Boden an, ohne Pomp und ohne Zeremonie, und ging darauf mit der Menge weiter ... Später las ich in der Botschaft des Präsidenten, er sei glücklich, den Senat darüber unterrichten zu können, daß die Cherokees friedlich und ohne Widerstand umgezogen seien. Dabei erinnerte ich mich daran, daß an jenem 3. Dezember noch keine einzige Gruppe ihren Bestimmungsort erreicht und daß die große Mehrheit noch nicht einmal den halben Weg zurückgelegt hatte ...»

Ein ähnliches Geschick war den Choctaws und den Chickasaws in Mississippi und Alabama beschieden. Schließlich kamen die Seminoles von Florida an die Reihe, die sich in einem blutigen Krieg gegen die Vertreibung aus ihrer Heimat zur Wehr setzen. Der Kampf dauerte bis zum Jahre 1842, als sich die letzten Überreste der Nation in die Sümpfe von Florida oder über den Mississippi nach Westen zurückzogen. Somit hatten die Amerikaner im Zeitraum von zehn Jahren über 60 000 Indianer nach dem ‹Indian Territory› verbannt. Daß dabei Tausende unter erbärmlichen Umständen ihr Leben verloren, gehörte zu den Unkosten des historischen Vorgangs. Die Indianer waren nun einmal, wie eine häufig gebrauchte Formulierung lautete, die ‹Opfer des amerikanischen Schicksals›.

Der große Aufbruch

Staatssekretär John Quincy Adams schrieb in seinen Memoiren: «Die Welt soll sich mit dem Gedanken vertraut machen, daß unsere Herrschaft den ganzen nordamerikanischen Kontinent umfaßt. Seit wir ein unabhängiges Volk sind, ist dieser unser Anspruch ebensogut ein Naturgesetz wie die Tatsache, daß der Mississippi ins Meer fließt. Spanien hatte Besitzungen in unserer südlichen und Großbritannien in der nördlichen Grenzregion. Diese Regionen konnten nicht während Jahrhunderten außerhalb der Vereinigten Staaten bleiben. Nicht daß ein habgieriger oder ehrgeiziger Geist den Anschluß nötig gemacht hätte, sondern nur darum, weil es physisch, moralisch und politisch absurd ist, wenn solch ein Fragment von einem Land, dessen Herrscher fünfzehnhundert Meilen jenseits der See residieren und das für seine Besitzer wertlos und lästig ist, gewissermaßen in alle Zukunft als Nachbar einer großen, mächtigen, unternehmenden und rasch wachsenden Nation existieren soll. Inzwischen ist der größte Teil des spanischen Territoriums in unserer Nachbarschaft in unsern Besitz übergegangen, und dies auf die allergewöhnlichste Weise – durch einen ehrlichen Kauf zu einem ansehnlichen Preis. Dadurch ist der Anschluß der übriggebliebenen Regionen des Kontinents nur noch unvermeidlicher geworden. Aber es hat sehr lange gedauert, bis wir das selbst eingesehen haben. Es hat auch sehr lange gedauert, bis wir unsern Anspruch auf Ausdehnung bis zur Südsee erkannt haben. Solange Europa sich nicht damit abfindet, daß die Vereinigten Staaten und Nordamerika identisch sind, so wird jeder Versuch von unserer Seite, der Welt den Glauben an unser ehrgeiziges

Karawane, wie sie auf dem ‹Oregon Trail› oder auf dem Weg nach Kalifornien anzutreffen war.

Streben ausreden zu wollen, sie im Gegenteil davon überzeugen, daß bei uns Ehrgeiz und Heuchelei Hand in Hand gehen.»

Zwar ließen die Politiker bei der Eroberung des nordamerikanischen Kontinents den Pionieren den Vortritt, doch bereiteten die rührigsten unter ihnen auf ideologischem Feld den Aufbruch vor, der in den vierziger Jahren die Nation erfaßte. Die Vereinigten Staaten waren inzwischen zu einer Respekt gebietenden Macht geworden, die jeder europäischen Nation Trotz bieten konnte. Für den Nachbar im Süden, die noch ungefestigte Republik Mexiko, wurde der amerikanische Koloß zu einer latenten Gefahr, die bis ins zwanzigste Jahrhundert hinein die nationale Unabhängigkeit bedrohte.

Pioniere im ‹Frontier›

Ashleys Trapper streiften längst in allen Richtungen durch die Rocky Mountains, als der ‹Frontier› der Siedler immer noch am Mississippi lag. Am großen Strom war die Wanderung für zwei Dekaden zum Stillstand gekommen. Es galt vorerst, die weiten Räume in Indiana, Illinois und Wisconsin in Besitz zu nehmen. Als die Gouverneure Clark und Cass mit den Nationen der Sioux, der Chippewas, der Sacs und der Foxes im Jahre 1825 in langem Palaver und mit verführerischen Geschenken den Vertrag von Prairie du Chien aushandelten, standen in ihrem Rücken noch nicht die ungeduldig wartenden Pioniere. Der ‹Indian Frontier› war in großen Zügen festgelegt, bevor die landhungrigen Siedler an die neue Grenze strömten. Jenseits des Mississippi ging die Besiedlung nur langsam vor sich. Independence zum Beispiel, zu Beginn der zwanziger Jahre als Ausrüstungsplatz für die Karawanen etabliert, war im Jahre 1840 immer noch eine Stadt am Rande der Prärie. In Iowa, Missouri, am Unterlauf des Arkansas und am Red River lagen weithin verstreute Siedlungen. Die Leute, die sich hier festsetzten, gehörten meist zum robusten Menschenschlag der ‹Squatter› (Siedler ohne Rechtstitel). Auch die in den frühen dreißiger Jahren hereinbrechende Welle der Einwanderer, als ‹Mississippi Valley Boom› in der Geschichte des ‹Frontier› verzeichnet, drang kaum über die bekannten Bereiche hinaus. Mit zwei Ausnahmen: Im Norden schlugen sich Holzfäller und in ihrem Gefolge auch Siedler einen Weg in die Wälder Minnesotas, und im Süden war Texas das gepriesene Ziel vieler Auswanderer, die sich in der kaum besiedelten mexikanischen Provinz häuslich einzurichten gedachten.

Fragt man nach den Ursachen für das ungewöhnlich lange Verweilen der Amerikaner im Mississippi-Tal, so stößt man unter anderem auf ein Gerücht, das sich über Jahrzehnte hin hielt und einer ganzen Generation von Pionieren ein ungenaues Bild vom Land jenseits von Mississippi und Missouri einprägte. Die Legende vom ‹American Desert›, von der unbewohnbaren Wüstenei zwischen den Strömen und dem Felsengebirge, kam drastisch im geläufigen Sprichwort zum Ausdruck: «Selbst ein Rabe kann dieses Land nur mit einem Futtersack durchziehen.» Forscher, Reisende, Autoren haben die angeblichen Beweise für diese Meinung zusammengetragen. Es begann mit einem Ausspruch von Zebulon Montgomery Pike: «Die unermeßlichen Ebenen der westlichen Hemisphäre werden in der Folge der Zeit zu Sandwüsten wie jene Afrikas, denn ich sah auf meiner Reise zu wiederholten Malen mehrere Meilen lange Strecken, wo der Wind die Sandwogen wie die Wellen des Ozeans in die Höhe getrieben hatte und wo nirgends auch nur die geringste Spur von Vegetation zu bemerken war. Diese fast grenzenlosen Wüsteneien bieten den Vereinigten Staaten jedoch einen großen Vorteil, denn sie schränken ihre Bevölkerung in bestimmte Grenzen ein und tragen damit wesentlich zur innern Festigung der Nation bei. Die Amerikaner, von Natur geneigt, herumzuschweifen und immer neue Länder unter den entferntesten Horizonten urbar zu machen, werden durch die Sandwüsten gezwungen, gegen Westen nicht weiter als bis zum Missouri und zum Mississippi vorzudringen und die unermeßlichen Ebenen, die durchaus keiner Urbarmachung fähig sind, den herumwandernden Indianern als den ursprünglichen Bewohnern dieser wilden Region zu überlassen.» Das Urteil Pikes bezog sich notabene auf die Eignung des Landes zum Ackerbau. War das Land für eine Besiedlung durch Weiße ungeeignet, so konnte es immerhin den Indianern als Heimstätte dienen: «Die Ufer des Arkansas können mit vollem Recht das irdische Paradies für die herumwandernden Wilden genannt werden. Unter allen Ländern, die jemals von zivilisierten Menschen besucht worden sind, existiert wahrscheinlich kein einziges, das einen größern Überfluß an Wildbret bietet. Ich glaube, daß es an den Ufern des Arkansas Büffel, Elche und Rotwild genug gibt, um, sofern dieses Wild nicht mutwillig ausgerottet wird, alle Indianer auf dem Gebiet der Vereinigten Staaten ein ganzes Jahrhundert hindurch zu ernähren ...»

Als Major Stephen H. Long im Herbst 1820 von einer ergebnislosen Expedition zu den Quellen des Arkansas und des Red River nach St. Louis zurückkehrte, war sein Eindruck von der Prärie womöglich noch düsterer. Wie Pike sah er den einzigen Nutzen dieser gottverlassenen Region darin, daß sie die hemmungslose Expansion der Amerikaner in Schranken hielt. Vielfältig kolportiert und meist ohne Widerspruch hingenommen, galten die Thesen Longs während zwei Jahrzehnten als unwiderrufliches Zeugnis für den wüstenartigen Charakter der großen Ebenen. «Eine trauriger ausschauende Einöde als diese», schrieb Farnham noch in den vierziger Jahren, «kann kaum auf dem Kontinent gefunden werden, wenn man sie in der Hitze des Sommers von einem Hügel aus betrachtet, wo sich weit und unabsehbar die verbrannte, dürre Wüste hinzieht, deren düsteres Schweigen selten durch den Tritt eines andern Geschöpfes als den eines hungrigen Wolfes oder eines halb verschmachteten Pferdes, das seinen Reiter durch die Einöde schleppt, unterbrochen wird.» Unbefangener urteilt hingegen Leutnant John C. Frémont: «Im allgemeinen schien mir der Boden sehr gut zu sein, und jeder Tag bestätigte meine Beobachtung, daß der teilweise Anschein der Unfruchtbarkeit beinahe gänzlich der Dürre des Sommers zuzuschreiben war.»

Erst mit der Zeit wurden die Amerikaner auf eine Unterscheidung aufmerksam, die sie mit den Begriffen ‹Prairie› (Prärie) und ‹Plains› (Ebene) ausdrückten. Mit ‹Prairie› bezeichneten sie das im Westen bis etwa zum 98. Grad westlicher Länge reichende Grasland, das sich später als so fruchtbar erwies. Unter ‹Plains› verstanden sie die westlich davon bis zu den Rocky Mountains hingestreckte Ebene, die – baumlos, sozusagen ohne Wasser, von spärlichem Büffelgras bestanden – am ehesten mit einer Wüste verglichen werden konnte. Später ereignete sich auch hier eine erstaunliche Transformation, denn mit dem vorrückenden Ackerbau verschob sich die Zone der Niederschläge weiter nach Westen, so daß eine neue Vegetation aus dem vermeintlich wertlosen Boden hervorbrach. Die Siedler in Missouri und am Arkansas hatten inzwischen reiche Ernten eingebracht und damit eindeutig bewiesen, daß das summarische Urteil über die Unfruchtbarkeit der großen Ebene jedenfalls im Osten nicht zutraf. Auch die Berichte der Santa-Fé-Fahrer sprachen von ertragreichem Boden an den Flußläufen. Ein deutscher Forscher und Bauer, Gottfried Duden, genannt der ‹Philosoph des Urwalds›, stimmte in seinem Handbuch für europäische Auswanderer eine Hymne auf das Land Missouri an. Er hatte von 1824 bis 1827 am Unterlauf des Missouri eine Farm bewirtschaftet in der löblichen Absicht, den Dingen auf den Grund zu gehen und über seine Erfahrungen einen ausführlichen Bericht zu erstatten. «Die Savannen sind größtenteils so fruchtbar, als die Hügel an den Thalebenen», schreibt Duden. «Nirgends sieht man Steine, außer in den Einschnitten der Gewässer und an einzelnen Bergkuppen. Nichts ist verkehrter, als die Wiesen dürre Steppen oder gar Sandwüsten zu nennen. Es sind alle Hochland-Savannen ... Es fehlt nicht an Einwanderern, welche ebenso von den Reizen der neuen Lage berauscht waren, als sie selbige später verabscheuten. Das liegt an der menschlichen Natur, und nicht am Lande.»

Vielleicht hätte die Bundesregierung ihre Politik des abgegrenzten indianischen Territoriums überhaupt nie aufnehmen können, wäre nicht unter den Pionieren die Sage vom ‹American Desert› im Umlauf gewesen. So war man auf Zusehen hin bereit, die Rothäute in einem Landstrich zu dulden, den man ohnehin als wertlos betrachtete. Als der Kongreß im Jahre 1834 in der Indian Intercourse Act den Indianern, wie man glaubte, für alle Zukunft ein Refugium schuf, standen die

‹Emigranten in den Rocky Mountains›,
eine im Jahre 1866 publizierte Lithographie
von Fanny Palmer.

Die Expedition von Leutnant Frémont am Pyramid Lake in Nevada. Charles Preuss zeichnete die Szene (oben).

‹Aufbruch aus dem Lager›, Lithographie nach einer Skizze von Edward Kern, der Leutnant Frémont auf seiner dritten Expedition im Jahre 1845 als Zeichner und Kartograph begleitete (unten).

Siedler im Westen erstmals vor einer wirklichen Grenze. Wer die Stimmung im ‹Frontier› kannte, gab sich nicht dem naiven Glauben hin, die notdürftig errichtete Schranke werde dem Ansturm der Pioniere standhalten, wenn einmal das Signal zu einem neuen Aufbruch gegeben würde.

Die politischen und gesellschaftlichen Anschauungen im Bereich des ‹Frontier› waren handfest und auf unmittelbaren Nutzen bedacht. Auf einen Nutzen, den man nicht mit fremdartigen und a priori verdächtigen Völkerschaften zu teilen gedachte. Aus dem Leben an der Grenze entstanden demokratische Gemeinschaften; doch in der neuen Ordnung war kein Raum für Indianer, selbst wenn sie sich den Spielregeln unterwarfen. Fremdartig und für die amerikanische Gesellschaft untauglich waren in dieser Sicht auch die Mexikaner in Texas und Kalifornien. Die zugriffige Philosophie des ‹Frontier› tritt in den simplen Vorstellungen zutage, die in bezug auf das Eigentum an Grund und Boden galten. Duden gibt einer landläufigen Meinung Ausdruck, wenn er emphatisch erklärt: «Von Rechten weniger Menschen auf den ausschließlichen Besitz großer Erdteile zu reden, ist ebenso lächerlich, als über die Vermehrung der Weißen zu klagen, weil die guten Söhne der Wälder dadurch in ihren Jagdrevieren eingeschränkt würden, und am Ende gar, um dem Hunger zu entgehen, genöthigt sein könnten, von den Millionen Morgen fruchtbaren Landes einige Morgen für Getreide oder als Weide zu benutzen ...» Soweit die im Westen herrschenden Anschauungen formuliert und schriftlich vorgetragen wurden, trafen sie sich mit der Lehre John Lockes vom Naturzustand und vom Entstehen des Privateigentums. Nach der Meinung des Philosophen waren Grund und Boden anfänglich Gemeineigentum. Sobald aber der Boden bestellt wurde, erntete ein jeder die Früchte seiner Arbeit in einem abgegrenzten Stück Land. So entstand schließlich das private Eigentum. Die Amerikaner an der Grenze fanden die Thesen Lockes in ihren täglichen Erfahrungen bestätigt. Theoretische Rechtstitel, die nicht auf effektivem Besitz und praktischer Nutzung beruhten, nahm man nicht ernst. Wer keine Arbeit in sein Grundstück investierte, hatte jeden Anspruch darauf verwirkt.

Die Lehre, daß die brachliegenden öffentlichen Ländereien (‹Public Lands›) jedem zugänglich sein müßten, leuchtete vor allem jenen Pionieren ein, die ohne Geld in der Tasche in den Westen zogen. Der Staat selber war durchaus anderer Meinung, denn aus dem Verkauf von Grund und Boden flossen ihm Mittel zu, die sonst kaum zu beschaffen waren. Der Streit um die öffentlichen Ländereien hielt fast ein Jahrhundert hindurch an, bis zuletzt keine mehr zu vergeben waren. Boden konnte der Pionier nicht nur vom Bund, sondern auch von privaten Spekulanten erwerben, die sich zum vorneherein größere Landstriche gesichert hatten. Auch einzelne Staaten boten öffentliche Grundstücke an. Rechtmäßig erwerben durfte man nur vermessene Ländereien. Die öffentlichen Landmesser teilten den Boden nach einem einfachen Verfahren in Quadrate ein, deren größte die sogenannten ‹townships› (Stadtschaften) mit einem Ausmaß von 36 Quadratmeilen darstellten. Durch weitere Unterteilung gelangte man zu Sektionen und Viertelssektionen. Die kleinste Einheit öffentlichen Bodens, die ein Siedler seit den zwanziger Jahren von einem Landamt (‹land-office›) erstehen konnte, war die Hälfte einer Viertelssektion, was einer Fläche von 80 Acres oder Morgen entsprach. In den ersten zwei Dezennien des Jahrhunderts hatte der Staat unter dem Regime der sogenannten ‹Harrison Act› nur Grundstücke abgegeben, die mindestens einer Viertelssektion entsprachen. Für einen Morgen Land bezahlte man damals noch zwei Dollar. Das bedeutete also, daß das kleinste Grundstück den Pionier auf 320 Dollar zu stehen kam. Da nicht viele Einwanderer über so viel Bargeld verfügten, begnügte man sich mit einer Anzahlung von 80 Dollar in der unsicheren Hoffnung, die noch ausstehende Summe werde im Laufe der folgenden vier Jahre eingehen. Ein peinlicher Trugschluß, der in der Folge das System der öffentlichen Ländereien in Mißkredit und Unordnung brachte. Tausende von Bauern weigerten sich, dem geldhungrigen Staat die geschuldeten Abzahlungen für ein Stück

Boden zu leisten, das ihnen, der schlichten ‹Frontier›-Philosophie gemäß, dank ihrer Hände Arbeit auch ohne Kauf gehörte. Der Bund hätte genau genommen dem staatlichen Recht Geltung verschaffen und die Siedler von den nicht bezahlten Grundstücken wegjagen müssen; doch ein solcher Kraftakt war angesichts der Stimmung im Westen nicht zu empfehlen. So blieb die Sache in der Schwebe, bis der Kongreß sich im Jahre 1820 zu einer neuen Politik entschloß. Die kleinste zum Verkauf freigegebene Einheit betrug von da an 80 Morgen Land, wobei der Preis für den Morgen auf 1,25 Dollar ermäßigt wurde. Doch nun war die Summe bar auf den Tisch des Landagenten zu legen.

Das System würde vermutlich zu leidlich geordneten Verhältnissen geführt haben, wäre nicht in eben diesen Jahren die Landvermessung hoffnungslos in Rückstand geraten. Dieser Mangel, aus der unberechenbaren Expansion des ‹Frontier› leicht zu erklären, wurde Ursache und noch mehr Vorwand für die nicht mehr aufzuhaltende Bewegung der sogenannten ‹Squatter›, die jenseits der vermessenen Zonen illegal Land besetzten und sich nur in seltenen Fällen wieder vertreiben ließen. Sofern die ‹Squatter› nicht einer Mehrzahl legal angesiedelter Pioniere ins Gehege kamen, wurde das von ihnen gewählte Verfahren nicht tragisch genommen. Handelte es sich um einen Landstrich, der vertraglich zum Revier einer Indianernation gehörte, so war ihnen der Applaus im ‹Frontier› gewiß. «Es haftet auf einem solchen Benehmen durchaus kein Vorwurf», meinte auch Gottfried Duden in seinen Ratschlägen an die Auswanderer. «Ganz ehrbare Personen leben so fort, ohne daß ihr Ruf im mindesten leide.» Zur Rechtfertigung beschwor der deutsche Experte die wirtschaftliche Räson, die nach seiner Meinung geradezu ein solches Verhalten aufdrängte: «Wo der Boden so wohlfeil ist, wird kein Vernünftiger sich durch große Anlagen sogleich an einen bestimmten Platz fesseln. Erst, wenn sich dessen Vorzüge durch die Zeit bewährt haben und die Bevölkerung anwächst, entstehen schönere Gebäude, Brunnen und Wasserleitungen. Viele der ärmeren Pflanzer kaufen anfangs nicht einmal den Boden an. Die Benutzung der öffentlichen Ländereien ist zwar in den Bundesgesetzen verboten, und das Fällen der Bäume mit hohen Geldstrafen bedroht. Allein, daran kehrt sich niemand, und man weiß kein Beispiel, daß ein Ansiedler von dem Gouverneur des Staates, welchem das Wegtreiben zur Pflicht gemacht ist, wirklich vertrieben worden sei. Das Gesetz scheint mehr als Schutzmittel gegen offenbare Verwüstung oder sonstigen Mißbrauch zu dienen. So giebt es Familien hier, die ihr ganzes Leben hindurch auf Landgütern hausen, wofür sie nicht das Geringste bezahlt haben noch bezahlen werden ...»

Die illegale Besetzung von Land blieb auf Jahrzehnte hinaus eine Quelle des Unfriedens und der Gesetzlosigkeit. Wo die ‹Squatter› in Scharen auftraten, bildeten sie häufig Schutzbünde zur Verteidigung ihrer usurpierten Rechte. In Iowa zum Beispiel nannten sich die zu allen Taten fähigen Brüderschaften ‹Claim Associations› (‹claim› = selbstabgestecktes Stück Land). Selten fand ein Gouverneur den Mut, gegen eine solche Gesellschaft einzuschreiten. Man könnte diese Erscheinung mit einiger Nachsicht als vorübergehende Wachstumsstörung einer jungen Nation bezeichnen, hätte nicht der Kongreß selbst durch die ‹Preemption Rights› immer wieder den Rechtsbruch sanktioniert und den illegal angesiedelten Pionieren durch das Vorkaufsrecht einen beträchtlichen Vorsprung vor den übrigen Bewerbern gesichert.

Durch die Geschichte des ‹Frontier› zieht sich wie ein roter Faden eine Erscheinung, gegen die sich Generationen vergeblich auflehnten: Der Mangel an Bargeld. Also behalf man sich in der noch kaum organisierten Gesellschaft mit Tauschhandel, den die Leute von der Grenze nach zahlreichen Zeugnissen virtuos beherrschten. Als Washington Irving eine ‹Ranger›-Kompanie auf einem Streifzug durch die Prärie begleitete, stellte er unter seinen Reisegefährten einen ausgesprochenen Hang zum Tauschgeschäft fest, wobei zu seiner Verwunderung Pferde und Gewehre unterwegs mehrmals den Besitzer wechselten. Ein Reiter zum Bei-

spiel tauschte so häufig das Pferd, daß er schließlich mit dem Tier, das er zuerst
besessen, und darüber hinaus mit einem Gewinn von sechzig Dollar an den Ausgangspunkt zurückkehrte. Der Deutsche Gottfried Duden sang das Lob der Na-
turalwirtschaft unter dem Motto «Der Pflanzer sucht alle Bedürfnisse selbst zu
bestreiten und lebt glücklich ohne bares Geld» und weckte damit bei vielen Auswanderern gefährliche Wunschbilder. Die vorandrängenden Amerikaner jedenfalls sahen das Glück des Westens nicht in Selbstversorgung und ländlich-sitt-
licher Bescheidung. Auch im ‹Frontier› setzte bald einmal die Arbeitsteilung ein,
und von diesem Augenblick an war das tägliche Leben ohne Geld nicht mehr zu
bewältigen.

Geld war im Prinzip von den Banken zu bekommen, wenn man die meist rudi-
mentären Institutionen mit einem so wohlklingenden Begriff umschreiben will.
Noch wäre beizufügen, daß Geld den Banken ebenso fehlte wie den Pionieren.
Tatsache ist, daß jedermann, ob Siedler oder Bankier, weit über seine Verhältnisse
lebte und vielleicht gerade darum Dinge zuwege brachte, die nach den Regeln der
wirtschaftlichen Logik nicht gelingen konnten. Das Verhältnis des amerikanischen Pioniers zu den Banken ist bemerkenswert und zeigt am Exempel seine nach
vorn gerichtete und keine Bindung anerkennende Wesensart. Ein amerikanischer
Historiker hat diese Mentalität mit einem treffenden Vergleich charakterisiert:
Im ersten Akt tritt der Bankier unter allgemeinem Beifall als der edle Held auf, der
die Heroine vor Bedrängnis bewahrt. Im zweiten Akt erscheint er als der abge-
feimte Bösewicht, der sich mit kalter Miene anstellt, sein Opfer zu erdrosseln.
Dieser elementare Wandel auf der Szene, von den Zeitgenossen als gültiges Bild
hingenommen und auch in unserem Jahrhundert in Wildwestfilmen kolportiert,
entsprang, vorsichtig ausgedrückt, einem Mißverständnis. Jedermann im Westen
erwartete, daß ihm die Bank ohne Umsehen für seine Unternehmungen Kredite
und Hypotheken verschaffte. Der Umstand, daß diese Wünsche so oft und so sorglos erfüllt wurden, erzeugte eben jene Dankbarkeit, die nur gerade im ersten Akt
anhielt. Meist war der Bankier eine Figur von ähnlich spekulativem Zuschnitt
wie seine Kunden, beherrschte sein Metier nur unvollkommen und ließ sich in
Dinge ein, die er in keiner Weise überblickte. Die reinen Gauner waren auch unter
den Bankiers in Minderzahl. Sah sich die umworbene Bank nun plötzlich ver-
anlaßt, auf die Zahlung der vereinbarten Raten zu drängen oder gar eine Hypothek zu kündigen, so schlug die Stimmung jäh um. Jetzt zeigte sich der bedrängte
Pionier maßlos erstaunt und erbittert, denn über den unweigerlich folgenden zweiten Teil der Affäre hatte er sich häufig genug keine Gedanken gemacht. Man darf
wohl – auf eine einfache Formel gebracht – behaupten, daß die Banken die Expansion nach Westen kräftig vorangetrieben und ebenso unentwegt an den perio-
disch auftretenden Pleiten mitgewirkt haben. Es fehlte zwar nicht an Erfahrungen,
die man hätte beherzigen können. Dem wirtschaftlichen Zusammenbruch von

1819 war eine bis weit in die zwanziger Jahre anhaltende Depression gefolgt. Doch der Aufstieg Andrew Jacksons zur Präsidentschaft im Jahre 1829 ließ die Wogen der Spekulation höher denn je steigen. Mit Jackson hatte ein Mann das oberste Amt übernommen, der in seiner Person symbolhaft und auch sehr real die ‹Frontier›-Demokratie vertrat. Die dreißiger Jahre waren gekennzeichnet durch ein Gründungsfieber, wie es das Land noch nie gekannt hatte. Dörfer und Städte schossen über Nacht aus dem Boden, Kanäle und Straßen wurden gebaut, auch bemächtigte sich die Spekulation einer neuen Erfindung, deren Wert man bald zu schätzen wußte: der Eisenbahn. Das Parlament von Missouri zum Beispiel bewilligte im Jahre 1837 den Bau von nicht weniger als siebzehn Bahnlinien. So kam der Westen zu den nützlichen Einrichtungen, die Henry Clay in seinem ‹American System› in Aussicht gestellt und die dem Farmer vor allem den Anschluß an die östlichen Märkte bescherten.

Der Preis allerdings war höher als erwartet. Daran trifft die Banken eine wesentliche Schuld, aber sie haben nicht allein gesündigt. Anfänglich hatte die Bundesbank (Bank of the United States) eine gewisse Kontrolle, wenn auch mit unzulänglichen Mitteln, über die zahlreichen Geldinstitute im Lande ausgeübt. Präsident Jackson jedoch war über seine Bank verärgert, da er zu Recht oder zu Unrecht argwöhnte, sie übe gegenüber seinen demokratischen Parteigenossen eine ungebührliche Zurückhaltung. In eigener Sache empfindlich, trieb der Präsident die Dinge so weit, daß die Bundesbank im Jahre 1836 endgültig die Pforten schloß. Schon vorher hatte das Schatzamt auf Weisung Jacksons die eingehenden Gelder nicht mehr in ihrem Tresor deponiert, sondern die in diesen Jahren steigenden Überschüsse in Form von Krediten an die regionalen Banken weitergeleitet. Dabei sollen, wie glaubwürdige Historiker versichern, rundum Jacksons Demokraten kräftig zugegriffen haben nach der Devise: «Die Beute gehört dem Sieger.» Es ist zu bedenken, daß in eben diesen Jahren dem Bund aus den Schutzzöllen reichliche Mittel zuflossen und der Verkauf der öffentlichen Ländereien rapid anstieg. Im Jahre 1835 wurden fünfzehn Millionen Morgen Land verkauft, 1836 waren es bereits zwanzig Millionen. Der Staat fand keine Gläubiger mehr, denen er Geld hätte zurückzahlen können, und so stand man denn im Jahre 1836 etwas verlegen vor einem Überschuß von zwanzig Millionen Dollar. Inzwischen lebten und spekulierten Siedler, Unternehmer und Bankiers mit dem vom Bund geborgten Geld. Die regionalen Banken erhöhten ständig den Notenumlauf, so daß sich eine Flut von Papiergeld oft zweifelhafter Herkunft über das Land ergoß. Schließlich begann man selbst in Washington um die so unvorsichtig angelegten Bundesgelder zu fürchten.

Das Jahr 1837 brachte das unvermeidliche und peinliche Erwachen. Der Kongreß setzte dem Spuk ein grausames Ende, und die Spekulation kam zum Stillstand. Das Schatzamt hörte mit dem splendiden Geldverteilen auf. Die meisten Banken, tief verschuldet und ohne bares Geld, stellten ihre gewagten Geschäfte ein. Ihr Notengeld wurde von staatlichen Ämtern nur noch ausnahmsweise entgegengenommen und verlor weiter an Wert. Panik herrschte vor allem im ‹Frontier›. Mancher Siedler verlor Hab und Gut. Es dauerte Jahre, bis die oft wirren Geschäfte klargelegt, Forderung und Gegenforderung beglichen und die Grundlagen zu neuem Beginn gelegt waren. Tausende suchten der Misere durch die Flucht in ferne Unternehmungen zu entrinnen. Mit leichtem Gepäck war der neue Aufbruch einfacher zu bewerkstelligen. Sprichwörtlich wurde die Wendung ‹gone to Texas› (nach Texas verreist), womit man ausdrücken wollte, daß sich einer seinen Verpflichtungen oder der drohenden Verhaftung entzog, indem er heimlich aus der Gegend verschwand. Nach Texas zum Beispiel oder, etwas später, nach Oregon und Kalifornien.

Texas, Kalifornien, Oregon

Rascher als erwartet – kaum dreißig Jahre nach dem spektakulären Louisiana-Handel – standen die amerikanischen Pioniere wieder an nationalen Grenzen. In indianischem Territorium hatten sie sich ein simples Verfahren angewöhnt, das in den meisten Fällen zum Ziele führte: Man stieß ohne Umstände in die unbesiedelten Landstriche vor, ließ sich auf einem bevorzugten Platz nieder und wartete in Ruhe ab, was geschehen würde. Fanden sich die Indianer mit dem Einbruch in ihre Domäne ab, so brauchte sich der ‹Squatter› keine weiteren Sorgen zu machen. Widersetzten sie sich mit Gewalt, so kam es unvermeidlich zu blutigen Fehden, die fast immer mit dem Auszug des roten Mannes aus seinen Jagdgründen endeten.

Nicht ganz so einfach verhielten sich die Dinge in fremdem Territorium, in Texas und Kalifornien oder auch in Oregon, das seit dem Frieden von Ghent wie ein herrenloses Gut zwischen den beiden angelsächsischen Mächten lag. Zwar zeigten die amerikanischen Pioniere keinen sonderlichen Respekt vor nationalen Grenzen, aber sie stießen jenseits der heimischen Zone – im ehemaligen spanischen Kolonialreich zum Beispiel – zu ihrer Verwunderung auf eine zwar kümmerlich organisierte, aber nicht zu übersehende Staats- und Gesellschaftsordnung, auf fremde Lebensformen und Gesetze. Diese andersgeartete Welt war ihnen zum vorneherein widerwärtig, und nichts lag ihnen ferner als der Gedanke, sich in eine unvertraute Ordnung zu fügen. Hier war die Freiheit des Pioniers, so wie sie die Amerikaner verstanden, in Frage gestellt. Da ihr Drang nach Westen keine Grenzen kannte und die amerikanische Version der Freiheit nur in einer autochthonen Gesellschaft zu verwirklichen war, erwies sich eben diese Freiheit in zunehmendem Maße als nationales Problem. In den dreißiger und vierziger Jahren wurden die Forderungen der Siedler zu Anliegen der gesamten Nation, die kein Präsident und kein Kongreß auf die Dauer übersehen konnte. Stand eine fremde Macht wie etwa das unabhängig gewordene Mexiko diesen Wünschen entgegen, so zog sie sich den Zorn des vitalen und unberechenbaren Nachbarn zu.

So wurde in diesen Jahren die Freiheit gewissermaßen nationalisiert. Die Parole von der ‹Ausdehnung der Zone der Freiheit› (‹extension of the area of freedom›) kam auf. Was darunter zu verstehen war, zeigte sich am Beispiel der Auseinandersetzung mit Mexiko. Der Expansionsdrang der amerikanischen Nation ging Hand in Hand mit einem lauten Eifer für Demokratie und Freiheit – eine von zeitgenössischen Publizisten sorgsam gepflegte Konstruktion, ausreichend für den politischen Tagesgebrauch, post festum hingegen wenig glaubwürdig. Hatte der einzelne Pionier bisher nur ausnahmsweise das Bedürfnis verspürt, sein Tun und Lassen zu rechtfertigen, so erhoben sich nun ringsum im Lande die Apologeten einer nationalen Politik der Expansion. Sie entstammten verschiedenen Lagern und waren sich oft weder über die Ziele noch über die Mittel einig. Auch stimmten ihre Argumente keineswegs überein, bis sie sich in den vierziger Jahren unter dem gemeinsamen Banner des ‹Manifest Destiny› fanden. Im Jahre 1845 war in der Zeitschrift ‹Democratic Review› erstmals vom ‹offenkundigen Schicksal› (‹Manifest Destiny›) die Rede, vom Schicksal als Auftrag an die Nation verstanden, «sich über den ganzen Kontinent auszudehnen, der uns von der Vorsehung für die freie Entfaltung unserer jährlich wachsenden Millionen zugewiesen ist».

Man mag, wie es viele Kritiker getan haben, den Anruf an ‹Manifest Destiny› als unredlichen Versuch betrachten, so manchem bedenklichen Vorgang einen höheren Sinn zu verleihen. Immerhin liegt diese amerikanische Geisteshaltung im puritanischen Glauben begründet, das göttliche Gesetz sei höher zu werten als das menschliche positive Recht, und da ein für allemal feststand, daß die Sache Gottes identisch war mit den Anliegen der angelsächsischen Rasse und mit dem protestantischen Glauben, brauchte man sich nicht ängstlich an Verträge und Rechtsnormen zu halten. Der Dichter Walt Whitman forderte die Annexion mexikanischen Bodens «auf Grund eines Rechts, das höher zu werten ist als Pergamente und trockene diplomatische Regeln». Das formale Recht stand in den Tagen nationaler Erregung nicht eben hoch im Kurs. So schrieb der human gesinnte Philosoph Ralph Waldo Emerson, das Gesetz habe lediglich einen Erinnerungswert, an dem die vitale Gesellschaft die täglich fortschreitenden Veränderungen ablesen könne: «Unser geschriebenes Recht ist ein Geldstück, dem wir unser Bildnis aufprägen. Es ist bald nicht mehr zu erkennen und wandert im Laufe der Zeit in die Münze zurück.» Handgreiflicher, wenn auch weniger geistreich als Emersons Sentenz ist ein vielzitierter Ausspruch eines Politikers: «Das Gesetz ist ein Esel.» So gesehen, war das Vordringen der Amerikaner über den Kontinent zu vergleichen mit dem natürlichen Wachstum eines jungen Riesen – auch dies ein beliebtes Bild. Wer sich in so sinnfälligen Gleichnissen auf das Naturrecht berief, brauchte nicht um den Beifall zu bangen.

Unter solchen Voraussetzungen war es um die Ruhe der Nachbarn schlecht bestellt. Die eindrücklichste Begegnung mit dem ‹jungen Riesen› blieb den Mexikanern vorbehalten. Mexiko, unabhängige Republik seit dem Jahre 1821, sah sich von außen bedroht, bevor es den innern Halt gefunden hatte. Zentralisten und Föderalisten, Konservative und Liberale rangen in stets wechselnden Konstellationen um die Macht. Unsicher und von der Hauptstadt aus kaum zu meistern war die Hinterlassenschaft der Spanier in den nördlichen Provinzen, vor allem in Neu-Mexiko und in Texas, wo die spärliche Bevölkerung ohne jenes politische Bewußtsein dahinlebte, das sich in einer bedrohlichen Situation hätte bewähren können. Weit von den Zentren der Nation entfernt, boten die abgelegenen Landstriche den Mexikanern wenig Anreiz zu ernsthaften Bemühungen. Seit im 16. Jahrhundert die mit so viel Hoffnung unternommenen Züge von De Soto und Coronado gescheitert waren, bereitete der Norden den Spaniern nur Sorge und Enttäuschung. Immerhin hatten Jesuiten und Franziskaner mit unvergleichlicher Zähigkeit in der unendlichen Landschaft ausgeharrt und zwischen Pazifik, Rocky Mountains und texanischer Küste zahlreiche Missionsstationen errichtet. Da und dort sicherten Presidios mit wenigen Soldaten die Grenzregionen, ohne daß es gelungen wäre, die ‹Rancheros› in Texas und die Minen in Neu-Mexiko auch nur notdürftig vor feindlichen Indianern zu schützen. Vermutlich war die tiefverwurzelte Abneigung, welche die Spanier diesen Regionen gegenüber empfanden, entscheidend für den zukünftigen Gang der Geschichte. Auf der vergeblichen Suche nach den Schätzen des sagenhaften Quivira waren die Leute Coronados im Jahre 1542 zwischen Red River und Missouri auf die großen Büffelherden gestoßen. Die Szene, die später einmal die Amerikaner begeisterte, sollte für die Spanier gewissermaßen das Sinnbild enttäuschter Hoffnung werden: «Sie haben nichts gesehen als Kühe und den Himmel», meldet ein Chronist. Die Spanier und nach ihnen die Mexikaner suchten ihr Glück in den Städten und in Goldminen, nicht in intensiver Landwirtschaft. Wohl weideten in Texas die Viehherden der im 18. Jahrhundert zugezogenen ‹Rancheros›, doch lagen gewaltige Ländereien brach, und noch um die Wende zum 19. Jahrhundert dachte kaum jemand daran, an diesem Zustand etwas zu ändern.

Den Amerikanern im Mississippi-Tal war dieser Sachverhalt einigermaßen vertraut. Texas war leichter zugänglich als Neu-Mexiko. Zwar blieben die Grenzen des spanischen Imperiums dem Gesetze nach verschlossen, doch ließen die spanischen Offiziere mit sich reden, sofern der Gesuchsteller im richtigen Augenblick ein Präsent auf den Tisch legte. So öffnete sich immer häufiger das Tor zu den Inneren Provinzen Neu-Spaniens. Die angelsächsischen Pioniere fanden sich in einer Landschaft, in der «Kühe und Himmel» vorherrschten, im Gegensatz zu den Spaniern leicht zurecht. Texas war durch seine Natur zum Exempel bestimmt, an dem sich der schmerzliche Konflikt zwischen den ungleichen Nachbarn entzünden sollte.

Amerikaner lebten also bereits in spanischer Zeit mit spanischen Pässen in dieser Region. Über diese Vorhut ist wenig bekannt, aber doch so viel, daß sie nicht gerade eine Zierde der amerikanischen Nation darstellte. Manche dieser frühen Abenteurer tummelten sich gemeinsam mit Desperados aller Nationen in der von Wilkinson geschaffenen neutralen Zone (‹Neutral Ground›) zwischen Arroyo Hondo und Sabine River oder im Paradies der Seeräuber auf Galveston Island. Auf dieser Pirateninsel versammelte sich im zweiten Jahrzehnt des 19. Jahrhunderts, als sich ringsum im spanischen Kolonialreich die Freiheitskämpfer erhoben, eine verwegene Gesellschaft: mexikanische Revolutionäre, die von hier aus ebenso tollkühne wie lächerliche Feldzüge gegen die müde gewordene spanische Herrschaft unternahmen, Schmuggler und Sklavenhändler, die ihre Geschäfte in großer Manier betrieben, napoleonische Soldaten, französische und amerikanische Seeräuber mit beachtlichem Troß. Im Jahre 1817 ergriff der Pirat Laffitte das Szepter auf Galveston Island und herrschte während mehrerer Jahre gewalttätig in seinem Reich. Inzwischen plünderten die mit den Spaniern verfeindeten Comanchen die einsamen Missionsstationen und zerstörten damit das einzige sinnvolle Werk, das die weißen Kolonialherren in diesem Teil des Reiches hervorgebracht hatten.

Der Louisiana-Handel zwischen Frankreich und den Vereinigten Staaten war für die Spanier zweifellos eine peinliche Überraschung. Bedenklich war vor allem der Umstand, daß keine Klarheit über die westlichen Grenzen Louisianas bestand. Napoleon hatte beim Vertragsabschluß – so wird von einigen Historikern behauptet – mit vorausschauender Tücke dieses wesentliche Problem in der Schwebe gelassen. Die Frage der Grenzziehung stand in den folgenden Jahren unablässig zur Diskussion, und die amerikanische Delegation unter James Monroe zitierte in ihren Verhandlungen mit den spanischen Diplomaten hartnäckig alle französischen Autoren, die je den Rio Grande als westliche Grenze von Louisiana bezeichnet hatten. Man sprach davon, in Texas eine neutrale Zone zu errichten; doch es blieb schließlich bei jenem schmalen Stück Land am Arroyo Hondo, das die Provinzfürsten Wilkinson und Herrera aus eigener Machtvollkommenheit zum neutralen Territorium erklärten. Im sogenannten Adams-Onís-Vertrag, abgeschlossen im Jahre 1819, verzichteten die Vereinigten Staaten im Austausch mit dem westlichen Florida auf jegliche Ansprüche auf die Provinz Texas.

Der Verzicht auf Texas löste unter den Amerikanern einen Sturm der Entrüstung aus. Im Süden und im Westen sprach man von Verrat. Bedeutende Politiker nahmen den Vertragsabschluß mit einem inneren Vorbehalt zur Kenntnis, der nichts Gutes für die Zukunft verhieß. Die Pioniere im ‹Frontier› gaben ihrer Verärgerung handgreiflich Ausdruck: Bürger von Natchez am unteren Mississippi zogen unter Führung von James Long nach Texas, gründeten in Nacogdoches eine kurzlebige Republik und vereinigten sich schließlich mit den mexikanischen Freiheitskämpfern, die den Spaniern die Herrschaft über das Grenzland streitig machten. Das Ergebnis des spektakulären Filibuster-Zuges war in mancher Hinsicht zweifelhaft. Das Unternehmen förderte die ohnehin vorhandene Anarchie in Texas, und die wenigen Überlebenden – nach kurzer Internierung zurückgeschoben – erreichten nicht einmal das, was die Republik Mexiko im Zeichen einer liberaleren Grenzpolitik den amerikanischen Pionieren fortan gewährte: erleichterten Zugang zu Grund und Boden in Texas. Der von Mißgeschick verfolgte Captain Long wurde schließlich von einem mexikanischen Soldaten erschossen. Bevor die Dokumente des Adams-Onís-Vertrages ratifiziert waren, hatte sich Mexiko vom Mutterland gelöst und nach blutigen Kämpfen die

Republik errichtet. Texas schloß sich sogleich dem jungen Staat an. Der Beifall, den die Amerikaner ihren südlichen Nachbarn für die Vertreibung der Spanier spendeten, war durchaus ehrlich gemeint, doch bei aller Freundschaft war nicht zu übersehen, daß grundlegende Meinungsverschiedenheiten bestanden.

In den ersten Jahren der mexikanischen Unabhängigkeit präsentierten sich die Dinge in Texas immerhin unter Vorzeichen, die zu einiger Hoffnung berechtigten. Zwei Amerikaner schufen mit Tatkraft und politischem Verstand ein Unternehmen von erstaunlichem Ausmaß, einen Modellfall sozusagen, der einen annehmbaren Weg zur Besiedlung der texanischen Ländereien wies. Moses und Stephen Austin, Vater und Sohn, verfügten über Eigenschaften, die sie in den Augen der Mexikaner weit über die Hinterwäldler aus Kentucky erhoben, die sich heimlich über die unabsehbare Grenze am Red River stahlen. Vater Austin war im alten Louisiana bereits einmal spanischer Staatsangehöriger gewesen und hatte sich in Missouri mit Erfolg als Minenbesitzer betätigt, bis er sein Vermögen in St. Louis in einem Bankkrach verlor. Dieser Zwischenfall, im Westen so unvermeidlich wie Blitz und Donner, brachte ihn auf den Gedanken, sein Glück im damals noch spanischen Süden zu versuchen. Austin war Katholik, fand sich leidlich in der spanischen Sprache zurecht und traf in Texas einflußreiche Freunde. So geschah das Ungewöhnliche: Der spanische Gouverneur in San Antonio ließ sich nach einigem Zögern vom Nutzen des kühnen Unternehmens überzeugen, das der Amerikaner in seiner Provinz in Gang bringen wollte, und unterstützte das Gesuch Austins, dreihundert Einwanderer nach Texas zu führen und mit ihnen eine Kolonie aufzubauen. Doch äußere Umstände und die schlechte Gesundheit des amerikanischen Pioniers stellten den Plan in Frage. Nach Missouri zurückgekehrt, starb Moses Austin an den Folgen der auf der Heimreise erduldeten Strapazen. Kurz vor seinem Tod war die Nachricht eingetroffen, daß die spanischen Behörden seinem Kolonisationsplan zugestimmt und damit erstmals die Grenze für amerikanische Siedler geöffnet hatten.

Nach dem Tode seines Vaters trat Stephen Austin auf den Plan. Was dieser Amerikaner in den nun folgenden Jahren in Texas zustande brachte, wurde von seinen Zeitgenossen kaum richtig gewürdigt, denn er verrichtete sein Werk abseits von Patriotismus und Heldentum. Stephen Austin war zeit seines Lebens ein Mann der Diplomatie, der seinen Weg zwischen den Extremen suchte. Eine Haltung, die ihn immer wieder in Gegensatz zu den forschen Pionieren brachte, die mehr der Überzeugungskraft ihrer Pistolen als vermittelnden Worten vertrauten. Die Loyalität, die Austin bis zum letzten Augenblick seiner Wahlheimat Mexiko bezeugte, machte ihn bei all jenen verdächtig, die den bestehenden Zustand in Texas nur auf Abruf tolerierten und sich im übrigen wenig um die mexikanische Oberhoheit scherten. Als Stephen Austin im Jahre 1821 in San Antonio eintraf, fand er sich umgeben von einer gutgelaunten Bevölkerung, die überschwenglich die neu gewonnene mexikanische Unabhängigkeit feierte. Gegenüber dem amerikanischen Nachbarn hegte man in diesem Augenblick die freundlichsten Gefühle, so daß Austin offene Türen fand. Gouverneur Martinez übertrug die dem Vater gewährte Gunst auf den Sohn, ernannte ihn zum ‹Empresario› des Unternehmens und gab ihm die Erlaubnis, ein für die Ansiedlung der Kolonisten geeignetes Territorium auszuwählen. Austin sicherte sich ausgedehnte Landstriche am Unterlauf der Flüsse Colorado und Brazos.

In einem Vertrag hatte der Gouverneur die Bedingungen umschrieben, unter denen das Werk begonnen werden konnte. Der Unternehmer verpflichtet sich, jedem Siedler und seiner Familie einen bestimmten Anteil an Land zuzuweisen. Austin sollte nach eigenem Ermessen für die Verwaltung der Kolonie besorgt sein – dies jedenfalls so lange, bis die mexikanischen Behörden eine andere Lösung trafen. Einige Bedingungen erwiesen sich nachträglich als fragwürdig. Die Einwanderer mußten bei ihrer Ankunft bezeugen, daß sie Katholiken waren oder wenigstens beabsichtigten, dem katholischen Glauben beizutreten. Eine Vorschrift, die begreiflicherweise den meisten Amerikanern als teuflisch erschien und zum vorneherein mit einer offenkundigen ‹reservatio mentalis› zur Kenntnis genommen wurde. Die mexikanischen Behörden versuchten notabene kaum, die Verordnung durchzusetzen. Sie konnten auch nicht verhindern, daß in Kürze protestantische Prediger kreuz und quer durch Texas zogen und in den religiösen Verrichtungen mit den mexikanischen ‹Curas› (Pfarrern) wetteiferten. Austin machte man es hingegen zum Vorwurf, daß er in die religiöse Klausel eingewilligt hatte. Der Vertrag besagte weiterhin, es seien nur Einwanderer mit ‹gutem Charakter› zuzulassen. Man darf wohl sagen, daß diese Forderung unter allen am schwersten zu erfüllen war, und daß Austin selber übermenschliche Kräfte darauf verwandte, die abenteuerlichen Charaktere im texanischen ‹Frontier› zu einem Leben in der Gemeinschaft anzuhalten. Gegen die Einwanderung von Sklaven erhob der Gouverneur zu diesem Zeitpunkt noch keine Einwendungen. Zahlreiche Siedler stammten aus dem Süden Louisianas und fanden es nur natürlich, daß sie bei ihrem Umzug ihr besonderes soziales System gewissermaßen mit dem Hausrat nach Texas einführten.

Die ersten Einwanderer trafen im Dezember 1821 in Austins Kolonie ein. Sie erfuhren wie alle Pioniere in der ersten Zeit Not und Entbehrung, doch bereits nach wenigen Jahren lebten die tüchtigen unter ihnen in komfortablem Wohlstand. Agenten warben in den Vereinigten Staaten für weiteren Zuzug, und die neue Kolonie galt schon bald als Musterbeispiel eines florierenden Unternehmens. Für Austin selber nahmen die Dinge keinen so erfreulichen Verlauf. Nach einiger Zeit wurde ihm bedeutet, daß sein Vertrag mit dem Gouverneur nicht als gültiger Rechtstitel zu betrachten und eine Bestätigung der Schenkung durch den mexikanischen Kongreß nicht zu umgehen sei. So blieb ihm nichts anderes übrig, als in einem Zeitpunkt, da seine Anwesenheit in der Kolonie dringend nötig gewesen wäre, die Reise nach der mexikanischen Hauptstadt anzutreten. Fast ein Jahr verbrachte er damit, sein Anliegen vor Abgeordneten und Amtsstellen zu vertreten. Es war eine schwierige Zeit für ein derartiges Unterfangen, denn das Land wurde von politischen Wirren erschüttert, und kaum ein Politiker dachte an die Sorgen des fernen Texas. Doch wiederum bewährte sich das diplomatische Geschick Stephen Austins. Kaiser Iturbide persönlich verlieh dem amerikanischen ‹Empresario› die gewünschte Konzession. Aber Austins Geduld sollte weiterhin auf die Probe gestellt werden. Als er sich eben anschickte, mit seiner Urkunde den Heimweg anzutreten, vollzog sich ein für ihn fataler Theatercoup: Iturbide, Kaiser auf selbsterrichtetem Thron, wurde nach kurzer Herrschaft gestürzt und aus dem Lande verjagt. Unbeirrt versuchte Austin sein Glück bei den neuen Machthabern.

Im Sommer des Jahres 1823 hatte er als Lohn seiner Mühen endgültig den Vertrag in Händen. Nach Texas zurückgekehrt, fand er sein Unternehmen in einem Zustand der fortgeschrittenen Anarchie. Jeder Kolonist steckte sein Land selber ab, schuf sich selber Recht und scherte sich wenig um die irgendwo in der Ferne residierenden mexikanischen Behörden. Mochten auch Austins Pläne kühn und sinnvoll sein, ein Umstand war nicht zu übersehen: Die amerikanischen Pioniere, die den Red River und den Sabine überquerten und sich unter mexikanische Oberhoheit begaben, änderten wohl ihre Nationalität, nicht aber den Charakter. Es bedurfte ungewöhnlicher Anstrengungen, bis Austin die Verhältnisse in seiner Kolonie wieder ins Gleichgewicht gebracht hatte.

Austin blieb mit seinen Siedlern nicht allein. Andere Anwärter auf Landschenkungen waren zu gleicher Zeit wie er in der mexikanischen Hauptstadt erschienen, mußten sich aber noch länger gedulden. Im Jahre 1824 regelte Mexiko die Fragen der Einwanderung und der Besiedlung in einem Gesetz, das die wesentlichen Kompetenzen an die einzelnen Staaten delegierte. Als dann im folgenden Jahr der Staat Coahuila-Texas seinerseits ein Kolonisationsgesetz erließ, brach die große Zeit der ‹Empresarios› an. Nach dem Modell der Austinschen Kolonie schlossen die regionalen Behörden Kontrakte mit Unternehmern ab, die sich verpflichteten, unter ähnlichen Bedingungen in genau abgemessenen Territorien eine bestimmte Anzahl Einwanderer anzusiedeln. Unter den ‹Empresarios› fanden sich tüchtige Pioniere, aber auch hergelaufene Spekulanten, die nie in der Lage waren, die gesetzten Bedingungen zu erfüllen. Die Karte von Texas war in Kürze von den als ‹grants› bezeichneten Schenkungen bedeckt. Auch Austin fügte seinem Territorium einige weitere Ländereien hinzu.

Amerikanische, aber auch deutsche und mexikanische Einwanderer strömten von diesem Zeitpunkt an ins Land. Vor allem die amerikanischen Pioniere, denen das ‹American Desert› den Weg nach dem Westen zu verwehren schien, suchten ihr Heil in Texas. Übertriebene Vorstellungen über das Ausmaß dieser Wanderung sind fehl am Platz. Wenn auch Tausende die Grenze überquerten, so veränderte sich die Szene in den ungeheuren Landstrichen doch nur langsam. Texas blieb noch auf Jahrzehnte hinaus ein schwachbesiedeltes Territorium. Nach unzuverlässigen Schätzungen zählte es im Jahre 1825 knapp fünftausend Bewohner, im Jahre 1830 nannte man die Zahl von zwanzigtausend, und fünf Jahre später wurde die Bevölkerung auf fünfundzwanzig- bis dreißigtausend Seelen geschätzt. Die Konzessionen blieben, wie gesagt, häufig auf dem Papier, da mancher ‹Empresario› die Flinte ins Korn warf, wenn er sich den immer neu auftretenden Hindernissen gegenübersah.

Beträchtlich war von Anfang an der Anteil der eingeführten Sklaven. Ohne sie wären die Pflanzer aus dem Süden kaum in der Lage gewesen, in den texanischen Küstengebieten in so kurzer Zeit ertragreiche Baumwollplantagen zu errichten. So kam es, daß Texas im amerikanischen ‹Frontier› von Anfang an einen Sonderfall darstellte: Im Unterschied zu den andern Landstrichen des Westens entwickelte sich hier eine vertikal gegliederte Gesellschaft mit patriarchalischer Struktur. Dies traf jedenfalls im Küstengebiet zu, während die Viehzüchter im weiter nördlich gelegenen Weideland mit Sklaven wenig anzufangen wußten. Stephen Austin zum Beispiel hegte persönlich eine entschiedene Abneigung gegen die Sklaverei, war aber der Meinung, in dem besonderen Falle von Texas könnten die amerikanischen Siedler nicht auf diese Einrichtung verzichten. Er benahm sich denn auch behutsam in dieser Sache, die eindeutig im Widerspruch zur mexikanischen Gesetzgebung stand. In Mexiko war die Sklaverei grundsätzlich verboten; doch zeigten sich die Behörden von Coahuila-Texas in den ersten Jahren gegenüber den amerikanischen Siedlern nachsichtig. Es ließ sich ohnehin, so man es mit dem Gesetz genau nahm, ein legaler Ausweg finden: die amerikanischen Siedler gaben, sobald sie mexikanischen Boden betraten, ihren Sklaven die Freiheit und verpflichteten sie gleichzeitig mit einem lebenslänglichen Arbeitskontrakt. Das Ergebnis dieser so human wirkenden Geste war in Wirklichkeit sehr bescheiden: Der ehemalige Sklave verrichtete seine Arbeit unter denselben Bedingungen und in derselben Abhängigkeit wie vorher: vor dem Gesetz ein freier Mann, im Alltag etwa gleichgestellt dem mexikanischen ‹peón›, der zeit seines Lebens durch die von den Behörden tolerierte Lohnsklaverei gebunden blieb.

Die amerikanischen Unternehmungen in Texas hatten in einem Augenblick begonnen, da zwischen den Vereinigten Staaten und Mexiko eine sozusagen ungetrübte Freundschaft herrschte. Doch es dauerte nur wenige Jahre, bis die Hochstimmung einem beidseitigen Mißvergnügen wich, das auch mit gutem Willen nicht mehr aus der Welt zu schaffen war. Die Begegnung so unterschiedlicher Kulturen erzeugte Spannungen, die nicht ohne Folgen blieben. Es fehlte die Übereinstimmung in den Lebensformen, im Rechtsempfinden, in Sprache und Religion. Manche Konflikte entstanden aus banalen Ursachen, andere nährten sich an irrationalen Motiven, die sich jeder Analyse entziehen. Die umständliche mexikanische Gesetzgebung, eine wenig wirksame Verwaltung und die für Angelsachsen rätselhafte Justiz widersprachen der amerikanischen Vorliebe für Selbstverwaltung und direkte Demokratie. Anderseits waren die wenigsten Amerikaner ernsthaft bereit, sich ohne Vorbehalt in das so anders geartete mexikanische Staats-

Houston, Hauptstadt des unabhängigen
Texas, im Jahre 1844. Holzschnitt aus
‹Illustrated London News›.

wesen einzuordnen. Auch hier, so darf man beifügen, bildete Austin die löbliche
Ausnahme; doch angesichts der fortschreitenden Entzweiung nahm sein Einfluß
auf die beiden Parteien ständig ab.

Als frühes Signal für das heraufziehende Gewitter muß eine Episode gewertet
werden, die als ‹Fredonia-Aufstand› bekannt geworden ist. Hier wird am Beispiel deutlich, wie aus einer lokalen Situation heraus ein Konflikt entstehen
konnte, der durch seine Konsequenzen weit über den unerheblichen Anlaß und
den geradezu lächerlichen Verlauf hinaus wirkte. Im Jahre 1825 gewährte der
Staat Coahuila-Texas dem Amerikaner Hayden Edwards eine Konzession im östlichen Texas, die unter anderem die alte mexikanische Siedlung von Nacogdoches
einschloß. Im Kontrakt war festgelegt, daß die bereits bestehenden Landtitel zu
respektieren seien. Diese Einschränkung, die sich aus den besonderen Verhältnissen im östlichen Grenzgebiet ergab, war von wesentlicher Bedeutung. Nacogdoches hatte einst gegen tausend Einwohner gezählt, von denen die Mehrzahl
Mexikaner waren. Der Filibuster-Zug des Captain Long, die Freiheitskriege gegen
die Spanier und die Ankunft der Desperados aus dem ‹Neutral Ground› am
Sabine River hatten die meisten unter ihnen von Grund und Boden vertrieben.
Nur langsam kehrten sie in ihre Heimat zurück, von den eigenen, weitab residierenden Behörden unzulänglich unterstützt. Nacogdoches war zu dieser Zeit ein
Treffpunkt der Abenteurer aus allen Richtungen der Windrose. Nun erschien
Hayden Edwards auf der ohnehin verworrenen Szene und kämpfte mit dem Eifer
eines Bullen um einen möglichst großen Anteil an Land und Macht. Er kümmerte
sich dabei nicht im mindesten um die vorhandenen Besitzverhältnisse. Betroffen
wurden nicht nur Mexikaner, sondern auch Amerikaner, von denen einige zu
Austins Kolonie gehörten. Prompt widerriefen die mexikanischen Behörden die
an Edwards vergebene Konzession. In der allgemeinen Verwirrung suchte der
Bruder Haydens, Benjamin Edwards, Rettung im Aufruhr. Unterstützt von miß-
gelaunten Cherokee-Indianern, ritt er mit einigen Spießgesellen nach Nacogdoches, besetzte das alte Fort und proklamierte die ‹Republik Fredonia›. «Unabhängigkeit vom Sabine River bis zum Rio Grande», lautete die Parole. Die
amerikanischen Siedler um Nacogdoches verhielten sich abwartend. Stephen
Austin bemühte sich umsonst, die Rebellen zur Vernunft zu bringen. Darauf
schloß er sich mit seiner Siedlermiliz den vorrückenden mexikanischen Truppen
an, und vor der vereinigten Streitmacht zerstoben die unerwünschten Staats-
gründer in alle Winde.

Mit dem Ergebnis – so dürfte man glauben – hätte jedermann in Texas zufrieden sein können. Eine leidliche Ordnung war wieder hergestellt, die meisten Amerikaner hatten sich ihrer neuen Heimat gegenüber loyal erwiesen, und Stephen Austin war einmal mehr als das Muster eines besonnenen und pflichtbewußten Bürgers erschienen. Doch so einfach verhielten sich die Dinge nicht. Bei den mexikanischen Behörden blieb, wie sich bald ergeben sollte, ein tiefes Mißtrauen zurück. Eine kleine Gruppe amerikanischer Desperados hatte gezeigt, was in Texas noch alles geschehen konnte. Es wurde den Mexikanern auch klar, daß sie die Bewahrung ihrer Provinz in erster Linie dem Wohlwollen Austins und seiner Kolonisten zu danken hatten. Mochte dieser Umstand im Augenblick tröstlich erscheinen, so verhieß er doch nichts Gutes für die Zukunft. In den folgenden fünf Jahren setzte sich bei den Mexikanern die schmerzliche Überzeugung durch, daß die amerikanischen Siedler für das texanische Grenzland eine Gefahr darstellten. Vermutlich wußten sie es schon lange, doch das schwerfällige mexikanische Regierungssystem erlaubte nicht, den einmal eingeschlagenen Weg so rasch zu verlassen. Der anhaltende Kampf zwischen Zentralisten und Föderalisten schränkte den Einfluß der Regierung auf die Randgebiete des gewaltigen Reiches ein. Die Texaner, ob amerikanischer oder mexikanischer Herkunft, standen zumeist im Lager der Föderalisten. Diese Position ergab sich ganz natürlich aus der besonderen geographischen Lage und unterschied sich kaum von der Haltung, die etwa die Bewohner der Halbinsel Yucatán der Zentralregierung gegenüber einnahmen. Dennoch wurden die weiteren Ereignisse in Texas in verhängnisvoller Weise durch die innenpolitischen Wirren der Republik bestimmt.

Im Jahre 1828 begab sich der mexikanische General Terán auf eine Inspektionsreise in die nordöstlichen Grenzgebiete von Texas. Längere Zeit hielt er sich in der unsicheren Zone von Nacogdoches auf, wo sich die Einwanderer wie durch ein weit offenstehendes Tor zu den texanischen Ländereien drängten. Was der General zu sehen bekam, bestärkte ihn in der Überzeugung, daß für die Mexikaner, wollten sie sich weiterhin in Texas behaupten, die Zeit zum Handeln gekommen war. Sein Bericht an die Regierung enthielt eine scharfe Anklage gegen die Amerikaner, die seiner Meinung nach auf dem Umweg über die Kolonisationsprojekte den Abfall der Provinz vorbereiteten. Zwei Jahre später schritt die mexikanische Regierung zur Tat: In einem Dekret vom 6. April 1830 verbot sie die Einfuhr von Sklaven und die Ansiedlung von Kolonisten aus «benachbarten Ländern», womit einzig und allein die Vereinigten Staaten gemeint waren. Dagegen sollte die Einwanderung von Mexikanern und von Europäern in Texas gefördert werden. Den Staaten wurde die Kompetenz, öffentliche Ländereien an Ausländer zu vergeben, ein für allemal entzogen. Davon war vor allem Coahuila-Texas betroffen. Die Konzessionen von Austin und von einigen andern ‹Empresarios› wurden vom Verbot nicht berührt, doch der legale Eintritt blieb den Amerikanern fortan weitgehend verwehrt. General Terán rückte mit Truppen in Texas ein und errichtete eine Reihe von Militärstationen, ein ganz und gar ungewohnter Anblick für die amerikanischen Siedler, die bisher die mexikanische Präsenz kaum zur Kenntnis genommen hatten.

Die so entschiedene Wendung der mexikanischen Politik gegenüber den Amerikanern in Texas würde vielleicht wenig sinnvoll erscheinen, hätten sich in der Zwischenzeit nicht anderswo Dinge zugetragen, welche den Verdacht der Mexikaner gegenüber dem Koloß im Norden aufs höchste erregten. Die Vereinigten Staaten gaben schon zu Beginn der zwanziger Jahre zu verstehen, daß ihnen die im Adams-Onís-Vertrag festgelegte Grenze zu Texas keineswegs behagte. Zwar bestritten sie nicht die Gültigkeit des noch mit Spanien getroffenen Abkommens, erklärten aber bei verschiedenen Gelegenheiten deutlich, es müsse eine «für beide Parteien vorteilhaftere Grenze» gefunden werden. Die Grenze von 1819, im Gelände nicht genau festgelegt und in Einzelheiten umstritten, nahm in großen Zügen etwa folgenden Verlauf: Vom Golf von Mexiko folgte sie dem Sabine River aufwärts, ging in nördlicher Richtung bis zum Red River, dann diesem Fluß entlang bis zum 100. Grad westlicher Länge und von diesem Wendepunkt in genau nördlicher Richtung zum Arkansas. Darauf folgte sie dem Arkansas und später der Wasserscheide der Rocky Mountains nordwärts, bis sie sich endlich dem 42. Breitengrad entlang in gerader Linie bis zum Pazifik hinzog.

Die Geschichte der nun folgenden diplomatischen Auseinandersetzung ist umständlich und ärgerlich und in den Einzelheiten ohne Belang, da die Entscheidung letzten Endes durch die Waffen fiel. Bemerkenswert ist allerdings das Verhalten der amerikanischen Diplomatie, die mit sophistischer Rhetorik den Mexikanern begreiflich machen wollte, wie unklug es sei, daß sie sich an das für sie nutzlose Texas klammerten. Es war das erstaunliche Argument zu hören, das Land östlich des Sabine River sei schlecht, das Land westlich des Flusses, also in Texas, hingegen gut. Zur Vermeidung zukünftiger Schwierigkeiten sei deshalb eine Verschiebung der Grenze nach Westen unvermeidlich. Die neue Linie im Westen sollte am Nueces River oder besser noch am Rio Grande del Norte liegen. Die Hypokrisie erreichte einen besonderen Grad mit der Behauptung, die amerikanische Regierung könne die Siedler in Texas nicht gegen ihren Willen einer fremden Regierung ausliefern. Über den angeblichen Verlauf des Sabine River, der in Texas jedem Kind vertraut war, produzierte die amerikanische Diplomatie nicht weniger als drei Varianten. Mit steigenden Forderungen verschob sie den Lauf des Flusses nach Westen, bis schließlich der Gesandte Präsident Jacksons, Butler, seinen mexikanischen Gesprächspartnern eröffnete, das Gewässer, das im Adams-Onís-Vertrag unter dem Namen Sabine genannt sei, liege in Tat und Wahrheit südlich des Rio Grande, also mitten in mexikanischem Territorium. Die amerikanischen Gesandten, die in dieser Zeit in der mexikanischen Hauptstadt die Forderungen ihrer Regierung vortrugen, waren Männer von zweifelhaftem Ruf. Das mindeste, was man ihnen vorwerfen kann, ist die Tatsache, daß sie sich immer wieder in grober Weise in Angelegenheiten des Gastlandes einmischten. Die wechselnden mexikanischen Regierungen waren bei aller Schwäche nicht bereit, die Grenzfrage ernsthaft zu diskutieren. Immer mehr vermuteten sie eine Komplizenschaft zwischen den Siedlern in Texas und der amerikanischen Diplomatie. Wenn die Mexikaner damit eine eigentliche Verschwörung meinten, so ging ihr Verdacht zweifellos zu weit. Die Dinge entwickelten sich ganz natürlich und durchaus ohne Komplott. Die Zeit arbeitete für die Amerikaner. Der Gesandte in Mexiko, Poinsett, schrieb im Jahre 1825 an Staatssekretär Henry Clay, seiner Meinung nach seien die nach Texas einströmenden Siedler und ‹Squatter› eine so schwer zu lenkende Gesellschaft, daß die Mexikaner bald froh seien, wenn sie das Grenzland abtreten dürften.

Doch wie gesagt, die Mexikaner zeigten sich unbelehrbar. Butler, der unwürdige Nachfolger des ebenso zweifelhaften Poinsett, versuchte es auf geschäftlichem Weg: Er bot fünf Millionen Dollar für Texas und verfehlte nicht, auf den hoffnungslosen Stand der mexikanischen Staatskasse hinzuweisen. Persönlich war Butler allerdings der Meinung, durch Bestechung lasse sich mehr erreichen, aber Jackson verbat sich einen derart unwürdigen Trick. Der amerikanische Präsident hatte ohnehin noch weitere Ziele im Auge: Im Jahre 1835 gab er Butler den Auftrag, in sein Angebot auch Kalifornien und Neu-Mexiko einzubeziehen. Die Bucht von San Francisco mit ihrem sicheren Hafen war für die Vereinigten Staaten ein Objekt, für das sich ein beträchtlicher Einsatz lohnte. Doch der amerikanische Gesandte fand keine Gelegenheit mehr, den erweiterten Wunschzettel vorzulegen. In Texas trugen sich inzwischen Dinge zu, die Butlers Diplomatie vorläufig ein Ende setzten.

Das Erscheinen General Teráns und seiner Soldaten hatte die wohlgemute Laune der Texaner beträchtlich gedämpft. Zwar ging Terán selber behutsam vor, doch häuften sich in der Folge Ungeschick und Mißverständnis, bis man in fataler Zwangsläufigkeit zu jenem Punkt gelangte, wo der Konflikt zwischen den beiden

Mexikanische Soldaten in Texas
vor dem Unabhängigkeitskrieg

Parteien unheilbar wurde. Entscheidend für den unglücklichen Gang der Dinge war die innere Zerrissenheit der Republik Mexiko, die zu Beginn der dreißiger Jahre einem neuen Bürgerkrieg entgegentrieb. In eben dieser Zeit erschien General Antonio Lopez de Santa Anna auf der politischen Szene, eine für Mexiko verhängnisvolle Figur, Despot, Bramarbas und Opportunist, der das Land während Jahrzehnten in Atem hielt. Den Texanern und den föderalistisch gesinnten Mexikanern präsentierte er sich in diesem Augenblick als Befreier, der gegen den tyrannischen Präsidenten Bustamante ins Feld zog. Stephen Austin persönlich gab das Signal zu seiner Unterstützung, denn er glaubte, unter dem Banner der Liberalen werde Mexiko den Weg zur Konstitution von 1824 zurückfinden, die den amerikanischen Siedlern so großzügig die Tore geöffnet hatte. Eine Zeitlang herrschte allenthalben Kreuzzugstimmung, und der General war so etwas wie ein nationales Idol. Der Irrtum war ebenso verständlich wie in den Folgen peinlich. Denn als die Texaner die von Santa Anna proklamierten liberalen Ideen auch für sich in Anspruch nahmen, erwies sich, daß der inzwischen zum Präsidenten avancierte Haudegen es doch nicht so gemeint hatte. Die Beschwerden, welche die Texaner zu diesem Zeitpunkt vorzubringen hatten, waren keineswegs so, daß sie als Anzeichen einer beginnenden Rebellion hätten gedeutet werden müssen. Austin und seine Anhänger, die immer noch den Ton angaben, fühlten sich der mexikanischen Nation verbunden. Doch die mexikanische Bürokratie verhielt sich ihren Wünschen gegenüber zumeist schroff ablehnend und ganz und gar unfähig, zwischen Freund und Feind zu unterscheiden. Täglich strömten – fast durchwegs illegal – neue Einwanderer über die Grenze am Sabine River, die gegenüber Mexiko nicht wie die alteingesessenen Siedler loyale Gefühle hegten. Ihre Forderungen klangen härter als die diplomatischen Wendungen Austins, und unvermeidlich folgten die Taten.

Im August des Jahres 1832 trafen sich die Delegierten der texanischen Siedlungen zu einer sogenannten ‹convention› in San Felipe de Austin. Die Versammlung verlangte Abschaffung der Zölle auf den wichtigsten Importgütern, Revision der Einwanderungsgesetze von 1830, eine rigorosere Politik gegenüber den unruhigen Indianern, Schutz vor der Willkür lokaler Beamter und als weitaus wichtigsten Punkt die Trennung von Coahuila oder, mit andern Worten, einen autonomen Status für Texas innerhalb der mexikanischen Republik. Texas hatte notabene nie eine selbständige Verwaltungseinheit gebildet, sondern war seit der Unabhängigkeit Mexikos ein Teil des größeren Staates Coahuila gewesen. Mit einer nicht unwesentlichen Einschränkung: Am Unterlauf des Rio Grande reichte auch der Staat Tamaulipas über den Strom hinüber und beanspruchte für sich ein Territorium, das damals noch hauptsächlich von mexikanischen ‹Rancheros› besiedelt war.

In den Augen der mexikanischen Behörden war die ‹convention› von San Felipe zum vorneherein eine illegale Veranstaltung, aber auch die anhaltenden Wirren im Lande hinderten sie daran, die texanische Wunschliste überhaupt zur Kenntnis zu nehmen. Im folgenden Jahr versammelten sich die texanischen Delegierten wiederum in San Felipe. Neue Gesichter, Männer mit radikalen Neigungen, stellten sich ein, unter ihnen Sam Houston, Freund Jacksons und späterer Präsident der Republik Texas, der wie so viele andere durch die Hintertür ins Land gekommen war. Man gab sich eine provisorische Verfassung nach dem Muster von Massachusetts und beschloß, das Dokument dem mexikanischen Kongreß zur Genehmigung vorzulegen. Die Forderungen, die schon die erste ‹convention› aufgestellt hatte, wurden neu formuliert, schärfer und mit gehobenem Selbstbewußtsein. Stephen Austin unternahm als Vertrauensmann und Fürsprecher der Versammlung die schwere Reise nach der mexikanischen Hauptstadt, obschon er das Vorgehen seiner Landsleute als falsch und verhängnisvoll betrachtete. Die Forderung nach Eigenstaatlichkeit empfand er als übertrieben. Seiner Meinung nach hätte sich Texas mit dem Status eines Territoriums begnügen können. Die persönliche Tragik im Leben Austins ist unverkennbar. Immer mehr mußte er sich für Unternehmungen hergeben, die er innerlich ablehnte. Hätte er sich abseits gehalten, so wären ihm die Zügel noch viel rascher entglitten. Seine Mission in der Hauptstadt war, wie nicht anders zu erwarten, zum Scheitern verurteilt. Der mexikanische Kongreß war zu keinen Konzessionen bereit. Austin selber wurde auf dem Rückweg verhaftet, da er offenbar in einem Brief seine texanischen Landsleute ermuntert hatte, auch ohne mexikanische Zustimmung eine Regierung zu bilden. So blieb er mehr als ein Jahr seinem Lande fern, und als er im September 1835 wieder in Texas eintraf, war es zu spät für jeden Versuch, dem Lauf der Ereignisse noch eine andere Wendung zu geben.

Betrachtet man die Motive der in San Felipe versammelten Texaner, so ist die Hypothese erlaubt, daß eine Mehrheit immer noch an eine Lösung im Rahmen der mexikanischen Republik dachte und den Gedanken an eine Trennung von sich wies. Die Wiederherstellung der Verfassung von 1824 war das erklärte Ziel, und darin stimmte man ja auch mit den mexikanischen Föderalisten und Liberalen überein. Das Verhängnis für Mexiko lag nun darin, daß Präsident Santa Anna nach der Machtergreifung seinerseits am Zentralismus Gefallen fand und sogleich einen wütenden Feldzug gegen seine ehemaligen Freunde unternahm, die ihn kurz vorher an die Herrschaft gebracht hatten. Da der Despot über die nötigen Machtmittel verfügte, unterdrückte er brutal sämtliche Regungen im Lande, die ihm verdächtig erschienen. So verloren auch die Texaner ihre natürlichen Verbündeten in Mexiko, die Liberalen in den zumeist föderalistisch gesinnten Randstaaten, mit denen man sich vermutlich hätte verständigen können. Santa Anna zerstörte mit einem martialischen Dekret die Autonomie der einzelnen Staaten, schaffte ihre Parlamente ab und unterstellte die staatlichen Beamten direkt der Zentralregierung. Damit wurden auch die Erleichterungen hinfällig, welche die Staatsregierung von Coahuila aus besserer Einsicht heraus, aber ohne die Zustimmung des unberechenbaren Generals, den amerikanischen Siedlern noch im letzten Augenblick gewährt hatte.

In Texas machte sich inzwischen eine fieberhafte Kriegsstimmung breit. Man wußte, daß ein Bundesheer nach Norden unterwegs war, das im Vorbeigehen die rebellischen Staaten unterwarf und bald auch in Texas eintreffen konnte. Eine

Der mexikanische General und Präsident Santa Anna trug mit seinem unüberlegten Feldzug wesentlich dazu bei, daß Texas der Mexikanischen Republik verlorenging.

neue ‹convention› in San Felipe beschloß im November 1835, eine provisorische Regierung zu bilden und eine reguläre Armee zu schaffen, die neben die bereits bestehende Miliz zu treten hätte. Immer noch sprach eine Mehrheit davon, daß all diese Unternehmungen sich «auf die Grundsätze der Verfassung von 1824» zu stützen hätten, also gewissermaßen zum Wohle eines besseren Mexiko erfolgten. Doch waren die Delegierten der Sache nicht mehr so sicher und ernannten gleichzeitig drei ‹commissioners›, die sich in den Vereinigten Staaten nach Unterstützung umsehen sollten. Es versteht sich beinahe von selbst, daß auch Stephen Austin mit von der Partie war. Das Jahr 1836 begann für Texas mit kriegerischen Fanfarenstößen in einer Stimmung zwischen Hoffnung und Untergang. Santa Anna war mit viertausend Mann über den Rio Grande vorgerückt, und seine Streitmacht marschierte plündernd und brandschatzend gegen die von den amerikanischen Siedlern bewohnten Zonen. Da und dort stellte sich die texanische Miliz in unbedeutenden Gefechten den Mexikanern entgegen, doch nirgends vermochte sie standzuhalten. Sehr bald und erschreckend deutlich zeigten sich die Folgen schlechter Führung und mangelnder Disziplin. Während sich ungeschickte Politiker und eigenmächtige Obersten um nebensächliche Dinge stritten, drang die Armee Santa Annas bis San Antonio vor, wo sich 187 Texaner in der Missionsstation Alamo verschanzt hatten. Diese kleine Schar war berufen, den zaudernden Landsleuten ein Beispiel zu geben, das tiefer wirkte als alle Parolen der texanischen Führer.

Während die Krieger Santa Annas vergeblich den Alamo berannten, versammelten sich am 1. März 1836 wiederum die Delegierten der Kolonien, diesmal im kleinen Dorf Washington. Die ‹convention› tagte inmitten eines allgemeinen Aufbruchs, der ganze Landstriche entvölkerte und den Untergang des vor fünfzehn Jahren so hoffnungsvoll begonnenen Werkes einzuleiten schien. Die Zeit drängte, und für Kompromisse blieb kein Raum. Die neunundfünfzig Delegierten proklamierten einstimmig die Unabhängigkeit von Texas. Auch Stephen Austin hatte nichts mehr dagegen einzuwenden. Eine Verfassung nach dem Vorbild der amerikanischen Konstitution wurde entworfen und zum Befehlshaber aller Streitkräfte Sam Houston ernannt. Der General trat sein Amt unter traurigen Umständen an. Noch während er Truppen zum Entsatz des Alamo bereitstellte, traf die Meldung ein, die Festung sei am 6. März gefallen und die Besatzung bis auf den letzten Mann massakriert. Santa Anna hatte mit wachsendem Fanatismus die Belagerung dirigiert und den letzten Angriff eingeleitet. In der Nacht vor dem Sturm spielten mexikanische Trompeter stundenlang den seither berühmt gewordenen ‹descuello›, das ‹Halsabschneiderlied›, das die Verteidiger in Panik versetzen sollte. Erst nach blutigen Verlusten gelang es den Mexikanern, durch die zerschossenen Mauern in die Mission einzudringen. Einige wenige Amerikaner überlebten den Kampf, unter ihnen der volkstümliche Colonel Davy Crockett. Doch der Widerstand des kleinen Haufens hatte Santa Anna in Raserei versetzt. Er kannte keine Gnade und ließ die Gefangenen niedermetzeln.

Die Geschichte vom Untergang des Alamo wurde sogleich mit allen Einzelheiten herumgeboten, und wohl jeder Texaner war überzeugt, daß Santa Anna mit dem ganzen Land in der gleichen grausamen Weise verfahren werde. Auf den von Fahrzeugen aller Art verstopften Pfaden wanderten Tausende von Flüchtlingen nach Osten. Durch da und dort auftauchende mexikanische Streifen oder auch durch plündernde Indianer wurden sie immer wieder in Schrecken versetzt. Die Erwartungen aller richteten sich auf die kleine texanische Streitmacht, die sich irgendwo in den weiten Ebenen auf den Kampf vorbereitete. Man hoffte, Houston werde mit fliegenden Fahnen auf den Feind losmarschieren und ihn schlagen. Doch der General war hartnäckig mit anderen Dingen beschäftigt: Er drillte seine Soldaten, bemühte sich, die Siedlermiliz in eine Armee zu verwandeln, und schien im übrigen gar nicht begierig auf ein Gefecht zu sein. Vor den anrückenden Mexikanern zog sich das Heer auf den Rio Colorado zurück, vom Colorado auf den Brazos

Der Alamo, Schauplatz des ersten erbitterten Kampfes um die Unabhängigkeit von Texas.

und vom Brazos noch weiter nach Osten, so daß sich jedermann – Bevölkerung, Regierung und Armee – die bange Frage stellte, ob der Feldherr überhaupt je die Schlacht wagen würde. Täglich desertierten Soldaten, notdürftig ersetzt durch die aus den Vereinigten Staaten eintreffenden Freiwilligen.

Als man es am wenigsten erwartete, schwenkte Houston mit seiner Streitmacht nach Süden ein und stieß am 20. April am Unterlauf des San Jacinto auf einen Teil der mexikanischen Armee. Es folgte ein ebenso kurzes wie seltsames Schauspiel: Am folgenden Morgen überrannten die Texaner in einem plötzlichen Anlauf, in dem die aufgestaute Wut des verlorenen Haufens zum Ausdruck kam, die zahlenmäßig viel stärkeren Truppen des Feindes. Ringsum ertönte die Parole «Remember the Alamo!» («Erinnert euch an den Alamo!»). Die Mexikaner wurden wie das Wild gejagt. Sie verloren über sechshundert Mann auf dem Schlachtfeld von San Jacinto, während eine noch größere Schar in Gefangenschaft geriet. Gefangen wurde zu seinem eigenen maßlosen Erstaunen auch Präsident Santa Anna, und damit fand der von ihm leichtfertig begonnene Feldzug ein Ende. Kurz darauf unterzeichnete er ein Dokument, in dem er die Unabhängigkeit von Texas anerkannte und versprach, die mexikanischen Truppen auf dem kürzesten Weg nach Hause zu schicken. Santa Annas Kniefall war selbstverständlich nicht das Ergebnis einer tieferen Einsicht. Mit seiner Unterschrift wollte der ungebetene Gast lediglich die eigene Haut in Sicherheit bringen. Nach Mexiko zurückgekehrt, widerrief Santa Anna seine Konzession, die ohne Zustimmung des Kongresses ohnehin ein wertloser Fetzen Papier blieb. Doch das Ergebnis blieb dasselbe: Die mexikanische Herrschaft über Texas war beendet.

Die Bürger der Vereinigten Staaten hatten die Revolution mit Anteilnahme und nach der für Texas glücklichen Wendung mit Begeisterung verfolgt. Die Union war im Konflikt dem Buchstaben nach neutral geblieben, denn Präsident Jackson hielt es für geraten, den Dingen ihren Lauf zu lassen. Was sich hingegen im Süden Louisianas abspielte, hatte mit Neutralität nicht das mindeste zu tun, und die mexikanischen Diplomaten in Washington klagten umsonst über offene Unterstützung, die den Texanern über die Grenze hinweg gewährt wurde. Vielleicht hätten sie sich mit Aktionen minderen Ranges abgefunden, wäre da nicht die mehr als zweifelhafte Haltung der amerikanischen Truppen am Sabine River gewesen. General Edmund P. Gaines, Befehlshaber der Verbände an der texanischen Grenze, konnte sich nicht mit dem Gedanken abfinden, daß die Schlacht ohne ihn geschlagen wurde. Bei der ersten sich bietenden Gelegenheit vergaß er die strikte Order, Neutralität zu wahren, und rückte mit einem Regiment bis Nacogdoches vor. Er wollte, so sagte er, die unruhigen Indianer in die Schranken weisen; die Mexikaner hingegen meinten, er unterstütze in unverschämter Weise die Rebellion. In Wahrheit war sein Beitrag an den Aufstand eher unfreiwillig und einigermaßen peinlich: Die Niederlage der Mexikaner war schließlich nicht der Feld-

herrenkunst des General Gaines, sondern eher den zahlreichen Deserteuren zu verdanken, die aus seiner Truppe davonliefen und am San Jacinto in den Reihen der Texaner kämpften.

So wurde die unabhängige Republik Texas zum Nachbarn der Vereinigten Staaten. Ein Ergebnis, das nicht genau den Vorstellungen Präsident Jacksons entsprach. Er hätte es zweifellos vorgezogen, das ganze Territorium gegen eine runde Summe von Mexiko zu erwerben. Nun stellten sich zwei Fragen: Sollten die Vereinigten Staaten das neue Staatswesen anerkennen, und durften sie gleichzeitig dem hüben und drüben verbreiteten Wunsch entsprechen und Texas annektieren? Jackson zögerte, denn die Stimmung im Norden der Union mahnte zur Vorsicht. Die Sklavenfrage beherrschte in den dreißiger Jahren die innenpolitische Diskussion, und der Anschluß von Texas hätte den sklavenhaltenden Staaten ein Übergewicht gebracht, das für die freien Staaten unerträglich geworden wäre. Eine Spaltung der Union durfte der Präsident nicht riskieren; auch wollte er zu diesem Zeitpunkt einen Krieg mit Mexiko vermeiden, für den man jedenfalls im östlichen Teil des Landes wenig Verständnis gezeigt hätte. Es dauerte nach dem Sieg am San Jacinto noch fast ein Jahr, bis die Republik Texas von der großen Nation im Norden als unabhängiges Staatswesen anerkannt wurde. Als der texanische Gesandte in Washington das formelle Gesuch um Annexion auf den Tisch legte, hielt man ihm alle Einwendungen und Bedenken entgegen, so daß den Texanern nach längerem Hin und Her nichts anderes übrigblieb, als das mit großer Erwartung präsentierte Angebot wieder zurückzuziehen. Das Traktandum wurde in Washington bis auf weiteres beiseite gelegt. Eine Tatsache ist offenkundig: Der Anschluß von Texas an die Union wurde durch die Auseinandersetzungen in der Sklavenfrage um fast zehn Jahre hinausgeschoben. Texas blieb also vorderhand auf sich allein gestellt. Sam Houston, Präsident der neuen Republik, zeigte in dieser unerwarteten Situation eine souverän gespielte Gleichgültigkeit und gab sogleich zu verstehen, daß für Texas noch andere Möglichkeiten offenstanden. Freundschaft mit England zum Beispiel. Der Wink wurde in Washington im Augenblick nicht tragisch genommen, aber das sollte sich noch ändern. Im diplomatischen Spiel, das sogleich um Texas einsetzte, stand im Hintergrund England als stiller, doch stets gegenwärtiger Kontrahent.

Unter den Problemen, die sich der Republik Texas stellten, war vor allem die Frage nach den Grenzen von vitaler Bedeutung. Die westliche und südliche Begrenzung war in spanischer Zeit umstritten gewesen. Hätte man sich an Stephen

Austin und den Kreis der konservativ gesinnten Siedler gehalten, so wäre die Grenze im Süden am Nueces River verlaufen. Diese Linie war historisch und juristisch mit guten Argumenten zu vertreten, und die Mexikaner würden sich vermutlich damit abgefunden haben. Doch die neuen Leute, die in der Republik den Ton angaben, begnügten sich nicht mit so bescheidenen Wünschen. Für sie war – notabene auf Zusehen hin – der Rio Grande del Norte die einzig mögliche Grenze der texanischen Ansprüche. Dabei meinten sie nicht bloß den Unterlauf, sondern den ganzen Fluß bis zu den Quellen in den San Juan Mountains im späteren Staat Colorado. Also rechneten sie auch den größeren Teil von Neu-Mexiko mit seiner Hauptstadt Santa Fé zu Texas. Diese Forderung mochte ziemlich radikal erscheinen, doch nicht radikal genug, als daß sie nicht von der Republik Texas in aller Form übernommen worden wäre. Nur fehlte der Gesprächspartner, mit dem man sich in dieser Sache hätte auseinandersetzen können. Mexiko dachte nicht daran, das unabhängige Texas anzuerkennen, und genau genommen gab es auch keinen formell gültigen Waffenstillstand zwischen den beiden Ländern. Hinter den Kulissen allerdings wirkte die englische Diplomatie in der Absicht, die scheinbar unversöhnlichen Gegner einander näherzubringen. Die Engländer ließen sich in dieser Angelegenheit nicht von sentimentalen Regungen, sondern von durchaus greifbaren Realitäten leiten. Eine mexikanisch-texanische Versöhnung zum Beispiel hätte die amerikanische Expansion blockiert und anderseits den Engländern in dieser Region beträchtlichen Auftrieb verliehen. Es standen auch finanzielle Interessen auf dem Spiel. Mexiko war gegenüber England hoffnungslos verschuldet. Wenn es unter englischer Regie einem Kompromiß zugestimmt und auf die Gebiete zwischen Rio Grande und Nueces verzichtet hätte, so wären die Texaner vermutlich mit einer beträchtlichen Abfindung herausgerückt. Durch diesen Schachzug – so spekulierten die englischen Diplomaten – wären die Mexikaner in die Lage versetzt worden, ihre Schulden gegenüber den Londoner Banken zu begleichen. Doch die Konstruktion war allzu brüchig, als daß sie den kommenden Stürmen standgehalten hätte. Die auf Umwegen geführten Verhandlungen zwischen Mexiko und Texas kamen nie ans Ziel.

Die junge Republik machte sich inzwischen durch ein gesteigertes Selbstbewußtsein bemerkbar. Man begann, sich über den Rio Grande hinaus nach ferneren Zielen umzusehen. Eine Gruppe von radikalen Politikern erklärte mit aller Bestimmtheit, Texas sei auf die Häfen Kaliforniens angewiesen. Der texanische Staatssekretär meinte bereits im Sommer 1837, wenn Texas gezwungen sei, als eigenes Staatsgebilde zu existieren, so werde sich die neue Nation aus einem vorbestimmten expansiven Drang heraus immer weiter nach Westen ausdehnen, bis sie ihr Banner am Pazifik aufgepflanzt habe. Auch in anderer Richtung schweiften die Wünsche. Der texanische Gesandte in Washington, Hunt, sprach offen von einem Marsch auf die mexikanische Hauptstadt. Er bemühte sich um eine Anleihe, mit deren Hilfe man ein Expeditionskorps hätte ausrüsten können. Präsident Mirabeau B. Lamar, der Nachfolger Houstons, fand Gefallen an den so reichlich produzierten Großmachtplänen und förderte sie nach Kräften. Die kleine texanische Marine kämpfte in Campeche auf Seiten Yucatáns gegen die mexikanischen Truppen. Ein neuer Aufstand der mexikanischen Föderalisten führte zur Gründung einer kurzlebigen Republik am Rio Grande, und texanische Truppen beteiligten sich spontan, wenn auch mit zweifelhaftem Erfolg, an dem verworrenen Kampfgeschehen.

Die weit ausschweifenden Träume von Expansion und Macht nahmen sich grotesk aus auf dem kläglichen Hintergrund, den die texanische Szene bot: ein notdürftig organisiertes Staatswesen, hoffnungslos verschuldet und bis auf weiteres gar nicht in der Lage, den wohlklingenden Parolen auch Taten folgen zu lassen. Doch eben darin lag die Versuchung zu Abenteuern. Vorerst schlugen sich die Siedler in den Grenzzonen mit den immer aggressiver werdenden Indianern herum, die oft genug auf Grund mexikanischer Landtitel Anspruch auf Regionen erhoben, die nun von texanischen Siedlern besetzt waren. Die texanische Macht reichte allerdings im Südwesten nicht über den Nueces River hinaus, und das Territorium zwischen der alten Grenze und dem unteren Rio Grande blieb auf Jahre hinaus Tummelplatz von Desperados und versprengten indianischen Völkerschaften. Auch die mexikanischen Föderalisten manövrierten in dieser Ebene, nachdem sie von den Truppen der Zentralregierung über den Rio Grande gedrängt worden waren. Die Texaner und die Bewohner der mexikanischen Grenzgebiete warteten auf den Augenblick, da sie den früher einmal blühenden Handel wieder in Bewegung setzen konnten. Es galt also, den Karawanen einen Weg durch die unsicheren Zonen zu öffnen. Die frisch rekrutierten texanischen ‹Rangers› besorgten dieses Geschäft auf wenig zimperliche Weise und begründeten damit ihren Ruf, eine hart zupackende Truppe zu sein. Die mexikanischen Händler, die nun wieder in Texas auftauchten, gerieten bald darauf in Verdacht, Agentendienste zu verrichten und die Indianer gegen Texas aufzuwiegeln. Der Vorwurf mochte in einigen Fällen begründet sein, doch nicht weniger begründet war die wachsende Feindschaft der indianischen Nationen, die ohne weitere Umstände aus ihren Revieren vertrieben wurden. Der texanische Kongreß sprach ohne Hemmungen davon, daß die roten Völker aus dem Blickfeld der Siedler zu verschwinden hätten. Also begann man auch hier die Indianer brutal auszurotten, und bald waren mächtige Nationen wie die Comanchen auf klägliche Haufen reduziert.

Die texanische Wirtschaft befand sich in elendem Zustand. Der Staat lebte kläglich von dürftigen Zolleinnahmen, denn der Verkauf öffentlicher Ländereien trug zu einem Zeitpunkt, da jeder Texaner kostenlos Anspruch auf Grund und Boden hatte, wenig ein. Man versuchte, gewisse Güter direkt aus Kuba oder aus europäischen Ländern einzuführen, um die amerikanischen Transitzölle zu umgehen. Auch in diesen Dingen konnte die Freundschaft Englands von Nutzen sein. Ausgedehnte Ländereien lagen noch brach, da der Zustrom aus den Vereinigten Staaten die leeren Zonen nicht rasch genug auffüllte. Deutsche und französische Einwanderer waren willkommen. Eine französische Gesellschaft, die Franco-Texienne Company, bemühte sich um eine Konzession für ein gewaltiges Kolonisationsprojekt, das sich vom Red River bis zum unteren Rio Grande erstreckte und weite Landstriche außerhalb des besiedelten Raumes eingeschlossen hätte. Der Plan blieb in den Anfängen stecken, da der texanische Senat zögerte, das Land auf diese Weise dem französischen Einfluß zu öffnen.

Je schlechter es um die texanischen Staatsfinanzen bestellt war, desto sehnsüchtiger blickten die Politiker auf Santa Fé und seinen einträglichen Handel mit den Amerikanern am Missouri. Der Anspruch auf den Oberlauf des Rio Grande und damit auf die Hauptstadt Neu-Mexikos hatte also einen realen Hintergrund. Gelang es einmal, den Santa-Fé-Handel nach Texas zu lenken, so war die Misere in der Staatskasse von einem Tag auf den andern behoben. Gewiß eine nützliche Überlegung, doch gingen die Meinungen darüber, wie dieses Ziel zu erreichen sei, erheblich auseinander. Präsident Lamar, der sich in dieser Frage mit dem Kongreß schlecht verstand, rüstete im Frühjahr 1841 ohne Zustimmung des Parlaments eine Expedition aus, die den Weg nach Santa Fé öffnen sollte. Der Zug der ‹Texan Santa Fé Pioneers›, wie das Unternehmen genannt wurde, verlief für Texas überaus kläglich. Halb glich die bunt zusammengewürfelte Karawane einer militärischen Streitmacht, halb einem Handelszug. Ebenso zweifelhaft waren die Instruktionen, die Lamar den Anführern mit auf den Weg gab. Der Feldzugsplan stützte sich auf die unbegründete Hoffnung, beim Erscheinen der Texaner werde sich die Bevölkerung von Neu-Mexiko gegen den unbeliebten Gouverneur Manuel Armijo erheben. In diesem Falle hätte die Expedition den Anschluß der Provinz an Texas vollzogen. Falls die Truppen des Gouverneurs Widerstand leisteten und die Bevölkerung sich gleichgültig verhielt, durfte ein Gefecht nur riskiert werden, wenn sichere Aussicht auf Erfolg bestand. Standen die Chancen ungünstig, so hatte man sich gewissermaßen wie ein Handelsunternehmen zu verhalten.

Den ‹Texan Santa Fé Pioneers› war weder kriegerischer Ruhm noch kommerzieller Erfolg beschieden. Nach einem endlosen Irrweg in den Wüstengebieten zwischen Brazos und Red River lief die Karawane, von Indianern gepeinigt und von einem ihrer Offiziere verraten, direkt in die von Gouverneur Armijo gestellte Falle. Keiner der Texaner bekam Santa Fé zu Gesicht, und die Überlebenden traten einen grauenhaften Marsch in die Gefangenschaft an, der erst nach Monaten in der mexikanischen Hauptstadt endete. Die Niederlage dämpfte nicht das Verlangen der Texaner, sich der Provinz Neu-Mexiko zu bemächtigen. In den Jahren 1842 und 1843 operierte Colonel Warfield auf dem ‹Santa Fé Trail› mit dem Auftrag, von den Händlern Gebühren einzutreiben, mexikanische Güter zu konfiszieren und wenn möglich Santa Fé zu besetzen. Von der Beute hatte er die Hälfte der texanischen Regierung abzuliefern. Es blieb also unklar, ob das Unternehmen Warfields als militärische Expedition oder als Banditenzug zu betrachten war. Als seine Leute schließlich den mexikanischen Kaufmann Chavez ermordeten, zeigte man sich in Washington über diese Art der Kriegführung entrüstet, und schließlich wurde eine texanische Kolonne am Arkansas River von amerikanischen Truppen entwaffnet.

Die expansiven Tendenzen der unabhängigen Republik Texas bereiteten der amerikanischen Regierung einigen Kummer. Nicht allein die mexikanischen, sondern auch ihre eigenen Interessen wurden durch die allzu weitreichenden texanischen Wünsche betroffen. Eine texanische Herrschaft über Neu-Mexiko konnte man nicht hinnehmen, denn sie wäre in erster Linie auf Kosten der amerikanischen Santa-Fé-Händler gegangen. Noch bedenklicher war die Vorstellung von einem bis Kalifornien reichenden Texas, das im Bund mit England den Amerikanern die so wertvollen pazifischen Häfen vorenthalten würde. Sam Houston, der wiederum auf dem texanischen Präsidentenstuhl saß, war der amerikanische Kummer wohl vertraut, und er nährte ihn sorgsam durch eine offen gepflegte Freundschaft zu England. Für die Briten hingegen bedeutete das souveräne Texas einen einmaligen Glücksfall, der im politischen wie im wirtschaftlichen Kräftespiel genutzt werden mußte. So hofften sie beispielsweise, Texas werde mit britischer Hilfe ein gefährlicher Baumwollkonkurrent für die amerikanischen Südstaaten. Gleichzeitig bemühten sich die englischen Diplomaten, von Texas die Abschaffung der Sklavenarbeit zu erreichen, vermutlich mit dem Hintergedanken, damit der Sklaverei auch in den Vereinigten Staaten einen wirksamen Schlag zu versetzen. Dabei übersahen sie allerdings, daß die texanischen Plantagen nur so lange konkurrenzfähig blieben, als sie sich wie die amerikanischen Produzenten auf billige Arbeitskräfte stützten. Von diesen britischen Plänen sickerte etwa im Jahre 1843 dies und jenes nach Washington durch und löste Alarm aus. Die englische Präsenz wurde nun als viel ernster empfunden als noch in den dreißiger Jahren. Die Auseinandersetzungen um Oregon gingen ihrem Höhepunkt entgegen, und das britische Kanada erregte andauernd das republikanische Gewissen der Nation. Man sprach von der «ansteckenden Nähe von Monarchien» und betrachtete diesen Zustand als unerträgliche Zumutung.

So kehrten die Vereinigten Staaten unter diesem bedrohlichen Eindruck zum Gedanken an eine Annexion von Texas zurück. Die Banken und Handelsleute an der Ostküste hatten diesmal gegen einen Anschluß nichts mehr einzuwenden, denn auch sie sahen sich von der englischen Aktivität bedroht. Geblieben waren die Meinungsverschiedenheiten in der Frage der Sklaverei. Staatssekretär John C. Calhoun verdarb der Regierung das Konzept, als er in undiplomatischer Weise erklärte, die Annexion von Texas sei dringend notwendig, um den englischen Anschlag auf die Sklaverei in den Vereinigten Staaten zu parieren. Eine Vereinigung unter solchen Parolen schien dem Norden nicht geheuer, und auch im Kongreß regte sich entschiedener Widerstand. Ein Argument zugunsten der Annexion erwies sich als außerordentlich wirksam, obschon man es kaum je offen zu hören bekam: In den Vereinigten Staaten zirkulierten unzählige ‹Texas-Bonds›, Landtitel von zweifelhafter Güte, die von Spekulanten auf irgendwelchen Wegen in Verkehr gebracht worden waren. Der texanische Staat, mit Schulden von schätzungsweise zwölf Millionen Dollar belastet, konnte den Gläubigern keine Sicherheit bieten. Hilfe war nur von den Vereinigten Staaten zu erwarten, und so plädierte manch einer für die Eingliederung der texanischen Republik, der unter andern Umständen eine ganz andere Meinung vertreten hätte.

Texas selber ließ sich diesmal lange bitten. Präsident Houston hatte keine Eile, doch setzte sich auch in Texas die Überzeugung durch, daß ein Anschluß auf die Dauer die beste Lösung sei. Im Frühjahr 1845 stimmten Repräsentantenhaus und Senat in der ‹Joint Resolution› dem Grundsatz der Annexion zu, und im Dezember konnte der amerikanische Kongreß das texanische Einverständnis zur Kenntnis nehmen. Bleibt noch beizufügen, daß die Zusage, wie sie im Kongreß zum Ausdruck kam, wohl der Expansion, nicht aber der Sache der Sklaverei galt.

Als Texas der Union beitrat, waren die Erwartungen der Amerikaner längst auf ein neues Ziel gerichtet: die Häfen und Küsten Kaliforniens. Seit der Jahrhundertwende wußte man um die Vorzüge dieser klimatisch so begünstigten Gegenden, denn Schiffe aus Neu-England trieben in jener Zeit an der pazifischen Küste einen einträglichen Handel mit Seeotterfellen. Später ließen sich amerikanische Händler und Agenten an den wichtigsten Plätzen nieder, und ihre begeisterten Schilderungen weckten im Osten jenen unvermeidlichen Reflex, der sich bei derartigen Anlässen einstellte: die unverrückbare Überzeugung nämlich, daß ein solches Paradies nur der amerikanischen Nation vorbehalten sei. Noch Jefferson hatte gemeint, an der pazifischen Küste werde vielleicht ein autonomes Staatsgebilde entstehen. Dreißig Jahre später war man über ein so kleinstaatliches Denken hinweg, und es vollzog sich nach dem texanischen Beispiel auch in Kalifornien die vom ‹Manifest Destiny› vorgezeichnete Bewegung.

Kalifornien bot bis weit ins 19. Jahrhundert hinein ein friedliches Bild ländlicher Abgeschiedenheit. Während Jahrhunderten hatten sich die spanischen Vizekönige in Mexiko wenig um diese fernen Landstriche gekümmert. Als sich schließlich die russischen Pelzhändler von Alaska aus immer weiter nach Süden vorwagten, machte man sich in Madrid über diesen Einbruch in den spanischen Bereich Gedanken und entwarf mehr oder weniger ernst gemeinte Pläne zur Sicherung der Küstenzone. Kalifornien wäre vielleicht nie in spanische Hände gekommen, hätten nicht die Franziskaner sich der Sache angenommen und unter der Führung von Fray Junípero Serra eine Kette von Missionsstationen errichtet, die von Süden nach Norden durch den ‹Camino Real› (Königsweg) miteinander verbunden waren. Die großartige kolonisatorische Arbeit der Mönche ging in einer spärlich von Indianern besiedelten Landschaft vor sich. Zwischen 1769 und 1823 entstanden einundzwanzig Missionsstationen, geistige und wirtschaftliche Zentren in wenig erschlossenen Regionen. Erst allmählich stellten sich mexikanische ‹Rancheros› ein, angelockt von der ungeahnt fruchtbaren Erde und den prächtigen Weiden. Wie die Missionen pflegten sie vor allem die Viehzucht und gelangten ohne sonderliche Anstrengung zu Reichtum. Einige Presidios, mit dürftigen Garnisonen versehen, deuteten die spanische Präsenz an. In Monterey residierte ein spanischer Gouverneur, dessen Anwesenheit im übrigen kaum ins Gewicht fiel, denn in Tat und Wahrheit verwalteten die Franziskaner ihre kalifornischen Domänen eigenmächtig in milder Despotie.

Den amerikanischen Schiffen, die den Pelzhandel im Pazifik betrieben, waren die Küsten Kaliforniens schon vor der Wende zum 19. Jahrhundert vertraut. Die ‹Boston ships›, wie man die Segler aus Neu-England nannte, suchten gerne die sicheren kalifornischen Häfen auf, Monterey zum Beispiel, und später auch die Bucht von San Francisco. Die amerikanischen Händler und Agenten, die im Auftrag der Schiffskapitäne hoch zu Pferd die patriarchalische Landschaft durch-

Monterey, Hauptstadt von Kalifornien
zur Zeit der spanischen und der mexikanischen Herrschaft. Die Stadt bestand
aus wenigen Häusern, einer Missionsstation und einem Presidio. Nur selten
legte ein Schiff im Hafen an.

streiften, waren in den einsamen Missionsstationen willkommene Gäste. Nach dem
Buchstaben des Gesetzes blieb jeglicher Handel mit Kalifornien untersagt, denn
die Provinzen des spanischen Imperiums waren seit den Tagen der Conquista von
der Umwelt abgeschlossen. Doch wie hätte der Vizekönig in Mexiko das unbe-
queme Gesetz in einem so entfernten Territorium durchsetzen können!

Als die spanische Herrschaft in Mexiko zu Ende ging, schlossen sich die Kalifornier ohne Zögern der Freiheitsbewegung an. Anstelle der spanischen erschienen mexikanische Beamte, die, mehr geduldet als gefürchtet, ein unnützes Dasein
in fast paradiesischer Umgebung fristeten. An ein Paradies glaubten jedenfalls
die Amerikaner, die in dieser Zeit Kalifornien betraten. Mit der Unabhängigkeit
setzte ein schwunghafter Handel mit den wenigen exportfähigen Produkten des
Landes, den Häuten und Fellen, ein. Amerikanische und englische Schiffe brachten Gebrauchsgüter, die man bisher vermißt hatte. Zwar verlangte der mexikanische Gouverneur von den Kapitänen, die der Küste entlang ihren Tauschhandel
betrieben, eine kostspielige Handelslizenz; aber auch so blieb den Händlern, sofern sie die ganze Schiffsladung verkauften, ein Gewinn von gut dreihundert Prozent. Als von jedermann anerkannte Währung galten Silber und Häute, die sogenannten ‹California bank-notes›.

Niemand nahm daran Anstoß, daß sich im mexikanischen Kalifornien Amerikaner niederließen. Die meisten unter ihnen waren Vertreter von Handelsgesellschaften, die sogleich Anschluß im exklusiven Kreis der ‹Rancheros› fanden und
sich oft mit reichen Damen des Landes verheirateten. Es erschienen auch Engländer, Franzosen und Russen. Wer sich nach Kalifornien begab, benützte unter
allen Umständen den Seeweg, denn eine andere Möglichkeit stand bis in die
zwanziger Jahre hinein nicht zur Diskussion. Erst im November des Jahres 1826
stellte sich in der südkalifornischen Mission San Gabriel der bekannte Pelzjäger
Jedidiah Smith ein. Wohl ausgestattet mit Bibel und Flinte, hatte er als erster
Amerikaner vom Großen Salzsee her die Wüstengebiete bis zum Colorado überwunden und den Weg über den Cajón-Paß an die pazifische Küste begangen.
Jedidiah Smith war der erste Vertreter einer neuen Pioniergeneration, die von
Osten her den Weg nach Kalifornien suchte. Diese Leute neigten weniger zu
Bequemlichkeit und Kompromissen als die Schiffskapitäne und ihre Agenten, die
häufig am kalifornischen Schlendrian Gefallen fanden und sich mit den Einwoh-
nern mexikanischer Herkunft aufs beste verstanden. Eng und unduldsam in ihren
Ansichten, hart im Urteil und eigennützig in allen Unternehmungen, erregten die
Pioniere aus den Rocky Mountains in zunehmendem Maße das Mißtrauen der
mexikanischen Gouverneure, gelang es ihnen doch in kurzer Zeit, einen beträchtlichen Handel zwischen dem mexikanischen Santa Fé und dem kalifornischen

Hafen San Diego in Gang zu bringen. Die Betriebsamkeit der Amerikaner brachte allen Beteiligten reichen Gewinn, doch bei den Kaliforniern blieb ein Rest von Unbehagen zurück. In wenigen Jahren wurden die Amerikaner im Leben des Landes unentbehrlich. Dieser Umstand war ihnen wohl bekannt, und da ihnen falsche Bescheidenheit fernlag, gaben sie ihren Gedanken gerne freien Lauf. Der Seemann Richard Dana, der im Jahre 1840 ein vielgelesenes Buch über seine Reisen im Pazifik veröffentlichte, faßte die Gefühle der Amerikaner angesichts der kalifornischen Herrlichkeit in folgenden Worten zusammen: «Die Wasser voll von Fischen und die Ebenen bedeckt mit Tausenden von Viehherden, gesegnet mit einem Klima, wie es nirgends in der Welt besser sein könnte ... Was für ein Land könnte das in der Hand eines unternehmungslustigen Volkes sein!»

Die Reit- und Lassokünste der mexikanischen Kalifornier fanden den Beifall der amerikanischen Betrachter.

Die friedliche Szene wurde in den dreißiger Jahren durch Vorgänge gestört, welche die kalifornische Gemeinschaft wesentlich veränderten. Die Säkularisierung des Ordensbesitzes, die Präsident Santa Anna im ganzen Land verfügte, traf auch die kalifornischen Missionen. Zwischen 1834 und 1836 wurden die Missionsstationen vom Staat übernommen. Damit war das Werk der Franziskaner beinahe gänzlich vernichtet. Die Verwaltung ging von den Padres an neu zugezogene ‹Administradores› über, die sich auf den Pfründen behaglich einrichteten und in ihrer Amtsführung weniger Sorgfalt und Ehrlichkeit an den Tag legten als die geistlichen Herren. Die ausgedehnten Ländereien des Ordens wurden unter die ‹Rancheros› verteilt, die nun eine das ganze Land beherrschende Gesellschaftsschicht bildeten. Zu Beginn der vierziger Jahre hatten sich ungefähr 800 Großgrundbesitzer in Kalifornien niedergelassen. Unter ihnen fanden sich auch einige Amerikaner, die mit Vorliebe in den fruchtbaren Tälern des San Joaquín und des Sacramento siedelten. Im Jahre 1839 zog auch der Schweizer John August Sutter ins Land. Sein erster Auftritt bei Gouverneur Juan Bautista Alvarado war so eindrücklich, daß ihm der Mexikaner bedeutende Ländereien am Sacramento überließ. Hier errichtete Sutter, nun mexikanischer Bürger, in sicherer Distanz von Monterey sein Reich. Sein Leben lang hatte sich der in wirtschaftlichen Dingen nicht besonders erfolgreiche Mann nach Uniformen und militärischem Glanz gesehnt und bei günstiger Gelegenheit sich mit dem selbstverliehenen Titel eines Hauptmanns präsentiert. Nun errichtete er als sichtbares Zeichen seiner Macht Fort Nueva Helvecia am Sacramento und residierte fortan im Stile eines Grandseigneurs inmitten seiner Getreuen und der Indianer, die er für den Aufbau seiner Herrschaft benötigte. Die zahlreichen Gläubiger blieben den Kanonen des Forts ferne und stellten sich erst ein, wenn Sutter seine Residenz verließ und sich bis Yerba Buena, das spätere San Francisco, vorwagte. Wer in diesen Jahren Kalifornien besuchte, bemühte sich um eine Audienz beim gastfreundlichen Herrn in Nueva Helvecia. Amerikaner, Engländer, Franzosen und Russen stellten sich ein, und jeder verließ Sutter in der Überzeugung, gerade für sein Anliegen auf besonderes Verständnis gestoßen zu sein. Der französische Diplomat Duflot de Mofras zum Beispiel glaubte, hier einen entschiedenen Anhänger der französischen Sache entdeckt zu haben. Sutter hatte ihm wieder einmal die prachtvoll erfundene Geschichte von seiner militärischen Karriere in der französischen Garde vorgesetzt und damit, wie nicht anders zu erwarten war, beim Franzosen helle Begeisterung ausgelöst: «Monsieur Sutter hat in der französischen Armee gedient. In Kalifornien betrachtet er sich als Franzose. Er herrscht über ein Territorium, das kaum dem Namen nach zu Mexiko gehört. Er hat Kanadier und Franzosen bei sich und bemüht sich, noch mehr anzuziehen ...»

Die Frage nach der politischen Zukunft Kaliforniens wurde zu Beginn der vierziger Jahre allenthalben gestellt, und jedermann fühlte, daß irgendein Wechsel bevorstand. Die eingesessenen Kalifornier mexikanischer Herkunft fühlten sich kaum der Republik Mexiko verpflichtet, deren Gegenwart sich einzig in einer unfähigen Verwaltung manifestierte. Sie strebten eine möglichst weitgehende Autonomie an, und darin stimmten sie mit den Amerikanern, Engländern und Franzosen im Lande überein. Zur Autonomie oder auch zur völligen Unabhängigkeit schien die Entwicklung unvermeidlich zu führen. Was dann aber weiter geschehen sollte, darüber gingen die Meinungen auseinander. Der amerikanische Konsul in Monterey, Thomas O. Larkin, hoffte auf einen friedlichen Anschluß an die Vereinigten Staaten. Larkins Berichte über Kalifornien erschienen regelmäßig in amerikanischen Zeitungen und weckten die lebhafte Anteilnahme des amerikanischen Publikums für alles, was am Pazifik geschah. Die Regierung in Washington ließ Larkin wissen, daß die amerikanischen Siedler auf ihre Protektion zählen könnten, sollte sich Kalifornien je von Mexiko trennen. Auch eine englische Partei war im Spiel, obschon die englische Regierung nie ernsthaft daran dachte, sich in die kalifornischen Angelegenheiten einzulassen. Die Freunde Englands wirkten jedoch auf die amerikanische Regierung als latente Drohung, die grimmig ernst genommen wurde. Ein gewissermaßen literarischer Zwischenfall löste einen weithin wirkenden Alarm aus. Der britische Konsul in Mexiko, Alexander Forbes, gab in seiner ‹Geschichte Kaliforniens› der durchaus privaten Meinung Ausdruck, Mexiko könne seine auf fünfzig Millionen Dollar angewachsenen Schulden gegenüber britischen Staatsangehörigen nur begleichen, wenn es Kalifornien an eine durch die Gläubiger gebildete Gesellschaft abtrete, die das Land nach dem Vorbild der Ostindischen Kompanie verwalten müßte. Die Theorien von Alexander Forbes haben in der Folge die amerikanische Politik wesentlich beeinflußt. Sowohl bei der Annexion von Texas wie auch später beim Krieg gegen Mexiko ist der antibritische Reflex unverkennbar. Die Monroe-Doktrin beherrschte das amerikanische Denken.

In Kalifornien selber wurden die Gegensätze zwischen den Einwanderern und den kalifornischen ‹Rancheros› schärfer. Als John Bidwell mit seinen Pionieren im Herbst des Jahres 1841 im Sacramento-Tal eintraf, begann ein neues Kapitel in den amerikanisch-kalifornischen Beziehungen. Bisher hatten sich die wenigen Amerikaner, die als Händler oder Großgrundbesitzer in Kalifornien lebten, leidlich in die ungewohnte Gesellschaftsordnung eingefügt. Bidwells Männer hingegen und jene anderen, die nun Jahr für Jahr auf beschwerlichen Wegen anrückten, brachten mit sich die Habsucht und die Arroganz der Pioniere, Eigenschaften also, die zum vorneherein jeden Kompromiß mit einer vorhandenen Ordnung ausschlossen. Die neuen Einwanderer suchten ihr Glück als Farmer und Viehzüchter und gerieten damit in Gegensatz zu den kalifornischen Grundbesitzern. Sie waren höchstens auf Zusehen hin bereit, die vorhandenen Rechtstitel zu respektieren, und manifestierten offen ihre Verachtung gegenüber der mexikanischen Nation, die ihnen Gastrecht gewährte. Später zeigte die Legende den amerikanischen Einwanderer umgeben von der Aureole des tüchtigen Pioniers, der um seinen Platz an der Sonne kämpft und nur vom heimtückischen kalifornischen ‹Ranchero› an der vollen Entfaltung gehindert wird. Bei näherem Zusehen wird dieses schlichte Bild einigermaßen in Frage gestellt. Unter den Amerikanern, die in den vierziger Jahren von der Sierra Nevada ins Tal des Sacramento hinunterstiegen, fanden sich Abenteurer, Taugenichtse und Vaganten in großer Zahl – Strandgut des ‹Manifest Destiny›. Nur wenige steckten sich ein Grundstück ab. Hunderte trieben sich ohne Beschäftigung herum, Landplage und Ärgernis für alle ehrlichen Bürger Kaliforniens. Johann August Sutter wußte darüber Bescheid, zogen doch die meisten Pioniere durch seine Besitzungen und ließen sich gerne nach den Strapazen der Reise von dem gastfreundlichen Schweizer neu ausstaffieren. Während Jahren bemühte sich Sutter vergebens, unter den Einwanderern zuverlässige Mitarbeiter für seine stets wachsenden Unternehmungen zu finden. Seinen späteren Ruin verdankte er zu einem nicht geringen Teil den ungetreuen Freunden und Angestellten.

Die rastlose Gesellschaft der amerikanischen Pioniere versetzte Kalifornien in einen Zustand steigender Erregung. Aus den Vereinigten Staaten tönten kriegerische, gegen Mexiko gerichtete Proklamationen herüber, so daß jedermann die

Der mexikanische ‹Vaquero›, eine populäre Erscheinung in Kalifornien, verschwand von der Szene, als die Amerikaner sich der großen Ländereien bemächtigten.

entscheidende Auseinandersetzung in Kürze erwartete. Ein Zwischenfall, der sich im Jahre 1842 zutrug, offenbarte die amerikanischen Absichten in drastischer Manier. Ein Geschwader der amerikanischen Marine unter Commodore Thomas Ap Catesby Jones kreuzte vor der peruanischen Küste, als das Gerücht aufkam, der Krieg mit Mexiko habe begonnen und England wolle sich Kaliforniens bemächtigen. Commodore Jones steuerte mit vollen Segeln nach Norden und erschien mit seinen Schiffen im Oktober 1842 vor Monterey. Der Hafen bot den gewohnt friedlichen Anblick, und nichts deutete auf kriegerische Veränderungen hin. Doch Jones setzte Truppen an Land und ließ die überraschte Garnison entwaffnen. Bald flatterte auf dem Presidio von Monterey das Sternenbanner, und der Commodore proklamierte leichtfertig den Anschluß von Kalifornien an die Vereinigten Staaten. Erst nach Tagen wurde er sich seines peinlichen Irrtums bewußt. Mitten im Frieden hatte sein Geschwader ein Nachbarland angegriffen und eine Stadt besetzt. Wortreich waren seine Entschuldigungen, überlegen die Haltung des mexikanischen Gouverneurs, der mit versöhnender Geste einen Ball zu Ehren der abziehenden Amerikaner inszenierte. So endete das Mißgeschick wie eine Operette mit brillantem Feuerwerk; doch den Mexikanern entging der tiefere Sinn der Lektion nicht.

Das Ende der mexikanischen Herrschaft begann, als im Spätherbst des Jahres 1845 John C. Frémont im Tal des Sacramento erschien. Er brachte ein halb militärisches Gefolge von Soldaten und ‹Mountain Men› mit sich. Der Trapper Kit Carson war Frémonts tüchtigster Begleiter. Das Unternehmen wurde vorläufig als wissenschaftliche Forschungsexpedition ausgegeben. Der ehrgeizige Captain strebte aber offensichtlich nach einer Hauptrolle in dem bevorstehenden Schauspiel, und es gelang ihm später auch, sich vor dem schlecht informierten amerikanischen Publikum als ‹Befreier Kaliforniens› zu präsentieren. Als Betriebmacher und Hansdampf der Unabhängigkeitsbewegung ist Frémont nun freilich nicht zu übersehen. Seine Arroganz richtete sich gegen jedermann, der sich nicht zum vorneherein seinem Willen beugte, gegen die kalifornischen ‹Rancheros› zum Beispiel, aber auch gegen Captain Sutter, der ihn vorher in seiner Einfalt reich beschenkt hatte. Frémonts Auftritt begann mit einem Wortbruch: Der militärische Befehlshaber in Monterey, General José Castro, hatte dem ungebetenen Gast das Versprechen abgenommen, daß er sich mit seinem Troß ruhig verhalten und vor allem die Küstengegend meiden werde. Frémont dachte sich jedoch einen Geniestreich aus, zog mit seiner Schar nach dem Küstengebirge und besetzte nicht weit von Monterey den Hawk's Peak. Als Castro mit seinen Truppen anrückte, flatterte über dem gegnerischen Quartier das Sternenbanner. Es folgte eine perfekte martialische Pantomime, von den beiden Befehlshabern in der besten Tradition früherer kalifornischer Revolten inszeniert. Der Sinn dieser Unternehmungen bestand darin, prächtige taktische Bewegungen zu veranstalten und dabei jegliches Blutvergießen peinlich zu vermeiden. Drei Tage dauerte das Scheingefecht am Hawk's Peak. Dann verschwanden Frémont und seine Streitmacht in höchster Eile nordwärts nach Oregon. Der ‹Befreier Kaliforniens› hatte damit zum erstenmal seine später oft geübte Fertigkeit demonstriert, jedem ernsthaften Gefecht auszuweichen.

Zurück blieb ein aufgewühltes Land. Die unfähige kalifornische Verwaltung verlor jegliche Kontrolle über den Gang der Dinge. Begeistert waren die unzufriedenen Pioniere im Sacramento-Tal, denen soeben ein amerikanischer Offizier gezeigt hatte, daß sich ein Bürger der Vereinigten Staaten um die mexikanische Ordnung nicht zu kümmern brauchte. General Castro konnte sich nach dem Abzug von Frémont nicht mehr beruhigen und versuchte mit Hilfe der Indianer alle Fremden aus dem Lande zu vertreiben. Sein Zorn richtete sich auch gegen Sutter, der etwas unglücklich zwischen den Parteien stand. Bisher hatte Sutter ähnlich wie Konsul Larkin auf eine friedliche Loslösung Kaliforniens von Mexiko gehofft, doch die Aussicht auf einen gewaltlosen Verlauf schwand dahin. Der nächste

1

2

3

4

Illustrationen aus dem amerikanisch-mexikanischen Krieg:

1 Das Lager der freiwilligen ‹Kalifornischen Legion› auf Governor's Island im Hafen von New York.

2 Amerikanische Kavallerie vor einer mexikanischen Gaststätte.

3 Vormarsch einer amerikanischen Kolonne in der Sierra Madre zwischen Monterrey (Mexiko) und Saltillo.

4 Bay von San Francisco mit dem Presidio zur Zeit der amerikanischen Machtübernahme.

Streich folgte im Sommer des Jahres 1846. Es begann mit einem Pferderaub. Ein mexikanischer Leutnant, der mit Regierungspferden nach San José unterwegs war, wurde in der Nähe von Sutters Fort von amerikanischen Vagabunden überfallen und ohne die kostbaren Tiere nach Hause geschickt. Die Affäre wuchs sich sogleich zu einem Aufstand aus, und die begeisterten Amerikaner bemächtigten sich des Städtchens Sonomá, das den Mexikanern als Stützpunkt im Norden diente. Die Rebellen waren gewillt, ihren Feldzug fortzusetzen, aber nicht ohne ein Feldzeichen. Also schneiderte man aus dem Unterrock einer Pioniersfrau ein Banner, fünf Fuß hoch und drei Fuß breit. Der Amerikaner William Todd malte auf das Tuch mit viel Fleiß einen Stern, einen Grizzly-Bären und die Worte ‹California Republic›. Das war die Geburt der ‹Bear Flag Revolt› (‹Bärenflaggen-Revolte›). Die Kalifornier, die als Statisten der eigenartigen Szene beiwohnten, hatten ihrerseits Anlaß zu unbändigem Vergnügen. In ihren Augen hatte der sogenannte Grizzly deutlich die Gestalt eines Schweines, und die Amerikaner, die dem Banner folgten, waren für sie fortan die ‹cochinos› (Schweine). Inzwischen war auch John C. Frémont wieder aufgetaucht. Mit einzigartiger Anmaßung setzte er sich an die Spitze der Revolte, wirtschaftete willkürlich in allen Bereichen und führte seinen privaten Feldzug gegen General Castro, ohne daß es je zu einem Feuerwechsel gekommen wäre. Einige angesehene Kalifornier, die selbst für die Unabhängigkeit des Landes eingetreten waren, schickte er als Gefangene nach Fort Nueva Helvecia, und auch Sutter war Gefangener in seinem eigenen Haus. Dann zog er mit seinen Leuten gegen Monterey. Als er ohne Kampf in die kalifornische Hauptstadt einrückte, bemerkte er zu seinem Erstaunen, daß in der Bucht amerikanische Kriegsschiffe lagen. Commodore Sloat war schon vor Tagen mit dem pazifischen Geschwader angerückt und hatte das Presidio besetzt. Mit ihm kam die Nachricht vom amerikanisch-mexikanischen Krieg nach Kalifornien, der bereits seit Monaten im Gange war. General José Castro gab den Kampf auf und floh nach Mexiko.

Zu Ende waren nun die bewegten Tage der ‹California Republic›. Frémont zog als Major des kalifornischen Bataillons in amerikanischen Diensten durchs Land. Die Bärenflagge verschwand, und allenthalben wurde das Sternenbanner gehißt. Nicht immer zur Freude der Pioniere. John A. Sutter erzählt in seinen Erinnerungen, wie dieser Akt im Fort Nueva Helvecia vor sich ging: «Bei Sonnenaufgang am nächsten Morgen hißte ich es [das Sternenbanner] über meinem Fort und ich ließ Geschütze abfeuern. Das Schießen hielt an, bis alle Fenster im Fort zerbrochen waren. Die Gefangenen aus Sonomá, die nicht wußten, was sie davon halten sollten, waren höchst verwundert. Dann ging ich zu ihnen und erklärte: ‹Nun›, sagte ich, ‹sind wir unter dem Schutz dieser mächtigen Fahne und brauchen hinfort keine Angst mehr zu haben, miteinander zu reden. Frémont ist ein Tyrann.› Glücklich darüber, der Anarchie entronnen zu sein, frohlockten sie mit mir. Einige der ‹Bären› dagegen, die gerade im Fort waren, machten lange Gesichter und meinten, wenn das Bärenregiment fortdauern würde, gäbe es weit mehr Gelegenheit, zu stehlen und zu plündern.»

Für die Amerikaner blieb nicht mehr viel zu tun, nachdem General Castro das Feld geräumt hatte. Schlachten wurden keine geschlagen, hingegen war der Sieger mit zeremoniellen Fahnenaufzügen beschäftigt. Rundum in Kalifornien ging das Sternenbanner hoch. Im August war das Land in amerikanischen Händen. Dann folgte – verspätet zwar, doch mit grenzenloser Verbitterung – der Aufstand der mexikanischen Kalifornier. Am 23. September überrannten sie die amerikanische Garnison von Los Angeles und besetzten Santa Barbara und San Diego. Die mexikanischen Lanzenreiter trieben die Amerikaner bedenklich in die Enge. Wäre nicht im letzten Augenblick General Kearny mit einer kleinen Truppe von Neu-Mexiko her eingetroffen, so hätte der bisher so harmlos verlaufene Feldzug eine unerwartete Wendung genommen. In den blutigen Gefechten bei San Pascual und San Gabriel zwang Kearny die schlecht bewaffneten Kalifornier zum Rückzug. Da von Mexiko keine Hilfe zu erwarten war, standen die Einheimischen ohnehin auf verlorenem Posten. Als der Krieg zu Ende ging, tauchte auch der unvermeidliche Frémont wieder auf, von dem man in den kritischen Tagen kaum etwas gesehen oder gehört hatte. Er manövrierte so geschickt, daß er am 13. Januar 1847 in Cahuenga im Namen der Vereinigten Staaten die Kapitulation der Kalifornier entgegennehmen konnte.

Später verließ ihn das Glück. Commodore Stockton, der Nachfolger Sloats, hatte Frémont zum Zivilgouverneur Kaliforniens ernannt, ein Amt, das nach den Instruktionen des Kriegsdepartements General Kearny vorbehalten war. Frémont klammerte sich an seinen schwankenden Thron, denn Einsicht war ihm seiner Natur nach nicht gegeben. Kearny zeigte jedoch gegenüber dem starrköpfigen Helden wenig Respekt und brachte ihn wie einen Gefangenen in die Vereinigten Staaten zurück. Ein Kriegsgericht sprach Frémont der Meuterei, der Insubordination und anderer Vergehen schuldig. Doch der Mann blieb rechthaberisch, wie er es schon immer gewesen war. Für Kalifornien jedoch begann eine neue Epoche. Der ‹Frontier› mit seinen harten Bedingungen hielt Einzug und setzte der beschaulichen mexikanischen Lebensweise ein Ende. Die mexikanischen Kalifornier standen dem Treiben hilflos gegenüber. Ihre Resignation kommt in einem Ausspruch José Castros zum Ausdruck, den der General noch vor dem Krieg getan hatte: «Diese Amerikaner sind so erfinderisch, daß sie eines Tages Leitern bis zum Firmament bauen, und wenn sie im Himmel angelangt sind, werden sie das Antlitz des Weltalls und wenn möglich auch die Farbe der Sterne verändern.»

Der Krieg zwischen den Vereinigten Staaten und Mexiko hatte im April des Jahres 1846 am Rio Grande begonnen. Schon im Januar waren amerikanische Truppen in das umstrittene Territorium zwischen Nueces und Rio Grande eingedrungen. Zu diesem Zeitpunkt hielt sich John Slidell als persönlicher Bot-

Amerikanisch-mexikanischer Krieg: Auf ihrem
Marsch von El Paso nach Chihuahua stürmte
Doniphans Kolonne am 27. Februar 1847 die starken
mexikanischen Stellungen am Sacramento.

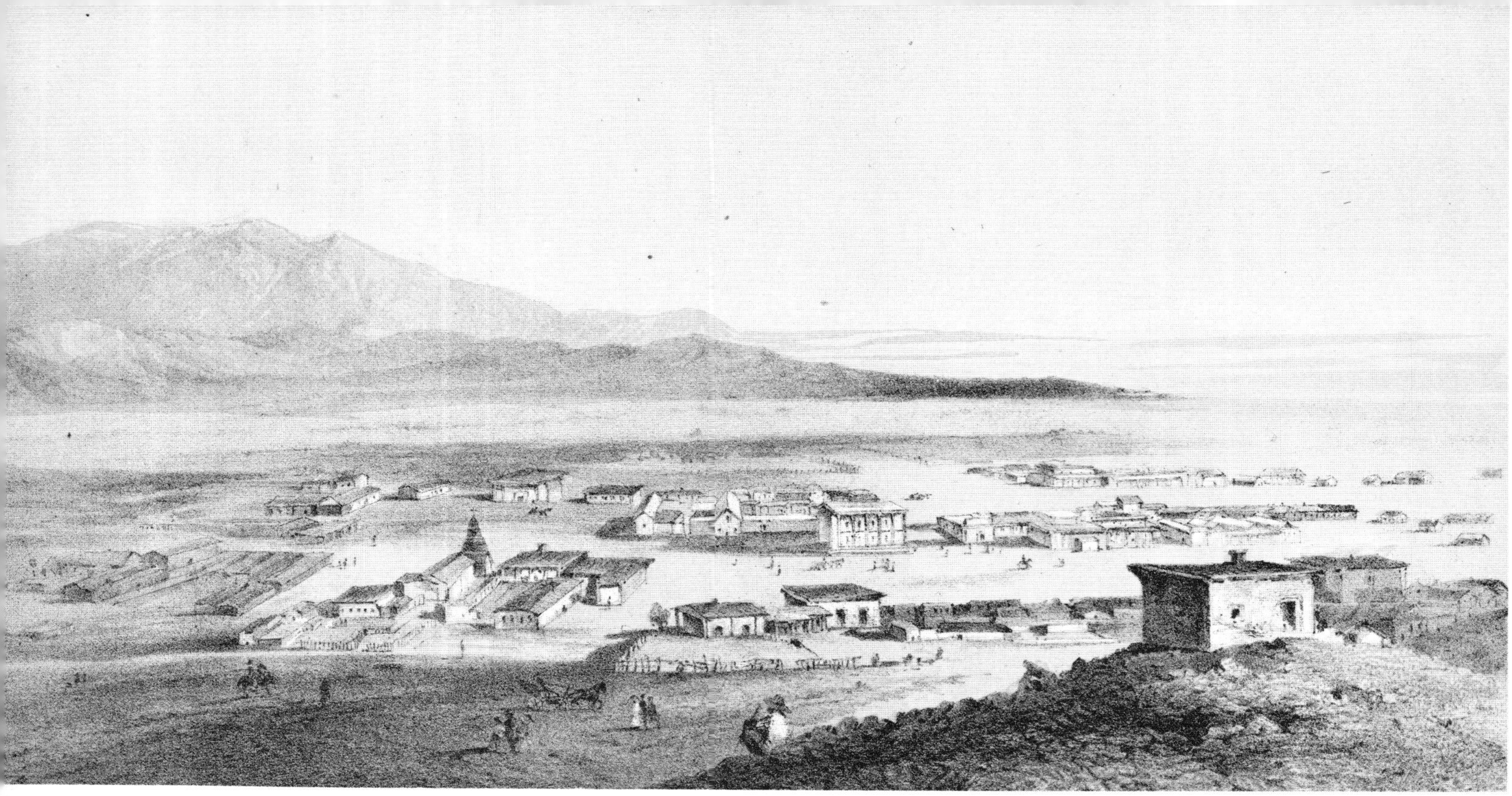

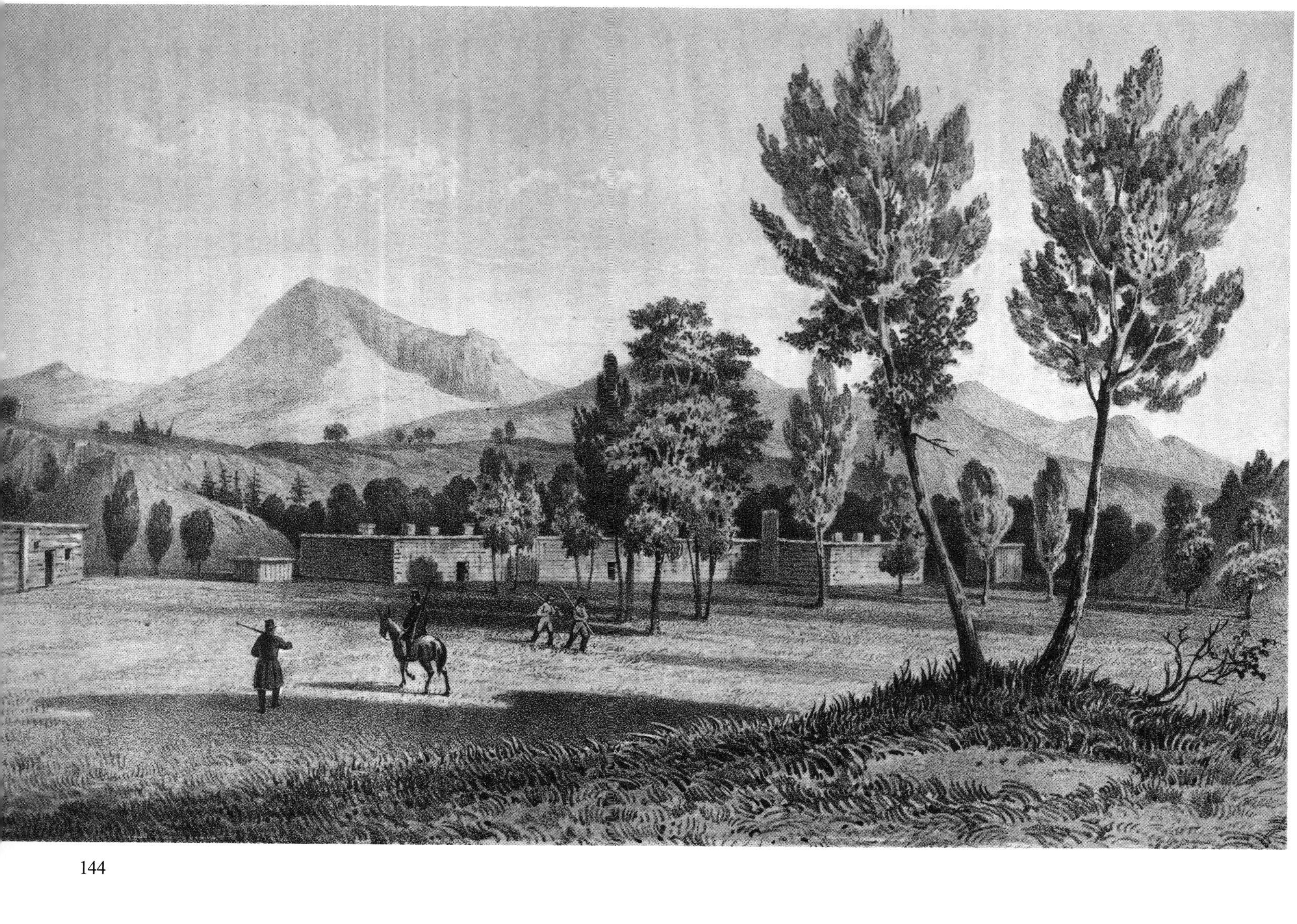

schafter Präsident Polks in der mexikanischen Hauptstadt auf. Sein Auftrag war unmißverständlich formuliert: Mexiko sollte den Rio Grande als Grenze zum Staate Texas anerkennen, und die Vereinigten Staaten würden als Gegenleistung für die mexikanischen Schulden gegenüber amerikanischen Gläubigern gutstehen. Im weiteren konnte Slidell – und dies war das wesentliche Anliegen – der mexikanischen Regierung eine Summe von fünfundzwanzig Millionen Dollar für die Abtretung von Kalifornien anbieten. Doch in Mexiko war wieder einmal eine Revolution im Gange, und keine Regierung hätte es wagen dürfen, mit dem amerikanischen Gesandten über den Verkauf nationalen Territoriums zu diskutieren. Slidell stand vor verschlossenen Türen. Nach vergeblichem Warten machte er sich verärgert auf den Heimweg. Polk teilte er in einem Brief seine entschiedene Auffassung mit: «Seien Sie versichert, daß wir bei diesem Volk nichts erreichen, bevor wir es gezüchtigt haben!» Die allgemeine Meinung in den Vereinigten Staaten und auch anderswo war die, daß die schwache mexikanische Republik in einer bewaffneten Auseinandersetzung dem amerikanischen Koloß nicht widerstehen könnte: «Eine Kolonne von dreitausend Infanteristen und einige Korvetten auf den beiden Ozeanen würden genügen, das Reich Montezumas auf die Knie zu zwingen, denn eine Eroberung wäre heute viel leichter zu bewerkstelligen als in den Tagen von Hernan Cortés», schrieb der französische Diplomat Duflot de Mofras bereits im Jahre 1844.

Vielleicht hatte Polk bisher aus ehrlicher Überzeugung nach einer friedlichen Lösung gestrebt. Man weiß auch zuverlässig, daß die ‹Bear Flag Revolt› und das Treiben Frémonts in Kalifornien in keiner Weise den Absichten des Präsidenten entsprachen. Doch die Entschiedenheit, mit der sich die Mexikaner jeglichem Gespräch widersetzten, brachte die Friedensliebe Polks ins Wanken. Im Mai 1846, wenige Tage nach der Rückkehr Slidells, teilte der Präsident seinem Kabinett mit, er werde dem Kongreß den Krieg gegen Mexiko empfehlen. Eine Begründung war leicht zur Hand: Die Weigerung Mexikos, seinen finanziellen Verpflichtungen nachzukommen, oder auch seine geringe Neigung, die Meinungsverschiedenheiten in friedlicher Weise beizulegen. Polk wurde durch die Mexikaner selber der

◁ Los Angeles (oben) zu Beginn der fünfziger Jahre. Im Süden von Kalifornien ging die Entwicklung auch nach dem Anschluß an die Vereinigten Staaten langsamer vor sich als im Norden. Als der Zeichner einer amerikanischen Vermessungsexpedition diese Skizze anfertigte, war der Flecken Los Angeles noch nicht weit über die ursprünglich mexikanische Siedlung hinausgediehen.

Fort Massachusetts (unten), nach dem Anschluß von Neu-Mexiko im Tal des Rio Grande, aber auf dem Territorium des späteren Staates Colorado errichtet.
Fort Massachusetts war eine der vielen neuen Militärstationen, welche die Erschließung der neuen Regionen ermöglichen sollten. Als Colonel Joseph King Fenno Mansfield in den Jahren 1853 und 1854 die Militärposten in den neuen Territorien inspizierte, stellte er fest, daß Fort Massachusetts taktisch ungünstig angelegt und gegen plötzliche Angriffe der Ute-Indianer zu wenig gesichert war. Die Besatzung bestand zur Zeit der Inspektion

aus drei Offizieren und 125 Unteroffizieren und Soldaten. «Das Kommando zeigte gute Disziplin», meinte Mansfield in seinem Bericht. «Waffen und Ausrüstung der Dragoner und der Infanteristen befanden sich in guter Ordnung, obschon alles sehr abgenutzt ist und es an Sporen mangelt. Ich mußte sechs Pferde als zum Kavalleriedienst untauglich erklären, und ich empfahl, sie an das Quartiermeisteramt zurückzuschieben. Das gleiche war mit einem Sechspfündergeschütz und einem Wagen der Fall, die unbrauchbar waren. Diese Truppen sind in den letzten Jahren sehr wenig gedrillt worden, was mit der ständigen Bautätigkeit zur Errichtung des Militärpostens zusammenhängt. Dem ganzen Kommando gebührt Anerkennung für die in so kurzer Zeit verrichtete Arbeit. Die von der Truppe bewohnten Quartiere sind reichlich bemessen und gut ... Der gesamte Nachschub an Mais, Getreide, Bohnen und frischem Fleisch muß von den Siedlungen im Tal von Taos herbeigeschafft werden und alle übrigen Güter von

Fort Union (Neu-Mexiko) über Straßen, die an gewissen Stellen für beladene Wagen unpassierbar sind. Die Soldaten dieser Kompanien sahen sich gezwungen, Hemden, Wäsche, Socken und Schuhe selber zu sehr hohen Preisen beim Kantinenwirt einzukaufen, weil ihnen die Regierung die Dinge während mehrerer Monate nicht liefern konnte. Sie haben das als drückend und ungerecht empfunden. Die Preise des Kantinenwirts sind wegen der großen Transportkosten übermäßig hoch, weit über dem jedenfalls, was ein Soldat zahlen kann. Die Truppe trägt immer noch die alten Uniformen, da ihnen keine neuen geschickt wurden ... Die Truppe dieses Postens hat seit mehr als fünf Monaten keinen Sold mehr erhalten.»

Beide Illustrationen stammen aus den ‹Pacific Railroad Reports›. Die Lithographie von Fort Massachusetts wurde von John M. Stanley nach einer Skizze von Richard Kern ausgearbeitet.

Sorge enthoben, den eher zögernden Kongreß zu kriegerischen Taten zu bewegen. Am 25. April hatte der mexikanische General Mariano Arista mit seinen Truppen bei Matamoros den Rio Grande überschritten und einen kleinen amerikanischen Verband in die Flucht geschlagen. Die Nachricht von der Aktion der Mexikaner war für den Präsidenten ein Geschenk des Himmels. «Nun, nach wiederholten Drohungen», sagte Polk pathetisch vor dem Kongreß, «hat Mexiko die Grenze der Vereinigten Staaten überschritten, unser Territorium betreten und amerikanisches Blut auf amerikanischem Boden vergossen.» Zwei Tage später erklärte der Kongreß den Kriegszustand und gab dem Präsidenten die Vollmacht, eine Armee von fünfzigtausend Mann auszuheben.

Die kriegerischen Thesen Polks waren selbst für die Amerikaner nicht über alle Zweifel erhaben. Der Feldzug war allzu offensichtlich eine Sache der Demokraten. Der spätere Präsident Abraham Lincoln forderte in seinen ‹Spot Resolutions› Polk auf, ihm die Stelle zu zeigen, wo auf «amerikanischem Boden amerikanisches Blut» geflossen sei. In den Staaten Neu-Englands widersetzten sich die Whigs dem Krieg, den sie als ungerecht und als Verschwörung der Sklavenhalter verdammten, die auf diesem Wege ihr Territorium erweitern wollten. In Wirklichkeit lagen die Dinge nicht so einfach. Bedeutende Politiker der Südstaaten wie John C. Calhoun zum Beispiel fanden an der kriegerischen Unternehmung ebensowenig Gefallen. Die Annexion von Texas hatte zwar die Position des Südens gestärkt. Wenn sich die Union auch Kalifornien und andere mexikanische Provinzen angliederte, so war das für die sklavenhaltenden Staaten zum mindesten ein fragwürdiges Experiment, da sich die neuen Territorien nur zum geringen Teil für Plantagenwirtschaft eigneten. Man kann wohl sagen, daß die Geschäftsleute von Boston und New York an den Häfen Kaliforniens noch mehr Interesse zeigten als die Baumwollpflanzer von Louisiana. So war der mexikanische Krieg nicht ein perfider Schachzug zur Ausbreitung der Sklaverei, sondern ein neues Exempel nationaler Expansion. Die Frage der Sklaverei, die sich bei jeder territorialen Erweiterung von neuem stellte, schob man eine Zeitlang vor sich her. Der prekäre Burgfriede nahm ein Ende, als der Abgeordnete David Wilmot im sogenannten ‹Wilmot Proviso› einen Antrag vorlegte, wonach die Sklaverei in den Territorien, die man Mexiko abnehmen würde, auf alle Zeit verboten sein sollte.

Doch der Krieg war im Gange, und auch die Proteste der Whigs konnten das blutige Geschehen nicht rückgängig machen. An verschiedenen Fronten überschritten die Amerikaner die Grenzen Mexikos. Die ‹Armee des Westens› – Soldaten, Trapper, Pioniere – setzte sich unter Führung von Oberst Stephen W. Kearny von Fort Leavenworth am Missouri nach Bent's Fort am Arkansas in Bewegung. Ihr erstes Ziel, Santa Fé in Neu-Mexiko, erreichte sie ohne Kampf. Gouverneur Manuel Armijo, eher zu Reden als zu Taten bereit, hatte beizeiten das Feld geräumt. In Santa Fé teilte Kearny seine bescheidene Streitmacht. Ein Teil blieb in der Hauptstadt Neu-Mexikos zurück und hatte sich schon bald gegen eine Rebellion der Mexikaner und der Indianer zur Wehr zu setzen. Ein turbulenter Haufen zog mit Oberst A. W. Doniphan nach El Paso, durchquerte die nördlichen Wüsten Mexikos und bemächtigte sich der Stadt Chihuahua. Kearny selber wandte sich Kalifornien zu und traf unterwegs auf Kit Carson, der ihm die Nachricht vom Umsturz an der pazifischen Küste brachte. Vom späten Aufstand der mexikanischen Kalifornier wußte Carson noch nichts, und Kearny schickte leichtfertig einen Teil seiner Leute nach Santa Fé zurück. Erst bei San Pascual, wo die kleine Schar unversehens den mexikanischen Lanzenreitern gegenüberstand, kamen die Amerikaner zur Einsicht, daß der Krieg noch nicht zu Ende war. Bedeutende Vorgänge trugen sich am Rio Grande zu. Der amerikanische General Zachary Taylor schlug den Mexikaner Arista bei Palo Alto und bei Resaca de la Palma. Doch die Erfolge täuschten nicht darüber hinweg, daß der Feldzug nicht so glorreich voranging, wie Polk gehofft hatte. Einige Monate verbrachte General Taylor damit, daß er in sicherer Distanz von den mexikanischen Vorposten mit seinen

Rekruten exerzierte. Erst im August setzten die Amerikaner über den Strom. Monterrey fiel Ende September, und dann harrten die Truppen Taylors im verschanzten Lager von Buena Vista auf die Ankunft der mexikanischen Hauptmacht. Wieder einmal war General Santa Anna Befehlshaber des mexikanischen Heeres. Am 22. Februar 1847 schickte er seine zerlumpten, tapferen Soldaten zum Angriff vor. Während zweier Tage rannten sie – schlecht geführt und halb verhungert – gegen die amerikanischen Stellungen an. Dann verlor Santa Anna den Mut, und der Weg nach Mexiko lag für die Amerikaner offen da. Präsident Polk wußte es zu verhindern, daß der populäre Zachary Taylor als Sieger in der mexikanischen Hauptstadt einzog. Taylor war ein Whig, und der Triumph über die Mexikaner hätte ihm leicht die nächste Präsidentschaft eingetragen. Also schickte Polk General Winfield Scott auf dem Seeweg mit einem Expeditionskorps nach Veracruz, damit er den entscheidenden Stoß von der Küste her führe. Im September standen die Amerikaner vor den befestigten Höhen von Chapultepec, und nach verzweifeltem Widerstand ging in der Hauptstadt die weiße Flagge hoch.

Im Februar des Jahres 1848 handelte der amerikanische Diplomat Nicholas P. Trist mit einer provisorischen mexikanischen Regierung – Santa Anna hatte sich inzwischen aus dem Staub gemacht – den sogenannten Frieden von Guadalupe Hidalgo aus. Der Friedensschluß ist aus verschiedenen Gründen bemerkenswert: Vollzogen wurde der Akt von einer Regierung, die von niemandem anerkannt war, und von einem Unterhändler, der keine Vollmacht besaß. Präsident Polk hatte seinem Gesandten schon vor Monaten wegen ungebührlichen Betragens alle Befugnisse entzogen. Trist ging in seinen Bedingungen kaum über die Wünsche hinaus, welche die Vereinigten Staaten schon vor dem Krieg geäußert hatten: Anerkennung des Rio Grande als südliche Grenze von Texas, Abtretung von Neu-Mexiko und Kalifornien. Die Vereinigten Staaten sollten als Gegenleistung eine Summe von fünfzehn Millionen Dollar bezahlen und darüber hinaus die Forderungen der amerikanischen Gläubiger gegenüber Mexiko begleichen. Präsident Polk nahm den juristisch fragwürdigen Vorgang halb verärgert, halb erleichtert zur Kenntnis. Daß sich Mexiko allzu leicht aus der Affäre zog, stand jedenfalls bei den auf Expansion bedachten Amerikanern fest. Während des Krieges war allenthalben die Forderung auf Annexion von ganz Mexiko gestellt worden. Im Zeichen des ‹Manifest Destiny› wollte man sich nicht mit Kalifornien oder Neu-Mexiko zufriedengeben. Wiederum produzierten die Advokaten der Expansion in sophistischer Eloquenz Argumente für einen noch weiter zielenden Gewaltstreich: Erlösung eines unglücklichen Landes von einem verderbten, tyrannischen Regime und – wiederum Schicksal – Auftrag an die amerikanische Nation,

ein irregeführtes Volk auf den richtigen Weg zu leiten. In diesem Chor erklangen auch die Rufe der religiösen Eiferer: Ausbreitung der protestantischen Religion über den ganzen Kontinent. Daß Gott die Amerikaner mit eben dieser Mission betraut hatte, bewies ja ihr unaufhaltsamer Vormarsch

Es ist bemerkenswert, wie sich der amerikanische Kongreß nach einigem Zögern mit geringeren Zielen begnügte und den Friedensvertrag von Guadalupe Hidalgo ratifizierte. Die Einsicht, eine hemmungslose Expansion könnte die Einheit der Union gefährden, trug wesentlich zu diesem klugen Entschluß bei. Für Mexiko war das Ergebnis immer noch bitter genug. Dabei hatte es nicht sein Bewenden. Im sogenannten ‹Gadsden Purchase› verschacherte wenige Jahre später der fatale Santa Anna, wiederum Präsident der Republik Mexiko, einen Teil des nationalen Territoriums an die Amerikaner, die sich das Gebiet südlich des Gila River für den Bau einer transkontinentalen Bahn sichern wollten. So bemächtigten sich die Amerikaner in den vierziger Jahren dreier mexikanischer Provinzen, hielten aber zur gleichen Zeit im Zeichen von ‹Manifest Destiny› nach neuen Horizonten Ausschau. Man war erfinderisch im Entdecken neuer Ziele und machte daraus so etwas wie einen nationalen Sport. Es war von Mexiko und Kuba, aber auch von Kanada die Rede. Kanada als Gegengewicht sozusagen gegen die gefährlich weit gediehene Expansion nach Süden. Ein alter Streitfall aus den Tagen von Astors Pacific Fur Company war noch immer nicht ausgetragen: Die Oregon-Frage.

In dem abgelegenen Territorium westlich der Rocky Mountains und nördlich des 42. Breitengrades, das vage mit ‹Oregon› umschrieben wurde, präsentierten sich die Dinge unter anderen Aspekten als im Konflikt mit Mexiko. Hier hatten sich die Amerikaner weder mit Indianern noch mit einer anders gearteten Nation und ihren besonderen Institutionen auseinanderzusetzen. Der Fall war denkbar einfach: Grieche trifft Grieche. Nicht daß das gemeinsame angelsächsische Erbe die brüderlichen Gefühle gefördert hätte. Für die amerikanischen Pioniere waren die Briten immer noch Erbfeinde, und weit verbreitet war der Glaube, hinter jedem feindseligen Akt eines Indianers stecke eine britische Machenschaft. Die Mehrzahl der Amerikaner gab sich immerhin darüber Rechenschaft, daß gegenüber dem mächtigen England eine gewisse Vorsicht geboten war. Der Verlust von Astoria war nie ganz verschmerzt worden, denn mit dem Untergang dieser Station war die Chance, am Pazifik Fuß zu fassen, für lange Zeit vertan. Wohl blieb das politische Schicksal Oregons in der Schwebe. Im Frieden von Ghent im Jahre 1818 hatten die beiden Nationen im sogenannten ‹Joint Occupation Treaty› (Vertrag über die gemeinsame Besetzung) die Verhältnisse im umstrittenen Territorium in der Weise gelöst, daß sie die Frage der politischen Zugehörigkeit auf unbestimmte Zeit vertagten. Oregon stellte also ein von beiden Sei-

Die erste photographische Aufnahme von Santa Fé, vermutlich aus dem Jahre 1860: Calle San Francisco und Kathedrale.
Nach der üblichen Bauweise des Landes war die Stadt aus Adobe-Ziegeln errichtet. Auch die Kathedrale, später durch ein pompöses Bauwerk ersetzt, war aus denselben einfachen und zweckmäßigen Elementen konstruiert.

Die alte Missionsstation von San Xavier del Bac in Arizona
(oben). Fähre über den Unterlauf des Colorado, die zu Beginn
der fünfziger Jahre Tausende von Goldsuchern von einem
Ufer zum andern brachte (unten).

150

ten eifersüchtig gehütetes Vakuum dar. Da bis in die frühen dreißiger Jahre von einer eigentlichen Besiedlung noch keine Rede war, mochte die notdürftige Konstruktion genügen.

Über die Machtverhältnisse an Ort und Stelle konnte kein Zweifel bestehen. Im neu errichteten Fort Vancouver am Columbia River residierte die Hudson's Bay Company, die seit ihrer Vereinigung mit der alten North West Company ohne Einschränkung über die Jagdgründe im Nordwesten gebot. Die Geschäfte führte Dr. John McLoughlin, ‹King of Old Oregon› genannt. Unter McLoughlin wurden die Sitten strenger, und das wilde Treiben der ‹bourgeois› und der ‹voyageurs›, das einst für die North West Company so charakteristisch gewesen war, wich nun am westlichen Sitz der Gesellschaft einer aristokratischen Lebensführung, wie man sie auf einem schottischen Schloß hätte antreffen können. An McLoughlins Tafel sprach man das Tischgebet, pflegte einen gebildeten Umgang, und in der Bibliothek standen Klassiker und Reisewerke. Über zwanzig Jahre hin bewunderte der Westen die Gastfreundschaft des ‹King of Old Oregon›, eine Gastfreundschaft, die selbst den Feinden der Hudson's Bay Company galt, wenn sie hinter den Bastionen von Fort Vancouver Schutz suchten. An seinem Tisch saßen Trapper, Forscher, Missionare, Reisende, Spione. Nathaniel J. Wyeth, John A. Sutter, Dr. Marcus Withman, Father DeSmet, Kit Carson, John C. Frémont wurden ebenso liebenswürdig empfangen wie die englischen Gäste. Immer wieder half McLoughlin aus, wenn jemand in Not geriet.

Aber in ihrem Geschäft, der Jagd und dem Pelzhandel, blieb die Hudson's Bay Company hart und unerbittlich. Trat ein Konkurrent auf, so wurde er nach allen Regeln der Gastlichkeit traktiert, doch die Freundschaft McLoughlins endete an den Toren von Fort Vancouver. Das sollte zu seinem Leidwesen der unternehmungslustige, aber beharrlich von Mißgeschick verfolgte Nathaniel J. Wyeth erfahren. Nach seinem unglücklichen Intermezzo mit der Rocky Mountain Fur Company versuchte er sein Glück als Pelzjäger unter den Augen der mächtigen britischen Gesellschaft. Das Unternehmen war ebenso kühn wie aussichtslos und endete mit einem Fiasko. Es gelang Wyeth nicht, die Indianer zur Mitarbeit zu bewegen, denn auch hier war die Gegenwart seiner britischen Widersacher zu spüren. Ein Zeitgenosse schildert anschaulich, wie die Hudson's Bay Company mit dem eigensinnigen Amerikaner Katz und Maus spielte: «Sie gingen ihm voraus, sie folgten ihm und kreisten ihn ein, wo immer er sich aufhielt, und sie erdrosselten seine Unternehmungen mit solcher Liebenswürdigkeit und Höflichkeit, daß er sich gezwungen sah, sein ganzes Geschäft in Oregon, das gegenwärtige und das geplante, seinem großzügigen, aber allzu unermüdlichen, schlauen und mächtigen Gegenspieler zu verkaufen.» Wyeth war der letzte Amerikaner, der den Kampf gegen das Monopol der fest etablierten Gesellschaft versuchte.

In den zwanziger Jahren ging die Hudson's Bay Company daran, auch den Küstenhandel im Pazifik, bisher Domäne der tüchtigen Kapitäne von Boston, in den Griff zu bekommen und die Amerikaner bis hinauf nach Kalifornien aus dem Feld zu schlagen. Dazu unterbot sie die im Handel in dieser Region üblichen Preise, so daß den amerikanischen Konkurrenten fast der Atem ausging. Der Gouverneur der Hudson's Bay Company, Sir George Simpson, erläuterte in einer seiner Instruktionen anschaulich, wie er sich diese Auseinandersetzung vorstellte: «Wo immer an der Küste sie eine Station errichten wollen, müssen wir in ihrer Nachbarschaft einen Posten aufziehen und billiger verkaufen als sie – wenn nötig auch mit Verlusten. Wo immer sich eines ihrer Schiffe an der Küste aufhält, sollten wir mit einem eigenen erscheinen, um den Wettbewerb aufzunehmen.» Immer mehr arrangierte sich die Gesellschaft mit den Russen in Alaska, die ihrerseits eine Vorliebe für Monopole hegten und am turbulenten Handel der amerikanischen Seefahrer wenig Gefallen fanden. Längst hatte sich bei den Briten die Überzeugung durchgesetzt, daß die englische Position in Oregon mit Pelzhandel allein nicht zu halten war. Die Erträge der Jagd gingen ohnehin Jahr für Jahr zurück.

Vor allem galt es, die Lebensmittelversorgung der Gesellschaft durch eigene landwirtschaftliche Betriebe sicherzustellen. Man holte kanadische Kolonisten aus den Red-River-Kolonien und siedelte sie nördlich des Columbia River bei Cowlitz Landing und Fort Nisqually an. Die landwirtschaftlichen Unternehmungen wurden von der neugegründeten Puget's Sound Agricultural Company so energisch vorangetrieben, daß sie beträchtliche Überschüsse produzierten und zu Beginn der vierziger Jahre sogar die Versorgung der russischen Kolonien in Alaska übernahmen.

Die ersten amerikanischen Siedler, die sich in den dreißiger Jahren in Oregon niederließen, begannen ihre Arbeit unter ungünstigen Vorzeichen. Zwar war ihnen der großzügige McLoughlin bei der Errichtung ihrer Heimstätten behilflich, obschon er auf die Dauer von den Amerikanern nichts Gutes zu erwarten hatte. Doch blieb den Pionieren aus den Vereinigten Staaten in mancher Hinsicht die Rolle der armen Verwandten der allgegenwärtigen Hudson's Bay Company beschieden. Es gab keinen Weg, auf dem sie ihre Produkte hätten exportieren können, denn amerikanische Schiffe liefen selten oder nie in den Columbia River ein. Vielleicht hinderte sie daran die Furcht vor den gefährlichen Riffen von Cape Disappointment, vielleicht auch der Respekt vor dem britischen Pelzhandelskoloß. Also blieb den Siedlern nichts anderes übrig, als die Überschüsse zu bescheidenem Preise nach Fort Vancouver zu liefern. Immerhin erzielten die Amerikaner in der Viehzucht mit kalifornischen Tieren beachtliche Erfolge. Ungewiß war auch die rechtliche Lage der Siedler, die in Oregon ein Stück Land absteckten. Es gab keine staatliche Autorität, die einen gültigen Rechtstitel hätte verleihen können, und es blieb nur die Hoffnung, daß jene Macht, die später einmal die souveränen Rechte in diesem Territorium ausüben würde, sich mit den so geschaffenen Tatbeständen abfand. Im übrigen sahen die Kanadier, denen die Hudson's Bay Company Land zugewiesen hatte, einer ebenso unsicheren Zukunft entgegen.

Wie die Amerikaner in wenigen Jahren die mißlichen Verhältnisse überwanden und schließlich die britische Gesellschaft aus Oregon verdrängten, ist ein besonderes Kapitel in der robusten Geschichte des ‹Frontier›. Der entscheidende Anstoß kam aus den Vereinigten Staaten selbst. Wiederum waren es einzelne Männer, die beharrlich eine Idee verfolgten, obschon sie anfänglich keineswegs mit ungeteilter Zustimmung rechnen durften. Es begann mit Hall Jackson Kelley, der in den zwanziger Jahren einen etwas konfusen Feldzug zur Erschließung Oregons begann. Er gründete im Jahre 1829 die ‹American Society for Encouraging the Settlement of the Oregon Territory› (Amerikanische Gesellschaft zur Förderung der Besiedlung des Territoriums von Oregon). Kelley kannte die Gebiete westlich der Rocky Mountains nicht aus eigener Anschauung, verbreitete aber mit ungeheurem Eifer alle Informationen, die ihm zugänglich waren. Dem frühen Propheten folgte Nathaniel J. Wyeth, Geschäftsmann und Abenteurer, der in seinen Unternehmungen ebenso kühn wie unglücklich war, aber gerade dadurch die Blicke der Zeitgenossen auf sich zog. Mit Wyeth zogen die ersten amerikanischen Missionare, der Methodist Jason Lee und einige Begleiter, nach Oregon und errichteten Stationen im Tal des Willamette und an den Dalles des Columbia. Wenig später bauten die Presbyterianer Marcus Whitman und Henry Harmon Spalding die Missionsstationen von Waiilatpu am Walla Walla River und von Lapwai im spätern Staat Idaho. Der Jesuit Father DeSmet begann in den gleichen Jahren sein erfolgreiches Wirken unter den Indianern Oregons.

Der unmittelbare Anlaß, der die Missionare der verschiedenen Konfessionen ins Tal des Columbia River führte, war seltsam genug. Wieder einmal löste eine vorgefaßte Meinung eine weithin reichende Bewegung aus, die auch nicht zum Stillstand kam, als sie sich vor der Wirklichkeit als falsch und absurd erwies. Indianer aus dem Nordwesten – drei Nez Percés und ein Flathead – hatten im Oktober 1831 St. Louis besucht in der Absicht, Heimstätten und Leben des

Salmenfang der Indianer am
Columbia River in Oregon

weißen Mannes kennenzulernen. Hier wurden sie von General William Clark, dem Veteranen der ersten transkontinentalen Expedition, in seinem Heim gastfreundlich aufgenommen. Als die Neugier gestillt war, kehrten sie an Bord des Dampfers ‹Yellowstone› – auf seiner ersten Fahrt den Missouri hinauf – zufrieden zu ihren Nationen zurück. Im Osten kam inzwischen eine Legende in Umlauf, die sich wie Feuer über das Land ausbreitete. Ein christlich erzogener Indianer, William Walker aus Ohio, hatte in einem Brief an einen amerikanischen Freund eine rührend-pathetische Version vom Besuch der Eingeborenen aus Oregon konstruiert. Dabei steht fest, daß Walker den vier Indianern nie begegnet ist. Doch hatten nach seiner Meinung die Boten aus dem Westen die Reise zu dem einzigen Zweck unternommen, den Beistand christlicher Missionare und das ‹Buch des Himmels› zu erflehen. «Unser Volk stirbt in der Finsternis», so soll die Botschaft gelautet haben, «und es geht einen langen und beschwerlichen Weg zu den andern Jagdgründen. Aber kein weißer Mann will mit ihm gehen, und kein ‹Buch des Himmels› ebnet ihm den Weg.» Der imaginäre Appell der verlorenen Seelen fand bei den amerikanischen Kirchen offene Ohren, und er traf sich zudem mit der stets wachsenden Agitation für die Besiedlung Oregons. So kam es, daß nicht allein Missionare nach Oregon zogen. In jährlich wachsender Zahl machten sich Siedler auf den Weg, die sich mit Vorliebe in der Nähe der Missionsstationen niederließen. Das Tal des Willamette wurde in kurzer Zeit zum Zentrum der amerikanischen Einwanderung.

Die protestantischen Missionen in Oregon endeten, was die religiöse Seite ihrer Veranstaltungen betraf, mit einem Fiasko. Nach einem hoffnungsvollen Beginn entzogen sich die Indianer dem Einfluß der Missionare. Die Gegenwart der Siedler mag daran schuld gewesen sein. Pioniertum und Evangelium vertrugen sich schlecht. Vor allem die Methodisten waren zu geschäftstüchtig, als daß sie den Eingeborenen ein Beispiel christlicher Lebenshaltung hätten bieten können. Als Reverend Joseph Williams in den Jahren 1841 und 1842 im Auftrag der Methodist Episcopal Church die Stationen in Oregon besuchte, zeigte er sich tief enttäuscht: «Ich fürchte, die Welt und die Spekulation haben zu viel Einfluß auf die Missionare ... Es befindet sich hier kein einziger bekehrter Indianer. Ich glaube, es hat unter ihnen einmal drei oder vier Mitglieder der methodistischen Kirche gegeben, aber keiner davon ist übriggeblieben: Es gibt auch keine indianische Gemeinschaft am Willamette.» Tatsächlich identifizierte sich die methodistische Mission so sehr mit den Interessen der amerikanischen Siedler, daß für die ursprüngliche Aufgabe kein Raum blieb. Die Indianer selber schwanden in erschreckendem Maß an Seuchen dahin, die ihnen die Begegnung mit dem weißen Mann beschert hatte.

Die Missionen in Oregon wurden in verhängnisvoller Weise – nicht ohne eigene Schuld – in die politischen Wirren hineingezogen, die zu Beginn der vierziger Jahre um den Besitz von Oregon einsetzten. Die Methodisten am Willamette wirkten gewissermaßen als Agentur für amerikanische Einwanderer. Man wartete offensichtlich auf den Anschluß, der in den Vereinigten Staaten mit vernehmlicher Lautstärke gefordert wurde. McLoughlin klagte in einem Bericht an seine Gesellschaft: «Die Methodistenmission hat eine heftige nationalistische Agitation gegen die Hudson's Bay Company angefacht, und dies ohne jeden Grund (es ist wohl bekannt, daß wir ihr nur Gutes getan haben). Sie haben es, wie sie sagen, unter nationalen Gesichtspunkten getan, ganz einfach, weil wir eine britische Gesellschaft sind und den britischen Einfluß wahren und fördern.» Die politischen Gegensätze dehnten sich durch einen unglücklichen Umstand auf den religiösen Bereich aus. Die Hudson's Bay Company hatte zur Betreuung ihrer kanadischen Angestellten französischsprechende katholische Missionare ins Land geholt, die sich mit offenkundigem Erfolg auch den Indianern zuwandten. Das für die katholischen Missionare günstigere Ergebnis mag zu einem bescheidenen Teil auf das für die Indianer farbenprächtige und spektakuläre Auftreten zurückzuführen sein. Entscheidend war aber die Tatsache, daß sich die katholische Geistlichkeit von den unbeliebten amerikanischen Siedlern und ihren unheimlichen Absichten fernhielt. So ergab sich die eigenartige Situation, daß nach landläufiger Ansicht die katholische Kirche mit den Briten, der Hudson's Bay Company und den von ihr abhängigen Indianern im Bunde stand, während die protestantischen Missionen zumeist der Sache der Amerikaner zugetan waren. Intrigen, Verdächtigung und offener Streit waren die Folge. Protestantische Geistliche führten das Scheitern ihrer Bemühungen häufig auf katholische Machenschaften zurück. Tragisch und für alle christlichen Missionen verheerend wirkte sich der Konflikt auf die Moral der Eingeborenen aus. Die Ermordung von Dr. Marcus Whitman und seiner Familie durch Cayuse-Indianer war das unverkennbare Zeichen dafür, daß die Kirchen in Oregon versagt hatten.

Nach der ‹Great Emigration› des Jahres 1843 erlangten die Amerikaner in Oregon ein deutliches Übergewicht. Die Siedler bildeten eine provisorische Regierung, ein aus der Not geborenes Unternehmen, an dem sich sogar die Hudson's Bay Company beteiligte. Es galt, ohne Rücksicht auf die spätere politische Lösung das Territorium vor der Anarchie zu bewahren. Die neuen Einwanderer allerdings waren von robustem Zuschnitt, stellten die soeben geschaffene Ordnung bald wieder in Frage und warteten auf die Gelegenheit, da sie über die verhaßten Briten herfallen konnten.

In den Vereinigten Staaten sprach man inzwischen vom ‹Oregon-Fieber›. Berichte von Siedlern in den lokalen Zeitungen, persönliche Briefe und Vereinigungen der Freunde Oregons warben für Auswanderung und politischen Anschluß zugleich. Politiker aus dem Westen explizierten im Kongreß in endlosen Reden den ein für allemal feststehenden Anspruch der Vereinigten Staaten auf die nordwestlichen Territorien. Oregon wurde zu einem nationalen Streitobjekt. Vor allem im Westen maß man dem Fall eine ebenso exemplarische Bedeutung bei wie der Annexion von Texas. Der Süden hingegen zeigte sich zurückhaltend, und auch die Whigs von Neu-England waren nicht zu Abenteuern aufgelegt. Die Regierung hatte sich bisher ruhig verhalten, denn sie wußte wohl, daß Großbritannien vorläufig zu keinen Konzessionen bereit war. Die Amerikaner hatten in diplomatischen Gesprächen den 49. Breitengrad als mögliche Grenze genannt; doch die Engländer waren zu Beginn der vierziger Jahre weit davon entfernt, eine solche Forderung zu diskutieren. Präsident John Tyler glaubte, die Angelegenheit werde sich von selbst regeln, denn es sei eine Frage von wenigen Jahren, bis die amerikanischen Siedler in Oregon das Feld beherrschten. Sein Staatssekretär John C. Calhoun, der mächtige Politiker aus dem Süden, plädierte für eine «Politik der weisen und meisterhaften Inaktivität». In rechtlicher Hinsicht war es um die amerikanischen Forderungen nicht allzu gut bestellt. Man konnte die Ansprüche auf Oregon mit dem Argument der ersten Entdeckung begründen, aber gleichwertige Rechtstitel standen auch den Engländern zur Verfügung. Die Amerikaner nannten Captain Robert Gray, Meriwether Lewis, William Clark, die Engländer George Vancouver, Alexander Mackenzie und Simon Fraser. Auf diesem Weg kam man nicht weiter. Auch der kurzfristige Besitz von Astoria bedeutete wenig im Vergleich zu der über Jahrzehnte hin dauernden Herrschaft der North West Company und der Hudson's Bay Company. Was die effektiven Besitzverhältnisse in Oregon betraf, so gaben sie den Amerikanern keine ernst zu nehmenden Argumente in die Hand. Die amerikanischen Siedler hatten sich fast ausnahmslos südlich des Columbia River niedergelassen, also in einem Gebiet, das von den Engländern nie ernsthaft beansprucht wurde. Nördlich des Stromes bis hinauf zum 49. Breitengrad hielten sich im Jahre 1845 weniger als zwanzig Amerikaner auf. Aus ihrer Anwesenheit einen Hoheitsanspruch zu konstruieren, fiel sogar den amerikanischen Kongreßpolitikern schwer.

Subtile Überlegungen sagten den vom ‹Oregon-Fieber› ergriffenen Politikern allerdings wenig. Völkerrechtliche Begriffe – das bewiesen die Debatten im Senat – waren ihnen fremd. Man bediente sich lieber der für den Hausgebrauch geschaffenen und dem ganzen Land vertrauten politischen Logik: ‹Manifest Destiny› und ‹göttliche Vorsehung› also auch in Oregon. Aus dieser Sicht beurteilten die der Oregon-Psychose verfallenen Senatoren das Verhalten der Administration Tylers als unamerikanisch und an Verrat grenzend. Das Vokabular der Patrioten war eben nicht zimperlich. Auf James K. Polk setzten sie größere Hoffnung. In seiner Wahlkampagne sprach er vom unbestreitbaren Anspruch der Vereinigten Staaten auf das ganze Territorium von Oregon. Was darunter zu verstehen war, machten die extremen Kämpfer für einen Anschluß deutlich. Für sie grenzte Oregon im Norden an die russischen Besitzungen in Alaska, und sie brachten diese Meinung in ihrem Kampfruf in schlichten Worten zum Ausdruck: «54° 40' or fight» (54° 40' oder Kampf). Für dieses Ziel nahm man wenn nötig einen Krieg mit England in Kauf. Auch Präsident Polks Argumente waren durchaus handfest: Zur Begründung des amerikanischen Anspruchs zitierte er die Monroe-Doktrin und meinte damit, eine europäische Macht habe auf dem amerikanischen Kontinent nichts zu suchen und unter keinen Umständen neue Territorien zu erwerben.

Es kam nicht zu der allgemein erwarteten harten Auseinandersetzung zwischen Washington und London. Im Jahre 1846 ließ eine friedlich gestimmte englische Regierung für beide Nationen überraschend Präsident Polk wissen, daß sie bereit sei, den 49. Breitengrad als Grenze zwischen den Vereinigten Staaten und Kanada zu akzeptieren. Vancouver Island sollte hingegen in seiner ganzen Ausdehnung zu Kanada gehören, so daß die Grenze in die Meerenge von Juan de Fuca zu liegen käme. Der Vorschlag bereitete dem Präsidenten einige Verlegenheit: Das britische Angebot umfaßte alles, was man in Washington bei nüchternem Sinn erwarten durfte. Anderseits hatte er selber, Polk, bisher viel weiter gehende Forderungen vertreten. Doch überwog schließlich die Einsicht, daß die Vereinigten Staaten mit dem Handel zufrieden sein konnten. Der Senat, in dem so mancher aggressiver Politiker saß, stimmte zu, und allmählich verstummte der Chor der Unzufriedenen, für die keine Grenze weit genug gesteckt war.

Der Schlüssel zu dem beinahe überstürzten englischen Verzicht lag in Oregon selber. Tausende von amerikanischen Pionieren waren über den ‹Oregon Trail› zum Columbia und ins Tal des Willamette geströmt und hatten die Verhältnisse von Grund auf verändert. Die neue Garde gab sich selbstsicher und arrogant in ihren Ansprüchen und von Haß erfüllt gegen alles, was ihre amerikanischen Gefühle beleidigte. Gegen Engländer und Kanadier zum Beispiel. Das waren nicht mehr die freundlichen Nachbarn McLoughlins und seiner Hudson's Bay Company. In Fort Vancouver erwartete man sozusagen täglich den Angriff rauflustiger Horden aus dem ‹Frontier›. Im Columbia River lag zum Schutz der Niederlassung das englische Kriegsschiff ‹Modest›, und es gelang wider Erwarten, das schlimmste Unheil abzuwenden. Doch von einer geordneten Tätigkeit der Hudson's Bay Company war keine Rede mehr. Die Angestellten liefen davon, und die verbündeten indianischen Nationen waren auf erbärmliche Haufen zusammengeschmolzen. Auch in der Natur ging eine Veränderung vor sich. Der Einbruch der Siedler in die Wildnis setzte der Pelzjagd ein Ende, und die freilebenden Tiere verschwanden in kürzester Frist. Unter solchen Umständen war für die Hudson's Bay Company ein längeres Ausharren in Oregon sinnlos. Im Jahre 1845 gab die Gesellschaft Fort Vancouver auf, verlegte das westliche Hauptquartier nach Fort Victoria auf Vancouver Island und verkaufte ihren Besitz im Territorium an die amerikanische Regierung. Die Jagd war zu Ende. Die alte Regel, wonach der Pflug den Jäger begräbt, bestätigte sich auch in Oregon. Von da an war der Fall für die englische Regierung einfach: Es galt nun, mit Anstand die alten Positionen zu räumen.

Den Vereinigten Staaten bereitete das Geschenk keine ungetrübte Freude. Die Nation mühte sich ab mit einem unübersehbaren Zuwachs an Menschen und an Land: Texas, Neu-Mexiko, Kalifornien, Oregon. Alte Streitfragen griffen auf die neuen Besitzungen über. Auch Oregon geriet in den tiefgreifenden Zwist um die Sklavenfrage, so daß sein Anschluß während zweier Jahre in der Schwebe blieb. Erst im Jahre 1848 entschloß sich der Kongreß unter dem Eindruck des Whitman-Massakers, das Land als Territorium der Union anzugliedern.

Der Zug der Mormonen

Abenteuerlust, der Drang nach besseren Verhältnissen, nach Glück und Reichtum, Flucht aus wirtschaftlicher Not und verunglückten Spekulationen waren die Motive, die gegen die Jahrhundertmitte die Amerikaner in Scharen nach Westen führten. Seltsam und für die Zeitgenossen erregend war der unter ganz anderen Vorzeichen begonnene Auszug der Mormonen nach den Alkaliwüsten am Großen Salzsee. Die ‹Heiligen der letzten Tage› unternahmen die beschwerliche Reise nicht im Streben nach irdischen Gütern. Sie lebten in Erwartung der Endzeit und arbeiteten an der Wiederherstellung Israels im vollkommenen Gottesreich auf dem amerikanischen Kontinent. Sie waren dabei von Anfang an Zielscheibe des Spottes. Mag sein, daß sie durch ihr Verhalten Anlaß dazu boten. Der Umstand, daß sie in ihren irdischen Veranstaltungen ebenso erfolgreich waren wie in den himmlischen, trug nicht wenig zur allgemeinen Mißgunst bei. Der Historiker kann den Mormonen im Rückblick mindestens den guten Glauben zubilligen.

Die ‹Kirche Jesu Christi der Heiligen der letzten Tage› (‹Church of Jesus Christ of Latter-Day Saints›) entstand aus der mystischen Seelenlage der Calvinisten Neu-Englands heraus, einer Haltung, die sich in einem regen Sektenwesen manifestierte und begierig nach neuen religiösen Erfahrungen Ausschau hielt. Jeder Prophet, der von einer göttlichen Offenbarung zu berichten wußte, war willkommen. Diesmal war Joseph Smith aus Palmyra im Staate New York das Werkzeug der Vorsehung, die ihn auf geheimnisvolle Weise zum ‹Buch Mormon› führte. Smith allein hielt das in goldene Tafeln geritzte Dokument in Händen. Er vollendete die Übersetzung, ohne daß den Neugierigen ein Blick auf die Quelle seiner Weisheit erlaubt gewesen wäre.

Das ‹Buch Mormon› erschien erstmals im Jahre 1830. Es schilderte auf 588 Seiten die frühere Besiedlung Amerikas, eine Fortsetzung der christlichen Heilsgeschichte sozusagen, die noch der Vollendung durch den neu erstandenen Propheten bedurfte. Anfänglich stellten sich nur wenige Käufer ein, und eine neue Offenbarung empfahl Smith, den Preis des Buches von 1 Dollar 75 Cent auf 1 Dollar 25 Cent zu senken. Auch das genügte nicht, eine größere Gefolgschaft zu werben und den richtigen Glauben zu entfachen. Dann zog Joseph Smith nach der kleinen Stadt Kirtland in Ohio. Hier begannen die großen Tage des Propheten. Nach einer Reihe von weiteren Offenbarungen formte er seine Kirche als theokratische Gemeinschaft, die nicht bloß die geistlichen, sondern auch die weltlichen Belange ihrer Gläubigen regulierte. Bereits sah er sich als Messias im vollen Glanze seiner Sendung, versuchte, allerlei Wunder zu wirken – er schritt mit ungewissem Erfolg über das Wasser und gab vor, Tote zu erwecken –, und betätigte sich gleichzeitig als Bankier der Heiligen. Doch Smith war kein langes Verweilen an einem Ort beschieden. Wohl verwaltete er mit steigendem Erfolg die himmlischen und die irdischen Geschäfte, aber in der Panik von 1837 machte seine Bank Pleite. Angesichts dieses peinlichen Vorganges schwand der Glaube der Mormonen in ihren Propheten, und die Verehrung wandelte sich in Haß. Smith floh mit wenigen Getreuen nach Far West in Missouri. In der harten Atmosphäre des ‹Frontier› wurde auch die Sprache des Propheten zusehends heftiger und unduldsamer. Die Mormonen befanden sich in der Position des zum vornehein verdächtigen Außenseiters. Der Gewalt begegneten sie mit Gewalt. Nach einem knappen Jahr sahen sie sich einer feindlichen Menge gegenüber, die offenkundig entschlossen war, die Heiligen vom Erdboden zu vertilgen. Selbst der Gouverneur von Missouri meinte: «Die Mormonen müssen wie Feinde behandelt und wenn nötig im Interesse des öffentlichen Friedens vernichtet oder aus dem Staat vertrieben werden.»

Also wanderte Smith mit seiner Schar nach Osten zurück und gründete in Illinois die Stadt Nauvoo. Durch geschickte Politik erlangte er für sein Unternehmen weitgehende Autonomie, das Recht zum Beispiel, im lokalen Bereich Gesetze zu erlassen und eine Miliz auszuheben. Die neue Gemeinschaft gedieh zu Ansehen und Wohlstand. In Nauvoo hatten die Mormonen endlich ihr Zion gefunden. Joseph Smith herrschte uneingeschränkt über die Stadt und die Gläubigen. Die neue Theokratie schien diesmal auf sicherem Boden zu stehen. Doch die Maßlosigkeit des Propheten brachte wieder einmal die Kirche der Heiligen an den Rand des Verderbens. Nicht zufrieden mit seiner Machtfülle, suchte er seinen Einfluß nach allen Richtungen auszudehnen. Die Gesetze von Illinois sollten in Nauvoo erst Gültigkeit haben, wenn sie seine Unterschrift trugen. Wer sich abfällig über seine Kirche äußerte, hatte strenge Bestrafung zu gewärtigen. Das autoritäre Regime erregte in zunehmendem Maße den Ärger der ‹Gentiles›, das heißt, all jener Mitbürger, die nicht dem Kreis der Auserwählten angehörten. Als Joseph Smith im Jahre 1843 seine Kandidatur für die amerikanische Präsidentschaft in Aussicht stellte und gleichzeitig sein Programm proklamierte – Befreiung der Sklaven und Gefangenen, zahlenmäßige Reduktion des Kongresses, Annexion von Kanada und Mexiko –, brach offene Feindschaft aus.

Die letzte Offenbarung, die dem Propheten zuteil wurde, war nicht geeignet, die Gemüter zu beschwichtigen: Im Juli 1843 verkündete er, den Führern der Kirche sei fortan Polygamie erlaubt. Die sogenannte ‹Revelation on Celestial Marriage› (‹Offenbarung über die himmlische Hochzeit›) hat wie kaum ein zweiter Akt die Kluft zwischen den Mormonen und der amerikanischen Gesellschaft vertieft und über ein halbes Jahrhundert hin offengehalten. Dem Propheten brachte der schockierende Glaubenssatz in Jahresfrist den Tod. Zahlreiche Gläubige weigerten sich, Smith auf seinen verschlungenen Wegen weiterhin zu folgen. Eine Zeitung in Nauvoo, der ‹Expositor›, wagte es, das Gebaren des Propheten in scharfen Worten zu tadeln. Der Rat der Stadt erklärte die Zeitung zur öffentlichen Gefahr und ordnete an, die Einrichtungen der Druckerei zu zerstören. Es folgte der offene Aufruhr der ‹Gentiles›. In Massenversammlungen forderte man die Ausrottung der Mormonen. Auf Anraten von Gouverneur Ford begaben sich Joseph Smith und sein Bruder Hyrum nach Carthage in Schutzhaft. Doch der Mob war nicht zu bändigen. Am 27. Juni 1844 drang eine schwerbewaffnete Bande mit schwarzgefärbten Gesichtern ins Gefängnis ein und brachte den Propheten und seinen Bruder um.

Für die ‹Heiligen der letzten Tage› war die Ermordung von Joseph Smith das Zeichen zu einem neuen Aufbruch. Die ‹Zwölf Apostel›, die Ältesten der Kirche, wählten Brigham Young zum Anführer und Moses der Heiligen. Young war der richtige Mann, der die entmutigten Gläubigen wieder aufrichten und auf die lange Wanderung vorbereiten konnte. Schon Joseph Smith hatte davon gesprochen, daß sich die Mormonen eines Tages jenseits der Rocky Mountains, fern von Verfolgung und Anfechtungen jeder Art, ein neues Zion suchen müßten. Brigham Young wußte zu diesem Zeitpunkt noch kaum, wohin die Reise führen sollte, doch ging er mit einer Umsicht zu Werk, die jeden Zufall ausschloß. Zuerst handelte er für die Mormonen einen kurzfristigen Burgfrieden ein, der nicht jede Verfolgung beendete, aber der Gemeinde die so dringend benötigte Atempause gewährte. Einige tausend Wagen wurden gebaut oder in der Umgebung gekauft, jedes Werkzeug und jedes Eisenstück, das einmal von Nutzen sein konnte, gesammelt. Die Heiligen verkauften ihre Häuser und den umfangreichen Grundbesitz zu Schundpreisen und tauschten dafür kaum die Ausrüstung für die Reise nach Westen ein. Im Frühjahr 1846 setzte die Verfolgung wieder ein, und der Mob ließ den Mormonentempel von Nauvoo in Flammen aufgehen. Noch im Februar überquerten 1600 Heilige den zugefrorenen Mississippi und errichteten

Indianerüberfälle auf Karawanen erregten die Gemüter
der Öffentlichkeit. Auch die Künstler nahmen sich
des Themas an. Die kolorierte Lithographie aus dem
Jahre 1860 stammt von Leopold Grozelier. Als Vorlage
diente ein Gemälde des Deutschen Charles Wimar.

Das Missouri-Dampfboot ‹Omaha› setzt in Florence Mormonen an Land, die von hier aus ihre große Wanderung nach der Stadt der Heiligen unternehmen. Der Maler George Simons zeichnete die Szene im Jahre 1854.

Mormonenkrieg 1857/58: nach einem ergebnislosen Feldzug überwinterten die Truppen der Union bei Fort Bridger.

am jenseitigen Ufer bei Sugar Grove in Iowa ein provisorisches Lager. Wenige Monate später folgten die letzten Nachzügler aus Nauvoo. Bewaffnete Scharen aus Illinois waren ihnen auf den Fersen, und Kanonen sandten den Flüchtenden über den Strom ihre Schüsse nach.

Brigham Young gedachte seine Gläubigen wohlvorbereitet über die Rocky Mountains zu führen. Mit einer Vorhut legte er den Weg bis Council Bluffs am Missouri fest, baute Brücken und Wege, errichtete unterwegs komfortable Lager und säte Korn, damit die Hauptmacht im Sommer ernten konnte, wenn sie durch Iowa an den Missouri zog. Zwölftausend Mormonen verbrachten den folgenden Winter am Westufer des Missouri an einer Stelle, die schlicht den Namen ‹Winter Quarters› trug. Hunderte fielen der Kälte zum Opfer, die Überlebenden aber waren besser auf die Reise durch die Prärie vorbereitet als irgendeine Gesellschaft von Emigranten, die bisher in den Westen gezogen war. Brigham Young exerzierte unermüdlich mit seinen Heiligen, bis sie die Regeln beherrschten, die in einer Karawane zu beachten sind.

Im April des Jahres 1847 machte sich Brigham Young mit einer Gruppe von erfahrenen Pionieren wieder auf den Weg. Er folgte nicht dem häufig begangenen ‹Oregon Trail›, denn er wollte seine Heiligen so wenig wie möglich der Mißgunst der weltlich Gesinnten aussetzen, sondern hielt sich nördlich des Platte River, bis er bei Fort Laramie wieder den allgemeinen Pfad erreichte. Auch später bewegten sich alle Mormonenkarawanen über den von ihrem Anführer beschrittenen ‹Mormon Trail›. Am North Platte ließ Brigham Young einige Fährboote zurück und setzte den Weg über den Süd-Paß bis Fort Bridger fort. Noch hätte die Möglichkeit bestanden, Oregon oder Kalifornien als Ziel der Reise zu wählen. Der alte Jim Bridger bot seine ganze Beredsamkeit auf, um den Heiligen die Schrecken der vor ihnen liegenden Wüste auszumalen. Doch Brigham Young schien eben diese Wüste der Ort, der für sein Unternehmen die nötige Abgeschiedenheit und Sicherheit bot. Echt war die Begeisterung, als die Pioniere aus dem Emigration Canyon heraustraten und vor sich das von Bergen umgebene Tal des Großen Salzsees erblickten. Am 24. Juli 1847 standen die ersten Mormonen im Land ihrer Wahl, auf einem von der Sonnenhitze gedörrten Boden, der kaum dem Buschgras Nahrung bot.

Was nun folgte, ist eine der größten kolonisatorischen Leistungen, die je auf dem amerikanischen Kontinent vollbracht wurden. Man ging ohne Verzug an die Arbeit, baute am Südende des Großen Salzsees die Stadt Salt Lake City, errichtete ein kunstvolles System der Bewässerung und teilte den Siedlern Land zur Bebauung zu. «Der Boden gehört dem Herrn, und seine Heiligen sollen ihn nutzen, soweit sie es mit Gewinn tun können», so ungefähr lautete die kirchliche Meinung in bezug auf das Eigentum an Grund und Boden. Tausende von Mormonen zogen mit Familie, Vieh und Habe ins Tal. In den ersten Jahren herrschte Hunger und Not. Heuschrecken fielen über die Ernte her, und wiederum geschah – so sahen es die Heiligen – ein göttliches Zeichen. Denn unversehens erschienen Scharen von Seemöwen, die rechtzeitig die Heuschrecken verzehrten und die Siedler vor dem Untergang retteten. So sehr schien die Sache der Mormonen mit der Vorsehung verknüpft. Später erst wurde man gewahr, daß die Seemöwen nach altem Brauch Jahr für Jahr am Großen Salzsee auftauchten, doch dieser Umstand tat dem Glauben keinen Abbruch. Brigham Young förderte mit allen Mitteln die Einwanderung. Die bisherige Reisemethode mit den schweren Planwagen erachtete er als umständlich und allzu kostspielig. Also schickte er Zimmerleute nach Iowa zurück, die für die Emigranten zweirädrige Handkarren bauten. Im Jahre 1856 zog die erste ‹Hand Cart Brigade› über den 1200 Meilen langen Weg, und die Heiligen zogen ihre schwerbeladenen Karren so beharrlich, daß sie täglich an die zwanzig Meilen zurücklegten. Der Aufbau der Mormonengemeinschaft im Tal des Großen Salzsees ist nicht das zufällige Ergebnis unternehmungslustiger Pioniere. Ein solches Maß gemeinsamer Betätigung war sonst im amerikanischen ‹Frontier› nicht anzutreffen. Das Werk entstand aus Glaube und Zuversicht, Not und Verzweiflung.

Der Marsch der Mormonen an den Großen Salzsee ist oft als Auszug aus den Vereinigten Staaten dargestellt worden. Tatsächlich gehörte das Tal im Augenblick, da Brigham Young seinen Boden betrat, noch zu Mexiko. Erst im Frieden von Guadalupe Hidalgo kam es unter amerikanische Oberhoheit. Man kann sagen, daß die Mormonen einigen Grund hatten, sich den amerikanischen Gesetzen zu entziehen, denn ihre autoritäre Theokratie vertrug sich schlecht mit dem gültigen demokratischen System. Die große Wüste, das ‹American Desert›, war deshalb für die Heiligen ein Geschenk der Vorsehung. Dennoch ist anzunehmen, daß sich die Mormonen nie ganz der amerikanischen Souveränität entziehen wollten, sondern lediglich bestrebt waren, eine möglichst weitgehende Autonomie zu wahren. Die ersten Pioniere, die am Großen Salzsee eintrafen, führten amerikanische Flaggen mit sich, und im mexikanischen Krieg marschierte in den Reihen der amerikanischen Armee ein Mormonenbataillon mit. Brigham Young dachte keinen Augenblick daran, sein Imperium auf die Wüsten Utahs zu beschränken. Wollte es überleben, so brauchte es einen Zugang zu den Häfen am Pazifik. Man sprach vom ‹Mormon Corridor›, der von Salt Lake City nach San Diego im Süden Kaliforniens führen sollte. Längs dieser imaginären Straße entstanden Mormonensiedlungen, die Minenstadt Cedar City zum Beispiel oder San Bernardino südlich des Cajón-Passes. Die selbstherrliche Abgeschiedenheit des Mormonenreiches war allerdings von kurzer Dauer.

Nach dem mexikanischen Krieg wandten sich die Amerikaner mehr denn zuvor dem Westen zu. Auf dem Weg zu den Goldfeldern Kaliforniens durchquerten Tausende von Glücksuchern das Mormonenreich. Spätestens zu diesem Zeitpunkt muß Brigham Young erkannt haben, daß er sein Reich nach außen nur mangelhaft abschirmen und auf keinen Fall die amerikanische Oberhoheit übersehen konnte. Die Neugier einer ganzen Nation war auf die Heiligen gerichtet. Die Polygamie vor allem erregte die Gemüter und wurde bald zu einem Problem von höchster politischer Bedeutung. Die Zeitungen des Ostens ergingen sich in endlosen Betrachtungen über die Institutionen der Mormonen und über die seltsamen Familienverhältnisse Brigham Youngs und der andern religiösen Häupter. Der Ton der Auseinandersetzung wurde härter, und allzu oft folgten den Worten auch Taten. Den Herausforderungen der ‹Gentiles› begegneten die Heiligen mit einer gewalttätigen Sprache, die von ihrer Absicht zeugte, für die erlittene Verfolgung Rache zu nehmen. Bereits in Far West hatte die Devise gelautet: «Wenn uns die Menge belästigt, dann wird zwischen ihr und uns Krieg herrschen bis zur Vernichtung. Wir werden sie verfolgen, bis ihr letzter Blutstropfen vergossen ist, oder dann werden sie uns vertilgen.»

Brigham Young versuchte sich in politischer Hinsicht mit dem Kongreß in Washington zu verständigen. Im Jahre 1849 gab eine gesetzgebende Versammlung dem Territorium eine provisorische Verfassung. ‹Deseret› hieß der neue Staat, der neben dem heutigen Utah auch Arizona, den Süden Kaliforniens und Teile Nevadas, Idahos, Wyomings und Colorados umfassen sollte. Der Anspruch entfachte im Osten einen Sturm der Entrüstung. Einer Aufnahme von Deseret als Staat in die Union standen eine Reihe von Argumenten entgegen: die verfassungswidrige Polygamie, die antichristliche Haltung der Mormonenkirche, die maßlosen territorialen Forderungen und letzten Endes ein demokratisches Unbehagen vor der so fremdartigen Theokratie. Auch die weltlichen Ämter in Deseret waren selbstverständlich von Brigham Young und seinen Heiligen in Beschlag genommen worden. Die Einheit von Kirche und Staat schien ein für allemal besiegelt. Im September 1850 fand sich der Kongreß endlich bereit, den Mormonenstaat als ‹Territorium von Utah› der Union anzugliedern. Brigham Young wurde zum Gouverneur ernannt, vier Heilige und vier ‹Gentiles› teilten sich in die wichtigsten weltlichen Ämter. Das System funktionierte ausgezeichnet,

Brigham Young, Anführer der Mormonen auf ihrem Zug nach dem Großen Salzsee.

Mormonen unterwegs nach Salt Lake City. Charakteristisch für die Karawanen der Heiligen sind die zweirädrigen Handkarren, die über die ganze Distanz von den Emigranten gezogen wurden.

solange die vier ‹Gentiles› in umstrittenen Dingen die Augen zudrückten und sich darauf beschränkten, ihre Gehälter einzustecken. Als sie schließlich gegen die Willkür der Heiligen rebellierten, brach der Sturm los. Anklagen wurden von allen Seiten erhoben. Emigranten behaupteten, sie seien von Mormonen beraubt worden, Beamte der Union wurden in ihrer Arbeit behindert, Indianer angeblich zu Untaten gegen ‹Gentiles› angestiftet. Man sprach von den Morden der sogenannten ‹Danites›, eines Geheimbundes der Heiligen, und von der unduldsamen Haltung gegenüber abweichenden religiösen Meinungen.

Im Mai des Jahres 1857 schickte Präsident James Buchanan eine Streitmacht von 2500 Mann unter Oberst Albert Sidney Johnston auf den langen Weg nach Utah. Die Armee sollte nach allem, was vorgefallen war, die Autorität des Bundes über die Heiligen endgültig herstellen. Dieser untaugliche Versuch führte zum Mormonenkrieg, einer tragikomischen Episode in den wechselvollen Beziehungen zwischen den Vereinigten Staaten und der aufsässigen ‹Kirche Jesu Christi›. Die Mormonen belästigten die Truppen des Colonel Johnston auf ihrem Vormarsch, brannten das Präriegras nieder, jagten Pferde davon und erreichten mit List und Tücke, daß ihre Gegner vor Wintereinbruch Utah nicht mehr erreichten. Johnstons Korps verbrachte den Winter bei gekürzten Rationen in qualvoller Gefangenschaft bei Bridger's Fort. Die Mormonenmiliz befestigte inzwischen Echo Canyon und andere Zugänge zum Großen Salzsee, entschlossen, den ‹Legionen der Hölle› Trotz zu bieten. Der Krieg fand nicht statt. Colonel T.L. Kane, ein alter Freund der Mormonen, überzeugte Brigham Young davon, daß sich die

Vereinigten Staaten nicht in die religiösen Angelegenheiten der Mormonen ein-
mischen würden. Die Heiligen willigten ein, daß ein ‹Gentile› als Gouverneur in
Salt Lake City residierte, denn man hatte ihnen verbindlich zugesichert, der Mann
werde sich nicht um die Geschäfte Brigham Youngs kümmern. Ein bitteres
Schauspiel mußten die Mormonen allerdings über sich ergehen lassen. Die amerikanischen Truppen zogen mit klingendem Spiel in die Stadt ein und dokumen-
tierten damit die Oberhoheit der Union. Die Soldaten zeigten gute Disziplin und
ließen sich den verhaßten Heiligen gegenüber nichts zuschulden kommen. Nur
das Militärspiel leistete sich einen übel vermerkten Streich: Als die Kapelle an
der Residenz von Brigham Young vorbeizog, intonierte sie ‹One-Eyed Riley›,
eine obszöne Ballade, die damals gerade im Umlauf war.

Der Mormonenkrieg wäre als harmloses Schattengefecht in die Geschichte eingegangen, hätte sich nicht im Süden Utahs ein blutiges Ereignis zugetragen, das
die Mormonengemeinschaft in ein schiefes Licht brachte: Das Mountain-Meadows-Massaker. Im September 1857 zog eine Karawane von hundertvierzig Auswanderern durch das südliche Utah nach Kalifornien. Bei der Kolonne befand
sich unglücklicherweise eine Bande, die unter dem Namen ‹Missouri Wild Cats›
bekannt war und die unterwegs viel Unheil anrichtete. Mormonen, die sich offensichtlich beleidigt fühlten, stifteten Indianer an, einen Hinterhalt zu legen. Bischof John D. Lee schien der Anführer des unchristlichen Unternehmens zu sein.
Am 7. September fielen Mormonen und Rothäute gemeinsam über die Unglücklichen her und ermordeten auf bestialische Weise hundertzwanzig Männer, Frauen
und Kinder. Das Mountain-Meadows-Massaker war eines der schlimmsten Verbrechen, das je im Westen geschah. Viele vermuteten, Brigham Young habe persönlich zur Tat angestiftet. Der Umstand, daß die Mörder nicht ernsthaft zur
Rechenschaft gezogen wurden, förderte den Verdacht. Erst zwanzig Jahre später
wurde Bischof John D. Lee zum Tode verurteilt und am Tatort erschossen. Der
Haß der Nation richtete sich fortan ohne Unterschied gegen die ganze Mormonen-
gemeinde. Die Heiligen behaupteten weiterhin als Außenseiter der amerikanischen Gesellschaft eine beträchtliche Autonomie. Sie waren auch bereit, den Preis
dafür zu zahlen.

Blick auf einen Teil von Salt Lake City
in den achtziger Jahren.

Goldrausch am Pazifik

Mitte März 1848 erschien in einer Tageszeitung von San Francisco, dem von Mr. B. R. Buckelew herausgegebenen ‹Californian›, die Meldung, im Kanal einer kürzlich von Captain Sutter errichteten Sägemühle am American Fork sei Gold entdeckt worden. Ohne Zweifel sei Kalifornien reich an Mineralien, fügte der offenbar nicht sonderlich überraschte Schreiber hinzu. Die Nachricht, die kurz darauf die ganze Welt in Erregung versetzte, erschien beiläufig und ohne besondere Auszeichnung. Es dauerte eine Weile, bis Kalifornien die Bedeutung dieser Worte begriff. Man ließ sich, so kurze Zeit nach dem aufregenden Feldzug gegen die Mexikaner, nicht leicht aus der Ruhe bringen. Vom Gold, das sie in Kalifornien vermuteten, hatten schon die Spanier gesprochen. Auch der englische Seefahrer Sir Francis Drake glaubte, die pazifische Küste, die er New Albion nannte, berge edle Metalle. Doch die Missionare und die ‹Rancheros› hielten nicht viel von den alten Legenden, und auch die Amerikaner, die später ins Land kamen, richteten ihre Aufmerksamkeit einzig und allein auf Handel und Landwirtschaft. Wie hätte der kalifornische Boden Gold enthalten sollen, wenn nicht einmal die Indianer davon wußten, obschon sie – verächtlich ‹Digger-Indians› genannt – von Pflanzen und Wurzeln lebten und überhaupt ihr Dasein in engster Verbindung mit der Erde fristeten! Da und dort hatte man in den letzten Jahrzehnten Goldspuren gefunden, doch niemand nahm diese Hinweise sonderlich ernst.

Es mag im Rückblick als wunderliche Fügung erscheinen, daß John August Sutter gegen seinen Willen zum Urheber einer den ganzen Kontinent erfassenden Bewegung wurde, die ohne Beispiel dasteht. Daß es zu seinem eigenen Schaden geschah, ist für sein an Erfolgen und Unfällen reiches Leben charakteristisch. Sutter verwaltete damals von seinem Fort Nueva Helvecia aus die Besitzungen am Sacramento, den sogenannten Sobrante Grant, das von den Russen erworbene Fort Ross und die Bodega Bay. Doch das prachtvoll aufgeblähte Imperium stand wieder einmal vor dem Ruin, denn Sutter war nicht der Mann, der in die verwickelten Geschäfte hätte Ordnung bringen können. Den alten Schwierigkeiten suchte er zu entrinnen, indem er sich in neue Unternehmungen stürzte, die meist von Wagemut, selten aber von Klugheit zeugten.

John August Sutter brauchte eine Sägemühle, die seine Betriebe mit Holz versorgte und darüber hinaus, wie er meinte, zu einer Quelle neuen Reichtums zu werden versprach. Auch an einer Getreidemühle wurde gebaut. Vielleicht begeisterte er sich nur darum für das Mühlenprojekt, weil sich unter seinen Angestellten ein ehemaliger Mühlenbauer befand, John Wilson Marshall, ein exzentrischer Mann, der gerade durch sein absonderliches Benehmen das Interesse seines Meisters erregte. Marshall schlug vor, die Mühle am American River ungefähr fünfzig Meilen oberhalb des Forts zu errichten. Sutter setzte wie stets in solchen Fällen unbegrenztes Vertrauen in seinen Mitarbeiter, gab ihm den Auftrag zum Bau der Sägemühle und ließ sich auch durch den Umstand nicht beirren, daß der Standort außerhalb seiner Besitzungen lag. Die Warnungen seines guten Freundes John Bidwell schlug er in den Wind. «Gewiß hätte kein anderer als Marshall einen so verrückten Plan hegen können wie den, gesägtes Holz durch die Schluchten des American River herunterzuflößen», schrieb Bidwell später, «und kein anderer als Sutter wäre so vertrauensselig gewesen und hätte so viel Zuversicht besessen, ihn dabei zu unterstützen.» Die Nachwelt hat allerdings nicht erfahren, ob die Bauten am American Fork zweckmäßig oder sinnlos waren, denn die Mühle hat den Betrieb nie aufgenommen. Im Januar des Jahres 1848 wartete Sutter ungeduldig auf die Vollendung des Werkes, in das er schon so viel Kapital gesteckt hatte. An der Baustelle selber waren unter Marshalls Leitung tüchtige Handwerker tätig, Mormonen aus dem kalifornischen Mormonenbataillon, die später einmal nach Utah weiterziehen wollten. Einige Nachbarn machten sich über den phantastischen Plan lustig, doch das kümmerte den Bauherrn wenig. Sutter verbrachte diese Wintertage in Muße, obschon täglich Gäste eintrafen. Er führte auch, wie jedesmal, wenn er dazu Zeit fand, selber das Tagebuch des Forts: kurze Bemerkungen über das Wetter, über den Stand der Bauarbeiten am American River, über die täglich eintreffenden Besucher und über die Familienangelegenheiten der befreundeten Indianer. Am 28. Januar 1848 schrieb er den folgenden Satz ins Journal: «Mr. Marshall ist aus den Bergen in einer sehr wichtigen Angelegenheit hier eingetroffen», und vier Tage später findet sich die Notiz, Sutter sei nach der Sägemühle am American River aufgebrochen.

In ungezählten Geschichtsbüchern, in Romanen und Erzählungen ist festgehalten, was sich in diesen Tagen in Sutters Fort begab, und jedermann stimmt darin überein, daß hier und jetzt ein neues Kapitel in der Geschichte Kaliforniens seinen Anfang nahm. Es begann mit dem unerwarteten Erscheinen Marshalls, der nach einem Ritt über fünfzig Meilen erschöpft im Hof des Forts anlangte und triefend von Kot und Wasser in Sutters Kontor eindrang. Geheimnisvoll für die Bewohner von Nueva Helvecia waren die stundenlange Unterredung der beiden Männer in verschlossenen Privatgemächern, die Exkursionen nach der Apotheke und dann am nächsten Morgen der überstürzte Aufbruch Marshalls zurück in die Berge. Marshall hatte, wie Sutter später berichtete, ein weißes Baumwolltuch aus der Hosentasche gezogen und ein gelbliches Metall auf dem Tisch ausgebreitet. «Ich glaube, das ist Gold», lautete sein Kommentar. Sutter stand der Sache ziemlich hilflos gegenüber, griff dann aber nach der ‹Encyclopaedia Americana› und konsultierte den Artikel ‹Gold›. Dann prüfte er die seltsame Materie mit den bescheidenen Mitteln, die ihm zur Verfügung standen: Man behandelte sie mit Scheidewasser, ohne daß sich eine Veränderung ergeben hätte, balancierte die gelbe Substanz auf der Waage mit einem gleichen Gewicht Silber und tauchte die Waagschalen unter Wasser. Das Ergebnis deutete wiederum auf Gold feinsten Grades hin.

Sutter war in den folgenden Tagen gegen seine Gewohnheit schweigsam. Er ahnte zweifellos Unheil, denn wie konnte er seine Unternehmungen aufrecht-

Captain John A. Sutter

Fort Nueva Helvecia,
Sutters Niederlassung im
Sacramento-Tal (links).

Sutters Sägemühle
am American River, Ort der
ersten Goldfunde (rechts).

erhalten, wenn die Angestellten dem Gold nachliefen! Am 1. Februar verließ er das Fort und ritt nach der Sägemühle. Marshall und die Mormonen hatten inzwischen im Kanal der Mühle noch mehr Goldkörner gefunden. Es konnte also kein Zweifel mehr bestehen. Sutter stieg in den Kanal und sammelte eigenhändig einige Fragmente von dem kostbaren Metall. Doch im Grunde genommen wünschte er nichts sehnlicher, als das Sägewerk in Betrieb zu setzen. Die Mormonen zeigten in diesen ersten Tagen noch Verständnis für die Sorgen ihres Herrn und versprachen, strenges Stillschweigen zu wahren. Doch die Funde waren auf die Dauer nicht zu verbergen. Sutter selber war nicht die Natur, die hätte schweigen können. Bereits begann man in Nueva Helvecia zu munkeln, denn alles deutete darauf hin, daß etwas Besonderes vorgefallen war. Der erste, der die Geschichte laut verkündete, war ein Landsmann von Sutter, Jacob Wittmer, ein geschwätziger junger Mann aus Solothurn, der als Fuhrmann einen Transport nach dem American Fork geleitet hatte. Bei der Sägemühle war er zufällig und doch unvermeidlich auf den Kern der Sache gestoßen. Am 14. Februar schrieb John A. Sutter ins Tagebuch: «Wittmer ist mit zwei Wagen aus den Bergen zurückgekehrt. Er hat jedermann von den Goldminen erzählt und auch einige Proben mitgebracht.»

Der große Auftritt des Jacob Wittmer nach seiner Rückkehr trug sich wie folgt zu: Der Fuhrmann konnte sein Wissen unmöglich für sich behalten und steuerte dem Laden zu, der von Sam Brannan, dem Anführer der Mormonen im Sacramento-Tal, betrieben wurde. Er bestellte eine Flasche Branntwein, doch der Heilige lieferte Branntwein niemals auf Kredit. Nun legte Wittmer mit großartiger Geste seine Goldkörner auf den Ladentisch. Dann erzählte er seine Geschichte den Handwerkern des Forts. Heinrich Lienhard, ein anderer Schweizer im Dienste Sutters, war bei der Szene zugegen. In seinen Erinnerungen schildert er den für alle Beteiligten so folgenreichen Tag: «Ich hatte zwar schon einige Zeit vorher von einem Fuhrmann beim Bau von Sutters Sägemühle gehört, daß er dort Gold gefunden habe, aber man glaubte es ihm nicht, weil er als Aufschneider bekannt war. Dieser Mann war ein Solothurner namens Wittmer und auch bei meinem Besuch in Sutters Fort zugegen. Er behauptete, daß so viel Gold vorhanden sei, daß ein Mann in einem Tag ein Quart sammeln könne. Man lachte ihm natürlich ins Gesicht und bezeichnete seine Aussage als eine freche Lüge, was er aber nicht zürnte, denn er wußte, daß ihm niemand etwas glaubte. Ich trat zu der Gruppe und nannte ihn einen dummen Kerl, daß er nicht einen Tag Gold gesucht und gerade ein Quart mitgebracht habe, da er ja in einem ganzen Jahr bei Sutter als Fuhrmann nicht so viel verdiene. Er reduzierte dann bald das Quart auf einen Eßlöffel voll. Alles lachte, und ich schämte mich für ihn als dessen Landsmann, weil er ein so unverbesserlicher Gewohnheitslügner war. ‹Wenn du Gold entdeckt hast, so wirst du doch gewiß etwas davon in die Tasche gesteckt haben. Laß einmal sehen!› sagte ich. Nun griff Wittmer in die Tasche, nahm einen beschmutzten Fetzen Leinwand heraus und wickelte diesen Lumpen auf. Er hatte wirklich etwa zwanzig Körner, von denen die größten etwa so groß wie ein Stecknadelkopf waren. Wir wurden stutzig, und ich schlug vor, er solle das größte Körnchen davon nehmen und dem Schmied Trifield bringen, damit er es erhitze und dann hämmere. Alle waren damit einverstanden, und der Schmied reinigte einen Blechlöffel und machte in demselben das Körnchen weißglühend, worauf er es auf den Amboß brachte und zu einem ganz dünnen Blättchen hämmern konnte. Mit vielem Interesse – nein, es war mehr als dies –, mit Spannung und Herzklopfen sahen wir dieser Probe zu und fanden einstimmig, daß es Gold sein müsse. Anwesend waren nebst Wittmer und mir und dem Schmied auch Hudson, der Wagner, John Muot, der lustige Schneider, welcher jetzt Aufseherstelle bei Sutter vertrat, und Charles Burch. Die lautlose Stille der Beobachtung machte plötzlich einem lauten, wilden Jubelruf Platz. Die eben noch so ruhig gewesenen Männer wurden auf einmal wie wahnsinnig: man jauchzte, schrie, pfiff, sang, jodelte wie toll. Der kleine John Muot machte komische Sprünge wie eine Katze auf der Baldrianwurzel, und der Ruf: ‹Gold! Gold!› erschallte durch das ganze Fort. Obschon auch ich mich freute, lachte und mit einstimmte, so glaube ich doch der Ruhigste gewesen zu sein. Ich erinnerte mich sofort an meine angenehme Beschäftigung und meine Gartenliebhaberei und war der erste, der die Schmiede verließ. Sutter trat infolge des Lärms auf die Brücke heraus und rief mir zu, daß ich hereinkommen solle, denn wie es scheine, sei sein Geheimnis entdeckt. ‹Wir wollen nun alle reich werden, und daraufhin wollen wir eine Flasche Wein nehmen.› Mit diesen Worten nahm er aus dem Schrank eine Flasche Rotwein und füllte damit drei Gläser, die wir nebst Mr. Rodel, einem Badenser, aufs gut Glück erhoben und leerten. Ein ganz eigentümliches Gefühl kam über uns alle, denn die Überraschung kam zu schnell und unerwartet. Trifield, der Schmied, und Hudson, der Wagner, hielten es nicht mehr lange im Fort aus. Sie wollten sich selber von der Richtigkeit des Ereignisses überzeugen. Sie versahen sich mit genug Lebensmitteln, um daraus ein paar Tage leben zu können, nahmen Pickel, Schaufel, einen Kochapparat, zwei Blechbüchsen, auch ein paar wollene Decken mit und begaben sich als erste Pioniere im Goldsuchen nach Coloma, wie der Platz, wo die Sägemühle erbaut wurde, später hieß.»

Von da an kehrten jeden Tag einige Arbeiter Nueva Helvecia den Rücken und strebten den Goldfeldern zu. Das Journal verzeichnet die Abgänge in trockenem Stil. Auch die Mormonen fanden am Gold Gefallen. Sam Brannan zog in die Berge und kehrte mit einer Flasche voll Goldkörner zurück. Dann reiste er nach San Francisco, lief vom Landungssteg die Straße hinauf, schrie unablässig: «Gold! Gold!» und schwenkte dabei die Flasche mit dem gelben Metall. Die ersten Bürger von San Francisco machten sich auf den Weg. Bald folgten Tausende, denn die Verlockung war unwiderstehlich.

John August Sutter nahm den Vorgang mit tiefer Resignation zur Kenntnis. Er trank mehr denn je. Später versuchte er sein Glück selber in den Goldfeldern, doch auch da stand ihm seine Natur im Weg. Unbeständig, leicht zu hintergehen, in fahrlässiger Weise gutmütig, häufte er auf die alten noch neue Schulden. Sutter hatte den Gouverneur in Monterey gebeten, ihm den Boden am American Fork durch eine formelle Schenkung zu überlassen. Doch die Hoffnung auf den Beistand der Behörden erwies sich als trügerisch. Der Friedensvertrag mit Mexiko war noch nicht unterzeichnet und somit das amerikanische Recht in Kalifornien nicht anwendbar. Inzwischen betätigten sich Sutters Leute auf eigene Faust in den Goldfeldern. Nur gelegentlich kehrten sie ins Fort zurück, um sich mit Lebensmitteln und Geräten auszurüsten. «Wer irgendeine Beschäftigung hatte», schreibt Heinrich Lienhard, «der hängte sie an den Nagel und eilte mit Hacke und Schaufel oder in Ermangelung derer auch bloß mit einem Eisenstab oder Kratzer und einer Kochpfanne den Minen zu ... Als Sutter es nicht über sich bringen konnte, seine Ernte ebenfalls stehen zu lassen und diese noch mit großen Kosten einsammelte, die Frucht an große Haufen setzte und mit einem Zaun umgab, da trieben es die Goldgräber so weit, daß sie für ihre hungrigen Pferde und Maultiere diese Vorräte angriffen und nach und nach förmlich raubten. Ich erinnere mich, wie zwei Männer hergeritten kamen, nach dem Weg in die Minen fragten und dann wie wahnsinnig den Pferden die Sporen in die Flanken setzten, so daß die armen Tiere beinahe zusammenbrachen und die aufgebundenen Habseligkeiten – Schüsseln, Schaufeln, Pfannen – den Takt klapperten. Am tollsten gebärdeten sich viele auf dem Rückweg von den Minen, denn sie hatten nun Geld zum Trinken und berauschten sich schon auf dem Weg, so daß sie schrien, brüllten, sangen und fluchten. Sie verlangten meistens etwas Starkes und tranken davon viel. Schnapsflaschen fand man überall leer umherliegen, auf den Straßen, vor und hinter den Häusern, in Bächen und Flüssen ... Der Aufenthalt im Fort, welcher früher bloß reges Leben bot, wurde zum Tummelplatz wüsten, wilden Treibens, und allerlei unflätige Auftritte waren fast täglich zu erleben. Spiel, Betrug, Raub, Sauferei

Sogleich nach der Entdeckung des Goldes am American River machten sich die ersten Abenteurer auf den Weg.

Der Aufbruch nach den Minenregionen.
Kalifornier unterwegs zu den Goldfeldern.
Das Logis im Schafpferch.

und selbst Mord schien bald zur Tagesordnung im Fort zu werden, von Gesetz und Ordnung blieb kaum noch ein Schatten übrig ...»

Sutters Fort wurde zu einem Treffpunkt der Abenteurer und zerfiel zusehends. Die letzte Notiz im Journal datiert vom 25. Mai 1848: «Ohne Unterbruch ziehen Leute in die Berge. Pablino und andere Indianer vom Walagumne-Stamm kamen auf Besuch von San José. – Ein sehr warmer Tag.» Später erinnerte sich Sutter in Bitterkeit dieser turbulenten Tage: «Aus irgendeinem Grund sah ich gleich zu Beginn, wie sich die Dinge entwickeln würden. Die Drohung lastete auf meinem Gemüt. Noch war ich entschlossen, mir mein Reich nicht entreißen zu lassen. Der große Ansturm von San Francisco her erreichte das Fort im Mai 1848. Alle meine Freunde und Bekannten füllten Haus und Fort. Alle kamen sie, die Händler, Ärzte, Anwälte und Seekapitäne. Alles befand sich in größter Konfusion. All meine Leute verließen mich, was nicht verwunderlich ist. Ich konnte nicht einmal die Tore meines Forts zuschlagen und die Meute hinauswerfen, ohne Blut zu vergießen. Die Zugezogenen trieben ihr Vieh auf meine Felder und traten ungestraft das Korn nieder. Sie trieben meine Herden davon, und als die große Flut von 1849 kam, mußte ich mein Vieh auf Anhöhen in Sicherheit bringen, wo es die ‹Vaqueros› nicht schützen konnten. Die Schlächter von den umliegenden Ortschaften fingen und töteten es in großer Zahl. Die Gerbereien waren zu dieser Zeit voll beschäftigt und die Bottiche voll Leder. All das blieb vertrocknet und verrottet liegen. – So verhielt es sich mit der Schusterwerkstatt, der Sattlerei, der Bootswerft und der Schmiede. Alle waren sie verlassen und die Arbeit in halbfertigem Zustand. Als besondere Gunst kann ich es bezeichnen, daß ein Schmied wenige Tage zurückblieb und einige Wagen wieder instand stellte. Meine Mühle wurde nie vollendet. Alles wurde gestohlen, sogar die Steine. Auch die Glocke vom Fort und die Gewichte am Tor. In gleicher Weise die Häute und die Salmentonnen. Ich hatte eben zweihundert Fässer als Behälter für die Salmen angefertigt. Einige Kanonen des Forts wurden auch gestohlen. Meine ganze Habe lag offen da, den Elementen und der Meute ausgeliefert.» Doch das Goldfieber griff um sich. Selbst der getreue und biedere Lienhard meinte: «Mir war es oft, als ob man mich an den Haaren nach den Minen zöge.»

Für San Francisco zum Beispiel bedeutete die Entdeckung des Goldes, das der Stadt später so unermeßlichen Reichtum brachte, vorerst eine schwere Prüfung. In den ‹Annalen von San Francisco›, einer in den Gründerjahren entstandenen Chronik, wird der Zustand der Stadt im Mai des Jahres 1848 geschildert. Die Aufzeichnung ist ein bewegendes Dokument aus den Tagen des Goldrauschs: «Im Frühling dieses Jahres ist hier die Nachricht eingetroffen, daß in den Vorgebirgen der Sierra Nevada große Mengen von Gold gefunden wurden. Kleine Stücke des wertvollen Metalls wurden bald in San Francisco gezeigt, als Besucher und Goldgräber aus den Minen hier eintrafen, um über die Wunder jener Gegend und die goldenen Gewinne der Leute zu berichten, die dort forschten und arbeiteten. Die Folge war, daß die Bewohner nach und nach, einzeln oder in Gruppen, ihre bisherigen Geschäfte fahren ließen und sich an den American River oder in andere goldreiche Gebiete im großen Sacramento-Tal begaben. Die Löhne für jegliche Arbeit stiegen rapid, denn es fehlte an Leuten, und bald mußte jedes Geschäft und jede Arbeit, soweit sie nicht dringend nötig waren, eingestellt werden. Die Seeleute desertierten von den Schiffen in der Bai und die Soldaten aus ihren Quartieren. Die Erregung erfaßte gleichmäßig das ganze Land. Weder Drohung, Bestrafung noch Geld vermochte die Leute an ihre Verpflichtungen zu binden. Gold war der unwiderstehliche Magnet, der die menschlichen Seelen zu jenem Ort hinzog, wo es lag, und es zerriß gewaltsam die schwachen Bande der Zuneigung und der Pflicht. Habgier und der überwältigende Wunsch, auf einen Schlag reich zu werden, wurden zu einer eigentlichen Krankheit, und sie breitete sich nach allen Seiten aus und führte zu einem allgemeinen Exodus sämtlicher Klassen der Gemeinschaft in der Richtung der Goldfelder.»

«Im Monat Mai wurden mindestens hundertfünfzig Personen gezählt, die San Francisco verließen, und seither steigt die Zahl von Tag zu Tag. Einige sind aus den Goldfeldern zurückgekehrt, doch sie fanden kaum Zeit, hier abzusteigen und über das, was sie gesehen haben, zu berichten. Sie kamen in der gleichen Eile zurück, in der sie damals weggegangen waren, wobei sie Haushalt und Geschäft dem Ruin anheimgegeben hatten. Jetzt schlossen sie ihre Häuser richtig und endgültig und zogen mit Gütern, Kind und Kegel in die Goldregion. Ihr überstürztes Gehaben, mehr noch als das, was sie sagten, erweckte die Neugier und dann den begierigen Wunsch der andern, sie zu begleiten. Und so geschah es. Tag für Tag war die Bai mit Booten bedeckt, überfüllt mit Bewohnern der Stadt und ihrer Habe, die dem Sacramento zustrebten. Die Bewegung erreichte bald einen Höhepunkt. Meister und Angestellte eilten in die Minen und ließen San Francisco hinter sich wie einen Ort, an dem die Pest wütet, vergessen von seinen alten Einwohnern, eine melancholische Einsamkeit.»

Am 29. Mai stellte die Zeitung ‹Californian› ihr Erscheinen ein. Der Verleger Buckelew führte in der letzten Nummer bewegte Klage: «Die Mehrzahl unserer Abonnenten und viele Inserenten haben ihre Tore und ihre Geschäftshäuser geschlossen und die Stadt verlassen. Das ganze Land von San Francisco bis Los Angeles und von der Küste bis zu den Höhen der Sierra Nevada hallt wider vom schmutzigen Ruf nach Gold! Gold! Gold! – während das Feld halb angepflanzt daliegt, das Haus zur Hälfte erbaut und jede Sache vernachlässigt ist außer den

In der ersten turbulenten Zeit wurde mit einfachsten Werkzeugen regellos gegraben und Gold gewaschen.

Werkstätten für Schaufeln und Hacken ...» Einige Tage später ritt auch Mr. Buckelew in die Berge. Am 14. Juni schloß der ‹California Star›, die Zeitung des Mormonenältesten Sam Brannan, seine Werkstatt. Das Blatt könne durch keine Art von Zauberei hervorgebracht werden, wenn es an Arbeitern fehle. Der Heilige hatte sich ohnehin längst ergiebigeren Geschäften zugewandt. Am 11. August feierte San Francisco den Friedensschluß zwischen der Vereinigten Staaten und Mexiko mit einem großen Feuerwerk. Im Morgengrauen feuerten Geschütze in allen Stadtteilen, im Presidio, in den Kasernen und von den Schiffen im Hafen. Doch die Stadt war sich selber fremd geworden.

Im Juni waren zweitausend Goldsucher am American River an der Arbeit, einen Monat später waren es viertausend. Dann hörte jede zuverlässige Zählung auf. Ganze Abteilungen der Armee liefen davon. Die Matrosen der Handelsschiffe ließen ihre Arbeit im Stich und gingen in die Minenregionen. Die Kapitäne folgten nach. In Monterey desertierten Marinesoldaten von der Kriegsschaluppe ‹Warren›. Sie nahmen gleich auch das Rettungsboot mit und vergnügten sich in Erwartung des unvermeidlichen Reichtums in den Hafenkneipen. Nichts geschah. Wer hätte die Leute zur Rechenschaft ziehen sollen, da jedermann vom gleichen Fieber angesteckt war? Commodore Jones kreuzte mit seinem pazifischen Geschwader vor der kalifornischen Küste und bemühte sich, unter seinen Seeleuten die Disziplin aufrechtzuerhalten. Als der Commodore sich einmal in Monterey nach dem Gouverneur umsah, war der höchste Vertreter der Vereinigten Staaten im Lande nirgends zu finden. «Man weiß auch nicht, wo das Hauptquartier ist», schrieb der Journalist Edwin Bryant. «Man weiß nicht, ob es sich in Monterey befindet, in Sutters Fort oder in einem von vier Maultieren gezogenen Wagen, welcher der Goldregion entgegenrollt.» Unter den herrschenden Umständen schien es ausgeschlossen, eine zuverlässige Verwaltung in Gang zu halten. So viel Selbstverleugnung wollten auch die Beamten nicht aufbringen. Man hatte die Wirren der Kriegszeit ohnehin noch nicht überwunden. Es fehlte nicht an Stimmen, die vor der hereinbrechenden Anarchie warnten. In einem Bericht an die Bundesregierung heißt es: «Wir brauchen in Kalifornien so rasch wie möglich eine gute Verwaltung. Der Gouverneur sollte ein geschickter, starker und integrer Mann sein, und sein Salär sollte nicht nach den in den Vereinigten Staaten üblichen Ansätzen bemessen sein. Es gibt nicht einen guten Arbeiter hier, der nicht mindestens das Doppelte von dem verdient, was der Staat seinen führenden Männern zubilligt.»

In seinem offiziellen Bericht über die Goldminen, der später in den Vereinigten Staaten ungeheures Aufsehen erregte, sprach Colonel M. Mason von den Goldmengen, die an den Hängen der Sierra Nevada sozusagen offen dalagen. «Ich zögere nicht zu sagen», meinte der Oberst, «daß in den Gebieten, die durch San

Die tragbare Quarzmühle war eine Erfindung, die von den Goldsuchern sehr geschätzt wurde. Die Maschine konnte ohne große Mühe von einer Mine zur andern transportiert werden, und außerdem erforderte ihre Anschaffung keine größeren Kapitalien.

Joaquín und Sacramento bewässert werden, so viel Gold zu finden ist, daß man damit hundertfach die Kosten des mexikanischen Krieges zahlen könnte. Um dieses Gold einzusammeln, braucht es keine Kapitalien. Es genügt, wenn der Goldsucher eine Hacke, eine Schaufel und ein Zinngefäß mit sich führt, und es gibt sogar Leute, die mit ihrem Messer aus den Felsspalten Goldbarren von drei bis sechs Unzen hervorkratzen.» Ein anderer Beobachter beschreibt die Goldlager am American River wie folgt: «In den unteren Partien des Flusses liegt das Gold in Form von Plättchen, die wie Fischschuppen aussehen. Weiter oben findet man es als Kügelchen von verschiedenartiger Gestalt und Größe. Die größten sind vermischt mit Quarz und mit andern Granitfragmenten. An vielen Orten trifft man senkrechte Schieferplatten, und das Gold lagert zwischen den Schichten.» Der gleiche Autor äußert sich skeptisch über die in den ersten Monaten angewendeten Methoden des Abbaus: «Die Maschinen, die man in Kalifornien bisher für die Goldwäscherei eingesetzt hat, sind sehr unvollkommen. Man hat von der Quecksilberverbindung noch keinen Gebrauch gemacht. Ich vermute, daß durch die bisher üblichen Verfahren eine Menge Gold in der weggeworfenen Erde verlorengeht.» Man glaubte, ein tüchtiger Mann könne im Tal des Sacramento mindestens hundert Goldunzen im Monat gewinnen. Eine Unze galt im Sommer 1848 ungefähr sechzehn Dollar. Der Goldpreis wurde von den Händlern in San Francisco ausgemacht. «Viele Leute, die im vergangenen Monat Juni ihre Goldwäscherei mit einem Kapital von fünfzig Dollar begonnen haben, besitzen heute fünftausend oder zehntausend Dollar», schrieb Colonel Mason zwei Monate später. Immerhin räumte er ein, daß andere erfolglos blieben: «Einige haben nicht einmal genug Geld, um ein Pferd oder einen Sattel zu kaufen, oder die Arzneimittel, deren sie bedürfen, um das Fieber zu kurieren.» Hoch wie die Gewinne waren auch die Preise, die von den Händlern auf den Goldfeldern verlangt wurden. War ein Arzt zugegen, so forderte er für eine Konsultation eine Unze Gold, sechs Unzen hingegen für einen Krankenbesuch. Und dabei nahmen Fieber und andere Krankheiten ständig zu.

Längst war die Suche an den verschiedensten Flußläufen im Gange. Wenn der American River einen so reichen Ertrag bot, warum sollte dasselbe nicht in andern Flußtälern der Fall sein? John Bidwell entdeckte die ergiebigen Vorkommen am Feather River. In seinen Aufzeichnungen berichtet er darüber trocken: «Dickey, Northgraves und ich sind an den Ort gelangt, der heute Bidwell's Bar heißt, haben Gold gefunden und sogleich mit der Ausbeute begonnen.» Auch Heinrich Lienhard ging nach langem Zögern in die Berge. Er war nicht zum Goldsucher geboren, zeigte sich aber mit dem Ergebnis einigermaßen zufrieden: «Weil ich zum erstenmal in die Minen kam, so war mir alles ganz neu und unbekannt, und ich sah mich gezwungen, anfänglich den übrigen Goldwäschern zuzuschauen. Bald wählte ich mir dann dicht neben dem Wasser eine Stelle aus, wo ich mein Glück versuchen wollte. Die Maschine, die mir auf dem Wege ein befreundeter zurückkehrender Herr geschenkt hatte, wurde aufgestellt und die Arbeit begonnen. Dieses primitive Handwerksgerät besteht aus Gitterwerk in der Form einer Wiege mit Querstücken, welche das zu rasche Vorrücken und Rollen des hineingeworfenen Kieses verhindern sollen. Durch das Zugießen von reichlichem Wasser wird das Kies von den erdigen Bestandteilen gereinigt, also gewaschen, und nachher wird dasselbe auf das Vorhandensein von Gold untersucht. Die spezielle Manipulation ergab sich nach und nach von selbst. Später war die Ausbeutung eine andere, und es wird jetzt Quecksilber dazu verwendet, um alles vorhandene Gold zu bekommen. Obwohl ich in der Ausbeute nicht gar glücklich war und selten mehr als eine Unze pro Tag herausbrachte, so bedauerte ich doch sehr, daß ich nicht schon längst meine Alltagsarbeit im Garten aufgegeben und dafür Gold gegraben hatte.»

Es wurden zahlreiche Berechnungen angestellt über den Umfang der Lager, über die mögliche Ausbeute in den kommenden Jahren und über die Anzahl der

Goldsucher, die das Land aufnehmen könnte. Noch waren die Kalifornier unter sich, aber man erwartete den Zustrom von Abenteurern und zweifelhaften Gestalten. Einige Historiker sind der Meinung, die ersten Monate und Jahre seien eine Zeit der ehrlichen Arbeit und des legitimen Strebens nach Glück und Reichtum gewesen. Der ‹honest miner› (ehrbare Goldsucher) ist der Held dieser Tage. Sutter und andere wußten allerdings Dinge zu berichten, die schlecht in dieses Bild passen. In Nueva Helvecia trieb sich eine Bande von Pferdedieben herum. Der im Fort residierende Alkalde war stiller Teilhaber dieser edlen Gesellschaft, der Sheriff ihr Anführer. In den Goldregionen waren Betrügereien und offene Gewalt an der Tagesordnung. Ein Vorfall bei Bidwell's Bar könnte sich auch anderswo zugetragen haben: «Letzte Woche wurde eine Versammlung der Goldsucher einberufen, damit sie über das Vorgehen gegen einen Händler beraten konnte, der Dr. Stovers California-Salbe als Butter verkauft hatte.» Ein Offizier schrieb nach Washington: «In den einsamen Schluchten der Sierra Nevada halten sich Leute auf, die kein anderes Dach über sich haben als die Äste der Bäume und die zu ihrer Verteidigung nichts als ihre Kraft und ihre Wachsamkeit einsetzen können. Man weiß, daß diese Männer in ihren Taschen eine Menge Gold haben. Welche Versuchung für einen Dieb, der sein Verbrechen weitab von fremdem Blick und unerreichbar für jede Verfolgung begehen kann! Bereits wurden verschiedene Diebereien und Morde gemeldet, aber jedermann ist so mit seinen eigenen Angelegenheiten beschäftigt, daß man sich noch kaum mit diesen Verbrechen befaßt hat. Man weiß nicht, wie viele verübt wurden. Niemand war Zeuge, und die Toten sprechen nicht ...»

Die Indianer der Region standen dem Treiben vorerst fassungslos gegenüber. Von Natur aus primitiver und anspruchsloser als ihre Artgenossen im Osten, ging ihnen erst allmählich der Sinn für den Handelswert des Goldes auf. Für die anrückenden Pioniere war der rote Mann zum vornherein eine lästige Erscheinung. Man hielt sich die Eingeborenen, so gut es ging, vom Leib. Auch wenn sie im Dienst eines Weißen in den Minen arbeiteten, waren sie ihres Lebens nicht sicher. Lienhard erlebte bei seinem Aufenthalt am American Fork, wie wenig das Leben der Indianer galt. Eines Tages vernahm er, der ihm bekannte Häuptling Könnöck sei mit einem andern Indianer von Weißen ermordet und skalpiert worden. «Das schien mir eine sehr bedenkliche Geschichte zu sein», meinte er, «und je mehr ich darüber nachdachte, desto gefährlicher kam sie mir vor. Daß die Indianer gar noch von den deutschen Goldgräbern, unter welchen auch meine drei Kameraden Thomann, Rippstein und Diel sich befanden, gemordet und skalpiert worden seien, konnte ich nicht begreifen ... Natürlich war ich nun sehr neugierig zu erfahren, warum man den armen Häuptling getötet habe, brachte aber nur so viel heraus, daß nicht die deutschen Goldgräber die Mörder waren, sondern fünf berittene Männer aus Oregon, teils Halbindianer, teils Weiße, welche von dem North Fork des American kamen, den armen Häuptling, welcher nach Coloma gehen wollte, antrafen und ohne jede Veranlassung sofort Jagd auf ihn machten. Als der Indianer die fünf Männer unter wildem Geschrei auf sich zureiten sah, habe er die Flucht ergriffen, sei verfolgt worden bis an den Fluß und dann hineingesprungen. Weil er vor Müdigkeit nicht unter dem Wasser hinüberschwimmen konnte, so habe eine Kugel sein Haupt getroffen, und er sei plötzlich tot gewesen. Der Mörder sei dann noch ganz kaltblütig vom Pferd gestiegen und habe, da das strömende Wasser den leblosen Körper ans Ufer geschwemmt hatte, diesen noch skalpiert und die Kopfhaut als ein großes Siegeszeichen an den Zaum des Pferdes gehängt. Auch einen zweiten Indianer, den sie auf dieser Menschenjagd getroffen, sollen sie umgebracht und skalpiert haben ...» Lienhard und einige seiner Kameraden verließen darauf die Gegend. Sie hatten indianische Diener bei sich und fürchteten, von den entfesselten Abenteurern ebenfalls getötet zu werden. Später vernahm er, daß fast alle Indianer, die er am American Fork getroffen hatte, von den weißen Goldgräbern in Coloma umgebracht worden waren.

Aus ähnlichen Gründen kehrte mancher ‹honest miner› nach einem hoffnungsvollen Anfang den Goldfeldern den Rücken. Die materielle Bilanz des ersten Jahres war immerhin beachtlich. Einzelne Leute hatten in wenigen Monaten Vermögen angehäuft. Einige vermochten sie zu halten, andere warfen ihr Geld in die Spielbanken und Spelunken. Ein offizieller Bericht schätzt den Ertrag der ersten zwölf Monate auf zwei Millionen Dollar, der Historiker Bancroft spricht von zehn Millionen und die ‹Annals of San Francisco› sogar von achtundvierzig Millionen.

Am 28. Februar 1849 – dreizehn Monate nach den Goldfunden bei der Sägemühle – traf der Dampfer ‹California› nach mühsamer Reise um das Kap Hoorn mit Goldsuchern an Bord in San Francisco ein. Die Bürger der nun wieder einigermaßen bevölkerten Stadt empfingen das Schiff, das später den Küstendienst nach Panama versehen sollte, mit Jubel und Begeisterung. Nicht so freudig schien der wackere Lienhard gestimmt, der in den Bergen mit den ersten Leuten aus dem Osten Bekanntschaft machte: «Eines Tages kam eine große Zahl von den ersten per Schiff von New York angelangten Goldsuchern, die nach den Minen gingen. Sie waren bis an die Zähne bewaffnet und gehörten jedenfalls zum Auswurf der östlichen Staaten. Als ich von ihnen die Äußerung hörte, daß sie große Lust hätten, ihre Gewehre an den nackten braunen Leuten (den Indianern) zu probieren, so bedeutete ich ihnen, daß wir, Dürr und ich, es nicht zulassen würden, diese harmlosen Leute zu beleidigen, worauf sie bald ihres Weges weiterzogen. Das waren wieder die zivilisierten Leute, und zwar von der Nation, welche so christlich sein will wie Katholiken und Protestanten, und waren doch mordlustige Gesellen.» Ungefähr gleichzeitig trafen die ersten Amerikaner ein, die noch während des Winters den langen Weg über den ‹Santa Fé Trail› und durch die Wüsten Arizonas zurückgelegt hatten. Noch lag tiefer Schnee auf den Pässen der Rocky Mountains und der Sierra Nevada. Doch im Osten begann bereits der große Auf-

Die ersten ‹Neunundvierziger›
trafen nach endlosen Strapazen
in Kalifornien ein.

bruch, der Exodus der ‹Neunundvierziger›, oder, wie der amerikanische Ausdruck lautet, der ‹Goldrush›.

Die ersten Nachrichten von Goldfunden in Kalifornien waren im Sommer 1848 eingetroffen und hatten kein besonderes Aufsehen erregt. In einer an Ereignissen so reichen Zeit lagen andere Dinge näher. Mit Gold hatte man sich bisher nicht befaßt, und Anlaß zu irgendwelchen überstürzten Entschlüssen war nicht vorhanden. Außerdem stand der Winter bevor, und Kalifornien war in der kalten Jahreszeit nur auf Umwegen zu erreichen. Dann aber traf die Botschaft von Colonel Mason ein. Als sichtbaren Beweis hatte Mason Goldkörner im Wert von dreitausend Dollar mitgeschickt. Präsident Polk sprach am 5. Dezember 1848 vor dem Kongreß die historischen Worte: «Die neuesten Goldfunde machen es wahrscheinlich, daß die Minen ausgedehnter und reichhaltiger sind, als anfänglich vermutet wurde.» Der Präsident hätte den wahren Sachverhalt kaum mit größerer Zurückhaltung umschreiben können, und doch wirkte der Satz wie ein zündender Blitz. Nun war plötzlich jedermann überzeugt, daß in Kalifornien das Gold auf der Straße lag und nur darauf wartete, in Säcke abgefüllt und davongetragen zu werden. Was sich vor einigen Monaten in San Francisco abgespielt, wiederholte sich nun zwischen Neu-England und New Orleans und auch am Mississippi. Eine Massenpsychose ohne Beispiel bemächtigte sich der Nation, erschütterte das soziale und wirtschaftliche Gefüge und förderte Kräfte aus dem Untergrund zutage, die bisher von gesellschaftlichen Konventionen verdeckt waren. Vielleicht war die Disposition zu diesem plötzlichen Ausbruch seit Jahren vorhanden, so daß es nur eines besonderen Anlasses bedurfte. Geld und Macht lagen nun in jedermanns Reichweite. Das Signal, das materiellen Gewinn verkündete, erschien den Amerikanern wie ein Anruf des Schicksals, als Beweis sozusagen, daß das ‹Manifest Destiny› diesmal nicht bloß für die Nation, sondern für jeden einzelnen etwas bereithielt. Noch lebte man – kurz nach dem Sieg über Mexiko – in einer nationalen Euphorie. Die Tatsache, daß das Gold eben jetzt zum Vorschein kam, wenige Monate nach dem de facto bereits vollzogenen Anschluß von Kalifornien, war ein klares Zeichen für die der amerikanischen Nation aufgetragene Mission. Tausende von Bürgern, die auf irgendeinem Weg Kalifornien zustrebten, sahen die Dinge zweifellos in diesem höheren Zusammenhang. Dem Tüchtigen bescherte die Vorsehung eine reiche Ernte.

So machten sie sich für die Reise bereit: Arbeiter, Farmer, Seeleute, Studenten, Theologen, Ärzte, Professoren von Harvard, ganze Ortschaften entschlossen sich zum Aufbruch. Handwerker, Buchdrucker und Händler packten ihre Einrichtungen und Waren auf Planwagen und begaben sich an den Missouri, damit sie zeitig im Frühjahr für die Fahrt durch die Prärie bereit waren. Pfarrer predigten vor leeren Bänken gegen die Gefahren des Mammons, schlossen dann die Kirche zu und griffen ebenfalls zu Hacke und Spaten. Die ‹Neunundvierziger› bewiesen viel Sinn für gemeinschaftliche Unternehmungen und bestätigten damit eine bewährte amerikanische Tugend. Zahlreiche Auswanderer taten sich zu Gesellschaften zusammen, wie es früher schon die Siedler bei ihren Wanderungen nach Oregon oder Kalifornien getan hatten. Doch waren diese Zusammenschlüsse meist nicht bloß für die Reise, sondern auch für die Arbeit in den Goldfeldern gedacht. Man verfaßte einen Gesellschaftsvertrag, legte das Geld in eine gemeinsame Kasse und gelobte, auf Gedeih und Verderben die gemeinsame Zukunft zu bestehen. Die Gründung dieser Gesellschaften zeugte von einer bemerkenswerten Unkenntnis der Verhältnisse in Kalifornien. In den ersten Jahren wurde in den Goldregionen fast ausschließlich das sogenannte ‹placer-mining› betrieben, der Abbau der verhältnismäßig offen daliegenden Vorkommen. Diese Arbeit geschah mit Vorteil in kleinen Gruppen, nicht aber in ganzen Gesellschaften. Kapital war kaum erforderlich. So ergab es sich von selbst, daß sich die größeren Gemeinschaften meist bald nach der Ankunft auflösten. Die Reglemente dieser Gesellschaften waren oft engherzig und naiv, doch stets vom guten Willen getragen,

Das Nachtlager der Karawane, eine häufig von Künstlern
gestaltete Szene. Der Holzschnitt in ‹Harper's Weekly› geht auf
eine Vorlage des Illustrators Theo R. Davis zurück.
Die Planwagen bilden einen ‹corral›, und die Pferde werden
eben vom Weideplatz in die Wagenburg getrieben.

das Leben in der Gemeinschaft so erträglich wie möglich zu gestalten. Fluchen, Spielen und Trinken waren verpönt. Die Hartford Union Mining and Trading Company zum Beispiel, die ihre Reise mit dem Schiff unternahm, setzte eine groteske Bestimmung in die Statuten: Nach Ankunft in San Francisco sollten die Mitglieder der Gesellschaft jeden Abend auf das Schiff zurückkehren und die Ausbeute an Gold in die gemeinsame Kasse legen. Es ist nicht überliefert, ob dieses spartanische Regime angesichts der Verlockungen in Kalifornien Bestand hatte.

Für die ‹Neunundvierziger› stellte sich gleich zu Beginn die Frage, auf welchen Wegen sie nach dem Goldland gelangen sollten. Zwei Möglichkeiten boten sich an: die Überlandroute und der Seeweg. Für die meisten Amerikaner war die Wahl zum vorneherein gegeben. Wohnten sie westlich der Alleghenies, im Tal des Mississippi oder am ‹Indian Frontier›, so kam wohl nur der Landweg in Frage. Den Bewohnern des Westens war das Reisen im Planwagen einigermaßen vertraut, und sie wußten, welchen Strapazen und Gefahren sie sich aussetzten. Anders verhielt es sich mit der Bevölkerung an der Küste oder am Golf von Mexiko. Sie verließ sich auf die Schiffahrt, denn Prärie und Berge waren ihr fremd. Der Auszug in die Goldfelder war in jedem Fall ein kostspieliges Unternehmen. Viele brauchten ihre letzten Ersparnisse auf, verschleuderten Häuser und Grundbesitz, um das nötige Bargeld zu beschaffen. Andere nahmen Kredite auf und stürzten sich gleich zu Beginn in Schulden. Eine Schiffspassage um das Kap Hoorn herum kostete mindestens 250 Dollar; ein Handbuch nennt sogar den Betrag von 750 Dollar als erforderliches Minimalkapital. Eigentlich wußte niemand richtig Bescheid. Weder die zahlreichen Fibeln, die dem Auswanderer oft völlig sinnlose Ratschläge erteilten, noch die aus dem Boden schießenden Ausrüsterfirmen waren mit den Verhältnissen an Ort und Stelle vertraut. Eigenartige Gegenstände wurden den zukünftigen Goldgräbern aufgeschwindelt: Kassenschränke, bestimmt zur Aufnahme der Goldkörner, Miniaturkanonen zur Abwehr von angreifenden Indianern und vor allem Goldwaschmaschinen, die eher in einer Waschküche als in den Minen zu gebrauchen waren. All diese nützlichen Dinge gingen oft schon in der Prärie über Bord, denn die meisten Planwagen waren entsetzlich überfüllt und durchaus nicht zum Transport schwerer Lasten geeignet. Oder dann blieben sie nach der Seereise herrenlos im Hafen von San Francisco liegen. Viele Reisende kauften in ihrer Unsicherheit Gegenstände und Lebensmittel in solchen Mengen, daß sie damit nicht vom Fleck kamen. Manch einer machte sich auf den Weg, ausgerüstet wie weiland Don Quijote.

Im Frühjahr 1849, als das Gras in der Prärie zu sprießen begann, zogen meilenlange Kolonnen von Prärie-Schonern westwärts. Sie folgten den bekannten Stationen des ‹Oregon Trail› und schwenkten dann auf verschiedenen Pfaden nach Kalifornien ab. Die ‹Neunundvierziger› waren wenn möglich noch selbstbewußter als die alten Pioniere, denn sie waren überzeugt, daß Macht und Reichtum sie erwarteten. Sie zogen in Scharen dahin und bestanden gemeinsam das große Abenteuer. Man ging dem goldenen Zeitalter entgegen. Auf allen Wegen war der Gesang der Goldsucher zu vernehmen:

«Oh, Susannah, don't you cry for my!
I'm off for Californy with my washbowl on my knee!»

Unterwegs ereigneten sich die üblichen Zwischenfälle: Feuer in der Prärie, Scharmützel mit Indianern, durchbrennende Pferde, Krankheit. Geschickte Händler richteten sich mit ihrer Ware irgendwo zwischen dem Missouri und den Goldfeldern ein und versuchten, den Emigranten möglichst viel Geld abzunehmen. In Utah traf man auf die Mormonen, von denen man so seltsame Dinge gehört hatte. Häufig erwiesen sie sich als hilfreich, gelegentlich aber waren die Begegnungen wenig freundschaftlich.

Nach der chaotischen Phase des ‹placer mining› suchte man nach zweckmäßigeren Verfahren. Häufig wurde die hydraulische Methode angewendet, die einen rationellen Abbau der Goldvorkommen erlaubte.

Trapper aus den Rocky Mountains, in ihrer Einsamkeit vom Goldfieber befallen, schlossen sich den ‹Neunundvierzigern› an. Kleinere Gruppen von Goldsuchern erreichten ihr Ziel über den ‹Santa Fé Trail› und das südliche Kalifornien. Noch weiter nach Süden führte der Weg der sogenannten ‹Texas-Argonauten›. Ihr erstes Ziel war El Paso am Rio Grande. Dann durchquerten sie den mexikanischen Staat Chihuahua, zogen über Tucson an den Gila River und ließen sich schließlich in den Goldfeldern bei der kalifornischen Stadt Sonora nieder.

Ein erfindungsreicher Amerikaner, Mr. Rufus Porter, pries in diesen Tagen sein Projekt einer ‹Luftlokomotive› an. Das Vehikel sollte leichter sein als Luft, von Gas getragen und von einer Dampfmaschine angetrieben werden und in nicht mehr als drei Tagen die pazifische Küste erreichen. Mr. Porter hatte gegen alle möglichen Zwischenfälle die nötigen Vorkehrungen getroffen. Den Blitzen, die sich möglicherweise über den Rocky Mountains entluden, begegnete er mit Stahldrähten. «Es mag gelegentlich erforderlich sein», meinte er, «einen schmalen Kupferdraht zur Erde niederzulassen, damit die Maschine von der Elektrizität entladen wird.» Obgleich kunstvoll ausgedacht, geriet die ‹Luftlokomotive› bald in Vergessenheit. Inzwischen wurden in den Atlantikhäfen Hunderte von Schiffen für die gefährliche Fahrt um Kap Hoorn herum ausgerüstet und selbst klägliche Ruinen aus Schiffsfriedhöfen notdürftig zurechtgezimmert. Auch die Fischerflotte Neu-Englands machte sich zur Reise in die pazifischen Gewässer bereit. Spekulanten mieteten baufällige Schiffe und boten Passagen zu teuren Preisen an. In kurzer Zeit verschwand die amerikanische Flotte aus den Häfen der Alten Welt, denn Segler und Dampfer wurden zum Transport der Goldsucher eingesetzt. Meist waren die Schiffe von ganzen Gesellschaften belegt. Den einzelnen Passagieren blieb keine große Wahl. Sie hatten mit den Plätzen vorliebzunehmen, die auf den überfüllten Fahrzeugen übrigblieben. Betrügerische Agenten machten gute Geschäfte, verkauften die gleichen Plätze doppelt und mehrfach und täuschten ihr leichtgläubiges Publikum mit allen möglichen Versprechungen, die sie nie einzuhalten gedachten. Doch in der hektischen Stimmung des Aufbruchs nahmen die Amerikaner Ungemach und Enttäuschung in Kauf, wenn sie nur ihrem Ziel näher kamen. Bereits im Januar liefen in den Atlantikhäfen neunzig Schiffe aus, und die Abfahrt von siebzig weiteren war angezeigt. Sie wurden mit Musikkapellen, Kanonenschüssen und wehmütigen Gesängen verabschiedet. Im Jahre 1849

strebten mehr als 1500 Schiffe den pazifischen Gewässern zu. Auch die Zurück-
gebliebenen waren vom Taumel erfaßt. In Stadt und Land bot sich das gleiche
Bild wie ein Jahr zuvor in Kalifornien: Arbeitskräfte wurden rar, man verrichtete
nur noch die dringendsten Geschäfte und wartete im übrigen sehnsüchtig auf
Nachrichten aus dem Goldland.

Die meisten Segler waren fünf bis sieben Monate unterwegs. Nur wenige Passagiere fanden auf den schnellen Klippern Unterkunft, die fast ausschließlich
Waren transportierten. Dampfboote legten den Weg in drei Monaten zurück,
doch trafen in der ersten Hälfte des Jahres 1849 nur die ‹California› und die
‹Oregon› im Pazifik ein. Das Leben auf den Seglern spielte sich zumeist unter
Deck in qualvoller Enge ab. Unfähige Kapitäne und Mannschaften brachten
häufig die Schiffe in Gefahr. Man stritt sich, beklagte sich über das Essen und die
schlecht gelüftete Unterkunft. Dabei war die Reise eine Geduldsübung, die auch
den Langmütigsten auf die Probe stellte. Es fehlte die körperliche Anstrengung,
die den ‹Neunundvierzigern› auf dem Überlandweg Tag für Tag auferlegt war,
und gerade darum waren die Seefahrer in erhöhtem Maß wechselnden Stimmungen unterworfen. Mancher setzte sich hin und verfaßte ein Tagebuch – Hunderte
sind erhalten geblieben. Die Verfasser schrieben schlicht, ohne literarischen Anspruch, aus dem innern Bedürfnis heraus, mit dem überwältigenden Erlebnis zu
Rande zu kommen. Die Schiffe legten unterwegs in verschiedenen südamerika-
nischen Häfen an, doch nahmen die meisten Glücksjäger diese Unterbrüche in

der Reise mit Ärger zur Kenntnis. Der fremdartigen lateinamerikanischen Welt konnten die Amerikaner wenig Reize abgewinnen, und ihr herausforderndes Benehmen brachte sie ununterbrochen in Schwierigkeiten. Die amerikanischen Konsuln sorgten auf diesen Plätzen einigermaßen für Ordnung, saßen über Kapitäne und Passagiere zu Gericht und schlichteten die allenthalben ausbrechenden Streitigkeiten. Einige Reiseberichte schildern die Zwischenhalte auf der Robinson-Insel Juan Fernandez. Jedermann hatte Robinson Crusoe gelesen, und die unverhoffte Begegnung mit seiner einsamen Insel weckte in den erschlafften Gemütern für eine kurze Weile wieder die Lust am Abenteuer.

Der Weg um Kap Hoorn war so umständlich, daß sich die ‹Neunundvierziger› ungeduldig nach weiteren Reisemöglichkeiten umsahen, die ihnen eine raschere Ankunft in den Goldfeldern versprachen. Da war vor allem die Landenge von Panama, von den Spaniern schon vor Jahrhunderten als Verkehrsweg benützt, ein Pfad, der in der lange währenden Agonie des spanischen Weltreiches langsam in Vergessenheit geriet. Doch bemühten sich in den vierziger Jahren Engländer und Franzosen darum, den Verkehr über den Isthmus wieder in Gang zu bringen. Eine französische Gesellschaft plante den Bau einer Eisenbahn – ein Projekt, das den Amerikanern gar nicht behagte, wäre doch damit die kürzeste Verbindung zwischen den beiden Ozeanen in die Hände einer europäischen Macht geraten. Der mexikanische Krieg und der amerikanische Drang nach dem Pazifik gaben im Jahre 1846 den Anstoß zu ernsthaften Verhandlungen mit der Republik Neu-Granada, von der Panama damals ein Teil war. Neu-Granada gewährte den Amerikanern freien Transit über die Landwege, die Vereinigten Staaten hingegen garantierten die Souveränität des noch kaum gefestigten Staatsgebildes. Der Kongreß bewilligte jährliche Beiträge an Schiffsverbindungen zwischen New York und Chagres und zwischen Panama und der kalifornischen Küste. Der Plan wurde sogleich in die Tat umgesetzt: Im Atlantik sollte die United States Mail Steamship Company mit fünf Booten operieren, im Pazifischen Ozean die Pacific Mail Steamship Company mit drei Dampfern. Die Vorbereitungen waren schon recht weit gediehen, als am American River das Gold entdeckt wurde. Während Polk im Kongreß von den Goldschätzen des Westens sprach, war der Raddampfer ‹California›, für den Dienst im Pazifik bestimmt, mit leeren Kabinen unterwegs. Etwas später fuhr die ‹Falcon›, ein Schiff der atlantischen Gesellschaft. Bei einem Zwischenhalt in New Orleans wurde sie von einer Vorhut von Goldsuchern gestürmt und setzte in Chagres eine Ladung von unruhigen Amerikanern an Land.

Chagres war zu dieser Zeit ein verlorenes Nest inmitten des sumpfigen Urwalds. Eine gemischte Bevölkerung von Indianern, Mestizen und Negern lebte in elenden Hütten, und nur die zerstörte spanische Festung zeigte an, daß der Ort einmal bessere Tage gekannt hatte. Die wenigsten Amerikaner brachten dem Fleck jene romantische Neugier entgegen, die ein Schweizer Auswanderer, Carl Meyer aus Aarau, in seinen Erinnerungen beschwor: «Dort begab sich der 190 Mann starke, von den lockenden Aussagen des jungen Indianers ermutigte Zug Balboas auf die Entdeckungsreise nach der Südsee, an deren Küsten Spanien seine Goldhaufen vergrößerte, um wie König Midas darauf zu verkümmern ... Und wieder erinnert man sich vor Chagres an die ein Jahrhundert später stattgefundene Einnahme des Fort Lorenzo durch englische Abenteurer, die hierauf den Isthmus passierten und unter dem Seeräuber Mongan Alt-Panama zerstörten. Geschichte und Natur, beide abenteuerlich und anregend, drängen sich hier dem Ankömmling bei jedem Blick und Schritt wunderbar entgegen, und die Phantasie schwebt leicht zwischen beide hinein, während das Schiff, vom leisen Ost getrieben, nach dem Ruheziel in die Bucht gelangt ...» Für die Goldsucher hingegen war Chagres kein ‹Ruheziel›. Jedermann war bestrebt, der mörderischen Hitze und den stinkenden Sümpfen sogleich zu entrinnen, war man doch schon vor der Ankunft vor dem ‹Chagres-Fieber› gewarnt worden. Es galt, sich ein Boot und einen einheimischen Ruderer zu sichern, denn der erste Teil der Landreise konnte auf dem

Chagres am Isthmus von Panama war die atlantische Ausgangsstation für den beschwerlichen Weg zum Pazifischen Ozean.
Als die ‹Neunundvierziger› zu Tausenden auf dieser Route
den kalifornischen Goldfeldern zustrebten, erwachte das verschlafene Nest aus seiner Lethargie. Von vergangener Größe
zeugten die Ruinen des spanischen Forts Lorenzo, das mit
seinen gewaltigen Mauern die Bucht beherrschte.

Seit den frühen vierziger Jahren zogen Karawanen durch die ▷
Prärien und die Rocky Mountains. Als der ‹Goldrush› einsetzte, bevölkerte sich die Szene mit ganzen Heerscharen von
Goldsuchern und Emigranten. Noch bis in die achtziger Jahre
hinein blieb der Planwagen charakteristisch für die Landschaft
des Westens. Die hier wiedergegebene Photographie – vermutlich aus dem Jahre 1859 – zeigt eine Auswandererfamilie
in einer nicht genau zu bestimmenden Gegend Colorados.

183

Eine Ochsenkarawane mit Fracht
zieht durch die Hauptstraße von
Benton in Montana.

San Francisco im Winter 1848: ein unbedeutendes Nest mit bescheidenen Holzhäusern.

Blick auf die Bucht von San Francisco im Frühjahr 1849, zu Beginn des Goldrausches.

Sacramento City kurz nach seiner Gründung.

Rio Chagres zurückgelegt werden. Die Eingeborenen begriffen rasch, daß hier ein Geschäft zu machen war, und die Preise für eine Bootsfahrt nach dem etwa vierzig Meilen entfernten Gorgona kletterten unaufhaltsam in die Höhe, bis aus den Vereinigten Staaten ein kleiner Flußdampfer eintraf, der den einheimischen ‹bungos› den Rang ablief.

Die Begegnung zwischen den Amerikanern und den Bewohnern des tropischen Landes verlief ganz und gar nicht harmonisch. Die Goldgräber, herausfordernd und ungeduldig, erwarteten von der unwissenden Bevölkerung ein Verhalten, wie sie es zu Hause in den amerikanischen Städten gewohnt waren. Gegen die Anmaßung der ungerufenen Gäste setzten sich die Eingeborenen mit Trotz und Verschlagenheit zur Wehr. Bei der Ankunft der Schiffe ergaben sich groteske Situationen, traurige Exempel zugleich für die mangelnde Fähigkeit der Amerikaner, sich im Umgang mit ihren südlichen Nachbarn zurechtzufinden. Ein Reisender schildert die Szene, die sich unzählige Male wiederholte: «Es war komisch anzusehen, wie sich die Passagiere zur Ankunft bereitmachten. Es ist wohlbekannt, daß keiner nach Kalifornien aufgebrochen ist, ohne sich mit Waffen auszurüsten wie eine Festung, und als wir Chagres erreicht hatten, galt unsere erste Aufmerksamkeit unsern Waffen, denn wir glaubten, es gelte hier zu kämpfen. Zuerst wurden die Revolver, von denen jedermann mindestens zwei hatte, überholt und mit sechs Patronen geladen. Dann steckte man sie in den Gürtel, der auch ein Jagdmesser trug. Ein Tragband mit kleinern Pistolen wurde unter der Weste umgeschnallt. Unsere Gewehre waren reichlich geladen. Mit einem Stock in der Hand (der Stock barg selbstverständlich ein Messer) und mit einem Wurfgeschoß in der Tasche schritten wir an Land und schauten uns nach dem Feind um ...» Manch einer begriff rasch, wie wenig das martialische Gehaben der Situation angemessen war. Die Eingeborenen, aus ihrer Lethargie aufgescheucht und verängstigt, stellten sich auf den Standpunkt, daß sie nur jenen Reisenden gefällig sein müßten, die sie gut behandelten. Ein anderer kritischer Beobachter schreibt: «Die aufgeblasenen Kerle mit ihren Gürteln, die voll von Pistolen und Messern stecken, die sie bei jeder Gelegenheit ziehen, ohne sie je zu gebrauchen, haben mit ihrem einfältigen Benehmen unser Land in Verruf gebracht. Es ist keine Heldentat, einem unbewaffneten und unwissenden Indianer einen Revolver vor den Kopf zu halten, und die Ruderer sind klug genug, sich nicht länger durch Terror beeindrucken zu lassen ...» Doch die meisten Goldgräber zeigten für derart subtile Überlegungen kein Verständnis. Bald ging unter den Amerikanern in Chagres der Spruch um: «Peitscht den Schuft, räuchert die Höhle aus, zündet das Nest an, annektiert den Isthmus!»

Der Weg über die Landenge war zu dieser Zeit zweifellos mühsam. Viele ‹Neunundvierziger› trafen verwahrlost und krank in der Stadt Panama ein und fanden an diesem Ort Verhältnisse, wie sie ihnen schon in Chagres begegnet waren. Hier zeigte sich, daß die Pacific Mail Steamship Company noch gar nicht in der Lage war, die zu Tausenden wartenden Goldsucher nach Kalifornien zu bringen. Als die ‹California› von Kap Hoorn her endlich vor Panama auftauchte, waren die besten Plätze von Peruanern belegt, die ebenfalls nach den Goldfeldern eilten. Zur Ungeduld der Wartenden gesellte sich die chauvinistische Empörung über die Tatsache, daß Ausländer noch vor den Amerikanern in die Minenfelder gelangen sollten. Erst nach Monaten, nach zahlreichen Krawallen und allerlei üblen Szenen, fand die turbulente Gesellschaft die nötige Fahrgelegenheit nach den Häfen Kaliforniens. Einige Jahre später wurde zwischen Aspinwall, dem heutigen Colón, und Panama eine Eisenbahn in Betrieb genommen, die erste transkontinentale Schienenverbindung in Amerika. Es gab aber noch einen zweiten, häufig benutzten Weg vom Atlantik zum Pazifik: die Senke von Nicaragua. Auch hier war seit Jahren vom Bau eines Kanals die Rede. Nicaragua hatte bereits einige Konzessionen erteilt, die jeweils beim Sturz der Regierung wieder hinfällig wurden, bis neue Bewerber auf den Plan traten. Die Goldsucher verloren keine Zeit mit dem utopischen Kanalbau und bequemten sich zu einfacheren Lösungen. Von San Juan del Norte, dem britischen Protektorat Greytown, fuhren sie mit Booten auf dem Rio San Juan nach dem See von Nicaragua, überquerten mit Maultieren eine Bergkette und erreichten den Pazifik bei San Juan del Sur. Das hatten vor ihnen schon die Spanier und die britischen Freibeuter getan. Bald liefen amerikanische Schiffe regelmäßig die beiden Hafenorte an, und kleine Flußdampfer fuhren hinauf bis in den See von Nicaragua.

Inzwischen ließ Kalifornien den Ansturm der ‹Neunundvierziger› über sich ergehen. In der ersten Jahreshälfte waren es vor allem Leute aus Oregon und von den Sandwich-Inseln, Mexikaner und Peruaner. Später trafen zu Land oder zu Wasser die Amerikaner ein, über hunderttausend an der Zahl. Dann folgten Engländer, Franzosen, Deutsche. Es waren fast ausschließlich Männer. Die Frauen kamen später, als das Reisen auf den Schiffen komfortabler und die Verhältnisse in Kalifornien übersichtlicher wurden. Nicht alle hatten das Abenteuer der Reise gut überstanden. Mancher langte völlig mittellos am Ziel an. In den Gesellschaften hatte es immer wieder Auseinandersetzungen und offenen Streit gegeben. Ein englischer Journalist meinte dazu: «Ein Mann, der in die Goldfelder geht, tut gut daran, ein Zelt mitzubringen, in dem vier Leute Platz finden. Ich möchte nicht in Gesellschaft von mehr als vier Männern gehen. Alle Gesellschaften haben sich zerstritten. Sie sind meist auseinandergegangen, bevor sie ihr Ziel erreicht haben. Die Streitereien an Bord meines Schiffes, die ich selbst mit angesehen habe, waren scheußlich ...»

Bei der Ankunft wichen all diese Sorgen der Frage, was nun zunächst zu tun sei. Minen gab es in allen Teilen des Landes: am Bear River, am American River, am Moxelumne, auf beiden Ufern des San Joaquín, am Stanislaus River und bei Mariposa. In endlosen Kolonnen strebten die Goldsucher den Goldregionen zu. In den ersten Jahren arbeitete man, wie gesagt, mit einfachsten Mitteln in den sogenannten ‹diggings› oder in den ‹placeres›. Anfänglich wäre auch kaum ein Goldsucher in der Lage gewesen, mit feineren Methoden an die Phänomene heranzutreten, konnte man sich doch über die Herkunft des Goldes noch keine konkrete Vorstellung machen. Der Schweizer Carl Meyer versuchte, dem Problem mit naturphilosophischen Überlegungen beizukommen, denn, so sagte er, «ein Schritt in das Reich geologischer Mysterien ist immer von magnetischer Wirkung für unser mangelhaftes Streben nach Wahrheit». Am Beispiel der Mariposa-Minen stellte er seine naturkundlichen Betrachtungen an: «Witfield und ich errichteten oberhalb des Minenstädchens Mariposa auf einem erhöhten Plateau unser Zelt, von wo aus wir das ganze Thal überschauen konnten. Die Mariposa-Minen umfassen ein Gebiet von circa fünfzig Quadratmeilen. Der Naturcharakter der beiden Hauptthäler des Agua Frío und des Mariposa-Flusses ist großartig und mannigfaltig. Überall zeigt sich die verschiedenste Abwechslung von schiefen und krummen, gebogenen und gerundeten Formen. Nicht auf reizlosen geraden Linien und eckigen Figuren weilt der Blick, sondern auf einen Wechsel von vielen Kreisen, Bogen, Ovalen und Wellenlinien heftet sich das Auge und findet hier seine wohlthuendste Befriedigung. Da wo die Hauptquelle des Mariposa entspringt, vereinigt sich das mit einer saftigen Grasflur bedeckte Berggehänge und schließt das Thal zu einer schaufelförmigen Halde, über die hinweg der Pfad durch die vielen Thalwindungen nach der Ebene führt. Hier zeigen sich auf den abgerundeten Gipfeln der Granit- und Gneisberge blendendweiße Quarzkronen, an denen die Morgen- und Abendsonne jenes entzückende Lichtspiel des an die Schweizer Alpen erinnernden Alpenglühens bewirkt, und die man wegen ihrer festungsähnlichen Form Quarzburghs genannt hat ... Das Thal verengt sich, je weiter man sich abwärts begibt, und scheint sich endlich ganz schließen zu wollen. Plötzlich aber hat man eine freie Aussicht über eine Waldfläche, die der Fluß tief durchfurcht, um dann in Hufeisenform westlich nach der Tiefebene zu stürzen. Zur Linken befindet sich hier eine eng zwischen Bergen eingeschlossene Lagune, an

1

3

2

4

1 Die Straßen von San Francisco befanden sich in einem so erbärmlichen Zustand, daß sie den Illustratoren immer wieder Anlaß zu humoristischen Darstellungen boten. An einer besonders kritischen Stelle war die folgende Inschrift angebracht: «This place is not crossible, not even horsible.»

2 Die Brigg ‹Euphemia› wurde von der Stadtverwaltung als Gefängnis her-gerichtet. Hinter ihr lag auf trockenem Land das Schiff ‹Apollo›, das als ‹saloon› diente.

3 Massenunterkunft in San Francisco.

4 Das alte ‹City Hotel› war Herberge, Warenhaus und Buchhandlung, bis es im Jahre 1851 durch Feuer zerstört wurde.

Die Illustrationen stammen aus den ‹Annals of San Francisco›.

deren Ufer verlassene Wigwams und zerschellte ‹Balsas› oder Binsenboote noch von den vertriebenen, durch römische Gesichtszüge charakterisierten Monas-Indianern zeugen. Der Mariposa rauscht wasserreicher und mit stärkerem Gefälle in seinem mit Waldungen verhüllten Bette an dieser trauernden Stätte gewichener indianischer Belebung vorüber. – Zuweilen erweitert sich die Schlucht zu einer Felsen-Arena, in der sich Sand, Kies und Gerölle in großer Quantität alluvialisch angehäuft hat. Dies sind die Hauptfundorte des Goldes. Man nennt die Minen in solchen Sandschwellen oder ‹bars› schlechtweg ‹diggings›, nasse Minen, während diejenigen, die sich an den Abhängen der Berge und in trockenen Thalrinnen befinden, ‹placeres› genannt werden. Das Gold der ‹diggings› hat im allgemeinen Blättchen-, Körner- oder Staubform, während es in den ‹placeres› am gewöhnlichsten in größern Stücken gefunden wird. Es findet sich in der ganzen Minenregion in einer Tiefe von 1 bis 100 Fuß unter den Granitsedimenten wie unter größern Bergen und Abhängen im eisenhaltigen, blauen oder röthlichen Thone mit magnetischem Sande.»

«Betrachtet man das Äußere des Goldes genauer, so zeigt sich an den in trockenen Minen gefundenen Pipedas eine unverletzte, ursprüngliche Form, während das Gold in den nassen Minen mechanisch verunstaltet ist. Diese primitive Form ist oft von der wunderbarsten und drolligsten Art: sie ist kristallinisch, dendritisch, oder zeigt alle jene Charaktere, die man an den in Wasser gegossenen Metallstücken erkennt. Es scheint, als habe die Natur alle ihre Prototype darin dargestellt. Es ist unverkennbar, das Gold muß sich bei sublimativer Entstehung im Wasser kondensiert haben; es muß daher auch erst dann an die Oberfläche der Erde gelangt sein, als diese noch hoch mit Wasser bedeckt war. Auch muß das durch plutonische Kräfte bewirkte Zutagekommen des Goldes nothwendig mit einer Eruption, und zwar mit derjenigen der hypogenischen Felsarten, zusammenfallen, deren metamorphosische und plutonische, gewöhnlich translocirten Gestirne man von Goldadern durchdrungen vorfindet, die wie die in den ältern Anschwemmungen lose liegenden Pipedas keine mechanische Verletzung erlitten zu haben scheinen, was nicht der Fall sein könnte, wenn die ‹vermaledeite Polterkammer der neuen Weltschöpfung› nicht zugleich mit einem Element angefüllt gewesen wäre, in welchem die Eruptivgesteine sich mit geringerer Vehemenz hätten bewegen können. Das Gold könnte somit die Denkmünze einer kalifornischen Fluth genannt werden, die schon vor seiner Entstehung da war. Die deutlichen Spuren neptunischer Öffnung des goldenen Thores an der Bai von San Francisco, die vom Wasser durchhöhlten und von eisenhaltigen Niederschlägen gefärbten, hoch aufgethürmten Felsmassen der Fluß-Thäler, und die in den höchsten Furchen und Spalten derselben eingedrungene goldhaltige Erde, alle diese und andere Thatsachen könnten dies ferner bestätigen.»

Die Goldsucher blieben meist nicht lange an der gleichen Stelle. Minen und Orte nahmen bald die Namen jener Männer an, die zuerst dort gegraben hatten. Man arbeitete mit dem ‹Rocker›, der Pfanne und dem Goldbohrer. Das Handwerk war hart. Mancher kam zur Einsicht, daß er in seinem früheren Beruf bei gleicher Beharrlichkeit ebensoviel verdient hätte. «Ich arbeitete in heiligem Ernst den ganzen Tag und war gänzlich erfolglos», schreibt William Redmond Ryan, der sich aus purer Neugier in den Minen aufhielt. «Am nächsten Tag setzte ich den Versuch fort und fand Gold im Wert von sechs Dollar. Halliday erntete in der gleichen Zeit Gold für zehn Dollar. Einen Tag später hatten wir beide einen anständigen Erfolg und brachten etwa drei Unzen ein. In der übrigen Zeit, die wir noch in den Minen weilten, erreichte Halliday einen Durchschnitt von acht bis zehn Dollar. Ich selber brachte es selten auf mehr als vier bis sechs …» Wollte man die bereits durchwaschene Erde gründlicher ausbeuten, so verwendete man eine Quecksilbermaschine. Viel Geschick zeigten die Mexikaner in den Minen und erweckten damit die Mißgunst der amerikanischen Goldgräber. «Von Jugend auf daran gewöhnt, nach edlen Metallen zu suchen, haben diese Bucaderos einen eigenen Instinkt, die goldhaltigsten Stellen aufzufinden», berichtet Meyer, «ihre Barreta (Spitzhacke) gleicht einer vollkommenen Wünschelrute ...» Später nahm man auch Dampf-Quarzmühlen, sogenannte ‹feurige Bergfresser›, in Betrieb, denn man sah ein, daß eine systematische Ausbeutung nur mit dem Einsatz leistungsfähiger technischer Mittel zu erreichen war. Ob man das Geschäft einzeln oder in Gesellschaft unternahm, immer blieb ein Rest von Ungewißheit und Spekulation. Legenden von sagenhaften Gewinnen gingen um, und unter der vorgehaltenen Hand flüsterte man sich besonders ergiebige Fundorte zu. Komische, traurige und groteske Geschichten über Glück und Unglück der Goldsucher waren in Umlauf. «Hart genug ist des Minirers Loos», meinte Carl Meyer. «Er hat gehört, daß weit in den Bergen neue Goldminen entdeckt wurden. Das Gerücht vom Reichthum derselben grenzt ans Märchenhafte. Entschlossen, dahin zu reisen, packt er seine sieben Sachen in gewohnter Leichtfertigkeit zusammen und eilt davon. Vor ihm die steilsten Berge, die tiefsten Thäler und felsige, reißende Flüsse, hinter ihm bald Futtermangel für seine Reit- oder Lastthiere; aber er setzt über alle Hindernisse ...» Am Feather River erzählte man sich die Geschichte von Enoch Judson, der seinen ‹claim› weit oben am Hang aussteckte und deshalb von seinen Kameraden ausgelacht wurde. Noch am gleichen Abend stieg er mit einem Sack voll Goldstaub zum Fluß hinab. Das Ergebnis ließ die Spötter verstummen: An einem einzigen Tag hatte Judson Gold im Werte von 750 Dollar ausgebeutet. Viel belacht wurde das Abenteuer von ‹Gold Lake› Stoddard, der einen sagenhaften See mit nahezu goldenen Ufern entdeckt haben wollte. Eines Tages torkelte der Mann halb verhungert in ein Minen-Camp am Feather River und trug vor einem erstaunten Auditorium seine Geschichte vor. Im See sei klumpenweise reines Gold zu finden. Er habe allerdings den Weg verloren und sei außerdem von Indianern verfolgt worden. Als Beweis zeigte Stoddard einige Goldkörner. Wer hätte noch gezweifelt? Im Mai des Jahres 1850 bildete sich eine Gesellschaft von fünfundzwanzig Teilhabern, die alsdann unter Stoddards Führung in die Berge zogen. Unterwegs schlossen sich gegen tausend Goldgräber an, die auch von der unglaublichen Entdeckung gehört hatten. Während fünf Tagen schritt Stoddard selbstbewußt und munter voran, dann zeigte er Zeichen einer beginnenden Unsicherheit. Eine Zeitlang suchte er in verschiedenen Richtungen. Seine Anhänger folgten ihm zuerst gläubig, dann mit zunehmendem Mißtrauen. Stoddard ging noch eine Weile in die Irre, dann verlor die betrogene Gefolgschaft ihre Geduld. Eine Versammlung der enttäuschten Trabanten stellte den Mann zur Rede. Man räumte ihm eine Frist von vierundzwanzig Stunden ein. Konnte er bis dahin seinen Goldsee nicht finden, so würde man ihn am nächsten Baum aufhängen. Stoddard machte sich in der folgenden Nacht aus dem Staub, und die Goldsucher kehrten niedergeschlagen in die alten Quartiere zurück. Später haben noch Tausende von unentwegten Glücksuchern nach dem See geforscht. Der sagenhafte ‹Gold Lake› wurde nie gefunden, und der Bergsee mit dem gleichen Namen, der irgendwo in der Sierra Nevada liegt, hat mit dem unglücklichen Stoddard nichts zu tun. Auch anderswo erzählte man sich phantastische Legenden. Im Slug Cañon, Sierra County, sollte das Gold in Form von Stalaktiten und Stalagmiten zu finden sein. Der Goldgräber brauchte bloß Hammer und Meißel mitzubringen. In denselben Zusammenhang gehört die Legende vom unterbrochenen Begräbnis. Der Vorfall soll sich bei Carson Creek abgespielt haben, doch erzählte man später ähnliche Geschichten in den Minen von Colorado. Bei Carson Creek also war ein Goldgräber gestorben, und seine Kameraden bereiteten ein christliches Begräbnis vor. Zu diesem Zweck holten sie aus einer benachbarten Mine einen Mann, den sie früher als Prediger gekannt hatten. Der Diener Gottes hielt vor dem offenen Grab eine Predigt, die sich offenbar unnötig in die Länge zog. Ein ungeduldiger Trauergast vertrieb sich die Zeit damit, daß er Brocken der aufgeschütteten Erde zwischen seinen Fingern zerdrückte. Da geschah das Wunder: Der Mann hielt prächtige Goldkörner in der Hand. Der Prediger brachte seinen Sermon zu einem abrupten Ende und schrie: «Gold! Gold! – das reichste Vorkommen, das man sich denken kann! Die Versammlung ist entlassen!» Man hob den Leichnam aus dem Grab und machte sich über den Fund her. Aus dem Grab wurde in Kürze eine ergiebige Mine. Den toten Goldsucher begrub man abseits in Eile und ohne besondere Formalitäten.

An manchen Orten war der Jubel von kurzer Dauer. So rasch wie die Minen bevölkert waren, wurden sie wieder verlassen, sobald sich lockendere Ziele zeigten. Carl Meyer stellt darüber eine melancholische Betrachtung an: «Es war zur Zeit der raschen Bevölkerungsabnahme, als ich ebenfalls das Mariposa-Thal verließ. Das Gerassel der vielen Goldwiegen hatte plötzlich eine öde Stille zur Nachfolge. Nur noch aus verborgenen Stollen vernahm man den oft wiederholten Ruf: ‹San Antonio!› irgendeines abergläubigen Mexikaners, der bei diesem Patron bei Sonnenauf- und -untergang sein Glück zu erflehen hoffte. Doch schrillte auch noch zuweilen die Dampfmaschine der Quarzmühle ihren Laut durch das einsame Thal und vermochte allein das Echo der Berge zu erwecken. Der Thalgrund glich einem Friedhofe. Überall bezeichneten tief in die Erde geschlagene Wunden den Ort, wo der Einzelne sein Glück ergraben oder begraben hatte. Todtenhügeln ähnliche Erdhaufen, auf denen zerbrochene, hingeworfene Arbeitsgeräte Kreuze oder Denkmäler bildeten, reihten sich dicht aneinander. Schon näherten sich wieder die wilden Bergthiere und machten mit ihrem Geheul die Nacht in dem verlassenen Thale schauerlicher. Hoch in den Lüften schwebten die Zopilotes und die Aasposseres ... Bedächtig und beritten zogen Witfield und ich aus dem verhängnisvollen Ort ...»

Um die Minen herum entstand eine neue, eigenartige Welt, die sich provisorisch zu einem möglichst erträglichen Aufenthalt organisierte. Lager und Städte, aus rohen Brettern gezimmert, entstanden über Nacht und überdauerten – sozusagen auf Abruf – eine kürzere oder längere Frist. Im Mittelpunkt von Denken und Geschehen stand das Gold. Immerhin war es bemerkenswert, in welcher Eile man sich in den hintersten Winkeln mit all jenen Einrichtungen versah, die auf ihre Weise zum sozialen und gesellschaftlichen Leben beitrugen: Kirchen, Hotels, Spielhöllen, Bordelle. Wo sich Goldsucher zusammenfanden, durfte eine Bar nicht fehlen. Unverkennbar ist der nationale Anteil, den die Einwanderer verschiedener Nationen an den gemeinsamen Haushalt beisteuerten. Carl Meyer fand dafür eine anschauliche Formulierung: «Man sagt, die Amerikaner bauen an einem Orte einer Niederlassung zuerst eine Druckpresse, die Engländer eine Kirche und die Deutschen eine Kneipe. So geschah es in Sacramento-City, wo alle drei Nationen von Anfang an vertreten waren. Die Presse war bei dem starken Andrange der Bevölkerung eines der Hauptbedürfnisse, und mit großem Eifer

Hang Town in seinen Anfängen

193

wurde sie hier benutzt, als es sich darum handelte, die politischen, gesetzlichen und polizeilichen Einrichtungen des jungen Staates festzusetzen oder den Bedürfnissen des Volkes zu akkommodiren, wobei jede Nationalität ihre Anforderungen geltend machen wollte.» Die kirchlichen Gemeinschaften nahmen sich, wohlversehen mit allen nützlichen amerikanischen Tugenden, der Goldgräber an. Die Missionare der verschiedenen Konfessionen und Sekten pflegten einen den Umständen angemessenen Pragmatismus: wenig Theologie, hingegen in reichem Maße praktische Anleitung. Die Deutschen, auf Betreuung und Unterhaltung der Landsleute bedacht, bereicherten das soziale Leben mit biederen Veranstaltungen. Meyer erläuterte es am Beispiel von Sacramento: «Wenn man zeigen will, daß auch die Deutschen in Sacramento-City bei ihrer ersten Niederlassung schon fleißig auf die ihnen eigenthümlichen Anstalten zu geselliger Unterhaltung bedacht waren, so braucht man nur die Menge der Leute in den im Innern, wie in der Umgebung der Stadt im Style deutscher Gesellschaftshäuser angelegten Wirthschaften und die vielen Belustigungsanzeigen der Tagblätter zu erwähnen, die sich jedesmal auf den Sonntag beziehen, der in ganz Amerika für die Deutschen wie in ihrer Heimat auch als Erholungs- und Freudentag gilt.»

Nach landläufiger Meinung wurde ein guter Teil des gewonnenen Goldes in den Spielhöllen vertan. Spieler, Betrüger, lichtscheue Figuren aller Art nahmen die Goldsucher bereits auf dem Panama-Dampfer in Empfang und folgten ihnen bis in die Goldfelder. Man spielte in den Minen ‹Monte›, ‹Faro› und ‹Vingt-et-un›. Wohlbekannt in allen Minenstädten war ‹miner's Saturday night› (Samstagnacht des Goldsuchers), das lustige Wochenende der Helden, die sich nach langen Tagen in Staub, Schmutz und Wasser nach Abwechslung sehnten. Zum Programm dieses Abends gehörten Spiel, Trank und wenn möglich ein Besuch im ‹Fandango-Haus›, dem einzigen Ort, wo Damen zu finden waren. Rauhe Balladen entstanden, die in irgendeiner Weise das gemeinsame Erlebnis festhielten. Die ‹Neunundvierziger› sangen ‹Coming round the Horn›, ein Lied, das die Schrecken der Seereise in Erinnerung rief:

‹We lived like hogs penned up too fat,
Our vessel was too small ...›

Populär waren ‹The Ballad of the Happy Miner› und ‹The Fools of Forty-nine›. Über die Freuden des Goldsuchers berichtete das Lied von den ‹Hangtown Gals› (‹Hangtown-Mädel›):

‹Hangtown gals are lovely creatures
Think they'll marry Mormon preachers ...›

Hang Town – nomen est omen – war sozusagen der Modellfall einer über Nacht entstandenen Minenstadt, von wildem Leben erfüllt, Zufluchtsort für suspekte Gestalten. Später, als sich die Einwohner mehr um die Reputation des Ortes kümmerten, bekam es den Namen Placerville.

Die Bar, der Spielsaal und ähnliche Einrichtungen wurden wie alle andern Bauten anfänglich aus Brettern gezimmert und mit Segeltuch überspannt. Hielt die Prosperität an, so dokumentierte man den Wohlstand durch verbesserte Ausstattung. Mahagoni und große Spiegel bestätigten den neuen Status. Bald war alles vorhanden, was das Leben der Pioniere erheitern konnte. Doch die um die Moral besorgten Beobachter stellten übereinstimmend fest, daß allzu leicht erworbener Reichtum weder dem äußern noch dem innern Frieden förderlich war. Täglich gab es blutige Auseinandersetzungen. Allzu gern schob man die Schuld den Mexikanern zu, die in dieser unsicheren Zeit nicht ohne Grund rasch zur Waffe griffen. Über die besonderen Sitten der Mexikaner im Streit äußerte sich ebenfalls Carl Meyer, der aufmerksam allen Erscheinungen nachging: «Oft ge-

‹Kalifornier› unterwegs.
Friedrich Kurz zeichnete die Szene
im Jahre 1851 in Council Bluffs.

San Francisco wuchs in wenigen Jahren aus bescheidenen Anfängen zu einer Weltstadt an. Der Hafen, mehrmals durch Feuer zerstört, erreichte mit der Zeit gewaltige Dimensionen. Doch gleichzeitig standen auf der Reede reihenweise die von ihren Mannschaften verlassenen Schiffe, denn die Seefahrt vermochte die Menschen nicht mehr zu halten. Edwin Bryant schrieb im Jahre 1849: «Die Schiffe beeilen sich, ihre Waren auszuladen, da gleich darauf die Matrosen verschwinden und gelegentlich auch der Kapitän das gleiche tut. Es befinden sich Schiffe im Hafen, die

ihren Anker nicht lichten können, auch wenn die Mannschaften zu Hilfe eilen, die auf drei oder vier andern Schiffen übriggeblieben sind. Einige Schiffe laufen mit jungen Matrosen aus, denen man fünfzig Dollar im Monat bezahlen muß. Die alten Matrosen ziehen vor, nach den Minen zu gehen ...»

Die Panorama-Aufnahme aus dem Jahre 1851 – eine der ersten photographischen Aufnahmen von San Francisco überhaupt – zeigt die verlassenen Schiffe im Hafen.

‹Die Zehn Gebote des Goldgräbers›, ein populäres, in Hundert-
tausenden von Exemplaren verbreitetes Merkblatt, das in einer skurrilen
Sprache den ‹Neunundvierzigern› Ratschläge erteilte.

Also redete ein Mann und sprach: ein Bergmann bin ich, «von Aufgang her» bin ich gewandert und kam in ein fremdes Land, dort «den Elefanten zu schauen». Und wahrlich, ich sah ihn und bezeuge: von der Rüsselspitze bis zum Schwanzende ist sein Leib an mir vorbeigezogen, und nachgestiegen bin ich ihm, bis seine mächtigen Füße vor einem Blockhaus stillstanden und er mit ausgestrecktem Rüssel auf ein Schild wies, das allda befestigt war, als wolle er mir sagen: lies, und ich las

Die Zehn Gebote des Bergmannes

I

Du sollst nur einen einzigen ‹Claim› für dich beanspruchen.

II

Du sollst dir keinen unrechtmäßigen ‹Claim› abstecken, noch sollst du auf niederträchtige Weise einen vorübergehend verlassenen ‹Claim› wegnehmen: weder was du über der Erde findest, noch was auf dem Fels unter der Erde liegt oder in einer Spalte unter dem Fels, sollst du wegnehmen – sonst will ich alle Goldgräber gegen dich anrufen, und wenn sie wider dich entscheiden, so sollst du deine Picke nehmen, deine Schüssel, deine Schaufel und deine Decken mit allem, was du hast, und sollst ‹schürfen gehen›; gute Goldfelder wirst du suchen, aber du wirst keine finden. Und wenn du wiederkehrst, wird deine Betrübnis groß sein, denn dein ‹Claim› ist abgebaut, und gleichwohl kannst du in die Erde versinken wie ein Pfahl; du kannst dich weder unter deinem Lager in einen alten Stiefel verkriechen noch in ein Paar alte Leggins oder eine Flasche unter deiner Hütte. Ach, alles hast du vertan, was in deinem Beutel war, und deine Kleider, die Stiefel sind zerschlissen, und nichts taugt mehr daran denn die Taschen, und deine Geduld gleicht deinem Anzug; so wirst du endlich gar deinen Leib verdingen, um dein Brot zu verdienen und deine Haut zu retten.

III

Du sollst nicht unter die Goldsucher gehen, ehe dein ‹Claim› abgebaut ist. Desgleichen sollst du weder dein Geld noch deinen Goldstaub oder deinen guten Namen am Spieltisch vergeblich einsetzen, denn Monte, Twenty-one, Roulette, Faro, ‹Landskump› und Poker werden dich lehren, daß je mehr du setzest, desto weniger du gewinnst, und wenn du an deine Frau und Kinder denkst, so halte dich nicht etwa für unschuldig, sondern für – verrückt.

IV

Du sollst nicht an die Sabbatgewohnheiten deiner Freunde zu Hause denken – ein Vergleich mit dem, was du hier tust, könnte nachteilig ausfallen. Sechs Tage sollst du graben und hacken, soviel dein Leib erträgt, der übrige Tag jedoch ist ein Sonntag; trotzdem wäschst du alle deine schmutzigen Hemden, stopfst deine Socken, sohlst deine Schuhe, flickst deinen Anzug, spaltest Holz für eine ganze Woche, knetest und bäckst dein Brot und kochst deinen Speck mit Bohnen, auf daß du nicht zu warten brauchst, wenn du müde vom Long-Tom heimkehrst. Wenn du nur sechs Tage hart arbeitest, so kannst du deinen Leib in zwei Jahren nicht ganz abnutzen; rackerst du jedoch auch am Sonntag, so genügen sechs Monate. Und doch wirst du, dein Sohn und deine Tochter, dein Freund und deine Freundin, deine Moral und dein Gewissen nicht besser dadurch, nein, mit Vorwürfen werden sie dich überschütten, solltest du jemals so abgeplagt zum väterlichen Herd zurückkehren – und dann versuche dich zu rechtfertigen: nur Händler und Schmied, Zimmermann, Kaufmann, Schneider, Jud und Freibeuter fordern Gott und die Zivilisation heraus, indem sie den Sabbat nicht einhalten und keinen durch Tradition, Kinderstube und Familie geheiligten Ruhetag wünschen.

V

Du sollst nicht mehr über dein Gold nachdenken, und wie du am schnellsten dazu kommst, als über die Freuden, die es dir bereiten wird, nachdem du dich rücksichtslos über die Lehren und das Beispiel deiner alten Eltern hinweggesetzt hast; dann wirst du keine Gewissensbisse haben, wenn du ‹allein› bleibst in dem Land, wohin dich deines Vaters Segen und die Liebe deiner Mutter geführt hat.

VI

Du sollst deinen Leib nicht töten, indem du im strömenden Regen arbeitest; trotzdem mußt du genügend verdienen, um Arznei und Pflege bezahlen zu können. Auch sollst du deinen Nächsten nicht im Duell töten; indem du ‹kaltes Blut› bewahrst, rettest du sein Leben und dein Gewissen. Sieh zu, daß du dich nicht verdirbst, indem du einen ‹Schwips› oder ‹Dusel› fängst, ‹Hörner› bekommst, ‹hoch› hast oder ‹kielgehst› oder eine ‹Fahne› bekommst von gurgelkühlenden ‹Eiscognacs›, ‹Gin-Cocktails›, ‹Whisky-Sodas›, ‹Grogs› oder ‹Eierpunschen›. Ferner sollst du keine ‹Pfefferminz-Juleps› oder ‹kalte Enten› mit einem Strohhalm schlürfen oder gar das ‹Rohmaterial› aus der Flasche trinken. Du sollst nichts ‹pur› aus dem Dekanter nehmen, denn während du deinen Beutel und deinen Mantelrücken durch die Gurgel laufen läßt, brennt dir das Zeug die Mantelbrust vom Magen, und wenn du all die Häuser, den Goldstaub und die Luxus-Wohnungseinrichtungen sehen könntest, die dort schon kunterbunt gestapelt liegen, so würdest du ein Würgen verspüren in der Kehle: gibst du dazu deinen Seemannsgang, dein Lallen vom ‹in der Gosse schlafen› und ‹in der Sonne schmoren›, von Schürfgruben voll Wasser, von Schächten und Gräben, aus denen du wie eine halberoffene Ratte geklettert bist, dann packt dich der Ekel vor dir selbst, und du wirst fragen: «Ist dein Knecht ein Hund, daß er also tut?» Wahrlich will ich sagen: Vale, o Flasche! Nimmer will ich deine glucksenden Lippen küssen. Und o ihr guten Tropfen, ihr Cocktails, Punsche, Eiscognacs, kalten Enten, Eierpunsche, Grogs, Würzweine und Juleps, lebt auf ewig wohl! Beschämend ist die Erinnerung an euch, abbrechen will ich jegliche Bekanntschaft mit euch und euerem Gefolge, als da sind Kopfschmerzen, Zittern, Sodbrennen, Katzenjammer und der ganze lästerliche Rest. Das Lächeln meines Weibes und die Fröhlichkeit meiner Kinder werden mich erfreuen und die männliche Entschlußkraft belohnen, mit der ich mutig zum Nein stand. Ein ewiges Vale sage ich dir.

VII

Du sollst dich nicht entmutigen lassen, noch sollst du, ehe du dein ‹Schäfchen ins trockene› gebracht hast, ans Heimgehen denken, nur weil du keine ‹Ader angestochen›, keine ‹reiche Felsspalte› entdeckt hast, noch auf ein ‹Nest› gestoßen bist. Kehrst du vorzeitig heim, so wirst du statt der bisherigen 4 Dollar schäbige 50 Cent verdienen im Tag, und es wird dir recht geschehen, denn du weißt ja, daß du hier eine Ader und somit 50 Dollar pro Tag herausbuddeln kannst, was deiner männlichen Selbstachtung nur nützen kann – danach sollst du nach Hause gehen, denn du wirst genug haben, um dich und andere glücklich zu machen.

VIII

Du sollst deinen Goldgräberkameraden weder um eine Picke noch eine Schaufel, noch eine Schüssel bestehlen; keines seiner Werkzeuge sollst du dir ohne seine Erlaubnis nehmen. Borge nichts, was er nicht entbehren kann. Bringe auch kein Werkzeug beschädigt zurück, noch laß Geborgtes von deinem Kameraden zurückholen. Du sollst deinen Kameraden nicht im Gespräch festhalten, während der Wasserstrahl auf sein Laufwerk fällt, noch sollst du seinen Pfahl versetzen, um auf diese Weise deinen ‹Claim› zu vergrößern, oder seinen Hügel untergraben, indem du einer Ader folgst. Du sollst kein Gold aus seinem Sichertrog stehlen, noch sollst du die Rückstände von seinem Ausguß waschen. Du sollst keine Goldproben aus der Schüssel der Gesellschaft in deinen Mund oder deinen Beutel legen, noch deinen Partner um sein Teil betrügen oder den Goldstaub deines Hüttengenossen zum deinen schütten, denn er findet sicher heraus, was du getan hast. Dann wird er alle Goldgräber zusammenrufen, und falls das Gesetz ihnen nicht wehrt, werden sie dich hängen, dir 50 Hiebe aufzählen oder dein Haupt kahlscheren und dir wie einem Pferdedieb ein R auf die Backen brennen, damit man dich – in Kalifornien vor allem – erkenne an deinem Mal.

IX

Du sollst deinem Nächsten keine Lügenmärchen über ‹große Goldvorkommen in den Bergen› erzählen, nur damit du den Nutzen habest von deines Freundes unverkäuflichen Maultieren, Vorräten, Werkzeugen und Decken. Narrst du deinen Nächsten also, so wird er dich nach seiner Rückkehr durch den Schnee mit dem Inhalt seiner Flinte beglücken, die ihm als einziges geblieben ist, und du wirst wie ein Hund zu Boden gehen und verenden.

X

Du sollst keinen unziemlichen Ehebund schließen, noch sollst du übermäßig an deinem Junggesellendasein hängen oder eine ferne Maid vergessen. Du sollst deine ‹erste Liebe› nicht vernachlässigen – denke daran, wie treu und geduldig sie auf deine Rückkehr wartet und, ach, jede Nachricht von dir mit warmen Willkommensküssen bedeckt – bis sie dich wieder hat. Du sollst deines Nächsten Weib nicht begehren noch das Herz seiner Tochter spielerisch umgarnen. Ist jedoch dein Herz frei und begehrt sein für einander, so sollst du ‹die Frage› wie ein Mann vorbringen, auf daß nicht ein anderer, beherzterer Mann eher zum Zuge komme und du deine Schöne vergeblich anbetest und in der Verzweiflung deines Herzens mit den Dichtern seufzest: «So ist das Leben», um danach das Los der armen, einsamen, verachteten und trostlosen Junggesellen zu teilen.

Siehe, ein neues Gebot gebe ich dir: So du ein Weib hast und Kinder, die du mehr liebst als dein Leben, so sollst du ihr Bild ständig vor Augen halten, auf daß es dich ansporne zu immer besseren Leistungen, bis du sagen kannst: «Ich habe genug – Gott segne sie – nun will ich nach Hause.» – Wenn du dann zurückkehrst zu deinem Heim, werden sie dich mit offenen Armen empfangen, um den Hals fallen werden sie dir und vor übergroßer Freude über deine Heimkehr weinen, und du wirst mit den Deinen im Übermaß der Dankbarkeit vor deinen himmlischen Vater treten und ihm auf Knien für deine glückliche Heimkehr danken. Amen. So sei es!

Neunundvierzig

199

nug sieht man einen solchen ‹Amigo› mit einem andern in Streit gerathen, wenn er sich mit ihm nicht verständigen konnte. Mit der Machete treten sie auf die Mensur, nachdem sie sich mit einem Strick um den Leib auf Armslänge aneinander gebunden haben. Indem sie alsdann mit der linken Hand bemüht sind, sich gegenseitig das Gesicht mit dem Hute zu verdecken, führt die Rechte den blitzschnellen Machetazo, den Messerhieb. Perpendikulare Wunden sind bei solchen Zweikämpfen verboten, nur Schnittwunden erzielt der Mexikaner, weil nur diese in seiner Heimat keine gesetzliche Strafe nach sich ziehen. Fließt das Blut in Strömen, dann wird Satisfaktion gegeben.» Nicht nur die Lateinamerikaner trugen ihre Meinungsverschiedenheiten mit der Waffe aus. Die Gewohnheit, umstrittene Angelegenheiten wenn nötig mit Gewalt zu regulieren, griff allenthalben um sich. Carl Meyer meint dazu: «Während der Bewohner von Spanisch-Amerika seine Machete nicht tief genug durch das Gesicht seines Gegners ziehen kann, so kommt bei den Boxpartien der Nordamerikaner das fürchterliche ‹Gangin›, das Augenausdrehen, in Anwendung ... In Kalifornien haben solche Zweikämpfe die schrecklichste Verbreitung und Combination gehabt. Hier, wo sich zu dem Bedürfnis der Vertheidigung gegenüber feindlichen Rothhäuten und wilden Bestien noch die Furcht vor Räuberbanden und dem Bagno entronnenen Individuen gesellte, wurde das Tragen von Waffen ebenso gewöhnlich als das von Taschenuhren: aber da es sich zeigte, daß solch ein zur Eitelkeit und Spielerei gewordenes Mittel der Bravour nur höchst selten zur Vertheidigung Anwendung fand, so ist es nicht zu wundern, wenn es oft auf die empörendste, gleichgültigste Weise gebraucht wurde. Der Colt-Revolver und das Bowie-Messer spielen eine Rolle, die als charakteristischer Beitrag zur Geschichte des Goldlandes gehört, und es würde schon Bogen erfordern, um nur diejenigen mit diesen Höllenwerkzeugen verübten Thaten zu erwähnen, von denen der Einzelne Augenzeuge war. Hier nur ein Beispiel, das zu den vielen gehört, die während des ersten kalifornischen Justizjahres vor die Jury gelangten, und wobei der Delinquent mit ‹schuldig› oder mit ‹nicht schuldig› entlassen wurde. Ein Minirer ersuchte seinen Nebenbuhler, er möge ihm seine Taschenuhr zeigen, damit er sehen könnte, welche Zeit es sei. Ohne weiteres zog derselbe seinen ‹Sechsschüsser› und erschoß jenen. Es war ein Mord. Aber das Gericht konnte keine Strafe darüber verhängen, weil nicht erwiesen werden konnte, ob der Getödtete nicht räuberische oder verbrecherische Absichten gehegt hatte. Das Fragen nach der Zeit war somit in Kalifornien eine höchst verdächtige und gefährliche Frage, denn es lag darin eine indirekte Herausforderung auf Leben und Tod.»

Kalifornien war in den ersten Jahren des ‹Goldrush› außerstande, Recht und Gesetz zu wahren. Die amerikanischen Goldsucher mit ihrem ausgesprochenen Sinn für das Nützliche regelten die Verhältnisse in den Minen durch lokale Vereinbarungen, lange bevor der Gesetzgeber die komplizierte Materie bewältigt hatte. Eine solche Minenordnung gaben sich zum Beispiel die Goldsucher von Washington Flat, die an einer öffentlichen Versammlung im Jahr 1850 ihr ‹Gesetz› formulierten:

1. Beschluß:
Jedes Individuum soll Anspruch auf sechzehn Fuß Boden haben, der den Fluß in seiner Ausdehnung von Ufer zu Ufer einschließt.

2. Beschluß:
Kein ‹claim› soll verwirkt sein, es sei denn, man lasse ihn an drei aufeinanderfolgenden Tagen ohne Werkzeug liegen. Diese Regel gilt nicht bei Krankheit und im Winter.

3. Beschluß:
Wenn eine Gesellschaft den Fluß ableiten will, so soll sie ihre Absicht mindestens eine Woche vorher öffentlich ankündigen, damit jeder Goldsucher Gelegenheit

hat, sich der Gesellschaft anzuschließen. Dann ist die Gesellschaft berechtigt, alles vorzukehren, was sie als nützlich erachtet.

4. Beschluß:
Der Alkalde soll die Befugnis haben, in allen Streitfragen zu entscheiden, die sich in bezug auf die ‹claims› und die Arbeit in den Minen ergeben können.

5. Beschluß:
Diese Beschlüsse können abgeändert oder ergänzt werden in öffentlicher Versammlung durch das einfache Mehr der Stimmen.

Praktisch und einfach waren diese Regeln, und sie funktionierten zur Zufriedenheit der Beteiligten, solange sie wirklich von einem demokratischen Willen getragen waren. Doch immer wieder gelang es Banden von Verbrechern, die Dinge mit Terror und Drohung zu manipulieren. Um die öffentliche Ordnung war es oft genug schlecht bestellt, denn im allgemeinen waren weder Alkalde noch Sheriff in der Lage, die Gesetze zur Geltung zu bringen. In den Minenfeldern griffen die Goldsucher zur Selbsthilfe, wie später in den Städten die unter dem Namen ‹Vigilance Committees› bekannt gewordenen Bürgerausschüsse. Ihre Justiz war rasch, grausam, zweckmäßig. Man peitschte Übeltäter aus, brannte sie mit glühenden Eisen oder schnitt ihnen die Ohren ab. In ernsthaften Fällen hängte man die Sünder ohne Umstände, und selten war ein Sheriff in der Lage, das summarische Verfahren zu verhindern. Diebstahl wurde als schwerwiegender befunden denn Mord, eine Regel, die im ganzen Westen galt. So wollte es die Moral der neuen Gesellschaft. Was die ordentliche Justiz zur Sühnung von Verbrechen tat, war wenig erhebend. Zahlreich sind die Legenden, die von bauernschlauen und grobschlächtigen Richtern erzählen, die ihr Amt in souveräner Unkenntnis des Gesetzes verwalteten. Dahin gehören die Geschichten von Major R. C. Barry, der eine Zeitlang als Friedensrichter in Sonora wirkte und als Sachwalter der Justitia vor allem bestrebt war, die Gerichtskasse zu füllen. Als Beispiel sei eines seiner Urteile angeführt: «Nr. 516. Dies ist ein Prozeß um ein gestohlenes Maultier, in dem Jesús Ramirez angeklagt ist, dem Sheriff Work eine schwarze Stute mit den Brandzeichen o und 5 gestohlen zu haben. George schwört, das betreffende Maultier gehöre ihm, und ich glaube es. Indem ich mir den Fall anhörte, fand ich, daß Jesús Ramirez verbrecherisch gegen das Gesetz und gegen das Volk von Sonora gehandelt hat, als er das Maultier stahl. Ich verurteilte ihn zu 10 Dollar Gerichtskosten und auferlegte ihm außerdem noch weitere 100 Dollar zur Abschreckung aller andern Übeltäter. Da aber Jesús Ramirez kein Geld hat, bestimmte ich, daß George Work die Gerichtskosten und die 100 Dollar zu zahlen hat und daß, falls er nicht zahlen will, das Maultier vom Constabler John Luney oder einem andern Gerichtsdiener verkauft wird, um die Unkosten des Gerichts zu decken und die vorgenannte Buße einzubringen. R. C. Barry, Friedensrichter. John Luney, Constabler.»

Mit welchen Tücken ein ordentliches Gerichtsverfahren in den Minengebieten verbunden war, schildert der Texaner Benjamin Butler Harris, der sich im Jahre 1850 in Sonora aufhielt: «Im Sommer 1850 verseuchte eine Flut von Schurken, angeblich aus Tasmanien, die Minen. Unfähig oder faul, verabscheuten sie die Arbeit, lungerten durch die Camps, vergewisserten sich, wo Gold war, strichen nachts umher, raubten ihre nichtsahnenden Opfer aus und ermordeten sie. Solche Vorfälle trugen sich täglich zu. Da der Schuldige nie gefunden wurde, erregten diese heimlichen Verbrechen die Volkswut. Wäre einer verdächtigt worden, zu diesen Schurken zu gehören, so hätte er mit der sofortigen Hinrichtung rechnen müssen. Die zivile Gewalt, genarrt und in die Irre geführt, konnte nichts unternehmen. Schließlich meldete ein Reisender, er habe an einem abgelegenen Ort drei oder vier Goldsucher getroffen, Yaqui-Indianer, welche die Leichname von zwei weißen Männern verbrannten. Die Indianer wurden sofort festgenommen,

Von den Amerikanern verachtet und verdrängt, lebten die kalifornischen ‹Digger-Indians› in kläglichen Verhältnissen am Rande des Goldrausches.

und es versammelte sich eine aufgeregte Menge. Die Männer wollten das Blut der Yaquis sehen. Sie wurden mit Gewalt aus dem Gefängnis von Sonora geholt und aufgehängt, bevor sie etwas zu ihrer Rechtfertigung sagen konnten. Der neue County-Richter, Tuttle, erschien im letzten Augenblick mit einigen Gehilfen und holte die Yaquis wieder herunter. Es gelang dem Richter mit Härte und Überredung, die Leute von ihrer Lynchjustiz abzubringen. Sie fanden sich bereit, die Sitzung des Distriktgerichtes abzuwarten, die wenige Wochen später stattfinden sollte. Der Richter setzte inzwischen seinen Kopf ein für die Sicherheit der Gefangenen. Am Gerichtstag erschienen bewaffnete Haufen aus den umliegenden Gebieten mit dem festen Vorsatz, die Gefangenen in Sonora auf jeden Fall umzubringen. Die Organisation der Goldsucher von Paso del Pino unter Captain Parrys und meiner Leitung (Präsident und Sekretär) bot hundert Männer unter Führung von Captain Short auf, die angewiesen waren, die Yaquis zu beschützen, wenn sie unschuldig waren, und sie zu hängen, wenn sich ihre Schuld erwies. Die Sitzung wurde eröffnet, die Geschworenen eingetragen, der Gerichtssaal war voll gedrängt von mit Gewehren ausgerüsteten Leuten, während hundert andere vor der Türe standen und keinen Einlaß fanden. Alle waren geräuschvoll und herausfordernd. ‹Hängt sie, hängt sie auf!› erscholl es im Saal, in den Ohren der Geschworenen und in der ganzen Stadt. Wann immer der Sheriff in der Pause das Gericht durch die dicht stehende Menge geleitete, waren Stimmen mit der Drohung zu hören, man werde die Geschworenen selber aufhängen, falls sie versäumten, ein Todesurteil zu sprechen. Der Befund entlastete die Angeklagten, denn es stellte sich eindeutig heraus, daß es Sitte dieser Leute war, die Toten zu verbrennen, und daß anderseits die Opfer schon einige Tage früher umgebracht worden waren.»

«Der Fall wurde zur Kenntnis genommen, und die Geschworenen zogen sich in einen Raum über dem Gerichtssaal zurück, um ein Urteil zu finden. Inmitten eines wahnsinnigen Tumults stieg Dr. William M. Shepherd, ehemaliger Sekretär der Republik Texas, ein langer, muskulöser und starker Mann, der während einigen Tagen Bacchus allzu eifrig gehuldigt hatte, auf das Podium und schmetterte dem Richter einen Tisch auf den Kopf. Der Richter entwich durch eine Seitentüre, begab sich zum Eingang und ersuchte den Staatsanwalt, Booker, die Menge in einer Ansprache zu beruhigen. Dann zog er sich ins Hotel zurück. Dr. Shepherd, sein Bowie-Messer in der Hand, mit starren Augen und wirrem Haar, stellte sich vor die verrückte Meute und schrie ‹Ich will kämpfen! Ich will kämpfen! Ich will mir nicht den Schimpf antun und gegen einen oder gegen zehn Männer kämpfen – ich will gegen fünfzig – nein, gegen hundert kämpfen! Schafft sie her! Es macht wahrlich keinen Unterschied, ob mein Name vor tausend Jahren in Gottes Buch eingetragen wurde oder jetzt.› In diesem Augenblick ließ ein Mann, der auf einer Bank saß, sein Gewehr fallen. Ein Schuß löste sich, drang durch die Decke und streifte einen Geschworenen. Augenblicklich heulten hundert Kehlen los: ‹Ein Mexikaner hat einen Amerikaner erschossen!› Die Hunderte, die vor dem Haus standen, nahmen den Ruf auf. Die Mexikaner, die immerhin zwei Drittel der Bevölkerung bilden, brachten sich in Sicherheit. Viele zogen sich aus der Stadt auf die Hügel zurück und bildeten dort Zielscheiben für die in unregelmäßigen Abständen abgegebenen Salven, die von einer berauschten Menge gegen sie gefeuert wurden. Viele entwischten gerade noch, getroffen wurde keiner. Das Pandämonium beruhigte sich ein wenig. Zwei der Geschworenen, die zwar die Unschuld der Angeklagten nicht bezweifelten, forderten gleichwohl einen Schuldspruch, da sie fürchteten, das rasende Volk könnte die Jury hängen. Doch wurden sie schließlich für einen Freispruch gewonnen. Dann sandte man einen Boten zu Captain Short, um zu erfahren, ob sich das Gericht auf seinen Schutz verlassen könne. Short versprach Hilfe. Das Urteil wurde verkündet. Captain Shorts hundert Männer nahmen Gefangene und Geschworene in die Mitte und geleiteten sie aus dem Haus. Die Erregung legte sich rasch, und es kehrte wieder Ruhe ein.»

Fremdenhaß war eine allgemein verbreitete Erscheinung in den kalifornischen Minen. Er richtete sich vor allem gegen Mexikaner und Peruaner, die ‹dark faces› (dunklen Gesichter), die in den Augen der amerikanischen Hinterwäldler ein für allemal als Menschenschlag minderen Rechts zu betrachten waren. Die andere Lebensart der Lateinamerikaner galt als unverzeihlich. Man gab sich nicht damit zufrieden, daß die Ausländer in den Minen durch Steuern benachteiligt wurden und somit ihre Arbeit unter ungleichen Bedingungen verrichteten. Mexikaner wurden von ihren ‹claims› vertrieben, ausgeraubt und häufig auch ermordet. Als der berüchtigte Bandit Tom Bell vor der Hinrichtung stand, bekannte er in einer weinerlichen Konfession, daß er nur unter dem Zwang der Verhältnisse Amerikaner ausgeraubt und ermordet habe. Wären die Umstände günstiger gewesen – so meinte er –, würde er sich auf Mexikaner beschränkt haben, die er schon immer als seine natürlichen Feinde betrachtet hatte. Das groteske Geständnis bewahrte Tom Bell zwar nicht vor dem Strick des Henkers, doch es war vielen Amerikanern aus der Seele gesprochen. Die erste gesetzgebende Versammlung erließ ein Steuergesetz für ausländische Goldsucher (Foreign Miner's Tax Law) mit so prohibitiven Gebühren, daß sich die erregten Mexikaner im Minengebiet von Sonora erhoben. Auch Franzosen beteiligten sich am Aufruhr gegen das ungastliche Land. Man zog mexikanische und französische Flaggen auf, sang die Marseillaise

Die Legende vom Banditen Joaquín Murieta: Der Zeichner Charles Christian Nahl verewigte in der ‹Police Gazette› die sagenhafte Gestalt in romantischen Posen. Ein Plakat machte die Bevölkerung auf die Ausstellung aufmerksam, in der man den Kopf des Banditen besichtigen konnte.

und andere Revolutionsgesänge und verfaßte Resolutionen. Doch die Amerikaner fuhren mit gewohnter Energie dazwischen und setzten der Diskussion ein Ende. Das Gesetz sah vor, daß sich der ‹Ausländer› jeden Monat neu um die Lizenz zu bewerben hatte. Unterließ er diese umständliche Formalität, so sollte der Sheriff eine genügende Anzahl amerikanischer Bürger um sich scharen und den Mann mit Gewalt vertreiben. Dabei ging man stillschweigend von der Konstruktion aus, wonach Engländer, Deutsche, Franzosen und Australier als ‹Amerikaner› zu betrachten seien. Betroffen wurden also fast ausschließlich die Lateinamerikaner. Tausende machten sich verbittert auf den Heimweg. ‹Ausländer› im Sinne des neuen Gesetzes waren aber auch die mexikanischen Kalifornier, denen eben noch im Friedensvertrag von Guadalupe Hidalgo das Recht auf ihre Heimat bestätigt worden war. Fremde im eigenen Land, rechtlos und zusehends in ihrer Existenz bedroht, lebten sie am Rande der von den neuen Herren dirigierten gewalttätigen Gesellschaft.

Im Kampf gegen die Mexikaner traten da und dort organisierte Verbrecherbanden auf. Bei Los Angeles warb im Frühjahr 1850 ein Schlächtergeselle namens Frank Wilson eine Kompanie von Freiwilligen in der offen verkündeten Absicht, heimkehrende Mexikaner auszurauben. Zu Ehren der amerikanischen Goldsucher sei gesagt, daß der Zulauf bescheiden war. Die Bande begann ihr schmutziges Geschäft im San Bernardino County, wurde aber bald in einem Cañon des San Timoteo Creek von erbosten Kaliforniern und Indianern aufgerieben. Es wäre allerdings ungerecht, die ganze Verantwortung für die ausländerfeindlichen Umtriebe den amerikanischen Pionieren in die Schuhe zu schieben. Es gibt zahlreiche Beispiele guter Nachbarschaft zwischen verschiedenen Nationalitäten. Einen solchen Fall erwähnt Harris, der im übrigen für die Mexikaner wenig freundschaftliche Gefühle hegte: «Im Winter 1849 herrschte unter den Goldsuchern Skorbut, und zwar besonders heftig unter den Mexikanern, sei es wegen ihrer Nahrung oder sei es wegen der dünnen Kleider, die üblicherweise aus Baumwolle waren. Als die Epidemie ihren Höhepunkt erreichte, wurden in meiner Nachbarschaft etwa siebenhundert mexikanische Patienten ausschließlich auf Kosten der Goldsucher beherbergt, gepflegt, ernährt und unterstützt. Wo staatliche Gesetze und wohltätige Institutionen fehlten, kamen wohlgesinnte Pioniere diesen Unglücklichen zu Hilfe, und die Nächstenliebe ging damals mit lächelndem Gesicht in der Sierra um ...»

Das Elend der mexikanisch-kalifornischen Bevölkerung inmitten des Goldstroms fand zu Beginn der fünfziger Jahre erregenden Ausdruck in der Legende vom Banditen Joaquín Murieta. In der Phantasie der Zeitgenossen erschien dieser Außenseiter der Gesellschaft als eine Art Robin Hood, der mit List und Tücke die Eindringlinge um ihre Goldschätze erleichterte, seinen Landsleuten ein Beispiel ungebrochenen Mutes bot und die Verfolger in die Irre führte. Begleitet war Joaquín vom fürchterlichen ‹Three-fingered Jack› (‹Dreifingriger Jack›), einem Monstrum und Schlächter, der für seinen Anführer die grobe Arbeit verrichtete. Es läßt sich heute kaum noch ermitteln, was an dieser Historie Wahrheit und was spätere Dichtung ist. Eine Zeitlang war Joaquín allenthalben, stahl Vieh irgendwo im Norden und überfiel gleichzeitig zweihundert Meilen weiter südlich einen Goldtransport. Murieta ritt, ein unvergleichlicher Reiter, in Kalifornien auf und ab, populärer Held, galant gegenüber den Frauen, schrecklich für seine amerikanischen Feinde. Doch die Arbeit wurde zuviel für einen einzigen Mann, und schließlich waren nicht weniger als fünf Joaquíns am Werk. Die Historiker haben sogar ihre Namen festgehalten: Carrillo, Valenzuela, Bottilier, Murieta und Ocomoreña.

Im Sommer 1853 begann sich die staatliche Gewalt zu regen. Der Texaner Captain Harry Love erhielt die Erlaubnis, eine ‹Ranger›-Kompanie auszuheben und die Jagd auf die fünf Joaquíns zu eröffnen. Eigenartig genug, setzte Gouverneur John Bigler einen Preis von tausend Dollar auf einen Joaquín aus, sei er tot oder lebendig. Doch nur Harry Love war berechtigt, die Banditen zu jagen. Das sah entschieden nach einem unsauberen Geschäft aus. Captain Love und seine Leute ritten während zweier Monate kreuz und quer auf der Suche nach irgendeinem Joaquín. Dann trafen sie am Panoche-Paß auf eine Gruppe von Mexikanern, die um ein Feuer saßen. Nach kurzer Diskussion griffen die ‹Ranger› zu den Waffen und erschossen den Anführer der Gruppe, der angeblich Joaquín Valenzuela hieß, und einen Mann mit einer verstümmelten Hand, der natürlich kein anderer sein konnte als ‹Three-fingered Jack›. Jetzt hatten sie wenigstens einen Joaquín umgebracht. Sie steckten seinen Kopf und die Hand des ‹Dreifingrigen Jack› in ein Glas Spiritus, ritten nach Sacramento und kassierten die tausend Dollar ein. Das Parlament von Kalifornien bewilligte in seiner Begeisterung weitere fünftausend Dollar für Captain Love, hatte er doch, wie es nun plötzlich hieß, den berüchtigten

Joaquín Murieta zur Strecke gebracht. Auf ein Gerichtsverfahren war in diesem Fall zum vornerein verzichtet worden.

Doch bald begannen Zweifel an der Herkunft des Verbrecherhaupts, das noch während Jahren als Schaustück von einem Museum zum andern wanderte. Die Zeitung ‹Alta California› in San Francisco, die in diesen Jahren mit viel Mut die verwahrlosten Zustände geißelte, nahm sich der Geschichte in einem sarkastischen Kommentar an: «Es ist für unsere Bürger belustigend, die verschiedenen Erzählungen über Gefangennahme und Enthauptung des ‹bekannten Verbrechers Joaquín Murieta› zu lesen. Der Humbug ist so offensichtlich, daß kaum ein vernünftiger Mensch sich einer Täuschung hingeben kann. Vor wenigen Wochen ist eine Gesellschaft von eingeborenen Kaliforniern und Leuten von Sonora nach dem Tulare Valley aufgebrochen in der offenkundigen Absicht, Mustangs zu jagen. Drei Leute von der Gruppe sind zurückgekehrt und haben erzählt, wie sie von einem Trupp Amerikaner angegriffen wurden und wie die Hälfte von ihnen, nämlich vier, getötet wurden. Daß Joaquín Valenzuela, einer von ihnen, umgebracht wurde, als er entfliehen wollte, und daß sein Haupt abgeschnitten und von den Fängern als Trophäe mitgenommen wurde. Es ist nur zu gewiß, daß der Mann, den Captain Love's Leute am Panoche-Paß töteten, nicht Joaquín Murieta ist. Das in Stockton ausgestellte Haupt zeigt keine Ähnlichkeit mit jenem Individuum. Das ist eindeutig festgestellt worden von Leuten, die sowohl den richtigen Murieta wie auch den unechten Kopf gesehen haben.»

Also ist die Frage, was aus Joaquín Murieta geworden ist, bis heute umstritten. Ein Jahr nach dem blutigen Vorgang am Panoche-Paß schrieb der Halbindianer John Rollin Ridge (‹Yellow Bird›) eine Schilderung von Leben und Abenteuer des kalifornischen Banditen, die in ihrer buntfarbigen Räuberromantik bis in unsere Tage hinein den Stoff für Romane und Filmgeschichten abgegeben hat. Doch unabhängig von ihrem historischen Gehalt setzte die Legende einen Modellfall, der eine für Kalifornien und Mexiko in gleicher Weise gültige Erscheinung zeigt: das Individuum im Widerstreit mit der Gesellschaft oder mit der Allmacht des Staates, die einem aufrechten Mann keine andere Wahl lassen als den Kampf bis zum Untergang. Eine simple Situation mit schlichter Tragik, die sich in der mexikanischen Geschichte des 19. Jahrhunderts an zahllosen Beispielen vollzog.

Kalifornien lebte in diesen Jahren für das Gold und die Goldsucher. Doch ist heute kaum mehr auszumachen, wer mehr Gewinn aus der Sache zog: die Männer in den Minen oder jene, die ihnen das Gold wieder aus der Tasche lockten. Trotz fabelhaften Gewinnen griff in den Goldfeldern Enttäuschung um sich. Das Leben wurde gefährlicher und gesetzloser, und nicht jeder war von so handfestem Zuschnitt, daß er den Kampf bestand. Mancher starb an Krankheit und Heimweh. Briefe, Berichte, zurückgelassene Tagebücher geben darüber Auskunft. «Ich komme soeben vom Friedhof zurück, wo wir einem aus unserer kleinen Gruppe den traurigen letzten Dienst erwiesen haben, nachdem er doch im vergangenen Sommer Marietta (Ohio) bei guter Gesundheit und voll Hoffnung verlassen hat», schrieb Elisha Douglass Perkins aus Ohio am 8. Januar 1850 in sein Journal. «Der Tod eines unserer Kameraden, so fern von zu Hause und von allem, das unser Leben teuer macht, wirft einen Schatten von Schwermut auf die Überlebenden, und wir alle denken, daß uns dasselbe Schicksal beschieden sein könnte – und wie schrecklich ist dieser Gedanke! Wenn ich sterben muß, so laßt mich zuerst nach Hause gehen und in den Armen meiner Freunde sterben ...» Perkins Wunsch ging nicht in Erfüllung. Er starb zwei Jahre später in der selbstgewählten Fremde an Bord eines Flußbootes auf dem Sacramento. «Auch der größte Reichtum kann einen sterbenden Mann nicht entschädigen für die tödliche Krankheit, die er sich durch sein habgieriges Streben zugezogen hat», meint der Chronist der ‹Annalen›. Mancher Goldgräber gab die Jagd nach Reichtum vorzeitig auf. Hieram Pierce beschloß nach anhaltendem Mißgeschick, zu seiner Familie an der Ostküste zurückzukehren. Er meldet in seinem Tagebuch: «Ich kam heute zur Arbeit und

Aus der Frühzeit von San Francisco: Die Kombüse eines abgetakelten Schiffes wird in ein Restaurant verwandelt.

fand nur wenig. Ich habe jeden Mut verloren. Ich suchte weiter den Bach hinauf, fand nichts, kam zurück und sprach davon, daß ich nach Hause wollte. Howards Gesicht wurde so lange wie ein Pferdekopf, und ich spürte ein Gerstenkorn in meinem Auge. Mr. Bixby starb diesen Nachmittag nach einem Anfall. Seine Beine und Füße waren brandig geworden. Ich habe nahe bei unserm Zelt zwei Taranteln getötet, die so groß waren wie kleine Hühner.» Monate später, nach der Heimkehr, kam die letzte Eintragung: «Ich bin immer noch krank und schwach vom ‹Chagres-Fieber›. Mit großer Freude habe ich meine Familie wiedergefunden.»

Andere enttäuschte Pioniere suchten sich in den Städten Kaliforniens eine einträgliche Beschäftigung. San Francisco, im Sommer 1848 eine verlassene Gespensterstadt, bevölkerte sich wieder, und jetzt begann der unvergleichliche Aufstieg des schmutzigen Nestes zur bedeutendsten Hafenstadt am Pazifischen Ozean. Die ‹Annalen› berichten darüber: «Schon ein kurzer Aufenthalt in den Minen hat die Bürger von San Francisco davon überzeugt, daß, volkstümlich ausgedrückt, nicht alles Gold ist, was glänzt – eine traurige Wahrheit für schwache und faule Leute. Sie kehrten in ihre alten Quartiere zurück und fanden bald heraus, daß mit weniger Arbeit größere Gewinne erzielt werden konnten, wenn man sich darauf verlegte, die Goldsucher mit allen nötigen Artikeln zu versorgen oder mit Grundstücken zu spekulieren. Eine Zeitlang machte jedermann gute Geschäfte, selbst gegen den eigenen Willen. Das ständige Steigen der Preise brachte den glücklichen Besitzern von Gütern oder von Boden Reichtum. Solange die Dinge flott gingen und die Gewinne groß waren, zögerte niemand, jeden beliebigen Preis zu zahlen, wenn er sich damit einen anständigen Platz im Geschäft sichern konnte. Geld war knapp, aber Beutel von Goldstaub waren die Währung, die allen Anforderungen genügte.»

Noch bot San Francisco kaum das Bild einer natürlich gewachsenen Stadt. Von einem auch nur notdürftig organisierten Gemeinwesen war keine Rede. «Die ganze Bevölkerung war ständig in Bewegung», meldet ein zeitgenössischer Bericht aus dem Jahr 1850. «Sie war jederzeit sichtbar, so daß ihre Zahl noch größer schien, als sie es in Wirklichkeit war. Wenn das Volk auch nicht auf der Straße schlief, so arbeitete es, aß oder amüsierte sich doch stets in Haufen.» Ende 1849 schätzte man die Einwohner auf 25 000 Seelen. Frauen und Kinder waren selten. Nur wenige hatten sich dauerhaft eingerichtet. Man lebte in provisorischen Verhältnissen, stets zum Aufbruch bereit. Die ‹Annalen› schildern die allgemeine Unrast und Verwirrung jener Tage: «Es gab hier nichts, was man ein Heim hätte nennen können. Sogar richtige Häuser waren selten zu sehen. Wohnungen und Geschäftsräume befanden sich in Zelten, kleinen und roh gezimmerten Bretterverschlägen oder in einstöckigen Holzbauten. Nur die großen Spielsalons, die Hotels, die Restaurants sowie einige wenige öffentliche Gebäude und Läden mochten in bezug auf Größe, Komfort und Eleganz höhern Ansprüchen zu genügen ... In diesen elenden, notdürftigen Behausungen, umgeben von ganzen Haufen von Schmutz und Unrat und von stehendem Wasser, ging eine eigenartig gemischte Bevölkerung auf ganz besondere Weise ihren Geschäften nach. Wir müssen vorausschicken, daß die Leute hier ihre Angelegenheiten nicht in der ordentlichen Manier verwalten konnten, wie es in älteren Gemeinwesen geschieht. Nur wenige übten jene Berufe aus, für die sie erzogen und ausgebildet waren oder die ihrer Natur am besten entsprachen. Jeder Einwanderer wurde bei der Ankunft in San Francisco – auch in seiner eigenen Meinung – ein neuer Mensch, bereit, irgend etwas zu unternehmen und beliebige Geschäfte anzufangen. Und so taten alle, aber stets mit Lärm, Betriebsamkeit und viel unnötiger Konfusion. Die Ärzte und Zahnärzte waren Bierkutscher, Barbiere oder Schuhputzer. Anwälte, Makler und Sekretäre wandelten sich zu Kellnern, Auktionatoren oder vielleicht auch zu Schlächtern. Händler versuchten es als Arbeiter und Schwerarbeiter, während umgekehrt Arbeiter und Schwerarbeiter Händler wurden. Selbst der faulste Einwohner kam in Versuchung, irgend etwas zu tun, und auch für den Schwächsten war Arbeit

Im Frühjahr 1849 machten die ‹Hounds› die Stadt San Francisco unsicher.

Der zweite Brand von San Francisco, vom 4. Mai 1850

vorhanden: einen Nagel in eine Holzbaracke einschlagen, ein beladenes Maultier führen, einen Marktstand betreuen, eine Glocke läuten, eine Botschaft austragen ...»

Der Bericht fährt fort mit einer Schilderung einer alles beherrschenden Leidenschaft: «Das Spielen war ein besonderer Charakterzug im San Francisco jener Tage. Spielen war das Vergnügen, die große Beschäftigung aller Klassen und ganz offensichtlich Leben und Seele des Ortes. Es gab Hunderte von Spielsalons in der Stadt. Die Bar jedes Hotels und jeder Wirtschaft lockte die Müßigen, die Gierigen und die Habsüchtigen. ‹Monte›, ‹Faro›, ‹Roulette›, ‹Rondo›, ‹Rouge et noir›, ‹Vingt-et-un› waren die bevorzugten Spiele. In den größern ‹Saloons› gaben hübsche und fein gekleidete Frauen die Karten aus oder drehten das Roulette, und an den Wänden hingen lüsterne Bilder. Ein Orchester und unzählige glitzernde Lampen belebten die Szene und riefen Gefühle freudigen Entzückens wach. Kein Wunder, wenn der unbedachte Besucher in Versuchung geriet und zu Fall kam, bevor er Zeit fand, aus dem angenehmen Wahn zu erwachen. Ein Vermögen zu machen, indem man eine Karte umkehrte, war eine wundervolle Sache – Hoffnung und Bangen um einen möglichen Erfolg ein prickelndes Vergnügen ... Enorme Summen wurden aufs Spiel gesetzt. Eines Abends wurde Gold im Wert von 16 000 Dollar als Einsatz auf einen Faro-Tisch gelegt. Die Bank verlor, der Inhaber gab dem glücklichen Gewinner ohne Kommentar die Summe heraus und fuhr in seinem Geschäft mit heiterer Miene fort, offensichtlich in so guter Laune, als hätte er nur einen unbedeutenden Verlust erlitten ... Die Berufsspieler zahlten große Beträge, damit sie ihre Tische in den Salons aufstellen durften und gewannen bei diesem Geschäft ansehnliche Vermögen. Die Tische waren beladen mit Gold- und Silberstücken in Haufen, mit goldgefüllten Beuteln und Klumpen aus reinem Metall, um mit dieser Pracht die Gaffer anzulocken. Der Anblick solcher Schätze, der gelegentliche Erfolg eines Spielers, die Musik, das Getriebe und die Hitze, die Getränke, Gier und Teufelei, all das reizte zum Spiel, und die einzige Grenze war durch den unermeßlichen Reichtum der ganzen Gemeinschaft gesetzt. Richter und Kirchenmänner, Physiker und Advokaten, Händler und Kaufleute, Unternehmer, Ladenbesitzer, Krämer, Mechaniker und Arbeiter, Goldsucher und Farmer, ein jeder auf seine Art ein Abenteurer – ein

jeder erkämpfte sich mit den Ellbogen seinen Weg zum Spieltisch ... Arm oder reich, der Geist der Spekulation pflanzte sich fort, und die Bewohner von San Francisco waren in dieser Epoche seiner Geschichte allesamt eine Horde von Spielern, gleichgültig, ob sie sich mit dem eigentlichen Spiel oder mit ähnlichen Unternehmungen im Handel, in der Bodenspekulation oder in allgemeinen Geschäften befaßten.»

So wuchs aus dem turbulenten Treiben eine neue Stadt. Rückschläge, Wirren und Katastrophen stellten sich gleich in den ersten Jahren ein. Zwischen 1849 und 1851 brannten sechsmal ganze Stadtteile nieder. Man baute sie rasch wieder auf, solider, teurer, mit mehr Voraussicht. Die ‹great fires› (großen Feuer) erwiesen sich auf die Dauer als nützlich, verschwanden doch die unansehnlichen Bauten der ersten Tage sozusagen von selbst. Die materiellen Verluste waren kaum höher als jene, die manch einer am Spieltisch erlitt. Für Spekulanten tat sich ein neues Feld auf: ‹Feuersichere Häuser› waren in diesen Tagen außerordentlich begehrt. Im Jahre 1850 begannen die ins Unermeßliche angestiegenen Preise zu fallen. Auf zahllosen Schiffen kamen Güter im Überfluß ins Land, denn die meisten Goldsuchergesellschaften brachten ganze Warenlager mit sich, die sie nach der Landung so rasch wie möglich verkauften. Auch waren die Goldgräber, die enttäuscht aus den Bergen zurückkehrten, nicht mehr bereit, jeden Preis zu zahlen. Doch an Arbeitskräften fehlte es immer noch.

Um die öffentliche Sicherheit war es in San Francisco nicht viel besser als anderswo in Kalifornien bestellt. Im Frühjahr 1849 machte sich eine Bande von Desperados breit, die bald die ganze Stadt in den Bann ihres Terrors schlug. Die Mitglieder dieser Gruppe nannten sich ‹hounds› (Hunde), später auch ‹Regulatoren›. Ihr besonderer Haß galt der spanischsprechenden Bevölkerung und den Ausländern. Eine Zeitlang plünderten die ‹hounds› vor allem chilenische Einwanderer, die meist in dürftigen Verhältnissen lebten. Sie überzogen mit Raub und Mord ganze Quartiere, versicherten aber stets, sie verteidigten lediglich amerikanischen Boden gegen die fremden Eindringlinge. Solch patriotische Arbeit erschien den Bürgern nicht zum vornherein tadelnswert. Als sich dann aber die wilde Horde gegen Amerikaner wandte, besann man sich eines andern. Eine freiwillige Bürgerwehr trieb das Pack auseinander und steckte gegen zwanzig ‹hounds› in das einzige sichere Gefängnis der Stadt, das sich dazumal an Bord der ehemaligen Kriegschaluppe ‹Warren› befand. Mit dem Verschwinden der ‹hounds› kehrten Recht und Ordnung noch lange nicht ein, obschon auf den Straßen San Franciscos nun leidliche Ruhe herrschte. Der Mann, der die ehrbaren Bürger zum Kampf gegen die Desperados aufrief, hieß Sam Brannan. Es war derselbe Brannan, der einst die New-Yorker Mormonen nach Kalifornien und Sutters Fort geführt und ihre Abgaben, die für die Kirche der Heiligen bestimmt waren, ohne Skrupel

Die Telegraphenstation auf Telegraph Hill signalisierte der Bevölkerung frühzeitig die Ankunft der Schiffe (links).

Etwas später wurde auf Point Lobos die äußere Telegraphenstation errichtet, welche die Ankunft der Schiffe lange vor der Einfahrt ins Golden Gate meldete (rechts).

in die eigene Tasche gesteckt hatte. Der gleiche Mann auch, der den naiven Captain John A. Sutter mit gewaltigen Spekulationen zugrunde richtete und in grandiosem Stil Gaunereien betrieb, wie sie einem armseligen ‹hound› nie eingefallen wären.

Zwei stets wiederkehrende Ereignisse brachten einen gewissen Rhythmus ins Leben der Stadt, und trotz dem ausgelassenen Treiben bildeten sich allgemein respektierte Konventionen heraus. Die beiden unverkennbaren Fixpunkte waren die Ankunft des Postdampfers mit der Post von der Atlantikküste und der sogenannte ‹Steamer-Day› (Dampfboot-Tag), der Tag, an dem die beiden Schiffe nach Panama und nach San Juan del Sur, dem Endpunkt der Nicaragua-Route, ausliefen. Die Ankunft eines Dampfers stürzte die Bewohner von San Francisco immer von neuem in Erregung. Weniger der Umstand, daß neue Einwanderer eintrafen – daran hatte man sich längst gewöhnt –, sondern die Hoffnung auf Briefe, Zeitungen und Nachrichten aus der alten Heimat versetzte jedermann in Unruhe. Die Signalstation auf Telegraph Hill meldete jeweils einige Stunden voraus, wenn die ‹California›, die ‹Golden Gate› oder ein anderes Schiff sich der Bucht näherte. Dann ließen Tausende von Bürgern die Arbeit liegen, versammelten sich auf dem Telegraphenhügel oder eilten in den Hafen. Noch größer war die Bewegung am ‹Steamer-Day›. Alle vierzehn Tage verließen zwei oder drei Postdampfer den Hafen. Diese Daten waren für die Geschäftsleute von San Francisco so verpflichtend wie Fälligkeitstermine, die von Banken gesetzt waren, denn mit diesen Schiffen gingen die Zahlungen an die Gläubiger im Osten. Schon einige Tage vor ‹Steamer-Day› wurde jeweils das Geld in der Stadt knapp, denn jeder borgte, damit er seine Verpflichtungen erfüllen konnte. Es war aber auch ein Tag des Abschieds. Reich gewordene Glücksjäger ließen sich mit ihren Schätzen in luxuriösen Kabinen nieder. Immer noch trugen sie Pistolen im Gürtel, als ob sie sich auf der Heimfahrt gegen Wegelagerer verteidigen müßten. Doch weitaus zahlreicher waren die enttäuschten Goldsucher, die ihr Glück in den Minen nicht gefunden oder das gehortete Edelmetall in den Spielhöllen vertan hatten. Viele unter ihnen waren verbittert oder vom lockenden Gold so verblendet, daß sie die zahllosen Chancen, die sich in San Francisco darboten, gar nicht mehr wahrnahmen. Wer eine gewöhnliche Beschäftigung nicht verachtete – sei es als Handwerker, als Hafenarbeiter oder als Kellner –, konnte in kurzer Zeit zu einem Wohlstand gelangen, wie er in den Goldfeldern nur wenigen beschieden war. Doch wie gesagt, diese Einsicht war nicht jedermann gegeben, und so wurde ‹Steamer-Day› für manchen zum Markstein einer offenkundigen Pleite, die einzig durch die Hoffnung auf die baldige Heimkehr etwas gemildert wurde. Die Szene der Abfahrt war für die Beteiligten unvergeßlich, ob sie ihr an Bord des Schiffes oder inmitten der wartenden Menge auf den Piers beiwohnten. Der Chronist der ‹Annalen› berichtet davon:

«... Der letzte Tropfen ist getrunken, das letzte Lebewohl gesagt. Die Landebrücke ist von einer dichten Menschenmenge besetzt, und die Reisenden füllen die verschiedenen Decks des prachtvollen Schiffes. Die Schaufelräder machen einige leichte Drehungen vorwärts, dann einige Drehungen rückwärts. Das Monstrum bewegt lässig seine Glieder, bevor es sich ernsthaft an die Arbeit macht. Die Trosse werden losgeworfen, ‹Leviathan› gähnt und dreht langsam seinen schwerfälligen Leib herum. Inzwischen ist es unter den Zuschauern an Bord und an Land still geworden. Die herzlichen Wünsche, die Grüße, die Befehle und die Abschiedsrufe sind verstummt. Und das Herz ist zu voll oder die Augen zu sehr mit der eindrücklichen Szene beschäftigt, als daß es zu lauten Demonstrationen kommen könnte ... Langsam, würdig, plätschert und stampft ‹Leviathan›, schiebt sich um das äußere Ende des Piers, bis der Bug ins freie Fahrwasser hinausragt. Dann setzt sein Herzschlag für einen Augenblick aus, wie wenn er seine Kraft vor der großen Fahrt noch einmal prüfen möchte. Die Erregung steigt. Die eisernen Planken heben und senken sich, und für einen Augenblick scheint

Vor der Abfahrt eines Dampfers drängten sich enttäuschte Goldsucher an den Schaltern der Schiffahrtsgesellschaften. Mancher trat krank und mittellos den Heimweg an.

das Schiff stillzustehen ... Dann bewegt es sich – langsam, dann etwas schneller, immer schneller, stolz, triumphierend mit stets zunehmender Geschwindigkeit. Welch ein prächtiger Anblick, wenn ein so majestätisches Schiff seine enorme Gewalt demonstriert und mit steigender Kraft und Schnelligkeit davoneilt ... Die letzten Hurrarufe ersterben. Man vernimmt das verdrossene Schlagen der Schaufelräder. Dann wird am Bug ein Rauch sichtbar, und gleichzeitig ist das Krachen eines Kanonenschusses zu vernehmen, das gegen die Klippen von Clark's Point donnert und zurückschlägt – der Dampfer hat seine Reise begonnen. Noch einige Minuten kann die aufgeregte Menge die schlanken Masten und die flatternden Wimpel erkennen, bis sich das Schiff vollends dem Ozean zuwendet und Telegraph Hill seine weitere Fahrt durch das Golden Gate verbirgt. Die Leute schöpfen Atem, man schaut sich um, lacht und eilt wieder seiner täglichen Beschäftigung zu, vergißt das Ereignis mit all seiner Aufregung, bis unter ähnlichen Umständen der nächste ‹Steamer-Day› anrückt.»

Gold beherrschte die Stadt auch noch zu Beginn der fünfziger Jahre. Zwar hätte man annehmen können, die Bevölkerung sei durch so und so viele Exempel zur Vorsicht gemahnt. Doch waren immer noch zahllose Bürger zu Abenteuern bereit, sobald ein Gerücht neue Funde anzeigte. Einen Goldrausch ganz besonderer Art erlebte San Francisco im Frühjahr 1851, nachdem einige Goldsucher die Legende von den ‹Gold Bluffs› (Goldufern) in Umlauf gesetzt hatten, die nördlich des Klamath River liegen sollten. «Sie bildeten sich ein, die reichsten und außergewöhnlichsten Goldfelder gefunden zu haben, von denen man je gehört hat», heißt es in den ‹Annalen›. «Der Sand einer mehrere Meilen langen Küste, die unterhalb eines hohen Felsens lag, schien mindestens zur Hälfte aus reinem Gold zu bestehen. Millionen von Schatzgräbern wären auch in ferner Zukunft nicht in der Lage gewesen, das immense Lager auszuschöpfen. Einige wenige Arbeiter hatten bisher an diesem Ort gearbeitet. Aber sie schienen so überwältigt und erschlagen inmitten der Reichtümer, daß sie nicht aus noch ein wußten.» Man diskutierte erregt, wie die Tonnen reinen Goldes am leichtesten wegzuschaffen seien, denn eines stand für die Zeitgenossen fest: Hier brauchte man das Gold nicht zu waschen oder in der Quecksilbermühle aufzubereiten. Man brauchte es bloß in Säcke abzufüllen und nach San Francisco zu führen. Einige tatkräftige Männer nahmen sich sogleich der Sache an und gründeten die Pacific Mining Company, die das neue Goldfeld ausbeuten sollte. Tausende von Dollars wurden in das Unternehmen gesteckt, und gleichzeitig reichte man Proben des wunderbaren Sandes herum, der auf der einen Seite schwarz, auf der andern golden glänzte. Die Pacific Mining Company stellte in aller Öffentlichkeit eine Schätzung des voraussichtlichen Ertrages an. Die Rechnung ergab, daß jedes Mitglied der Gesellschaft mit einem Anteil von 43 Millionen Dollar rechnen durfte. Der Dampfer ‹Chesapeake› brachte die Goldsucher nach dem Norden. Aber bald trafen in San Francisco Nachrichten ein, die wenig ermutigend klangen. Der schwarze Sand ließ sich nur mit Mühe vom Gold trennen, und die Wogen des Meeres hatten überdies einen wesentlichen Teil der Schätze mit sich in die Tiefe gerissen. Alles in allem stand der Aufwand der Goldsucher in keinem Verhältnis zum Ertrag. Wieder einmal waren zahlreiche Bürger Opfer ihrer voreiligen Hoffnung auf Reichtum geworden.

So begann, durch Stationen der Unrast, des Verbrechens und der Not hindurch, die Stadt San Francisco Gestalt anzunehmen. Der gleiche Prozeß war im übrigen Kalifornien im Gange, doch für die neue Ordnung wurde ein hoher Preis bezahlt. Das lag nicht allein am Gold und an den entfesselten Leidenschaften einer goldhungrigen Menge. Es fehlten auch die politischen und rechtlichen Voraussetzungen für eine ungestörte Entwicklung. Das neue Kalifornien hatte nach dem mexikanischen Krieg den Anschluß an die Vereinigten Staaten unter schwierigen Umständen zu vollziehen. Die alte mexikanische Verwaltung war sozusagen vom Erdboden verschwunden, und das vom ‹Goldrush› überflutete Land versank zusehends im Chaos. Zwar hatte sich im Sommer 1849 in Monterey eine verfassunggebende Versammlung gebildet, und bereits im Herbst wurde die Konstitution vom Volk genehmigt. Es verstand sich von selbst, daß Kalifornien der Union sogleich als Staat beitreten wollte. Doch hier bildete die alles beherrschende Sklavenfrage ein bedenkliches Hindernis. Kalifornien hatte in seiner Verfassung, wie es durch die Natur des Landes gegeben war, die Sklaverei ausgeschlossen. Mit dieser Ordnung stieß es im amerikanischen Kongreß auf den erbitterten Widerstand der Südstaaten, die sich gegen jeden Machtzuwachs des Nordens zur Wehr setzten. Die Auseinandersetzungen über den Status der neuen Territorien drohten die Union zu sprengen, und schließlich war es nur der Besonnenheit von Henry Clay und Daniel Webster zu verdanken, daß im September 1850 ein Kompromiß zustande kam. Kalifornien wurde als Staat aufgenommen und seine umstrittene Verfassung anerkannt. Neu-Mexiko und Utah traten der Union als Territorien bei, ohne daß die Frage der Sklaverei geregelt worden wäre. Texas verzichtete auf seine maßlosen Ansprüche gegenüber Neu-Mexiko – es hatte die auf dem linken Ufer des Rio Grande liegenden Territorien mitsamt der Hauptstadt Santa Fé gefordert – und handelte dafür vom Bund eine Entschädigung ein, die seine angeschlagenen Staatsfinanzen wieder ins Gleichgewicht brachte.

Doch Kalifornien litt unter dem langen Interregnum, das durch permanente Willkür gekennzeichnet war. Unter den Augen unfähiger und korrupter Landgerichte wurden Fehden ausgetragen und alte Rechnungen beglichen. Am schlimmsten erging es den Grundbesitzern, die ihr Land durch mexikanische Schenkungen erhalten hatten. Bekannt ist vor allem das Beispiel von John A. Sutter, der für die Amerikaner vermutlich mehr getan hatte als irgendein Bewohner des alten Kalifornien und gleichwohl behandelt wurde, als wäre er einer der ärgsten Feinde der Vereinigten Staaten. Zuerst geriet Sutter, weil ständig in Geldnot, in die Hände übler Spekulanten, die ihm das nötige Bargeld vorschossen. Sam Brannan und seine Kumpanen brachten durch Kauf oder auch als Pfand für Kredite die wichtigsten Ländereien an sich. Auf Grund einer Spekulation Brannans und des ältesten Sohnes von Sutter entstand beispielsweise die Stadt Sacramento, die von Anfang an als Konkurrenzunternehmen gegen eine erst auf dem Papier vorhandene Stadt Sutterville gedacht war. Die Dinge nahmen eine neue Wendung, als aus den Vereinigten Staaten ‹Squatter› anrückten und wie Heuschrecken über die Ländereien am Sacramento herfielen. Nun wurde der Fall John A. Sutters exemplarisch für die Vorgänge in ganz Kalifornien. Die widerrechtliche Landbesetzung traf nicht bloß den alten Herrn von Nueva Helvecia, sondern auch die Spekulanten selber, die sich seine Besitzungen angeeignet hatten. Einige von diesen Landbesitzern brachten die Angelegenheit vor Gericht, und der Entscheid fiel zugunsten der alten Rechtstitel. Als die Behörden versuchten, das Land den Eigentümern zurückzugeben, brach im Sommer 1850 in Sacramento eine blutige Revolte der ‹Squatter› aus. Die Landbesitzer von Sacramento griffen ebenfalls zu den Waffen, und aus San Francisco trafen auf dem Dampfboot ‹Senator› etwa fünfzig Freiwillige ein. So gelang es, die ‹Squatter› in Schach zu halten. Doch der Erfolg war von kurzer Dauer. Im März des Jahres 1851 erließ der Kongreß in Washington den ‹Act to Settle Private Land Claims in California› (Gesetz zur Regelung privater Landansprüche in Kalifornien). Man darf dieses Gesetz ohne Hemmung als übles Machwerk bezeichnen, einzig und allein dazu bestimmt, den aus der mexikanischen Zeit stammenden Grundbesitz zu enteignen und den ‹Squattern› freie Hand zu verschaffen. Auch das geschah unter dem Deckmantel der «natürlichen Rechte des amerikanischen Bürgers». Der Kongreß schob damit souverän den Friedensvertrag von Guadalupe Hidalgo beiseite, wohl wissend, daß ihm ein solches Bravourstück den Applaus einer großen Mehrheit eintrug. Das Gesetz zwang die Besitzer spanischer oder mexikanischer Schenkungsurkunden, vor Gericht den Beweis für die Gültigkeit der Titel zu führen. Ein derartiger Versuch war angesichts der Verfassung, in der sich die kalifornische Justiz befand, durchaus hoffnungslos. Wer ihn dennoch unternahm, ruinierte sich mit horrenden Anwaltskosten und zahllosen Vorschüssen, die er an die Gerichte zu zahlen hatte. So geschah es mit Sutter, der bis ins Alter hinein starrköpfig für sein Recht kämpfte und nichts als Niederlagen einsteckte. Gelang es dem Inhaber eines Rechtstitels, vor dem ersten Gericht seinen Anspruch durchzusetzen, so appellierte die Regierung an die nächste Instanz. Die Kosten des Appells trug der rechtmäßige Landbesitzer, der auch regelmäßig Steuern für den Boden entrichtete, auf dem – unbehelligt und steuerfrei – der ‹Squatter› saß.

So forderte das ‹Manifest Destiny› auch in Kalifornien seine Opfer, doch die Tragödien, die sich am Rande des amerikanischen Siegeszuges vollzogen, wurden von der Öffentlichkeit kaum zur Kenntnis genommen. Berauscht von der Hoffnung auf eine goldene Zukunft, verschwendete man keine Gedanken an die Stiefkinder der neuen Gesellschaft.

Dampfboot, ‹Stagecoach›
und Eisenbahn

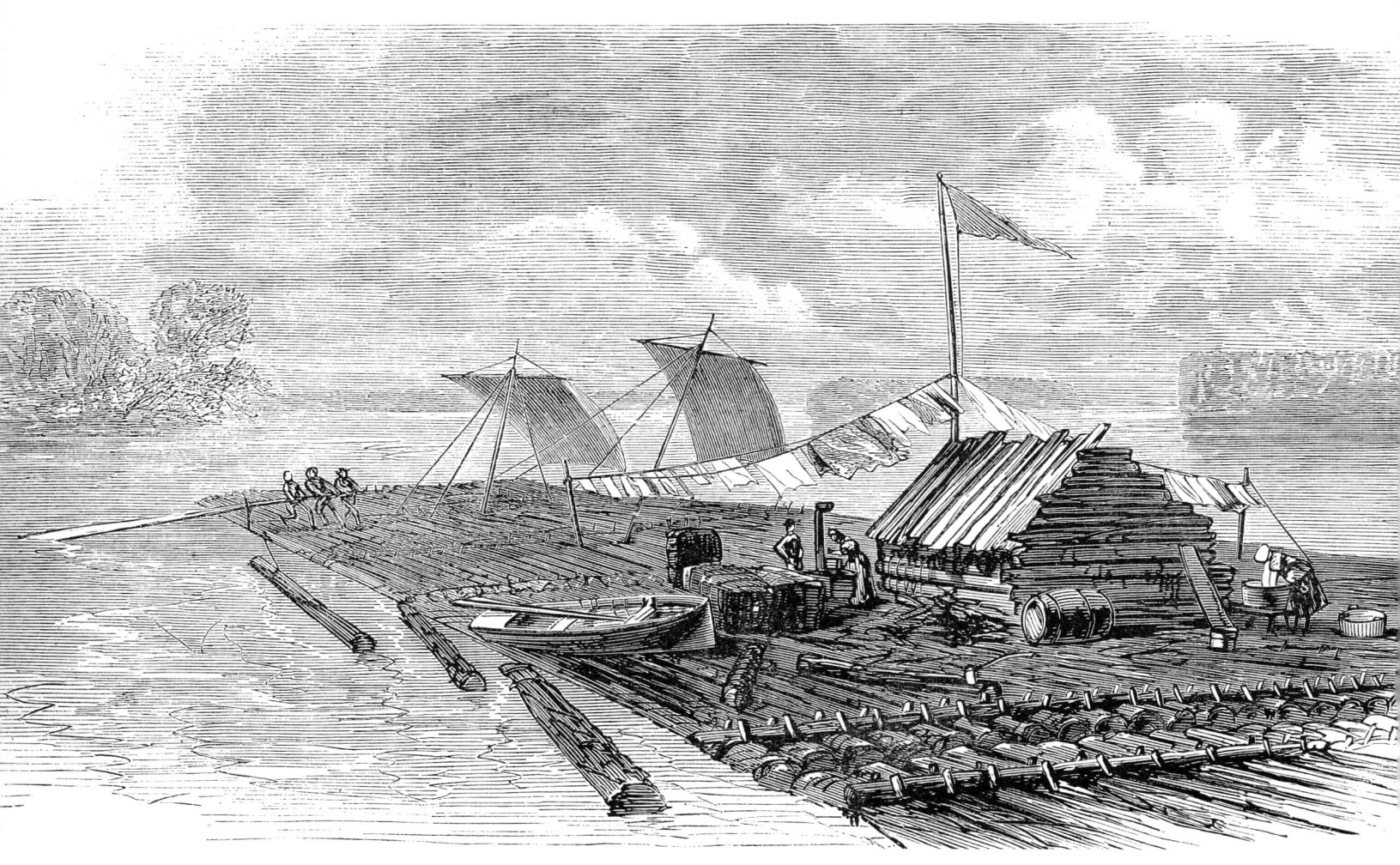

Ein Floß auf dem Mississippi: Auf solch primitiven Fahr-
zeugen steuerten geschickte Bootsleute von St. Paul bis New Orleans.
Flößer waren auf dem Strom noch anzutreffen, als längst das
Dampfschiff die Szene beherrschte.

Gottfried Duden schrieb in den zwanziger Jahren in seinem Handbuch für deutsche Emigranten: «Von der ersten Generation der deutschen Einwanderer kommen nur wenige über das Alleghenygebirge hinaus, und noch wenigere bis zum Mississippi. Dieses Glück ist den Enkeln vorbehalten, nachdem die Eltern im Elende untergegangen sind. Sie bleiben meist in den atlantischen Staaten ...» In der ersten Jahrhunderthälfte und auch später wurde die Bewegung nach Westen fast aussließlich von den amerikanischen Pionieren getragen. Einwanderer aus Europa gelangten erst nach dem Bau der Eisenbahn in größerer Zahl in den Bereich des ‹Frontier›. Von den hunderttausend Deutschen zum Beispiel, die in den vierziger Jahren nach den Vereinigten Staaten kamen, begaben sich zwar viele ins Mississippi-Tal oder nach Kalifornien, doch sie gehörten nicht zu den treibenden Kräften an der Grenze.

Über die Wanderungen der Pioniere im Westen gibt man sich häufig falschen Vorstellungen hin. In den ersten Jahrzehnten des 19. Jahrhunderts wurden die neuen Gebiete nicht durch Auswanderer aus den Atlantikstaaten, sondern durch Farmer erschlossen, die bereits im ‹Frontier› angesiedelt waren, aus irgendeinem Grund ihre Heimstätten verließen und einige dutzend Meilen weiterzogen. Die Bewegung nach Westen nahm erst weitläufige Dimensionen an, als die Pioniere auf ihren Zügen nach Oregon und Kalifornien das ‹American Desert› durchquerten und fortan durch eine unendliche Wüstenei vom Osten des Landes getrennt waren. Nach dem großen Aufbruch wurde auch deutlich, daß es um die Weg- und Verkehrsverhältnisse zwischen Mississippi und Pazifik schlecht bestellt war. Wirkliche Straßen waren nicht vorhanden, und außer den Dampfbooten gab es kaum ein öffentliches Verkehrsmittel. Jeder bahnte sich seinen Weg nach bestem Vermögen.

Der Anschluß der neuen Staaten und Territorien an die Union – Texas, Neu-Mexiko, Kalifornien, Oregon – verlangte gebieterisch den Aufbau eines leistungsfähigen Verkehrsnetzes, das die Verbindung zwischen der Union und den Randgebieten im Süden und Westen sicherstellte. Amerikanischer Übung gemäß gingen private Unternehmer mit der Initiative voran. Für die technischen Probleme war man um Lösungen nicht verlegen, denn im Osten des Landes stand Anschauungsmaterial reichlich zur Verfügung. Bundesregierung, Kongress und staatliche Parlamente befaßten sich um die Mitte des Jahrhunderts häufig mit Verkehrsfragen, aber die drohende Sezession des Südens verhinderte auch auf diesem Gebiet eine vorausschauende Politik.

Begegnung am Red River of the North

Dampfboote auf westlichen Flüssen

Als der Dampfer ‹New Orleans› im Jahre 1811 Mississippi und Ohio durch-
pflügte, hielt im Westen mit raschen Schritten ein neues, dem technischen Fortschritt geöffnetes Zeitalter Einzug. Für ein halbes Jahrhundert war das Dampfboot Symbol und Bannerträger dieser Bewegung. In Kürze wurde ein über ungeheure Territorien verteiltes Flußsystem erschlossen und dem Land in einer
Weise dienstbar gemacht, wie man es ein Jahrzehnt vorher nicht geahnt hatte.
Noch verkehrten die schwerfälligen ‹flatboats› und die sogenannten ‹Kielboote›,
doch die Flußdampfer legten dieselben Strecken mit noch nie gesehener Geschwindigkeit zurück. Ihr Erscheinen wurde von den Pionieren im Westen mit
Begeisterung aufgenommen. «... Ein Dampfboot aus New Orleans bringt bis in
die abgelegensten Dörfer und bis an die Türen einsamer Hütten den Glanz von
Paris, einen Teil des Broadway oder ein kleines Stück von Philadelphia», schrieb
die ‹Western Monthly Review› in einer überschwenglichen Apologie. Der Weg
in den Westen – vorerst bis zum Mississippi – war nun in vernünftiger Frist zu
bewältigen. Gottfried Duden, der im März 1827 von St. Louis nach New York
fuhr, legte sich seinen Reiseplan wie folgt zurecht: «In St. Louis werde ich mich
in ein Dampfschiff begeben und den Mississippi hinunter bis zur Mündung des
Ohio, dann den Ohio hinauf nach Pittsburg fahren. Das ist eine Wasserfahrt von
etwa vierzehn- bis fünfzehnhundert englischen Meilen. Von Pittsburg gelange ich
mit der Postkutsche nach dem Städtchen Erie am See gleichen Namens (etwa
hundertzwanzig englische Meilen); von dort wieder in einem Dampfschiff über
den See nach Buffalo. Von Buffalo aus werde ich einen Abstecher von neunund-
zwanzig Meilen nach dem Niagarafalle machen, und dann auf dem großen Neu-
yorker Kanale in niedlichen Yachten nach Albany am Hudsonflusse reisen. Von
Albany gehen täglich Dampfschiffe in weniger als vierundzwanzig Stunden nach
New York. – Bequemer und schneller würde sich freilich über New Orleans zu-
rückreisen lassen ...»

Einen glanzvollen Aufschwung nahm die Schiffahrt auf dem Mississippi. Im
Jahre 1824 fuhren gegen hundertvierzig Dampfboote auf dem Strom und seinen
Nebenflüssen, in den vierziger Jahren waren es mehr als vierhundert. Es hatte
eine Weile gedauert, bis der obere Mississippi für die Schiffahrt zugänglich war,
doch bereits in den zwanziger Jahren fuhren kleine Dampfer von St. Louis den
Strom hinauf. Die ersten Touristen stellten sich ein, Flußboote fuhren auf ihren
Rundfahrten bis St. Paul und in den Lake Pepin. Journalisten, Künstler, Politiker
befanden sich an Bord. Der Ausblick in den geheimnisvollen Westen, in die un-
berührte Natur und ins Leben der Indianer war faszinierend und regte zu sentimentalen Betrachtungen an. Die in Europa umgehende Rheinromantik ent-
flammte an einem vergleichbaren Gegenstand in der amerikanischen Wildnis.
Einige Maler – Henry Lewis zum Beispiel – produzierten gewaltige Panoramen
der Mississippi-Landschaft und zeigten sie mit Erfolg in den Städten des Ostens.
In großem Stil wurde die Schiffahrt zwischen St. Louis und New Orleans betrieben. Hier suchten die rivalisierenden Gesellschaften mit immer luxuriöseren
Booten die Passagiere an sich zu ziehen. Hatten die Kapitäne anfänglich ohne mit
der Wimper zu zucken ihre Fahrgäste bei einsamen Zwischenhalten an Land geschickt, um Holz zu laden, so umsorgten später livrierte Diener die verwöhnten
Reisenden der Kajütenklasse. Über den Schiffsverkehr zwischen den beiden Städten schreibt Duden: «Zu Saint Louis am Mississippi kommen, etwa den Monat
Jänner bis zum zehnten Februar ausgenommen, beinahe täglich Dampfschiffe von

So oft in den alten Zeiten zwei schnelle Boote unter den Blicken einer ungeheuern Zuschauermenge eine Wettfahrt begannen, war es köstlich, die Mannschaften singen zu hören, besonders bei Anbruch der Nacht, wenn die Back von dem düsterroten Glanz der Fackeln beleuchtet war. Das Wettfahren war ein königlicher Spaß. Das Publikum war stets der Meinung, daß das Wettfahren gefährlich wäre, während just das Gegenteil der Fall war – das heißt, nach dem Erlaß der Gesetze, welche jedes Dampfboot auf einen gewissen Dampfdruck pro Quadratzoll beschränkten. Kein Maschinenmeister war je schläfrig oder nachlässig, wenn Herz und Seele an einer Wettfahrt beteiligt waren, sondern er paßte fortwährend scharf auf, versuchte die Ventile und wachte über alles. Gefährlich war es auf langsamen, schwerfälligen Booten, auf denen die Maschinisten unaufmerksam umhergingen und Holzspäne in die Saugrohre geraten ließen, wo sie den Kesseln die Wasserzufuhr abschnitten.

In den Blütezeiten der Dampfbootfahrt war eine Wettfahrt zwischen zwei schnellen Dampfern ein Ereignis von ungemeiner Wichtigkeit. Die Zeit wurde schon mehrere Wochen vorher festgesetzt, und von da an war das ganze ungeheure Mississippi-Tal im Zustand der höchsten Erregung. Politik und Wetter wurden fallengelassen, und man sprach nur noch von der bevorstehenden Wettfahrt. Wenn die Zeit herankam, takelten die beiden Dampfer ab und machten sich bereit. Jedes Hindernis, das die Last vermehrte oder Wind und Wasser eine widerstandleistende Fläche darbot, wurde entfernt, wenn das Boot es irgendwie entbehren konnte. Die Rundhölzer und manchmal selbst deren stützende Dirke wurden ans Ufer geschafft und kein Mittel übriggelassen, um das Boot wieder flottzumachen, falls es auf Grund geraten sollte. Als die ‹Eclipse› und der ‹A. L. Shotwell› vor vielen Jahren ihre große Wettfahrt machten, soll man sich, wie erzählt wird, sogar die Mühe gegeben haben, die Vergoldung von der phantastischen Verzierung zwischen den Schornsteinen der ‹Eclipse› abzukratzen, und der Kapitän soll für jene Fahrt seine Glacéhandschuhe nicht getragen und sich den Bart haben abnehmen lassen. Ich habe diese Gerüchte allerdings stets bezweifelt ...

Wenn der bestimmte Tag gekommen und alles in Bereitschaft war, dampften die zwei großen Boote rückwärts auf den Strom hinaus, lagen dort schaukelnd einen Augenblick still und beobachteten scheinbar wie fühlende Wesen gegenseitig die geringsten Bewegungen; die Flagge wurde gesenkt, der abgesperrte Dampf zischte durch die Sicherheitsventile, der schwarze Rauch rollte und wälzte sich aus den Schloten und verdunkelte die ganze Atmosphäre. Menschen, Menschen überall; die Ufer, die Hausdächer, die Dampfboote, die Schiffe waren dicht besetzt, und man wußte, daß die Ufer des breiten Mississippi zwölfhundert Meilen weit nordwärts von Zuschauern gesäumt sein würden, welche diese Renner begrüßen wollten.

Bald darauf entwichen hohe Dampfsäulen aus den Abzugsröhren beider Schiffe, zwei Kanonen donnerten ein Lebewohl, zwei Helden in roten Hemden schwangen vom Gangspill herab ihre kleinen Flaggen über der auf der Back versammelten Mannschaft, zwei klagende Solos zögerten einige Sekunden in der Luft, zwei mächtige Chöre stimmten an – und da kamen sie! Blechmusikchöre schmetterten das ‹Heil Columbia›, Hurra auf Hurra donnerte von den Ufern her, und die stattlichen Fahrzeuge pfiffen vorbei wie der Wind. Diese Dampfer halten zwischen New Orleans und St. Louis nur in großen Städten auf einige Sekunden an, oder gelegentlich, um ein paar Boote mit je dreißig Klafter Holz längsseits zu nehmen. Das muß man sehen, wie sie diese Fahrzeuge ins Schlepptau nehmen und auf jedes einen Schwarm Mannschaft schicken: wenn man sich die Augengläser abgewischt und wieder aufgesetzt hat, wird man sich wundern, was aus dem Holz geworden ist.

Zwei Dampfer, die einander so ziemlich gewachsen sind, behalten einander Tag für Tag in Sicht; sie könnten sogar Seite an Seite bleiben, aber da nicht alle Lotsen gleich sind, so werden die gewandtesten den Sieg erringen. Wenn einer der Dampfer einen ‹Blitzlotsen› hat, dessen Kollege ihm nur ein bißchen nachsteht, so vermag man zu sagen, welcher von ihnen auf Wache ist, indem man beobachtet, ob das Boot während der vierstündigen Frist einen Vorsprung gewonnen hat oder zurückgeblieben ist. Der klügste Lotse kann einen Dampfer aufhalten, wenn er kein ausgesprochenes Talent zum Steuern hat. Das Steuern ist eine sehr große Kunst; man darf das Ruder nicht quer hinter dem Steven des Bootes schleppen lassen, wenn man rasch stromaufwärts fahren will.

Die Boote sind natürlich sehr verschieden. Ich war eine Zeitlang auf einem Boot, das so langsam fuhr, daß wir gewöhnlich vergaßen, in welchem Jahr wir den Hafen verlassen hatten. Aber das geschah natürlich nur sehr selten. Die Fährboote verloren zuweilen wertvolle Fahrten, weil ihre Passagiere alt wurden und starben, während sie darauf warteten, daß wir vorüberpassierten. Das kam noch seltener vor. Ich hatte die darauf bezüglichen Urkunden in Händen, habe sie aber nachlässigerweise verlegt. Dieser Dampfer, der ‹John J. Roe›, war so langsam, daß es, als er schließlich in Madrid Bend sank, fünf Jahre dauerte, bis die Eigentümer davon erfuhren. Dies war für mich stets eine verblüffende Tatsache, doch ist sie aktenmäßig festgestellt. Er war entsetzlich langsam; doch hatten wir oft recht aufregende Zeiten, wenn wir mit Inseln, Flößen und dergleichen Dingen um die Wette fuhren. Einmal aber ging es ziemlich rasch vonstatten: wir brauchten nur sechzehn Tage nach St. Louis; aber selbst bei dieser erstaunlichen Geschwindigkeit wechselten wir in der geraden 5 Meilen langen Strecke bei Fort Adams dreimal die Wache (auf solchen geraden Strecken des Flusses ist die Strömung sehr stark).

Auf dieser Reise fuhren wir in vier Tagen von New Orleans nach Grand Gulf (340 englische Meilen); die ‹Eclipse› und der ‹Shotwell› brauchten einen Tag. Bei der Durchfahrt 63 waren wir neun, jene beiden Schiffe zwei Tage unterwegs. Vor etwas mehr als einem Menschenalter (1844) fuhr das Dampfboot ‹J. M. White› eine gewisse Strecke in 3 Tagen, 6 Stunden und 44 Minuten; 1853 machte die ‹Eclipse› dieselbe Fahrt in 3 Tagen, 3 Stunden und 20 Minuten (andere sagen in 3 Tagen, 4 Stunden, 36 Minuten). Der ‹R. E. Lee› brauchte im Jahre 1870 3 Tage und 1 Stunde. Dies soll die schnellste Fahrt sein, die je gemacht worden ist. Ich werde aber zu beweisen suchen, daß sie es nicht war. Die Entfernung zwischen New Orleans und Kairo war nämlich 1106 englische Meilen, als der ‹J. M. White› seine Fahrt machte, die mittlere Geschwindigkeit also etwas über 14 Meilen in der Stunde. Zur Zeit der Fahrt der ‹Eclipse› hatte sie die Entfernung auf 1080 Meilen verringert, folglich war die mittlere Geschwindigkeit einen Schatten unter $14^3/_8$ Meilen in der Stunde. Zur Zeit der Fahrt des ‹R. E. Lee› betrug die Entfernung nur noch 1030 Meilen, folglich war dessen mittlere Geschwindigkeit etwa $14^1/_8$ Meilen per Stunde. Man sieht also, daß die Fahrt der ‹Eclipse› die schnellste war, die je gemacht wurde.

Aus ‹Life on the Mississippi› von Mark Twain.

Mitternächtliches Dampferrennen zwischen der ‹Natchez›
und der ‹Eclipse› auf dem Mississippi: Das Dampfboot,
Inbegriff der vorandrängenden Technik, war für Generationen ein Symbol des Fortschritts.

Mississippi-Dampfer vor dem Tower Rock.
Kupferstich von Karl Bodmer.

New Orleans oder vom Ohio an. Nach New Orleans reiset man in fünf Tagen. Der Kajütenpreis ist vierundzwanzig Dollar. Dafür hat man volle Verpflegung samt Bettwerk. Die Fahrt zurück erfordert etwa neun bis zehn Tage und kostet vierzig Dollar. – Eine solche Hin- und Herreise dauerte früher (in den gewöhnlichen Schiffen) länger als ein halbes Jahr. Hienach beurtheile man, was die Dampfschiffahrt für das Innere von America werth ist ... Ein solches amerikanisches Dampfschiff hat man wie einen wandelnden Gasthof zu betrachten, worin der Kapitän der Wirth ist, und den man nicht eher verläßt als am Ziel der Reise ...» Ein anderer Reisender, Henry Lewis, schildert in seinem Prachtswerk ‹Das illustrierte Mississippithal› die Schiffahrt auf dem gewaltigen Strom und das Leben auf den stattlichen Dampfern, wie er es Ende der vierziger Jahre sah:

«Wir wollen nunmehr versuchen, die Construction jener gewaltigen Wasserriesen zu erklären, deren bloßer Anblick schon den Europäer, der diesen Fluß zum erstenmal befährt, mit Staunen und Bewunderung, den abergläubischen Indianer aber mit Furcht und Grauen erfüllt. Diese Dampfboote sind nur dem Mississippi und seinen Nebenflüssen eigenthümlich, und man bezweckt durch sie hauptsächlich, bei niederem Fahrwasser schnell und mit bedeutender Ladung vorwärts zu kommen. Sie haben deshalb keine Kiele, sondern sind unten ganz flach gebaut und laufen nach vorn zu in eine scharfe Spitze aus. Der unterste Raum in den größten Schiffen dieser Art ist kaum sechs Fuß tief; die Maschinen und Kessel befinden sich auf dem untern Deck, also nicht im Schiffsraum, wie in andern Gegenden gebräuchlich. Ein solches Boot hat je nach Verhältnis zwei bis acht Kessel, die nebeneinander auf dem Vorderdeck stehen und deren Öffnungen sich gerade unter den Kaminen befinden; gewöhnlich hat jedes Boot zwei Maschinen – hinter den Kesseln – mit horizontalem Hochdruck; denn gewöhnliche Maschinen können dort wegen der ungeheuren Sandmassen, die sich überall im Flusse anhäufen, nicht angewandt werden, weil die Pumpen mit dem Wasser zugleich den Schlamm in den Kessel und durch den Dampf in die Röhren führen und so in kurzer Zeit die Maschinen zerstören würden. – Hinter dem Maschinenraum ist das untere Deck, der Platz für diejenigen, welche billig reisen und dafür arbeiten wollen; dasselbe ist zuweilen so vollgepfropft, daß kaum der vierte Theil der darauf Befindlichen zu gleicher Zeit schlafen kann; ereignet sich je ein Unglück, so sind es immer diese Unterdeck-Passagiere – gewöhnlich Einwanderer –, die am meisten dabei leiden. Die Maschinen der Mississippi-Dampfschiffe werden nicht mit Steinkohlen, sondern mit Holz geheizt, und so groß ist der Verbrauch desselben, daß, wäre nicht schon von Natur aus für einen so unerschöpflichen Vorrath von Holz gesorgt, man gewiß schon längst zu einem andern Brennstoff hätte Zuflucht nehmen müssen. Beim Einnehmen des Holzes müssen die Deck-Passagiere hülfreiche Hand leisten, dafür fahren sie um so viel billiger; sie bezahlen zum Beispiel von Neu-Orleans nach St. Louis, auf einer Strecke von 1200 Meilen, $2^{1}/_{2}$ bis 3 Dollar. – Über dem untern Decke erhebt sich der Salon, der die ganze Länge des Schiffes einnimmt. Auf beiden Seiten desselben befinden sich die Staatszimmer, jedes für zwei Passagiere und äußerst elegant eingerichtet. Jedes Staatszimmer (eigentlich Wohn- und Schlafzimmer) hat zwei Thüren, durch die es auf der einen Seite mit dem Salon (Speisezimmer) und auf der andern mit der außen um das Boot herumlaufenden Gallerie verbunden ist, so daß man während eines schönen Sommertages bequem in seinem Zimmer sitzend die prächtige und immer veränderte Scenerie des Westens an sich vorüber ziehen sieht; überhaupt lebt man auf keinem Dampfschiffe in der ganzen Welt so angenehm als auf den Mississippi-Booten. Der Fahrpreis ist in Anbetracht der vortrefflichen Einrichtungen außerordentlich gering. Man bezahlt von Neu-Orleans nach St. Louis 15 Dollars (den Dollar zu 2 fl. 24 kr. rhein.); dafür hat man ein schönes Zimmer, täglich drei Mahlzeiten, Bedienung und keine Trinkgelder zu geben; diesen lästigen Brauch oder besser Mißbrauch duldet man in Amerika weder in Gasthöfen, noch auf Dampfschiffen, und wird je einmal ein Dienstbote auf solcher Fein-

Bettelei ertappt, so verliert er seinen Dienst. Das obere Deck (Hurricane-Orkan-Deck) ist für alle Salon-Passagiere gemeinsam.»

«Das hohe Häuschen auf demselben hinter den Kaminen ist der Platz für den Steuermann; es muß immer hoch und auf dem Vordertheil des Schiffes angelegt sein, damit der darin befindliche Lootse eine Strecke weit vorausehen kann, ob Sandbänke oder Baumstämme, die in Massen den Fluß hinuntertreiben und, indem sie in Strudeln stecken bleiben, durch ihre hervorragenden Spitzen den Dampfbooten gefährlich werden können, im Wege sind. – Die darunter befindlichen Zimmer sind für die Lootsen und Maschinisten. – Die lange Stange, die sich auf der äußersten Spitze des Schiffes erhebt mit der großen schwarzen Kugel, dient dem Steuermann als Visier.»

«Bei gutem Wasserstande fährt man in vier bis fünf Tagen von Neu-Orleans nach St. Louis; von hier nach den Wasserfällen zu St. Anthony – eine Strecke von Tausend Meilen – braucht man gewöhnlich acht, bei niederem Wasser wohl auch acht bis zehn Tage wegen des Aufenthalts an Stromschnellen (Rapids), wo die Schiffe durch Ausladen eines Theils der Güter erleichtert werden müssen; der Fahrpreis ist gewöhnlich sechs bis acht Dollars. Die größten Dampfschiffe fahren zwischen Neu-Orleans und St. Louis; weiter oben ist der Fluß nicht tief genug und man hat dort kleinere Boote. Die ersteren legen durchschnittlich dreizehn Meilen per Stunde gegen die Strömung zurück, die letzteren nur acht bis zehn. Mehr als vier bis fünf Jahre hält keines dieser Boote aus, wenn sie auch mit Vorsicht behandelt und nicht von gefährlichen Zufällen betroffen werden, und zwar wegen ihrer schwachen Construction und des öfteren Fallens des Wassers, wodurch sie zu häufig auf Sandbänken hängen bleiben und nur mit mehr oder minder bedeutender Beschädigung des flachen Bodens wieder flott gemacht werden können. Die Maschinen und Kessel werden dann herausgenommen und zu neuen Schiffen verwendet; das alte Boot selbst wird als Werft-Boot benutzt, um Güter und Passagiere darauf zu landen; gewöhnlich findet man solche an den Landungsplätzen der verschiedenen kleinern Städte, wo sie zugleich zu Kaufläden und Wirthshäusern gebraucht werden. Die größten Dampfboote halten 12 bis 14 Hundert Tonnen und sind zuweilen über 300 Fuß lang.»

Das bewegte gesellschaftliche Leben an Bord der Mississippi-Dampfer ist von Dichtern und Reiseschriftstellern besungen worden. Farmer, Spieler, Offiziere, Reisende, schöne Damen belebten in stets wechselnden Konstellationen die Szene, und der Westen präsentierte sich auf den prachtvollen Flußbooten in seinem verlockenden Glanz, in seinen Versprechungen und seinen Gefahren. Albert D. Richardson, der in den sechziger Jahren auf einem Dampfboot von St. Louis nach dem untern Missouri fuhr, widmete seinen Reisegefährten die folgende Betrachtung: «Unsere Passagiere repräsentierten jede Phase des Lebens. Hier waren junge Männer und neuvermählte Paare aus den östlichen und mittleren Staaten zu sehen, die in dem großen und herrlichen Westen neue und ergiebigere Felder für ihren Unternehmungsgeist suchten. Hier war der jugendliche Missourier mit seinem Schlapphut und im roten Flanellhemd. Der nervöse Kaufmann mit seinen Waren. Der große, stolze Pflanzer mit seiner stattlichen, brünetten Gattin und zwei oder drei kraushaarigen Negersklaven – alle diese kehrten von einem Besuch in St. Louis zurück. Dann der jugendliche Missionar in schwarzem Anzug und weißer Halsbinde. Der unvermeidliche Agent einer neuen Stadt in Kansas, der uns mit unwiderleglicher Statistik und überzeugenden Diagrammen demonstrierte, daß seine Stadt einst sämtliche Städte westlich von New York überflügeln werde. Der argusäugige Spekulant in Ländereien, der uns erzählte, wie sein Onkel durch Spekulationen in Chicago ein Millionär geworden und wie die Muhme seiner Frau durch den Ankauf von Fichtenwäldern in Michigan in sechs Monaten vierzigtausend Dollar ‹gemacht› habe. Der enthusiastische Deutsche, dessen blaue Augen bei der Aussicht in eine goldene Zukunft hell aufleuchteten oder beim sanften Mondlicht feucht wurden, als er von der Heimat seiner Kindheit am fer-

Eine typische Szene am Mississippi, gezeichnet vom Illustrator A. R. Waud für ‹Harper's Weekly› (1870). Zwei Dampfboote liegen am Ufer, und Neger laden bei Mondschein Brennholz.

nen Rhein sprach. So setzte unser Boot seine Fahrt fort und barg sein Maß von Hoffnungen, Freuden und Sorgen in sich – eine kleine Welt, die aber alle Elemente der großen, äußern Welt in sich schloß.»

Um die Jahrhundertmitte fuhren Tausende von Schiffen auf dem Strom. Die Verkehrsverhältnisse wurden allmählich chaotisch. Es gab keine Navigationsvorschriften, keine Signale, keine Bojen und keine Markierung der Fahrrinne. Kollisionen waren häufig; auch liefen die Dampfboote immer wieder auf Sandbänke und treibendes Holz, die ‹snags› und die ‹sawyers›, auf. Doch war die Geschicklichkeit der Lotsen unübertrefflich, so daß wirkliche Katastrophen verhältnismäßig selten waren. Die schlimmsten Unfälle mit schweren Verlusten an Menschen und Gütern entstanden fast ausnahmslos bei Kesselexplosionen und Bränden. Mannschaften und Passagiere sahen diesen Schicksalsschlägen mit fatalistischer Gelassenheit entgegen, denn gegen sie gab es kein Heilmittel. Eine Zeitlang diskutierte man über die Gefahren der sogenannten ‹high-pressure›-Dampfmaschinen, die auf amerikanischen Flußbooten in Gebrauch waren. Duden äußerte sich darüber zuversichtlich: «Es gibt auf dem Mississippi und seinen Seitenflüssen nur Dampfboote mit sogenanntem Hohem Drucke. Den Engländern dünken sie zu gefährlich, weshalb man im Parlamente sogar ein Verbot beantragt hat. Indes ist die Kraft des niedrigen Druckes gegen die des hohen fast verschwindend. Dabei benötigen die Maschinen mit hohem Drucke kaum halb so viel Brennmaterial und nehmen weit weniger Raum ein. Dieser Unterschied ist so bedeutend, daß in einem englischen Dampfschiffe von dreihundert Tonnen weniger Raum zur Verfügung steht als in einem amerikanischen von zweihundert. Die Einrichtung mit hohem Drucke scheint auch nicht so gefährlich zu sein, als man in Europa glaubt. Wenigstens wird in Amerika über die große Besorgnis gelacht.»

Schon früh bürgerte sich unter den Kapitänen eine gefährliche Sitte ein: die Dampferrennen. Sie wurden mit der gleichen Leidenschaft betrieben wie die Faro- und Montespiele, und keine Flußpolizei wäre imstande gewesen, diese halsbrecherischen Unternehmungen zu verbieten. Auch die Fahrgäste erwarteten von ihrem Schiff, daß es die Herausforderung eines Rivalen annahm. Zudem war man der Meinung, daß die Lotsen während eines Rennens den Strom aufmerksamer beobachteten als während der üblichen monotonen Fahrt. Wie leicht die Wettkampfstimmung auch die Passagiere erfaßte, zeigt eine Episode, die Richardson schildert: «Eine alte Dame, die zum erstenmal in ihrem Leben auf einem Dampfboot Passage genommen hatte, befand sich an Bord mit mehreren Fässern Schmalz, die sie von ihrer Plantage in Kentucky nach New Orleans zu Markt brachte. Da sie schon so viel von schrecklichen Explosionen, Kollisionen und mitternächt-

lichen Schiffsbränden gehört hatte, zitterte sie beim Gedanken an die Gefahren ihrer Position. Sie hatte sich vom Kapitän feierlich geloben lassen, daß kein Wettrennen stattfinden sollte, worauf sie sich etwas beruhigt fühlte. Allein schon am zweiten Tage kam ein anderes Boot in Sicht, das uns rasch einzuholen drohte. Unser Boot verdoppelte seine Geschwindigkeit; doch näher und näher kam der Rivale, bis endlich die beiden edlen Dampfer Seite an Seite um den Sieg rangen. Es war ein interessantes Schauspiel, diese beiden Fahrzeuge in tollem Lauf gleich feurigen Pfeilen den Fluß hinab fliegen zu sehen. Sämtliche Passagiere drängten sich auf Deck. Unser Boot steuerte mit vollem Dampf. Der Enthusiasmus der übrigen teilte sich zuletzt auch der alten Dame mit; allerdings war das Leben süß und das Schmalz kostbar – was aber war das im Vergleich zu einer Niederlage? ‹Kapitän›, rief sie, ‹können wir nicht schneller fahren?› ‹Nicht, wenn wir Holz brennen›, war die Antwort, ‹mit Öl ginge es vielleicht an.› In diesem Augenblick war der Bug des andern Schiffes unserem Boot um ein paar Fuß voraus. Das war zu viel. ‹Kapitän›, rief sie, ‹wenn Sie sich von jenem Boot besiegen lassen, so werde ich in meinem Leben nie wieder mit Ihnen reisen. Öffnen Sie meine Schmalzfässer und feuern sie damit!›»

Schiffsbesitzer und Kapitäne waren in diesen Tagen Persönlichkeiten von geradezu fürstlichem Rang. Doch in Wirklichkeit wurden sie noch von den Lotsen übertroffen, einer Gilde verwegener Männer, die sich als die wahren Könige auf dem Strom gebärdeten. Mark Twain hat ihnen in seinem ‹Life on the Mississippi› ein Denkmal gesetzt. «Die Lotsen waren in diesen Tagen», so schrieb er, «die einzigen völlig ungebundenen und unabhängigen menschlichen Wesen auf dieser Erde.» Doch die Pracht nahm mit dem Bürgerkrieg ein vorzeitiges Ende.

Der Dampfbootverkehr auf dem nicht weniger gewaltigen Missouri erreichte nie den Glanz der Mississippi-Schiffahrt. Schmutzig, von Treibholz durchsetzt, zuweilen reißend und ständig den Lauf wechselnd, wälzte der Fluß seine braunen

Der Hafen von St. Louis im Jahre 1871. St. Louis war zu diesem Zeitpunkt immer noch ein bedeutender Umschlagplatz. Die Passagiere reisten zwar mehr und mehr mit der Eisenbahn, aber der Frachtverkehr auf dem Mississippi nahm ständig zu.

Im Jahre 1857 fuhr Leutnant Ives mit einem seltsamen Fahrzeug, dem Dampfboot ‹Explorer›, den Colorado hinauf. Der deutsche Schriftsteller Balduin Möllhausen begleitete die Expedition als Zeichner.

Der ‹Explorer› in den engen Passagen des Colorado. Häufig mußte das Schiff mit Winden und Trossen über Sandbänke und seichte Stellen gezogen werden.

Ein Dampfboot legt bei einer abgelegenen Siedlung im Washington Territory an.

Auf den Flüssen Sacramento und San Joaquín herrschte ein
reger Schiffsverkehr, der auch nach dem Bau der Eisenbahnen
noch anhielt. Die Photographie aus dem Jahre 1867 zeigt
den beliebten Dampfer ‹Yosemite› zusammen mit andern
Flußbooten im Hafen von San Francisco. Zwei Jahre vorher
war die ‹Yosemite› auf dem Sacramento explodiert, dann
aber wieder in Dienst gestellt worden. Der Unfall wurde in
‹Harper's Weekly› mit einem dramatisch wirkenden Holzschnitt registriert.

Fluten dem Mississippi entgegen. ‹Big Muddy› (großer Schmutz) nannten die Amerikaner den Fluß. Füllte man ein Glas mit Missouri-Wasser, so bildete sich in fünf Minuten ein dicker Bodensatz. Die Navigation in der verwirrenden Szenerie war unendlich mühsam, ein Hüpfen von Sandbank zu Sandbank sozusagen, und eine stete Suche nach Fahrrinnen und Landeplätzen. Besatzung und Passagiere waren stundenlang damit beschäftigt, die Schiffe mit Winden und starken Trossen über die Hindernisse ins Fahrwasser zu ziehen. Richardson meinte dazu sarkastisch: «Ich kann die Schiffahrt auf dem Missouri zur Ebbezeit mit nichts Besserem vergleichen als mit einem Dampfer auf trockenem Lande und einem Knaben, der mit einer Gießkanne vorausläuft. Unser Boot wühlte sich beständig durch Sandbarren hindurch und wurde ein dutzendmal täglich zum Stillstand gebracht. Vom äußersten Bug auf dem untern Deck sondiert ein Mann mit näselnder Stimme: ‹Fünfeinhalb Fuß!› ‹fünf Fuß!› ‹eindreiviertel Faden!› ‹zwei Faden!› ‹kein Grund!› bis endlich der Lotse die Glocke zieht und damit das Signal gibt, daß die Gefahr vorüber ist.»

Die Flußdampfer auf dem Missouri waren schmal und lang und so konstruiert, daß sie fast keinen Tiefgang aufwiesen. Die seitlichen Schaufelräder wurden häufig durch Hindernisse beschädigt, so daß man bald den Heckrädern den Vorzug gab. Es war oberste Pflicht der Maschinisten, die mechanischen Teile blank und sauber zu halten, denn der Schlamm verstopfte Klappen und Röhren. Auch die besten Piloten konnten Zusammenstöße mit den ‹snags› nicht verhindern. Man vermied es, wo möglich, nachts zu fahren. «Hunderte von ungeheuren Bäumen, die erst vor kurzem untergraben wurden und noch in voller Blüte stehen, liegen im Wasser und hängen nur durch einige klauenähnliche Wurzeln noch mit dem Ufer zusammen», schrieb Richardson. «Wenn letztere nachgeben, so schwimmen die Bäume umher, bis die Wurzeln im sandigen Boden festen Halt gewinnen. Dann bilden die scharfen Stämme, die oft gänzlich unter Wasser stehen, sogenannte ‹snags›, die größte Plage der Missouri-Schiffahrt. Da die Spitzen dieser ‹snags› stets stromabwärts zeigen, so werden sie nur den stromaufwärts fahrenden Schiffen gefährlich. Tausende erheben sich über die Wasserfläche und finden sich oft so dicht beisammen, daß das Boot nur mit großer Mühe passieren kann. Schwimmende Blöcke verfangen sich in diesen aufrecht stehenden Baumstämmen. Die Wellen ergießen sich darüber in kleinen Wasserfällen, bis sich ein verworrener Haufen Treibholz ansammelt, der dann vom nächsten Hochwasser hinweggeschwemmt wird. Die gefährlichen ‹snags› jedoch liegen unter Wasser. Wenn ein Boot unter vollem Dampf auf einen davon auffährt, so wird es nicht selten mitten durchbohrt. Wenige Wochen nach unserer Passage rannte die ‹Tropic›, ein Dampfer erster Klasse, der jede Stunde zehn Meilen zurücklegte, auf einen dieser tödlichen Speere. Derselbe drang durch den Kiel, das Deck, zwei Kajüten und die Speisekammer, kam dann beim Sturmdeck heraus, zerbrach die Hauptröhre, überflutete die große Kajüte mit heißem Dampf, tötete einen Ingenieur und ließ das unglückliche Schiff wie eine Fliege auf einer Nadel angespießt. Keine Erfahrung, keine menschliche Vorsicht vermag solchen unsichtbaren Waffen zu entgehen, und man darf sich daher nicht über die gefurchten Stirnen und frühzeitig gebleichten Haare der Lotsen und Kapitäne wundern.» Mit besondern Gefahren war das Laden von Brennholz an den Ufern des Missouri verbunden, da immer wieder Indianer aus dem Hinterhalt auftauchten. Häufig hatten die Flußdampfer im Oberlauf Scharmützel mit Eingeborenen zu bestehen, die mit Vorliebe dann erschienen, wenn die Schiffe auf Sandbänken festsaßen.

Über der Missouri-Schiffahrt lag in besonderem Maße ein Hauch von ‹Frontier›-Romantik. Es fehlte der gleißende Komfort der Mississippi-Dampfer, die glanzvolle Atmosphäre der Salons, und es fehlte die Gesellschaft mit ihren großen Allüren. Die ‹mountain-boats› (Bergboote), wie man in St. Louis die Missouri-Dampfer nannte, fuhren weit über die von Weißen bewohnten Regionen hinaus bis an den Fuß der Rocky Mountains. Ihre Passagiere – Pelzhändler, Trapper,

Pioniere, Missionare, Soldaten, Indianer – lebten im Bereich der Grenze und stellten bescheidene Ansprüche an ihre provisorische Unterkunft.

Das erste Dampfboot auf dem Missouri, die ‹Western Engineer›, wagte sich im Jahre 1819 den Fluß hinauf bis Council Bluffs. In den zwanziger Jahren verkehrten Flußdampfer auf dem Unterlauf. Sie versorgten einsame Handelsposten mit Nachschubgütern, brachten Pioniere nach Independence, dem Ausgangspunkt von ‹Santa Fé›- und ‹Oregon Trail›, und transportierten auf dem Rückweg Pelze und Büffelhäute nach St. Louis. Von einem regelmäßigen Schiffsverkehr konnte aber noch keine Rede sein, denn die Ufer des Missouri waren nur spärlich besiedelt. Der entscheidende Aufschwung begann im Jahre 1831, als die American Fur Company die ‹Yellowstone› in Betrieb nahm. Das Schiff dampfte noch im gleichen Jahr bis hinauf nach Fort Tecumseh im späteren South Dakota. An Bord befand sich der Indianermaler George Catlin, der bald darauf seine Abenteuer in Wort und Bild einem begeisterten Publikum präsentierte. Ein Jahr später erreichte das Dampfboot den wichtigen Handelsposten Fort Union und die Mündung des Yellowstone River. Damit hatte sich die Gesellschaft eine rasche Verbindung zu den wichtigsten Niederlassungen geschaffen. Im Jahre 1833 fuhren mit der ‹Yellowstone› illustre Gäste den Strom hinauf: Prinz Maximilian zu Wied, Weltreisender, Naturwissenschafter und Schriftsteller, und sein Begleiter Karl Bodmer, der Schweizer Maler, der mit seinem Bildatlas ein unvergleichliches Dokument über die Indianerkultur am oberen Missouri schuf. Im gleichen Jahr erschien das Dampfboot ‹Assiniboine› auf dem Fluß, ebenfalls von der American Fur Company für den steigenden Güterverkehr eingesetzt. Eine schwere Hypothek lastete auf der Missouri-Schiffahrt: Der Oberlauf des Flusses war nur während weniger Monate schiffbar. Mit der einsetzenden Schneeschmelze im Frühjahr machten sich die Dampfer auf den Weg. Jahrelang blieb Fort Union Endstation. Später stiegen die Boote noch weiter hinauf bis Fort Benton, das gleichfalls der American Fur Company gehörte. Frühzeitig traten die Flußboote den Heimweg an. Bei sinkendem Wasserstand war keine Zeit zu verlieren, wollte man nicht den eisigen Winter am obern Missouri verbringen, wie es im Jahre 1834 der ‹Assiniboine› geschah. Die ‹Assiniboine›, vom Prinzen zu Wied wegen ihrer komfortablen Kabinen gelobt, war überhaupt ein Unglücksschiff. Sie verbrannte bereits im Jahre 1835 samt ihrer Ladung, vermutlich das Opfer einer Brandstiftung. Die ‹Yellowstone› hingegen lief noch im Frühjahr 1865, frisch überholt und mit neuen Maschinen ausgerüstet, in der Rekordzeit von zwei Monaten von St. Louis nach Fort Benton. Unterwegs waren die Schiffe so ziemlich auf sich selbst angewiesen, da es nur wenige Siedlungen gab, in denen sie Zuflucht suchen konnten. Unfälle, Krankheit, Meutereien waren häufig. Es wird von Flußdampfern berichtet, die mit Cholera oder Pocken an Bord die endlose Strecke befuhren und am Ufer in regelmäßigen Abständen Gräber zurückließen.

Die Dampfer gehörten in dieser Zeit zum Missouri wie die Forts und die Handelsstationen. Noch immer lieferten sich die Pelzhandelsgesellschaften unerbittliche Kämpfe um die Macht. In ihren Schachzügen setzten sie auf die Schnelligkeit ihrer Boote und die Zuverlässigkeit der Kapitäne. Nicht zu übersehen ist der Beitrag, den die Schiffahrt an den Branntweinschmuggel geleistet hat. Zwar wurden die Dampfboote auf ihren Fahrten in die oberen Regionen regelmäßig inspiziert, aber mit List und Tücke gelang es immer wieder, große Mengen der verbotenen Fracht in die Handelsstationen zu schaffen. Als in den sechziger Jahren der Pelzhandel am Missouri seinem Ende entgegenging, war auch die Blütezeit der Dampfschiffahrt vorbei. Die Flußdampfer leisteten der Armee in den Indianerkriegen wertvolle Dienste, doch der Passagierverkehr verlor an Bedeutung. Eine Zeitlang fuhren die Schiffe noch bis Fort Union, dann blieb nur ein kläglicher Lokalverkehr. Die Eisenbahn hatte dem Flußdampfer den Rang abgelaufen.

In Kalifornien setzte die Schiffahrt auf den Flüssen erst richtig ein, als sich die Amerikaner des Landes bemächtigten. Im Dezember 1847 fuhr das erste Dampf-

Der Missouri-Dampfer ‹Tropic› wird von einem ‹snag› durchbohrt.

schiff auf dem Sacramento nach Nueva Helvecia. Der beginnende ‹Goldrush› brachte Leben auf die Flüsse, die zum Teil bis weit hinauf schiffbar waren. Im Zeichen der allgemeinen Spekulation entstanden zahlreiche Dampferlinien, die Goldsucher nach dem Sacramento-Tal oder ins Tal des San Joaquín brachten. Meist ging Schnelligkeit vor Sicherheit. Der Schweizer Carl Meyer zum Beispiel erlebte im Hafen von San Francisco die Explosion des Sacramento-Dampfers ‹Sagamore›, die etwa vierzig Personen das Leben kostete. Der Vorfall wurde, wie Meyer berichtet, nicht genauer untersucht, «und nach wie vor dauerte die Concurrenz der abgehenden Dampfer mit allem Unfug». Meyer schließt an dieses Erlebnis die folgende Betrachtung: «Sind solche Menschenmördereien im Osten von Nordamerika schon von geringer Bedeutung, so muß man umso eher die Gleichgültigkeit begreifen, mit der man in Kalifornien über dieselben hinweggeht. Es ist allerdings mangelhafte Construction der Kessel, die oft solche Unglücksfälle herbeiführt, es ist aber auch die Unkenntnis der Maschinisten und der Arbeitsleute, die man, ohne ihre Fähigkeit zu prüfen, von der Straße aufgreift, sobald sie nur wohlfeil arbeiten. Die Geschicklichkeit der Maschinisten sowie die Vortrefflichkeit des Bootes finden nur dann Anerkennung, wenn die Schnelligkeit hervorgebracht werden kann, die über den bestimmten Kräften der Maschine liegt. Man macht sich somit nichts daraus, einige Atmosphären über den höchsten Druck anzuspannen, und rüstet mit dem größten Gleichmuth das Werk, das zum Nutzen der Gesellschaft bestimmt ist, zu ihrem Verderben, oder verkürzt, indem man es täglich mißbraucht, dessen Dasein und, ohne es vorauszusehen, seinen

Die Dampfboote nach Sacramento und Stockton, ‹Antelope› und ‹Bragdon›, rüsten sich in San Francisco zur Abfahrt.

eigenen Verdienst. Eigenthums- und Lebensopfer sind untrennbar von dem ganzen amerikanischen ‹Go-ahead›-System; auch der Staat Kalifornien ist eine neue Opferstätte für den Geist der Industrie.»

Zu allgemeinem Ansehen gelangte in den folgenden Jahren die Schiffahrt auf dem Sacramento. Prächtige Dampfer versahen den Dienst zwischen San Francisco und dem aufstrebenden Sacramento City, der neuen Hauptstadt Kaliforniens. Sacramento wurde Ende der sechziger Jahre Endstation der ersten transkontinentalen Bahn, und viele Passagiere aus dem Osten sicherten sich für den letzten Abschnitt der Reise einen Platz auf einem der Flußboote – dem Dampfer ‹Senator› oder der ‹Yosemite› zum Beispiel. Der englische Journalist Rae zeigte sich in einem Reisebericht beeindruckt von der gediegenen Bequemlichkeit der Schiffe, hegte aber einige Zweifel in bezug auf die Sicherheit: «Die Dampfer der California Steam Navigation Company verlassen Sacramento nachmittags um zwei Uhr und treffen nachts um zehn Uhr in San Francisco ein. Wie die meisten amerikanischen Dampfboote sind diese Schiffe groß, geräumig und luxuriös. Keines unserer englischen Fluß- oder Küstenschiffe hält einen Vergleich mit ihnen aus. Der obere Salon gleicht einem großen Raum in einem englischen Landhaus, ausgestattet im Stil und Geschmack eines prächtigen Gesellschaftsraumes. Er bildet einen hübschen Promenadenraum für jene, die unter Dach lustwandeln wollen ... An Deck ist genügend Platz für jene, die sich zur See oder auf einem Fluß gerne an der frischen Luft aufhalten. Die Rückreise findet nachts statt. Für eine geringe zusätzliche Zahlung genießt man die Vorzüge einer gut eingerichteten Kabine ... Nachts verleihen die glänzenden Lichter diesen Dampfern das Aussehen von Feuerschiffen. Diese Schiffe sind auch mindestens so gefährlich wie schwimmende Pulvermagazine. Das ist ihr Verderben, so wie Bequemlichkeit ihr hervorstechendes Merkmal ist. Kostspielige Dekorationen sind häufig angebracht ohne Rücksicht auf Sicherheit. Die Einrichtung des Salons ist perfekter als jene des Maschinenraums. Die Maschinen sind eher zum Anschauen als zum Gebrauch geeignet, die Kessel minderwertig. Ein Passagier auf der ‹Yosemite› erzählte mir, wie vor einem Jahr ein Kessel explodierte, als er sich gerade an Bord befand, daß dabei viele Fahrgäste getötet und andere für den Rest ihres Lebens verstümmelt wurden. Diese Mitteilung dämpfte etwas die gute Laune der Zuhörer ...»

Um die Mitte des Jahrhunderts verkehrten Dampfboote auf zahllosen westlichen Flüssen. Die Schiffe standen im Dienste der Pioniere, der abgelegenen Grenzforts und der einsamen Handelsposten. So verhielt es sich auf dem Red River, dem Arkansas, dem Osage und dem Kansas River und auf dem Red River of the North. An der pazifischen Küste wurde diese wenig spektakuläre Schiffahrt zum Beispiel auf dem Columbia River, dem Willamette und auf dem Unterlauf des Colorado betrieben. Auch die Armee bediente sich der ausdauernden Vehikel, ohne die gewisse Außenposten unmöglich hätten gehalten werden können. Eine Unternehmung ganz besonderer Art war die Dampfbootexpedition des Leutnant Ives, der im Jahre 1857 mit dem Schiff ‹Explorer› den Lauf des Colorado von Fort Yuma bis in den Black Canyon erforschte.

Als die Eisenbahnen nach Westen vorrückten und den stets größer werdenden Verkehr an sich zogen, stellten die Schiffahrtsgesellschaften die überflüssig gewordenen Linien ein – unsentimental und rasch entschlossen, wie sich nun einmal die Amerikaner in geschäftlichen Dingen verhalten. In einigen Fällen jedoch ist der Niedergang der Schiffahrt nicht bloß ein von kommerziellen Überlegungen diktierter Vorgang. Im Mississippi-Tal zum Beispiel ist er von symbolhafter Bedeutung für die wirtschaftliche und politische Umwälzung, an der die frühere Einheit des Stromlandes zerbrach. Nach dem mörderischen Sezessionskrieg wuchs die Entfremdung zwischen dem Süden und dem von Yankees beherrschten Westen. Die brachliegende Schiffahrt auf dem Mississippi und die von Osten über den Strom führenden Eisenbahnlinien waren nur das äußere Zeichen eines unvermeidlichen Vorgangs.

Postkutschen und Pony-Expreß

In die Nachwelt ist das romantische Bild von der in scharfem Trab durch Prärie und Gebirge rollenden ‹Stagecoach›, der amerikanischen Postkutsche, eingegangen. Erzähler und Filmgestalter bedienten sich dieses unentbehrlichen Requisits, und das von einem furchtlosen ‹driver› (Kutscher) über halsbrecherische Pfade gelenkte Gespann wurde recht eigentlich zum Sinnbild der unablässigen Bewegung und der alle Hindernisse überwindenden Energie der amerikanischen Pioniere. Die heroisierende Vorstellung ist zweifellos in zahlreichen Einzelheiten fragwürdig. Die Wirklichkeit war zumeist prosaisch und beschwerlich, der Held selten brillant und noch seltener ohne Makel, und doch trifft es zu, daß in diesem Geschäft zahllose Männer mit einer Hartnäckigkeit und Leidenschaft ohnegleichen tätig waren. Dabei waren sich die Beteiligten durchaus bewußt, daß ihre Unternehmungen nur von verhältnismäßig kurzer Dauer sein konnten. Als die großen ‹Stagecoach›-Linien im Westen errichtet wurden, sprach man bereits auch vom Bau der transkontinentalen Eisenbahn.

Nach dem mexikanischen Krieg und dem ‹Goldrush› stieg das Bedürfnis nach regelmäßigen und bequemen Transportmöglichkeiten rapid. Die Pioniere hatten sich mit den Prärie-Schonern begnügt, die Reisenden der folgenden Dezennien hielten nach rascheren Verkehrsmitteln Ausschau. Die schnellste Passagier- und Postverbindung führte in den beginnenden fünfziger Jahren über die Panama-Route. Nach dem Bau der Panama-Bahn dauerte die Fahrt von der Atlantikküste nach Kalifornien kaum vier Wochen, doch sie war kostspielig und nur dann von Vorteil, wenn man sich in die Küstengebiete und nicht ins Landesinnere begeben wollte. Die Öffentlichkeit empfand das Monopol der Schiffahrtsgesellschaften als lästig. Im Osten des Landes leistete die Kutsche bis zum Bau der Eisenbahnen gute Dienste. Schon in den zwanziger Jahren fand man sie auch westlich des Mississippi, wobei sie vor allem in Missouri den Lokalverkehr zwischen den Grenzsiedlungen besorgte. Der Wagenbau hatte zu dieser Zeit in den Vereinigten Staaten einen hohen Grad der Perfektion erreicht. Ein Kutschenmodell wurde von den Passagieren und von den Gesellschaften vor allen andern bevorzugt: Der unter dem Namen ‹Concord› bekannte Wagen der Firma Abbot-Downing and Company in Concord, New Hampshire. ‹Concord› und ‹Stagecoach› waren bald auch im Westen die allgemein geläufigen Begriffe für Postkutsche. Die ‹Concord› war für schlechte Straßenverhältnisse vorzüglich geeignet, ausreichend gefedert, solid und gleichwohl elegant in ihrer äußern Erscheinung. Es verkehrten aber auch andere Fahrzeuge in den westlichen Regionen. Auf besonders unwegsamen Pfaden traf man die sogenannten ‹mud-wagons› (Schlammwagen), schwerfällige Vehikel, die nichts vom Glanz der ‹Stagecoaches› an sich hatten.

Gleich nach der Ankunft der Goldsucher in Kalifornien begann an der pazifischen Küste das Geschäft mit Passagierlinien nach den Minenregionen. Wer ein Fahrzeug, einige Maultiere und hinreichende Kenntnisse im Lenken eines Wagens besaß, gründete eine Transportgesellschaft. Rasche Beförderung war anfänglich der einzige Wunsch der eiligen Kunden, die auch bereit waren, maßlos übersetzte Preise zu zahlen. Dann traten weitsichtigere Unternehmer auf, unter ihnen der junge James Birch, der in kurzer Zeit Ordnung in die Dinge brachte und ein solides Netz von Verbindungen aufbaute. Die Kutschen beförderten auch Post und Fracht. Jede Gesellschaft war um einen ‹Postvertrag› (Mail Contract) bemüht, denn damit waren Subventionen verbunden, die das Geschäft lukrativ gestalteten. In enger Verbindung mit dem Netz der Postkutschen standen die Expreßgesell-

Im September des Jahres 1858 verließ die erste Kutsche von Butterfields ‹Overland Mail Company› San Francisco. Der Weg an den Mississippi mußte nach den Bedingungen der Konzession in weniger als fünfundzwanzig Tagen zurückgelegt werden.

schaften, die in Kalifornien Goldstaub, Wertgegenstände und eingeschriebene Briefe aus den Minengebieten zur Küste brachten und gleichzeitig das Bankgeschäft betrieben. Anfänglich beherrschte in diesem Bereich die Firma von Alvin Adams das Feld, dann erschien die später berühmt gewordene Gesellschaft Wells, Fargo and Company auf der Szene. Das neue Unternehmen bestand in den ersten Jahren schon mit Glanz eine Probe, die dem älteren Konkurrenten zum Verhängnis wurde. Als sich im Jahre 1855 die Kunde von einem schwerwiegenden Bankkrach in St. Louis verbreitete, stürmten auch in San Francisco die erregten Kunden in die Bankhäuser und verlangten ihre Einlagen zurück. Adams and Company, an der Montgomery Street gelegen, schloß nach einem Tag die Schalter, denn die Reserven der Bank waren erschöpft. Auf der gegenüberliegenden Straßenseite stellte Wells, Fargo and Company bewaffnete Wachen vor den Eingang, ließ nur wenige Kunden in den Schalterraum und wickelte in Ruhe die Zahlungen ab. Der Sturm hielt an während Tagen, doch die Bank beglich jede Forderung, und schließlich kehrte wieder Ruhe ein. Auch Wells, Fargo and Company befand sich am Rande des Ruins, doch die nach amerikanischen Erfahrungen ungewöhnliche Standfestigkeit brachte der Firma mit einem Schlag das Vertrauen der Kalifornier. Wells, Fargo and Company dehnte ihre Operationen über das ganze Land aus und beteiligte sich schließlich selber an großen Überlandlinien. Berühmt und von Wegelagerern begehrt wurde die grüne ‹express box› der Gesellschaft, die Kiste mit den Wertgegenständen, die meist unter dem Sitz des Kutschers und später im Gepäckwagen der Züge befördert wurde.

Die Forderung nach einer transkontinentalen ‹Stagecoach›-Linie wurde besonders in Kalifornien erhoben, wo man die Verkehrsverbindungen mit der Union als überaus mangelhaft empfand. Im Kongreß und in den politischen Zirkeln Washingtons stritt man sich ergebnislos über die Linienführung der Eisenbahn vom Atlantik zum Pazifik. Eine Lösung war nicht in Sicht, und überdies fehlte das nötige Kapital. Es bestand somit Einigkeit darüber, daß in der Zwischenzeit mindestens eine Postkutschenverbindung geschaffen werden müsse. Da aber ein Betrieb ohne Bundeshilfe undenkbar war, ergab sich die gleiche Ausgangslage wie bei der Diskussion um die Eisenbahn. Die Überlandlinie wurde zu einer politischen Angelegenheit ersten Ranges. Wieder einmal schieden sich die Geister von Nord und Süd. Es war die Rede von einer zentralen Linie, die vom Missouri durch die Rocky Mountains nach Sacramento führen sollte. Ein höchst bescheidener und unregelmäßiger Betrieb war auf dieser Route seit 1851 im Gange, doch jedermann gab sich darüber Rechenschaft, daß dieses Unternehmen keineswegs den Bedürfnissen entsprach. Ein Ausbau war nur denkbar, wenn die Union der verantwortlichen Firma den transkontinentalen Postdienst anvertraute, denn nur so war der beträchtliche Aufwand für Relaisstationen, Tiere, Fahrzeuge und Personal zu decken. Doch in dieser Sache waren die Südstaaten, die den Senat beherrschten, zu keinem Kompromiß bereit. Für sie war nur eine Verbindung denkbar, die ausschließlich durch südliche Territorien führte und somit dem Zugriff des Nordens entzogen war. Da man überdies der Meinung war, die spätere Eisenbahn werde unweigerlich einer einmal etablierten Postkutschenlinie folgen, mußte die Entscheidung auch für eine ferne Zukunft bedeutungsvoll sein. Weil eine Verständigung über die Linienführung im Kongreß nicht zu erreichen war, überließ man die Angelegenheit der Verwaltung. Postmeister und enger Verbündeter Präsident Buchanans war Aaron Brown, ein der Sache des Südens bedingungslos ergebener Mann aus Tennessee. Die Resultate ließen nicht auf sich warten. Eine erste Konzession verlieh Brown an James Birch für eine Verbindung zwischen San Antonio in Texas über El Paso nach San Diego im Süden Kaliforniens – ein zweifelhaftes Unternehmen, das durch unbewohnte Territorien führte und niemandem diente. Ein zeitgenössischer Kommentator meinte, die Route beginne ‹nirgends›, führe ‹nirgends› durch und ende auch ‹nirgends›. Da James Birch bald darauf ums Leben kam, ging das Unternehmen bald wieder ein.

Eine Kutsche der ‹Overland Stage Line›
in Atchison im Staate Kansas. Holzschnitt aus ‹Harper's Weekly› (1866).

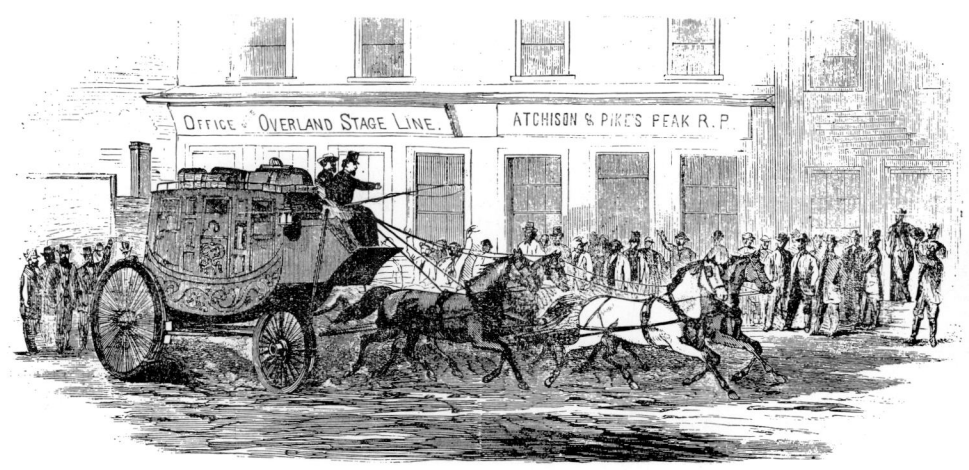

Die eigentliche Überlandlinie vertraute Aaron Brown einem Manne an, der für
ein solches Werk alle Voraussetzungen besaß: John Butterfield, Besitzer einer
Postkutschengesellschaft, der sich mit führenden Bankhäusern in New York und
mit den großen Expreßgesellschaften zusammengetan hatte. Die vom Postmeister
bewilligte Linie führte von St. Louis und von Memphis nach Fort Smith am Arkansas, dann über Fort Belknap und die Guadalupe Mountains nach El Paso am
Rio Grande. In ihrem westlichen Abschnitt durchquerte die Route die Wüsten
Arizonas bis zum Gila River und Fort Yuma, machte in Los Angeles Station, ging
durch die Tehachapi Mountains über den Camino Real nach der Endstation San
Francisco. Im Kontrakt war festgelegt, daß die Fahrt höchstens fünfundzwanzig
Tage dauern durfte. Es blieben Butterfield zwölf Monate, um die Bedingungen
für einen regelmäßigen Betrieb zu schaffen. Er ging mit unvergleichlicher Umsicht und Energie ans Werk. Posten und Straßen wurden ausgebessert, Brücken
gebaut, gegen zweihundert Relaisstationen errichtet, fünfhundert Fahrzeuge, tausend Pferde und fünfhundert Maultiere bereitgestellt. Mehr als achthundert Angestellte, in der Mehrzahl erfahrene Männer aus dem ‹Frontier›, standen im September 1858 auf ihren Posten. Die ‹Overland Mail Company›, wie Butterfield seine
Gesellschaft nannte, war genau zum vorgeschriebenen Zeitpunkt bereit. Am
16. September begann ihr Dienst gleichzeitig in Memphis, St. Louis und San Francisco. In der nach Westen rollenden Kutsche saß ein einziger Passagier, der das
große Abenteuer der ersten Fahrt bestehen wollte: Waterman Ormsby, ein Kor-
respondent des ‹New York Herald›. Seiner Feder verdanken wir eine lebendige
Beschreibung des 2795 Meilen langen Weges und der Episoden und Zwischenfälle,
die sich auf seiner Reise zutrugen. Butterfield erwartete von seinen Angestellten
einen unbedingten Einsatz für die Gesellschaft. Schnelligkeit war die Devise. Für
den Pferdewechsel auf den Relaisstationen waren lediglich zehn Minuten vorgesehen. Man fuhr Tag und Nacht, und die Kutscher kannten jeden Stein und jedes
Hindernis. Die Gesellschaft verlangte von ihnen, daß sie im Umgang mit den Tieren jede Brutalität vermieden. War jedoch das Gefährt aus irgendeinem Grund in
Rückstand geraten, so mußte alle Rücksicht fallen und die verlorene Zeit um jeden
Preis wieder aufgeholt werden. Da der Weg durch abgelegene Regionen mit unruhigen Indianerstämmen führte, rechnete man mit Überfällen, und in diesem
Falle war es Pflicht des Kutschers und des ‹conductors› (Schaffners), die Passa-
giere und die Post bis zum äußersten zu verteidigen. Auf der andern Seite legte
Butterfield Wert auf ein gutes Verhältnis zu den Indianern, auf deren Wohlwollen
er letzten Endes angewiesen war.

Ormsby notierte getreulich, was ihm unterwegs in die Augen stach. Auf einem
Teil der Route funktionierte der Betrieb bereits mit verblüffender Präzision. Die
Kutsche gewann einen erheblichen Vorsprung auf den Fahrplan, der aber bald
wieder dahinschwand, weil auf einzelnen Stationen die zur Ablösung bestimmten

Gespanne nicht bereit waren. Mexikanische Maultiere, noch nicht ins Geschirr eingewöhnt, brachten weiteren Zeitverlust. Da und dort beklagte sich der Gast über die dürftige Nahrung, die ihm in unsauberen Kantinen vorgesetzt wurde. Doch diese Einwände waren belanglos im Vergleich zu der imponierenden Leistung, die ein so großzügiges Unternehmen im ganzen darstellte. Auch der kritische Journalist Ormsby fühlte sich in gehobener Stimmung, als sich die ‹Stagecoach› nach einer Fahrt von vierundzwanzig Tagen San Francisco näherte. «Es war unmittelbar nach Sonnenaufgang, als sich die Stadt San Francisco hinter den Hügeln erhob», schreibt er, «und niemals näherte sich ein nächtlich Reisender einem entfernten Licht oder erspähte ein einsamer Seemann ein Segel mit mehr Freude als ich damals, am 10. Oktober, einem Sonntagmorgen, die Stadt San Francisco ... Bald rumpelten wir über das Pflaster mit Peitschenknall und Lärm unserem Bestimmungsort entgegen, zur Verblüffung und nicht geringen Überraschung von jedermann. Eilig wirbelten wir eine Straße hinauf und eine andere hinunter und um Ecken herum, bis wir schließlich vor der Station auf der Plaza aufkreuzten. Unser Kutscher gab einen schrillen Stoß aus seinem Horn mit einem triumphalen Schnörkel zu Ehren der ersten Überland-Postkutsche, die von St. Louis her in San Francisco eintraf. Aber unser Werk war noch nicht vollendet. Die Post mußte abgeliefert werden, und im Handumdrehen waren wir vor der Türe des Postbüros, stießen ins Horn und heulten und schrien, damit jemand herbeikäme und die Post in Empfang nähme ... Als der Mann endlich die Postsäcke aus dem Wagen nahm, morgens um halb sieben, da waren es dreiundzwanzig Tage, dreiundzwanzig und eine halbe Stunde seit dem Augenblick, da John Butterfield, der Präsident der Gesellschaft, die Säcke übernommen hatte, als sich die Wagen am Dienstag, 16. September 1858, um acht Uhr morgens in St. Louis in Bewegung setzten.»

Butterfields Kutschenbetrieb war vorbildlich für seine Zeit. Selten wurden die vorgeschriebenen Termine überschritten. Die ‹Stagecoach› traf meistens pünktlich wie die Uhr auf den Stationen ein. Die Parole «The United States mail must go through!» (Die Post der Vereinigten Staaten muß durchkommen!) wurde zum geflügelten Wort. Die Zeitgenossen waren sich durchaus bewußt, daß hier einige wenige Männer Außergewöhnliches leisteten. Bald wurde auch die Fahrt in der Postkutsche zu einem Sport für wohlhabende Leute, die sich eine extravagante

---

RATSCHLÄGE FÜR ‹STAGECOACH›-REISENDE

«Der beste Sitzplatz im Innern einer Kutsche ist jener, der sich am nächsten beim Kutscher befindet. Selbst wenn Sie beim Rückwärtsfahren einen Hang zur Seekrankheit haben – Sie werden es überstehen und weniger Schläge und Stöße einstecken. Lassen Sie sich diesen Platz auch nicht von einer schlauen Elfe abhandeln.

Reisen Sie bei kaltem Wetter nicht mit eng anliegenden Stiefeln, Schuhen oder Handschuhen. Wenn Sie der Kutscher auffordert, auszusteigen und zu Fuß zu gehen, tun Sie es ohne Murren, denn er wird es nicht verlangen, wenn es nicht unerläßlich ist. Wenn die Pferde durchbrennen – dann bleiben Sie am besten still sitzen und vertrauen Sie auf Ihr Glück.

Wenn Sie hinausspringen, werden Sie sich in neun von zehn Fällen verletzen.

Verzichten Sie, wenn das Wetter wirklich kalt ist, auf Branntwein, denn Sie werden doppelt so rasch erfrieren, wenn Sie unter dem Einfluß von Alkohol stehen.

Brummen Sie nicht wegen des Essens auf den Stationen. Die Postkutschengesellschaften setzen Ihnen gewöhnlich das Beste vor, was sie eben auftreiben können.

Lassen Sie die Kutsche nicht warten, rauchen Sie im Wagen keine starke Pfeife – spucken Sie leewärts aus. Haben Sie eine Flasche mit einem Getränk bei sich, so reichen Sie sie herum. Besorgen Sie sich Ihr Genußmittel vor Beginn der Reise, denn ‹Ranch›-

Whisky auf den Stationen ist kein Nektar.

Fluchen und schimpfen Sie nicht auf Ihre schlafenden Nachbarn. Nehmen Sie Kleingeld mit, um Ihre Ausgaben zu bestreiten.

Schießen Sie nie unterwegs, da der Lärm die Pferde erschrecken könnte. Diskutieren Sie nicht über Politik oder Religion. Schildern Sie nicht ausführlich, wo kürzlich Morde verübt wurden. Tun Sie es besonders dann nicht, wenn weibliche Passagiere dabei sind.

Fetten Sie Ihr Haar nicht, denn der Weg ist staubig. Glauben Sie keinen Augenblick, Sie seien auf einer Vergnügungsreise. Erwarten Sie vielmehr Plagen, Mühen und Not.»

‹Omaha Herald›, 1877

Postkutschen mit bewaffneter Eskorte treffen in der Minenstadt Dolores im Süden von Colorado ein. Die Aufnahme stammt aus den siebziger Jahren.

Kutschen warten vor dem Bahnhof von Cisco die Ankunft eines Zuges der Central Pacific ab.

Die Lithographie von Currier and Ives, im Jahre 1871 veröffentlicht, zeigt eine sechsspännige Kutsche der Overland Mail Company in einer kalifornischen Landschaft. Im Hintergrund schließt der Mount Shasta die Szene ab. Neben und hinter dem Kutscher sitzen auf den Ehrenplätzen distinguierte Herren und eine Dame, was vermuten läßt, daß in der Gegend Ruhe eingekehrt ist. Wäre der Weg unsicher, so müßte der ‹shotgun-messenger›, der bewaffnete Begleiter, von der erhöhten Plattform aus die Route überwachen. Eine Kutschenfahrt erschien den Zeitgenossen in jedem Fall als außergewöhnliches Unternehmen. «Gar manche Meile habe ich noch im Jahre 1869 in Californien auf der ‹Stage› zurückgelegt, deren Bauart je nach der Beschaffenheit der Gegenden, durch die sie fährt, eine verschiedene ist», schreibt Robert von Schlagintweit. «Meistenteils sind dem Wagen vier, häufig sogar sechs Pferde oder Maultiere vorgespannt; es sind kräftige, prachtvoll aufgeschirrte Tiere, die von einem einzigen auf dem Kutscherbocke sitzenden Manne mit staunenswerter Geschicklichkeit und mit einer Sicherheit gelenkt werden, die sehr bald das uns anfangs beschleichende Gefühl einer durch das Umwerfen entstehenden Gefahr verscheucht.» Der Journalist Richardson, erfahrener Reisender auch er, schildert die Gefahren des ‹Kutschenwahnsinns›: «Die meisten Passagiere, die Federkissen bei sich haben, schlafen ruhig Nacht um Nacht, während der Wagen in Bewegung ist, und lernen durch Erfahrung begreifen, warum die Eskimos und andere Völker sitzend schlafen. Nicht selten aber führen diese nächtlichen Reisen zum ‹Kutschenwahnsinn›, und die damit Behafteten sind schon öfters aus dem Wagen gesprungen und in der Wüste umgekommen ...»

Während kurzer Frist – vom Frühjahr 1860 bis in den Herbst 1861 – waren die Pony-Expreßreiter die Helden der Nation. Die Zeichner stellten sie mit Vorliebe in gestrecktem Galopp dar, verfolgt von Indianern oder gepeitscht von winterlichen Stürmen.

Indianerüberfälle auf die ‹Stagecoaches› waren nicht selten. Eine so beachtliche Eskorte auf dem Dach der Kutsche, wie sie unsere Illustration zeigt, kam allerdings nur in der Phantasie der Künstler vor. Der Holzschnitt geht auf ein Ölgemälde des Malers George Simons aus dem Jahre 1859 zurück.

238

Reise von Küste zu Küste gönnten. ‹Driver› und ‹conductor› waren in diesen Tagen große, von jedermann anerkannte Persönlichkeiten. Der Sitz neben dem Kutscher galt als Ehrenplatz, der an prominente Fahrgäste vergeben wurde. Auch Damen waren gelegentlich auf dieser hohen Warte zu finden, wobei sie der galante Kutscher jeweils eigenhändig und mit kraftvollem Schwung nach oben beförderte. Fuhr aber die ‹Stagecoach› durch eine gefährliche Gegend, so saß neben dem Kutscher ein sogenannter ‹shotgun messenger›, eine bewaffnete Wache, die nach Banditen oder Indianern Ausschau hielt. Der Persönlichkeit des ‹driver› hat Mark Twain in ‹Roughing it› eine Schilderung gewidmet, die bei aller Übertreibung doch ein lebendiges Bild vom Postkutschenbetrieb jener Tage gibt. Zwar bezieht sich seine Erzählung auf die zentrale Überlandlinie Ben Holladays, doch treffen die Beobachtungen ebenso gut auf andere Gesellschaften zu. «Langsam erhob sich die Sonne», so schreibt Mark Twain, «und erwärmte die Welt, wir zogen die überflüssigen Kleider wieder aus und machten uns zum Frühstück bereit. Wir waren eben zur rechten Zeit, denn fünf Minuten später ließ der Kutscher die seltsame Musik aus seinem Horn über die einsame Prärie ertönen, und gleichzeitig entdeckten wir in einiger Entfernung eine oder zwei niedrige Hütten. Das Geratter des Wagens, das Hufgeklapper unserer sechs Pferde, die hellen Kommandos unseres Kutschers wurden lauter und bekamen mehr Nachdruck, und wir rauschten in voller Geschwindigkeit in die Station. Es hatte etwas Faszinierendes an sich, die Fahrt in der Überland-‹Stagecoach›. Wir sprangen halbangezogen aus dem Wagen. Der Kutscher warf die Zügel zu Boden, gähnte und streckte sich zufrieden, zog seine schweren Wildlederhandschuhe bedächtig und mit unnachahmlicher Würde aus – dabei nahm er nicht die geringste Notiz von den besorgten Fragen nach seiner Gesundheit, von den demütig witzelnden und schmeichelnden Anreden und dem untertänigen Diensteifer, mit denen ihn die fünf oder sechs haarigen, halbzivilisierten Stationswärter und Stallknechte umgaben, die flink unsere Pferde lösten und ein neues Gespann aus dem Stall brachten. Denn in den Augen eines Kutschers waren damals Stationswärter und Stallknechte niedrige Kreaturen, nützlich an ihrem Platz und beim Aufbau dieser Welt durchaus zu gebrauchen, aber doch keine Leute, mit denen sich eine Person von Rang befassen konnte. Anderseits war der Kutscher in den Augen der Stationswärter und Stallknechte ein Held, ein großer, leuchtender Würdenträger, ein bevorzugter Sohn dieser Welt, vom Volk beneidet, von der ganzen Nation beachtet. Wenn sie ihn ansprachen, ertrugen sie demütig sein unverschämtes Schweigen, da sich ein derartiges Benehmen für einen so großen Mann gehörte. Wenn er seine Lippen öffnete, hingen sie bewundernd an seinen Worten (niemals beehrte er ein einzelnes Individuum mit einer Bemerkung, stets wandte er sich ganz allgemein an die Pferde, den Stall, das umliegende Land und an die untergeordneten menschlichen Wesen). Wenn er eine schmierige Anzüglichkeit über einen Stallknecht ergoß, so war dieser Mann für den Rest des Tages glücklich. Wenn er seinen einzigen Witz zum besten gab – alt wie die Berge, ungeschliffen, lästerlich, geistlos, wobei er dies der gleichen Zuhörerschaft jedesmal mit den gleichen Worten antat, sobald er mit der Kutsche hier anrückte –, dann brüllten die Knechte und schlugen sich auf die Schenkel und schworen, es sei die beste Sache, die sie je in ihrem Leben gehört hätten. Und wie sie nach allen Seiten davonstoben, wenn er ein Becken Wasser wünschte oder Feuer für seine Pfeife! Aber sie hätten einen Passagier unweigerlich beschimpft, der sich so weit vergessen konnte, daß er sie um eine Gefälligkeit angegangen wäre. Sie durften sich diese Unverschämtheit ebensogut leisten wie der Kutscher, den sie nachahmten. Denn, lassen wir uns das gesagt sein, der Überlandkutscher hat nur eine Spur weniger Verachtung für die Passagiere als für die Stallknechte ...»

Butterfields Postkutschenbetrieb war in mancher Hinsicht ein bewundernswürdiges Werk, doch waren die Nordstaaten und Kalifornien mit dieser Einrichtung keineswegs zufrieden. Im Vergleich zur zentralen Route war die bis an die mexikanische Grenze führende Linie ein kaum zu rechtfertigender Umweg, es sei denn, man hätte sich blindlings den politisch bedingten Thesen des Südens unterworfen. Selbst das auf den ersten Blick einleuchtende Argument, wonach der Weg durch Rocky Mountains und Sierra Nevada im Winter geschlossen sei, erwies sich als zweifelhaft. Kuriere und pferdegezogene Wagen waren durchaus in der Lage, Schnee und Eis zu überwinden, sofern genügend Stationen mit frischen Gespannen zur Verfügung standen. Doch Postmeister Aaron Brown und sein Nachfolger Joseph Holt setzten alles daran, damit der Ausbau dieser Strecke verhindert wurde. Wenn der Verkehr auf der direkten Linie doch allmählich in Gang kam, so war dieser Vorgang einzig dem rücksichtslosen Pioniergeist einiger weniger Männer und ihrem ebenso skrupellosen Geschäftsgebaren zu verdanken. Von der Bundespost hatten sie keine wesentliche Hilfe zu erwarten; hingegen gab ihnen die Armee willkommene Gelegenheit, ein Transportmonopol zwischen Missouri und Rocky Mountains aufzubauen. Im mexikanischen Krieg und mehr noch in den folgenden Jahren hatte es sich gezeigt, daß das Bundesheer unfähig war, die großen Überlandtransporte selber zu organisieren und termingerecht durchzuführen. Die Verbindung nach Santa Fé war während Jahren durch die Comanchen und die Kiowas bedroht, und die in Fort Union in Neu-Mexiko stationierte Kavallerie konnte nur wenig zum Schutz der Karawanen unternehmen. Vorräte, Lebensmittel und Ausrüstung blieben in den Basislagern am Missouri liegen. Daran waren nicht allein die streitsüchtigen Indianer schuld, sondern mehr noch die unfähigen Offiziere. Nach all den schlechten Erfahrungen entschloß sich das Kriegsdepartement, den Nachschub für die Truppen im Westen einer privaten Firma zu übergeben. William Russell und William Waddell waren die beiden Männer, die ohne Zögern die Dinge an die Hand nahmen und unbekümmert das militärische Problem in ein lukratives Geschäft verwandelten. Die beiden Partner hatten eine nützliche Lehrzeit auf dem ‹Santa Fé Trail› hinter sich. Sie schlossen sich mit dem Transportunternehmer Alexander Majors zusammen und operierten fortan unter dem Namen Russell, Majors and Waddell. Gegen Ende der fünfziger Jahre beherrschten sie das Frachtgeschäft im Westen, und William Russell brachte in Washington immer neue Kontrakte für sein Unternehmen ein. Russell war ein Meister in undurchsichtigen Geschäften und gewagten Transaktionen. Unter seiner angriffigen Führung dehnte die Firma ihr Imperium immer weiter aus und verstrickte sich gleichzeitig hoffnungslos in Schulden. Höhepunkt und Pleite waren bei Russell, Majors and Waddell eng miteinander verknüpft: Im lächerlichen Feldzug gegen die Mormonen, in dem das Bundesheer bei Bridger's Fort bewegungslos in den Schneemassen steckenblieb, war das Unternehmen mit einem gewaltigen Troß beteiligt. Schon auf dem Anmarsch im Herbst 1857 hatten sich Gruppen von Mormonen über die Nachschubkolonnen hergemacht, die Prärie in Flammen gesteckt, Fahrzeuge zerstört und die Zugochsen fortgetrieben. Die eigenen Soldaten fielen über die Wagen her, und kaum ein Tier überlebte die harte Jahreszeit. Als Russell im folgenden Frühjahr in Washington die Rechnung für die schweren Verluste präsentierte, stieß er auf Ablehnung. Das Kriegsdepartement hatte kein Geld. Für die bevorstehenden neuen Transportverpflichtungen fehlten Fahrzeuge und Zugtiere, so daß die Firma gezwungen war, unter denkbar ungünstigen Bedingungen Verträge mit andern Transportunternehmen abzuschließen, die bereitwillig in die Lücke sprangen. Doch Russells Ehrgeiz ging über das schwerfällige Frachtgeschäft hinaus. Trotz seiner angeschlagenen Reputation begann er mit geborgtem Geld ein neues Abenteuer, nämlich den Betrieb einer Postkutschenlinie.

Im Sommer des Jahres 1858 brach der ‹Goldrush› nach dem Pike's Peak in Colorado aus. Bald waren Tausende von Goldsuchern unterwegs. Obschon kritische Beobachter von Humbug und Betrug sprachen und enttäuschte Glücksjäger in großer Zahl den Heimweg antraten, hielt der allgemeine Zustrom an, denn neue Funde bei Central City und in den umliegenden Bergtälern hoben das Vertrauen. Denver, anfänglich eine bescheidene Ansammlung von Bretterbuden, entwickelte sich zum Ausgangspunkt der Minenunternehmungen in Colorado. William Russell baute zwischen Leavenworth und Denver dem sogenannten ‹Smoky Hill Trail› entlang Stationen auf, bestellte über fünfzig ‹Concord›-Wagen und bot die Dienste der neugegründeten Leavenworth and Pike's Peak Express Company dem nach den Rocky Mountains strebenden Publikum an. Die Zeitgenossen bestaunten die feinen roten Wagen mit den gelben Rädern, ein ungewohnter Anblick in der rauhen ‹Frontier›-Landschaft.

Für William Russell war die Linie nach Colorado nur die erste Etappe auf dem Weg zu einem viel weiter gesteckten Ziel. Noch einmal wußte er sich Geld zu verschaffen und kaufte damit die Gesellschaft von Hockaday and Liggett, die auf der zentralen Route zwischen St. Joseph am Missouri und Salt Lake City einen dürftigen Betrieb aufrechterhielt und in der Hauptstadt der Mormonen die Verbindung mit der kalifornischen Linie herstellte. Die Spekulation war zum vornehherein gewagt, denn der Postmeister in Washington hatte sein Vorurteil gegen den direkten Weg nicht abgelegt, so daß auch bei einem Ausbau der Strecke keine größeren Subsidien in Aussicht standen. Russell war der Meinung, er könne die neue Überlandlinie von der alten Route auf die so kostspielig ausgebaute Strecke Leavenworth–Denver verlegen, doch die Post belehrte ihn eines Bessern, denn ihre Konzession war an den Weg entlang dem Platte River und über den Süd-Paß gebunden. Der Irrtum war ebenso teuer wie peinlich. Die Gesellschaft sah sich gezwungen, die Smoky-Hill-Route aufzugeben und ein neues System von Stationen und Relaisposten einzurichten. Russel tat es mit der ihm eigenen Großzügigkeit, und bald reisten die Fahrgäste durch die Rocky Mountains so komfortabel wie irgendwo im Osten.

Sein letztes Meisterstück vollbrachte William Russell mit dem Pony-Expreß, einer spektakulären Veranstaltung, die eine Zeitlang die ganze Nation in Atem hielt. Bereits liefen die ‹Stagecoaches› in achtzehn bis vierundzwanzig Tagen von St. Joseph nach Sacramento, doch der unermüdliche Zauberkünstler bereitete eine neue Schau vor. Zwischen den beiden Endstationen sollte ein Kurierdienst eingerichtet werden, der an Schnelligkeit alles bisher Gesehene überbot und damit die Postverbindung nach Kalifornien entscheidend verkürzte. In Abständen von zehn bis fünfzehn Meilen wurden Stationen gebaut, insgesamt hundertdreiundfünfzig an der Zahl. Fünfhundert erstklassige Pferde und zweihundert Stallknechte standen auf der ganzen Strecke bereit. Russell engagierte achtzig Pony-Reiter, junge Männer aus dem ‹Frontier›, die nicht mehr als hundertzwanzig Pfund wogen. Am 3. April 1860 machten sich die ersten Reiter auf den Weg. Sie führten außer einem schmalen Postsack kein Gepäck und auch keine Waffen mit sich, damit die Pferde nicht mit unnötigem Gewicht belastet wurden. In neun bis zehn Tagen durchquerte der Pony-Expreß den halben Kontinent, eine Leistung, die von Mensch und Tier das Äußerste verlangte. Die Pony-Expreßreiter waren die Helden des Tages. Mark Twain begegnete ihnen auf seiner Reise nach Nevada und beschwor in ‹Roughing it› das Bild des einsamen Reiters: «Wir hatten von Anfang an den brennenden Wunsch, einen Pony-Reiter zu sehen, aber alle, die uns kreuzten, richteten es so ein, daß sie nachts an uns vorüberglitten, und so hörten wir nur ein Pfeifen und einen Anruf, und das eilige Phantom der Wüste war verschwunden, bevor wir unsere Köpfe aus den Fenstern strecken konnten. Aber jetzt warteten wir auf einen, der jeden Augenblick auftauchen mußte und den wir bei hellem Tageslicht sehen sollten. Bald rief der Kutscher: ‹Hier kommt er!› Man streckte die Hälse, und jedermann strengte seine Augen an. Jenseits der endlosen toten Ebene der Prärie erscheint ein schwarzer Punkt am Horizont, und es ist offensichtlich, daß er sich bewegt. Nun, ich hätte es mir denken können. In einer oder zwei Sekunden werden daraus Pferd und Reiter, die sich hinauf und hinunter bewegen, näher und näher auf uns zustürmen, immer deutlicher hervortreten, immer klarer zu erkennen, und bereits tönt das Klappern der Hufe schwach an unser Ohr – einen Augenblick später ertönen Geschrei und Hurrarufe vom Oberdeck, der Reiter

winkt mit der Hand, aber antwortet nicht, und Mann und Pferd verschwinden so plötzlich aus unserem Gesichtskreis, weggetragen wie der verspätete Nachzügler eines Sturms ...»

Am 22. Oktober 1861 stellte der Pony-Expreß seinen Betrieb wieder ein, unvermeidlich und endgültig. Zwei Tage vorher war die erste transkontinentale Telegraphenleitung vollendet worden, ein schwerer Schlag für Russell, der in der Zwischenzeit einige Monate wegen unsauberer Finanzgeschäfte in Untersuchungshaft verbracht und jeden Kredit verloren hatte. Der Pony-Expreß war zum vorneherein ein utopisches Unternehmen, das ohne massive Bundeshilfe nicht lebensfähig werden konnte. Doch diese Unterstützung blieb im entscheidenden Augenblick aus. Marodierende Indianer unterbrachen mehrmals den Betrieb, auch befanden sich Reiter und Tiere nach einigen Monaten in einem Zustand fortschreitender Erschöpfung. Die finanziellen Verluste waren so beträchtlich, daß an eine Weiterführung des so großartig begonnenen Kurierdienstes nicht zu denken war. Dennoch haben die Vereinigten Staaten dem Pony-Expreß einiges zu danken. Als die Union im Frühjahr 1861 auseinanderbrach, blieben Russells Expreßreiter während Monaten die zuverlässigste Verbindung zur pazifischen Küste. In den Minengebieten Nevadas und auch in Kalifornien waren damals Anhänger der Konföderation am Werk, die ihre Sympathien für den Süden keinen Augenblick verbargen und alles daransetzten, damit die Allianz mit den Nordstaaten gelöst würde. In dieser ungewissen Situation war der Pony-Expreß – wie später der Telegraph – ein festes Band, das den fernen Westen an die Union knüpfte.

Der Bürgerkrieg änderte von Grund auf die Verhältnisse auf den Überland-Postkutschenlinien. Unmittelbar nach der Sezession des Südens überfielen konföderierte Freischaren die Stationen von Butterfields Overland Mail Company, zerstörten die Gebäude und führten Pferde und Maultiere weg. An einen Wiederaufbau der tief nach Texas und Neu-Mexiko führenden Linie war nicht zu denken. Also wandte sich die Postverwaltung der bisher vernachlässigten zentralen Route zu. Man hätte sich hier der Firma Russells, der Central Overland California and Pike's Peak Express Company, bedienen können, doch in diesem Punkt bestanden begreifliche Hemmungen, denn der Konkurs sämtlicher Unternehmungen von Russell, Majors and Waddell war in vollem Gange. Eine Lösung ließ sich finden. Der neue Postkontrakt für eine zentrale Route wurde an die ihres alten Weges beraubte Gesellschaft Butterfields vergeben, die sich aber für den Betrieb der bereits eingerichteten Organisation von Russell bediente. In beiden Firmen hatten sich notabene entscheidende Veränderungen zugetragen: Die Overland Mail Company gehörte zu diesem Zeitpunkt bereits der im Aufstieg begriffenen Wells, Fargo and Company. Russell hatte sein Unternehmen dem wichtigsten Gläubiger, dem gewalttätigen Postkutschenkönig Ben Holladay, abgetreten.

In Holladays Imperium herrschte ein rauher Ton, und der Passagier war nicht mehr der verwöhnte Gast wie zu Russells Zeiten. Zwar verkürzte der neue Herrscher mehrmals die Reisezeit und richtete damit Pferde und Maultiere zugrunde. Die Wagen wurden nur notdürftig instand gehalten, die Verpflegung auf den Stationen auf ein Minimum herabgesetzt. Seinen schlechten Ruf trug Holladay mit Fassung. Er war eine rücksichtslose Spielernatur und sah all seine Unternehmungen unter dem Gesichtspunkt der persönlichen Bereicherung. Er führte einen erbarmungslosen Kampf gegen die Desperados, die damals in großer Zahl die Strecke unsicher machten. Dabei bediente er sich eines Mannes, der selber weitherum als ‹outlaw› (Gesetzloser) berühmt war und keine Gelegenheit ausließ, die blutige Legende zu fördern: ‹Jack› Slade. Der Name Slade ist mit der Geschichte der zentralen Überlandroute eng verbunden, denn er beherrschte während Jahren die Szene. In verschiedenen Versionen wird seine Auseinandersetzung mit ‹Old Jules› Beni wiedergegeben, der eine Zeitlang als Stationswärter in der später nach ihm benannten Relaisstation Julesburg am South Platte angestellt war. Der alte Jules, ‹outlaw› wie viele andere an der Grenze, nahm es offensichtlich mit sei-

Im Winter des Jahres 1854 versah im Sierra County in Kalifornien Mr. John A. Thompson, ein Norweger, den Postdienst in den Bergen. Da der Schnee metertief lag, bewegte er sich zur allgemeinen Verblüffung auf Skiern durch die Landschaft. Das neuartige Gerät nannte er ‹snow-skate›. Bergab fuhr der kühne Postbote, wie ein Gewährsmann versichert, mit der Geschwindigkeit einer Lokomotive.

nen Pflichten nicht sehr genau und verschacherte Eigentum der Gesellschaft an Indianer. Jack Slade übernahm die gefährliche Mission, den alten Sünder an die Luft zu setzen. Der erste Akt ging reibungslos vonstatten; doch Jules kehrte wutentbrannt zurück, feuerte mit seiner doppelläufigen Flinte Jack Slade eine Ladung in den Rücken und richtete sich mit einigen Kumpanen in einem alten Handelsposten ein, den er schon früher betrieben hatte. Am nächsten Tag wurde er von Ben Ficklin, dem Intendanten der Linie, aus seinem Laden geholt und ohne Formalitäten gehängt. Doch bevor er den Geist aufgab, holten ihn seine Spießgesellen wieder herunter und brachten ihn in den Bergen in Sicherheit. Jack Slade überlebte den Fall und bereitete in Ruhe seine Rache vor. Weiter im Westen, im Vorfeld der Rocky Mountains, überfiel Jules mit seiner ‹Gang› Postkutschen und beging auch andere Übeltaten. Slade folgte ihm ins neue Revier und wirkte mit eiserner Faust unter den Wegelagerern, bis Jules, in die Enge getrieben, sich auf Gnade und Ungnade ergab. Nun zeigte sich Slades grausame Natur. Er fesselte den verwundeten Gegner an einen Pfahl, schnitt ihm die Ohren ab und ließ ihn eine kalte Nacht hindurch im Freien stehen. Am nächsten Morgen streckte er den Gefangenen mit einigen Schüssen nieder. Nach diesem Exempel hörten die Überfälle auf Postkutschen der Überlandroute mit einem Schlag auf.

Mark Twain saß auf seiner Überlandreise während eines kurzen Aufenthalts am gleichen Tisch mit Jack Slade. Nach seiner Darstellung war der furchterregende Desperado im Umgang mit den Passagieren von vollendeter Höflichkeit. Doch klingt in den Worten, mit denen der Schriftsteller die Begegnung schildert, etwas von der untergründigen Angst und von der geheimen Bewunderung mit, die den Anwesenden auf der Seele lag. Slade wurde in der Folge zur Geißel für ganze Landstriche, die er mit Terror und Willkür überzog, so daß ihn Ben Holladay nach langem Zögern aus dem Dienste der Gesellschaft entlassen mußte. Jack Slade nahm kurz darauf ein übles Ende: Die handfesten ‹Vigilantes› von Montana nahmen den Störenfried fest und erhängten ihn nach einem höchst summarischen Verfahren. Nachfolger Slades wurde Robert Spotswood, genannt ‹Bob›, ein akademisch geschulter junger Mann, Menschenkenner und Pferdefreund, der bald als Intendant der ganzen Strecke einen zivileren Umgangston einführte. Er ersetzte auch in den Bergregionen die Maultiere durch hochwertige Pferde und widerlegte die Theorie, wonach Pferdegespanne der rauhen Witterung nicht gewachsen seien. Unter seiner Regie waren Gespanne tätig, die durch ihre Leistungen weit über den Westen hinaus bekannt wurden, wie etwa das ‹Spike team› und die ‹Benham mules›.

Sobald in der Ebene von Nebraska der Bau der transkontinentalen Eisenbahn begann, verkaufte Ben Holladay sein Postkutschen-Imperium an Wells, Fargo and Company. Die renommierte Gesellschaft von San Francisco brachte die zentrale Route noch einmal zu Glanz und Ansehen. Doch die Herrlichkeit war von kurzer Dauer. Vielleicht hatte man nicht damit gerechnet, daß der Bahnbau so rasche Fortschritte machte. Noch bevor der Schienenweg vollendet war, liquidierte Wells, Fargo and Company den Betrieb auf der Überlandstrecke und verkaufte Fahrzeuge und Tiere. Das vorhandene Material wurde von andern Gesellschaften auf den zahlreichen kürzeren Linien verwendet, die nun die Verbindung zwischen der Eisenbahn und den umliegenden Regionen besorgten. Nach wie vor blieb die ‹Stagecoach› ein nützliches Verkehrsmittel, das bis zur Jahrhundertwende über die Landstraßen des Westens rollte.

Bahnbau zwischen Mississippi und Pazifik

Der Gedanke, die atlantische und die pazifische Küste durch eine Eisenbahn zu verbinden, kam schon früh in Umlauf. Was anfänglich der utopischen Phantasie von Einzelgängern entsprang, fand mit den Jahren Eingang ins Bewußtsein der fortschrittsgläubigen Nation. In den atlantischen Staaten entstanden zusammenhängende Bahnnetze, und bis zum Ausbruch des Bürgerkrieges hatte das neue Verkehrsmittel im Norden wie im Süden den Mississippi erreicht und an einigen Stellen auch überschritten. Jeder Politiker, der etwas auf sich hielt, stellte seine Beredsamkeit in den Dienst der rasch voranschreitenden Technik, denn unter diesem Zeichen war er einer stets wachsenden Zahl von Stimmen gewiß. Im Jahre 1832 brachte die Zeitung ‹Emigrant› in Ann Arbor, Michigan, den Artikel eines unbekannten Verfassers, der den Bau einer Eisenbahn von New York an die Großen Seen und von dort über Mississippi und Missouri und über den ‹Oregon Trail› an den Pazifik empfahl. Damit wurde eine Diskussion in die Öffentlichkeit getragen, die über Jahrzehnte hin anhielt und die Leidenschaften bewegte. In ‹railroad meetings›, in der Presse und im Kongreß wurde die Frage der transkontinentalen Bahn debattiert. Der Mann, der wohl am meisten zur Verbreitung des kühnen Gedankens beigetragen hat, war Asa Whitney, ein Kaufmann aus New York, der einen Handel mit China aufzog und dabei rasch zur Einsicht gelangte, daß die Eisenbahn dem umständlichen Seeweg um Kap Hoorn vorzuziehen wäre. Whitney schlug eine Bahnlinie von den Großen Seen bis zum Columbia River vor, die er als privates Unternehmen betreiben wollte. Vom Kongreß erwartete er umfangreiche Landschenkungen entlang der Route, wobei er den Boden an die sozusagen im Gleichschritt mit dem Bahnbau vorrückenden Siedler zu verkaufen gedachte. Gegen den allzu phantastischen Plan war einiges einzuwenden, aber Whitney breitete mit nie erlahmendem Eifer neue Varianten vor der Öffentlichkeit aus. Doch der Prophet starb in Armut, noch bevor die Arbeiter an der ersten pazifischen Bahn begannen.

In den zahllosen Gesprächen, die in den vierziger Jahren um die transkontinentale Eisenbahn geführt wurden, stand ein Argument im Vordergrund: der Handel mit Asien. Dieser Beweggrund mutet für die Nachwelt einigermaßen utopisch an, und vermutlich waren, wie einige Historiker meinen, die von den Pionieren des Bahnbaus angestellten Überlegungen durchaus naiv und fern jeder Realität. Für die Zeitgenossen war der Asienhandel gewissermaßen eine romantische Vision, von Europa während Jahrhunderten gepflegt und von Amerika bereitwillig übernommen. Im Handel mit Indien und China lag der Schlüssel zu Ansehen und Reichtum für eine ganze Nation, wie das Exempel Englands so offenkundig bewies. Der Schienenstrang vom Atlantischen zum Pazifischen Ozean könnte nun – so der weitverbreitete Glaube – die Amerikaner ins Geschäft bringen und außerdem den europäischen Handel über den kürzeren Weg dirigieren. Da zu diesem Zeitpunkt die Pläne noch weit von der Verwirklichung entfernt waren, blieb auch verborgen, daß eine Fehlrechnung vorlag. Im Hinblick auf die gewaltigen Kosten des Bahnbaus wäre der Güteraustausch mit Asien ein dürftiges Rinnsal gewesen, das den Aufwand in keiner Weise gerechtfertigt hätte.

Als jedoch Kalifornien erobert und Oregon in die Union eingegliedert war, präsentierte sich die Angelegenheit unter wesentlich veränderten Aspekten. Hunderttausende von Goldsuchern, Pionieren und Siedlern waren in Bewegung, und der Ruf nach leistungsfähigen Verkehrswegen wurde auf beiden Seiten der Rocky Mountains laut. Nun brauchte man sich nicht mehr nach asiatischen Geschäften umzusehen, denn die Bedürfnisse des eigenen Landes rechtfertigten durchaus den Bau einer Eisenbahn. Unvermeidlich und folgerichtig wurde nun auch die transkontinentale Bahn zu einem Streitfall zwischen Nord und Süd. Der Gedanke an eine Sezession war zu Beginn der fünfziger Jahre in den Südstaaten schon so weit gediehen, daß er bei jeglicher Unternehmung von nationaler Bedeutung ins Spiel kam. Was für Post- und ‹Stagecoach›-Linien galt, traf in noch höherem Maß für die Eisenbahn zu: Wer die transkontinentale Bahn beherrschte, war bei einer Auseinandersetzung am ehesten in der Lage, sich die Gefolgschaft Kaliforniens zu sichern. Die Streckenführung war also ein politisches Problem. Im Jahre 1849 riefen St. Louis und Memphis in rivalisierenden ‹railroad conventions› der Nation ihre Ansprüche in Erinnerung. Mehrere Städte bewarben sich um die östliche Endstation: Chicago, St. Louis, Memphis, Mobile unter anderen. Im Norden sprach man vor allem von einer Verbindung, die von Chicago über Council Bluffs und den Süd-Paß nach San Francisco führen sollte, im Süden galt der Weg über El Paso und dem Gila River entlang nach San Diego als besonders vorteilhaft.

Im Kongreß geriet die Diskussion über die transkontinentale Eisenbahn nach wenigen Jahren hoffnungslos in die Sackgasse. Eine politische Lösung war nicht in Sicht, und in der allgemeinen Verlegenheit entschloß man sich, bei der Wissenschaft Rat zu suchen. Eine breit angelegte Erkundung und Vermessung der von der Natur vorgezeichneten Routen sollte die objektiven Grundlagen für den endgültigen Entscheid beschaffen. Kriegsminister Jefferson Davis, der spätere Präsident der Konföderation, war mit der Durchführung der Aufgabe betraut. Die Herkunft dieses Mannes war so eindeutig wie seine Sympathie zum südlichen Lager, und so geriet das grandiose Unternehmen zum vorneherein in Verdacht, zum Nutzen einer Partei manipuliert zu werden. In der Tat war die Wahl der Expeditionsrouten für das spätere Ergebnis von entscheidender Bedeutung. Die Offiziere des Topographical Corps, vom Kriegsminister mit der Vermessung beauftragt, verbargen ihre Vorliebe für die südlichen Varianten nicht.

Im Jahre 1853 begaben sich auf fünf verschiedenen Routen Expeditionen auf den Weg. Die nördlichste Unternehmung, geleitet von Leutnant Isaac J. Stevens, führte von St. Paul in Minnesota zum Oberlauf des Missouri, überquerte auf verschiedenen Wegen die Rocky Mountains und endete bei Fort Vancouver am Columbia River. Weiter im Süden, auf der sogenannten ‹zentralen Route› zwischen dem 33. und 39. Parallelkreis, suchte Captain John W. Gunnison einen für den Bahnbau geeigneten Durchgang durch die Bergwelt von Neu-Mexiko und Colorado nach dem Großen Salzsee. Es hätte wohl niemand diesen ausgefallenen Weg gewählt, wäre nicht Senator Thomas Hart Benton von Missouri, der wortgewaltige Anwalt der Interessen von St. Louis, dafür eingetreten. Dabei hatte er gehofft, die Leitung dieser Sektion werde seinem Schwiegersohn John C. Frémont übertragen; doch die Armee zeigte gegenüber dem unberechenbaren Nationalhelden ein wohl begründetes Mißtrauen. Captain Gunnisons Unternehmung endete mit einem Fiasko. Gunnison, der Topograph Richard H. Kern und der Botaniker Frederick Creutzfeldt wurden von Ute-Indianern ermordet. Das Ergebnis der Erkundung war für keinen neu, der die Region kannte: Die Sektion war für den Bau einer transkontinentalen Bahn ungeeignet, da allzu viele Hindernisse im Wege standen. Hoffnungsvoll und in jeder Hinsicht brillant war hingegen die Expedition von Leutnant Amiel Weeks Whipple, dem der 35. Parallelkreis als Route zugewiesen war. Whipples Gruppe besammelte sich in Fort Smith am Arkansas, stieg den Canadian River hinauf, machte in Albuquerque in Neu-Mexiko Station, durchquerte die Wüstengebiete in westlicher Richtung bis zum Colorado und erreichte über den Cajón-Paß Los Angeles in Kalifornien. Leutnant Whipples Weg wäre für einen Kompromiß zwischen Nord und Süd wie geschaffen gewesen, hätte er doch den Wünschen der Stadt Memphis entsprochen und gleichzeitig die Möglichkeit für einen Anschluß nach St. Louis und Chicago offengelassen. Doch die vorgefaßten Meinungen der Politiker waren durch die neugewonnenen Erkenntnisse nicht mehr zu korrigieren. Die entscheidenden Persönlichkeiten der Südstaaten wünschten eine Bahnlinie, die im wesentlichen dem 32. Breitengrad folgen sollte, also vom Red River nach El Paso am Rio Grande und dem Gila River entlang nach Fort Yuma. Als Endpunkt war die südkalifornische Hafenstadt San Diego vorgesehen. General James Gadsden arrangierte im gleichen Jahre 1853 mit Präsident Santa Anna jene letzte Grenzrevision, bei der die wieder einmal in Finanznöten steckende Republik Mexiko den Süden Arizonas an die Vereinigten Staaten verschacherte, so daß die südliche Bahnlinie im wesentlichen auf amerikanisches Territorium zu liegen kam. Jefferson Davis war von den Vorzügen dieser Strecke so überzeugt, daß er nur eine ziemlich oberflächliche Vermessung anordnete. Dabei führte ein Abschnitt des zukünftigen Schienenstranges westlich Fort Yumas durch mexikanisches Hoheitsgebiet, doch schien ihn dieser Umstand nicht weiter zu bedrücken. Die fünfte Vermessungsexpedition machte wenig von sich reden und war in ihren Zielen kaum umstritten. Sie befaßte sich mit den Verbindungen an der kalifornischen Küste und den Übergängen über die Sierra Nevada.

Die spektakulären Unternehmungen des Topographical Corps trugen entgegen den ursprünglichen Intentionen erheblich zu einer weiteren Verwirrung der Gemüter bei. Hinter jeder der erkundeten Routen standen bestimmte politische Gruppen sowie Städte und Regionen, die aus den Berichten nur jene Resultate herauszogen, die ihre jeweiligen Thesen bestätigten. Auffallend war der Umstand, daß der am meisten begangene Weg von Council Bluffs durch das Tal des Platte River zum Süd-Paß und nach Salt Lake City nicht Gegenstand einer besonderen Erkundung war. Jefferson Davis mochte sich auf den Standpunkt stellen, daß diese Route allgemein bekannt und von Frémont und andern Reisenden hinreichend beschrieben worden sei. Doch erreichte er damit, daß diese naheliegende Variante in den Hintergrund gedrängt wurde. Der Kriegsminister präsentierte dem Kongreß die Ergebnisse der fünf Expeditionen in einer Weise, die zum vornherein eine Wahl ausschloß: Nach seiner Version konnte die transkontinentale Bahn nur dem 32. Parallelkreis folgen. Jede andere Möglichkeit fiel aus Abschied und Traktanden. Somit war eine Verständigung zwischen Nord und Süd in der Bahnfrage in noch weitere Ferne gerückt. Auch in einer andern Hinsicht hatten die kostspieligen Expeditionen dürftige Resultate gebracht. Von einer zuverlässigen Vermessung im bahntechnischen Sinn war keine Rede, so daß die gewonnenen Daten für den spätern Bahnbau wenig hergaben. So gingen zum Beispiel die Meinungen darüber, wo mit dem geringsten Aufwand eine Eisenbahn durch die Sierra Nevada gebaut werden könnte, nach wie vor erheblich auseinander.

Die Expeditionsberichte wurden in einem prachtvollen, zwölf Bände umfassenden Werk publiziert. So dürftig der Beitrag zur Lösung der Eisenbahnprobleme war, so vielfältig und reich erwiesen sich für Zeitgenossen und Nachwelt die Forschungsergebnisse und Informationen in verschiedenen Wissensgebieten. Topographen, Geologen, Botaniker, Zoologen und Künstler hatten an den Expeditionen teilgenommen, und ihre Berichte wurden von der wissenschaftlichen Welt mit Spannung erwartet. Auch einige Europäer waren dabei. Mit Captain Gunnison zogen der deutsche Geologe Jacob H. Schiel und der preußische Baron F.W. von Egloffstein, der sich als Zeichner und Illustrator betätigte, und im Gefolge von Leutnant Whipple waren der Neuenburger Geologe Jules Marcou und der deutsche Illustrator und Reiseschriftsteller Balduin Möllhausen anzutreffen. Möllhausen pflegte unterwegs einen regen Briefwechsel mit Alexander von Humboldt und teilte dem berühmten Gelehrten alles Wissenswerte mit. In gemeinsamer Arbeit der Beteiligten entstand ein Kompendium des Wissens über den amerikanischen Westen, das bei allen Mängeln und Irrtümern zu einem unvergleichlichen Dokument geworden ist.

Doch die Frage der transkontinentalen Bahn war, wie gesagt, um keinen Schritt weitergekommen. Dabei hatte der Gedanke an sich in der Nation Fuß gefaßt, aber der auf einen Bruch der Union hinsteuernde Gang der amerikanischen Geschichte schloß bis auf weiteres jede Lösung aus. Da und dort wurde versucht, das nationale Unternehmen in Gang zu bringen. St. Louis, vom aufsteigenden Rivalen Chicago bedrängt, setzte alles daran, seine Position als Tor zum Westen zu wahren. Bereits war eine Bahnlinie, die Missouri Pacific, von St. Louis nach Kansas City im Bau, offensichtlich dazu bestimmt, später einmal auf irgendeinem Weg bis Kalifornien fortgesetzt zu werden. Vermutlich hätte die erste Eisenbahn zum Pazifischen Ozean von Kansas City über den ‹Santa Fé Trail› nach Neu-Mexiko und nach dem Süden Kaliforniens geführt, wäre nicht der Bürgerkrieg dazwischengekommen. Mit der beginnenden Sezession war die beherrschende Rolle von St. Louis im amerikanischen Westen zu Ende, denn Missouri als sklavenhaltender Staat galt im Norden als unzuverlässiger Partner. Durch den Kriegsausbruch wurde die Wahl der Route für die pazifische Bahn einfach und die bisher so unübersichtliche Angelegenheit auf technische und wirtschaftliche Probleme reduziert. Die Mississippi and Missouri Railroad Company plante zu dieser Zeit den Bau einer Linie von Chicago durch Iowa an den Missouri. General Greenville M. Dodge, ein junger und energischer Bahnbauer, hatte in ihrem Auftrag Council Bluffs als westliche Endstation bestimmt und darüber hinaus das Tal des Platte River bis zu den Vorgebirgen der Rocky Mountains vermessen. Dodge war davon überzeugt, daß die zukünftige transkontinentale Bahn bei Council Bluffs den Missouri überqueren und dem Platte River folgen müsse, und er gewann auch den zukünftigen Präsidenten Abraham Lincoln für seine Gedanken.

Der entscheidende Anstoß zum Bau der pazifischen Eisenbahn erfolgte nicht im Kongreß und auch nicht in den direkt betroffenen Städten des Ostens, sondern in Kalifornien. Am Beginn der Bewegung stand ein Einzelgänger ohne Geld und Namen, Ingenieur Theodore D. Judah, der mit eiserner Energie einen Übergang über die Sierra Nevada suchte und zum Schluß kam, daß die Strecke von Sacramento über den Donner-Paß und durch das Tal des Truckee River an die Grenze Kaliforniens führen müsse. Während Jahren versuchte Judah vergeblich, sein Wissen am richtigen Ort vorzutragen und die Dinge in Gang zu bringen. Wohl durfte er seine Thesen im Kongreß erläutern, doch man schenkte ihm keine Aufmerksamkeit. An einer öffentlichen Versammlung in Sacramento bemühte er sich, seine Vision einer randalierenden Bürgerschaft näherzubringen, doch alles, was er vorbrachte, wurde mit Gelächter quittiert. Der Vorfall wäre ohne Bedeutung, hätte Judah bei diesem Anlaß nicht die Männer getroffen, die ihm weiterhelfen konnten. Vier unternehmungslustige Geschäftsleute von Sacramento, später die ‹big four› genannt, Leland Stanford, Collis Potter Huntington, Mark Hopkins und Charles Crocker, stellten dem beinahe mutlos gewordenen Mann das Geld für eine genaue Streckenvermessung zur Verfügung und gründeten im Juni 1861 die Central Pacific Railroad of California. Dann reisten Huntington und Judah nach Washington. Der Kongreß, aus dem inzwischen die Vertreter des Südens verschwunden waren, hatte sich seit der Sezession vor allem mit den Problemen des Bürgerkrieges zu befassen, begann nun aber, sich auch andern Fragen zuzuwenden. Die transkontinentale Eisenbahn war ein Thema, das während Monaten zur Debatte stand. Das entscheidende Gesetz, die erste Pacific Railway Bill, wurde im Juni des Jahres 1862 von Senat und Abgeordnetenhaus verabschiedet und am 1. Juli von Präsident Lincoln unterzeichnet. Im Titel des Gesetzes stand zu lesen, daß der Akt dazu bestimmt sei, «den Bau einer Eisenbahn und einer Telegraphenlinie vom Missouri zur pazifischen Küste zu unterstützen und für die Regierung die Benützung dieses Verkehrsmittels für Post, Militär und andere Zwecke zu gewährleisten». Die Central Pacific sollte ihre Linie von Sacramento nach Osten bis zur Grenze von Nevada bauen, die noch zu gründende Union Pacific erhielt die weitaus längere Strecke vom Missouri bis zur kalifornischen Grenze zugewiesen. Es versteht sich von selbst, daß die Union in irgendeiner Form auch an der Finanzierung des gewaltigen Werks mitzuwirken hatte. Die gesamte Strecke führte über öffentlichen Boden, und die beiden Gesellschaften waren berechtigt, Erde, Steine und Holz kostenlos aus den umliegenden Ländereien zu holen. Für jede gebaute Meile war eine bestimmte Landschenkung vorgesehen, und außerdem gewährte der Bund Darlehen, die nach Meilen berechnet und für Berg- und Flachlandstrecken verschieden hoch angesetzt waren. Die transkontinentale Bahn sollte nach dem Willen des Kongresses spätestens im Jahre 1874 vollendet sein.

Der Baubeginn fiel in die bitterste Kriegszeit. Geld war knapp und Arbeitskräfte kaum zu finden. Es dauerte noch über ein Jahr, bis die Union Pacific Railroad Company gegründet war, und auch dann ging ihre Tätigkeit kaum über symbolische Aktionen hinaus. Man sagt, die Eröffnungsfeierlichkeiten in der neuen Ausgangsstation Omaha hätten bereits das ganze Gesellschaftskapital aufgezehrt. Die Unterstützung durch den Bund reichte nicht aus, um den Bau zu finanzieren. So lautete jedenfalls die These der Union Pacific. Die Central Pacific hatte am 8. Januar 1863 in Sacramento den ersten Spatenstich getan und gleich darauf die Arbeit energisch vorangetrieben. Das gesamte Material – Lokomotiven, Wagen, Schienen und Werkzeuge – erreichte Kalifornien auf umständlicher Seefahrt um Kap Hoorn herum, häufig bedroht von Kaperschiffen der Konföderation, die auf alle amerikanischen Handelsschiffe Jagd machten. Der viel kürzere Weg über den Isthmus von Panama war für Transporte derart kostspielig, daß er nur in Ausnahmefällen gewählt wurde. Mit hartnäckiger Energie und gutem Humor trotz ständig leerer Kasse bahnte sich die Central Pacific ihren Weg durch die Vorgebirge der Sierra Nevada. Die Gesellschaft wurde im eigenen Staat durch eine machtvolle Opposition angefochten, die alles tat, um das Unternehmen zum Scheitern zu bringen. Die Geldbarone von San Francisco hielten ihre Börsen zugeknöpft, denn die kühnen Pläne der Krämer von Sacramento waren ihnen ein für allemal verdächtig. Mag sein, daß die ablehnende Haltung der Aristokratie von San Francisco durch ihre nicht zu leugnende Sympathie für die Sache der Konföderation bedingt war. Der Vizepräsident der Central Pacific, stets auf der Suche nach Geld, kehrte Kalifornien kurz entschlossen den Rücken und begab sich nach New York, wo er leichter Zugang zu den Finanzquellen fand.

Inzwischen legten die Bautrupps die Schienen Meile für Meile in stets schwieriger werdendem Gelände. Furchterregende Holzbrücken, die sogenannten ‹trestle works›, überquerten die Schluchten, und lange Tunnel durchbrachen die Bergwände. Die Arbeit in der Sierra war hart und gefährlich, und die Leute liefen in Scharen davon. In den Minen Nevadas waren größere Reichtümer zu gewinnen. Da verfiel Charles Crocker, der die Bauleitung übernommen hatte, auf den ungewöhnlichen Gedanken, Chinesen einzusetzen. Der Plan wurde auf den Bauplätzen und in der Öffentlichkeit mit Schadenfreude und Gelächter aufgenommen, denn niemand glaubte, daß die schmächtigen und mit dem Handwerk nicht vertrauten Chinesen etwas taugten. Als dann die kleinen Asiaten zu Tausenden anrückten und mit aller Selbstverständlichkeit jede mögliche Arbeit verrichteten, regte sich unter den Amerikanern ob der unverhofften Konkurrenz Empörung und Verachtung. In kurzer Zeit waren die Chinesen mit der Bautechnik vertraut. Zum Ärger der weißen Arbeiter erwiesen sie sich als zäh, anspruchslos und bescheiden, und ihre Leistung war durchaus mit jener der tüchtigen irischen Bautrupps zu vergleichen. Sie wurden die bevorzugten Opfer des in Kalifornien herrschenden Rassenwahns und hatten Verfolgungen jeglicher Art zu erdulden. Die Bahnverwaltung sah sich mehrmals gezwungen, zum Schutz ihrer asiatischen Baukolonnen bewaffnete irische Arbeiter einzusetzen.

Der Kampf der Central Pacific mit dem Berg war ein an heroischen Taten reiches Schauspiel, das bald die Bewunderung der Zeitgenossen erregte. Jede gebaute Meile verhalf dem Unternehmen zu neuen Prämien, auf die man so dringend angewiesen war. Der Bauführer Jim Strobridge drillte, von seiner Aufgabe besessen, Chinesen und Iren zu Kohorten, die mit militärischer Präzision die Strecke herrichteten und die Geleise verlegten. Da die Zeit und die Gesellschafter drängten, nahm man zu halsbrecherischen Methoden Zuflucht. Die Mineure sprengten nicht mit

Eine Sprengung bei der Central Pacific. Da die Zeit drängte, nahm man es mit den Sicherheitsvorkehrungen nicht sehr genau. Hunderte von Chinesen fanden bei unsorgfältig vorgenommenen Sprengungen den Tod.

248

Dynamit, sondern mit dem gefährlichen Nitroglyzerin. Hunderte von Chinesen wurden unter den fahrlässig in die Luft gejagten Gesteinsmassen begraben, Hunderte fanden aber auch in Lawinen und Schneeverwehungen den Tod. So schoß sich die Central Pacific rücksichtslos und um jeden Preis durch die Felsen der Sierra Nevada und legte bereits jenseits der Wasserscheide am Truckee River ihre Geleise, als der Scheiteltunnel durch die Sierra noch nicht vollendet war. Unmittelbar hinter den Baustellen begann der provisorische Bahnverkehr, denn jeder zahlende Passagier war willkommen. Arbeiter und Glücksjäger, die in die aufblühende Minenstadt Virginia City strömten, benützten bis Dutch Flat die neue Eisenbahn, worauf die Gegner der Gesellschaft unter dem Titel ‹Dutch-Flat-Schwindel› prompt eine Legende konstruierten: Die Central Pacific habe, so munkelte man, keineswegs die Absicht, je eine Bahnlinie durch die Sierra Nevada zu bauen. Sie werde sich vielmehr mit dem von der amerikanischen Regierung reichlich finanzierten Teilstück bis Dutch Flat zufriedengeben und im übrigen mit den Silberminen Nevadas gute Geschäfte machen. Die Gerüchte stellten eine Zeitlang den Ruf der Gesellschaft in Frage, doch Crocker und Strobridge trieben das Werk mit solch unerhörter Energie voran, daß schließlich jeder Verdacht verstummte. Huntington hatte inzwischen in Washington durchgesetzt, daß die Central Pacific nicht bloß bis zur Grenze Nevadas, sondern so weit nach Osten bauen durfte, bis sie mit der Union Pacific zusammentraf.

Die Anfänge der Union Pacific waren beschwerlich. Es fehlte an Geld und an tüchtigen Leuten. Omaha, ein unbedeutendes Nest am Westufer des Missouri, Rivale der gegenüberliegenden Stadt Council Bluffs, bot noch im Jahre 1864 einen armseligen Anblick. Eine Werkstatt und ein Maschinenhaus waren im Bau. Auf Missouri-Dampfern trafen die ersten Lokomotiven, Wagen und Schienenmaterial ein. Noch war die Bahnlinie von Chicago nach Council Bluffs nicht fertiggestellt, so daß der Nachschub auf den umständlichen Wasserweg angewiesen war. Die ersten Geleise wurden in Omaha am 10. Juli 1865 gelegt, zu einem Zeitpunkt also, da die Central Pacific schon weit in die Sierra vorgedrungen war. Washington hatte inzwischen seine Beiträge erhöht, so daß für die Unternehmer genügend Anreiz vorhanden war. Am Ende des Bürgerkrieges standen Tausende von entlassenen Soldaten als Arbeiter zur Verfügung, unter ihnen vor allem Iren, eine verwegene, streitsüchtige Gesellschaft, wie geschaffen für den gefährlichen Bahnbau. Im Jahre 1866 übernahm General Greenville M. Dodge, der sich bisher in Nebraska mit den Indianern herumgeschlagen hatte, die Bauleitung. Die Bautrupps auf der Strecke durch Nebraska wurden vom legendären General ‹Jack› Casement angeführt, einem klein gewachsenen, unverwüstlichen Haudegen, der seine Iren zu einzigartigen Leistungen antrieb. Der Bahnbau war sozusagen ein militärisches Unternehmen. Vermessungsingenieure waren in der Prärie und in den Black Hills an der Arbeit. Die Strecke wuchs nun mit einer Geschwindigkeit, die alles übertraf, was man bisher im Bahnbau gesehen hatte. Arbeiter und Bauleitung rückten in den Konstruktionszügen, die gewissermaßen bewegliche Feldlager darstellten, beharrlich nach Westen vor. Im Dezember des Jahres 1866 erreichte die Union Pacific die spätere Station North Platte, 293 Meilen westlich von Omaha, im folgenden Frühjahr Julesburg, 377 Meilen vom Ausgangspunkt entfernt, im November Cheyenne, 517 Meilen von der Ausgangsstation, und als der Winter hereinbrach, waren die Iren Jack Casements bereits im Anstieg zu den Black Hills. Für das Jahr 1868 setzte die Gesellschaft alles in Bewegung, um die Fortschritte der Central Pacific wettzumachen. Noch war die Wasserscheide der Rocky Mountains zu überwinden, und auf dem Weg zum Großen Salzsee bot die Topographie des Landes beträchtliche Hindernisse, während der Rivale im Westen seine Schienen bereits durch die leicht zu bewältigenden Wüsten von Nevada legte.

An die Indianer, die immer noch in der Prärie und in den Rocky Mountains hausten, hatte man bei den endlosen Debatten um die pazifische Bahn kaum einen Gedanken verschwendet. Die Union Pacific nahm von der Gegenwart der india-

Baustelle der Union Pacific beim Übergang
über den Green River. Der Felsturm im Hintergrund trägt den Namen Citadel Rock.

251

Das imposanteste Bauwerk der Union Pacific
war die Brücke über den Dale Creek. Der
kühne Bau wurde in dreißig Tagen errichtet.
Später ersetzte man die Holzbrücke durch
eine Eisenkonstruktion. Im Jahre 1901 wurde
die Linie verlegt und die Brücke abgebrochen.

252

Lager der chinesischen Arbeiter bei einer Baustelle der Central
Pacific (oben). Vermessungstrupp der Union Pacific an der
Arbeit in felsigem Gelände (links). Arbeiter der Union Pacific
verstärken den Geleiseunterbau (rechts).

Bauzug der Union Pacific auf der Brücke am Devil's Gate
in Utah. Die provisorischen Bauwerke wurden nach und nach
durch stärkere Konstruktionen ersetzt.

Oben: Bauzug der Union Pacific im Jahre 1868. In den Güterwagen und auf den Wagendächern pflegten sich die irischen Arbeiter häuslich einzurichten.

◁ Planwagen bringen den Nachschub zu einer Baustelle im Echo Canyon.

Irische Schwellenleger in Utah an der Arbeit. ▷

Mit der Bahnlinie wurde auch eine Telegraphenlinie gebaut.

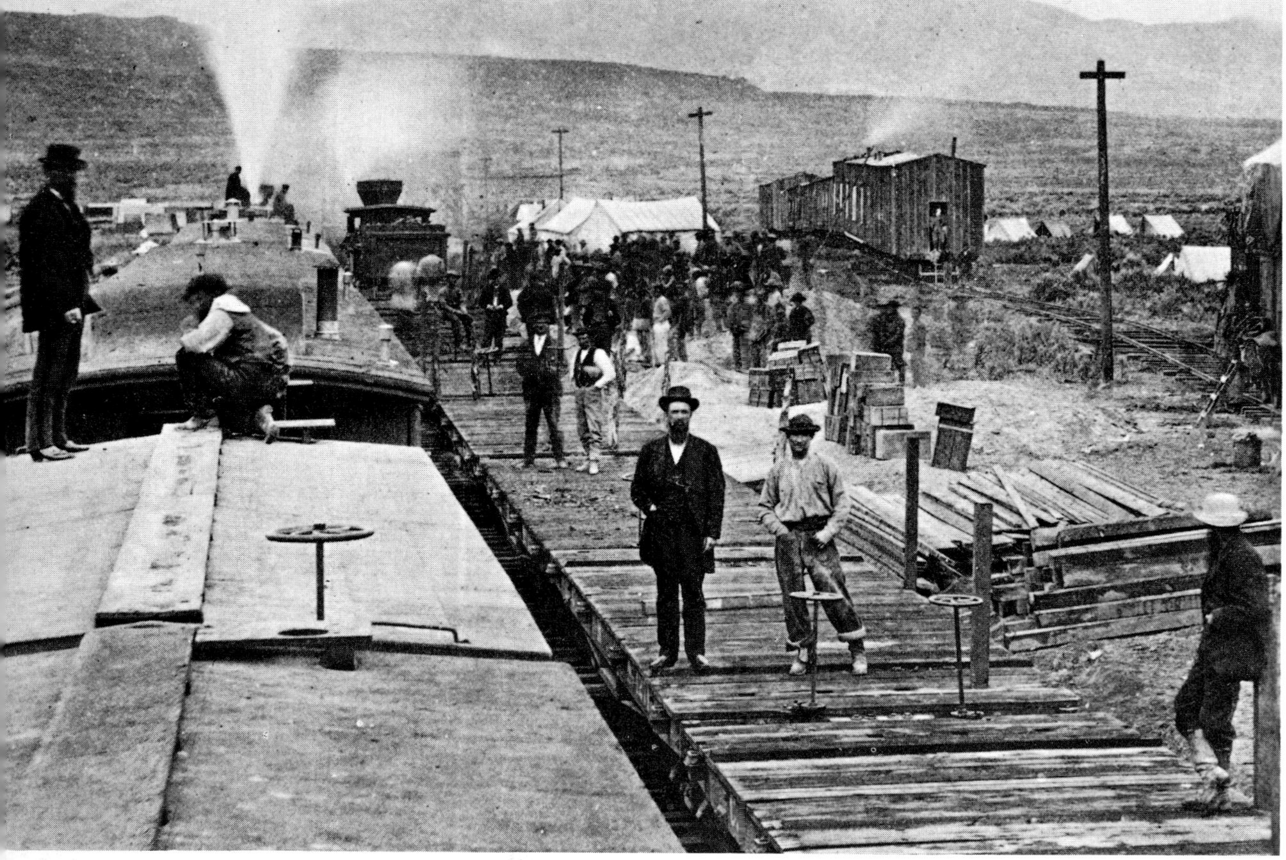

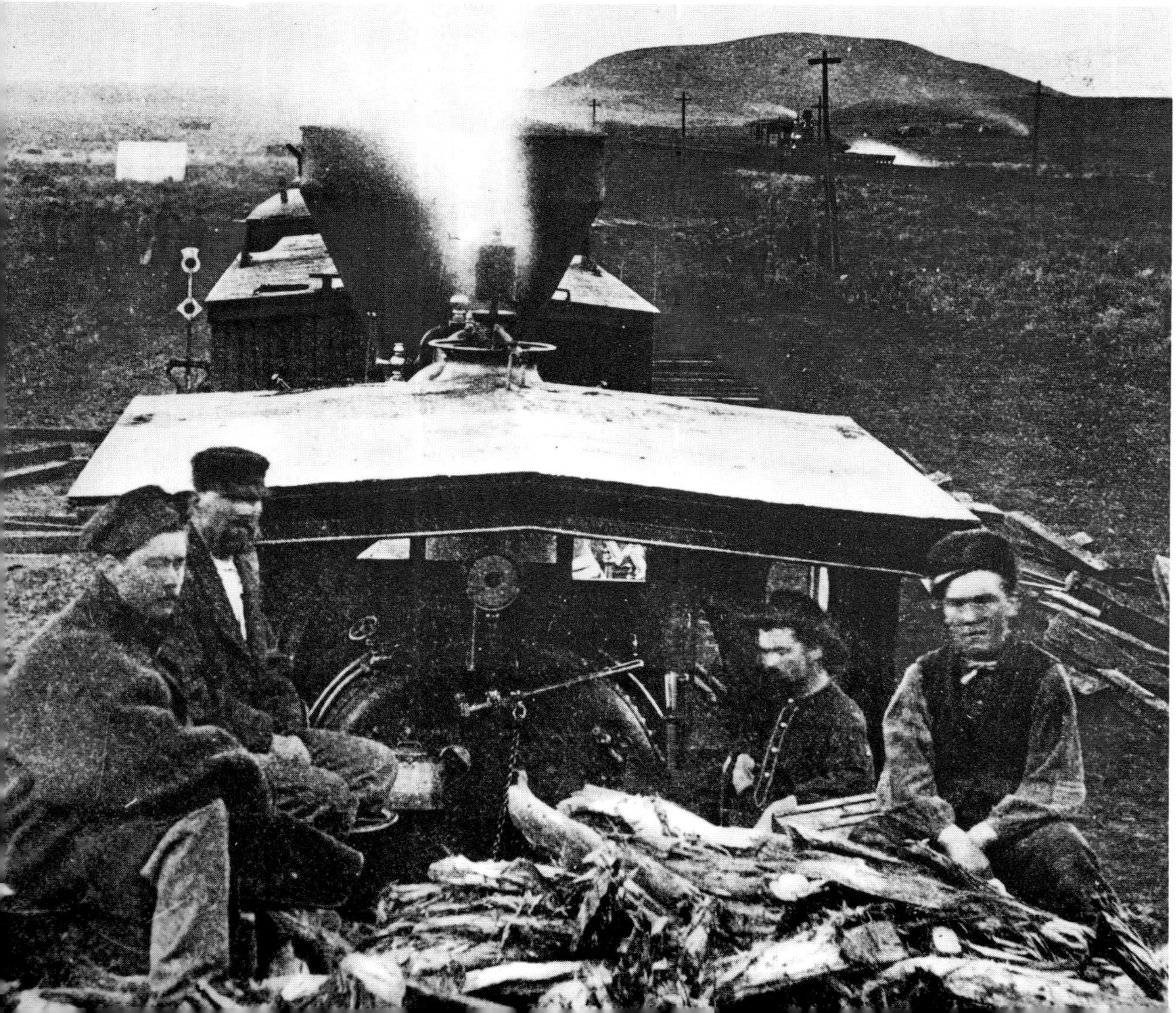

‹Camp Victory› in Utah:
Auf dem Plattformwagen
steht – mit Hut und Bart –
der Bauführer der Central
Pacific, Jim Strobridge.

Bauzug der Central Pacific
in der Gegend von Promon-
tory Point. Im Hintergrund
rechts sind die Geleise und
eine Lokomotive der Union
Pacific sichtbar.

Im Jahre 1868 legten die Iren und die Chinesen der Central
Pacific die Schienen durch die wasserlosen Ebenen von Utah.
Die Bauführer beider Gesellschaften trieben ihre Leute zu
unerhörten Leistungen an. Täglich wuchsen die Schienenstränge
um mehrere Meilen. Die Central Pacific schlug alle Rekorde, als ihre
Bautrupps an einem einzigen Tag zehn Meilen Geleise verlegten.

In Promontory Point in Utah trafen die beiden Gesellschaften
aufeinander. Am 10. Mai 1869 schlugen die leitenden Männer
der Union und der Central Pacific vor einer festlichen Versammlung einen goldenen Nagel in die letzte Schwelle. Dann
fuhren zwei Lokomotiven von Ost und West – die Nummer 116
der Union Pacific und die ‹Jupiter› der Central Pacific –
langsam an den Ort der Vereinigung. Der feierliche Akt wurde
durch den Telegraphen dem ganzen Land übermittelt und von
der Bevölkerung als Zeichen einer neuen Epoche empfunden.
Andrew J. Russell photographierte die Szene und schuf damit
ein Bilddokument, das sich den Zeitgenossen und den folgenden
Generationen eingeprägt hat.

‹Harper's Weekly› feierte die Vollendung der transkontinentalen Bahn mit
einer allegorischen Darstellung.

nischen Nationen keine Notiz, bis die Sioux im Jahre 1866 die Vermessungstech-
niker aus den Ebenen von Nebraska vertrieben. Red Cloud, Anführer der kriegerischen Oglala, drückte seine Meinung gegenüber der Bahn unmißverständlich
aus: «Wir wollen euch nicht hier haben. Ihr treibt uns die Büffel weg.» Man kümmerte sich nicht um die Warnung. Im Mai des Jahres 1867 begannen die Überfälle
auf die Vermessungstrupps, und die unentbehrliche Tätigkeit dieser Pioniere kam
zum Stillstand. Einige Leute fielen der Wut der Eingeborenen zum Opfer. General
William T. Sherman, zu dieser Zeit mit der Armee im Westen, meinte anfänglich:
«Von den Indianern droht keine besondere Gefahr ... Die vielen Arbeiter, die über
die ganze Strecke verteilt sind, werden solche Mengen von Whisky mit sich führen, daß sie damit mindestens auf eine Entfernung von 300 Meilen alle Indianer
umbringen.» Die saloppe Theorie des Generals ging nicht in Erfüllung. Die Iren
Jack Casements bahnten sich ihren Weg nicht allein mit dem Spaten, sondern auch
mit Flinte und Pistole. Die Armee stellte einige Regimenter, die zu beiden Seiten
der Bahnlinie gewissermaßen einen Kordon bilden sollten. Ganze Einheiten waren
aus ehemaligen Gefangenen der konföderierten Armee zusammengesetzt, im
Volksmund ‹Galvanised Yankees› (‹galvanisierte Yankees›) genannt. Die Truppe
war im Umgang mit Indianern unerfahren und von Offizieren geführt, die im
Westen um jeden Preis glorreiche Schlachten zu schlagen wünschten. Das Ergebnis war ein ebenso sinnloser wie grausamer Kleinkrieg, der auf beiden Seiten viel
Unheil anrichtete. Obschon auch die Nation der Pawnees auf seiten der Amerikaner ins Feld zog, hatten die kampferprobten Generale mit den verzweifelten
Sioux und Cheyennes alle Mühe. «Es ist schwierig, mit einem einzigen Soldaten
drei Indianer zu umzingeln», erklärte ein General resigniert. Nach den Sioux
gingen auch die Cheyennes zum Angriff über, zerstörten Bauzüge und Stationen,
ermordeten die Angestellten und trieben aus den Farmen entlang der Strecke das
Vieh davon. Die Armee war unbesonnen und grausam gegen die Heimstätten dieser Nation am Smoky Hill River vorgegangen, und die Union Pacific brauchte
sich nicht über die unvermeidlichen Folgen zu wundern.

Es fällt auf, daß die Central Pacific auf ihrem ganzen Weg kaum von Indianern
behelligt wurde. Mag sein, daß die vielverspotteten ‹Digger-Indians› des Westens,

261

die Paiutes und die Shoshonen, nicht vom kriegerischen Geist der Prärie-Indianer beseelt waren. Auch hatten sie in ihren Felswüsten keine Büffelherden zu verlieren, denn sie ernährten sich kümmerlich von Wurzeln und kleinerem Getier. Doch steht fest, daß die Central Pacific von Anfang an mit den Eingeborenen in gutem Einvernehmen stand. Die Methode, mit der die Gesellschaft den Frieden einhandelte, war einfach und doch wirksam: Den Anführern der beiden Nationen schenkte sie einen Freipaß für Passagierwagen, und jeder Indianer durfte, wo immer es sich einrichten ließ, kostenlos auf den Güterwagen mitfahren.

Nicht nur die Indianer standen der pazifischen Bahn im Weg. Die beiden Gesellschaften wurden nicht weniger durch ihren weißen Anhang behindert, der sich den vorrückenden Baukolonnen an die Fersen heftete. Wiederum war die Union Pacific stärker betroffen, denn in ihrem Gefolge bewegte sich die halbe Unterwelt von Chicago und St. Louis. Wollte man die irischen Bauarbeiter bei guter Laune halten, so mußte die Gesellschaft ihren handfesten Wünschen entsprechen. Jack Casement führte ein mobiles Warenhaus mit sich, stellte an den jeweiligen Endstationen auf dem Boden der Union Pacific Trinkhallen und Speisehäuser auf und begründete damit die unter dem Namen ‹end-of-track towns› bekannt gewordenen provisorischen Niederlassungen. In derlei Dingen erfahrene Ausrüstungssyndikate lieferten die Einrichtungen der Spielsäle, Alkohol und Frauen, und es blieb den lokalen Kneipenwirten überlassen, die ‹Saloons› und die Bordelle zu betreiben und den gutbezahlten Iren das Geld ohne Verzug wieder aus der Tasche zu holen. Die meisten dieser Städte bestanden nur während weniger Monate, wurden dann auf Züge verladen und mit den vorrückenden Bahngeleisen weiter nach Westen verschoben. Zurück blieben höchstens einige Baracken, vielleicht auch ein Stationsbeamter, sicher aber ein Friedhof mit frischen Gräbern. Man sprach von der ‹Hölle auf Rädern› und meinte damit die ‹end-of-track towns›.

Unter den sündigen Städten tat sich Julesburg besonders hervor. Noch im Juni des Jahres 1867 zählte der Ort kaum vierzig Einwohner, einen Monat später waren es viertausend turbulente Kostgänger. Die hastig aufgestellte Budenstadt stand mit ihrem glitzernden Tand in der Prärie wie eine Parodie auf die Zivilisation. Damen in teuren Roben promenierten durch die mit Holzbohlen belegten Straßen,

«Hier (in Promontory Point) war es nämlich, wo die Briefbeutel, die Poststücke und das Gepäck der Reisenden in neue Eisenbahnwagen umgeladen wurden. Den dadurch verursachten Aufenthalt vermehrte noch der Umstand, daß die beiden Bahnen in den ersten Monaten ihres Bestehens (von Mai bis Mitte August 1869) keine direkten Anschlüsse hatten. Es waren daher die zahlreichen Reisenden, gleichviel ob sie von den östlichen Staaten oder den Pacifischen Küstenländern kamen, zu einem zehn- bis zwölfstündigen Aufenthalte in Promontory Point genöthigt. So wohlthuend auch manchem Anfangs die Mittheilung erklungen haben mag, daß er hier eine kurze Unterbrechung in der tagelangen Fahrt eintreten lassen könne: er fand daselbst doch zu geringen Comfort und zu wenig des Anziehenden, als daß er nicht die Stunde seiner Abreise sehnlichst herbeigewünscht hätte.»

«Während zu Promontory Point Speisewirthe nur in beschränkter Anzahl vorhanden waren, gab es eine Unmasse von Menschen, die ungenießbares Bier, verfälschten Whiskey und Spirituosen aller Art ausschenkten; eine Trinkstube reihte sich an die andere; es war eine wahre Ironie, diese Spelunken mit dem schönen Namen ‹Saloons› zu bezeichnen. Sie bildeten überdies den beliebtesten Aufenthalt einer großen Kategorie von Personen, die durch Hazardspiel glänzende Einnahmen erzielten. An Opfern fehlte es ihnen nicht; gar mancher, der tödtlichen Langeweile zu entgehen, begab sich zum Spiele, das er häufig erst dann beendete, wenn er nahezu seine ganze Baarschaft eingebüßt hatte. Fast allgemein wurde unter dem Namen ‹Monte› das in einzelnen Theilen Deutschland's als ‹Kümmelblättchen› bekannte Hazard gespielt, zu dessen erfolgreicher Durchführung es von Seiten des Bankhalters einer nicht geringen Fingerfertigkeit bedarf ...»

«Im Mai des Jahres 1869 würde man in ganz Promontory Point umsonst nach einem Stuhle geforscht haben; noch zwei Monate später, im Juli, war ein solches Möbel eine große Seltenheit. Es gab nur aus rauhen Brettern gefertigte Tische, neben denen als Sitze schmale Bänke ohne jegliche Lehne im Boden befestigt waren; zuweilen vertraten die Stelle der Tische sogar große Holzkisten oder leere Fässer ...»

Schlagintweit, ‹Die Pacific-Eisenbahn›

«Es bleibt gewöhnlich genügend Zeit, um durch den Ort zu schlendern und den Sehenswürdigkeiten nachzugehen. Die Stadt besteht zum Teil aus Zelten, zum Teil aus Holzbarakken. Es gibt nur eine Straße. Die Aushängeschilder bilden einen grellen Kontrast zu den jämmerlichen Hütten, auf denen sie befestigt sind. So steht auf einer Bude in großen Lettern ‹Pacific Hotel› geschrieben, und über einem Zelt ‹Club House›. Eines der hölzernen Wohnhäuser zieht die Aufmerksamkeit durch seine sorgfältig arrangierten Musselin-Vorhänge auf sich, die den Blick durch die Fenster verwehren. Im Unterschied zu den andern ist bei diesem Haus mit keinem Wort etwas über seine Bestimmung gesagt. Doch ein Blick durch die offene Türe vermag die Neugier des Passanten völlig zu befriedigen. Man erblickt zwei oder drei lächelnde Damen, die offensichtlich bereit sind, jedermann willkommen zu heißen, der hier eintreten will. In einer Zeltstadt des Westens gehören Frauen, die keine Skrupel haben und keinen guten Leumund verteidigen müssen, ebenso selbstverständlich zum Bild wie Spielhöllen und Spelunken. Es gibt viele Wirtshäuser in Promontory Point. Hingegen ist dort, soviel ich feststellen konnte, nur eine Spielhölle zu finden. Das genügt völlig an diesem Ort ...»

Rae, ‹Westward by rail›

Promontory Point war berüchtigt als ‹end-of-track town› und später als Treffpunkt der beiden Bahngesellschaften.

An den Spieltischen von Promontory Point wurde den Reisenden während des kurzen Aufenthaltes möglichst viel Geld aus der Tasche gelockt.

263

und nachts strahlten die Lichter der großen Tanzhalle ‹King of the Hills› weit hinaus in die Ebene. Nacht für Nacht fielen Schüsse, und der Friedhof wuchs in beängstigender Eile. Die von der Union Pacific bestellten Marshalls sahen dem Treiben machtlos zu. Man konnte beileibe nicht sagen, die Bahngesellschaft sei prüde, doch die wilde Wirtschaft neben den Baustellen gefährdete ernsthaft den Fortgang der Arbeit. Es bereitete General Dodge sichtlich Mühe, auf eigenem Grund Herr und Meister zu bleiben. Als er Jack Casement befahl, den außer Rand und Band geratenen Desperados die Ansichten der Union Pacific beizubringen, war es mit den schönen Tagen von Julesburg zu Ende. In einer Sommernacht dampfte ein Zug mit schwerbewaffneten Arbeitern in die Station, und General Casement marschierte mit seinen Iren in die Stadt. Im ·King of the Hills› traf er auf Gegenwehr, denn es blieb den Fürsten dieser Spelunke nicht verborgen, daß unangenehme Dinge bevorstanden. Jack Casement eröffnete das Feuer, seine Leute brachen ringsum in die verdächtigen Kneipen und Bordelle ein und schossen jeden über den Haufen, der sich ihnen entgegenstellte. Dutzende von Toten lagen vor den Holzbuden, und ein weiteres Dutzend verdächtiger Zeitgenossen knüpften die Iren an improvisierten Galgen auf.

Die Lektion von Julesburg wurde während einiger Monate respektiert, dann verlor sie an Wirkung. Man zog nach Cheyenne und später nach Laramie. Bis nach Promontory Point blieben die ‹end-of-track towns› ein Stein am Fuß der Union Pacific. Auch in diesem Punkt war die Central Pacific durch die Umstände begünstigt. Es gelang ihr weitgehend, Alkohol und Frauen von den Lagern fernzuhalten. Die Iren waren zwar solcher Unterhaltung nicht abgeneigt, doch im Westen nicht so zahlreich, daß sie den Kurs der Gesellschaft hätten ändern können. Die Chinesen erwiesen sich, wie gesagt, als in jeder Hinsicht genügsam.

Die beiden Bahngesellschaften entschlossen sich, entgegen den Wünschen von Brigham Young Salt Lake City auf der Seite liegen zu lassen und die Geleise um das Nordende des Großen Salzsees herum zu legen. Der Wettbewerb der beiden Unternehmungen war inzwischen zu einem harten Rennen um Meilen und um die damit verbundenen Prämien ausgeartet. Hätte die Union Pacific beim Bau des letzten gebirgigen Teilstückes nicht die Mormonen eingeschaltet, so wäre sie vermutlich hoffnungslos in Rückstand geraten. Der Mormonenstaat ließ sich die erwiesenen Dienste teuer bezahlen und bezog von der Union Pacific als Gegenleistung Schienen und Rollmaterial für eine eigene Eisenbahnlinie, die Zweigstrecke von Ogden nach Salt Lake City. In den Wüsten Utahs boten die beiden großen Gesellschaften inzwischen ein groteskes Schauspiel, das allerdings abseits von jeglichem Publikum in Szene ging, so daß höchstens die Mormonen davon Notiz nahmen. Baukolonnen der Central und der Union Pacific waren Hunderte von Meilen über die Schienenenden hinaus vorgedrungen und begannen, im gleichen Abschnitt in kaum hundert Metern Abstand parallele Strecken zu bauen. Noch einmal entbrannte zwischen Iren und Chinesen ein Wettstreit um Meilen, der bald in offene Gewalt ausartete. Die Bautrupps der Union Pacific sprengten sich rücksichtslos durch die Landschaft und ließen einen Gesteinshagel auf die Trasse der Central Pacific niedergehen. Einige Chinesen wurden von den fallenden Steinen erschlagen, andere schwer verletzt. Die Leute der Central Pacific revanchierten sich mit einem Gewaltakt. Sie sprengten einen massiven Felskopf, der ein ganzes Nachschublager des Rivalen unter einer Lawine von Schutt und Geröll begrub. Nun lagen sich die bewaffneten Kolonnen gegenüber, und eine blutige Auseinandersetzung wäre unvermeidlich geworden, hätte nicht ein Wink von höchster Stelle der sinnlosen Übung ein Ende gesetzt. Präsident Grant bestimmte Promontory Point als provisorischen Treffpunkt der beiden Gesellschaften.

Am 9. Mai trafen sich die beiden Gesellschaften bei dem weltabgeschiedenen Barackenlager nördlich des Großen Salzsees. Man präsentierte sich an diesem Festtag im Sonntagsgewand und bei guter Laune, traktierte die Gäste aus Ost und West fürstlich in eleganten Salonwagen und stellte sich dann zur weltberühmt ge-

Auf große Hindernisse – Geld-
mangel, Wirtschaftskrisen und
feindliche Indianer – stieß der
Bau der Northern Pacific.

wordenen Szene des ‹golden spike› (goldener Nagel), mit dem man die letzte
Lücke in den Schienen schloß. Präsident Stanford von der Central Pacific tat den
ersten Schlag mit dem schweren Hammer, Vizepräsident Durant von der Union
Pacific den zweiten. Beide Männer, mit solcher Betätigung nicht vertraut, trafen
anstelle des Nagels die Schienen, aber rasch waren Leute zur Hand, welche die Arbeit mit mehr Geschick fortsetzten. Der Telegraph verbreitete die Nachricht in
kurzer Zeit über den ganzen Kontinent: Die pazifische Bahn war vollendet. Vom
Ufer des Missouri führte die 1776 Meilen lange Strecke bis nach Sacramento.

Im Norden der Vereinigten Staaten war zu diesem Zeitpunkt die zweite transkontinentale Bahnlinie im Bau. Bereits im Jahre 1864 hatte der Kongreß die
Northern Pacific Railroad Company mit großzügigen Landschenkungen bedacht.
Die neue Bahn sollte vom Lake Superior zu einem Hafen an der pazifischen Nordwestküste führen; doch das Unternehmen kam nicht voran, und die Strecke blieb
bei der neuentstandenen Stadt Bismarck am obern Missouri stecken. Erst im Jahre
1883 wurde die Linie nach einer gewaltigen Anstrengung fertiggestellt. Zehn
Jahre später erreichte die der kanadischen Grenze entlangführende Great Northern
die am Pazifik gelegene Stadt Seattle. Im Südwesten kamen die Bahnprojekte zu
Beginn der sechziger Jahre wegen des Bürgerkriegs nicht von der Stelle. Als das
blutige Ringen zu Ende war, wurde auch hier der Bahnbau energisch vorangetrieben. Die Atchison, Topeka and Santa Fé Railroad baute ihre Geleise durch Kansas
an die Grenze von Colorado und schickte sich an, entlang dem alten ‹Santa Fé

Trail› über den Raton-Paß nach Neu-Mexico vorzurücken. An diesem histori-schen Übergang kam es zu einem Zusammenstoß mit den Baukolonnen der Den-ver and Rio Grande, einer Schmalspurbahn, die von angesehenen Bürgern von Denver finanziert und von General William Jackson Palmer geleitet wurde. Pal-mers Arbeiter wurden zurückgeschlagen, und fortan blieb der Denver and Rio Grande der bequemste Zugang nach Neu-Mexico verwehrt. Die Gesellschaft än-derte ihre Pläne und sah sich nach einer Passage durch die Berge Colorados um. Wenn schon die südliche Route verschlossen war, wollte man wenigstens in Utah den Anschluß nach Westen gewinnen. Doch auch die mächtige Atchison, Topeka and Santa Fé strebte nach den Bergen Colorados, und es setzte zwischen den un-gleichen Rivalen ein brutal geführter Kampf ein: Von zwei Seiten trieben die Ge-sellschaften ihre Schienen in die enge Royal Gorge, einen tiefen Einschnitt west-lich von Pueblo, der nur Platz für ein Geleise bot. Die Männer der Denver and Rio Grande hatten in den westlichen Ausgängen der Schlucht kleine Forts ange-legt und waren entschlossen, diesmal das Feld zu behaupten. Während Tagen stürmten die Kolonnen der Atchison, Topeka and Santa Fé gegen die feindliche Festung an, doch sie wurden mit Verlusten zurückgeschlagen. General Palmer blieb Meister in Colorado. Er baute durch die zerklüfteten Gebirge ein einzigarti-ges Netz von Schmalspurbahnen, das selbst die abgelegensten Minenstädte mit der Ebene verband. Die Atchison, Topeka and Santa Fé drang von Neu-Mexico über Arizona nach Los Angeles vor, und die kalifornische Southern Pacific, ein Unternehmen, das der überall gegenwärtige Huntington dirigierte, legte ihre Ge-leise dem Gila River entlang und quer durch Texas bis nach New Orleans.

Bahnbau war ein hartes Geschäft und das Gehaben der Gesellschaften nicht zim-perlich. Skandale aller Art wurden als unvermeidlich hingenommen, doch erzeug-ten sie in der Öffentlichkeit allmählich ein tiefes Mißtrauen gegenüber den Eisen-bahnen. So wurde zum Beispiel der Ruf der Union Pacific beträchtlich angeschla-gen, als kurz nach der Eröffnung der pazifischen Bahn die sogenannte ‹Crédit-Mobilier-Affäre› einer weiteren Öffentlichkeit bekannt wurde. Einige führende Männer der Union Pacific hatten den Crédit Mobilier in der eindeutigen Absicht gegründet, von den großzügig fließenden Mitteln zum Nachteil des Staates und der eigenen Gesellschaft so viel wie möglich in die eigenen Taschen fließen zu lassen. Die entscheidende Figur in diesem unsauberen Spiel war der Vizepräsident der Union Pacific, Thomas C. Durant, der gleichzeitig als Präsident des Crédit Mobilier und als Bauunternehmer waltete. Der Crédit Mobilier – Bank, Bauunter-nehmen und Tarngesellschaft für alle fragwürdigen Praktiken – nahm die für das Unternehmen bestimmten öffentlichen Gelder entgegen und betreute den Bau der Strecke. Durant und seine Freunde offerierten der Union Pacific sämtliche Lei-stungen zu schamlos übersetzten Preisen und genehmigten gleichzeitig in ihrer Eigenschaft als Verwaltungsmitglieder der Bahngesellschaft den auf so seltsame Weise zustande gekommenen Voranschlag. Als die Sache allmählich ruchbar wurde, verteilte der Crédit Mobilier einige seiner hoch eingeschätzten Anteile un-ter Senatoren und Repräsentanten, damit der Fall im Kongreß unter den Tisch ge-wischt würde. Der Skandal war aber letzten Endes nicht zu vermeiden; etliche Politiker kamen zu Fall, und die Stimmung gegenüber den Eisenbahnen sank be-trächtlich.

Mit der Eisenbahn durch die Rocky Mountains

Das nationale Spektakulum in Promontory Point war das von jedermann vernommene Signal zu den gewaltigen Wandlungen, die zu Ende der sechziger Jahre im Fernen Westen einsetzten. Es wandelte sich die Szenerie, und es wandelte sich die Gesellschaft. Die Pioniere dieser neuen Epoche waren die Ingenieure und Arbeiter der Bahngesellschaften. Die Erschließung des Westens folgte fortan den Geleisen der Eisenbahn. Noch Lincoln hatte geglaubt, man werde ein Jahrhundert benötigen, um das Land zwischen Missouri und Pazifik zu besiedeln. Doch der Bahnbau brachte eine raschere Gangart. Union und Central Pacific legten ihre Spur in stürmischer Hast. Um die Sicherheit der Brücken und Dämme würde man sich kümmern, wenn einmal das Werk vollendet war. Die gleiche Hast trieb die Städtebauer, Siedler, Goldsucher und Spekulanten nach dem Westen. Die meisten hatten keine Zeit zu verlieren, so daß nur die Eisenbahn ihrer Ungeduld gerecht wurde. Kit Carson und Jim Bridger hatten keine solche Eile gekannt.

«Westward the course of empire takes its way!» Daß sich das amerikanische Imperium unaufhaltsam seinen Weg nach Westen bahnte, war ein kaum noch bestrittener Glaubenssatz. Der epische Charakter des großen Aufbruchs blieb der Nation nicht verborgen. Man stellte geschichtliche Vergleiche an, und die Bewegung wurde zur Legende, noch während sie im Gange war. Auf den Spuren der Pioniere folgten praktisch veranlagte Leute: Handwerker, Krämer, Wirtsleute, Agenten, Vertreter, Journalisten und Reiseführer. Sie alle waren bestrebt, sich einen konkreten Anteil am historischen Vorgang zu sichern. Politiker, Presseleute und Reiseschriftsteller schilderten das Geschehen in populärer Manier als Exempel und Beweis für die nationale Sendung. Was bisher in unerreichbarer Ferne lag, wurde durch den transkontinentalen Bahnbau nähergerückt: Der Wilde Westen, die Minenstädte in Nevada und die Küste Kaliforniens waren nun in Reichweite eines reiselustigen Publikums. Die Werbeleute der Bahngesellschaften wandten ihre Aufmerksamkeit in gleicher Weise den noch spärlichen Touristen und den Einwanderern zu. «This route is safest for travelers, most attractive for tourists, most direct for emigrants» («Dieser Weg ist der sicherste für Reisende, der attraktivste für Touristen und der direkteste für Einwanderer»), stand in den Prospekten von Union und Central Pacific zu lesen. Man sprach mit beträchtlichem Selbstbewußtsein von der neuen Verbindung zwischen Atlantik und Pazifik und empfahl sich dem internationalen Publikum: «Der bequemste und rascheste Weg für Reisende von Australien nach England!» Was die Behauptung betrifft, die Eisenbahn habe den sichersten Weg anzubieten, so war dagegen kaum etwas einzuwenden. Solange der Reisende den Zug oder die Bahnstation nicht verließ, durfte er sich sicher fühlen. Wohl las man gelegentlich von Indianerüberfällen und Zugsentgleisungen, doch der Gedanke an diese entfernte Möglichkeit war durchaus geeignet, den prickelnden Reiz der verhältnismäßig komfortablen Reise zu erhöhen. Vor den Passagieren der Union und der Central Pacific entfaltete sich das großartige Panorama des Westens. Die Stationen des ‹American Progress› zogen in bunter Folge an ihnen vorüber: Farmer, Cowboys, Soldaten, Mormonen, Indianer, Minenstädte, ‹ghost towns›, die Gipfel der Rocky Mountains und der Sierra Nevada. Der Geruch der gesetzlosen Städte und der Minen-Camps lag sozusagen in der Luft.

Omaha–San Francisco in vier Tagen und vier Nächten! Allein der Gedanke war für die Zeitgenossen überwältigend. Omaha, unbedeutende Stadt am Missouri, wurde zur Eingangspforte einer neuen Welt, auch sie ein Beispiel unter vielen, wie eine elende Siedlung dank der Eisenbahn zu Größe und Ansehen gelangte. Noch im Jahre 1854 hatten hier nur wenige Hütten gestanden. Aus den Anfängen von Omaha erzählte man eine Episode, die sich auch in andern Städten des Westens hätte zutragen können: Die ersten Siedler ernannten im Bestreben, ihr Gemeinwesen mit den nötigen Einrichtungen zu versehen, einen Mr. Jones zum Postmeister. Doch gab es zu dieser Zeit noch kein Postamt, da höchst selten ein Brief in eine so abgelegene Region gelangte. Also steckte Mr. Jones die eintreffende Post auf seinen breiten Hut. Wer in Omaha oder in der östlichen Prärien Nebraskas einen Brief erwartete, hielt nach dem Hut des Postmeisters Ausschau, der sein Amt auf so verblüffend einfache Weise mit sich herumtrug. Doch wie gesagt, seit die Union Pacific in Omaha ihr Hauptquartier aufgeschlagen hatte, war der Fortschritt nicht mehr aufzuhalten. Im Jahre 1870 zählte die Stadt 20000 Einwohner, und ein Reisender, der sich für die Geschichte des Mr. Jones interessierte, fand im Postamt nicht weniger als sechs Beamte.

Hätte man damals mehr von Soziologie gewußt, so würden sich die Sendboten dieser Wissenschaft ohne Zweifel im Bahnhof von Omaha niedergelassen haben. Hier war der Durchgang für Hoffnung und Ehrgeiz, Elend und Furcht einer ganzen Generation. Einmal täglich fuhr der Expreßzug der Union Pacific durch die Prärie nach Westen. Der Zug war stets nach der gleichen Regel zusammengestellt: Hinter der Lokomotive lief der Gepäckwagen, gefolgt vom sogenannten ‹Rauchwagen›. In diesem wenig einladenden Gefährt fanden sich in amerikanischen Zügen die Raucher zusammen. War zuviel Gepäck im Zug, so wurde es hier untergebracht. Es folgten zwei Personenwagen, in denen sich jene Reisenden aufhielten, die sich den Luxus einer Koje im Schlafwagen nicht leisten konnten. Der Pullmansche Schlafwagen war das Paradestück des Zuges, denn er zeichnete sich, wie ein weltgewandter deutscher Schriftsteller versicherte, durch eine «nicht zu schildernde Pracht und Bequemlichkeit der Einrichtung» aus. Im ersten Jahr des durchgehenden Betriebes fuhr der Expreßzug der Union Pacific bis Promontory Point, von 1870 an nur noch bis Ogden, dem neuen Treffpunkt der beiden Gesellschaften. Dort begaben sich die Reisenden in den Zug der Central Pacific, der anstelle des Pullmanschen Schlafwagens den ‹Silver Palace Sleeping Coach› führte. Seine Einrichtung hielt nach Ansicht der Bahngesellschaft den Vergleich mit den schönsten Luxuswagen der Welt aus. Ein kritischer englischer Journalist hingegen meinte in seinem Reisebericht, das beste an diesem Wagen sei der Name. In der Tat ließ sich, wie das Exempel zeigt, der Komfort noch weiter steigern. Bereits im Jahre 1870 verkehrte wöchentlich einmal in beiden Richtungen zwischen Omaha und San

Belebte Szene auf der Bahnstation Omaha vor der Abfahrt des Expreßzuges nach Promontory Point.

Nach der Eröffnung der transkontinentalen Bahnlinie ▷
sparten die Gesellschaften nicht mit Prospekten und
Plakaten. Nun war der Westen in größerem Ausmaß
auch Touristen zugänglich. Mannigfaltig sind die
Argumente, mit denen die Vorzüge einer Bahnreise
herausgestrichen werden.

Die landschaftlichen Schönheiten der Sierra Nevada ▷▷
kamen den Reisenden bei einer Fahrt mit der Central
Pacific zum Bewußtsein. Am Cape Horn pflegten
die Züge einen Halt von zehn Minuten einzuschalten,
damit die Passagiere den Blick ins Tal des American
River in Ruhe genießen konnten.

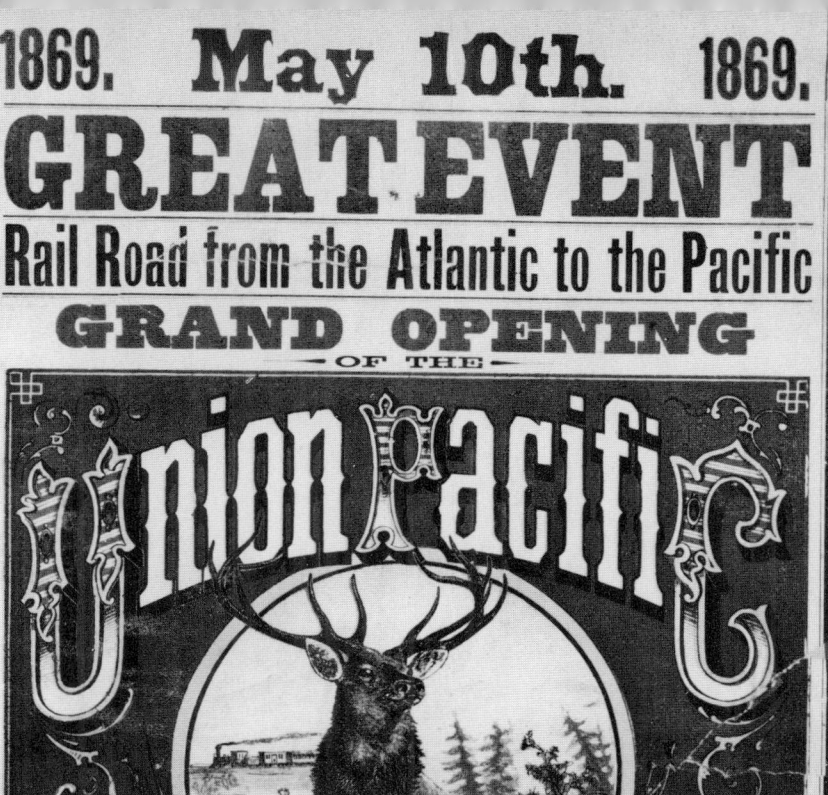

Ein Zug der Central Pacific fährt im Jahre 1865 über die eben errichtete Dry-Creek-Brücke bei Sacramento (oben).

Die Brücke der Union Pacific im Weber Canyon (unten).

Staunen erregten die Schneedächer der
Central Pacific in der Sierra Nevada.
Ohne diese massiven Holzbauten wäre
auf den Bergstrecken im Winter kein
regelmäßiger Betrieb denkbar gewesen.

DIE BRÜCKE IN DEVIL'S GATE

«In schwindelnder Tiefe unter uns braust der Weberfluß; doch rasch kommen wir mit der stark sich senkenden Bahn seinem Spiegel immer näher und näher; bald befinden wir uns an dem 4680 Fuß über der Meeresfläche, 1020 englische = 221 deutsche Meilen von Omaha gelegenen Devil's Gate, das heißt, dem Teufelsthor, wie der Eingang zu einer furchtbaren Engschlucht genannt wird, die der Weberfluß gleich einem ächten Alpenbache mit donnerartigem Getöse durchschäumt.»

«Als ich zum ersten Male in die Nähe dieser Schlucht kam – am Pfingstmontag, den 17. Mai 1869 –, war bereits die finstere Nacht angebrochen; sie mußte jedoch einer Unzahl von Holzfackeln weichen, die nicht nur weithin Helle verbreiteten, sondern auch prachtvoll die wilde Schlucht beleuchteten. Über uns sahen wir vertikale Felswände; vor uns lag eine Brücke, auf der zu unserem nicht gerin-

gen Erstaunen ungeachtet der späten Stunde eine Menge Leute mit Äxten und Handwerkszeug aller Art emsig arbeiteten. Da sich offenbar nicht alles in wünschenswerthestem Zustand befand, waren wir alle voll gespannter Erwartung. Plötzlich ward von unserem Zug die Locomotive abgehängt; sie näherte sich langsam der Brücke, blieb jedoch, sowie sie dieselbe erreicht hatte, stehen und fuhr erst später bedächtig hinüber. Kurz darauf verspürten wir einen heftigen Stoß, der uns zwar auf, aber nicht über die Brücke brachte, die unter ihrer Last in solch schreckenerregender Weise krachte, daß sie selbst das mächtige Rauschen des Flusses übertönte; nach einigen Minuten Aufenthalt, die uns in peinlichster Aufregung verstrichen, erfolgte noch ein starker Stoß und wir waren glücklich von rückwärts mit einer Maschine über die Brücke hinübergeschoben worden, bei deren Beschaffenheit man es nicht wagte, dem Ge-

wichte der Wagen auch noch das unserer Locomotive anzuhängen; sie war vorausgefahren, um überhaupt die Festigkeit der Brücke zu prüfen. Es war die gräßlichste Eisenbahnbrücke, über die ich bis jetzt in meinem Leben gefahren bin, und einer der aufregendsten Momente, den ich während der ganzen Fahrt zwischen New York und San Francisco erlebte. Wäre die 230 Fuß lange, 55 Fuß über dem Wasserspiegel erbaute Brücke, die nur aus einem Balkengerüste bestand und keine Spur eines gemauerten Fundamentes oder gar eines steinernen Pfeilers zeigte, unter uns eingebrochen, so wären wir Alle meiner festen Überzeugung nach unrettbar verloren gewesen. Einige Tage nach unserer Überfahrt war sie größtentheils vom Fluß hinweggerissen worden.»

Schlagintweit, ‹Die Pacific-Eisenbahn›

Francisco der ‹Atlantik-Hotel-Expreßzug›, der außer einer perfekten Hoteleinrichtung den Reisenden die Annehmlichkeit einer direkten Fahrt über beide Streckenabschnitte anbot. Die regulären Züge westlich des Missouri führten in den ersten Jahrzehnten keine Speisewagen. So verhielt es sich nicht nur bei Union und Central Pacific, sondern beispielsweise auch bei der Atchison, Topeka and Santa Fé Railroad. Zu den Mahlzeiten begab man sich in die vorzüglichen Restaurants der größeren Stationen. Die meisten Reisenden schienen diese Einrichtung als willkommene Abwechslung zu begrüßen.

Die Fahrpreise führten häufig zu Diskussionen. Die Bahngesellschaften waren in ihrer Preispolitik einigermaßen autonom. Sie gaben der Versuchung, ihre Monopolstellung durch übersetzte Preise auszunützen, um so eher nach, als sie mit dieser egoistischen Haltung im Westen keineswegs allein standen. Der Gedanke, daß die Bahnen der Öffentlichkeit gegenüber eine Aufgabe zu erfüllen haben, stieß sich mit dem Pioniergeist, der im Amerika des 19. Jahrhunderts eng mit dem persönlichen Streben nach Gewinn verbunden war. Immerhin brachten die Realitäten einen gewissen Ausgleich. Hatte die Fahrt von Omaha nach San Francisco im Mai 1869 in der einzigen damals vorhandenen Wagenklasse noch 151 Dollar und 75 Cent gekostet, so belief sich der Fahrpreis erster Klasse seit Januar 1870 nur noch auf 100 Dollar. Passagiere der zweiten Klasse bezahlten 80 Dollar, und die Auswanderer wurden zum Preis von 60 Dollar befördert.

Dergestalt waren also die technischen Gegebenheiten, mit denen sich der Reisende in Omaha auseinanderzusetzen hatte. Je nach Herkunft, Ziel und persönlichen Verhältnissen mochte er seine Wahl treffen. Die gemischte Gesellschaft, die sich täglich nach Westen in Bewegung setzte, war auf dem Bahnhof von Omaha nicht schlechter aufgehoben als auf irgendeiner Station in Europa oder Amerika. Der englische Journalist Rae, der im Auftrag der ‹Daily News› im Jahre 1870 die Strecke bereiste, behauptete zwar, es herrsche hier vor der Abfahrt des Zuges ein chaotischer Wirrwarr. Zu einem günstigeren Urteil kam der in diesen Dingen peinlich genaue Reiseschriftsteller Robert von Schlagintweit, der die Szenen vor der Zugsabfahrt mit lobenden Worten schildert: «Auf dem Omahaer Bahnhofe, der zur Zeit [Mai 1869] äußerst einfach ist, herrscht bereits mehrere Stunden vor Abfahrt des Zuges ein so reges Leben und Treiben, daß von demselben wohl jedermann überrascht sein wird. Große, von vier Pferden gezogene Omnibusse bringen mittelst der Fähre über den Missouri von Council Bluffs sowohl, als auch aus den Gasthöfen Omaha's, zahlreiche Reisende herbei; ihnen folgen in langen Reihen

Im Salonwagen ‹Palmyra› befand sich zur Erbauung des Publikums eine Orgel.

Blick ins Innere eines Personenwagens. Hier war der Komfort wesentlich bescheidener als in den pompösen Pullmanwagen.

stark befrachtete Gepäckwagen, denen sich wiederum Fuhrwerke aller Art anschließen ... Aber ungeachtet der bedeutenden Anzahl der Reisenden, unter denen sich zuweilen eigenthümliche, äußerst rauh aussehende Gestalten befinden, ungeachtet des vielen und schweren Gepäckes, das die meisten derselben bei sich führen, herrscht nicht im geringsten jene unangenehme Hast, jene ansteckende Unruhe, jene fieberhafte Erregtheit, wie wir sie leider so häufig noch immer bei unseren Bahnen in Deutschland finden. Weder beim Billetschalter noch bei der Gepäckexpedition entsteht ein Gedränge. Die aus größerer Entfernung Kommenden besitzen bereits ihre Fahrkarten. Das Gepäck wird in zwar äußerst schneller und einfacher, aber dennoch ganz sicherer Weise expedirt: Alle diese äußerst praktischen Einrichtungen ermöglichen es, daß auch bei starkem Andrang fast niemals eine Verzögerung in der Abfahrt des Zuges eintritt, der sich pünktlich zur festgesetzten Zeit in Bewegung setzt. Wir beeilen uns, sowie der Conducteur ‹all aboard› gerufen und die Locomotive durch Läuten der an ihr angebrachten Glocke das Zeichen zur Abfahrt gegeben hat, unsere Plätze, die wir uns nach Belieben aussuchen, einzunehmen.»

Aus zahlreichen Schilderungen geht hervor, daß sich die ersten Gespräche der Passagiere nach der Ausfahrt aus dem Bahnhof von Omaha um die wirklichen und die eingebildeten Gefahren der langen Reise drehten. Fast immer war einer mit von der Partie, der kompetent von der letzten Entgleisung oder von irgendeinem Überfall zu berichten wußte. Auch Schlagintweit gestand, er habe die Fahrt «nicht ohne alle Bangigkeit» angetreten, habe er doch manches Bedenkliche über die Beschaffenheit des Schienenweges gehört. Auch trug der Umstand nicht eben zur Beruhigung bei, daß in Omaha Versicherungsagenten die Reisenden zum Abschluß einer Lebensversicherung zu bewegen suchten. Und dann die Brücken der Union und der Central Pacific! Die kühnen und eleganten Holzkonstruktionen, von militärisch gedrillten Bautrupps in wenigen Wochen errichtet, waren ebensosehr Gegenstand der Bewunderung wie der Besorgnis. Eine erste, noch eher harmlose Mutprobe hatten die Passagiere gleich zu Beginn der Reise bei der Überfahrt über den Papillon River zu bestehen. In einem Reiseführer, der sich in besonderem Maße der Gemütsverfassung des Publikums annimmt, heißt es beschwichtigend: «Die Brücke über dieses Flüßchen ist guter Konstruktion, und das Geknarre bei der Überfahrt bezeugt bloß, daß das Holz gut ausgetrocknet ist.» Beängstigender wurde die Situation, wenn sich der Zug in vorsichtiger Fahrt über die Dale-Creek-Brücke, das mächtigste Bauwerk der Union Pacific, bewegte. Diese Brücke war in dreißig Tagen gebaut worden und hielt nach den Versicherungen des Bahnpersonals auch den schwersten Zügen stand. «Es steht jedoch nirgends geschrieben», meinte der Engländer Rae, «wie viele Tage die Brücke diese unaufhörliche Belastung noch erträgt. Mehr als ein Passagier würde gerne auf die schöne Aussicht und das Risiko, sein Genick zu brechen, verzichten, und man gibt allgemein und hörbar seiner Genugtuung Ausdruck, wenn die Wagen ohne Zwischenfall über die bemerkenswerte Holzkonstruktion hinübergelangt sind.» Dabei ahnte der Reisende am Dale Creek noch kaum, was ihm auf den Bergstrecken der Central Pacific an furchterregenden Holzbrücken bevorstand. In den Jahren nach der Eröffnung waren außerdem an vielen Stellen entlang der Bahnlinie die Arbeiten zur Verbesserung des Unterbaus noch im Gange.

Die Reisenden im Zug nach Westen traten ihre Fahrt im allgemeinen mit bestimmten Vorstellungen an. Zahlreiche Reiseführer lieferten dem Publikum alle wünschenswerten Informationen und boten darüber hinaus ein simpel-optimistisches Bild vom ‹American Progress›. Der Zusammenschluß der ‹Union› und der ‹Central› hatte sozusagen über Nacht bewirkt, daß der ‹Wilde Westen› der touristischen Neugierde zugänglich wurde. Zwar saßen üblicherweise mehr Einwanderer als Touristen im Zug, doch waren die Gedanken beider durch die gleichen landläufigen Bilder und Meinungen geprägt. Während der Zug mit mäßiger Geschwindigkeit dem Platte River entlang fuhr, hielt man nach Planwagen auf der alten Karawanenstraße Ausschau. Der Deutsche Friedrich von Hellwald schrieb beim Anblick der Piste die pathetischen Worte: «Wie oft sauste hier die Ochsenpeitsche herab auf die gehörnte bewegende Kraft der ‹Teams›, das heißt, der stark und plump gebauten, mit weißem Leinenzelt überspannten Prärie-Wagen, die hier, in stundenlangen Karawanen einen weißen Streifen auf der grünen Prärie bildend, längs des Platte-Flusses hinzogen, die flüchtige Antilope und den furchtsamen Hasen wie den drohenden Büffel von seiner Morgenäsung verscheuchend und das Geschnatter unzähliger Schaaren von Wildenten und Gänsen heraufbeschwörend! Wohl findet der Wanderer auch hin und wieder eine von wilden Thieren flach gestampfte Erhöhung der Erde und dabei zwei über Kreuz genagelte Bretter, und wenn der Zufall günstig, wird er darauf lesen können, wer hier begraben liegt. Ein Emigrant, oder Trapper, oder Settler, einer Derjenigen, welche sich in dieser Ebene das Leben Stunde für Stunde erkämpft gemußt; jeder dieser Begrabenen ist ein Held. Diese Kerngestalten mit den braven und tapferen Herzen, wie sie die Geschichte der amerikanischen Ansiedelung so reichlich aufzuweisen hat, bekommen jetzt keinen Nachwuchs mehr. Die Lokomotive, die allgewaltige, durchsaust jetzt mit langen Emigrantenzügen in wenigen Tagen die Strecke, zu der der Einwanderer früher oft Jahre gebrauchte, um sie auf unbekannten Wegen mit dem gehörnten Gespann zurückzulegen ...»

Zum Bild der westwärts ziehenden Karawane gehörten fast unvermeidlich die Indianer. Doch im fahrenden Expreßzug war der Gedanke an die unterwegs lagernden Rothäute weniger furchterregend als in den von Ochsen gezogenen ‹Prärie-Schonern› der früheren Einwanderer. Auf den Stationen westlich von Omaha tauchten die ersten Indianer auf, zumeist Leute vom Stamm der Pawnees. Sie machten einen ziemlich heruntergekommenen Eindruck – genau wie es die Reiseführer vorausgesagt hatten – und bettelten die Passagiere um Geld an. In dieser Perspektive erschien der Indianer nicht mehr als der freie und stolze Mann, der um seine Jagdgründe kämpft. Ein Reiseführer gibt über das Verhalten der Eingeborenen zu diesem Zeitpunkt wie folgt Bescheid: «Während des Baus der ‹Pacific Railroad› – und noch viele Jahre später – betrachteten die Indianer entlang der Linie Lokomotiven, Wagen und Bahnpersonal mit großer Neugier. Die Dampfmaschinen – ‹Feuerwagen› – zogen die besondere Aufmerksamkeit des roten Mannes auf sich. Die Indianer versammelten sich meist in den nahegelegenen Hügeln, pirschten sich vorsichtig an die Bahnlinie heran und lagen tagelang – manchmal auch während Monaten – bewegungslos auf der Lauer. Vom Baubeginn an und auch später hatten die Indianer eine heilsame Angst vor dem ‹Feuerwagen›. Sie griffen zwar häufig kleine Gruppen von Bahnarbeitern oder herumstreifende Leute aus den Lagern an. Aber nur in zwei oder drei Fällen versuchten sie, einen durchfahrenden Zug zu überfallen. Dabei wurden sie aber so empfindlich bestraft, daß sie später den ‹Feuerwagen› als ‹schlechte Medizin› erklärten.» Man erzählte sich zu Beginn der siebziger Jahre eine Geschichte von der Einfalt der Indianer, die sich angeblich auf der Kansas-Division der Union Pacific zugetragen hatte: Eine Gruppe von Cheyennes versuchte, in der Nähe von Fort Wallace einen Zug der Union Pacific zu überfallen. Vierzig Indianer spannten ein Seil über die Schienen und hofften, mit vereinten Kräften die Lokomotive aufzuhalten. Die Maschine lief mit Volldampf gegen das Hindernis an und wirbelte die Rothäute, die ihre Kräfte dermaßen überschätzten, nach allen Seiten in die Luft. Ein halbes Dutzend Cheyennes blieb tot am Bahndamm liegen. Womit wieder einmal die Überlegenheit des weißen Mannes bewiesen war.

Auf der so ideal entworfenen Szene des ‹American Progress› hatte der Indianer keinen Platz. Wer in den siebziger Jahren durch den Westen reiste, fand diesen Eindruck bestätigt. In den Augen der Zeitgenossen war der rote Mann eine lästige Erscheinung. Gefährlich wurde er – so glaubte man damals – nur noch ausnahmsweise. Über diesen Punkt doziert der ‹Trans-Continental Railroad Guide›: «Eine größere Zahl von Indianern lebt noch in der Nachbarschaft von Reno. Der

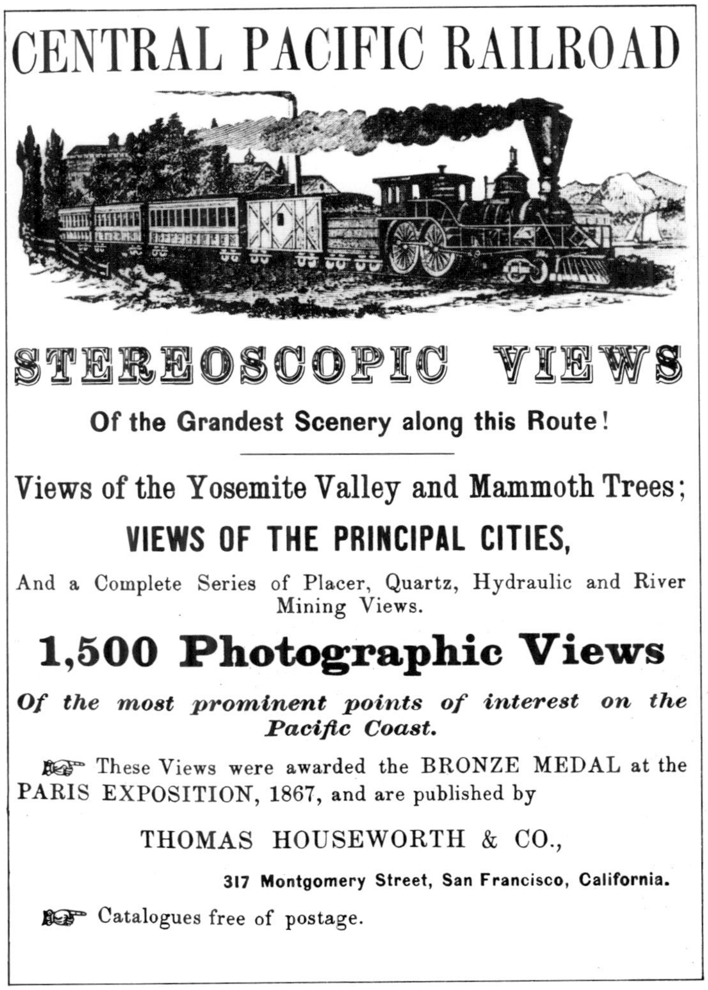

Die Aufnahme aus den frühen siebziger Jahren zeigt eine Gruppe von sieben Lokomotiven, die mit einem Schneepflug in der winterlich verschneiten Sierra Nevada die Strecke freilegen.

Ein Zug der Central Pacific am Truckee River in der Sierra
Nevada. Die Lithographie wurde von Currier and Ives kurz nach
der Eröffnung der transkontinentalen Bahn publiziert.

Reisende, der von Australien, China oder Japan her kommt, hat hier vielleicht zum erstenmal Gelegenheit, ‹The Noble Red Man› zu sehen. Die Vorstellungen, die er sich gebildet hat, sind meist viel besser als die Wirklichkeit, und er wird unweigerlich zum Schluß gelangen, daß der rote Mann eine unwürdige Kreatur ist ... Wohl sieht sich der Reisende unterwegs nach allen Seiten um, damit sein Idealbild vom roten Mann bestätigt werde. Er erwartet, ihn malerisch gekleidet zu Pferd in dem von den Ahnen geerbten Sattel anzutreffen, und er hofft, seine kriegerische Miene und seinen elastischen Schritt bewundern zu können. Doch diese Hoffnung weicht unabwendbar einer um so größeren Enttäuschung. ‹Hiawatha› steht vor ihm in Gestalt eines schmutzigen Wichts, der sich die abgenutzte Satteldecke eines Bleichgesichts übergeworfen hat, und lediglich ein Geschmier von roter Farbe in seinem Gesicht deutet darauf hin, daß es sich um einen roten Mann handelt. Kriegspfad und Jagdgründe hat er längst verlassen, und seine einzige Nahrung ist der Abfall aus dem nächsten Wirtshaus.» Dann unterhält der ‹Trans-Continental Railroad Guide› seine Reisenden über drei Seiten hin mit der makabren Geschichte von den drei Schwestern Maggie, Susie und Mary, die in Maggie's Valley von den Shoshone-Indianern auf verräterische Weise umgebracht wurden. Doch wie gesagt, die Eisenbahn brachte die Wendung zum Bessern: «Zum Glück ist nun die Macht der roten Teufel gebrochen, der Einwandererzug hat die ‹Prärie-Schoner› ersetzt, und die brutalen Wilden haben nicht länger Gelegenheit zu höllischen Untaten ...» Diese Zeilen im ‹Trans-Continental Railroad Guide› sind wenige Jahre vor den blutigen Indianerkriegen geschrieben worden.

In einem weiteren Punkt sollten die Reisenden auf der Union Pacific enttäuscht werden: Von den gewaltigen Büffelherden, die einst über die Prärie stampften, war keine Spur zu sehen. In den ersten Monaten suchte sich das Bahnpersonal mit der Erklärung aus der Affäre zu ziehen, die Jahreszeit sei nicht eben günstig. Dann aber wurde der Verdacht zur Gewißheit: Die großen Herden waren beinahe gänzlich verschwunden.

Zu den Eigentümlichkeiten der transkontinentalen Bahnen – notabene nicht nur der ‹Union› und der ‹Central› – gehörte die zielbewußt nach Westen gerichtete Linienführung. Bestehende Städte und Siedlungen wurden kaum zur Kenntnis genommen. Höchstens die Geographie veranlaßte die Bahningenieure zu einigen Korrekturen. Abseits liegende Orte konnten mit Zweigbahnen oder Postkutschen erreicht werden. Ein neues System von Siedlungen entstand den Bahnlinien entlang. Den Anfang hatten die berüchtigten ‹end-of-track towns› gebildet; doch nur die wenigsten hatten Bestand. Im Abschnitt der Union Pacific beispielsweise North Platte, Julesburg, Cheyenne, Laramie. Auch nach der Eröffnung der transkontinentalen Bahn hatten diese Orte einen ausgesprochen schlechten Ruf. Auf einigen Stationen wurde den Reisenden empfohlen, den Bahnhof nicht zu verlassen. Die Station Wahsatch inspirierte den Engländer Rae zu einem sarkastischen Kommentar: «Der Ort hat einen schlechten Ruf. Man hat mir erzählt, daß es hier vierundzwanzig Gräber gibt, doch nur eines enthält die sterblichen Überreste einer Person, die eines natürlichen Todes starb. Es handelt sich um eine Prostituierte, die sich vergiftet hat.» Wohl die berühmteste der ‹end-of-track towns› war seinerzeit Promontory Point. Es ging das geflügelte Wort um: «In Promontory Point haben die Ratten der Pazifikbahn ihre letzte Zuflucht gefunden.» Durch diesen aus Bretterbuden und Zelten bestehenden Ort wurden von Mai bis Dezember 1869 sämtliche Reisende der beiden Bahnen geschleust, denn mit den Anschlüssen war es an diesem Vereinigungspunkt schlecht bestellt. Eine zwielichtige Gesellschaft war bemüht, in wenigen Stunden so viel wie möglich aus den Passagieren herauszuholen. Zahlreiche ‹Saloons›, einige in Baracken etablierte ‹Hotels›, eine Spielhölle und ein Bordell gehörten zur Ausstattung des mitten in eine trostlose Ebene gestellten Fleckens. Ein Reisender schildert den Ort mit den folgenden Worten: «Im verflossenen Sommer (1869) zeigte Promontory Point sowohl in seiner Anlage und Bauart, als auch in seinen inneren Einrichtungen eine primitive Einfachheit, wie sie von einem vielbesuchten, wenn auch immerhin provisorischen Vereinigungspunkte zweier wichtiger Bahnen bisher nirgends da war, noch jemals wieder vorkommen wird. Denn der Ort bestand damals nur aus zwei Reihen von Zelten in den verschiedensten Größen, die in geringer Entfernung von den Schienen aufgeschlagen waren. Mit Leichtigkeit hätte ein heftiger Windstoß diese nur aus dünner Leinwand bestehenden luftigen Gebilde fortwehen oder ein starker Regenguß sie hinwegschwemmen können. Den zwischen den einzelnen Zelten befindlichen Zwischenraum bedeckten überall fußhoch leere Flaschen, zerbrochenes Geschirr und Glasscherben, Theile unbrauchbar gewordener Räder, Dauben zerschlagener Fässer, abgetragene Hüte, alte Kleider, zerrissenes Schuhwerk jeglicher Art und unzählige Blechbüchsen in allen Größen, die einst mit präservierten Lebensmitteln gefüllt gewesen waren.» Mancher Einwanderer verlor in Promontory Point sein Geld, denn nicht jedermann war den Gaunern gewachsen, die nach einem ausgeklügelten System auf Gimpelfang ausgingen. Häufig setzten sich Agenten der einzelnen Etablissements einige Stationen vor Promontory Point in den Zug und versuchten, auf Abenteuer bedachte Passagiere in ihre Fänge zu bekommen. Immerhin muß gesagt sein, daß offene Gewaltakte an diesem berüchtigten Ort die Ausnahme bildeten. Auch die gesetzlose Gesellschaft entwickelte gewisse Spielregeln. Vielleicht tat sie es zum eigenen Schutz, vielleicht aus Respekt vor der Bahnverwaltung. Der Jubel in Promontory Point war jedoch von kurzer Dauer, denn nach wenigen Monaten wurde der Treffpunkt der Union und der Central Pacific nach Ogden verlegt.

Wassertank mit Windrad, eine unentbehrliche Einrichtung entlang den Bahnlinien in der Prärie.

Das Panorama der pazifischen Bahn wäre unvollständig ohne die Landschaft. Menschen, Städte und Technik mögen als Exempel für den rapiden Wandel gelten, der sich nach dem Bürgerkrieg im amerikanischen Westen vollzog. Doch dieser Wandel würde bei den Zeitgenossen kaum den Eindruck eines derart spektakulären Prozesses erzeugt haben, hätte er sich nicht vor dem Hintergrund der gewaltigen Natur zugetragen, der jeder Fortschritt nur unter unsäglichen Mühen abgerungen wurde. Darin unterschied sich dieser Vorgang so wesentlich von der natürlichen Entwicklung im Osten Amerikas oder in Europa.

Verschiedene Autoren bezeugen, wie eindrücklich die wechselnden Landschaften auf die Gemüter der Reisenden wirkten. Die endlosen Ebenen Nebraskas, die Steppen Wyomings und die vegetationslosen Felsengebilde der Rocky Mountains versetzten die Passagiere häufig in eine niedergedrückte Stimmung. Nicht daß sie unvorbereitet in die toten, mit Alkalistaub überzogenen Szenerien geraten wären. Man lebte in einem Jahrhundert, das für die Schönheiten und Schrecken der Natur überaus empfänglich war. Künstler wie Bodmer, Catlin, Bierstadt und Miller hatten die Prärie und die Rocky Mountains längst in unzähligen Variationen geschildert, und populäre Lithographien und Holzschnitte kolportierten ein für den bürgerlichen Hausgebrauch angefertigtes Bild des Westens. Doch weder die romantischen noch die heroischen Landschaften hatten vor der Wirklichkeit Bestand. Die in ‹Gartenlaube›-Manier präsentierten Bildberichte in den Zeitschriften ‹Harper's Weekly› und ‹Frank Leslie's Illustrated› konnten den Eindruck der furchtbaren Öde nur ungenügend vermitteln, den der Zeitgenosse in den wasserlosen Ebenen des ‹American Desert› empfand. Wer hingegen den Fuß auf die staubigen Straßen von Corinne oder Promontory Point setzte, bekam eine ungefähre Vorstellung von den Lebensbedingungen in dieser Wüste. «Der Fußgänger wandelt in Alkali», wußte ein Reisender zu berichten, «und während er schreitet, wirbelt er eine Staubwolke auf, die seine Kleider weiß übertüncht und ruiniert und außerdem seine Nasenschleimhäute reizt.»

Wobei zu bemerken ist, daß der durchschnittliche Amerikaner auf die Dauer nicht zu empfindsamen Betrachtungen neigte. Es entsprach durchaus seinem praktischen Sinn, daß er auch die Landschaft seinem Glauben an den Fortschritt dienstbar machte. Das von Pathos getragene Programm kannte kein Hindernis und keinen Widerspruch: «Die öden Berge, einst Hort der reißenden Bestien, die tiefen Schluchten und die düstern Cañons sind erfüllt vom Klang der Arbeit, dem Lärm der Spitzhacken, der Schaufeln und der Bohrer, dem Gedröhn der Maschinen und dem Knall der Sprengladungen. Sie zeigen die Gegenwart der Mineure an und lassen die Ströme von Reichtum ahnen, die in unsere nationalen Schatzkammern fließen. Denn je mehr das einzelne Individuum sich bereichert, desto mehr wird das ganze Land an seinem Reichtum teilhaben.»

Doch die Landschaft des Westens hatte mehr zu bieten als Felsen und Steppe. Wenn der Zug der Central Pacific endlich den Staat Nevada erreichte, öffnete sich den Passagieren im ansteigenden Bergland der Sierra eine geradezu klassische Reiselandschaft: waldbestandene Bergzüge, üppige Wiesen, tiefe Schluchten und rauschende Bäche. Der Zug bewegte sich durch prachtvoll wechselnde Szenerien, wobei die Aussicht auf die schneebedeckten Gipfel hin und wieder durch meilen-

Ein Zug der
‹Denver and Rio Grande›
fährt in die Royal Gorge
in Colorado ein.

lange Schneeschutzgalerien verdeckt wurde. Hier bot sich eine romantische Landschaft an, ein Alpenpanorama sozusagen, das vor allem bei europäischen Reisenden sentimentale Empfindungen wachrief. In der Sierra Nevada wurde die Natur endlich in verschwenderischem Maße der Stimmung des Publikums gerecht. Es ist unterhaltend, in Reiseberichten den Reaktionen einzelner Passagiere nachzuspüren. Der Engländer Rae zum Beispiel, der bisher kaum eine Gemütsbewegung gezeigt hatte, begann Dante zu zitieren. Deutsche Professoren brachten ihre Gefühle in eigenen Versen zu Papier. Die Amerikaner scheinen auch hier nach den Spuren der Pionierzeit Ausschau gehalten zu haben. Tragische und sentimentale Erinnerungen, in den Reiseführern säuberlich vermerkt, boten sich zu beiden Seiten der Strecke an. Am Donner Lake beispielsweise erzählte man sich die Geschichte des unglücklichen Mister Donner und seiner Begleiter, die hier in einem harten Winter unter traurigen Umständen ihr Leben gelassen. Die letzten Stunden der transkontinentalen Reise, die Fahrt von der Paßhöhe der Sierra Nevada hinunter nach Sacramento, entschädigten die Passagiere für alle vorangegangenen Mühen. «Der Reiz dieser letzten Stunden ist unbeschreiblich», meinte Rae, und fuhr fort: «Noch vor wenigen Stunden haben wir eine höchst unwirtliche Gegend durchquert. Eine Landschaft aus Steppengras, Alkalistaub, bitterem Wasser und unfreundlichem Himmel. Dann haben uns die eisigen Winde der schneegekrönten Sierra die Knochen erkalten lassen. Doch der Übergang war plötzlich und die Verwandlung magisch. Die Sonne sank gleichsam in einem Glorienschein in den Pazifischen Ozean hinab, während der Zug in langen Serpentinen den Berg hinunter rollte. Der blaue Baldachin über unsern Häuptern, von keiner Wolke getrübt und mit Myriaden glänzender Sterne übersät, übertraf an Glanz den hellsten und klarsten Himmel, der je die Menschen an den blendenden Gestaden des blauen Mittelmeers entzückt hat.» Endstation Sacramento! Noch in den siebziger Jahren gehörte es zum guten Ton, die Reise nach San Francisco auf einem der komfortablen Flußdampfer fortzusetzen, obschon zwei Bahnlinien mit einigen Umwegen nach dem gleichen Ziel führten. Eine Stunde mehr oder weniger fiel nicht ins Gewicht.

Wer in diesen Jahren den Kontinent auf der pazifischen Bahn durchreiste, durfte sich dank der Technik während einigen Tagen seltsamen Empfindungen hingeben: So schnell sich der ‹American Progress› vollzog, die Eisenbahn eilte der Entwicklung voraus. Dies gilt nicht nur für die Union und die Central Pacific, sondern für alle transkontinentalen Bahnen. Wer nach Westen fuhr, blickte in eine unfertige Landschaft. Der Bahnbau ging der Besiedlung in weiten Landstrichen voran.

Der Wilde Westen

«Regierungen errichten und Städte erbauen gehört nun einmal zum Beruf des wanderlustigen Yankee. Er tut diese Dinge so instinktiv, wie eine junge Ente ins Wasser geht. Man lasse hundert Amerikaner in einer unbewohnten Gegend zusammenkommen, und man wird sehen, wie sie unverzüglich eine Stadt ausstecken, eine Staatsverfassung entwerfen und um Aufnahme in die Union nachsuchen, während fünfundzwanzig von ihnen als Kandidaten für den Bundessenat auftreten.» So schrieb der Journalist Albert D. Richardson, der zwischen 1857 und 1867 nach allen Richtungen durch den Westen streifte. Die Amerikaner zeigten in der Tat eine erstaunliche Fähigkeit, unter widrigsten Umständen neue Gemeinschaften zu bilden. Dabei kam ihnen der angelsächsische Sinn für pragmatisches Handeln zugute, denn für die ungeheure Aufgabe – die Bewältigung des amerikanischen Westens – gab es keine ein für allemal gültige Lösung. Seit dem Goldrausch war der Schauplatz verwandelt, das Zeitalter des einsamen Pioniers zu Ende. In den Minengebieten, in den Städten und den Bahnlinien entlang drängten sich die Ankömmlinge in Massen, und allenthalben stellte sich die Frage, nach welchen Regeln die neue Gesellschaft zu bilden sei.

Als die Bürger von Denver im Jahre 1859, der Anarchie und der Unsicherheit müde, auf einer Versammlung die Organisation eines Territoriums von Jefferson beantragten, wurde die rhetorische Frage gestellt: «Wollen wir eine Regierung mit Messer und Revolver, oder wollen wir hier in unserem goldenen Land in den Tälern und Schluchten der Rocky Mountains einen neuen und unabhängigen Staat bilden?» Die Zeitung ‹Rocky Mountain News›, deren Herausgeber William M. Byers stets schwer bewaffnet in seiner Redaktionsstube saß, formulierte die Anliegen der Bevölkerung konkreter: «Wir verlangen, daß jede Gruppe oder jede Gemeinschaft von amerikanischen Bürgern, die aus irgendeinem Grund abgeschnitten oder so isoliert ist, daß sie mit keinem aktiven Schutz der Zentralregierung rechnen kann, das Recht haben soll, sofern sie sich auf amerikanischem Boden befindet, eine Regierung zu bilden und jene Gesetze und Verordnungen zu erlassen, die für ihre Sicherheit, ihren Schutz und ihr Wohlbefinden notwendig sind.»

Hätte die Bundesregierung ihre Autorität im Westen wirksam durchgesetzt, so wären derartige Überlegungen gegenstandslos gewesen. Schon in der ersten Jahrhunderthälfte waren Trapper und Pioniere den Sendboten des Staates weit vorausgeeilt, doch blieben diese Unternehmungen einigermaßen überschaubar. Zu Ende der vierziger Jahre jedoch brachte der große Aufbruch unübersehbare Menschenmengen gleich einem Naturereignis in Bewegung. Keine Regierung der Welt hätte die über Dekaden hin anhaltende Wanderung steuern können. «Go West, young man, and grow up with the country» (Geh nach Westen, junger Mann, und wachse auf mit dem Land), schrieb der angesehene Horace Greeley im Jahre 1865 in der New-Yorker ‹Tribune›, nachdem er zwei Jahrzehnte früher die Auswanderung nach Oregon in scharfen Worten getadelt hatte. Das ‹Manifest Destiny› war nach der Jahrhundertmitte nicht mehr aufzuhalten, und jeder Widerspruch gegen das gewaltige Geschehen war zum vorneherein der Lächerlichkeit preisgegeben. Doch der Staat geriet mit dem Ausbau seiner Institutionen und Gesetze hoffnungslos in Rückstand. Wo Chaos herrschte, warteten Bundesregierung und Kongreß im allgemeinen zu, bis sich die Bewohner der betreffenden Territorien selbst entschlossen, die Voraussetzungen für ein geordnetes Gemeinwesen zu schaffen. Doch häufig zögerten sie noch viel länger und förderten durch ihr unentschiedenes Verhalten die in weiten Landstrichen herrschende Anarchie. Bis zum Ausbruch des Bürgerkrieges war es die umstrittene Sklavenfrage, die der Organisation neuer Territorien und Staaten im Wege stand; später führte die Unfähigkeit der Union, die Rechte der indianischen Gemeinschaften vor der maßlosen Begehrlichkeit der eigenen Bürger zu wahren, zu anhaltenden Fehden und zu blutigen Kriegen. Als Ergebnis all dieser Vorgänge und Unterlassungen ist jener Zustand der Gesetzlosigkeit zu nennen, der pauschal mit dem

Begriff ‹Wilder Westen› umschrieben wird. In dieser Situation bewährte sich die verblüffende Fähigkeit der Amerikaner zur Selbsthilfe. Hatte man vom Treiben der Desperados und der oft nicht weniger gefährlichen Bürgerausschüsse genug, so begannen jeweils die Gemeinschaften mit dem Aufbau einer auf die primitiven Bedürfnisse zugeschnittenen Verwaltung und schufen jene ‹rough and ready›-Demokratie (rough and ready: rauh und rasch zur Hand), welche den allmählichen Übergang zu geordneten Verhältnissen gewährleistete. Für die an harte Umgangsformen gewöhnten Pioniere wurde das Leben meist nach kurzer Frist erträglich. Doch kam der Burgfriede in den neuen Gemeinwesen nur den Amerikanern und im besten Fall noch Europäern zugute, denn fremde Rassen – Mexikaner, Chinesen, Indianer – waren suspekt.

Der Konflikt zwischen Nord und Süd, der die Nation aufwühlte und immer offensichtlicher auf einen nicht zu vermeidenden Bruch hinsteuerte, traf den Westen in mancher Hinsicht. Im Territorium von Kansas wurden schon lange vor Beginn der Sezession blutige Fehden zwischen Banden ausgetragen, die für oder gegen die Institution der Sklaverei ins Feld zogen. Der Bürgerkrieg selber berührte den Westen nur am Rand: Texas begab sich, wie nicht anders zu erwarten, ins Lager der Konföderation. Von Texas aus wurde der Versuch unternommen, den Herrschaftsbereich der Südstaaten bis zum Pazifik auszudehnen. Freischaren überzogen das kaum besiedelte Arizona, und der konföderierte General George H. Sibley zog mit einer Kolonne nach Neu-Mexiko und besetzte Santa Fé. Sein Vorstoß auf Fort Union und den ‹Santa Fé Trail› scheiterte im März des Jahres 1862 am Glorieta-Paß, wo sich Trapper und Minenarbeiter aus Colorado gemeinsam mit Unionstruppen verschanzt hatten. Nach diesem mißglückten Unternehmen räumten die Konföderierten Neu-Mexiko und Arizona und gaben den Versuch, einen Teil des Westens für ihre Sache zu gewinnen, endgültig auf. Kalifornien und Nevada, die eine Zeitlang als unsicher galten, hatten inzwischen eindeutig für die Union Stellung genommen. Als der Krieg zu Ende ging, waren die einst so engen Beziehungen zwischen dem Süden und dem Westen abgebrochen. In den Rocky Mountains und am Pazifischen Ozean wurde nun die Gangart stärker denn je von den unternehmungslustigen Pionieren aus dem Norden bestimmt. Die robuste Mentalität des Yankee beherrschte die Szene.

Minen und Minenstädte

Von den lockenden Verheißungen, die der Westen in Fülle bot, standen seit den Tagen des kalifornischen Goldrauschs die Minen im Vordergrund. In den Goldminen und später in den Silberbergwerken schien den Zeitgenossen jener erstrebenswerte Zustand verwirklicht, der dem Tüchtigen in gleicher Weise Gewinn und Abenteuer versprach. Von dieser Vorstellung ließen sich die nach Westen pilgernden Massen auch durch Mißerfolge, die sich über Jahrzehnte hin in verschiedenen Gebieten wiederholten, nicht abbringen. Zwar enthielten die Bergregionen des Westens ungeheure Vorkommen an Gold, Silber und andern Mineralien, doch bestanden über den Abbau dieser Schätze durchaus unzulängliche Vorstellungen. Die Männer, die immer wieder nach einem neuen El Dorado aufbrachen, waren häufig bar jeder Kenntnis von Geologie und Bergbau, doch stets beseelt von der Hoffnung, mit einigen oberflächlichen Schürfungen den Fund zu machen, der alles bisher Gesehene übertraf. In diesem Glauben waren die ‹Neunundvierziger› nach Kalifornien gezogen, so verhielt es sich beim ‹Goldrush› nach dem Pike's Peak, in den Minen von Montana und in den Black Hills von South Dakota. Ein Teil der ‹prospectors› zog von einer Minenregion zur andern und brachte gewisse Erfahrungen mit, andere hingegen kamen ahnungslos gläubig aus dem Osten. Die zeitgenössischen Berichte erwähnen immer wieder, wie bunt zusammengewürfelt und von welch eigenartiger Herkunft das Volk in den Minen war: Arbeiter, Handwerker, Seeleute, Prediger, Juristen, Kaufleute, Sträflinge aus Australien, Europäer aus Nord und Süd, Chinesen, Mexikaner. Dem Journalisten Richardson fiel auf, daß er oft an unerwarteter Stelle auf gebildete Leute traf: «Unter den Goldsuchern befanden sich viele Männer, die den gelehrten Ständen angehörten. Mehr als einmal kam ich an einer Gruppe verwilderter Individuen mit struppigen Haaren und Bärten und in zerlumpten Kleidern vorbei und war nicht wenig erstaunt, diese Leute über Shakespeare, Dante, Homer, Virgil sowie über Religion oder politische Ökonomie disputieren zu hören.»

Nach der Jahrhundertmitte kamen immer noch einzelne Goldsucher zu sagenhaften Vermögen, doch die gute Zeit des ‹placer mining›, des oberflächlichen, von wenigen Leuten mit primitiven Mitteln besorgten Abbaus, war zu Ende. Zur besseren Nutzung des metallhaltigen Gesteins bedurfte man teurer Einrichtungen und bergmännisch einwandfreier Verfahren. Kapitalkräftige Gesellschaften übernahmen die Finanzierung, und aus Europa wanderten Techniker und Bergleute in großer Zahl in die Minengebiete ein. Als man in Nevada auf die ersten Silbervorkommen traf, kam ein altes mexikanisches Sprichwort wieder in Umlauf: «Man braucht eine Goldmine, um eine Silbermine zu betreiben.» Damit wurde angedeutet, was sich im Bergbau an Wandlungen vollzog. An die Stelle der einsam durch das Gelände streifenden ‹prospectors› trat eine Industrie, die den Bergbau mit wissenschaftlichen Methoden und beträchtlichem Kapitaleinsatz betrieb.

In den Minen wurde die Grundlage für die ‹Frontier›-Demokratie geschaffen, die nun auch in die Rocky Mountains und in die Sierra Nevada einzog. Darin liegt die weit über die wirtschaftlichen Belange hinausreichende Bedeutung des Bergbaus. Obschon die Gold- und Silberlager in öffentlichem Boden vorgefunden wurden und ihre Ausbeutung eigentlich illegal war, ließ sich der Kongreß Zeit, bis er die strittigen Fragen durch Gesetze regelte. Inzwischen übernahmen es die einzelnen Regionen, Ordnung in die Dinge zu bringen. Der erste Schritt zu einer Minenordnung wurde jeweils vollzogen, wenn sich die Pioniere in einer neuen Region zu einer Massenversammlung zusammenfanden, die über ein Reglement zu beraten hatte. Regelmäßig ging es darum, die vorhandenen ‹claims›, das bereits abgesteckte Land, zu schützen und über die Verteilung des noch vorhandenen Bodens schlüssig zu werden. Dann wählte man einen Präsidenten und ein Komitee von drei oder vier ‹Richtern›, welche die neue Ordnung durchsetzen sollten. Oberste Instanz blieb die Versammlung der Bergarbeiter. Das System bewährte sich in Angelegenheiten, die ausschließlich die Minen betrafen; waren aber Fragen der öffentlichen Ordnung und Sicherheit im Spiel, so reichte häufig die Autorität des Präsidenten und der Richter nicht aus. Gelegentlich geriet die Organisation in die Hände von Desperados, die mit Zwang und Terror über die Gemeinschaften herzogen und ganze Regionen nach ihrem Willen dirigierten. In solchen Fällen war es zumeist nicht die Staatsgewalt, die sich den Verbrechern entgegenstellte, sondern ein geheimes ‹Vigilance Committee›, ein zur Selbsthilfe entschlossener Bürgerausschuß, der mit summarischer Justiz für Ordnung sorgte. Diese immer wiederkehrende Situation ist im amerikanischen Westen zum Modellfall geworden, in unzähligen Romanen und Wildwestfilmen von mehr oder minder begabten Autoren dargestellt. Der Weg vom primitiven Minen-Camp zur wohlorganisierten Stadt enthält die typischen Stationen, welche die neue Gesellschaft auf ihrem beschwerlichen Weg zur demokratischen Ordnung zurückzulegen hatte. Nicht daß nun jeder Ort sich nach der unabänderlich gleichen Formel entwickelt hätte!

Die Geschichte der Minenstädte ist von überraschender Vielfalt, und nur am einzelnen Beispiel ist ersichtlich, welch erstaunliche Energien die Amerikaner in die spekulativen Unternehmungen investierten. Wohl das berühmteste Exempel ist das wechselvolle Geschick der Minen von Comstock Lode, jener unwahrscheinlich reichen Gold- und Silberlager in Nevada, in deren Zentrum die Stadt Virginia City liegt. Schon zu Beginn der fünfziger Jahre streiften gelegentlich ‹prospectors› durch die gebirgige Gegend am Carson River; doch ihr geologisches Wissen war zu bescheiden, als daß sie der öden Steinwüste etwas Besonderes hätten abgewinnen können. Die Region wurde Washoe genannt, nach den in der Nähe hausenden Wash-o-Indianern. In einer tief eingeschnittenen Schlucht, dem Gold-Cañon, waren während Jahren einige Goldsucher am Werk, lustlos und mit bescheidenem Erfolg. Es war vielleicht ein grotesker Zufall, daß eine so heruntergekommene Brüderschaft auf die reichsten Silberminen im amerikanischen Westen stieß. Über den eigentlichen Vorgang sind verschiedene Versionen im Umlauf, doch für die Nachwelt hat die Frage, wer das Silber entdeckt hat, lediglich Kuriositätenwert. Immerhin hat man sich darauf geeinigt, daß als eigentlicher Pionier ein unter dem Namen ‹Old Virginny› bekannter Trunkenbold zu betrachten ist, der sich mit gleichgesinnten Gesellen im Gold-Cañon aufhielt. Eliot Lord, Historiker und Zeitgenosse der fabelhaften Entwicklung des Comstock Lode, beschrieb ihn mit folgenden Worten: «James Finney, aus Virginia stammend – daher sein Spitzname ‹Old Virginny› –, arbeitete im Cañon seit 1851 und galt unter den ‹prospectors› als Orakel in Fragen der Minen. Wenn er seinen Blick auf einen vorspringenden Fels oder auf eine Handvoll Staub warf und diese Dinge als ergiebig erklärte, so bedurfte es für seine Gefährten keines weiteren Beweises. Unglücklicherweise war Finney nur gerade als Wünschelrute zu gebrauchen, denn er blieb nur nüchtern, wenn er zu arm war, um Whisky zu kaufen, und er arbeitete immer nur so lange, bis er wieder über die Mittel verfügte, um seine Flasche zu füllen.» ‹Old Virginny› stieß im Jahre 1858 am Hang des Sun Peak (später Mount Davidson), ungefähr an der Stelle, wo kurz darauf die Stadt Virginia City stand, auf Spuren von Silber und steckte einen ‹claim› aus. Auf einem Stück Papier umschrieb er seinen Anspruch, steckte den Fetzen in eine Felsspalte und deckte ihn mit einem Bruchstück aus Quarz zu. Sein Anspruch wurde von seinen Gefährten anerkannt; doch er selber dachte nicht daran, seine Mine abzubauen.

Unter andern trafen zwei Iren, O'Riley und McLaughlin, im Gebiet von Gold Hill auf weitere Vorkommen von Gold und Silber. Verwirrend war der Umstand, daß die Edelmetalle im Comstock Lode mit den üblichen von den ‹prospectors› verwendeten Methoden nicht zu erkennen waren. Das außergewöhnlich reiche Silbersulfid, ein brüchiger blauer oder schwarzer Sandstein, enthielt in reichlichem Maß Silber und zu einem geringern Teil Gold. Als sich die beiden Iren in ihrer Mine abmühten, trat der Mann auf den Plan, nach dem die ganze Region benannt wurde: Henry T. P. Comstock. Wie er zu dieser unverdienten Ehre gelangte, schildert Lord: «Wie Henry Comstock zu seinem Monument kam und den Namen eines Betrügers unvergänglich in die Felsen prägte, läßt sich in wenigen Worten erzählen. Er war ein langer, hagerer Kanadier, der während vieler Jahre als Pelzhändler und Trapper herumgezogen war und zuletzt im Gold-Cañon Zuflucht gefunden hatte, wo er wie die andern Goldsucher mit mäßigem Erfolg arbeitete, bis er bei Gold Hill einen ‹claim› übernahm, der von vier andern entdeckt worden war. Er war immer darauf aus, sich die Arbeit der andern zunutze zu machen, wobei er sich selbst so wenig wie möglich anstrengte, und so richtete er sich rasch in der bestehenden Hütte der Brüder Grosh ein und bearbeitete den ergiebigen ‹claim› mit Hilfe von zwei Indianern, die etwas weniger faul waren als er selber. Das enthob ihn der ärgerlichen Notwendigkeit, Sand zu waschen. Er war also in der angenehmen Lage, nach Lust und Laune ziellos durch die Gegend zu streifen, und so kam er zufällig am Abend desselben Tages über die Hügel geritten, da die große Entdeckung gemacht worden war. Die beiden Iren waren eben dabei, über Nacht das Gelände zu räumen, denn sie reinigten zum letztenmal ihren ‹Rocker›. Sie hatten mit Steinen und Pfählen die Grenzen ihres ‹claim› einigermaßen markiert, und es gab keinen Grund zur Annahme, daß ihr Anspruch umstritten sein könnte. Als sich Comstock dem Wasserloch näherte, gewahrte sein ruheloses Auge den Erdhaufen und den reichen Inhalt des ‹Rockers›. Ohne ein Wort sprang er vom Pferd und ließ sich in der Grube auf seine Knie nieder,

Über einen beschwerlichen Bergpfad, die sogenannte ‹Geiger Grade›, wanderten selbst im Winter Minenarbeiter nach Virginia City.

wühlte mit seinen Fingern im Schmutz und betrachtete die feinen Splitter, die in seiner Hand zurückblieben. Schließlich erhob er sich und erklärte den erstaunten Iren kühl, sie seien in unbefugter Weise in sein Land eingedrungen. Eine Ziege würde zwischen den Klippen und den bröckeligen Felsen dieses ausgetrockneten Berges umsonst nach Futter suchen; aber Comstock behauptete, er habe sich am Berghang einen Streifen von 160 Morgen Land für eine Farm gesichert, und die wie üblich unbestimmten Grenzen dieses Grundstücks umfaßten auch das Wasserloch und den Graben, in dem die beiden Männer arbeiteten. Er gestattete ihnen jedoch, die Arbeit fortzusetzen, wenn sie sein Eigentumsrecht anerkennen und seinem Freund Emanuel Penrod und ihm die Hälfte des ausgesteckten Feldes abtreten würden.» So bekam Comstock über Nacht den Schlüssel zu unermeßlichem Reichtum in die Hand. Zwar ahnte er noch nicht, was unter den Hügeln von Washoe verborgen lag, doch die Büchse der Pandora war geöffnet.

Auf mühsamen Wegen strömten von Kalifornien her Scharen von Glücksjägern in die vegetationslosen Täler und Schluchten. Die Finanzleute von San Francisco begannen sich mit der Sache zu befassen, und gegen Jahresende nahm das wilde Treiben noch zu. Comstock Lode glich einem Ameisenhaufen, und hartnäckig bahnten sich Minenarbeiter einen Weg durch die verschneiten Pässe der Sierra Nevada. Zahlreiche Gesellschaften wurden ins Leben gerufen: die Ophir, die Central, die Mexican, die Gould and Curry, die Savage Mining, die Virginia Consolidated und die Union Mill and Mining Company. Ihre Namen hatten zum Teil über Jahrzehnte hin einen guten Klang, andere hingegen verschwanden geräuschvoll. Die Minenstädte Virginia City und Gold Hill entstanden inmitten von Gruben, Schutthalden und Quarzmühlen. Die Anfänge von Virginia City unterschieden sich wenig von andern Stadtgründungen in jener bewegten Epoche: «Im Oktober des Jahres 1859 wurde von Herman Camp und

Die Minenstadt Virginia City mit dem Mount Davidson im Hintergrund.

290

Ein Prospekt warb für die Minen im Comstock Lode.
Die Darstellung in der Mitte des Blattes zeigt
Stollen, die nach dem System des deutschen Ingenieurs
Deidesheimer abgeteuft wurden.

Erste photographische Aufnahme von Virginia City aus dem Jahre 1862. Noch beherrschen provisorische Holzbauten das Bild. Im Vordergrund präsentiert sich die Feuerwehrkompanie Nr. 1, die im sozialen und politischen Leben der Stadt ein gewichtiges Wort mitredete. Die Feuerwehren beschränkten sich im amerikanischen Westen nicht auf die nützliche Arbeit mit Spritze und Wendrohr, sondern wirkten energisch in der Tagespolitik mit. In Virginia City zum Beispiel verteidigte die Feuerwehr zu Beginn des Sezessionskrieges die Sache der Union und trug wesentlich dazu bei, daß der Einfluß der Konföderierten in Nevada ausgeschaltet wurde.

Minenarbeiter fahren in den Schacht einer unbekannten Mine ▷ im Comstock Lode ein.

292

Die Reduktionswerke der Gould and Curry Mine
von Virginia City, im Six Mile Cañon gelegen.

294

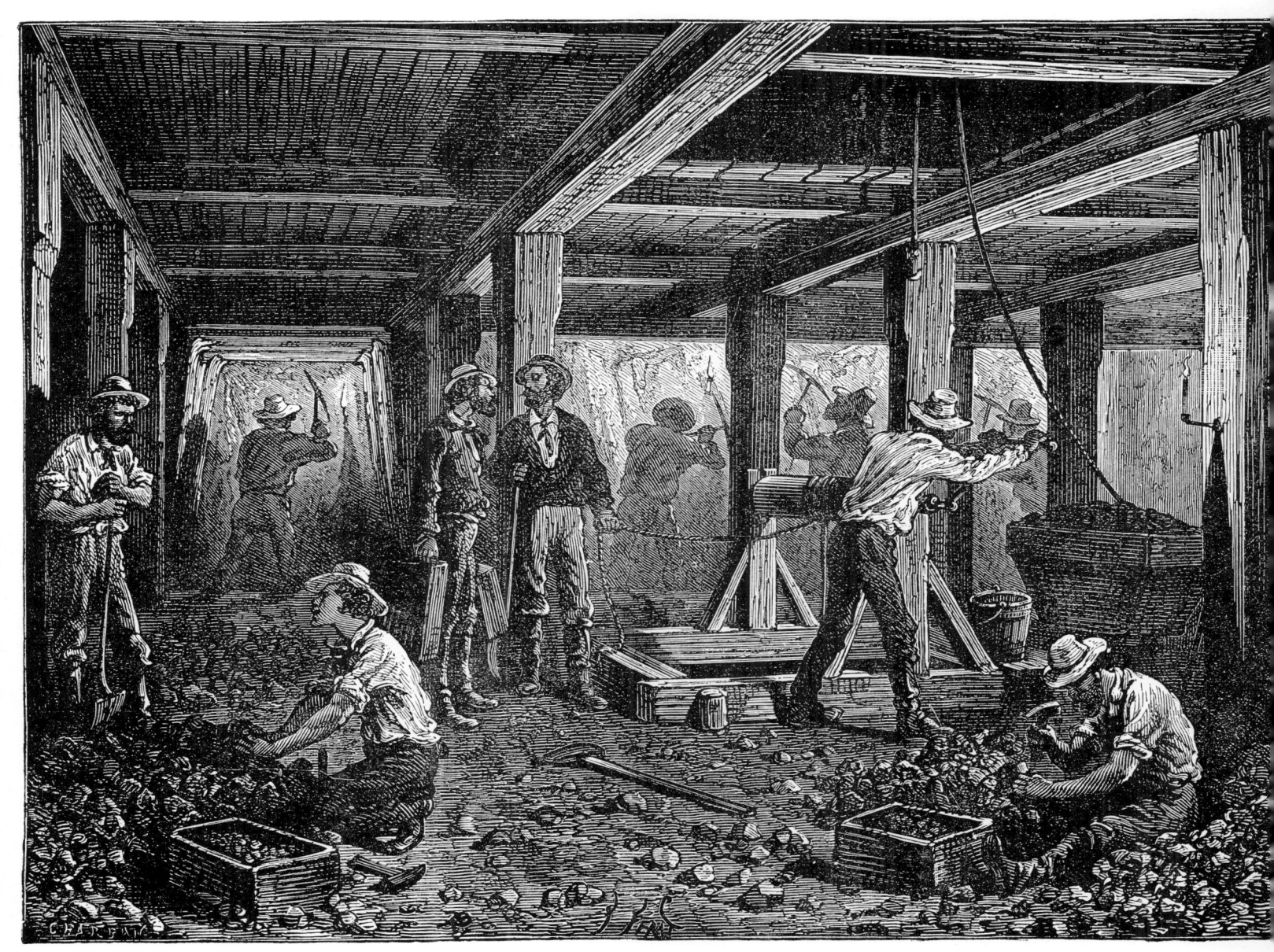

Die Arbeit in einer Silbermine des Comstock Lode.
Die Verhältnisse in den Stollen boten häufig zu Klagen Anlaß.
Das Gestein war brüchig und die Hitze mörderisch.

Henry de Groot der vermuteten Linie der Comstock-Vorkommen entlang eine einzige Straße angelegt», schreibt Lord. «Sie führte ziemlich genau von Norden nach Süden, außer an den Stellen, wo sie einen Bogen um Hütten herum machen mußte, deren Bewohner nicht weichen wollten. An dieser Straße wurden nur zwei Häuser aus roh verkitteten Steinen errichtet. Sie standen inmitten einer hin und her pendelnden Reihe von baufälligen Holzverschlägen ... Grimmige Winde, welche die zitternden Minenarbeiter in ihrem nicht zu besiegenden Humor ‹Washoe-Zephir› nannten, fegten die Hänge des Mount Davidson herunter mit alles blendenden Schneeböen, deckten die Hütten ab und warfen die zerfetzten Zelte über die steilen Felsen. Die Arbeiter fluchten über den Schnee, den Wind und die hohen Preise, dachten aber nicht daran, das Lager aufzugeben. Wenn sie kein Holz fanden, so schnitten sie das trockene Steppengras und kochten ihre tägliche Ration an Speck auf dem leise knisternden Feuer. Trieb der Schnee durch die Spalten ihrer Hütten und bedeckte die Leute mit eisigem Staub, so wanden sie ihre Decken enger um ihre Körper und schlossen die Ohren vor den Windstößen, die über ihre Köpfe heulten. Der heilige Durst nach Gold machte sie unempfindlich für Kälte, Hunger und Müdigkeit, und sie sehnten sich nach dem Frühling nicht so sehr, weil er sie von den Nöten des Winters befreite, sondern eher deshalb, weil sie dann wieder ihre unermüdliche Jagd nach den verborgenen Goldadern beginnen konnten. Inzwischen verbrachten sie die langen Wintertage mit Spielen, Trinken und Gesprächen über die Aussichten der kommenden Jahreszeit.»

In Wahrheit arbeitete nur ein geringer Teil der Leute, die in Washoe eintrafen, im Bergbau. Viel größer war die Zahl der Spekulanten, die sichtbare und unsichtbare Werte hin und her schoben, Vermögen gewannen und wieder verloren und damit nicht weniger Gold in Umlauf brachten als die in wilder Hast produzierenden Minengesellschaften. Spieler und Pistolenmänner zierten Straßen und Spelunken der Stadt und nahmen sich der Arbeiter an, die mit Taschen voll Gold aus den Gruben kamen. Den Schwindlern fielen vor allem leichtgläubige Neulinge zum Opfer, denn für sie hielt man einen auserlesenen Katalog von Betrügereien bereit, der von wertlosen Gesteinsproben bis zu Anteilscheinen an fiktiven Minenunternehmungen reichte. Mit einem abgefeimten Trick brachte man wertlosen Boden als besonders reichhaltige Mine an den Mann: Die Gauner schossen mit einer Flinte Goldstaub oder Silberstücke ins Gestein und führten den hochbeglückten Käufer an die so präparierte Fundstelle. Man nannte dieses im Westen beliebte Spiel einen ‹claim salzen›.

Die Zeitgenossen haben das Schicksal jener Männer, die als die eigentlichen Entdecker des Comstock Lode gelten, zum Anlaß für moralische Betrachtungen über Wert und Unwert des irdischen Reichtums genommen. Der klägliche Abgang der unfreiwilligen Heroen ist in der Tat ein einzigartiges Exempel für Glück und Unglück im Wilden Westen. Nach einer lange herumgebotenen Version verkaufte ‹Old Virginny› seinen Anteil an der Ophir-Mine für 25 Dollar, eine alte Stute und eine Flasche Whisky. Angeblich unterschrieb er den Vertrag in stark berauschtem Zustand. Als er post festum seinen Irrtum erkannte, versuchte er vergeblich, wieder zu seiner Sache zu kommen. Man sperrte ihn so lange in einen Tunnel, bis er den neuen Besitzern alle Dokumente, mit denen er seinen Rechtsanspruch begründen wollte, ausgeliefert hatte. ‹Old Virginny› fand aber keine Zeit, über sein Unglück nachzusinnen, denn bald darauf stürzte er vom Pferd und blieb tot liegen. Nach den Angaben des Deutschen Friedrich von Hellwald, der in den siebziger Jahren Virginia City besuchte, verkaufte Penrod seine Mine für 3000 Dollar, McLaughlin löste 3500 Dollar und O'Riley sogar 40000 Dollar. Doch sie starben alle in Armut. Henry Comstock war überzeugt, das Geschäft seines Lebens gemacht zu haben, als er seine unvergleichlich wertvollen Minenanteile für 11000 Dollar versetzte. Als er den wahren Wert seines ehemaligen Besitzes erkannte, trieb er sich auf der Suche nach neuem Reichtum melancholisch

Ross Browne veröffentlichte diese Zeichnung in seinem Bericht über die Minen der Washoe-Region und versah sie mit dem Titel: ‹Kampf in Aussicht.› Die verworrenen Besitzverhältnisse in den Gruben des Comstock Lode führten gelegentlich zu handgreiflichen Auseinandersetzungen unter Tage.

in verschiedenen Minengebieten herum und setzte schließlich seinem Leben mit einem Revolverschuß ein Ende.

Im Sommer des Jahres 1860 wurde aus dem verwahrlosten Minen-Camp von Virginia City in unwahrscheinlicher Eile eine respektable Stadt. Als der Beauftragte der amerikanischen Regierung, J. Ross Browne, im Herbst des gleichen Jahres in der Washoe-Region eintraf, war die Wandlung bereits vollzogen. In seinem Reisebericht entwirft er ein lebendiges Bild der von Vitalität erfüllten Minenstadt:

«Die Stadt liegt auf einem sehr steilen Hügel und bietet die seltsamste Mannigfaltigkeit in ihrer Anlage, denn es läßt sich kaum erraten, nach welchem Prinzip oder Plan sie entworfen wurde. Auf mich machte es den Eindruck, als hätte man nie an einen Plan gedacht und als hätte man sich bei den Bauten bloß an die Senkungen, Vorsprünge und Winkel des berühmten Comstock-Lagers gehalten. Einige Straßen laufen gerade, andere scheinen in spitzen Winkeln hin und her zu ziehen, als suchten sie einen Ausweg, wie wenn Grubenarbeiter unter der Erde nach einer Ader suchen. An Querstraßen kann man beim ursprünglichen Plan nicht gedacht haben, wenn bei der exzentrischen Stadt überhaupt von einem Plan die Rede sein kann. Mitunter gibt es an unerwarteter Stelle eine Querstraße, während sich durchaus keine findet, wo man sie sicher erwarten sollte. Wer in der Eile von dem oberen Hügel der Stadt nach dem entgegengesetzten Punkt in der Tiefe strebt, müßte unter dem Boden oder über die Dächer der Häuser sich Bahn machen, will er nicht den gewohnten Weg einer halben Meile zurücklegen. Alle Welt scheint da gebaut zu haben, wo man sich Grund und Boden erworben hatte. Die beiden Hauptstraßen sind freilich insofern regelmäßig, als sie einigermaßen die Richtung des Comstock-Lagers einhalten ... Das eigentliche Geschäftsquartier der Stadt ist mit erstaunlicher Raschheit aufgeführt worden, denn im Frühling des Jahres 1860 fanden sich nur einige Bretterhütten und Segeltuchzelte und ein paar

Häuschen aus rohen Steinen vor. Heute aber bietet die Stadt schon die charakteristischen Eigentümlichkeiten einer Hauptstadt. Große, solide Häuser aus Ziegeln, drei bis vier Stockwerke hoch, mit verzierten Fronten, haben die meisten leeren Stellen ausgefüllt, und viele Gebäude ähnlicher Art sind in Konstruktion begriffen. Allein, die Wunderlichkeit der Anlage verbunden mit der mannigfaltigsten Architektur, bei der die alten Baustile und andere Bauformen vertreten sind, welche der modernen Welt kaum bekannt sind, geben der berühmten Stadt ein hochkomisches und zugleich malerisches Aussehen ...»

«Wenn man in die Hauptstraße einlenkt, so passiert man einen riesigen Haufen Erde und Erz, die aus den Gruben herausgezogen oder aus den Tunneln herausgeschleift und zusammengehäuft werden. Die Abhänge der Hügel sind in einer Ausdehnung von mehr als einer Meile wellenförmig durchlöchert. Welch ein Schauspiel! Dampfmaschinen lassen ihren Dampf ausströmen, aus den langen Reihen der Schornsteine erheben sich dicke Rauchwolken, welche die Luft verfinstern, die Quarzbatterien sind in voller Tätigkeit, und die Hämmer lassen ihr Echo ertönen. Die Sprengungen in der Tiefe reißen die Erde auf, an den kostbaren Felsen arbeiten Picken und Brechstangen. Allenthalben entstehen Bretterhütten, wo die Schreiner mit Sägen und sonstigen Arbeiten beschäftigt sind. Die Inhaber der Läden rollen ihre Waren auf der Straße ein und aus, Obstverkäufer bieten Früchte feil, und die Fuhrleute laden Güter und Erz auf und ab. Die ‹Saloons› schimmern mit ihren prachtvollen Schanktischen voll bunter Gläser mit vielfarbigen Schnäpsen, und durstige Gäste schlürfen mit Wonne das brennende Gift. Auktionatoren, umgeben von kauflustigen und gaffenden Spekulanten, schreien die Aktien insolventer Aktionäre mit lauter Stimme aus, Orgelspieler lassen ihre Melodien erklingen und quälen dabei ihren nervösen Affen ab, während Leiermädchen in ihren Spelunken bacchanalische Lieder singen. Jüdische Kleiderhändler verkaufen zu Spottpreisen wunderbaren Plunder und wertlose Kleidungsstücke. Zettelanschläger ziehen durch die Straßen, um ihre Plakate anzuschlagen, in denen Auktionen, Theatervorstellungen und neue ‹Saloons› empfohlen werden. Die Zeitungsverkäufer schreien sich die Kehlen heiser, indem sie die städtischen Zeitungen mit den letzten telegraphischen Berichten ausrufen. Die Postkutschen eilen inzwischen mit ihren Passagieren nach Reese, während ständig Passagiere von San Francisco eintreffen und die unermüdliche Wells, Fargo and Company Briefe, Pakete und Zeitungen an die harrende Menge verteilt, und all dies mitten in einem schimmernden Haufen von Silberklumpen und einem wunderbaren Durcheinander von Postsäcken, Rechnungsbüchern und Zwanzig-Dollar-Stücken. Mit einem Wort, das Leben ist hier eine unausgesetzte Aufregung, unterhalten durch Geldgier, Genußsucht, teuflische Begierden und einigen Unternehmungsgeist. Eine wunderliche Stadt allerdings, die einem eine Menge seltsamer und auffallender Schaustellungen bietet.»

In Virginia City fehlte keine jener Einrichtungen, die nun einmal unentbehrliche Attribute westlicher Städte darstellten. «Die Minenarbeiter kannten wenig Vergnügungen außer dem unentbehrlichen Spielen und Trinken», schreibt Lord. «Die Prostitution stand in Blüte wie in allen Camps, und Kurtisanen flanierten gemächlich durch die Straßen, angetan mit hübschen Kleidern und prächtigen Juwelen, und trieben mit der Flut der Leute hin und her durch die Stadt. ‹Saloons› von jeder Art waren an jeder Straße und jeder Ecke zu finden, geräumige Säle mit Tischen aus Walnußholz, massiven Spiegeln und glitzernden Reihen von Flaschen, und billige Schenken aus Kiefernholz mit wenigen schwarzen Flaschen. Jedes dieser Lokale hatte seine besondere Kundschaft, abgesehen von Passanten, die sich ohne Überlegung in irgendein Wirtshaus begaben. Männer verschiedener Nationalität, die unter Tag Schulter an Schulter arbeiteten, zeigten hier ihren Hang zur eigenen Sippe: Die Italiener hatten ihre bevorzugten Treffpunkte; die Franzosen ihr ‹Café de Paris›; die Deutschen ihre Bierkeller. Die mexikanischen Bergarbeiter, mehr als andere auf Feiertage versessen, ehrten ihre Schutzheiligen,

Ross Browne setzte zu dieser Szene die Unterschrift: ‹Herberge für Jünglinge!›

Hauptstraße der Minenstadt Helena in Montana im Jahre 1865.

Eine Karawane rastet sonntags in einer Straße von Denver. Nicht nur in der Prärie, sondern auch mitten in einer Siedlung wurde die Wagenburg formiert. Der Photograph hielt das charakteristische Bild im Herbst des Jahres 1866 fest.

DRY GOODS & CLOTHING STORE
DRUG STORE
STORAGE & COMMISSION

STORAGE & COMMISSION
LAND OFFICE.
GEST. HATTEN & CO

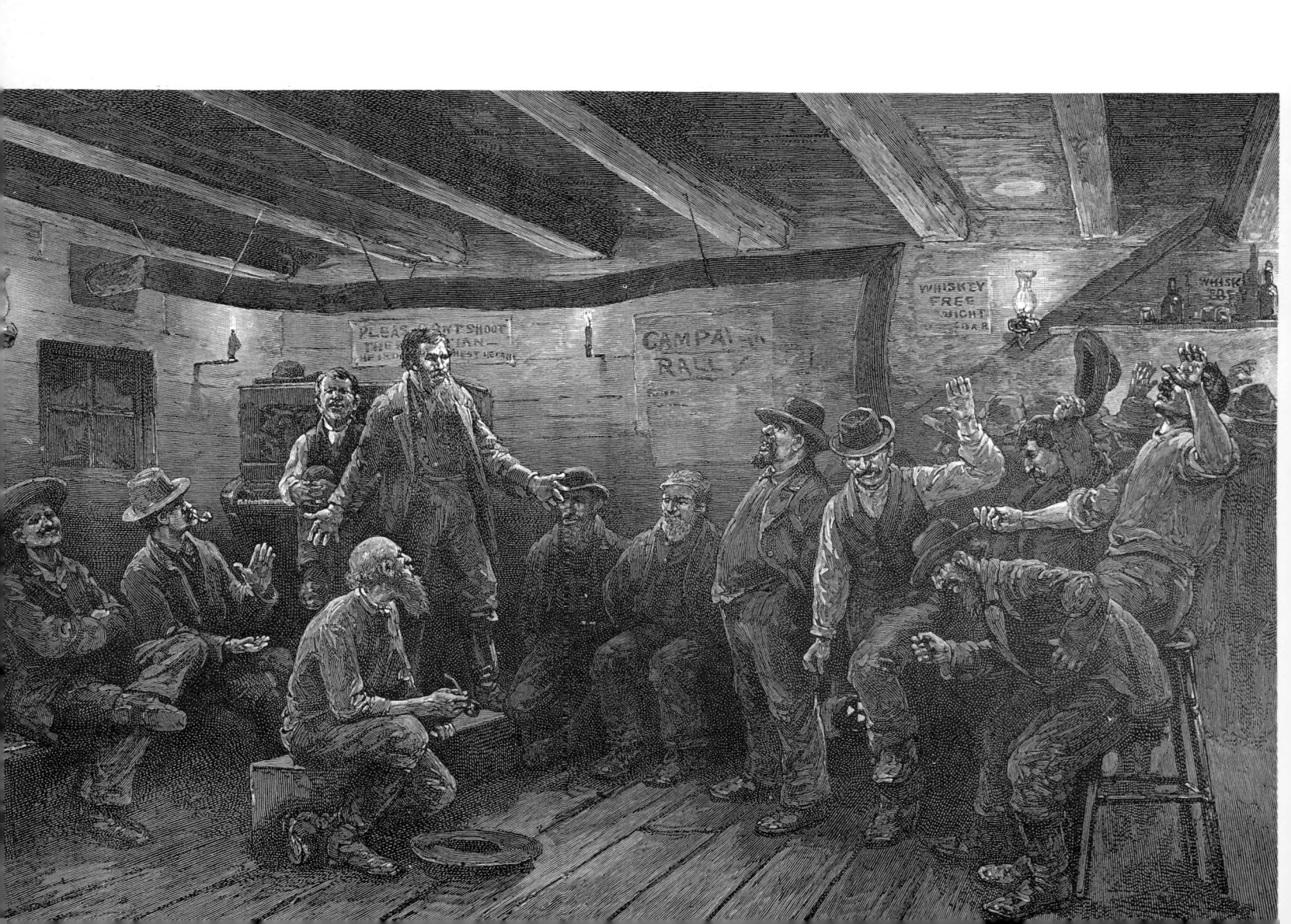

Die Minenstadt Central City in Colorado in den sechziger Jahren.

Als der Abbau der Gold- und Silberlager längst eine Angelegenheit von kapitalkräftigen Gesellschaften war, suchten an Flüssen und Bächen immer noch einzelne Goldsucher ihr Glück mit Goldwaschen in der Pfanne, dem ursprünglichsten und primitivsten Verfahren.

◁ Versammlung der Bergarbeiter in einem Minen-Camp in den Rocky Mountains.

Stimmungsbilder auf dem Weg zum Pike's Peak,
festgehalten zuhanden eines aufmerksamen Publikums
in ‹Harper's Weekly›.

indem sie an stets wiederkehrenden Tagen die Arbeit verweigerten und sich betranken, und zur Feier ihrer nationalen Unabhängigkeit illuminierten sie die Minen.»

Die Stadt Virginia City wirkte zu Beginn der sechziger Jahre wie ein Magnet inmitten der trostlosen Bergwüste von Washoe. Doch nicht alles, was sie anzog, gereichte der Minenmetropole zur Zierde. Der Zustrom von Glücksrittern und Desperados versetzte die Gegend in Unruhe und führte zu Konflikten mit den benachbarten indianischen Nationen. In einem blutigen Krieg mit den einst friedlichen Paiutes erlitt die aus Minenarbeitern bestehende Miliz eine empfindliche Niederlage. Eine Zeitlang lebten die Bewohner von Virginia City in Angst vor den in Wut geratenen Indianern. Doch der Patriarch der Paiutes, der alte Winnemucca, riet zur Mäßigung. Die Zurückhaltung wurde schlecht belohnt. Im Mai des Jahres 1860 schlugen die aus Kalifornien angerückten Minenarbeiter den tapferen Haufen der Paiutes in der Nähe des Pyramid Lake und vertrieben die Indianer aus der Region.

Die beginnende Sezession des Südens brachte neue Unruhe nach Washoe. Zahlreiche Männer, die in Nevada den Ton angaben, hegten entschiedene Sympathien für den Süden. In Virginia City beherrschten die Anhänger der Konföderation eine Zeitlang die Straßen. Die Parole ging um: «As the South goes, so goes the Lode» (Was der Süden unternimmt, das tut auch Comstock Lode). Die Freunde der Union sahen sich in die Verteidigung gedrängt. Zu ihnen zählte die Feuerwehr von Virginia City, die sich nicht bloß mit den Bränden, sondern auch mit Politik befaßte. Aber auch die wichtigste Zeitung am Ort, die ‹Territorial Enterprise›, focht für die Sache Lincolns. Die Entscheidung zugunsten der Union fiel, als Bundestruppen aus dem nahegelegenen Fort Churchill in Virginia City einrückten und dem Treiben der Konföderierten ein Ende setzten. Von da an stand Nevada entschieden im Lager des Nordens.

Inzwischen entwickelte sich die Stadt zu einem respektablen Gemeinwesen. Solide Steinbauten strebten in die Höhe, und der Eindruck des hastig hingeworfenen Provisoriums verschwand. Gold und Silber lagen sozusagen auf der Straße. Die Finanzbarone von San Francisco gingen in den Luxushotels von Virginia City ein und aus. Das erste Theater, das Howard House, wurde im Jahre 1860 eröffnet. Weitere folgten in kurzen Abständen. Thomas Maguire, Besitzer eines Theaters in San Francisco, baute das Virginia City Opera House. Man gab sich extravagant, schwärmte für Shakespeare, verschmähte aber auch die zeitgenössischen Melodramen und Rührstücke nicht. Noch in den siebziger Jahren stiftete John Piper, kunstbeflissener Inhaber eines ‹Saloon›, das Piper Opera House, das weit über die Jahrhundertwende hinaus als Theater diente. Eine Zeitlang war Samuel Langhorne Clemens, besser bekannt unter seinem Pseudonym Mark Twain, Reporter im Dienste der angesehenen ‹Territorial Enterprise› und versetzte die Gesellschaft mit seinen zuweilen bösartigen Attacken in Unruhe.

Mit zunehmendem Reichtum verfeinerten sich die Umgangsformen in Virginia City. Man gab die ungeschliffenen Manieren aus dem Minen-Camp auf und pflegte einen neuen Stil. Friedliche Bürger, Spekulanten und Desperados legten sich städtischen Habitus und snobistisches Gebaren zu. Professor Jerry Thomas, Barmann im ‹Delta Saloon›, bemühte sich mit einigem Erfolg um die Tischmanieren und Trinksitten seiner Kundschaft. Als die Schienen der Central Pacific durch Nevada gelegt wurden, begann man auch mit dem Bau einer Strecke von Reno über Carson City nach Virginia City. Die neue Bahn, die Virginia and Truckee River Railroad, galt bald als die exklusivste Eisenbahn im amerikanischen Westen. In ihren schwarz-gelben Zügen brachte sie Scharen von Touristen in die inzwischen weltberühmt gewordene Silberstadt, und Millionäre legten Wert darauf, mit der Virginia and Truckee im eigenen Salonwagen durch Washoe zu reisen. Virginia City zählte zu Beginn der siebziger Jahre über 30000 Einwohner, und noch war im steilen Aufstieg kein Ende abzusehen. Die ‹Könige des Com-

stock› bauten sich pompöse Villen inmitten einer von Gruben verunstalteten
Landschaft. Im Jahre 1873 rückte die Consolidated Virginia dem Mount Davidson
zu Leibe und stieß in einer Tiefe von etwa 400 Metern auf die sogenannte ‹Big
Bonanza›, ein ungeheures Lager von Gold und Silber, das der Gesellschaft einen
Ertrag von 200 Millionen Dollar einbrachte.

Doch die Entwicklung des Comstock Lode verlief keineswegs in ungetrübter
Harmonie. Hinter der glitzernden Fassade lagen Unternehmer und Spekulanten
in unerbittlichem Kampf um die Macht, und um die Rechtsordnung war es kaum
besser bestellt als in jenen Anfängen, da der Trunkenbold ‹Old Virginny› seinen
‹claim› markierte. In den Straßen der Stadt und in einstürzenden Minenschächten
starben fast täglich Männer. Der Friedhof, auf einer Anhöhe gegenüber dem
Wohnbezirk gelegen, wuchs beständig und erreichte bald einen beträchtlichen
Umfang. Respektable Vermögen wurden in endlosen Prozessen vertan. Die Ursachen der Konflikte lagen in der Natur des Bergbaus im Comstock Lode begründet, oder auch in der nachlässigen Art, wie er betrieben wurde. Die Pioniere,
die sich in einem Minengebiet einen ‹claim› sicherten, verzichteten im allgemeinen auf eine genaue Vermessung. Auch um Urkunden, die ein Besitzverhältnis
begründeten, war es zumeist schlecht bestellt. Man verließ sich auf das Gewohnheitsrecht, das zwar jedem ‹prospector› geläufig war, für die außergewöhnlichen
Zustände um Virginia City aber nicht ausreichte. Bereits im Jahre 1860 über-
schnitten sich die Ansprüche der verschiedenen Gesellschaften in so chaotischer
Weise, daß kein Richter die Dinge mehr entwirren konnte. «Jedermanns Vermessung lief durch die Zone eines jeden andern. Die Cedar Hill Company kreuzte
die Miller Company; die Dow Company stieß sich mit der Billy Chollar, und so
weiter. Es war ein Kampf im Kreise herum.» Je tiefer man die Stollen vortrieb,
desto unübersichtlicher wurden die geologischen Verhältnisse. Dabei war Klarheit in diesen Dingen unerläßlich. Die Ansprüche der Minenbesitzer konnten nur
dann gegeneinander abgegrenzt werden, wenn man über den Lauf der Adern Bescheid wußte. Wesentlich war die Frage, ob es sich bei den Vorkommen unter
dem Mount Davidson um ein einziges oder um mehrere Lager handelte. Nach
dem gültigen Minenreglement hatte der Entdecker einer Ader Anspruch auf
dieses Vorkommen in seiner ganzen Länge mit allen Verzweigungen und paralle-
len Lagern. Bekannte man sich zur sogenannten Einlagertheorie, so waren die
Auswirkungen ungeheuerlich: So hätte zum Beispiel die Ophir Mine, die Erbin
von Henry Comstock, gewaltige Lager für sich beanspruchen und die später er-
schienenen Nachbarn aus dem Feld schlagen können. Die Frage hielt die Region
während Jahren in Atem. Ross Browne, der in dieser Sache ein Gutachten verfaßte, gibt eine ironische Darstellung: «Von den Bürgern von Virginia City kann
man sagen, daß ihre Theorie, wonach die Minen nur ein einziges Lager darstellen,
ihre ewige Plage ist. Diese Einlagertheorie ist der Alp, der alle Eigentümer hier
drückt. In dieser Theorie liegt der Ruin aller Spekulanten der Wild Oat Mine,
und so ist sie natürlicherweise bei den Massen unpopulär. Mit der Einlagertheorie dringt niemand durch, der nach einem Ehrenamt trachtet. Wer sich um
ein Amt bewirbt, muß an die Mannigfaltigkeit der Lager glauben – er muß das
Comstock-Lager als das Fundament betrachten, muß es aber auch für richtig
halten, daß in der Nachbarschaft noch eine Menge anderer Lager vorhanden
sind ... Die ursprünglichen Eigentumsberechtigten des Comstock-Lagers sind von
Natur aus für die Einlagertheorie, wie sie sich auch aus Politik darüber äußern
mögen. Die Inhaber der außerhalb gelegenen Minen, die Besitzer von Baustellen,
die Kaufleute, Ladeninhaber, Händler und Spekulanten sind aus Interesse samt
und sonders für die Mehrlagertheorie. Ich habe meine Privatansicht darüber,
öffentlich aber pflichte ich jenen bei, welche die Verschiedenartigkeit der Lager
behaupten – die beste Politik für den, der keinen Fußbreit in irgendeinem Lager
besitzt.» Im übrigen war Browne der Meinung, Washoe leide an einem zwei-
fachen Übel: an zu vielen Gold- und Silberadern und an zu vielen Advokaten.

Vielleicht trifft es zu, daß Virginia City an zu viel Gold und Silber zugrunde ging. Als die oberflächlichen Lager erschöpft waren, drangen die Minengesellschaften immer weiter unter Tag vor und legten ein Labyrinth von Stollen an. Doch das brüchige Gestein des Comstock Lode brachte die Tunnel immer wieder zum Einsturz, so daß der weitere Abbau der Lager überhaupt in Frage gestellt war. Da entwickelte der deutsche Bergbauingenieur Philipp Deidesheimer ein geniales System von Verstrebungen, das Vorstöße bis in größte Tiefen erlaubte. Schließlich durchzog ein vielfach überlagertes Tunnelsystem von über 750 Meilen Länge die Berge von Washoe. Die Arbeitsbedingungen in den tiefern Lagen spotteten allerdings jeder Beschreibung, und die Minenarbeiter verbrachten jeweils nur wenige Stunden in der infernalischen Hitze. Täglich wurden Tonnen von Eis in den Untergrund geschoben, um Kühlung zu verschaffen. Man entwickelte zahlreiche Systeme zur Entlüftung der Stollen, die sich meist von Anfang an als ungenügend erwiesen. Adolph Sutro, ein deutscher Tabakhändler in Virginia City, unterbreitete den Minengesellschaften einen verblüffenden Plan, der alle Übelstände beheben sollte. Er wollte einen fünf Meilen langen Tunnel bauen, der von der Basis des Gebirges in gerader Linie zu den wichtigsten Schächten führte und eine zuverlässige Belüftung und Entwässerung sicherstellte und darüber hinaus den Transport der gewonnenen Erze erleichterte. Nach beinahe zehnjähriger Bauzeit war das Werk im Jahre 1878 vollendet, doch es kam zu spät, als daß es den Niedergang der Comstock-Minen noch hätte aufhalten können. Zwar lagen immer noch gewaltige Vorkommen an Edelmetallen unter dem Mount Davidson, doch der Abbau wurde schwieriger und zusehends unrentabel. Gegen die Jahrhundertwende schloß eine Mine nach der andern ihre Pforten, in den zwanziger Jahren unseres Jahrhunderts war die Herrlichkeit zu Ende, und von der einstigen Stadt Virginia City blieb nur ein kümmerlicher Rest.

Ungefähr zur selben Zeit, da die Kalifornier in die Minen des Comstock Lode strömten, setzte im Osten der Wettlauf nach dem Pike's Peak ein. Daß man den neuen ‹Goldrush› mit dem Namen des bekannten Berges versah, zeigt bereits, wie schlecht es damals um die Ortskenntnis bestellt war. Gold war nicht am Pike's Peak, sondern am Cherry Creek, einem Zufluß des South Platte, gefunden worden, und zwar ungefähr an der Stelle, wo später die Stadt Denver stand. Doch bei näherem Zusehen waren die Funde recht kümmerlich, und Hunderte von Goldsuchern machten sich enttäuscht auf den Heimweg. Doch der Glaube an das glückbringende Gold brachte unablässig neue Scharen ins Land. Die meisten der ungeduldigen Glücksjäger kamen über den ‹Smoky Hill Trail›, eine wasserlose, von Indianern beherrschte Wüste, in der außer den Relaisstationen von Russells Kutschenlinie kaum ein Zeichen der Zivilisation zu erkennen war. Auf den Planwagen der Goldsucher sah man hin und wieder die in grimmigem Humor hingesetzten Lettern: «Pike's Peak or bust!» (Pike's Peak oder Bankrott!), eine Devise, die für manchen zur traurigen Wahrheit wurde. Hunger und Durst brachten die unvorsichtigen Pioniere in Not. Bald war der Pfad von toten Tieren und von Gräbern gesäumt. Dabei hätte ein verhältnismäßig sicherer Weg dem Platte River entlang über Julesburg nach Denver geführt; doch wer wollte einen so zeitraubenden Umweg in Kauf nehmen?

Im Jahre 1859 hob sich die recht gedrückte Stimmung, als am Clear Creek neue Goldfunde gemeldet wurden. Die Masse der Goldsucher zog nach den sogenannten ‹Gregory diggings›. In wenigen Wochen schoß die Minenstadt Central City aus dem Boden. Es entstanden Golden City, Georgetown und andere Städte am Fuß und in den Schluchten der Rocky Mountains. Überschwengliche Berichte, von eifrigen Journalisten verfaßt, drangen nach dem Osten. Drei prominente Zeitungsleute waren im richtigen Augenblick zur Stelle: Horace Greeley, Herausgeber der New-Yorker ‹Tribune›, Albert D. Richardson und der Deutsche Henry Villard. Sie besuchten gemeinsam die ‹Gregory diggings› und bemühten sich, zu einem sachlichen Urteil zu kommen. «Mr. Greeley, Henry Villard vom ‹Commercial› in Cincinnati und ich brachten zwei Tage damit zu, die Minen zu untersuchen und uns mit den Goldwäschern zu unterhalten», schreibt Richardson. «Die meisten Gesellschaften teilten uns mit, daß sie mit großem Erfolg operierten. Sodann entwarfen wir einen umständlichen Bericht, in welchem die Mitglieder jeder Gesellschaft nebst ihren früheren Wohnsitzen in den Staaten angeführt wurden (damit sich jeder ohne Mühe über die Glaubwürdigkeit unterrichten könnte), sowie auch die Zahl der von ihnen beschäftigten Arbeiter und den durchschnittlichen Tagesertrag der Schleusen. Wir gaben uns Mühe, nicht nur die Licht-, sondern auch die Schattenseite des Gemäldes genau darzustellen. Wir beschrieben die Strapazen und Gefahren der langen Reise sowie die bitteren Erfahrungen, die manche von den minder Glücklichen machen mußten, und warnten das Publikum ernstlich vor einem neuen übereilten Andrang zu den Minen. Dieser Bericht wurde von den meisten hervorragenden Zeitungen des Landes übernommen und enthielt die erste spezifische, uneigennützige und zuverlässige Beschreibung der neuentdeckten Goldregion.» Doch fielen selbst so gewiegte Männer wie Horace Greeley mancher Täuschung zum Opfer. Man erzählte später in Central City, einige Goldsucher hätten vor der Ankunft des jedermann bekannten Journalisten ihren ‹claim gesalzen›, indem sie Goldstaub in den Boden schossen. Dann habe man Greeley die reichhaltigen Gesteinsproben gezeigt. Das Ergebnis sei ein enthusiastischer Artikel in der ‹Tribune› gewesen, der den Ruhm von Central City offensichtlich gefördert habe.

In den folgenden Jahrzehnten wurde in den Bergen Colorados an unzähligen Stellen nach Gold und Silber gegraben. Noch in den neunziger Jahren entdeckte man in Cripple Creek mächtige Goldlager. Silber beuteten die Minen um Leadville, Silverton und Creede aus. Längst hatten auch hier kräftige Gesellschaften den Platz der einzelnen ‹prospectors› eingenommen. Die Engländerin Isabella L. Bird besuchte im Jahre 1873 die Minen bei Georgetown und stellte mit Bedauern fest, daß der Bergbau die Landschaft veränderte und zerstörte: «Diese Minen mit ihrer unterirdischen Arbeit, ihren Stampf- und Brechmühlen und den in der Nähe errichteten Schmelzwerken überfluten mit ihrem Lärm, ihrem Tumult und mit dem Rauch Tag und Nacht den ganzen Distrikt. Ich wandte mich ab und begab mich in eine stille Gegend, wo jeder Goldsucher einsam für sich selbst grub und niemandem seine Funde und seine Enttäuschungen mitteilte. Ackerbau macht lebendig und verschönt, Bergbau hingegen zerstört und verwüstet, kehrt das Innere der Erde nach außen, macht sie häßlich und vernichtet alles Grün, wie er auch Herz und Seele der Männer zerstört. Überall entlang der großen Straße arbeiteten die Minen mit ihrer Zerstörung und Verwüstung, ihren Löchern, Gräben, Schluchten und Schleusen; und überall entlang den scheinbar unzugänglichen Höhen erblickte man mit Balken abgestützte Höhlen, in denen einsame und geduldige Männer ihr Leben für einen Schatz verkauften. Unten am Strom schwemmen und waschen die Männer zwischen den Eiszapfen, und ringsum auf den Höhen sind die Spuren von kaum zu begehenden Wegen zu sehen, zu steil selbst für Maultiere ...»

In Colorado wuchsen Dutzende von Minenstädten und standen meist nach einigen Jahren wieder verlassen da. Die Rocky Mountains waren erfüllt von turbulentem Leben, und es wiederholten sich dieselben Bilder und Vorgänge, die man eben noch in Kalifornien und Nevada gesehen hatte. Spekulation, Gesetzlosigkeit, Verbrechen beherrschten die Szene, doch gleichzeitig offenbarte sich die unglaubliche Tüchtigkeit der Amerikaner, die oft unter schwierigen Bedingungen neue Gemeinwesen organisierten, Eisenbahnen, Telegraphenlinien und Straßen bauten. Im Gefolge der Pioniere zog der übliche Troß von einem Minen-Camp zum andern: Kneipenwirte, Spieler, Prostituierte, Prediger, Schulmeister, Handwerker. Erstaunlich und rührend wirken die Bemühungen um Kunst und Bildung selbst an Orten, die gewissermaßen auf Abruf lebten. Central City war in den kurzen Jahren seiner Blüte stolz auf sein schönes Opernhaus. Das nahegelegene George-

1 Goldfunde in den ‹Gregory diggings›.

2 Die Arbeit am ‹Rocker›.

3 Tanzhalle mit Minenarbeitern und sogenannten ‹Hurdy-Gurdy›-Mädchen.

4 Redaktionsstube und Druckerei der ‹Rocky Mountain News› in Denver.

town pflegte seine aristokratische Note, und durch seine im Viktorianischen Stil erbauten Holzvillen unterschied es sich deutlich von jeder andern Minenstadt. Im ‹Hôtel de Paris›, einem der besten Häuser am Platz, führte der Inhaber Louis Dupuy eine feine Küche, die weit über Colorado hinaus berühmt war. Illustre Gäste wie General Ulysses S. Grant fanden sich ein. Dupuy, im Westen ein Muster der Gastlichkeit, war im übrigen von exzentrischen Sitten. Er haßte die Frauen und schoß auf jeden Steuereinzieher, so daß er bis an sein Lebensende von lästigen Abgaben befreit blieb. Berühmte Kurtisanen lebten in Georgetown, die gelegentlich die Stadt in Aufruhr versetzten. Mollie Dean und Mattie Estes waren die ‹leading madams› (tonangebende Damen), für die man sich duellierte. Die Chronisten berichten von verschiedenen Morden aus Eifersucht, und auch Mollie Dean wurde aus Eifersucht von ihrem Liebhaber umgebracht. In den Ruf einer verkommenen Stadt geriet das in den siebziger Jahren gegründete Leadville, doch schließlich sorgte auch hier eine handfeste Bürgerschaft für Ordnung. Ein deutscher Reisender meinte zu dieser Entwicklung: «An Schießaffären ist zwar immer noch kein Mangel, hört man es doch des Abends öfters aus Barrooms knallen. Dies ist oft nur blinder Lärm, denn wenn die ‹boys› recht lustig werden, so amüsieren sie sich manchmal damit, die Lampen mit Revolverschüssen auszublasen. Das Vigilanz commitée macht übrigens in letzter Zeit seinem Namen Ehre. ‹Leadvillains› und ‹Leadvillainies› gibt es freilich immer noch genug. An Phrynens Altären herrscht noch der freieste Cultus, und die Schamlosigkeit – oder

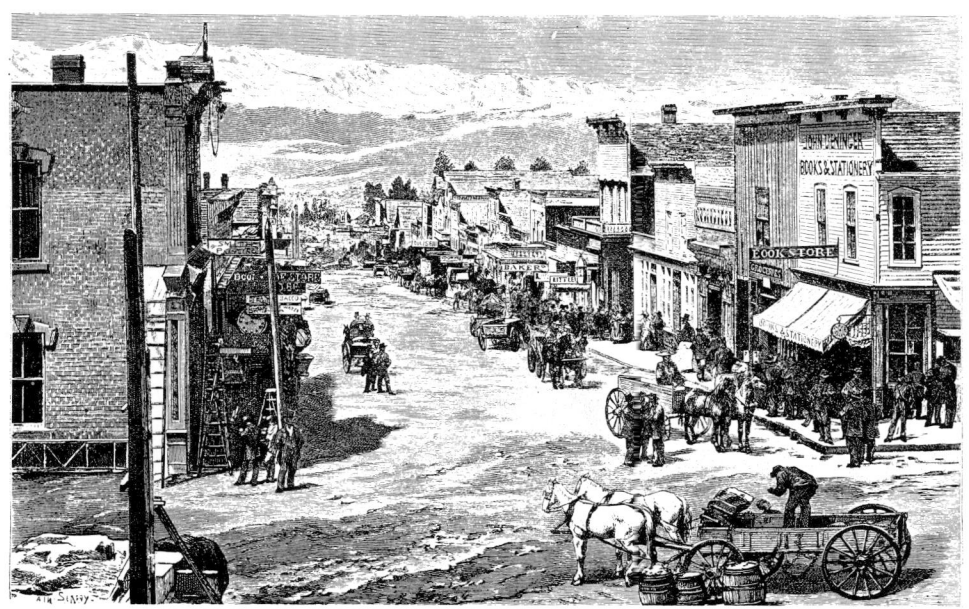

Straße in der Minenstadt Leadville in den Bergen Colorados.

Auszug nach den Black Hills: Im Jahre 1876 verließen die Minenarbeiter in Scharen ihre Arbeitsplätze in Colorado, um sich den neuen Reichtümern in der Reservation der Sioux zuzuwenden.

Sozusagen über Nacht entstand die Minenstadt Deadwood. Es war einer der wildesten und gesetzlosesten Orte im Westen. Der regellose Zulauf zu den Black Hills verletzte die verbrieften Rechte der Sioux. Die im Jahre 1876 ausbrechenden Sioux-Kriege waren die direkte Folge dieser Vorgänge.

soll man es Naivität nennen – dieser Minenstadt-Moral geht so weit, daß neue Frauenzimmereinfuhren aus dem Osten durch umherwandelnde Plakatträger, wozu lächerlicherweise oft Esel dienen, in den Straßen angezeigt werden. Doch allen Ausschweifungen und Freiheiten der niederen Klassen gegenüber existiert doch bereits eine ‹Gesellschaft› in Leadville, und zwar so gesittet, wie in jeder Großstadt des Ostens, eine Gesellschaft, die ihre Kirchenverbände, Vereine, Clubs (darunter einen literarischen, der dieser Tage einen glücklichen Anfang nahm) besitzt, sich ihre Bälle, Réunions ebenso glänzend und so interessant gestaltet wie in Denver, das heißt, soweit dies die kleine Damenzahl ermöglicht ...»
Fürst im Silber-Imperium von Leadville war H.A.W. Tabor, ein Mann von bescheidener Herkunft, nun aber als Minenbesitzer und Politiker eine beachtliche Figur im Staat Colorado. Mit seiner jungen, hübschen Frau Baby Doe gab er glänzende Festlichkeiten und legte, soweit es die andern betraf, Wert auf aristokratischen Stil. Als ganz und gar ungebildeter Mann, der noch nie ein Theater betreten hatte, baute Tabor prunkvolle Opernhäuser in Denver und Leadville. Als in den neunziger Jahren die Silberpreise zusammenbrachen, schwand sein Reichtum von einem Tag auf den andern, und bald darauf starb er in Armut. Tabor hinterließ seiner Frau als einziges Besitztum die wertlos gewordene Matchless-Mine. Baby Doe zog sich auf das Gelände der hoch in den Bergen gelegenen Mine zurück und lebte, eine Erinnerung aus vergangener Zeit, einsam in einer baufälligen Bretterhütte, bis sie in einer kalten Winternacht des Jahres 1935 starb.

Kaum eine Betätigung war im gleichen Maß den wechselnden Stimmungen unterworfen wie die Arbeit in den Minen. Ganze Städte wurden aufgegeben, wenn das Gerücht von reicheren Goldfunden in andern Regionen umging. So verhielt es sich im Jahre 1876 beim Goldrausch in den Black Hills von South Dakota, als die Minenarbeiter zu Tausenden Colorado verließen und Hals über Kopf nach dem neuen Ziel strebten. Das gleiche Schauspiel wiederholte sich mehrmals im amerikanischen Westen, und noch kurz vor der Jahrhundertwende setzte das Rennen nach den Minen des Klondyke in Alaska ein. Oft geschah es aus dem einfachen Grund, daß die Vorkommen am alten Ort erschöpft oder der Abbau unwirtschaftlich waren. Zurück blieben in jedem Fall verlassene Grubeneinrichtungen, Städte und entvölkerte Landstriche, alles in allem ein hoher Preis für das abenteuerliche Streben nach Gold und Silber.

Viehzüchter, Cowboys und Farmer

Gold und Silber waren nicht die einzigen Quellen des Reichtums, nach denen die Amerikaner im Westen strebten. Bald nach dem Bürgerkrieg sprach man von der ‹Beef Bonanza› und meinte damit die wirklichen und die vermeintlichen Schätze, die in den großen Ebenen in der Viehzucht lagen. Die Meinung, daß hier auf einen normal begabten Pionier ein einzigartiges Geschäft warte, griff unwiderstehlich um sich, und ebenso verbreitet war der Glaube, in diesem Metier könne jeder mit einem Minimum an Kenntnissen und Kapital auskommen. Die Zeitschrift ‹Boomerang› in Laramie erzählte eine Geschichte, die mit trockenem Humor die landläufigen Auffassungen glossierte: «Vor drei Jahren kam ein harmloser Anfänger nach Wyoming. Er führte einen einzigen Texas-Ochsen und ein Brandeisen mit sich. Heute ist der Mann glücklicher Besitzer einer Herde von sechshundert auserlesenen Tieren – offensichtlich die Nachkommen jenes einen Ochsen.» Doch das Publikum war zu optimistisch gestimmt, als daß es in diesen Dingen irgendwelche Ironie hätte gelten lassen. Zahllos waren die Rechenexempel in Zeitungen und Broschüren, die überzeugend nachwiesen, wie der Viehzüchter aus unbedeutenden Anfängen ein Imperium aus Kühen und Rindfleisch aufbauen konnte. «How to get rich on the plains?» (Wie wird man reich in den Ebenen?), lautete jeweils die rhetorische Frage, und die Antwort wies auf die Vermögen hin, die mit geringer Anstrengung aus der Viehzucht gewonnen wurden. So meinte zum Beispiel die ‹Breeder's Gazette›: «Ein ausgewachsenes Rind, das reif ist für das Schlachthaus, bringt 45 bis 60 Dollar ein. Das gleiche Tier war bei seiner Geburt 5 Dollar wert. Es ist während vier oder fünf Jahren durch die Prärie gewandert und hat Gras vom öffentlichen Boden gefressen und ist nun, nachdem es seinen Besitzer sozusagen nichts gekostet hat, 40 Dollar mehr wert als im Zeitpunkt, da es seine Wanderschaft antrat. Tausend dieser Tiere können fast so billig gehalten werden wie ein einziges. Wenn man also mit tausend Stück beginnt und dabei 5000 Dollar investiert, so löst der Viehzüchter in vier Jahren 40 000 bis 45 000 Dollar. Setzt man 5000 Dollar für seine laufenden Ausgaben ein, so bleibt ihm immer noch ein Reinertrag von 35 000 oder sogar 45 000 Dollar. Das ist die ganze Wissenschaft, und das ist auch der Grund, warum unsere Viehbesitzer reich werden.»

Das Geschäft mit den Viehherden begann im südlichen Texas. Am Nueces River weideten lange vor der Ankunft der Amerikaner die Herden der mexikanischen ‹Rancheros›. Tausende von Tieren streiften durch das weite Grasland, das durch keine Hecken und Gehege eingeengt war. Sie wurden von tüchtigen ‹Vaqueros› (Kuhhirten) zu Pferd überwacht. Wenn die Amerikaner später von ‹open range› sprachen, so meinten sie die Viehhaltung auf der offenen Weide, wie sie vor ihnen die Mexikaner pflegten. Die amerikanischen Siedler in Texas waren meistens Farmer, die sich anfänglich wenig um die Viehzucht kümmerten. Kleinere Herden wurden zwar schon in den fünfziger Jahren zu den Häfen am Mississippi und in die Goldfelder Kaliforniens getrieben, doch die Verluste unterwegs waren beträchtlich und die Gewinne bescheiden. Der Bürgerkrieg setzte dem Handel ein Ende, da die Union den Mississippi und Neu-Mexiko unter ihre Kontrolle brachte. Inzwischen hatten sich die frei herumstreifenden Herden ungeheuer vermehrt. Nach Kriegsende schätzte man die Zahl der Tiere auf fünf Millionen. Nur die wenigsten trugen ein Brandzeichen und gehörten dadurch einem rechtmäßigen Besitzer. Der große Haufe war herrenloses Gut, sogenannte ‹mavericks›, die man nach Belieben einfangen konnte. Die ursprüngliche spanische Rasse hatte sich in-

Für die Zeitgenossen wie für die Nachwelt war der Cowboy mit einem Hauch von Romantik umgeben. Die ungebundene Freiheit in der gesunden Natur entsprach genau jener geheimen Sehnsucht des Städters, der von den Vorzügen des einfachen Lebens schwärmte. Als Höhepunkt ländlicher Freuden erschien das Lagerleben, wie es in diesem Holzschnitt aus ‹Harper's Weekly› zum Ausdruck kommt.

Der ‹roundup› (oben), die jährliche Besammlung der Herden, bedeutete für Viehzüchter und Cowboys harte Arbeit, und zugleich war er eine festliche Veranstaltung. Unsere Aufnahme zeigt Herdenbesitzer mit ihrem Vieh beim ‹roundup› des Jahres 1881 in der Nähe von Las Animas (Colorado). Rechts im Bild steht der unentbehrliche ‹chuck wagon›, der Küchen- und Gerätewagen.

Am ‹roundup› wurde den Kälbern das Zeichen ihres Besitzers eingebrannt (unten links).
Cowboys treiben beim Eagle Pass eine Herde aus Mexiko durch den Rio Grande nach Texas (unten rechts).

313

Cowboy aus Wyoming in voller Ausrüstung.
Eine ‹Ranch› in Montana in den siebziger Jahren.

zwischen mit Milchkühen aus dem Osten vermischt. Als Ergebnis dieser Kreuzung waren verschiedene neue Rassen entstanden, denen vor allem ein Merkmal gemeinsam war: Die Tiere waren zäh und widerstandsfähig und durchaus imstande, Sommer und Winter auf der offenen Prärie zu verbringen. Die Amerikaner bezeichneten die texanischen Rinder als ‹longhorns› (‹Langhörner›). Zehntausende von ‹longhorns› weideten bald auch auf den Prärien von Colorado und Wyoming.

Als Texas nach dem verlorenen Bürgerkrieg in wirtschaftliche und soziale Not versank, lag der Gedanke auf der Hand, den ungenutzten Reichtum der Viehherden als Pfand einzusetzen. Die Rechnung war so simpel, daß sie jedem Hinterwäldler einleuchtete: In Texas kostete ein Rind drei oder vier Dollar, am oberen Mississippi zahlte man für das gleiche Tier mindestens vierzig Dollar. Gelang es einem Viehbesitzer, dreitausend ‹longhorns› nach den nördlichen Märkten zu bringen, so konnte er einen Gewinn von 100 000 Dollar einstecken. Die Texaner, die im Frühjahr 1866 das verzweifelte Wagnis unternahmen und gewaltige Herden nach Norden trieben, ernteten zwar nicht die errechneten Summen, denn die Verluste unterwegs waren enorm. Als Ziel ihres verwegenen Zuges hatten sie Sedalia in Missouri, damals Endstation der Missouri Pacific Railroad, auserkoren, doch erreichten von der mehr als 260 000 Tiere zählenden Herde nur wenige Tausend die Bahnlinie. Der sogenannte ‹Long Drive› (langes Treiben), auch ‹Texas Drive› genannt, war von Anfang an auf ernsthafte Hindernisse gestoßen. Mehrere Flüsse waren zu durchqueren, unter ihnen Red River und Arkansas. Die aus-

‹Stampede› einer Herde in Neu-Mexiko: Die Zeichnung aus ‹Frank Leslie's Illustrated› zeigt eine Rinderherde, die sich in Panik über eine steile Böschung stürzt.

Die ‹cow town› Abilene in Kansas war Ende der sechziger Jahre die Station, an der das texanische Vieh nach Norden und nach den Schlachthöfen von Chicago verladen wurde. Später liefen andere Städte – Dodge City zum Beispiel – Abilene als Verladeplatz den Rang ab.

gedehnten Wälder des Ozark-Plateaus versetzten das Vieh in Panik, so daß jede Übersicht verlorenging. Der Weg nach Missouri führte durch die Reservationen des ‹Indian Territory›, das eben zu diesem Zeitpunkt von Unruhen erfaßt war. Indianer jagten die Herden auseinander und verlangten einen Tribut für den freien Durchzug, eine Forderung, die sie notabene durchaus zu Recht erhoben, denn die hereinbrechende Heerschar zertrampelte die Weiden ihrer eigenen Herden. Weiter im Norden, im südlichen Missouri und im östlichen Kansas, stellten sich den Texanern erbitterte Farmer in den Weg, die um ihre Felder bangten. Im Spätsommer waren die ‹longhorns›, soweit sie den Marsch überlebten, weit über den Staat Missouri zerstreut. Viele wurden von Farmern aufgekauft, die nun im lokalen Bereich mit Viehzucht begannen. Für die wenigen Tiere, die in Sedalia verladen wurden, handelten die texanischen Viehzüchter so respektable Preise ein, daß sie sich einigermaßen über die Verluste hinwegtrösten konnten. So war das Ergebnis des ersten ‹Texas Drive› nicht ganz so niederschmetternd, wie die Cowboys zuerst befürchtet hatten, denn die Unternehmung war für die Zukunft vielversprechend, sofern man einen sicheren Weg zu den Verladeplätzen fand.

Den erlösenden Einfall verdankten die Texaner einem Viehhändler aus Illinois, Joseph G. McCoy. Dieser Mann ging von der Überlegung aus, daß an dem Punkte, wo die Herdenbesitzer des Südens und die Händler aus dem Norden zusammentrafen, ein Geschäft zu machen war. Allerdings wäre dieser Ort weiter im Westen, etwa mitten in Kansas, zu suchen, damit die Rinder auf ihrem Weg nicht wieder in die unübersichtlichen Wälder gerieten. McCoy fand die richtige Stelle im Flecken Abilene, einer unbedeutenden Station an der stetig nach Westen vorrückenden Kansas Pacific Railroad. Gras und Wasser waren im Überfluß vorhanden und das umliegende Land noch unbesiedelt, so daß die Herden auf keine Hindernisse trafen. Im Frühling des Jahres 1867 kam Leben in das verschlafene Nest. Züge, beladen mit Material zum Bau einer ganzen Stadt, rollten nach Abilene. In hastiger Eile wurde die erste ‹cow town› (Kuhstadt) des Westens errichtet. Gehege, Pferche, Ställe und Verladerampen gehörten zur unentbehrlichen Ausrüstung, aber auch ein Hotel, das den ermüdeten Cowboys alle wünschbaren Annehmlichkeiten bot. McCoy sandte den texanischen Viehtreibern Reiter entgegen, damit die Herden rechtzeitig den Weg nach Kansas wählten. Für den großen Haufen des diesjährigen ‹Texas Drive› kamen sie zu spät, denn die Hauptmacht war bereits weit voraus auf dem Pfad nach Sedalia. Eine Herde von 35 000 Tieren schwenkte jedoch auf den später unter dem Namen ‹Chisholm Trail› bekannten Weg nach Abilene ein. Die texanischen Cowboys, die nach endlosen Anstrengungen und Entbehrungen unversehens die neue Stadt erblickten, glaubten an ein Wunder. Abilene empfing sie mit jenem Glanz, der den Städten des Westens eigen war. Der Viehhandel ging flott vonstatten. McCoy hatte an alles gedacht, so daß die Texaner, die Taschen gefüllt mit Geld, sich ihren Zeitvertreib nach Lust und Laune wählen konnten. Es war alles vorhanden: ‹Saloons›, Speisehäuser, Spielhöllen und Freudenmädchen. Doch im Zentrum des wilden Treibens stand der Cowboy, eine heroisch-romantische Gestalt, die gerade in diesen Tagen entdeckt und der Nation gewissermaßen als Symbol des Wilden Westens präsentiert wurde.

In Abilene drängten sich während einiger Jahre sämtliche Herden des ‹Texas Drive› auf die Verladerampen; dann entstanden neue ‹cow towns› und Märkte. Eine Zeitlang pries man die Vorzüge von Ellsworth, einer weiter im Westen gelegenen Station der Kansas Pacific Railroad. Im Jahre 1875 wurde Dodge City an der Atchison, Topeka and Santa Fé Railroad gebaut, auf Jahre hinaus berühmt und berüchtigt, Hochburg von Viehhändlern, Spekulanten und Cowboys. Man schätzt die Zahl der ‹longhorns›, die zur Zeit des ‹Texas Drive› in Kansas verladen wurden, auf über vier Millionen. Doch die texanischen Unternehmer hatten inzwischen neue Märkte erschlossen. Sie trieben beträchtliche Herden in nordwestlicher Richtung den Pecos River hinauf nach Colorado und Wyoming. In den Minenstädten Colorados stieg der Bedarf an Fleisch ständig an, so daß bald auch am Fuß der Rocky Mountains die Viehzucht in Gang kam. In Wyoming hatten sich Züchter niedergelassen, die den lokalen Markt – Handelsstationen, Baustellen der Union Pacific, Karawanen auf dem ‹Oregon Trail› – mit Vieh versorgten. Die texanischen ‹longhorns› brachten auch hier die Dinge in Bewegung. Die Viehbesitzer erweiterten ihre Herden, überwinterten die texanischen Tiere und sandten sie jeweils im kommenden Frühjahr mit gutem Gewinn in die Schlachthöfe von Chicago. Im übrigen wurde das Vieh im Norden wie in Texas in der ‹open range› gehalten, und selbst in strengen Wintern blieben die Verluste gering, solange die Weiden nicht überfüllt waren. Die Texaner ihrerseits machten auf ihren langen Zügen die Erfahrung, daß sich die Tiere von den Strapazen des Marsches zusehends erholten, je weiter sie in die fetten Prärien des Nordens getrieben wurden. In Cheyenne und an andern Stationen entlang der Union Pacific erzielten sie deshalb die besseren Preise als auf den weiter südlich gelegenen Märkten von Kansas.

Kaum ein anderes Gewerbe war so reich an ungeschriebenen Regeln und jährlich wiederkehrenden Riten wie das Geschäft mit dem Vieh. In den täglichen Gewohnheiten und im Handwerk der Viehzüchter und Cowboys wirkte unverkennbar das mexikanische Erbe, wenn auch die Texaner den Gedanken an eine solche Verwandtschaft von sich wiesen. Von den Mexikanern übernommen waren die Traditionen des ‹brand› (Brandzeichen) und des ‹roundup›, die in genial einfacher Weise die Viehhaltung in offener Weide regelten. Jeder Viehbesitzer zeichnete seine Tiere mit einem besonderen ‹brand›. Das Brandzeichen war das einzige Dokument, das über die Besitzverhältnisse Auskunft gab. In einem offiziellen ‹Brandbuch› eingetragen, hatte es durchaus den Charakter einer Urkunde und wurde im Westen mit einem sonst wenig geübten Respekt behandelt. Diebstahl von Vieh oder das Fälschen von Brandzeichen waren Verbrechen, die von der ‹Frontier›-Justiz als schlimmer denn Mord gewertet wurden und leicht zum Galgen führten. Jeder Viehbesitzer bewirtschaftete seine ‹Ranch›, wobei er nur selten rechtmäßiger Besitzer des Bodens war. Doch auch hier galt eine ungeschriebene Regel: Der Pionier steckte am Ufer eines fließenden Gewässers – sei es nun Fluß oder Bach – einen ‹claim› aus. Nach dem Gewohnheitsrecht des ‹Frontier› gehörte ihm das Land, das zwischen dem Fluß und der dahinterliegenden Wasserscheide lag. In den großen Ebenen erstreckte sich eine derartige ‹Ranch› oft über vierzig bis fünfzig Quadratmeilen. Niemand stieß sich daran, daß in den meisten Fällen legale Rechtstitel fehlten. Wurde der Besitzstand angefochten, so argumen-

Ein ‹Ranch›-Haus

tierten die Cowboys rasch und zuverlässig mit ihren Pistolen. Das Vieh allerdings kümmerte sich in seiner unbegrenzten Freiheit wenig um fiktive Grenzen und Besitzverhältnisse und wechselte ständig von einer ‹Ranch› zur andern, so daß die Herden unentwirrbar durcheinandergerieten. Für den Viehbesitzer gab es unter diesen Bedingungen kaum eine Möglichkeit, seine Bestände zu zählen, hätte nicht zweimal im Jahr – im Frühling und im Herbst – die unter dem Namen ‹roundup› bekannte Musterung stattgefunden. Zum ·roundup› trieben die Cowboys die weitverstreuten Herden an einen zum voraus bestimmten Punkt. Zu dieser spektakulären Schau entsandte jeder Viehbesitzer einen ‹chuck wagon› (Küchen- und Gerätewagen) und eine als ‹outfit› bezeichnete Mannschaft. In harter und turbulenter Arbeit wurden die Herden getrennt und gezählt oder, wo dies nicht möglich war, die einzelnen Bestände geschätzt. Dann zeichneten die Cowboys die neugeborenen Kälber mit den Brandeisen ihres Besitzers.

Der ‹roundup› war die Hohe Schule der Cowboys, die hier vor einem kritischen Publikum ihre mannigfaltigen Fertigkeiten demonstrierten. Die Arbeit vollzog sich nach strengen Regeln in einer hierarchischen Ordnung. Manche Augenzeugen haben die von so viel Romantik umgebene Veranstaltung beschrieben, unter ihnen der Deutsche Baron Walter von Richthofen, der in den siebziger Jahren in Colorado lebte. Sein nüchterner Bericht schildert den Ablauf eines ‹roundup› in allen Einzelheiten:

«Zwischen Mitte April und Ende Juni eines jeden Jahres wird ein allgemeiner ‹roundup› abgehalten, an dem alle Herdenbesitzer teilnehmen. Sein wichtigster Zweck ist, den Nachwuchs an Tieren mit Brandzeichen zu versehen. In den Monaten September und Oktober veranstaltet man kleinere ‹roundups›, an denen jene Besitzer teilnehmen, die fette Tiere für den Markt besammeln wollen. Aber auch hier wird gebrannt ... Jede Regierung eines Staates hat ihr Gebiet in ‹roundup›-Distrikte unterteilt, die im allgemeinen zwischen 100 und 150 Quadratmeilen messen, je nach der topographischen Beschaffenheit des Landes. Der Gouverneur jedes Staates bestellt in jedem Distrikt eine Kommission von drei Herdenbesitzern, die sogenannten ‹roundup›-Kommissare, die darüber wachen müssen, daß die sogenannten ‹roundup›-Gesetze beachtet werden, die außerdem das Programm für den allgemeinen ‹roundup› aufstellen, den Beginn festsetzen und ihren Distrikt in kleinere Bezirke aufteilen, die im Durchschnitt 10 bis 12 Quadratmeilen umfassen und an einem Tag bewältigt werden können. Ferner müssen die Kommissare das Programm in allen Zeitungen anzeigen und einen ‹Captain› als Chef auf dem Platze bestimmen. Der Captain ist ein erfahrener kleiner Herdenbesitzer, der mit der Topographie seines Distrikts eng vertraut ist, sich in den Brandzeichen und auch in allen Eigenarten des Viehs auskennt. Vom Beginn des ‹roundup› an ist er der unbestrittene Herr.»

«An diesen Tagen treffen sich alle Viehbesitzer, begleitet von ihren Cowboys und wohl ausgestattet mit Wagen, Zelten, Decken, Vorräten und Sattelpferden. Die Pferde haben während des ‹roundup› die härteste Arbeit zu verrichten, und man rechnet damit, daß man sie höchstens einen halben Tag verwenden kann. Jeder Cowboy führt noch mindestens drei bis fünf Pferde als Reserve mit sich. Die Pferde, die in den Ebenen aufgewachsen sind, eignen sich am besten für das Viehgeschäft. Sie sind sehr widerstandsfähig, gegen einen Meter achtzig hoch, mit großen Knochen und häßlich im Aussehen. Sie kosten vierzig bis fünfzig Dollar.»

«Am ersten Tag eines allgemeinen ‹roundup› wird das Lager eingerichtet. Zwanzig oder dreißig Zelte werden aufgeschlagen, und bald steigt der Rauch auf, und die Freuden des Lagerlebens bieten sich dem Zuschauer dar. Wagen in Menge stehen herum, und ringsum grasen die an den Füßen gefesselten Pferde. Der Captain trifft seine allgemeinen Anordnungen für den ‹roundup›. Die Herdenbesitzer verteilen die verschiedenen Aufgaben unter ihre Cowboys – einige beteiligen sich am ‹roundup›, andere arbeiten mit dem Brandeisen, und wieder andere

Eine Szene, die der Bevölkerung den Schreck in die Glieder jagte und Anlaß zu blutigen Zwischenfällen bot: Cowboys ergreifen von einer ‹cow town› Besitz.

Disput zwischen Cowboys, gezeichnet von Frederic Remington für ‹Century Magazine›.

holen die Rinder, die verkauft werden sollen, aus der Herde heraus und treiben sie zur nächsten Bahnstation oder zum nächsten Markt. Käufer und Verkäufer tauschen ihre Meinungen aus über die Belange und die Zukunft des Viehhandels, und häufig bringen sie Geschäfte zum Abschluß. Am nächsten Morgen beginnt die Arbeit. Der Captain versammelt seine Cowboys und gibt ihnen Anweisungen, wohin sie zu reiten haben, wo das Vieh zu finden ist und wohin es getrieben werden soll. Der Punkt, zu dem an diesem Tag alles Vieh des Bezirks gebracht werden muß, wurde zum voraus vom Captain ausgesucht. Es ist im allgemeinen, aber nicht in jedem Fall, ein Platz, auf dem eine große Herde leicht überwacht werden kann und wo auf einige Tage hinaus für eine große Zahl von Tieren genügend Gras und Wasser vorhanden ist. Wenn die Cowboys ihre Befehle erhalten haben, galoppieren sie nach links und rechts davon, während sich die Viehbesitzer, die Käufer und die stets anwesenden Zuschauer zum Ort bewegen, wo die große Herde versammelt wird. Nach wenigen Stunden gewahrt man bereits einzelne Trupps von Tieren, die näherrücken, gefolgt von größeren Massen, bis schließlich die Cowboys mit Schreien und Hallorufen die zögernden und widerspenstigen Kühe und Rinder heranbringen. Gegen Mittag sind zwei- bis fünftausend Stück Vieh versammelt. Es ist keineswegs eine leichte Aufgabe, eine so große Herde zur Ruhe zu bringen. Es dauert im allgemeinen eine oder zwei Stunden, bis die einander fremden Gruppen von Vieh gelernt haben, die Gegenwart der andern zu ertragen, und bis der Friede unter den Stieren hergestellt ist, die häufig versuchen, die Kette der Cowboys zu durchbrechen, die Tag und Nacht wie eine Reihe von Schildwachen um die Herde gezogen ist. Schließlich kann man beobachten, wie die größeren und stärkeren Stiere das Zentrum der Herde aufsuchen und sich in ihr Schicksal finden, während die besorgten Kühe ihre Kälber an die Außenseite bringen, wo sie weniger Gefahr laufen, von ihren älteren und ungezähmten Brüdern und Vettern niedergetrampelt oder verletzt zu werden.»

«Nun beginnt die Arbeit des ‹branding› (Brennen). Der Cowboy reitet in die Herde und holt eine Kuh mit ihrem ungebrannten Kalb heraus, schleudert sein wohlgezieltes Lasso, fängt das Kalb und reißt es zu Boden. Ein anderer Cowboy drückt rasch das Brandeisen ins Fell und befreit das Tier vom Lasso. Dann sucht er sich ein anderes Opfer aus. Einige Herdenbesitzer treiben ihre Kühe und Kälber zu einem Haufen zusammen, führen sie auf ihre eigene ‹Ranch› und beginnen mit dem Brennen erst, wenn der allgemeine ‹roundup› vorbei ist. Wenn Vieh verkauft wird, so kennzeichnet der Käufer die neuerworbenen Tiere an Ort und Stelle mit seinem eigenen ‹brand›, nachdem er sie mit dem Lasso eingefangen hat, was eine sehr harte Arbeit ist. Wenn eine große Zahl von Tieren gezeichnet werden muß, so errichtet man besondere Hürden, oder man treibt das Vieh nach Hause zur eigenen ‹Ranch›. Wie gesagt, die Herdenbesitzer können nun ihr Vieh zählen. Wenn der Abend herannaht, ist es schwierig, die Herde beisammen zu halten; doch in der Nacht legt sich das Vieh im allgemeinen nieder und schläft. Die Arbeit wird am nächsten Tag wieder aufgenommen und Tag für Tag fortgesetzt, bis alle Kälber und auch die ausgewachsenen Tiere gezeichnet und die für den Markt bestimmten Stiere und unfruchtbaren Kühe ausgesondert und besammelt sind. Der Rest der Herde kann sich wieder frei auf den Weg machen. Diese Veranstaltungen dauern oft mehrere Tage. Dann bricht das Lager auf, und die Gesellschaft begibt sich in einen andern Teil des Distrikts, wo das gleiche Werk getan wird, bis der ganze Distrikt bearbeitet ist.»

Eine legendäre Figur im sogenannten ‹Cattle Kingdom› (‹Vieh-Königreich›) war der Cowboy. Pittoresk in seinem Aufzug, mit dem Pferd verwachsen, ein glänzender Reiter und schwer zu bändigender Naturbursche, wurde er für die Zeitgenossen bald zum Inbegriff des abenteuerlichen Lebens. Licht- und Schattenseiten des Wilden Westens schienen in seiner Gestalt vereint. Man rühmte die unbedingte Hingabe der Cowboys, die Treue zum ‹iron›, dem Brandzeichen des Herdenbesitzers. Mancher ließ sein Leben im Kampf gegen Viehdiebe und India-

Eine Abrechnung, wie sie sich in Colorado in den siebziger Jahren häufig zutrug: Vermummte Cowboys überfallen im Auftrag der Viehzüchter eine Schafherde und richten unter den Tieren ein Blutbad an. Nach der Meinung der ‹Viehbarone› zerstörten Schafherden die Weide.

ner oder unter den Hufen einer scheuenden Herde. Der Cowboy war kein Knecht und kein Hirt, und nur ausnahmsweise ließ er sich herab, eine Kuh zu melken. Er verrichtete seine Arbeit zu Pferd, wo immer es sich tun ließ. Ging ihm das Geld aus, so verkaufte er alles, nur nicht seinen Sattel. Eigensinn, gepaart mit bestimmten Ehrbegriffen, prägte sein Verhalten. Argumenten, die seinen Vorstellungen nicht entsprachen, war der Cowboy wenig zugänglich. Berüchtigt für seinen ungezwungenen Umgang mit dem ‹six-shooter›, neigte er dazu, die Probleme dieser Welt mit der Waffe in der Faust zu lösen. Darum mündeten Diskussionen oft im Rauch der Pistolen. Etwas allzu eilfertig wurde der Cowboy mit den Desperados und den Revolverhelden aller Art gleichgesetzt. Solange er seinem Gewerbe nachging, hielt er sich im allgemeinen an die rüden Spielregeln der ‹Frontier›-Demokratie, die auch gegen handfeste Selbsthilfe nichts einzuwenden hatte. Er war somit ein genau so ehrenwerter Bürger wie der Herdenbesitzer oder der Viehhändler, die im Zweifelsfall mit der gleichen Überzeugung zur Pistole griffen, ohne daß ihre Reputation darunter gelitten hätte. Seinen schlechten Leumund erwarb der Cowboy in den berüchtigten ‹cow towns›, in Dodge City zum Beispiel, wo er in die Fänge von Spielern und Spekulanten geriet. Wenn die nach Abenteuer dürstenden Burschen nach dem langen ‹Texas Drive› schießend und schreiend in den Straßen randalierten, so zogen sich die Bürger ängstlich hinter verschlossene Türen zurück. Spelunken, Spielsäle und Bordelle hingegen lebten von jenem Zustand der Berauschung, in dem die Cowboys ihr hart erworbenes Geld mit beiden Händen verschleuderten. Mancher kehrte nicht mehr auf seine ‹Ranch› zurück und suchte sich ein leichteres Leben als ‹outlaw› (Gesetzloser) und ‹gunman› (Pistolenmann).

Städte wie Dodge City standen bis in die achtziger Jahre hinein in einem schlechten Ruf. Am Rande des blühenden Viehgeschäfts tummelten sich lichtscheue Gestalten, «Strolche und Strapanzer», wie sie der deutsche Reiseschriftsteller Robert von Schlagintweit nannte, der im übrigen von Dodge City ein düsteres Gemälde entwarf:

«Eine Masse von Menschen findet sich hier ein, deren Schild der Ehre arg mit Flecken aller Art überzogen ist; eine Anzahl von Heimatlosen und von problematischen und catilinarischen Existenzen, sowie gar manche, die für immer darauf verzichtet haben, den Besten ihrer Zeit beigesellt zu werden – mit einem Wort, eine verworfene Menschenklasse, die man in Amerika als Rowdies, Desperados, Loafers, Hoodlums, Tramps, Crancks und Border-Ruffians bezeichnet, geben sich hier, gleichsam wie auf Verabredung ein Stelldichein, in der Hoffnung, in der einen oder anderen Weise, sei es auf redliche, sei es auf unehrliche Weise, Geld zu verdienen. Es herrscht unter dieser Sorte von Menschen ein ganz eigentümlicher ‹Faust- und Gewaltcomment›, der zwar auch sein Anziehendes haben mag, dessen genaue Kenntnis aber gar mancher sich im wahren Sinne des Wortes blutig erkaufen muß ... Allerdings ist nunmehr das Tragen von Waffen innerhalb der Stadtgrenzen bei einer Strafe von fünfzig Dollar verboten, eine Maßregel, die man den städtischen Beamten deutscher Abkunft verdankt, die sich aber leider mit aller Strenge ebenso wenig durchführen läßt wie jene, laut welcher jeder sofort eingesteckt wird, der sich ohne Beschäftigung in der Stadt herumtreibt und keine Existenzmittel aufweisen kann. Auch haben sich gar manche der bedeutendsten Viehzüchter im südwestlichen Kansas in letzter Zeit dahin geeinigt, nur solche Hirten und Treiber (Cowboys) bei ihren Herden anzustellen, die sich verpflichten, keine Revolver zu führen.»

«Aber all dieser Vorkehrungen ungeachtet ist doch noch immer eine, wenn auch an Zahl nicht sehr große, so doch an Macht nicht zu unterschätzende Bande von rohen, wüsten Gesellen in Dodge City anzutreffen; sie im Zaume zu halten, wäre geradezu unmöglich, würde nicht das Lynchgesetz hier, wie überhaupt in ganz Kansas und in allen von der Santa-Fé- und Südpacificbahn durchzogenen Staaten und Territorien Geltung haben. Nicht nur in Dodge City, auch in vielen anderen Orten besteht ein Sicherheitsausschuß, ein sogenanntes Vigilanzkomitee, das Ruhe und Ordnung aufrecht erhält und die Schuldigen mit unerbittlicher Strenge bestraft. Händel-, zank- und streitsüchtige Individuen, Rauf- und Trunkenbolde und falsche Spieler – fast ausschließlich nur Männer – werden von den Mitgliedern dieses Ausschusses, die sich auch häufig ‹Regulatoren der Gesellschaft› heißen, keineswegs jedoch öffentlich mit Namen bekannt sind, sondern nach Art der früheren Femgerichte ihre Thätigkeit in geheimnisvolles Dunkel hüllen, kurzweg ausgewiesen; Räuber, Mörder, Einbrecher und ähnliches Gelichter ohne weitere Umstände und viel Federlesen kunstgerecht gehängt ... Ganz gefahrlos ist übrigens der Versuch der Gutgesinnten, die Ordnung aufrecht zu erhalten und Ruhe zu schaffen, für dieselben keineswegs; seit der Gründung von Dodge City, nämlich seit August 1872 bis jetzt (Herbst 1883) sind daselbst mehr als dreißig Beamte oder Bürger, welche geregelte Zustände schaffen wollten, verwundet oder erschossen worden, ohne daß während dieser ganzen Zeit auch nur ein einziges Todesurteil vom Gerichte verhängt worden wäre!» Wie gesagt, wer das Gruseln lernen wollte, besuchte Dodge City.

In den siebziger Jahren nahm das Viehgeschäft so gewaltige Dimensionen an, daß es zu einer beherrschenden Industrie wurde. An die Stelle der einzelnen Viehzüchter und Herdenbesitzer traten kapitalkräftige Gesellschaften, und aus dem Osten und selbst aus Europa floß Geld nach der hohe Profite versprechenden ‹open range›. Das Geschäft wurde zur Hauptsache von einigen ‹Viehbaronen› beherrscht, die zumeist an der Atlantikküste saßen und ihre Unternehmungen im Westen durch Satrapen verwalten ließen. Ein Sprichwort machte die Runde, wonach die Vereinigten Staaten zum Gedeihen der Viehwirtschaft das Gras lieferten, der Osten das Kapital und der Westen die Erfahrung. Tausende versuchten ihr Glück in der ‹Beef Bonanza› (wörtlich: Rindfleisch-Goldgrube), deren Zentrum

Die rauhen Spiele der Cowboys: ‹Greenhorns› pflegte man mit Schüssen zwischen die Füße zum Tanzen zu bringen. «Tanz höher und schneller!» lautete der aufmunternde Zuruf.

In zwei harten Wintern – von 1886 bis 1887 – brach das Verhängnis über die ‹open range› herein. Auf den überfüllten Weideplätzen ging das Vieh in den eisigen Schneestürmen zugrunde. Tausende von Tieren verendeten vor den neuerrichteten Stacheldrahthecken der Farmer.

in dieser Zeit in Wyoming lag. Texas lieferte immer noch die begehrten ‹longhorns›, doch die nach Norden wandernden Herden wurden zusehends durch die vorrückenden Farmer bedrängt, die ihre Ländereien mit dem soeben erfundenen Stacheldraht umgaben. Zu Beginn der achtziger Jahre erreichten verschiedene Eisenbahnlinien Texas, so daß das Vieh auf dem Schienenweg nach Kansas City oder nach Omaha gebracht werden konnte. Die Kosten des Bahntransportes lagen dreimal höher als jene des traditionellen ‹Texas Drive›; das Vieh erreichte aber den Bestimmungsort in besserem Zustand, so daß sich Vor- und Nachteile einigermaßen die Waage hielten. Von Wyoming aus wurde Vieh nach Osten und nach Westen verladen. Ein Teil der Tiere ging nach Montana, wo in den gebirgigen Tälern eine lokale Viehzucht zur Versorgung der Minenstädte betrieben wurde. Als die Sioux nach den Indianerkriegen das östliche Montana räumten, nahmen die Herden auch von diesem Weideland Besitz, das bis an den oberen Missouri reichte. Bisher verschlossene Landstriche in Nebraska und Dakota wurden zur ‹open range›, soweit die Farmer nicht bereits vom Boden Besitz ergriffen hatten. Für die Viehtransporte nach dem Markt von Chicago standen die Union Pacific und die Kansas Pacific zur Verfügung. Dem glücklichen Umstand, daß die beiden Bahnen in einem harten Konkurrenzkampf lagen, verdankten die Viehhändler die nach damaligen Begriffen erträglichen Tarife. Wo eine Bahnverwaltung über das Transportmonopol verfügte, pflegte sie in der Regel die Situation rücksichtslos auszunützen. Im Jahre 1868 schickte man zum erstenmal lebende Tiere über den Atlantik, und im Jahre 1870 lieferte Wyoming Vieh zur Versorgung der französischen Armee im Deutsch-Französischen Krieg. Amerikanische Herden wurden zum Ärger der britischen Landwirte nach England transportiert, doch das Geschäft nahm wegen der englischen Quarantänebestimmungen keine größeren Ausmaße an. Als die ersten Kühlwagen auf der Union Pacific erschienen, glaubten die ‹Viehbarone› im Westen, das Monopol der Schlachthöfe von Chicago könne in Kürze gebrochen werden. Die Verbände der Viehzüchter sprachen davon, Schlacht- und Kühlhäuser zu errichten, um damit den Markt selbst in die Hand zu bekommen. «Der Tag wird kommen, da man in Chicago einen lebenden Ochsen nur noch im Zirkus sieht», meinte ein Vertreter der Herdenbesitzer in naivem Optimismus. Die Prophezeiung ging nie in Erfüllung.

Die wilde Spekulation mit der ‹Beef Bonanza› hielt an, obschon einsichtige Leute vor Übertreibung warnten. Da nicht genügend ‹longhorns› zur Verfügung standen, schickte man Vieh aus dem Osten in die Prärie, obschon es nicht widerstandsfähig genug war, um den harten Winter auf offener Weide zu überstehen. Es fehlte nicht an deutlichen Signalen, die auf bevorstehende Änderungen hinwiesen. Zu Beginn der achtziger Jahre war der Markt in Chicago mit Vieh überschwemmt, und die Preise sanken. Auf der Weide selbst wurde das Gras spärlicher, denn die ‹open range› war von Herden überfüllt. Die Krise begann in Colorado, wo bereits im Jahre 1879 ein heftiger Kampf zwischen Viehzüchtern und den Besitzern der Schafherden um die Weideplätze begann. Da die Schafe angeblich den Boden zerstörten, unternahmen die Cowboys rücksichtslose Feldzüge zur Ausrottung dieser Tiere. Noch kurz vorher hatte ein allzu leichtfertiger Experte über die Verhältnisse in Colorado geschrieben: «Gras ist im ganzen Territorium so im Überfluß vorhanden und so nahrhaft, daß die Viehzucht eines der wesentlichsten Elemente unseres ständigen Wohlstands darstellen wird. Der natürliche Zuwachs beträgt in diesem Territorium für die Schafe 100 und für das Vieh 80 Prozent pro Jahr. Und da es in diesem Land überhaupt keine Grenze für die Möglichkeit der Fütterung gibt, so ist auch der Vermehrung der Viehbestände keine Grenze gesetzt.» Dieser gefährliche Wahn wurde bald ad absurdum geführt. In anderen Regionen wichen die Viehherden vor dem stetig nach Westen ausgreifenden Farmland zurück. Immer größere Bereiche der einst öffentlichen Ländereien wurden durch Stacheldraht abgeschirmt. Die Farmer hatten inzwischen gelernt, wie dem trockenen Prärieboden beizukommen war, und drängten mit ungewohnter Energie nach Westen. Da und dort gab man sich Rechenschaft, daß die Tage der ‹open range› gezählt waren, und daß sich auch der Viehbesitzer nach Grund und Boden umsehen sollte. Baron von Richthofen gab diesem Gefühl Ausdruck, als er noch vor der großen Katastrophe schrieb: «Früher brauchte der Herdenbesitzer bloß einen Platz auf der Weide mit Wasser und Gras für seine Tiere. Solange er der erste am Platze war, spielte es keine Rolle, ob er Eigentümer des Bodens war oder nicht. Unter diesen lockeren Bedingungen wuchs seine Herde von hundert auf tausend Stück, und in wenigen Jahren wurde er ein reicher Mann. Er verkaufte Vieh und Ranch weit unter ihrem wirklichen Wert. Er kümmerte sich auch wenig um die Verbesserung seiner Zucht, und heute, wenn er wieder kaufen will, stellt er fest, daß sich alles gewandelt hat. Der Boden hat an Wert gewonnen, und es ist erwiesen, daß jeder Besitzer des Landes sein sollte, auf dem er seine ‹Ranch› errichtet. Will man den neuen Bedingungen gewachsen sein, so muß man mit mehr Umsicht und Geschäftssinn handeln. Der Einsatz größerer Kapitalien im Viehgeschäft, die betriebswirtschaftlichen Prinzipien, die heute angewendet werden, und die bereits erreichten Verbesserungen haben die Viehzucht völlig verändert, auf rechtmäßige Grundlagen gestellt und ihr einen guten Ruf und angemessene Bedeutung gebracht.» Im übrigen glaubte Richthofen, Herdenbesitz im Westen sei nach wie vor das sicherste und beste Geschäft, das sich überhaupt finden lasse.

Das Unglück kam nicht ganz unerwartet, aber in seinem Ausmaß doch unvorstellbar. Der Sommer des Jahres 1886 war heiß und trocken, und das Vieh befand sich überall in schlechter Verfassung. Zahlreiche Herdenbesitzer gerieten in Panik und verkauften ihre Bestände, obschon die Preise in nie gekanntem Maß fielen. Dann brach der Winter 1886/87 herein, hart und ungewöhnlich lang. Schneestürme von selten gesehener Heftigkeit fegten über die Ebenen und begruben die eng gedrängten und oft liederlich betreuten Herden unter sich. An den windgeschützten Stellen reichte das spärliche Gras nicht aus, um die Masse der

Ein ‹dug-out›, eine primitive Erdbehausung, wie sie in der Prärie von einigen Indianerstämmen, aber auch von Amerikanern benützt wurde.

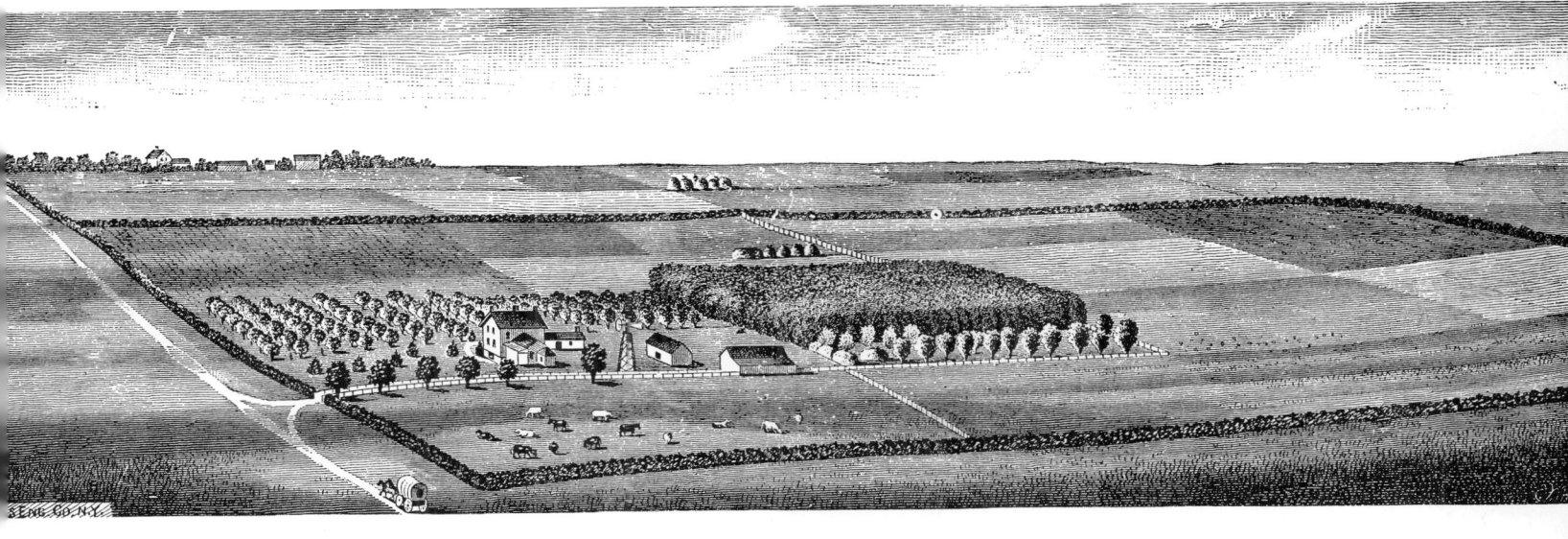

Farm von John Sigrist und Alexander Dade bei Hutchinson in Kansas. Offensichtlich handelte es sich bei diesem Gut um einen Großbetrieb, der nach neuzeitlichen Methoden bewirtschaftet wurde. Das Windrad zum Beispiel, das aus großer Tiefe Wasser an die Oberfläche pumpte, war eine kostspielige Anlage, die sich ein kleiner Farmer nicht leisten konnte.

Tiere zu ernähren. Im Frühjahr lagen die Kadaver der Kühe und Rinder zu Zehntausenden in Schluchten und auf offenem Feld vor den Stacheldrähten des Farmlands. Das war das Ende der offenen Weide. Mächtige Gesellschaften gingen einem unvermeidlichen Bankrott entgegen, und auch jene Herdenbesitzer, die über das Unheil hinwegkamen, trieben ihr Geschäft fortan mit mehr Bescheidenheit und Vorsicht.

Die siebziger Jahre brachten den Einbruch der industriellen Revolution auch in die Landwirtschaft. Zuvor hatten die kleinen Farmer im ‹Frontier› ein bescheidenes Dasein geführt und sich an die wenigen Wasserläufe gehalten, die in schmalen Bereichen den traditionellen Ackerbau ermöglichten. Die ‹Amerikanische Wüste› hingegen, die halbtrockene Ebene vor den Rocky Mountains, galt immer noch als nicht zu überwindendes Hindernis. Es fehlte in den von der Sonne ausgebrannten Landstrichen nicht nur an Wasser, sondern auch an Holz zum Bau von Häusern und zur Einfriedung des Ackerlandes. Häufig wurde der Versuch unternommen, Grundwasser an die Oberfläche zu pumpen. Die Brunnen mußten aber so tief in den Boden getrieben werden, daß die üblichen von Hand bedienten Aufzüge versagten und an ihre Stelle teure Windmühlen traten. So kam es, daß diese mechanischen Einrichtungen wohl von Eisenbahnen und von ganzen Ortschaften verwendet wurden, selten aber von den wenig bemittelten Farmern.

Die Wissenschafter fanden eine neue Methode, die in den niederschlagsarmen Zonen eine einigermaßen sinnvolle Landwirtschaft erlaubte: ‹dry farming› oder den ‹trockenen Ackerbau›. Das Problem bestand darin, durch Kapillarwirkung das im Boden vorhandene Wasser bis zu den Wurzeln der Pflanzen zu bringen. Man erzielte diesen Effekt durch besonders tiefes Pflügen. Nach jedem Regen wurden die Felder mit der Egge bearbeitet, um die Verdampfung des Wassers zu verzögern. Der Erfolg des ‹dry farming› war nicht in jedem Fall sicher, denn er setzte eine minimale Niederschlagsmenge voraus. Auch blieb der Ertrag wesentlich geringer als im Osten. Aber man hatte nun doch einen Weg gefunden, wie man das ‹American Desert› bezwingen konnte. Kleine Farmer waren einer solchen Aufgabe allerdings nicht gewachsen. Ackerbau war unter diesen Bedingungen nur für den Großbetrieb sinnvoll, und dieser wiederum konnte die Arbeit nur mit dem Einsatz von besonders konstruierten Maschinen bewältigen. Die Industrie hatte inzwischen die nötigen Geräte entwickelt, so daß jedenfalls die technische Seite des Problems gelöst war.

Die alte Streitfrage, wie der Farmer zu seinem Land kommen sollte, blieb im Westen immer noch ohne zufriedenstellende Antwort. Während Jahrzehnten hatte die ‹Free Soil Party› für die kostenlose Abgabe von öffentlichem Boden an

325

die Pioniere gekämpft. Die Bewegung erhielt mit der Zeit Zulauf aus allen Regionen des Landes, und im Jahre 1862 wurde endlich ein ‹Homestead Law› (Heimstättengesetz) vom Kongreß verabschiedet. Es versprach allen erwachsenen Bürgern gegen die bescheidene Gebühr von 10 Dollar ein Stück Land von 160 Morgen. Nach fünfjähriger Bewirtschaftung ging der Boden ins Eigentum des ‹Homesteaders› über. Wer glaubte, damit seien die Sorgen der Farmer behoben, sah sich getäuscht. Als nach dem Bürgerkrieg Tausende von Landwirten nach Westen zogen, stellte sich bald heraus, daß nur selten einer unter der Flagge des Heimstättengesetzes das große Los zog. Die Betriebseinheiten von 160 Morgen erwiesen sich als zu klein für eine rationelle Bewirtschaftung. Unter den besonderen Umständen des ‹Homestead› konnte von ‹dry farming› überhaupt keine Rede sein, denn hier waren große Ländereien, Kapital und Maschinen erforderlich.

Die Wirkung des Heimstättengesetzes wurde auch durch Spekulanten und vor allem durch die Eisenbahnen illusorisch gemacht, die sich oft genug die besten Ländereien gesichert hatten. Die Bahngesellschaften verkauften aus den beidseits der Schienen liegenden Schenkungen Boden zu soliden Preisen. Ihre Agenten saßen mit Vorliebe in den Atlantikhäfen, wo sie die Einwanderer aus Europa in Empfang nahmen und in besonderen Emigrantenzügen nach dem Westen brachten. Die einzelnen Gesellschaften strichen ohne falsche Scham die angeblichen und die wirklichen Vorzüge ihrer Territorien heraus. Überall, so versteht sich, floß Milch und Honig. Auch an die Frauen wandte man sich und lobte die Vorzüge des Landlebens. «Wenn eine Tochter aus dem Osten einmal jenseits des Missouri angelangt ist, so kehrt sie selten über den Fluß zurück, es sei denn auf ihrer Hochzeitsreise», lautete ein beliebter Werbespruch. Wenn die Eisenbahnen ihr Land häufig mit dem Argument «better than a Homestead» (besser als Heimstättenland) anpriesen, so traf diese Feststellung zweifellos zu. Meistens lag der vom Bund verschenkte ‹Homestead›-Boden mehr als dreißig Meilen vom nächsten Schienenstrang entfernt. Die Ländereien der Eisenbahnen hingegen hatten im allgemeinen einen bequemen Zugang zu Verladestationen und Märkten. Doch die überschwengliche Werbung verschwieg, daß die Farmer in jedem Fall in die völlige Abhängigkeit der Bahngesellschaften und der ‹elevators› (Lagerhäuser) gerieten, die von ihrem Monopol brutalen Gebrauch machten. Mancher Versuch der Farmer, gegen die übersetzten Tarife anzukämpfen, führte zum Boykott ganzer Ortschaften und Landstriche durch die Transportunternehmungen.

Über die betrogenen Hoffnungen der Farmer berichtet Friedrich von Hellwald am Beispiel von Dakota: «Bei Lichte besehen besitzt der Nordwesten indeß die Eigenschaft ‹golden› nur für eine wilde Spekulation in Land, die sich bereits desselben in vollstem Maße bemächtigt hat. Die großartige Einwanderung ist hauptsächlich das Werk der Eisenbahnmonopolisten. Die Geldmänner von New York, die Eisenbahngesellschaften, die im Nordwesten so außerordentlich große Strecken Land besitzen, sie wollen Leute haben, die ihnen Land abkaufen, dasselbe besiedeln, um dann das noch unbesiedelte um so werthvoller zu machen. Der Bonafide-Ansiedler ist gerade das rechte Lamm, das den Spekulanten die Wolle liefert. Mit gutem Klima kann Dakota nicht prahlen, denn die langen Winter, die große Kälte und der viele Schneefall machen das Leben in dem rauhen Lande gewiß nicht angenehm, wo obendrein oft furchtbare Stürme hausen, wo der häufige Wechsel des Wetters die Gesundheit so sehr angreift und wo sehr häufig Überschwemmungen und Stürme die mit so vieler Mühe errichtete Heimath zerstören, wie es zum Beispiel 1884 in Bismarck der Fall war ... Auch sonst hat für den Ansiedler die Ansiedlung im sogenannten ‹Goldenen Nordwesten› verschiedene Nachtheile. Es ist eine kostspielige und lange Reise zu machen; für den Morgen Land ist das Doppelte und Dreifache zu bezahlen, als in den Ost- und Mittelstaaten, dem Weizenbau muß sich der Ansiedler ausschließlich widmen, und der Winter, auf den er sich stets mit großem Kostenaufwand vorzubereiten hat, wenn er ihm nicht unterliegen will, ist lang, scharfkalt und stürmisch. Nicht wenige Ansiedler

Auf der Bahnstation von Pine
Bluff in Arkansas wird Baumwolle verladen.

Dakota: Farmer bereiten sich
auf den Winter vor.

In den nordwestlichen Prärien
wurde die Ernte mit modernen
Maschinen eingebracht.

hofften im ‹Goldenen Nordwesten› ihr Glück zu machen, fanden aber bald, daß ihre Mittel zu beschränkt waren und sich rasch erschöpften, und daß sie statt eine eigene Heimstätte zu erlangen, sich mit einem Unterkommen als Taglöhner zufrieden geben mußten ... Wie in den im Verhältnis zu ihrem Areal schwach bevölkerten Staaten Arkansas und Texas haben sich auch in dem erst durch die Kontinentalbahnen erschlossenen Dakota und dem benachbarten Wyoming Raubritter neuesten kapitalistischen Stiles ungeheurer Landstrecken bemächtigt, auf welche sie nicht das geringste Anrecht besitzen, haben Millionen von Acres mit Drahteinzäunungen eingefaßt, und lassen nun innerhalb derselben Hunderttausende von Hornvieh unter Aufsicht zahlreicher berittener Hirten sich für die Weltmärkte mästen. Die in jenen Gebieten spärlich vorhandenen Ansiedler finden sich in ihren Bewegungen gehemmt, sie können in vielen Fällen ihr Vieh nicht zur Tränke führen, weil die Drahteinzäunung ihnen im Wege steht, und sie können ihr Recht, unter dem Heimstätten- und Vorkaufsgesetz sich irgendwo auf den Bundesländereien 160 Acres, fast $6\frac{1}{2}$ Hektaren, auszusuchen, nicht ausüben, weil die widerrechtlichen Benützer dieser Ländereien ihnen mit Gewalt den Zugang verweigern. Diese großenteils ausländische Aktionäre umfassenden Gesellschaften oder Körperschaften scheuen sich sogar nicht, die vom Kongreß angeordneten Postkurse am Durchgang durch ihr Gebiet zu verhindern ... Daß dergleichen kolossale Rechtsverletzungen so lange ungeahndet geblieben sind, ist allerdings nicht zu verwundern, wenn man aus der Geschichte der Kämpfe der Eisenbahnen mit den in ihrer Nähe sich ansiedelnden Farmern gelernt hat, daß die letzteren dabei in der Regel den Kürzeren ziehen gegen die gewaltigen Korporationen, welche im Nothfall an das Oberbundesgericht Berufung einlegen, wenn sie je ihren Prozeß in den unteren Instanzen verloren haben sollten. Es fehlt in den Vereinigten Staaten fast vollständig das ex officio, das heißt, das nicht erst eine dringende Aufforderung seitens der Bedrückten abwartende sofortige Einschreiten der Bundesbehörden. Von dem Farmer gilt, was der russische Bauer seinem Unterdrücker gegenüber äußert: Der Himmel ist hoch und der Zar ist weit; das heißt, Washington ist weit von Dakota und die Eisenbahn ist in der Bundeshauptstadt allmächtig.»

Bereits im Jahre 1867 hatten sich im sogenannten ‹Granger Movement› Bauern zusammengefunden, die Wege zur Verbesserung der Agrarstruktur suchten. Ihre Bemühungen, durch eigene genossenschaftliche Veranstaltungen gewisse Monopole zu brechen, endeten schließlich mit einem Fiasko. Hingegen gelang es ihnen auf dem politischen Plan, den Bahn- und Schiffahrtsgesellschaften das Leben sauer zu machen. In einigen Staaten wurden ‹Granger Laws› erlassen, die vor allem die Eisenbahnen zu einer maßvolleren Tarifpolitik zwingen sollten. Der Versuch war nach amerikanischen Begriffen unerhört, denn bisher hatte der Staat noch nie gewagt, das Geschäftsgebaren privater Unternehmungen zu regulieren. Doch der Oberste Gerichtshof entschied dafür, daß Betriebe von öffentlichem Interesse einer staatlichen Kontrolle unterstellt werden könnten. Der Erfolg verschaffte den Farmern gewisse Erleichterungen; aber die entscheidende Frage, wie die Landwirtschaft in die neu entstandene Industriegesellschaft einzubauen sei, wurde nicht gelöst. Man beklagte sich nach wie vor über die ‹robber barons› (Räuberbarone), die großen Spekulanten und Geldmagnaten, die wie Diebe in der Nacht die zwischen Produzenten und Konsumenten entstandenen Gewinne einstrichen.

So war dem Farmland im Westen keine organische Entwicklung beschieden. Beachtlichen Erfolgen standen eindeutige Mißerfolge gegenüber. Gegen Ende der siebziger Jahre steckten Geldgeber aus dem Osten immer größere Kapitalien in die Farmen, der Maschinenpark wuchs rapid und mit ihm die Verschuldung der Landwirte. Trockenheit und kalte Winter brachten Rückschläge. In den späten achtziger Jahren kehrten Tausende von Farmern Kansas und South Dakota den Rücken und ließen nichts als Ruinen und enttäuschte Hoffnung zurück.

Am 22. April des Jahres 1889 wurde Oklahoma, das ehemalige ‹Indian Territory›, für die landhungrigen Siedler freigegeben. Schon lange vor diesem Datum drängten sich an den Grenzen, von der Armee mühsam zurückgehalten, die sogenannten ‹Oklahoma Boomers›. Am entscheidenden Tag knallten um 12 Uhr mittags die Signalschüsse, und sogleich setzte ein verwegenes Rennen nach den besten Plätzen ein.

Millionen europäischer Einwanderer suchten in den Jahren nach dem Bürgerkrieg ihr Glück in Amerika. Sie waren ebenso wie die Amerikaner überzeugt von den grenzenlosen Möglichkeiten des Westens und vom unerschöpflichen Reichtum, der in der Landwirtschaft lag. Diese Vision war zu einem guten Teil das Ergebnis einer bisher noch nie gesehenen Werbung, die vor allem von den großen Bahngesellschaften betrieben wurde. Die offenkundigen Mißerfolge in einer Region erhöhten den Zustrom der landhungrigen Pioniere zu den andern. Den Bahnlinien entlang schritt die Besiedlung stetig voran. Da und dort kam es zu einem nicht mehr zu lenkenden Ansturm wie etwa in Dakota, häufig gefolgt von Depressionen, die wieder ganze Landstriche entvölkerten. In den achtziger Jahren war nur noch ein größeres Gebiet den Farmern verschlossen: das den Indianern vorbehaltene ‹Indian Territory›, der spätere Staat Oklahoma. Hier hatten verschiedene indianische Nationen eine Heimstätte gefunden, doch waren starke Kräfte am Werk, die auf eine Änderung drängten. Drei Bahnlinien führten durch das Territorium, und die Gesellschaften – die Atlantic and Pacific Railroad, die Missouri, Kansas and Texas Railroad und die Atchison, Topeka and Santa Fé Railroad – waren in höchstem Maße an seiner Besiedelung interessiert. Also begannen sie, den Kongreß unter Druck zu setzen. Sie fochten mit dem Argument, es sei nicht zu verantworten, daß im ‹Indian Territory› die besten Ländereien ungenutzt blieben, während Farmer anderswo umsonst nach Grund und Boden suchten. Unterstützt wurde die Agitation durch die sogenannten ‹Oklahoma Boomers›, eine ständig wachsende Zahl von verwegenen Pionieren, die immer wieder illegal über die Grenze drangen und sich in dem verbotenen Gelände niederließen. Sie wurden von Bundestruppen jeweils prompt wieder hinausbefördert. Das Katz-und-Maus-Spiel dauerte einige Jahre an, und die Stimmung an der Grenze wurde zusehends gefährlicher. Schließlich gab der Kongreß den stets drohender vorgetragenen Forderungen nach und gab das Territorium zur Besiedelung frei. Am 22. April 1889 mittags um 12 Uhr knallten die Signalschüsse, und über hunderttausend Menschen strömten in wirrem Durcheinander – zu Pferd, mit Wagen und Kutschen oder auch mit der Eisenbahn – einem neuen Abenteuer entgegen. Für die Indianer ging damit ein Territorium verloren, das für sie eine letzte Heimstätte gewesen war.

Bürger und Banditen

Die Amerikaner bewiesen im Westen einen ausgesprochenen Hang zur Selbsthilfe, eine Fähigkeit, die ihnen unter den harten Lebensbedingungen wohl zustatten kam. Was in mancher Hinsicht eine Bürgertugend sein mochte, wurde fragwürdig, wenn die Pioniere angesichts einer unfähigen Justiz das Recht selber verwalteten. ‹Gesetzlose› (‹outlaws›) beherrschten ganze Landstriche; aber auch jene, die sich als Vollstrecker irgendeines Gesetzes ausgaben, verübten zahllose Verbrechen. Die Zeitgenossen pflegten zwischen dem gemeinen Mörder, dem sogenannten ‹gunman› (Pistolenmann), und dem heroischen Desperado zu unterscheiden, der aus ernsthaften Motiven in Gegensatz zur Gesellschaft geraten war. Legende und Film haben den Desperado zum edeln Haudegen emporgehoben, der rächend durch die Landschaft reitet und gegen das Unrecht in jeglicher Gestalt ankämpft. Prüft man den Lebenslauf der berühmten ‹outlaws›, so erweist sich die ritterliche Pose in den meisten Fällen als unglaubwürdig. Doch wie gesagt, die Heldenverehrung setzte bereits zu Lebzeiten ein. Auch ein skeptischer Mann wie Mark Twain war davon nicht frei. Für den berüchtigten Jack Slade empfand er so etwas wie respektvolle Verehrung, und als der Desperado in Montana ein wenig rühmliches Ende nahm, widmete er ihm eine gefühlvolle Betrachtung:

«Es liegt etwas Unerklärliches in der Natur des Desperado – auf jeden Fall scheint es unerklärlich. Es handelt sich um folgendes: Der echte Desperado zeichnet sich durch glänzenden Mut aus, selbst dann, wenn er seinen Gegner in schändlicher Weise übervorteilt. Bewaffnet und frei, kämpft er gegen eine ganze Heerschar, bis er in Stücke geschossen ist. Wenn er aber hilflos unter dem Galgen steht, schreit und bettelt er wie ein Kind. Worte sind billig, und es ist einfach, Slade einen Feigling zu nennen (das gedankenlose Volk nennt alle Männer, die bei der Hinrichtung nicht furchtlos in den Tod gehen, feige). Wenn wir lesen, Slade sei so erschöpft gewesen durch seine Tränen, die Bitten und das Gejammer, daß er kaum noch die Kraft hatte, sich unter dem verhängnisvollen Balken aufrecht zu halten, dann ruft doch diese schimpfliche Erzählung die Erinnerung daran wach, wie Slade immer wieder die Rache von Halsabschneiderbanden aus den Rocky Mountains herausforderte, weil er ihre Kameraden und Führer niederschoß, sich nie verbarg oder floh und damit bewies, daß er ein Mann von unvergleichlicher Tapferkeit war. Kein Feigling hätte das gewagt. Mancher berüchtigte Feigling, mancher hühnerlebrige, ungeschliffene, brutale und abwegige Kerl hat auf sich selbst eine Totenrede gehalten ohne Zittern in der Stimme und ist in die Ewigkeit gebaumelt, als sei er die Ruhe und Seelenstärke selbst, und so glauben wir angesichts des niedrigen Geistes einer solchen Kreatur, daß es nicht moralische Tapferkeit war, die sein Verhalten bewirkte ...»

Das Spiel mit dem Tod wurde von den Desperados bis zur makabren Perfektion entwickelt. Man dokumentierte noch in der letzten Stunde, wie wenig das Leben wert war und wie leicht man die fatale Grenzlinie überschritt. Wenn Mark Twain den weinerlichen Abgang von Jack Slade als exemplarisch bezeichnete, so stand er mit seiner Ansicht vermutlich allein da. Wer ein harter Bandit sein wollte, legte Wert auf gute Formen bis zum letzten Augenblick. Mancher starb mit einem Bonmot auf den Lippen. Als der Viehdieb William Thorington im Jahre 1858 in Nevada nach summarischem Verfahren zum Tode verurteilt wurde, sang er unter dem Galgen das Lied ‹Last Rose of Summer› und legte sich vergnügt den Strick zurecht. Der Bandit Musgrove wurde von den Bürgern von Denver im üblichen

Stile der Lynchjustiz zur nächsten Brücke geschleppt. Als man ihm die Schlinge um den Hals legte, musterte er die Zuschauer mit verächtlicher Miene und rauchte eine Zigarette, bevor er in die Tiefe sprang. So wollten die Zeitgenossen ihre Helden sehen, und auch die Desperados wußten, was sie ihrer Reputation schuldig waren. Mancher Bandit entwickelte einen erstaunlichen Sinn für Publizität und legte Wert darauf, daß seine Taten durch die Presse kolportiert wurden. Reisende Buchhändler vertrieben in den Eisenbahnzügen des Westens die mehr oder weniger wahrheitsgetreuen Biographien berühmter ‹outlaws›, wenn die Heroen noch kaum unter dem Boden lagen.

Die Desperados des Westens haben sich mit Vorliebe in jenen Bereichen betätigt, die ihnen durch Beruf und Herkommen vertraut waren. Der ‹range› und dem Viehgeschäft verbunden waren zwei gefürchtete Banditen: der Texaner John Wesley Hardin und Billy, the Kid, mit bürgerlichem Namen William H. Bonney. Beide waren kaltblütige Mörder, doch nach ihrem gewaltsamen Ende sind sie beinahe ohne Schaden ins Pantheon der zu nationalem Ruhm gelangten Desperados eingegangen. Von den zahllosen ‹outlaws›, die den Westen heimsuchten, leben viele in der Legende weiter: Jesse James und seine Brüder, der Sam Bass Gang, die Dalton-Bande, Butch Cassidy. Nicht minder brillant agierten weibliche Desperados wie Belle Starr und die berühmte Calamity Jane, die in vielen Rollen zu sehen war: als gefährlicher Haudegen und Schütze, als Prostituierte und als Pfadfinder für die Armee. Sie alle verstanden meisterhaft mit ‹sixshooter› und Flinte umzugehen. Der Grandseigneur unter den Desperados war ohne Zweifel ‹Wild Bill› Hickok. Man kann ihn nicht mit den Verbrechern gleichsetzen, die sich zu seiner Zeit in allen westlichen Staaten herumtrieben, obschon er in kritischen Situationen schnell zur Pistole griff. In seiner Laufbahn präsentierte er sich unter anderem als Pfadfinder für die Armee, als Detektiv, als Marshall von Abilene und als melodramatischer Schauspieler in Buffalo Bills Wildwestschau. Zu seinen Freunden zählten General Custer und Buffalo Bill, und selbst distinguierte Damen fühlten sich in Hickoks Gesellschaft geehrt. Wild Bill fiel im Jahre 1876 in einem ‹Saloon› von Deadwood der hinterrücks abgefeuerten Kugel eines Kretins zum Opfer. Seine meisterhafte Schießfertigkeit vermochte ihn nicht vor einem jähen Ende zu bewahren.

Einige kühne Detektive waren hinter den Desperados her. Es waren Männer von vergleichbarem Zuschnitt, die sich auf nicht minder fragwürdige Weise ihren Weg erkämpften. Ihre Auftraggeber waren Bahnverwaltungen, Expreßgesellschaften wie Wells Fargo zum Beispiel, Pinkertons Detektivagentur und ähnliche Unternehmungen, die sich selber als ‹law-enforcement agencies› (Agenturen zur Erzwingung des Rechts) bezeichneten. Zu dieser Garde gehörten Jim Hume, der ‹Black Bart› bezwang, Pat Garrett, der während Monaten Billy, the Kid, jagte und den gefährlichen Verbrecher schließlich auf nicht eben rühmliche Weise niederschoß, ferner Bat Masterson, Marshall in Dodge City und Pistolenmann im Dienste der Atchison, Topeka and Santa Fé Railroad. Auch diese Männer handelten, wenn sie es als nötig erachteten, außerhalb des Gesetzes.

In Rechnung gestellt wurden nur jene Verbrechen, die ein ‹outlaw› gegen Amerikaner verübte. Indianer und Mexikaner zählte man auf der Liste der Opfer nicht mit. Ein solches Verhalten war nicht verwunderlich, denn es entsprach einer weitverbreiteten Mentalität. Es ist zum Beispiel ein Gerichtsfall aus Texas bekannt, bei dem ein Amerikaner wegen Mordes an einem Mexikaner vor den Schranken stand. Dabei ließ der Richter den Gefangenen laufen mit der Begründung, er könne in seinen Gesetzbüchern keinen Paragraphen finden, der die Ermordung eines Mexikaners verbiete. Die unsicheren Rechtsverhältnisse schufen zahllose Gelegenheiten zu Verbrechen. Solange sich beispielsweise die Viehherden fast herrenlos auf der texanischen Prärie tummelten, suchte sich jeder die Tiere aus, die er gerade brauchte. Als dann die Züchter ihre Herden mit dem Brandeisen zeichneten, wurde der Diebstahl von Vieh oder auch von Pferden zum

Verbrechen. Geschickte Diebe fälschten die Brandzeichen, so daß selbst der Eigentümer seine Tiere nicht mehr erkannte. Viehherden und Pferde wurden überall auf der ‹open range› gestohlen. Es beteiligten sich eigentliche Verbrecherorganisationen an diesem einträglichen Geschäft. Gestohlene Herden wurden unter anderem in beiden Richtungen über den Rio Grande getrieben, und es ist kaum auszumachen, ob die Mexikaner oder die Texaner mehr unter dieser Übung gelitten haben. Trafen die Viehdiebe auf die mit der Bewachung der Tiere betrauten Cowboys, so kam es unweigerlich zum Kampf. Auf der offenen Weide wurden blutige Fehden ausgetragen, ohne daß sich die Justiz damit hätte befassen müssen, denn hier wurde jede Angelegenheit auf die im Westen übliche Weise geregelt. Häufig schlossen sich die Herdenbesitzer zu Selbstschutzorganisationen zusammen, die nicht selten ihrerseits zu einer Gefahr für den Landfrieden wurden. Hellwald schildert diesen Fall am Beispiel der texanischen ‹Hitson-Kavallerie›:

«Den texanischen Viehzüchtern wird durch den sogenannten Comanche-Viehhandel großer Schaden zugefügt. Dieser Handel besteht nämlich darin, daß die Indianer ihnen beträchtliche Partien Vieh wegtreiben, um sie an ihre weißen Helfershelfer im benachbarten Neu-Mexiko zu verschachern, welche sie dann nach Colorado und Kansas treiben und sie dort mit enormem Nutzen verkaufen. Die Abhilfe gegen diesen diebischen Mißbrauch läge in der Hand der Regierung, welche bloß zu verbieten brauchte, daß Viehherden anders als an gewissen bestimmten Stellen die Staatsgrenzen überschreiten, wo dann eigene Beamte die Lieferscheine abzufordern und zu untersuchen hätten. Allein nichts von alledem geschah, und somit nahmen die bedrohten Viehzüchter selber das Gesetz in die Hand, indem sie unter der Oberaufsicht des selber wiederholt und arg geschädigten John Hitson aus Texas eine bewaffnete und berittene Macht ins Leben riefen, die nach ihrem Anführer allgemein den Namen ‹Hitson-Cavallerie› führt. Ohne die geringste Befugnis hält dieses schnellfüßige Corps Viehheerden, wo und wann immer es sie trifft, an, und wenn welche unter den Tieren eines der in ihrem Verzeichnis vorkommenden Brandzeichen tragen – sie führen nämlich ein Register der Brandzeichen von mehr denn 300 einheimischen Viehzüchtern bei sich –, verlangen sie die Vorweisung der Lieferscheine; sollten letztere aus irgend einem Grunde nicht völlig in Ordnung befunden werden, so bemächtigt sich Hitsons Cavallerie des dermaßen bezeichneten Viehs, und sobald auf diese Weise die Confiscationen eine ansehnliche Heerde ausmachen, wird letztere über die Grenze geschafft und verkauft; der Erlös fließt zur Hälfte in die Tasche der betreffenden Eigenthümer, zur Hälfte aber in jene der Erbeuter. Obgleich dieser Einrichtung der Drang der Selbstverteidigung zu Grunde lag, so ist doch leicht abzusehen, wie nahe der Mißbrauch liegt, und in der That vernimmt man häufig laute und bittere Klagen über letzteren. In das kleine Städtchen Loma Parda kamen einmal vier bis fünf Mann von Hitsons gefürchtetem Corps eingeritten und verlangten die Auslieferung einer Tags zuvor angelangten Heerde. Die Einwohner erklärten indeß, das Vieh sei das rechtmäßige Eigenthum ehrlicher und geachteter Händler, die sich vollkommen auszuweisen imstande seien, und verweigerten die Auslieferung. Mit der Drohung, in verstärkter Zahl zurückzukehren, zogen die Reiter ab; sie hielten Wort, am folgenden Tage kamen sie mit beiläufig 40 ihrer Kameraden wieder und schritten ungesäumt an die Festnahme des Viehs. Ein paar der angesehensten Einwohner versuchten Protest dagegen zu erheben; die Cavallerie schoß aber sofort deren zwei auf dem Fleck nieder, und dies verbreitete solchen Schreck unter der Einwohnerschaft, daß alle übrigen sich in ihre Häuser zurückzogen und dieselben so lange nicht verließen, bis daß das sämtliche Vieh fortgeführt war und die gefährlichen Gäste sich entfernt hatten. Was war die Folge? Einzelne von der Schaar, welche allenthalben anders in völliger Freiheit umhergingen, wurden später innerhalb der Bezirksgrenzen von Loma Parda aufgegriffen und nach dem Gefängnis von Las Vegas, einem verhältnismäßig stärkeren Gebäude als die meisten Grenzfesten, abgeführt. Der schwächste Punkt dieses Gefangenenhauses besteht darin, daß der Kerkermeister bloß einen Monatsgehalt von 20 Dollar, dazu noch in entwerthetem Papiergeld, bezieht. Selbstverständlich entflohen alle Häftlinge und gehen nun wieder so frei und offen herum, wie nur irgend ein ehrlicher Mann; höchstens vermeiden sie die Nähe von Las Vegas.»

In Texas und auch anderswo stahl man nicht nur Vieh und Pferde. Recht einträglich war der von Banden betriebene Handel mit gefälschten Landtiteln. Hellwald schildert einen solchen Kasus aus dem Jahre 1877: «Recht erbaulich ist auch die Geschichte der ‹Landspitzbuben›, einer wohlorganisierten Schwindlerbande, deren Geschäft es war, Besitztitel über Texas' Ländereien zu fälschen respektive zu fabricieren und mit diesen einen schwunghaften Handel zu betreiben. Das Operationsfeld dieser Bande beschränkte sich indeß nicht auf den Staat Texas allein, wenn auch dieser infolge mangelhafter Gesetzgebung und impotenter Administration dem Schwindel am bereitwilligsten Thür und Thor geöffnet haben mag. Kansas City und Austin waren die beiden Plätze, von denen aus die Gauner operierten; dort leiteten Ham, Stevens und Miller, hier in Austin Tullis und McCulloch die Geschäfte. Fast jeder dieser Spitzbuben führte ein Dutzend ‹alias› und namentlich Ham hat sich deren eine Menge zugelegt. Mit Hilfe falscher County-Siegel und solchen der öffentlichen Notare wurden Landtitel fabriciert und nachdem die Recordirung dieser von den County-Clerks gemacht, gingen sie in den Handel. Nach der ‹Kansas City Times› wurden Texas-Ländereien in solchem Umfange auf den Markt gebracht, daß man fast für ein Paar abgelegte Hosen ein Fürstenthum erstehen konnte. Eine Anzahl Personen, und unter diesen sogar die geriebensten Gauner, wurden auf das gründlichste geleimt und um ihr ganzes Vermögen gebracht ...»

Da jedermann im Westen nach Gold und Reichtum trachtete, war auch das begehrte Edelmetall ein Objekt für Banditen und Gelegenheitsdiebe. Gold und auch Bargeld waren zu finden in den Postkutschen, im ‹Expreß-Car› der Eisenbahnzüge, auf den einsam reitenden ‹Expreßboten› und in den Banken. Die Verbrechen begannen sogleich mit dem ‹Goldrush› und erreichten ihren Höhepunkt in den siebziger und achtziger Jahren. Der Bürgerkrieg trug in weiten Teilen des Landes entscheidend zum Niedergang der öffentlichen Ordnung bei. Entlassene Soldaten der Union und der Armee des Südens führten im Westen ihre privaten Feldzüge und dachten nicht daran, in eine bürgerliche Ordnung zurückzukehren. Auf der Jagd nach Gold entwickelten die erfolgreicheren Desperados gewissermaßen einen persönlichen Stil und begründeten damit ihren Ruf vor einer schokkierten, aber gleichwohl nach Räubergeschichten hungernden Öffentlichkeit. Der Überfall auf die ‹Stagecoach› war ein Musterbeispiel für die mangelnde öffentliche Sicherheit, das sich so oft wiederholte, daß es zum symbolischen Vorgang wurde. Den ersten Überfall auf eine Postkutsche unternahm Tom Bell im Jahre 1856 zwischen Comptonville und Marysville in Kalifornien. Wells Fargo, deren Geld- und Wertsachentransporte Ziel so mancher Aktion waren, zählte bis zum Jahre 1877 bereits über 200 Angriffe auf ihre Kutschen. Zwischen 1875 und 1883 verübte ein unter dem Decknamen ‹Black Bart› bekanntes Individuum in Kalifornien 21 Überfälle auf Postkutschen, ohne daß es gelungen wäre, die Identität des Mannes festzustellen. Der Desperado ließ jeweils am Tatort ein Gedicht zurück, das in mehr oder weniger holprigen Versen die abstruse Philosophie des Mannes zum besten gab. Betroffen war vor allem Wells Fargo, denn das Streben von ‹Black Bart› galt der unter dem Kutschersitz beförderten Schatzkiste der renommierten Firma. Schließlich gelang es einem Detektiv von Wells Fargo, in intelligenter Kleinarbeit die Maske des unheimlichen Banditen zu lüften. Das Ergebnis war verblüffend: Der ‹poeta laureatus› der Desperados entpuppte sich als Mr. Charles E. Bolton, der nach Ansicht seiner Mitbürger als harmloser und unbescholtener Mann gelebt hatte.

Überfall auf Postkutsche, ein häufiger Banditenakt
im Wilden Westen. Gezeichnet wurde die nächtliche Szene
vom Illustrator Rufus F. Zogbaum.

Überfall auf einen Zug der Union Pacific. ▷
Die Darstellung diente Buffalo Bill als Plakat
für seine ‹Wild West Show›.

NOTICE!
$5,000 REWARD
will be paid for the capture of

COLE YOUNGER

MEMBER OF THE NOTORIOUS JAMES BAND!
WANTED FOR TRAIN ROBBERY :

SIGNED
ST. LOUIS MIDLAND RAILROAD

REWARD

$15,000 REWARD
FRANK JAMES
DEAD or ALIVE

$25,000 REWARD FOR JESSE JAMES
$5000 Reward for any Known Member of the James Band

SIGNED
ST. LOUIS MIDLAND RAILROAD

Calamity Jane

Billy the Kid

‹Wild Bill› Hickok

Verbrecher wurden mit Hilfe von Handzetteln und Plakaten gesucht, die meist reiche Belohnung für die Verhaftung – oder auch für die Ermordung – eines Desperados versprachen. «Tot oder lebendig», lautete die Formel häufig.
Die beiden hier wiedergegebenen Plakate zeigen, wie man im Westen die Justiz selber verwaltete, denn die Steckbriefe sind nicht von einer Polizeibehörde, sondern von der St. Louis Midland Railroad unterschrieben.

Überfälle auf Postkutschen wurden noch bis zur Jahrhundertwende inszeniert. Sie waren verhältnismäßig einfach zu bewerkstelligen, brachten aber nicht mehr allzuviel ein. Banden, die in großem Stil operierten, zogen deshalb vor, Eisenbahnzüge auszurauben. Die Aktionen gegen die erste transkontinentale Bahn begannen bereits im Jahre 1870. Am 5. November wurde der Expreßzug Nr. 1 der Central Pacific bei Verdi überfallen, wobei die Räuber eine Beute von 42 000 Dollar davonführten. Vierundzwanzig Stunden später machten sich die Banditen im östlichen Nevada noch einmal über den gleichen Zug her und brachten weitere 4000 Dollar in Sicherheit. Wie ein derartiger ‹hold-up› vor sich ging, schildert ein Bericht, der vom Überfall der ‹Sam Bass Gang› auf einen Zug der Union Pacific in Big Springs handelt:

«Ogallala an der Union-Pacific-Linie war das Operationsziel, einige hundert Meilen von Deadwood City entfernt gelegen. Die Bande unter Führung von Joel Collins war in aller Eile nach diesem Punkt unterwegs. Der Anführer bereitete seinen Plan in Ruhe vor. Die Gesellen lagerten ungefähr eine Woche in der Nähe der Bahnstation, studierten die Situation und ergänzten die Pferde. Collins kam zur Überzeugung, daß die Station von Big Springs, einige Meilen westlich von Ogallala gelegen, für seine Zwecke geeigneter sei. Die Bande ritt am Morgen vor jener Nacht, in der sie die Tat vollbringen wollte, nach jener Station, kundschaftete in der Umgebung und ließ ihren Plan reifen. Darauf kehrte sie in den Wald zurück – ungefähr eine halbe Meile weit – und brachte die Pferde an einem versteckten Ort in Sicherheit. Dann begab sich die Gesellschaft wieder zur Station. Dort besetzte sie den Bahnsteig und nahm den Stationsbeamten und seinen Gehilfen, die beiden einzigen Männer auf dem Platze, fest. Die beiden wurden an einem sicheren Ort bewacht. Dies geschah in der Nacht des 19. September 1877. Um zehn Uhr fuhr der Zug in die Station ein, um Wasser zu fassen. Collins und Heffridge überwältigten mit gezogenen Revolvern den Lokomotivführer und den Heizer, brachten sie dorthin, wo Berry und Nixon den Stationsbeamten und seinen Gehilfen bewachten, und übergaben sie der Obhut der beiden. Inzwischen hatten Bass und Davis den Expreßboten festgenommen und versuchten ihn so weit zu bringen, daß er den Kassenschrank öffnete. Er behauptete, daß er es nicht tun könne, weil das Schloß mit einem Uhrwerk versehen sei und sich nicht öffnen lasse, bevor es seinen Bestimmungsort erreicht habe. Davis schrie wie ein Verrückter auf ihn ein, hieb dem Boten den Pistolenlauf auf den Kopf und schlug ihm zwei oder drei Zähne aus, wobei er ihm auch die Lippen verletzte. Der Bote übergab ihm eine Gebrauchsanweisung, die angab, wie der Schrank zu öffnen sei, sobald das Uhrwerk abgelaufen sein würde. Als Collins die Erläuterung gelesen hatte, sagte er zu seinen Leuten, man solle nun den Boten in Ruhe lassen, da er tatsächlich nicht in der Lage sei, den Kassenschrank zu öffnen. Bass ergriff eine Axt und versuchte umsonst, das Möbel zu sprengen. Es lagen 200 000 Dollar in Gold im Schrank. In einer Ecke des Wagens fanden die Räuber einige Silberbarren. Da sie jedoch zu schwer waren, ließ man die Beute liegen. Als die Gesellen den Wagen weiter durchwühlten, fand Davis einige kleine, mit Siegellack versiegelte Kästchen. Er brach sie auf, und Zwanzig-Dollar-Goldstücke rollten heraus. Die Bande stellte den Inhalt sicher und kassierte nicht weniger als 60 000 Dollar in Gold. Dann begaben sich die Strolche in die Passagierwagen und raubten die Reisenden aus, wobei ihnen 400 Dollar und einige Golduhren in die Hände fielen. Bass ließ die Passagiere die Hände hochhalten, während Davis systematisch ihre Taschen durchwühlte. Ein älterer Mann hielt nur eine Hand hoch. Bass fluchte auf ihn ein und befahl ihm, auch die andere Hand hochzuhalten. Da zeigte ihm der alte Mann einen Armstumpf und erklärte, er könne nur eine Hand hochhalten. Sam gab ihm das Geld zurück und sagte: ‹Ich will nicht das Geld eines einarmigen Mannes.› Als das Geschäft erledigt war, durfte der Zug weiterfahren. Die Bande nahm das Geld und versteckte es im Sand am Ufer des South Platte River. Dann kehrte sie nach Ogallala zurück, wo sie noch zwei Tage blieb. Die Banditen stellten bald fest, daß sie nicht des Raubes verdächtigt wurden. Darauf teilten sie ihr Gold. Jeder nahm 10000 Dollar, man steckte die Beute in starke Säcke, die Bande trennte sich und je zwei gingen in verschiedenen Richtungen davon ...»

Mit der Zeit entwickelten die Desperados die Technik des ‹hold-up› zur Meisterschaft. Das Prinzip war einfach: Man brachte den Zug mit einem roten Licht wo möglich an einer Steigung zum Stehen, hielt mit den Waffen das Lokomotivpersonal in Schach, löste die Kupplung zwischen dem ‹Express-Car› und den übrigen Wagen. Dann fuhr man mit der Lokomotive und dem Gepäckwagen ein Stück weit voraus und hielt erst in sicherer Entfernung vom Zug an. So konnten sich die Banditen in aller Ruhe dem ‹Express-Car› widmen, der gewöhnlich von einem sogenannten ‹messenger› (Boten) bewacht wurde. Da sich dieser Mann meist energisch zur Wehr setzte und auch die Türe des Wagens nicht leicht zu öffnen war, knackte man sie gelegentlich mit einer Sprengladung auf. Auch die Bahnverwaltungen sahen sich vor. Sie konstruierten neue Kupplungen, die nicht mehr ohne weiteres zu lösen waren, so daß das Manöver mit dem ‹Express-Car› erschwert wurde. Doch ereigneten sich bis ins 20. Jahrhundert hinein recht häufig Überfälle auf Eisenbahnzüge.

Das Vertrauen der Bürgerschaft in die öffentlichen Gesetze und ihre Hüter war so gering, daß sie immer wieder zur Selbsthilfe griff. Oft geschah es leichtfertig, in manchen Fällen aber erst nach ernsthafter Überlegung. «Lynchhinrichtungen sind im amerikanischen Westen namentlich deshalb so häufig, weil es überaus schwierig ist, von den zuständigen Gerichten die Vollstreckung eines gefällten Todesurteils zu erwirken», schrieb Robert von Schlagintweit, der das Phänomen an Ort und Stelle in allen Einzelheiten studierte. «So sind im Staate Colorado zwischen den Jahren 1863 und 1881 nur sieben Personen gesetzlich hingerichtet worden, während im gleichen Zeitraum daselbst mindestens fünfzig Verbrecher gelyncht wurden, von denen jeder zweifach den Galgen verdient hatte ... Lynchhinrichtungen östlich vom Missouri erachte ich als eine überaus traurige, jetzt glücklicherweise äußerst selten vorkommende Erscheinung, die auf das Strengste geahndet werden sollte; aber westlich vom Missouri sind sie auch heute noch eine durchaus berechtigte Eigenthümlichkeit, die nachweislich die besten Erfolge erzielt hat.» Manche Zeitgenossen sahen das Bedenkliche an dieser ungebundenen Volksjustiz, beruhigten jedoch ihr Gewissen mit der Versicherung, es würden nur Schurken gehängt, die in jedem Fall den Tod verdienten. Diese außerhalb der Rechtsordnung stehende Justiz wurde, sofern sie sich an gewisse Formen hielt, von einer besonderen Institution, den sogenannten ‹Committees of Vigilance› (Sicherheitsausschüsse), wahrgenommen. Vorbild war das erste ‹Vigilance Committee› von San Francisco, das im Jahre 1851 die richterliche und die Polizeigewalt übernahm und durch spektakuläre Hinrichtungen die Ordnung in der Stadt wiederherzustellen versuchte. Die Mitglieder der Bürgerausschüsse, die ‹Vigilantes›, agierten üblicherweise im geheimen und traten nur unter Decknamen oder Kennziffern in Erscheinung. Immerhin wußte man in zahlreichen Fällen, daß einflußreiche Bürger in den Femgerichten saßen. In San Francisco zum Beispiel gab der unvermeidliche Sam Brannan, inzwischen durch skrupellose Spekulationen zu Reichtum und Ansehen gelangt, den entscheidenden Anstoß zur Gründung des Ausschusses. Der Kampf gegen die ‹Sidney ducks›, eine Bande ehemaliger australischer Sträflinge, war populär und wohl auch notwendig, weil die korrupte Polizei versagte. Daß aber eine Figur vom Zuschnitt Sam Brannans sich zum Hüter der öffentlichen Moral erhob, machte die Sache den nüchtern denkenden Mitbürgern suspekt.

‹Vigilantes›, gelegentlich auch ‹Regulatoren› genannt, traten nun allenthalben im Westen auf den Plan. Sie jagten wirkliche und vermeintliche Verbrecher, verbannten Ruhestörer aus ihrem Bezirk und schritten wenn nötig auch zu Hinrichtungen. Bekannt ist das Beispiel von Montana, dessen Wege und Minenstädte in den sechziger Jahren von der sogenannten ‹Plummer Gang› heimge-

Die Arbeit der ‹Vigilantes›: ein geheimes ▷ Gericht bereitet eine Hinrichtung vor. Die Zeichnung wurde in ‹Harper's Weekly› im Jahre 1874 veröffentlicht.

DIE HINRICHTUNG VON JACK SLADE

Es war etwas ganz Alltägliches, daß die Kaufleute die Läden schlossen und die Lichter löschten, wenn Slade «sich einen Jux machte». So schuf er sich viele Feinde, und schließlich kam es zur entscheidenden Wendung. Slade war wieder einmal betrunken gewesen und hatte die Stadt zur reinen Hölle gemacht. Am andern Morgen verhaftete ihn Sheriff J. M. Fox und brachte ihn vor Gericht, wo er ihm den Haftbefehl vorzulesen versuchte. Slade aber geriet außer sich vor Wut, nahm das Schriftstück, zerriß es und trat es mit Füßen. Gleichzeitig hörte man an den Revolvern aller seiner Gefährten die Hähne knacken; so mußte der Sheriff, der mindestens so vorsichtig wie tapfer war, vorläufig nachgeben und Slade als Herrn der Situation, triumphierend über Gesetz und Recht, ziehen lassen. Damit war der Krieg erklärt. Der Sicherheitsausschuß fühlte, daß bei diesem Anlaß die Frage zur Entscheidung kommen müsse, ob die gesellschaftliche Ordnung und die gesetzliebenden Bürger oder Slades dreister Übermut die Oberhand behalten sollten. Seinen Tod wollte

man noch nicht, nur gezüchtigt und gebändigt sollte er werden. Ein Mitglied des Ausschusses warnte ihn und erteilte ihm den Rat, unverzüglich zu Pferd zu steigen und nach Hause zu reiten. Allein er schlug die Warnung in den Wind. Nun sollte er abermals verhaftet werden, und da man zu zeigen wünschte, daß im ganzen Tal ein und dieselbe Anschauung über die Sache herrsche, so wurde ein Bote nach Nevada geschickt, um die maßgebenden Persönlichkeiten von den Vorgängen zu unterrichten. Darauf traten die Bergleute in Masse zusammen, verließen ihre Arbeit und rückten in einer sechshundert Mann starken Abteilung, bis an die Zähne bewaffnet, nach Virginia hinauf. Der Führer kannte die Erbitterung seiner Leute gegen Slade und seine Genossen. Er jagte voraus, rief den Ausschuß zusammen und sagte offen, die Bergleute nähmen die Sache ernst; sich in einem Straßenkampfe von Slade und dessen Leuten totschießen zu lassen, dazu hätten sie keine Lust, sie hätten vielmehr vor, ihn zu fassen und zu hängen. Obwohl der Ausschuß diese äußerste Lösung nicht wünschte, erklärte er schließlich doch, er wolle sich dem Willen der

Bergleute fügen und die Sache in deren Hände legen. Slade befand sich gerade in einem Kaufladen, als die Kolonne der Bergleute im Schnellschritt anrückte. Der Vollstreckungsbeamte des Ausschusses trat vor und verhaftete Slade mit der Eröffnung, daß sein Tod beschlossen sei. Dieser war über alle Maßen betroffen; er versank in tiefste Niedergeschlagenheit und bat unaufhörlich um sein Leben sowie um die Vergünstigung, seine Frau sehen zu dürfen, die auf ihrem ‹Rancho› am Madisonfluß wohnte. Sie wurde durch einen Boten benachrichtigt, worauf sie sich ohne Besinnen aufs Pferd warf, um die zwölf Meilen rauhen Felsbodens, die sie von dem Gegenstand ihrer heißen Liebe trennten, im Fluge zu durcheilen.

Inzwischen hatte eine Anzahl Freiwilliger die erforderlichen Vorkehrungen für die Hinrichtung getroffen. In einem Viehhof wurde das hohe Tor zu einem Galgen hergerichtet, indem man den Strick am oberen Querbalken befestigte. Man stellte eine Kiste als Tritt darunter. Hierher wurde Slade von einer starken und wohlbewaffneten Mannschaft geleitet. Er hatte sich mit Tränen, Gebeten

und Klagen dermaßen erschöpft, daß er kaum imstande war, sich unter dem verhängnisvollen Balken auf den Füßen zu halten. So bot sich auch bei ihm das psychologisch so merkwürdige und doch im Charakter des echten Desperado tief begründete Schauspiel, daß ein Mann, der in den gefährlichsten Lagen des Lebens jederzeit einen bis zur Tollkühnheit gehenden Mut bewiesen, angesichts eines der Aufregung des Kampfes entbehrenden Todes die Fassung völlig verlor. Seine Frau bekam er trotz seines Flehens nicht mehr zu sehen. Sie würde jedenfalls den Versuch gemacht haben, ihn mit Hilfe ihrer Freunde zu befreien, und die Rücksicht auf die damit unvermeidlich verbundenen blutigen Folgen erlaubte es nicht, seinem Verlangen zu willfahren. Sobald alles bereit war, erging der Befehl: «Leute, tut eure Pflicht!» Die Kiste wurde unter den Füßen weggezogen, und fast augenblicklich trat der Tod ein.

Mark Twain, Roughing It. (Der Text von Mark Twain ist eine abgekürzte Version der Schilderung von Thomas J. Dimsdale, The Vigilantes of Montana.)

sucht wurden. Die ‹Vigilantes› von Montana, angeführt von X. Beidler, rückten
den Verbrechern in einem erbarmungslosen Feldzug auf den Leib und brachten
einen nach dem andern an den Galgen. Opfer der Vendetta wurde auch der von
Mark Twain geschätzte Jack Slade, ehemaliger Aufseher von Ben Holladays
Postkutschenlinie, der als mißgelaunter Desperado in Virginia City und andern
Städten Montanas randalierte. Slade gehörte nicht der ‹Plummer Gang› an. Er
war nichts weiter als ein Störenfried und stand deshalb den ‹Vigilantes› bei ihrem
Versuch, reinen Tisch zu machen, im Weg.

Da das Leben wenig galt, wurde die Justiz der Bürgerausschüsse oft zum frivo-
len Scherz. Es waren gelegentlich Postkarten im Handel, die unter dem Titel
‹Rocky Mountains Scenery› (Rocky-Mountains-Landschaft) auf schlecht kolorierten Photos die an Ästen baumelnden Opfer der Bürgerausschüsse zeigten. Die
lokalen Zeitungen rührten das Thema mit Vorsicht an, bemühten sich aber häufig,
die Sache in einem humoristischen Licht zu präsentieren. Schlagintweit zitiert
zwei Beispiele: «Die Redakteure der in diesen entfernten Gegenden erscheinenden
Zeitungen erlangen nach und nach eine wunderbare Geschicklichkeit, in zuweilen
geistreicher Weise Lynchhinrichtungen durch die Blume zu unserer Kenntnis zu
bringen. Wir können in einem solchen Blatte zum Beispiel lesen: ‹Der in unserer
Stadt als falscher Spieler, Rauf- und Trunkenbold erster Klasse, gelegentlicher
Einbrecher, Räuber und Mörder wohlbekannte Herr So und So ist seit gestern auf
eine geheimnisvolle Weise verschwunden. Wir sahen ihn zuletzt unter einem
Baume stehen und gewahrten in seiner unmittelbarsten Nähe einige unserer angesehensten Mitbürger – an ihrer Spitze unseren hochverehrten Herrn Bürger-
meister –, die alle aus einer uns unbekannt gebliebenen Ursache kräftigst an einem
Seil zogen.› Ein andermal überrascht uns folgende Feinheit des Styles: ‹Der
auch in unserer Stadt nicht besonders vorteilhaft bekannte Herr So und So unternahm neulich von seinem Wohnorte aus eine Reise, um Pferde zu holen, die ihm
nicht gehörten. Er kam aber nicht mehr nach Hause, weil er plötzlich nicht mehr
im Stande war, mit seinen Füßen den Erdboden zu erreichen.›»

Verteidiger der ‹Vigilance Committees› beteuerten immer wieder, die Mehrheit der Bürger sei mit ihren illegalen Aktionen einverstanden. Es mag auch zu-
treffen, daß die Bürgerausschüsse durch ihre regulierende Tätigkeit oft noch
schlimmere Formen der Lynchjustiz verhindert haben. Vielleicht – so kann man
nachträglich vermuten – war in vielen Fällen die Gemeinschaft nur noch mit solch
drastischen Mitteln zu retten, nachdem der Staat nicht in der Lage war, eine er-
trägliche Ordnung zu gewährleisten. Zurück blieb eine Mentalität der Gewalt
und des Faustrechts, die noch lange das private und das öffentliche Leben ver-
giftete.

Stadt und Stadtkultur

In den zwanziger Jahren des 19. Jahrhunderts schrieb der Deutsche Gottfried Duden, es sei auffallend, daß in Amerika nicht wie in Europa ein Unterschied bestehe zwischen Stadtbewohnern und Landvolk, und sechzig Jahre später verstieg sich ein anderer deutscher Reisender, Friedrich von Hellwald, nach einem Besuch in der Stadt Bismarck zu der folgenden blumenreichen Schilderung: «Hier, wie sonst längs der Bahn in Dakota, fehlt es nirgends an feineren Leuten in der Tracht großstädtischer Lebemänner oder Landedelleute zu Pferde oder in hübschen Equipagen. Junge Mädchen, in duftiges Weiß gekleidet, lenken ihre Buggies, und Reiterinnen in Amazonentracht sieht man an jedem Bahnhof und auch sonst vielfach längs der Bahnlinie in tiefster Einöde. So trägt der Angloamerikaner seine städtischen Gewohnheiten in die Wildnis hinaus. Es wird versichert, daß man Herren im Frack und Cylinder hinter dem Pfluge sehen könne, oder auch Damen in knallgelbem, ausgeschnittenem Atlaskleide am Sonntagnachmittag vor rohen Blockhäusern sitzend ...» Daran ist wohl so viel richtig, daß die amerikanische Kultur im Westen von Anfang an eine städtische war. Wo sich ein paar Amerikaner im ‹Frontier› zusammenfanden, suchten sie eine Stadt zu gründen. So verhielt es sich in den Minenregionen und entlang den transkontinentalen Bahnlinien. Selbst für den abgeschieden lebenden Herdenbesitzer und für den Farmer war die nahegelegene Stadt Angelpunkt und Richtmaß seiner lokalen Welt. Dieses Verhalten ist verständlich: Farmer, ‹Ranch›-Besitzer, Cowboys, die in den Jahren der prosperierenden Landwirtschaft zu Tausenden nach Westen wanderten, stammten zu einem guten Teil aus städtischen Verhältnissen. Wenn die Dinge schiefgingen, wie zum Beispiel in den Agrarkrisen der achtziger Jahre, ließen die gleichen Leute ihre Geräte liegen und kehrten in die Städte zurück.

Das Verhältnis der amerikanischen Pioniere zu ihren Städten war in den Augen der Europäer allerdings paradox. Die Stadt, in der Alten Welt eine sozusagen unverrückbare Institution, wurde im Westen als provisorische Einrichtung auf Abruf in die Landschaft gepflanzt. Erfüllte sie ihren Zweck, so wuchs sie rasch an und bescherte ihren Bürgern in Kürze alle Annehmlichkeiten der Zivilisation. Ging die Spekulation daneben, so blieben nichts als zerfallene Bretterbuden übrig. Unstet und hastig wie das Vorrücken der Pioniere waren auch ihre Städtegründungen, bewundernswert in allen Fällen die Geschwindigkeit, mit der ein Gemeinwesen aufgebaut oder demoliert wurde. Ein Historiker nennt als Beispiel Evans, eine Stadt in Colorado: Am 2. November 1869 wurde die erste Blockhütte aufgeschlagen, am 24. Dezember des gleichen Jahres zählte man 428 Häuser mit 2100 Bewohnern, 6 Hotels, 30 Speisehäuser, 16 Spiel- und 42 Trinksalons sowie einige Dutzend verrufene Häuser. Zu diesem Zeitpunkt waren bereits 30 Schießereien und 50 Messerstechereien vorgefallen. Wenig erfolgreich war die lokale Zeitung ‹Express›: Sie stellte Ende Februar 1870 ihr Erscheinen wieder ein. Als die Grenzen Oklahomas für die Siedler geöffnet wurden, entstand in aller Hast die Stadt Guthrie. ‹Harper's Weekly› bemerkte zu diesem Ereignis trocken: «Im Gegensatz zu Rom wurde die Stadt Guthrie in einem Tag erbaut. Wenn wir in dieser Sache ganz korrekt sein wollen, so müssen wir sagen, daß der Ort an einem einzigen Nachmittag errichtet wurde ...» Wie leichtfertig man im Westen von jeher mit den Siedlungen umging, schildert Thomas James am Beispiel von Little Rock am Arkansas. Der Vorfall trug sich im Jahre 1821 zu: «Als wir uns Little Rock näherten, erblickten wir eine Szene aus dem echten Westen, wie sie kein anderes Land hätte bieten können. Zuerst sahen wir ein großes, aus Holz

Eine Stadt in ihren Anfängen: Corinne in Utah. Charakteristisch für alle städtischen Siedlungen im Westen sind die aus Holzbohlen errichteten Bürgersteige.

und Steinen bestehendes Gebäude in Flammen, und dann etwa hundert Männer, bemalt, maskiert und verkleidet auf jede nur mögliche Weise, die eben damit beschäftigt waren, die Stadt wegzuschaffen. Diese Männer bemühten sich, ein Holzhaus auf Rädern und Klötzen mit Hilfe von Seilen und Ketten fortzubewegen und es etwa drei- oder vierhundert Yards (englische Elle = 0,914 Meter) vom früheren Standort entfernt hinzustellen. Dann kehrten sie zurück und verschoben auf dieselbe Weise das nächste Haus. Sie alle schienen ziemlich angetrunken, und es wurde unter ihnen ungefähr jede europäische Sprache gesprochen. Sie waren auf jeden Fall eine fröhliche Gesellschaft. Die Arbeit ging voran unter Gesang und Geschrei, bis bei Einbruch der Nacht der Standort der Stadt völlig verändert war. Gebäude, die man nicht bewegen konnte, brannten die Männer nieder, ohne daß jemand Einspruch erhoben hätte. Die Ursache dieses seltsamen Handelns war folgende: Das Territorialgericht tagte damals in Diamond Hill, etwa dreißig Meilen flußaufwärts, und am Tage unserer Ankunft hatte die Mitteilung Little Rock erreicht, daß ein vor diesem Gericht hängiger Prozeß um die Rechtstitel dieser Stadt gegen die Bürger von Little Rock und zugunsten eines gewissen Russell aus St. Louis, der als Kläger auftrat, entschieden worden war. Auf diese Nachricht hin machte sich die ganze Gemeinschaft auf, und nach einem Tag und einer Nacht war Mr. Russells Land von der Stadt Little Rock befreit. Kühl und besonnen, wenn auch mit viel unnötigem Lärm, packten sie die Stadt zusammen und setzten sie auf ein benachbartes Grundstück des Quawpaw-Stammes.»

Bescheidene Ansammlungen von Bretterbuden wurden als ‹Städte› bezeichnet und mit wohlklingenden Namen versehen. Das Städtegründen wurde zu einem einträglichen Geschäft. In den fünfziger Jahren nahm es besonders in Kansas groteske Formen an. Albert D. Richardson schildert die Spekulationswut am Exempel dieses Territoriums:

«Der Missouri fließt 125 Meilen an der östlichen Grenze von Kansas entlang. Vierzehn ‹Städte› waren an seinem Ufer gegründet worden. In jeder dieser Gemeinden waren die Bodenpreise ungemein hoch, und die Bewohner glaubten, daß ihre Stadt das St. Louis des fernen Westens werden würde. Als Themistokles einst bei einem Gastmahl aufgefordert wurde, auf einem musikalischen Instrument zu spielen, sagte er: ‹Auf das Geigen verstehe ich mich nicht; ich weiß aber aus einem kleinen Städtchen eine große Stadt zu machen.› Jeder Bewohner von Kansas hielt sich für einen Themistokles. – Beinahe alle Geschäfte wurden gegen Barzahlung abgemacht, und das Geld war im Überfluß vorhanden, obschon die monatlichen Zinsen drei bis fünf Prozent betrugen. Die Aktien stiegen oft in zwei bis drei Wochen um das Doppelte. Sogar die Dienstmädchen spekulierten in Bauplätzen. Es war nichts Seltenes, auf der Straße von einem oberflächlich Bekannten um sechs Cents gebeten zu werden, damit er seine Waschfrau bezahlen könne, oder um zwölf Dollar zur Entrichtung seines Kostgeldes. Nach einigen Tagen begegnet man demselben Manne wieder, und siehe da! Er zieht eine Handvoll Zwanzig-Dollar-Goldstücke heraus, bezahlt seine Schuld und ‹würde es sich zur größten Ehre anrechnen, wenn Sie eine Anleihe von fünfhundert oder tausend Dollar auf ein paar Wochen von ihm annehmen wollten›. Diese Pantomime des Lebens begann mit Bettlern, die in Lumpen gehüllt einhergingen. Allein, der Spekulationsgeist bemächtigte sich ihrer, und siehe, in kurzer Zeit waren die Lumpen verschwunden, und der Spekulant stolzierte in Samt und Seide gehüllt, mit Gold und Juwelen geschmückt, einher. Junge Männer, die nie fünfzig Dollar beisammen gehabt hatten, kamen nach Kansas und besaßen nach wenigen Wochen Dutzende von Aktien und Geld im Überfluß.»

«Auf dem Papier nahmen sich alle diese Städte prächtig aus. Die fein lithographierten Karten und Pläne zierten die Wände sämtlicher öffentlichen Plätze. Wir

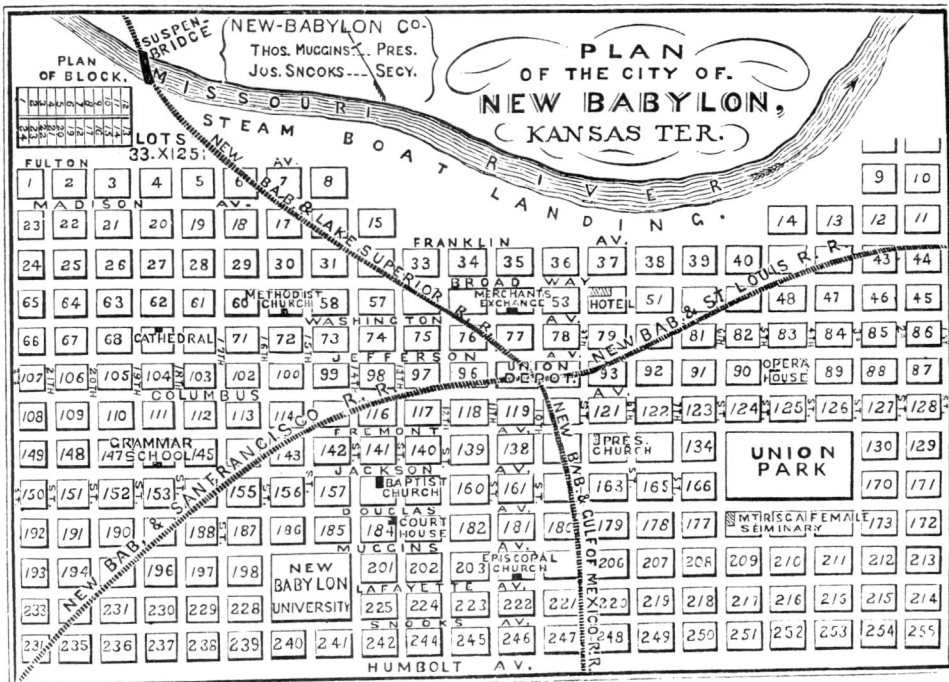

Richardson glossierte die in Kansas herrschende Bodenspekulation am Beispiel der imaginären Stadt New Babylon. Die Landagenten verlockten die Siedler mit einem beachtlichen Stadtplan zum Kauf von Parzellen. Die Wirklichkeit hingegen sah so bescheiden aus, wie sie die untenstehende Skizze zeigt.

betrachten uns zum Beispiel die Karte von Neu-Babylon und meinen, daß alle Pracht und Größe des alten Babylons vor der Großartigkeit dieser neuen Riesenstadt verschwinde. Die großen Parks, die Opernhäuser, Kirchen und Kathedralen, Universitäten, Bahnhöfe und Dampfboot-Anlegestellen überbieten alles, was man in New York, Philadelphia oder St. Louis erblickt. Ist aber der Einwanderer klug genug, sich die prophetische Stadt erst selbst anzusehen, ehe er Bauplätze kauft, so wird er bald den Unterschied zwischen der Wirklichkeit und dem Ideal kennenlernen. Vielleicht besteht die ‹große Stadt› aus etwa zwanzig Gebäuden; vielleicht findet sich dort noch nicht eine einzige menschliche Wohnung. Dies ist indessen weniger Schwindel als Manie, von der die Spekulanten ebenso erfaßt waren wie alle übrigen Leute. Jeder betrog sich selbst und seinen Nächsten. Landeigentümer konnten leicht mit ungeheurem Gewinn ausverkaufen, aber jeder glaubte, die Preise würden von Tag zu Tag noch mehr steigen, und hielt daher an seinen Besitztümern fest.»

«In diesen Papierstädten steckte viel östliches Kapital. Endlich aber platzte das Ganze wie eine Eierschale, und Leute, die gestern noch von Millionen träumten, waren heute Bettler. Die Aktien hatten ungefähr so viel Marktwert wie Lände-

Wie die Gründung einer neuen Stadt vor sich geht, gezeigt am Beispiel von Guthrie in Oklahoma: Als im Jahre 1889 die Grenzen des ‹Indian Territory› geöffnet wurden, strömten Pioniere mit Fahrzeugen aller Art in das frei gewordene Territorium.

1 An der Stelle, wo Guthrie errichtet werden sollte, hielt der Zug auf offenem Felde an und entließ die landhungrigen Siedler.

2 Zwanzig Minuten nach Ankunft wurden der Grundriß der Stadt und die Parzellen ausgesteckt.

3 Ungefähr zur gleichen Zeit nahm die erste Bank ihren Betrieb auf.

reien auf dem Mond. Die Häuser wurden niedergerissen, die Einwohner zogen nach entfernten Regionen, und die Städte gerieten in Verfall ... Von den vierzehn ‹Städten› am Ufer des Missouri bestehen nur noch Leavenworth, Wyandotte und Atchison; alle übrigen sind längst in Schutt und Asche zerfallen.»

Mit dem Bau der Eisenbahnen ging eine neue Welle von Städtegründungen über das Land hinweg. «Auf unseren Fahrten durch die Prärie-Landschaften von Kansas, wie später in Colorado und Nebraska», schreibt der Reisende Ernst von Hesse-Wartegg, «sahen wir häufig an der Bahn entlang Ansiedelungen von zehn bis zwanzig, selten von einer größeren Anzahl Häuser, die alle bereits Namen besaßen, auf den Eisenbahnkarten auch als Städte verzeichnet waren. Das Landkarten- und Städte-Fabriciren ist den amerikanischen Eisenbahnen im hohen Grade eigen. Jede Eisenbahnlinie zeichnet auf ihren Fahrordnungen eine Landkarte, auf welcher sie ihre Bahn mit ihren Endpunkten und Verbindungen als die einzige nach jener Richtung oder jener Stadt führende anzeigt. Führen Konkurrenzbahnen beispielsweise nach St. Louis, so werden diese weggelassen. Besitzt die eigene Bahn Krümmungen, so werden sie gerade gebogen. Alle Städte oder Dörfchen, die an ihr liegen, werden mit großen Ringen angezeichnet, und die Unterschrift lautet stets: ‹Die große X. X. Eisenbahn. Die einzige direkte Verbindung mit X. X.› – Darum darf man in der Regel den Eisenbahnkarten nicht zuviel Glauben beimessen, wenn man nicht so enttäuscht werden will, wie wir es beim Anblick der großen Prärie-Städte waren. Die Städte führen gewöhnlich die

Vor der Hütte des Landagenten von Guthrie stauten sich die Siedler.

Oklahoma City am Tag seiner Gründung.

klangvollsten Namen: Emporia, Paris, London, Vienna, und so weiter, und gerade diese Ansiedelungen sind höchst zweifelhaften Bestandes. Nur eine Stadt traf ich in den Prärien, die sich ihrer Umgebung gemäß richtig benannt hatte. Es ist ‹Monotony›, eine Station der Kansas-Pacific-Eisenbahn. Jede derartige Prärie-Stadt besitzt bereits ihr Hotel, zwei bis drei Kaufläden mit Ackergeräthschaften, Tabak und Getränken und endlich das wichtigste: eine Zeitung. Die guten dreißig oder vierzig Leute einer ‹Stadt› begnügen sich nicht mit den aus dem Osten kommenden Zeitungen der großen Städte. Sie wollen ihre eigene Presse haben, und so findet man denn auch in Kansas, das nach europäischen Begriffen bloß ein halbes Dutzend Städte hat, nicht weniger als hundert und sechzig Zeitungen...»

So unbedeutend sich diese Siedlungen in europäischen Augen ausnahmen, im täglichen Leben erfüllten sie mindestens vorübergehend die Aufgabe von Stapel-plätzen für die umliegende landwirtschaftliche Region. «Noch interessanter als die Zeitungswirthschaft in diesen Präriestädtchen sind die erwähnten Kaufläden, hier ‹Stores› genannt», meint Hesse-Wartegg, «und man geht nicht fehl, wenn man diesen ‹Stores› eine weittragende kommercielle Bedeutung zuerkennt. Trotz ihrer Unansehnlichkeit sind sie doch die ersten Anfänge eines ausgebreiteten Handels. Wie die Ackerbauer und Jäger als die Pioniere der Civilisation ange-sehen werden können, so sind diese Handelsleute oder ‹Storekeepers› hier die Pioniere des Handels und der Industrie der jungen Prärie-Länder, denn nicht nur, daß sie den ganzen Handelsverkehr des dünnbevölkerten Landes vom ersten Keim auf besorgen, sie sind auch viel stabiler in ihren Wohnsitzen und bilden so gleichsam Centren, um die herum die jungen Städte sich aufbauen. Ihnen allein hat so manche große Stadt des amerikanischen Westens ihr Wachsthum und ihre Größe zu verdanken. So, wie man diese ‹Stores› in der kahlen Prärie sieht, würde man ihre Bedeutung allerdings nicht vermuthen. Ein bretternes Gartenhäuschen mit löchrigen Wänden und einer weiten Thüre, die zugleich als Fenster dient, so präsentirt sich der ‹Store› von außen. Ein großer, grauweißer Leinwandlappen über der Thür mit der in schwarzen, riesigen Lettern gemalten Aufschrift: ‹Gro-cerie› oder ‹Store› oder ‹Whiskey› hat die Bestimmung, als Lockmittel zu dienen. Im Innern dieses kellerlosen Häuschens, auf dem über der Prärie etwas erhöhten Fußboden, stehen nun einige Fässer und Kisten umher, und an den Wänden sind

Der Holzschnitt aus ‹Harper's Weekly› trägt den Titel ‹Busted!› (Geborsten!). Dargestellt ist eine verlassene Stadt in Kansas, das Objekt einer Fehlspekulation. Derartige Pleiten waren so häufig, daß bald ein sarkastisches Sprichwort in Umlauf kam: «In God we trusted, in Kansas we busted!» («In Gott haben wir vertraut, in Kansas haben wir Bankrott gemacht.»)

Waaren der verschiedensten Art aufgespeichert. Pferdegeschirr und Hufeisen, Weiberröcke und Büffelhäute, Revolver und Mieder, landwirthschaftliche Maschinen und Bettzeug, daneben Zeitungen, Schießpulver, Bücher, Arzneien und vor allem Käse und Branntwein gehören zu den ständigen Artikeln eines solchen Ladens, in welchem man aber frisches Fleisch oder Brod vergebens suchen würde. Auf diese ‹Stores› ist nun die Landbevölkerung häufig angewiesen, und da es mitunter an Baargeld und besonders an kleinen Münzen fehlt, so werden auch Agrikulturprodukte oder sonstige Waaren an Zahlungs Statt angenommen. So entsteht der erste Handel in dem jungen Lande, der sich natürlicherweise mit dem Wachsthum des letzteren entsprechend ausdehnt und endlich jene großartigen Dimensionen annimmt wie heute im östlichen Kansas. Die Bevölkerung dieser kleinen Prärie-Städte – wohlgemerkt, ich spreche ausschließlich von jenen Ansiedelungen mit weniger als hundert Einwohnern – besteht zum weitaus größten Theile aus Männern zwischen 20 und 50 Jahren. Woher sollten auch Greise – woher Kinder kommen, da ja die Stadt kaum zwei oder drei Jahre besteht? Das weibliche Geschlecht ist nur in den größeren Städten und den Farmen im Lande zu finden. Die kleineren Städte besitzen nur wenige Frauen, und diese sind häufig nur Prostituierte der Prärie-Jäger, Fuhrleute und Trapper.»

Aus verrotteten ‹Frontier›-Siedlungen entstanden oft in erstaunlich kurzer Frist geordnete Gemeinwesen mit einem städtischen Leben, das jedem Vergleich mit dem Osten standhielt. Am Beispiel der Städte zeigte sich die Fähigkeit der amerikanischen Gesellschaft, sich selbst zu reformieren und ungesunde Erscheinungen mit robustem Elan zu meistern. Wie rasch ein solcher Wandel vor sich ging, erlebte der Journalist Richardson im Falle von Denver, das er im Laufe eines Dezenniums dreimal besuchte. Im Jahre 1859 herrschten in der Stadt noch die rohen ‹Frontier›-Sitten: «Fast jede Woche kam es zu blutigen Auftritten, und in allen Fällen war die Schuld dem giftigen Whisky zuzuschreiben, der in den ‹Saloons› verabreicht wurde. Nicht selten zog ein betrunkener Raufbold seinen Revolver und zwang irgendeinen friedlichen Bürger, vor ihm niederzuknien, sich alle möglichen Schimpfreden gefallen zu lassen und demütig um Schonung seines Lebens zu flehen. Die Strolche, die das taten, schienen zur Zeit völlig wahnsinnig zu sein. Doch die meisten Bürger trugen Revolver, und es geschah zuweilen, daß ein angetrunkener Lümmel mit seiner Freveltat an den Falschen geriet. Colorado war durchaus keine einladende Gegend für einen Journalisten. Das Damoklesschwert hing Tag und Nacht über seinem unschuldigen Haupt ... Die Bürger von Denver wurden es endlich müde, nach jeder Freveltat ein ‹Vigilance Committee› zu bilden, und schickten sich daher an, eine Stadtregierung zu organisieren und die erforderlichen Beamten zu erwählen ...» Acht Jahre später, als die Wirren des Bürgerkrieges in weiten Teilen des Landes noch nicht überwunden waren, besuchte Richardson Denver zum drittenmal und gewann dabei einen günstigen Eindruck: «Bei meinem letzten Besuch vor fünf Jahren hatte die Zivilisation diese Wildnis noch kaum berührt. Jetzt zählte Denver fünftausend Seelen und besaß viele imposante Gebäude. Die Preise in den Hotels waren nicht wesentlich von denen in New York und Chicago verschieden. Einzelne Bauplätze brachten bereits zwölftausend Dollar ein. Eine Firma der Stadt hatte in acht Monaten Waren im Betrag von einer halben Million Dollar verkauft. Mit noch allzu frischer Erinnerung an die Blockhütten, Brettertische, Zinnbecher und hölzernen Teller sowie an den giftigen Whisky von 1859 war ich über die Maßen erstaunt, als ich stattliche Bibliotheken und Bildersammlungen, prächtige Teppiche und Pianos, feine Möbel und Silbergeschirr erblickte, edle Weine trank und Familien begegnete, die sich in ihrer Kleidung und ihren Sitten keineswegs von den besten Klassen der älteren Staaten unterschieden. Es tat uns ordentlich wohl, unter den Bewohnern der Stadt Leute zu finden, die mitten im Rennen und im Gehetz des Geschäftslebens auch Sinn für das Höhere und Edlere besaßen und nicht einzig und allein dem Gotte Mammon dienten. Trotz der höheren Zivilisation hatte die Gastfreundschaft der Bürger nicht nur nicht nachgelassen, sondern im Gegenteil noch zugenommen. Es scheint in der Tat, als ob die Auswanderung nach dem Westen die Menschen großherziger, liberaler und brüderlicher mache.»

Die Verfeinerung der Sitten und der Aufbau einer städtischen Kultur vollzogen sich im Zeichen einer durch und durch materialistischen Geisteshaltung. Erfolg und Reichtum in der gängigen Münze von Dollar und Goldunzen setzten die Maßstäbe für die anerkannte Wertordnung. «Wohin soll ich gehen, wenn ich im Westen zu Geld kommen will?» so fragte ‹Crofutt's New Overland Tourist›, ein in überschwenglichem Ton gehaltener Reiseführer, im Jahre 1878 und gab darauf die bezeichnende Antwort: «Wenn wir uns im Osten aufhalten, so müssen wir diese Frage beinahe täglich beantworten. Mr. Greeley sagte einst zu den jungen Leuten: ‹Geht nach Westen!›, aber er sagte nicht, was sie tun müssen, um Erfolg zu haben. Wir aber antworten ohne zu zögern: Sie können überall im großen Westen Geld machen (‹make money›), wenn Sie Ihren Rock ausziehen und ans Werk gehen. Haben Sie aber kein Geld und empfinden Sie vor der Arbeit Angst oder Scham, so bleiben Sie zu Hause, wenn Sie ein Heim haben, und lassen Sie sich von Ihren Freunden aushalten. Eine Million würde nicht ausreichen, um aus Ihnen einen wirklichen Mann des Westens zu machen. Doch wenn Sie Ehrgeiz und Selbstsicherheit haben und wenn Sie bereit sind, bei der ersten besten Gelegenheit ans Werk zu gehen – und wenn Sie herumjagen nach solchen Gelegenheiten –, wenn Sie auf Spiele, Whisky und verwandte Laster verzichten, so können Sie überall in wenigen Jahren einen Scheffel voll Geld gewinnen. Der Ferne Westen braucht gute, ehrenwerte, zuverlässige, beständige Männer. Sorgen Sie für einen guten Ruf – das ist die beste Qualifikation. Zögern Sie nicht, eine Spitzhacke, eine Schaufel oder einen Bohrer in die Hand zu nehmen oder irgendeine andere ehrenhafte Arbeit zu ergreifen – aber suchen Sie nicht nach einer Stelle als Sekretär, erwarten Sie nicht, verhätschelt zu werden, und rechnen Sie nicht damit, daß man Ihnen Goldkörner schenkt. Denken Sie stets daran: Ihr eigener Fleiß, Ihre eigene Energie, Ihr eigenes gutes Verhalten wird Ihnen den Erfolg bringen.» Der Erfolg des Einzelnen – so lautete das allgemeingültige Kredo – diente der Gemeinschaft. Wenn angesichts der im Lande waltenden Gewalttätigkeit Bedenken auftauchten, so meinten sie nicht das Ziel, sondern höchstens die Mittel. Es war nicht verwunderlich, daß auch in den Kirchen nur selten Stimmen laut wurden, die sich gegen die materialistische Gesinnung wandten. Die Bestrebungen der im ‹Frontier› tätigen Prediger waren mehr auf nützliche Dinge gerichtet, auf die Hebung der Moral, die Bekämpfung von Faustrecht und Trunksucht und ganz allgemein auf eine in Frieden lebende Gemeinschaft. Das Gewinnstreben jedoch war in den Augen der Kirchenmänner unverdächtig, denn es entsprach durchaus der puritanischen Weltanschauung. Da und dort hatten sich in isolierten Siedlungen religiöse Gemeinschaften meist europäischen Ursprungs niedergelassen. Durch ihre oft dem Mystischen zuneigenden Heilslehren und auch durch die Nationalität sonderten sie sich aber von der amerikanischen Gesellschaft ab, so daß ihre Botschaft kaum über den engen Kreis der Mitglieder hinaus wirkte. Die katholische Kirche befand sich gegenüber dem amerikanischen Aufbruch in einer unsicheren Lage. Zwar identifizierten sich ihre amerikanischen Vertreter stillschweigend mit der so grundlegend vom Puritanismus inspirierten Bewegung, konnten aber das Odium nicht aus der Welt schaffen, daß ihre Kirche auch die Kirche der verhaßten Mexikaner war.

Die Kirchen kümmerten sich in den ‹Frontier›-Siedlungen alter Übung gemäß um Schule und Erziehung. Wurde im 18. Jahrhundert ein Dorf oder eine Stadt gegründet, so baute man ohne Verzug ein Gotteshaus. Der Schulen nahm man sich später an. Im 19. Jahrhundert jedoch kam die Schule im allgemeinen vor der Kirche, auch wenn die beiden Institutionen eng verbunden waren. Die Einstellung der Pioniere gegenüber der Bildung blieb vor allem in den ländlichen Regionen zwiespältig; doch war meistens der Wille vorhanden, den Kindern eine

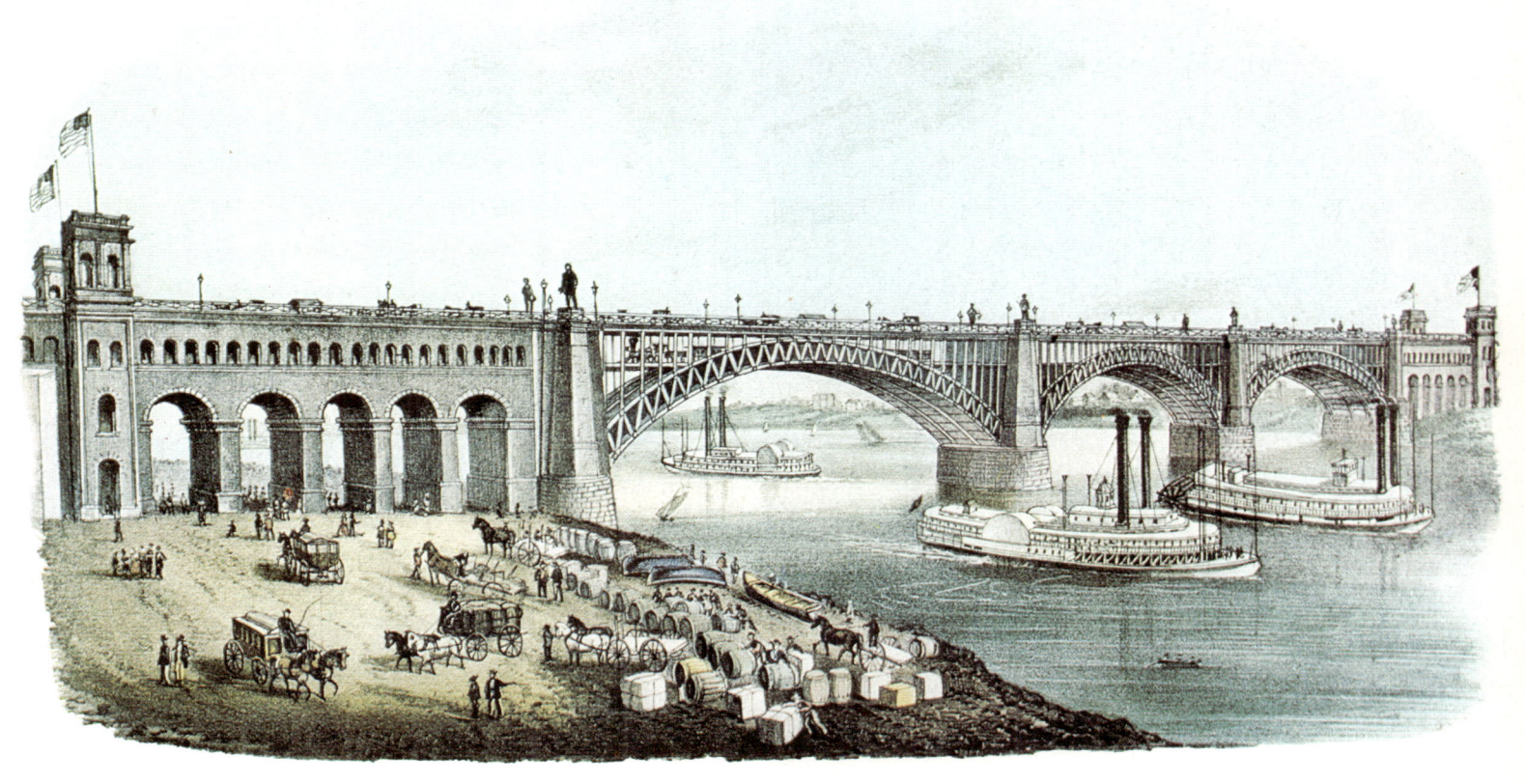

Die Brücke über den Mississippi bei St. Louis wurde im Jahre 1874 nach sechsjähriger Bauzeit fertiggestellt. Sie war eine von den Zeitgenossen viel bewunderte Glanzleistung der Technik. Auf dem eleganten Bauwerk verkehrten Eisenbahnzüge, Fuhrwerke und Fußgänger. Die Brücke war so konstruiert, daß unter ihren Bogen selbst die größten Mississippi-Boote Durchlaß fanden. Der Bau bestärkte die Stadt St. Louis in ihrer von den Rivalen angefochtenen Meinung, daß sie das wirkliche Tor zum Westen sei.

Einige städtische Zentren erlebten in den siebziger Jahren einen beachtlichen Aufschwung, unter ihnen die Stadt Omaha, Verkehrsknotenpunkt und Ausgangsstation der Union Pacific. Schon früh verkehrte in den noch ungepflasterten Straßen von Omaha eine Pferdestraßenbahn.

Das Theater war in den ‹Frontier›-Städten eine beliebte Einrichtung. Seine gesellschaftliche Funktion war im allgemeinen höher zu werten als die künstlerische. Als Mr. Frank Leslie, Herausgeber einer illustrierten Zeitung, im Jahre 1877 durch den·Westen reiste, machte er in Cheyenne Station und besuchte eine Theatervorstellung. Das Ereignis schien ihm wichtig genug, daß es kurz darauf durch einen Holzschnitt in ‹Frank Leslie's Illustrated› festgehalten wurde.

angemessene Schulung zu ermöglichen. Als dann um die Jahrhundertmitte Menschen aus allen Gesellschaftsschichten – unter ihnen Professoren, Schulmeister und Pfarrer – nach Westen zogen, trat ein grundlegender Wandel ein. In den meisten Staaten wurde das Erziehungswesen in der Verfassung verankert und somit allmählich der Obhut von eigens dazu bestellten Behörden anvertraut. Nach den ersten turbulenten Jahren verbreitete sich die Erkenntnis, daß Wissen und Bildung für den Aufbau der neuen Gesellschaft unentbehrlich und auch für jeden Einzelnen von Nutzen seien. Sobald in den Pioniersiedlungen die ersten Nöte überwunden waren, so meldete sich das Bedürfnis nach kulturellen Manifestationen. Unerwartet und doch folgerichtig wurde der Wilde Westen Schauplatz eifriger künstlerischer und auch pädagogischer Betätigung. Frauen gründeten Hunderte von Lesezirkeln, die oft über reichhaltige Bibliotheken verfügten. Wo Deutsche hinkamen, schlossen sie sich zu einem ‹Männerchor› oder zu einem ‹Sängerbund› zusammen. In den ‹Frontier›-Städten von Missouri bildeten sich schon vor dem Bürgerkrieg unter dem Namen ‹Thespian Societies› Liebhabergesellschaften, die in provisorisch hergerichteten Theatersälen ein beachtliches Programm präsentierten. Man spielte Shakespeare, Ben Jonson, Massinger, daneben auch zeitgenössische Rührstücke und die sogenannten ‹mimisch-plastischen Tableaux›. Beliebt waren auch die Lustspiele von August von Kotzebue, die in deutscher und in englischer Sprache gegeben wurden. Unverkennbar war in dieser Region der Einfluß von St. Louis, wo in verschiedenen Theatern regelmäßig von Berufstruppen gespielt wurde. In den über die Rocky Mountains und die Sierra Nevada verstreuten Minenstädten entfaltete sich eine eigentliche Theaterkultur, die neben den bescheidenen Liebhaberbühnen auch anspruchsvolles Operntheater sah. Theater etablierten sich in den neugegründeten Städten lange bevor die Ordnung einkehrte. Im turbulenten Denver sah Richardson das erste ständige Theater: «Für das kunstliebende Publikum in Denver existierte das Apollo-Theater, das von zwölf Talgkerzen beleuchtet und mit rauhen hölzernen Bänken ausgestattet war, auf welchen ungefähr 350 Personen Platz fanden. Da dieses Theater im oberen Stockwerk eines stark frequentierten Trinkhauses eingerichtet war, so verursachten das Anstoßen der Gläser, das Rasseln der Billardkugeln und der Lärm der Trinker und der Betrunkenen nicht wenig Störungen.

Der Eintrittspreis betrug einen Dollar, und die Einnahmen beliefen sich jeden Abend auf etwa 300 Dollar. Eines Abends wurde ‹La Tour de Nesle› zur Aufführung gebracht, und ich muß gestehen, daß die Hauptrollen fast so gut gespielt wurden wie in unsern Metropolitantheatern. Unter den Zuschauern befanden sich mehrere Damen. Obschon die niedersten Schichten der Bevölkerung stark vertreten waren, wurde doch der Anstand so ziemlich gewahrt.» Kunst in ihren verschiedenartigen Ausdrucksformen war nicht bloß Anliegen einer sozial gefestigten Bürgerschaft, sondern ebensosehr der rauhen ‹Frontier›-Siedlungen. Das Phänomen ist bemerkenswert, wenn auch die künstlerischen Manifestationen von sehr unterschiedlichem Werte waren. Später traten in Colorado und in San Francisco Geldbarone auf den Plan, die teure Opernhäuser bauten und ein Mäzenatentum pflegten, das an Pomp alles bisher Gesehene in den Schatten stellte.

«Das Theater und die mit ihm verwandten Veranstaltungen, die Oper, das Ballett, Zirkus und Hippodrome wurden die großen Instrumente des sozialen Fortschritts genannt», schreiben die ‹Annalen von San Francisco›. «Ob sie diesen hohen Anspruch verdienen oder nicht, es ist auf jeden Fall gewiß, daß sie sich gleichzeitig mit der Zivilisation entwickelten und daß solche Manifestationen heute wesentlich sind. Der Geist weigert sich wie der Körper, zu seiner ursprünglichen Nacktheit zurückzukehren, nachdem er sich in den glitzernden Schmuck einfallsreicher Kunst gehüllt hat.» Theater und Kunst, so meinten zeitgenössische Betrachter, waren geeignet, den Sinn für das Gemeinwesen zu fördern. Während die angelsächsische Gesellschaft sonst nirgends zu Konzessionen bereit war, nahm man hier bereitwillig auch den Beitrag anderer Nationen entgegen. Sie durfte es ohne Gefahr tun, denn die fremdsprachigen Gemeinschaften – Franzosen, Deutsche, Italiener, Mexikaner – konnten sich an Vitalität nicht mit den Amerikanern messen. «Die Bahnbrecher dieser im Sturmschritt vorwärts dringenden Gesittung in der Prärie sind die Angloamerikaner», schrieb Friedrich von Hellwald. «Die Deutschen, viel minder zahlreich, zäh und unternehmend, laufen als Kneipenwirte, Handwerker, Ackerknechte oder im besten Fall als Farmer nebenher.» Die neuen Städte des Westens trugen selbst da ein angelsächsisches Gepräge, wo sich Einwanderer aus Europa, Lateinamerika oder Asien in beträchtlicher Zahl niedergelassen hatten.

Nicht zu übersehen ist die oft entscheidende Rolle der Zeitungen in den ‹Frontier›-Siedlungen. Buchdrucker, Schulmeister und Anwälte bewährten sich als Pioniere einer unter schwierigsten Bedingungen geschaffenen Presse, die wesentlich zur Regulierung der anarchischen Verhältnisse beitrug. Die lokale Zeitung übte in kleinen Städten durch regelmäßige Information eine ordnende Funktion aus, lange bevor die Behörden die Dinge unter Kontrolle brachten. Verleger und Redaktoren haben häufig unter Lebensgefahr eine Arbeit verrichtet, die für die Gemeinschaft von größerem Nutzen war als die Taten schießfreudiger Desperados. Unvergessen ist beispielsweise der ‹Frontier Index› von Legh Freeman, eine Zeitung, die mit den Baukolonnen der Union Pacific vorrückte und deren Herausgeber unter ständiger Bedrohung die gesetzlosen Zustände in den ‹end-of-track towns› an den Pranger stellte. Heroisch behauptete sich auch William M. Byers, Verleger und Redaktor der ‹Rocky Mountain News› von Denver, dessen Kampf mit den Verbrechern der Journalist Richardson schildert: «Wie in allen neuen Goldregionen herrschte auch hier [Colorado] ein beständiger Konflikt zwischen den achtbaren, friedliebenden Bürgern und dem Banditengesindel, das hier zusammengelaufen war. Eine Tageszeitung, die ‹Rocky Mountain News›, hatte dieses Pack durch etliche scharfe Bemerkungen beleidigt. Während nun der Redaktor, Mr. William M. Byers, in seiner Redaktionsstube saß und sich mit drei Herren unterhielt, stürzten vier Raufbolde mit gezogenen Pistolen herein und schleppten ihn mit mörderischem Gebrüll nach dem nahegelegenen Trinksalon, wo er gerade noch rechtzeitig von einigen Freunden vor dem Tode gerettet wurde.

Mit Mühe gelang es ihm, durch die Hintertür zu entkommen, worauf die Strolche zur Druckerei zurückkehrten und mehrere Schüsse durch die offenen Fenster abfeuerten. Das Unternehmen befand sich jederzeit in einem Zustand bewaffneter Neutralität. Drucker, Setzer und Redaktoren, ja sogar die Lehrlinge und Laufburschen erschienen bis an die Zähne bewaffnet in dem Geschäftslokal und ließen ihre Flinten und Revolver nie aus den Augen. Bei jenem Angriff der Strolche erwiderten sie das Feuer der Banditen auf das prompteste, und zwar mit dem Erfolg, daß ein Angreifer getötet und die übrigen in die Flucht geschlagen wurden.»

Der Kampf gegen die Gesetzlosigkeit und der Aufbau der neuen Ordnung waren nicht die einzigen Anliegen der Zeitungen im Westen. Durch die Presse blieben die Pioniere mit dem Osten, mit der Nation und ihren Problemen in Verbindung. Sie war das Medium, das den Dialog zwischen den so verschiedenartigen Regionen der Union ermöglichte, und sie förderte entschieden die noch widersprüchlichen Äußerungen der neuen städtischen Kultur. Nicht alles, was dabei produziert wurde, hielt ernsthafter Kritik stand, doch fanden junge Talente durch die Zeitungen Zugang zu einem wachen Publikum. Das reiche literarische Leben, das in San Francisco in den sechziger Jahren aufblühte, wurde in seinen wesentlichen Äußerungen durch die Presse verbreitet. Zeitungen wie die ‹Golden Era› von San Francisco und die ‹Territorial Enterprise› von Virginia City schufen das Forum, auf dem Männer wie Bret Harte und Mark Twain vor die Öffentlichkeit traten.

Eine Stadt im Westen lebte von den ersten Jahren ihres Bestehens an im Ehrgeiz, es an Größe und Bedeutung in jeder Hinsicht den Städten am Atlantik gleichzutun: San Francisco. Daß der Hafen am Golden Gate in wirtschaftlicher Hinsicht bald den Rang von New York einnehmen würde, darüber herrschte unter den Kaliforniern kein Zweifel. Man träumte aber auch davon, sozusagen am pazifischen Ende des Regenbogens ein neues Athen zu errichten, das an Kultur und Bildung mit dem Osten und selbst mit der Alten Welt wetteifern würde. Der Präfekt Horace Howes gab dem neugewählten Stadtrat von San Francisco im Jahre 1849 den folgenden Ratschlag auf den Weg: «Bei allen Vorkehrungen und Verbesserungen, die von Bestand sein sollen, müssen nicht nur die gegenwärtigen Bedürfnisse, sondern auch jene einer fernen Zukunft berücksichtigt werden. San Francisco darf nicht bloß in seinem gegenwärtigen Zustand, sondern stets auch im Hinblick auf seine Entwicklung und seine zukünftige Größe betrachtet werden. In dieser vorausschauenden Sicht wollen wir die Stadt nicht bloß als kommerzielle Metropole des Westens betrachten, sondern wir wollen auch in den Unternehmungen und Institutionen ihre Schönheit und Zierde, also das Modell einer Stadt, im Auge haben.» Daß man bereits um die Jahrhundertmitte in solchen Worten von San Francisco sprach, zeugt vom unverwüstlichen kalifornischen Selbstbewußtsein. Was zu dieser Zeit in der Stadt sichtbar war, erlaubte einem kritischen Betrachter keine hoffnungsvollen Schlüsse für die Zukunft: eine provisorisch angesiedelte, von überall her zusammengelaufene Bevölkerung, wilde Spekulation, Betrug, Gewalttat und Unrecht, unfähige Behörden und eine korrupte Justiz. Es mutet in der Tat seltsam an, daß in wenigen Jahren aus diesem Chaos ein großstädtisches Gemeinwesen entstand. Die Korruption dauerte an, zweimal nahmen ‹Committees of Vigilance› die Dinge an die Hand und setzten dem Terror der Unterwelt eine von Bürgern geübte Schreckensherrschaft entgegen. Nach sechs reinigenden Feuersbrünsten war San Francisco eine prächtige, von sprühendem Leben erfüllte Stadt. Aller Reichtum der Erde schien hier zusammenzufließen. Eine neue Gesellschaft, extravagant und aristokratisch, schuf sich einen sorgfältig ausgeklügelten Lebensstil. Aus dem Comstock Lode flossen in vier Dezennien über eine halbe Billion Dollar an Gold und Silber in die Stadt. Auf Nob Hill entstanden Paläste, die bis unter den Dachfirst mit Kunstschätzen angefüllt waren. Bankiers und Unternehmer gebärdeten sich wie Renaissancefürsten. Man gab glänzende Gesellschaften und Bälle, duellierte sich bei Meinungsverschiedenheiten, bewunderte die Schauspielerin Adah Isaacs Menken, der auch die Literaten

zu Füßen lagen, und verspürte im übrigen keine Hemmungen, seinen Mammon auf barbarische Weise zur Schau zu stellen. Man sagt, bei den häufigen Feuersbrünsten habe es gelegentlich an Wasser, nie aber an Champagner zum Löschen gefehlt. Die Stadt erlebte einen ungeheuren Zulauf aus der ganzen Welt: Schriftsteller, Schauspieler, Künstler rechneten es sich zur Ehre an, in San Francisco ein geneigtes Publikum zu finden. Lola Montez trat auf, geheimnisvoll, doch mit geringem Erfolg. In der Gesellschaft munkelte man, sie reise in geheimer Mission und sei in ein Komplott zur Errichtung einer Monarchie verwickelt. Die Bevölkerung der Stadt huldigte noch einer andern Monarchie. Sie tat es aus freiem Willen und pflegte damit ein über Jahrzehnte hin dauerndes Gaudium: ‹Emperor Norton›, ein geistig umnachteter Goldsucher, hatte sich aus eigener Machtvollkommenheit zum ‹Kaiser von Amerika und Prokurator von Mexiko› ernannt, erließ Proklamationen und zog gelegentlich Steuern ein. In einem Anflug von Ärger belegte er Wells, Fargo and Company mit seinem Bann. San Francisco machte das Spiel bereitwillig mit und erwies dem Kaiser die geschuldete Reverenz. Als Nortons Hund Lazarus starb, veranstaltete man für den schlichten Straßenköter ein Staatsbegräbnis. Die sogenannten ‹Madams› von San Francisco unterhielten feudale Etablissements und behaupteten in der Gesellschaft eine Stellung, die jener der gebildeten griechischen Hetären vergleichbar war. So lebte die Stadt exzentrisch bis über die Jahrhundertwende hinaus. Kein anderes städtisches Gemeinwesen im Westen konnte es je an Originalität mit San Francisco aufnehmen. Als der Kristalleuchter der Oper, der größte und teuerste der Welt, beim verheerenden Erdbeben von 1906 im Orchesterraum zerschellte, war dieser Vorgang das Zeichen dafür, daß eine glänzende Epoche zu Ende ging.

Das Leben der Stadt San Francisco war von Beginn an durch krassen Materialismus geprägt. Es fiel den erfolgreichen Bürgern schwer, ihre Verachtung für immaterielle Werte zu verbergen. Um so erstaunlicher die Tatsache, daß gerade auf diesem Boden bedeutende kulturelle Leistungen geschaffen wurden. Zielstrebige Leute setzten sich für eine Reform von Erziehung und Bildung ein. Im

Blick auf die Bai von San Francisco zu Beginn der achtziger Jahre.

356

An der Mont-
gomery Street
in San Francisco
hatten sich die
kapitalkräftigen
Firmen nieder-
gelassen, die das
Geschäftsleben in
Kalifornien und
auch in Nevada
beherrschten.

Etwas weniger
vornehm, doch
stets von ge-
schäftigem Trei-
ben erfüllt, war
die Sacramento
Street.

358

Während des Sezessionskrieges ging der unheilvolle Gegensatz, der das Land entzweite, mitten durch die Bürgerschaft von San Francisco. Einer Mehrheit, die loyal zur Union stand, widersetzte sich eine aktive Gruppe von Anhängern der Konföderation. Unsere Aufnahme vom 4. Juli 1862 zeigt einen Zusammenstoß zwischen einem Festzug von Unionsfreunden und einer Schar von Sezessionisten. Ort des Geschehens war die Kreuzung von Montgomery und California Street.

◁ Die Wells Fargo Bank in San Francisco in den fünfziger Jahren, Stammhaus der berühmten Transport- und Expreßfirma.

Das Chinesenviertel ‹Chinatown› übte eine unwiderstehliche ▷ Faszination auf die Bevölkerung von San Francisco aus. Dabei schwankte die Stimmung zwischen Bewunderung und Abneigung. In zeitgenössischen Berichten wurde die Chinesenstadt häufig als Ort der verruchtesten Laster geschildert. Immer wieder forderte die in sich abgeschlossene chinesische Gemeinschaft chauvinistische Amerikaner zu Krawallen und Verfolgungen heraus.

Im Jahre 1856 war in San Francisco das zweite ‹Vigilance ▷▷ Committee› an der Arbeit. Wiederum hatte eine Bande von Verbrechern die Kreise der friedlichen Bürger gestört. Der Bürgerausschuß übernahm die Verwaltung von Ruhe und Ordnung, da sich die Behörden anscheinend als zu schwach erwiesen. Er verwandelte seinen Sitz in eine Festung, die vom Volksmund ‹Fort Gunnybags› genannt wurde.

Öffentliche Hinrichtung der beiden Mörder Brace und Hetherington auf dem Platz vor dem Fort Gunnybags (oben).

Ein gewisser James P. Casey ermordete im gleichen Jahr 1856 auf offener Straße den Journalisten James King (unten). Casey und sein Auftraggeber, der Italiener Cora, wurden vom ‹Vigilance Committee› zum Tode verurteilt und hingerichtet.

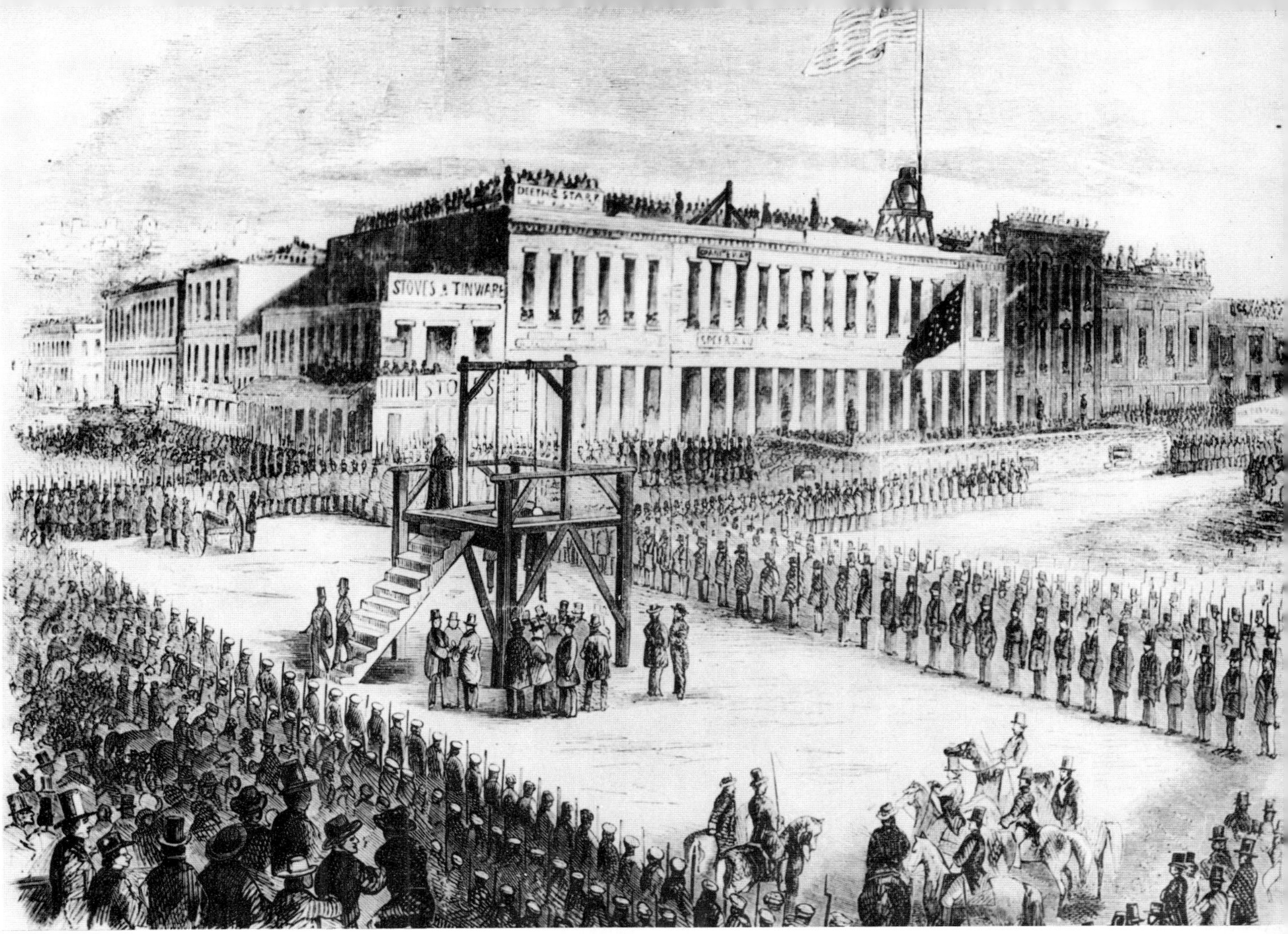
STOVES & TINWARE

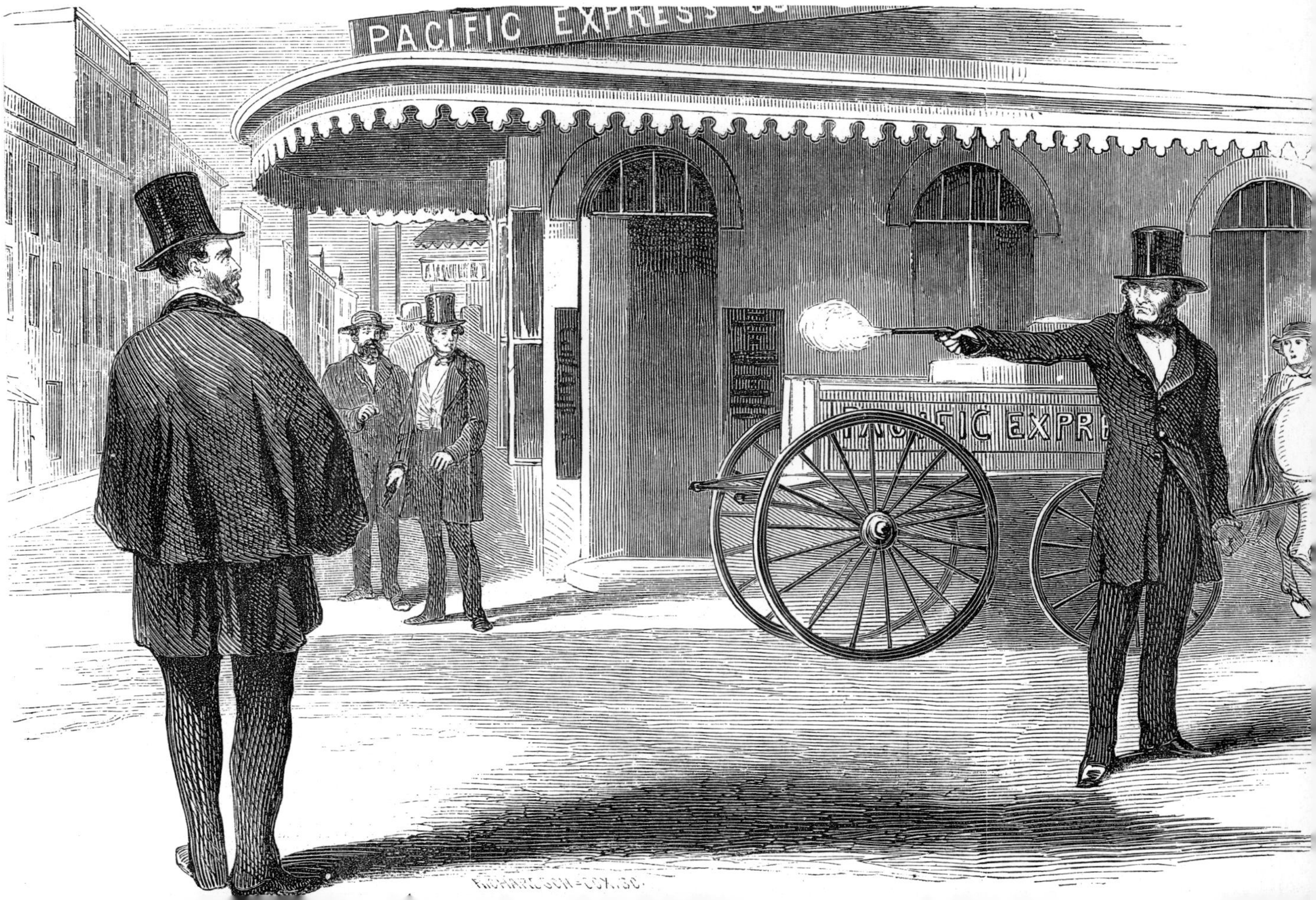
PACIFIC EXPRESS
PACIFIC EXPRE

Eine Schiffsladung mit Frauen unterwegs nach Oregon. Frauen
waren im ‹Frontier› in so geringer Zahl vorhanden, daß
unternehmungslustige Spekulanten immer wieder versuchten,
aus dieser Situation Nutzen zu ziehen.

Wettstreit der Konfessionen entstanden katholische und protestantische Schulen, die ein Gegengewicht gegen den herrschenden Kult des Mammon zu schaffen suchten. Hubert Howe Bancroft, ein erfolgreicher Goldgräber, begann sein Werk als Historiker Kaliforniens und des Westens überhaupt. Er übertrug die in der Industrie mit Erfolg angewendeten Verfahren auf die Produktion von Geschichtsbüchern, indem er eine einzigartige Bibliothek aufbaute und durch einen Stab von Mitarbeitern das Material für seine großangelegten Kompilationen zusammentragen ließ. Mäzene schufen die bedeutenden Bibliotheken und die Anfänge jener Universitäten, die heute zu den führenden Bildungs- und Forschungsinstituten Kaliforniens gehören.

Vielfältig und wechselvoll ist das Verhältnis der Literaten zu ihrer Stadt. Träger der im Westen neu entstehenden Literatur waren wie gesagt die Zeitungen und Zeitschriften von San Francisco und Virginia City, in denen die jungen Schriftsteller als Berichterstatter, Kritiker, Poeten, Erzähler und Humoristen ein aufmerksames Publikum fanden. In den traurigen Jahren des Bürgerkrieges war San Francisco ein Refugium für Autoren, die fern vom Kriegsgeschehen schreiben wollten. Die Anfänge der kalifornischen Literatur standen, soweit sie nicht Vor-

AMERICAN THEATER

MURPHY & BRAY'S MINSTRELS

W. H. SMITH.........................Manager
WM. RYDER...........................Treasurer
HARRY WILLIAMS...............Leader of Orchestra

Friday Evening, Nov. 11th, '64.

PROGRAMME:

PART FIRST.

Introductory Overture.....................Full Band
Opening Chorus...........................Company
Silvery midnight moon.................W. D. Corrister
Hard times............................Miss Lizzie Cotton
It's all up in Dixie.......................Walter Brhy
Break it gently to my mother............Miss Della Suger
Soap-fat man..........................Joe Murphy
Finale—Full Chorus.....................Company

PART SECOND.

Overture................................Orchestra
PATRIOTIC SONG............Master BEN COTTON
SAILOR'S HORNPIPE.......Master BEN COTTON
Johnny Schmoker.....................WALTER BRAY

Railroad Imitations.
JOE MURPHY

Vocal Duet............Miss DELLA and Miss Martha
Irish Song.........................JOHN MURPHY
Limerick Races....................JOHN MURPHY

Scenes from the Drama,
WALTER BRAY   JOE MURPHY
CHAMPION JIG...............Master BEN COTTON
Banjo Solo........................JOE MURPHY
Cominalities......................JOE MURPHY

To conclude with the Laughable Sketch of

TROUBLES AT THE OCCIDENTAL.

Weary Traveler....................WALTER BRAY

Programm des American Theater
in San Francisco
aus dem Jahre 1864.

bilder aus dem Osten kopierten, im Banne eines ungebrochenen Pionierglaubens. Man besang in Vers und Prosa das große Epos der amerikanischen Nation, die soeben den ganzen Kontinent erschlossen hatte. Dem Empfinden der Zeit entsprechend pflegte man vor allem sentimentale Motive. ‹The emigrant's dying child› (Das sterbende Kind des Emigranten) war solch ein Gegenstand, der in Gedicht und Kurzgeschichte aufgenommen wurde. Unter den Poeten erregte nach der Jahrhundertmitte vor allem der exzentrische Joaquin Miller die allgemeine Aufmerksamkeit. Durch sein romantisches Gehaben gelangte er bald in den Ruf eines kalifornischen Byron. Miller hatte eine Zeitlang unter den Modoc-Indianern gelebt und darüber einen zwischen Dichtung und Wahrheit schwankenden Bericht verfaßt. Seinen Namen als Poet des romantischen Lebens begründete er bei einem Aufenthalt in London durch seine ‹Songs of the Sierras›. Nach Kalifornien zurückgekehrt, geriet Miller in ernsthafte Schwierigkeiten, als er während des Bürgerkrieges seine Sympathien für die Südstaaten bekundete.

Der Literaturbetrieb von San Francisco erlebte in den sechziger Jahren seine Blüte, als Bret Harte und Mark Twain, betriebsam und eigenwillig, die Szene beherrschten. Satiren, Essays, Kurzgeschichten fanden die Gunst der Leser. Artemus Ward war der anerkannte Humorist am Golden Gate. Nach dem Ende des Sezessionskrieges traf auch Ambrose Bierce in Kalifornien ein. Doch gerade in diesen Jahren ging – eigenartig genug – das Einverständnis der Literaten mit ihrer Stadt allmählich verloren. Bret Harte und Mark Twain kritisierten in Satiren und Burlesken den Pioniermythos und das kalifornische Selbstbewußtsein. Der ‹honest miner› wurde in Frage gestellt und der Pistolenheld lächerlich gemacht. Andere Autoren taten es ihnen nach. Man spottete sogar über den weitverbreiteten Glauben, wonach Kalifornien das beste überhaupt mögliche Klima besitze. Der Angriff der Schriftsteller auf das in San Francisco sorgsam gepflegte Kredo vom Pionier, der soeben die vorzüglichste aller Welten geschaffen hatte, war so etwas wie ein Verrat am nationalen Mythos. Er wog schwer in der Öffentlichkeit, die sich ihre Legende vom Westen nicht rauben lassen wollte, ebenso schwer wie die gleichzeitig vorgetragenen Angriffe gegen die Moral der Sonntagsschule. Dabei war dieser Vorgang vor allem ein Zeichen dafür, daß die Pionierzeit in diesem Teil des Landes zu Ende ging. Zu Beginn der siebziger Jahre verließen die meisten Schriftsteller – unter ihnen Mark Twain und Bret Harte – San Francisco und begaben sich in die Atlantikstaaten. Dieser Exodus fand in einem Zeitpunkt statt, da San Francisco in eine ernsthafte Wirtschaftskrise geriet. Dank der Eisenbahnen waren in Kalifornien neue städtische Zentren entstanden, und die Eröffnung des Suezkanals setzte dem Traum, daß einmal der Asienhandel über die pazifische Bahn und durch den Hafen von San Francisco fließen werde, ein Ende.

Der Untergang der freien Indianer

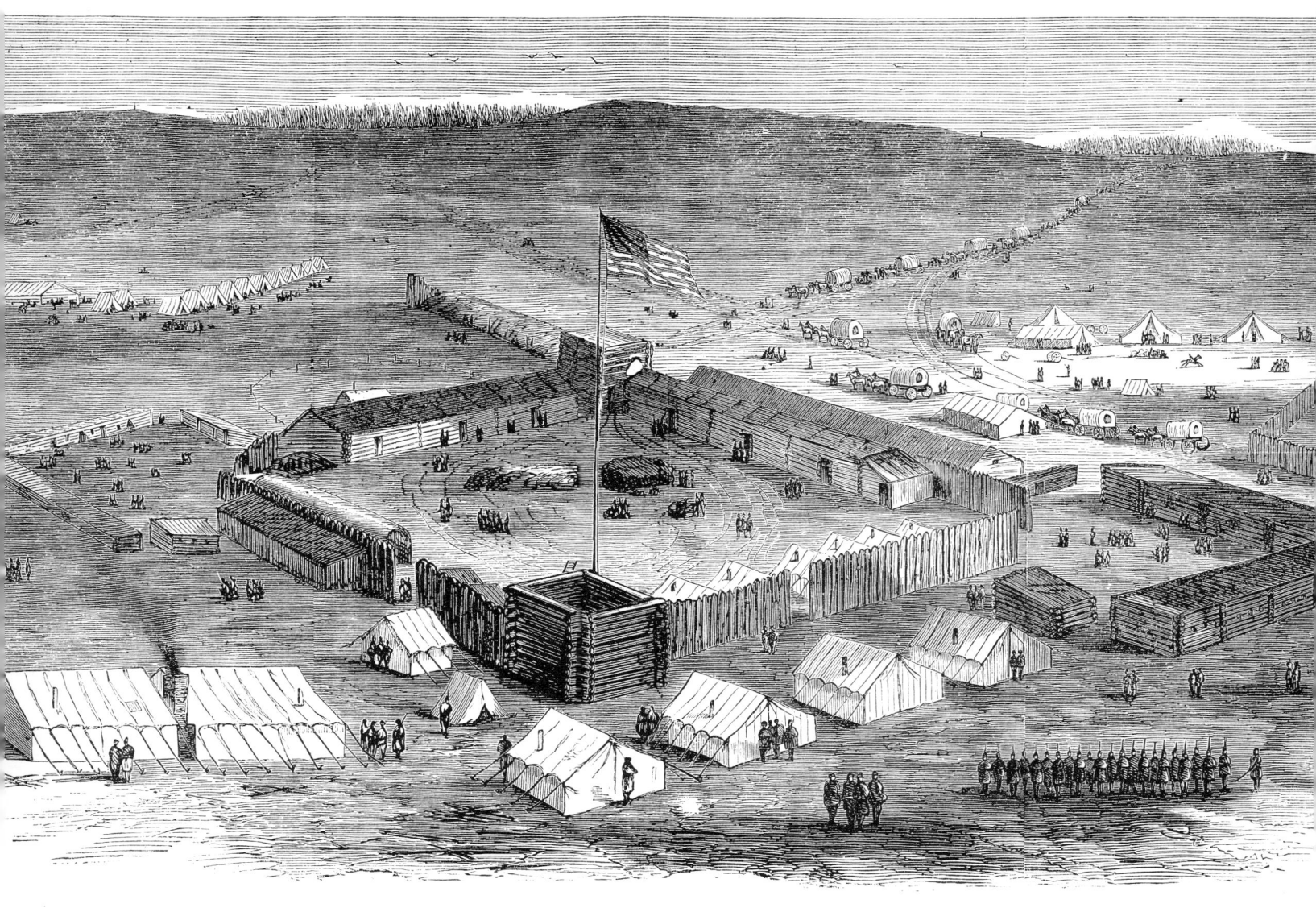

Nach dem Bürgerkrieg rückte die amerikanische Armee wieder
in den Westen vor. Dabei errichtete sie zahlreiche neue Forts,
die sie in den Indianerkriegen über kürzere oder längere Zeit
hin als Stützpunkte benützte. Camp Supply in Oklahoma zum
Beispiel diente gegen Ende der sechziger Jahre als Basis für
die Feldzüge gegen Cheyennes und Arapahoes. Von hier aus
unternahm George Armstrong Custer seinen vieldiskutierten
Überfall auf das Winterdorf von Black Kettle am Washita.

In der zweiten Jahrhunderthälfte wurde der keineswegs beigelegte Konflikt zwischen den Amerikanern und dem roten Mann zusehends härter und grausamer. Auf beiden Seiten wuchsen die Enttäuschung und die Erbitterung über das Verhalten des Kontrahenten. Das Vertrauen war – wenn es je einmal bestanden hatte – völlig vertan. Unter dem Eindruck der wortbrüchigen amerikanischen Politik, die zum Sioux-Krieg des Jahres 1876 führte, tat Sitting Bull den berühmten Ausspruch: «Berichtet den Leuten in Washington: wenn sie dort auch nur einen Mann haben, der die Wahrheit spricht, so sollen sie ihn zu mir schicken, und ich will anhören, was er zu sagen hat.» Auf der andern Seite wuchs bei den Amerikanern die Überzeugung, daß sie es mit einer zum Untergang verurteilten Rasse zu tun hatten, die sich mit teuflischer Bosheit gegen ihr vorbestimmtes Schicksal zur Wehr setzte. «So oft man sich in Nordamerika zum Anwalt der Indianer im Allgemeinen aufwirft, erhält man als Antwort die Schilderung einiger furchtbarer Züge von Grausamkeit, selbst gegen Menschen, mit denen die Rothhäute in dem scheinbar vertraulichsten Verkehr standen.» So schreibt Friedrich von Hellwald, der in seinem Urteil gegenüber den Indianern unsicher ist. «Und in der That, ihr Haß sättigt sich mit dem kühnsten Raffinement besonders an den Weißen, welche mit ihnen Handel treiben und als Ansiedler in der Wildniß den Ertrag ihrer Jagdgründe schmälern. Dort haben die Indianer ein besonderes Zoll- und Schutzsystem gegen die ‹weißen Häute› organisiert, die die Thiere jagen und sich dadurch die Pelzwaare, welche fast die einzige Quelle des Indianerreichtums bildet, direkt verschaffen wollen: dieses System besteht darin, daß sie unerbittlich den kühnen Jäger umbringen, der sich ein Privilegium anmaßt, welches die Rothhäute für sich allein in Anspruch nehmen zu dürfen glauben. Diese Geschichten wiederholen sich täglich, aber sie sind noch lange nicht Alle. Die Geschichte der Gefangenschaft weißer Frauen unter den Sioux, den Arapahoes, Cheyennes und ähnlichen Indianerstämmen ist meistens so beschaffen, daß man sie kaum wieder erzählen kann. Und es leben in den Grenzdistrikten vielleicht Hunderte von Frauen, welchen von den Indianern die schrecklichsten Dinge angethan worden sind; daher die blitzenden Augen und die heftigen Flüche von Vater, Sohn, Gatte oder Liebhaber eines dieser unglücklichen Geschöpfe, wenn man von dem Mitgliede eines feindlichen Indianerstammes anders redet, als wie von einem tollen Hunde oder einem Wolfe, welchen niederzuschießen die Pflicht eines jeden ehrlichen Mannes ist. Und wahrhaftig, Raubthiere sind diese Indianer, man kann sie füglich nicht anders bezeichnen. Die unverfälschte Rothhaut folgt eben nur dem unabweisbaren Instinkte, der sie zum Nomadenthume treibt, und dieser Instinkt nöthigt sie zum Vernichtungskampfe gegen die Pioniere der Kultur, die langsam aber sicher und erfolgreich vorwärts dringen und die wüsten Jagdgebiete der Urvölker Nordamerikas der allgemeinen Wohlfahrt dienstbar machen. Dieser Vernichtungskampf stempelt sie zu wahren Menschenjägern. Sie folgen den in den Prärien grasenden Büffelheerden im Sommer nach dem Norden, im Winter nach dem Süden, die Überlandstraße und die wüsten Einöden durchkreuzend. Und indem sie diese Straßen passiren, begehen sie ihre Barbareien an Auswanderern, Handelsleuten, Ansiedlern, brennen Gehöfte nieder, stehlen Hornvieh, Maulthiere und Pferde, zerstören Poststationshäuser. Leider ist damit die Liste der begangenen Gräuel nicht erschöpft, denn nur zu oft ist der Indianer über die Weißen hergefallen, hat Männer, Weiber und Kinder abgewürgt und die Leichen skalpiert, zerfleischt und verstümmelt. Er hat nicht nur die wehrlosen und gefangenen Männer gemordet, sondern dem Kindesalter kaum erwachsene Mädchen der rohesten, thierischesten Gewalt unterworfen, bis der Tod sie erlöste. Er hat hilflos auf das Lager gebettete Kranke lebendig verbrannt und nach den um ihr Leben flehenden Verwundeten wie nach einer Scheibe geschossen, bis sie zusammenstürzten. Er hat die Menschenjagd in großem Style organisiert. Und alles dieses gehört nicht etwa einer weit hinter uns liegenden Vergangenheit an, sondern trägt sich zum großen Teile noch unter unseren Augen zu.»

Die von Emotionen erfüllte Schilderung Hellwalds zeigt treffend die Gefühle, die im Westen gegenüber den Indianern vorherrschten. In den östlichen Staaten fanden die Eingeborenen in philanthropisch gesinnten Kreisen zahlreiche Fürsprecher, doch verharrten diese Leute jeweils in betroffenem Schweigen, wenn Berichte über Untaten des ‹roten Mannes› kolportiert wurden. Die Informationen waren im allgemeinen so einseitig, daß der wirkliche Sachverhalt gar nicht oder erst mit großer Verspätung an die Öffentlichkeit gelangte. So verhielt es sich beispielsweise beim sogenannten Sand-Creek-Massaker, das sich im Jahre 1864 in Colorado zutrug, als Truppen unter Oberst Chivington ein friedliches Cheyenne-Dorf überfielen und in bestialischer Weise Frauen und Kinder umbrachten. Der Vorfall wurde in der ganzen Nation als Sieg über wilde Krieger gefeiert, bis endlich bekannt wurde, was in Wahrheit geschehen war. Dann allerdings schlug das Hochgefühl in Empörung und Abscheu um. Die von der Bundesregierung bestellte Untersuchungskommission formulierte in ihrem Rapport einen Gedanken, der über den besonderen Anlaß hinaus Gültigkeit hatte: «Das Komitee ist der Meinung, daß die indianischen Aufstände in den meisten Fällen auf Angriffshandlungen gesetzloser weißer Leute zurückzuführen sind, die man überall an der Grenzlinie zwischen der Wildnis und dem zivilisierten Leben findet.»

Die ‹Pioniere der Kultur›, von denen Hellwald spricht, engten inzwischen den Lebensbereich der indianischen Völker weiter ein. Absichtlich oder gedankenlos wurden die großen Bisonherden gemordet, bis die auf die Jagd angewiesenen Indianervölker dem Hungertod nahe waren. Jeder tote Büffel bedeute einen verhungerten Indianer, soll General Sherman einmal gesagt haben. Ein zeitgenössischer deutscher Beobachter zog daraus den folgenden Schluß: «Es wird ein Vernichtungskrieg nicht nur gegen die Bisone, sondern auch gegen die Indianer geführt. Man verweigert ihnen die unentbehrlichsten Rechte, und wenn sie bis an das Äußerste gedrängt worden sind und ihr Haupt erheben, schlägt man es ihnen ab. Die indianischen Bureaux spielen die Rolle der aufreizenden Agenten. Manchmal steht in dem Kampfe, der mit dem Bogen gegen das Gewehr geführt wird, ein begabter indianischer Führer auf, und seine Truppe tötet bis zum letzten Mann ein ganzes nordamerikanisches Bataillon. Es wird ein Preis auf seinen Kopf gesetzt, er wird als Mörder behandelt. Er aber hat im Kampfe gegen den Feind nur einen Weißen getötet, der fünfzig seiner Brüder umgebracht hat. Die Nord-Amerikaner vertilgen die Rasse des Westens, wie die Spanier die eingeborene Bevölkerung der Antillen vernichtet haben. Das bringt die moderne Zeit mit sich. Das siegende Volk sucht nicht den Besiegten aufzunehmen und sich gleich zu machen. Es zerstört die vorgefundene Rasse. Es wächst nicht Baum neben Baum, sondern ein Baum entwurzelt den andern und nimmt seine Stelle ein. Indessen darf man dem amerikanischen Positivismus dieses unglückliche Resultat nicht ausschließlich zuschreiben. Die rothe Rasse ist schwach und zu schlecht bewaffnet, um sich in diesem großen Kampfe um das Dasein mit Erfolg zu vertheidigen. Sie befindet sich einer stärkeren, unternehmenderen, muthigeren und, wenn man so sagen darf, fleischfressenderen Rasse gegenüber. Sie ist bestimmt, in dieser großen Fluth unterzugehen.»

Indianer auf dem Kriegspfad

Mancher gutgläubige Amerikaner gab sich der Hoffnung hin, die Politik des ‹Indian Frontier› habe das Indianerproblem für die nächste und vielleicht auch für die nachfolgende Generation gelöst. Zwischen den weißen und den indianischen Siedlungen lag vorerst ein breiter Streifen unbesiedelten Landes, und der Zugang zum ‹Indian Territory› war für Leute, die dort nichts zu suchen hatten, einigermaßen erschwert. Bereits in den zwanziger Jahren wurden von der Armee einige Forts errichtet, welche die Überwachung der Grenzgebiete ermöglichen sollten: Fort Towson am Red River, Fort Gibson am Arkansas und Fort Leavenworth am Missouri.

Die Berichte von Reisenden, welche die ‹Fünf zivilisierten Stämme› in ihren neuen Heimstätten besuchten, klangen im allgemeinen zuversichtlich. Thomas James traf im Jahre 1824 auf dem Rückweg von Santa Fé am Arkansas eine Gruppe von Cherokees, die sich ein Jahrzehnt vor dem Umzug ihrer Nation im Westen niedergelassen hatten. In seiner mehr als zwanzig Jahre später geschriebenen Autobiographie erwähnte er die Episode und gab dabei einen optimistischen Ausblick: «Wir kamen durch das Land der Cherokees, deren Farmen und Blockhäuser am Ufer des Flusses einen ausgezeichneten Eindruck machten und die jeden Vergleich mit irgendeinem Staat des Westens aushalten. Die Cherokees waren zu jenem Zeitpunkt bereits sehr zivilisiert und haben inzwischen in Handwerk und Gewerbe große Fortschritte gemacht. Es handelte sich bei ihnen um jenen Teil der Nation, der Rogers-Partie genannt wurde und gerade damals vom östlichen auf das westliche Ufer des Mississippi umgezogen war und schließlich um das Jahr 1833 herum mit der mächtigen Unterstützung der Bundesregierung die Umsiedlung der ganzen Nation nach dem neuen Territorium einleitete, wo diese Völkerschaft nun in raschem Fortschritt dem Wohlstand entgegengeht. Ihr Abgeordneter wird in den nächsten Kongreß einziehen als Vertreter des ersten ‹Indian Territory›. Wenn dann diese Nation einen festen Kern bildet, der die Rasse vor dem Untergang bewahrt, werden sich die traurigen Prophezeiungen der Physiologen zum Glück als falsch herausstellen, und die Philanthropen werden sich darüber freuen, daß die wahre indianische Natur erhalten bleibt.» Thomas J. Farnham, der zu Beginn der vierziger Jahre auf dem Weg nach Oregon durch die Gegend zog, meinte, dieses Land sei ein zweckmäßiger Aufenthaltsort für eine Menschenrasse, die aus dem wilden Leben in das mehr zivilisierte hinübertritt. Wie sehr Farnham mit dieser Annahme im Irrtum war, bewiesen die häufigen Kämpfe zwischen den ‹zivilisierten Stämmen› und den Prärie-Indianern, die sich mit dem Einbruch der fremden Nationen in ihre Domäne nicht abfinden konnten. Wohl hatten die Cherokees und zum Teil auch die andern Stämme wiederum einen beachtlichen Grad an eigenständiger Kultur und Selbstverwaltung erreicht, doch halfen ihnen diese Eigenschaften in der Auseinandersetzung mit den wilden Prärie-Nationen wenig. Immer mehr Indianer zogen auf der Suche nach Heimstätten ins ‹Indian Territory›, so daß der Lebensraum von Jahr zu Jahr enger wurde. Weder der Ackerbau noch die Jagd vermochten auf die Dauer die Ernährung sicherzustellen. Für zahlreiche Völkerschaften war das feuchtheiße Klima am Arkansas wenig zuträglich, und der Gesundheitszustand ganzer Nationen war prekär. Vielleicht hätten die Indianer ihr Los verbessern können, wenn sie sich zu einer Schicksalsgemeinschaft zusammengeschlossen und die alten Fehden begraben hätten. Doch ein so weitsichtiges Denken war den amerikanischen

Eingeborenen, die in den engen, von Mythen erfüllten Traditionen von Stamm und Sippe lebten, durchaus fremd.

Der ‹Indian Frontier› gewährte den indianischen Nationen in den großen Ebenen nur einen mangelhaften Schutz. Zwar stellten sich in den trockenen Landstrichen bis zu den Rocky Mountains selbst über die Jahrhundertmitte hinaus keine amerikanischen ‹Squatter› ein, da man von der Unfruchtbarkeit des Bodens überzeugt war. Doch brachten auch die endlosen Karawanen der Emigranten, die auf dem Weg nach Oregon und Kalifornien durch indianisches Gebiet zogen, Unruhe und Zwietracht unter die eingeborenen Stämme. Die Bisons wurden zu Tausenden hingeschlachtet und die Herden so radikal dezimiert, daß die Prärie-Indianer auf ihren Jagdzügen kaum noch die Beute fanden, die ihnen ein sorgenfreies Überwintern gestattete. Während die Oglala-Sioux zum Beispiel im Jahre 1835 die wertvollen Tiere noch am Zusammenfluß der beiden Platte River gejagt hatten, spürten sie zehn Jahre später dem Bison in der ihnen wenig vertrauten Laramie-Ebene und in den Jagdgründen der Shoshonen am Fuß der Rocky Mountains nach. Daraus entstanden neue Konflikte und Feindschaften.

Als mit dem beginnenden ‹Goldrush› ganze Heerscharen über den ‹California Trail› nach Westen zogen, schauten die Indianer dem seltsamen Vorgang lange Zeit fassungslos zu. Die ‹Neunundvierziger› brachten für die Ureinwohner des Kontinents nur grenzenlose Verachtung auf und verstießen in ihrer Ahnungslosigkeit hundertfach gegen die im Umgang mit dem roten Mann gültigen Spielregeln. Der Innenminister (Secretary of the Interior), der im Jahre 1849 mit der Aufsicht über die indianischen Angelegenheiten betraut wurde, schrieb in seinem ersten Jahresbericht: «Die wilden Indianerstämme, deren Jagdgründe in der großen Prärie liegen, durch die unsere Emigranten nach Kalifornien ziehen, haben sich im vergangenen Jahr außergewöhnlich friedlich verhalten. Dabei haben sie zugelassen, daß unsere Leute fast ohne Unterbruch durch ihr Land zogen, obschon sie in Massen reisten und beträchtliche Mengen an Wild und Weidegras für sich beanspruchten. Diese Indianer erwarten eine Entschädigung, und ihre Forderung ist gerechtfertigt.» Auch im folgenden Jahr zeigten die Indianer in den Ebenen eine bemerkenswerte Geduld, dann aber begannen sich die Zwischenfälle zu häufen. Im Jahre 1851 wurde zwischen der amerikanischen Regierung und den wichtigsten Prärie-Nationen der Vertrag von Fort Laramie geschlossen, der den Frieden zwischen Missouri und Felsengebirge besiegeln sollte. Zugegen waren Sioux, Assiniboins, Gros Ventres, Crows, Shoshonen, Arikaras, Cheyennes und Arapahoes. Die Indianer gestanden den Amerikanern gegen eine jährliche Entschädigung von 50000 Dollar in aller Form das Wegrecht durch das indianische Territorium zu. Die Summe sollte während fünfzig Jahren in Naturalien – Güter, Tiere, Werkzeuge, Waffen – entrichtet werden.

Im Rechenschaftsbericht des Innenministeriums über das Jahr 1851 stand zu lesen: «Es kann nicht geleugnet werden, daß die von Indianern im Grenzgebiet verübten Plünderungen eine Folge furchtbarer Not sind. Das Vorrücken unserer Bevölkerung zwingt die Eingeborenen, ertragreiche Ländereien aufzugeben und in unfruchtbaren Regionen Zuflucht zu suchen, in denen weder Ackerboden noch Wild zu finden ist: von Hunger getrieben, stehlen sie Pferde, Maultiere und Vieh der Pioniere, um ihre Not zu lindern und die Bedürfnisse der Natur zu befriedigen. In solchen Fällen werden sie sofort verfolgt und, falls man sie erwischt, streng bestraft. Dies wiederum ruft auf seiten der Indianer ein Gefühl der Rache wach, das seine Befriedigung in Gewalttaten gegen Person und Eigentum friedlicher Bürger findet. Dadurch gerät das ganze Land in Aufruhr, und es folgen verheerende Kriege mit großen Blutopfern und materiellen Verlusten. Das ist nach unserer Überzeugung in den meisten Fällen der wahre Ursprung unserer Konflikte mit den Indianern.»

Die amerikanische Regierung unterließ es, aus dieser richtigen Erkenntnis die nötigen Schlüsse zu ziehen. Der Kongreß änderte vielmehr einseitig die Bedingungen des Vertrages von Laramie und beschränkte die Subsidien auf einen Zeitraum von fünfzehn Jahren. Die Indianer nahmen den Vertragsbruch resigniert hin, denn jeglicher Widerspruch war zum vornherein sinnlos. Inzwischen griff der Hunger um sich. Der Agent des Bureau of Indian Affairs, der im Jahre 1853 die Subsidien verteilte, schrieb darüber an seine Vorgesetzten: «Die Cheyennes und die Arapahoes und auch viele Sioux sind gegenwärtig am Verhungern. Während der Hälfte des Jahres fehlen die Lebensmittel, und ihre Hoffnung auf ausreichende Versorgung schwindet angesichts der rasch abnehmenden Zahl der Büffel zusehends.» Unter den Prärie-Indianern nahmen Unrast und Verzweiflung zu. Gewalttaten der Weißen vergalten sie mit grausamen Racheakten. Dabei wurden auf beiden Seiten nur selten die Schuldigen getroffen. Tüchtigen Indianeragenten gelang es manchmal, die Stämme wieder zu beruhigen; aber auf das Verhalten der disziplinlosen amerikanischen Pioniere hatten sie keinen Einfluß.

Die amerikanische Armee, die für den Landfrieden im ‹Frontier› hätte sorgen müssen, war ihrer Aufgabe schlecht gewachsen. Ihre Bestände waren in den Jahrzehnten vor dem Bürgerkrieg so bescheiden, daß sie die riesigen Territorien nur ungenügend überwachen konnte. In den Forts wurden vor allem Infanteriebesatzungen stationiert; zwischen den Stützpunkten patrouillierte die Kavallerie. Die schlechtbezahlten Soldaten versahen ihren monotonen Dienst in den einsamen Stationen während fünf Jahren. Zahlreiche Berichte lassen darauf schließen, daß die Disziplin mangelhaft und Desertionen an der Tagesordnung waren. Die Truppe präsentierte sich als bunt zusammengewürfelter Haufe, in dem zahlreiche mittellose Einwanderer, Iren und Deutsche, aber auch Abenteurer und Kriminelle Unterschlupf gefunden hatten. Für Offiziere kam die Versetzung in den Westen einer Strafe gleich. Auch für sie bot der Dienst wenig Anreiz. Die Besoldung war bescheiden, und die Beförderung in einen höheren Grad ließ im allgemeinen zehn Jahre auf sich warten. Dieser Armee fehlten nun alle Voraussetzungen zur Erfüllung ihrer im Grunde genommen friedlichen Mission. Wenig vertraut mit dem Charakter und den Gebräuchen der Eingeborenen, operierten die Offiziere nach taktischen Regeln, mit denen sie einem ebenbürtigen Heer hätten begegnen müssen. Mangelndes psychologisches Verständnis führte die beiden Partner stets wieder in Situationen, aus denen es keinen andern Ausweg gab als den Kampf. So trug die Armee durch ihr Ungeschick wesentlich zum Ausbruch der grausamen Indianerkriege bei, die mit dem Untergang der Prärie-Stämme endeten.

Der über Jahrzehnte hin dauernde Konflikt wurde durch einige lächerliche Vorfälle eröffnet. In den Jahren 1853 und 1854 war die Szene belebt durch Kriegszüge einiger Prärie-Nationen gegen die Pawnees und die Sacs und Foxes. Die Amerikaner beteiligten sich nicht an diesen Auseinandersetzungen; doch die allgemeine Unruhe ergriff auch die Garnisonen westlich des Missouri. Daraus entstand im Jahre 1855 das erste ernsthafte Gefecht zwischen amerikanischen Truppen und den Sioux. Der Anlaß war einfältig, aber gerade darum bemerkenswert: Ein Sioux hatte in der Nähe von Fort Laramie die krank auf dem Weg zurückgebliebene Kuh eines Emigranten geschlachtet. Der Besitzer des Tieres, ein Mormone, kehrte zurück und verlangte eine Entschädigung von fünfundzwanzig Dollar; aber der Indianer war nicht bereit, mehr als zehn Dollar zu zahlen. Der kommandierende Offizier im Fort betrachtete den Fall als Bagatelle und war nicht gesonnen, sich in den Streit zu mischen. Der Missetäter, ein Minneconjou-Sioux, verzog sich in ein Lager der Brûlé-Sioux, die sich östlich von Fort Laramie beim Handelsposten von James Bordeaux niedergelassen hatten. Ein exaltierter amerikanischer Offizier, Leutnant Grattan, gab sich mit diesem banalen Ende nicht zufrieden und erreichte bei seinem Vorgesetzten, daß er mit einem Detachement zum Indianerlager geschickt wurde, um den Mann zu verhaften. Der Auftrag war an die Bedingung geknüpft, daß unnötiges Risiko zu vermeiden sei. Wie aus diesem alltäglichen Vorgang das sogenannte ‹Grattan-Massaker› entstand, schildert der

Historiker George Bird Grinnell, der sich seine Meinung im Gespräch mit indianischen und weißen Augenzeugen bildete:

«Als Grattan den Befehl bekam, geriet er in heftige Erregung, so daß einige Zuschauer glaubten, er sei betrunken. Er hatte den Auftrag, mit zwanzig Mann auszurücken, doch anstatt sich an die Order zu halten, rief er nach ‹Freiwilligen für eine gefährliche Mission› und trommelte dreißig Mann zusammen, einen Feldweibel und einen Korporal sowie zwei Haubitzen. Er erklärte, er wolle ‹siegen oder sterben›, verließ etwa um drei Uhr nachmittags den Posten und marschierte talabwärts gegen das indianische Dorf. Die Truppen drangen in die Lager der Sioux ein, die sich etwa neun Meilen östlich von Fort Laramie befanden. Eines derselben, westlich von Bordeaux' Gebäuden gelegen, gehörte den Oglala, das andere, zwischen Bordeaux' Posten und dem Fluß, bestand aus etwa hundert Zelten der Brûlés, zu denen sich noch zwanzig Zelte der Minneconjou gesellt hatten. In einem dieser Zelte saß der Mann, der die Kuh getötet hatte. Grattan marschierte mit seinen Leuten auf den offenen Lagerplatz und pflanzte sich etwa fünfzig Meter vor den Behausungen der Minneconjou auf. Die Truppen formierten sich in Linie – die beiden Haubitzen in der Mitte und die Soldaten zu beiden Seiten. Die Männer ließen sich völlig unbekümmert auf den Boden nieder und saßen ungefähr eine Stunde da, während sich Grattan mit den Anführern unterhielt. Über das, was später zwischen ihnen geschah, gibt es nur eine indianische Version. Der Anführer der Brûlés und der Oglala-Indianer, Man Afraid of His Horses, soll Grattan gebeten haben, zum Fort zurückzukehren und die Angelegenheit ruhen zu lassen, bis der Indianeragent zur Stelle sei. Der Brûlé-Chef bot dem Leutnant sogar ein Maultier an, wenn er die Sache bis zur Ankunft des Agenten zurückstellen würde. Grattan schlug die Bitten ab. Man Afraid of His Horses tat alles, um den Frieden zu bewahren.»

«Die Leute, die vom Handelsposten aus das Schauspiel betrachteten, sahen schließlich, wie die Soldaten auf die Beine sprangen und ihre Gewehre in Anschlag nahmen. Dann ertönte ein Schuß, und das Gefecht begann. Der Anführer der Brûlés, Bear That Scatters, empfing von der ersten Salve drei Wunden. Die Soldaten schossen zuerst. Sie wurden von den Indianern sogleich zusammengedrängt und begannen sich zurückzuziehen, doch gleichzeitig erschienen vom andern Lager her die Oglalas, und die Soldaten fielen alle unter ihrem Pfeilregen. Als die Indianer die Soldaten getötet hatten, stürzten sie auf den Handelsposten zu, zweifellos in der Absicht, zu plündern, doch der Anführer trieb sie zurück und stellte die weißen Bewohner unter seinen Schutz ...»

«Das Kriegsministerium lehnte es ab, die Aussagen der Offiziere des Postens entgegenzunehmen, wonach Grattan für das Gefecht verantwortlich war, und das Publikum im Osten weigerte sich zu glauben, daß die Amerikaner die Indianer angegriffen hatten. Das Volk bestand darauf, daß die Indianer feige einen tapferen jungen Offizier und seine Leute massakriert hätten und daß die Mörder streng bestraft werden müßten.»

Die so laut geforderte Aktion blieb nicht aus. Colonel William S. Harney zog mit einer Strafexpedition durch die Ebene und überfiel am Blue River bei Ash Hollow ein Lager der Brûlés. In dem nun folgenden Gemetzel wurden nicht bloß Krieger, sondern auch Frauen und Kinder umgebracht oder verwundet. Damit schuf die amerikanische Armee einen Modellfall für den Umgang mit den indianischen Nationen, den sie fortan mit großem Eifer nachahmte. Empfand die Truppe das Bedürfnis, für wirkliche oder vermeintliche Missetaten Rache zu nehmen, so fiel sie über friedliche Lager und Dörfer her, die leichter zu finden waren als Indianer auf dem Kriegspfad. Wenn dabei, wie es häufig geschah, Frauen und Kinder getötet wurden, so zählte man diese unschuldigen Opfer in den Berichten an das Kriegsministerium gleichwohl als ‹Krieger›.

Die Anwesenheit der amerikanischen Armee im Westen trug also kaum etwas zur Minderung der Spannungen bei. In einem Zeitpunkt, da ein friedlicher Ausgleich noch als möglich erschien, identifizierte sie sich allzu offensichtlich mit den egoistischen Interessen der Pioniere. Verschiedene Beobachter haben diesen Mangel verzeichnet. Der deutsche Schriftsteller Balduin Möllhausen, der die Expeditionen von Leutnant Whipple und Leutnant Ives als Zeichner begleitete, fällte ein scharfes Urteil: «Wo reguläre Truppen der Vereinigten Staaten von Nordamerika sich unter den Eingeborenen des Landes hinwenden, da befinden sich in ihrem Gefolge alle nur denkbaren Laster ... Wenn das Militär, das jetzt zum Schutz der Weißen unter die Indianer gesendet wird, dazu bestimmt wäre, die Rechte der Indianer gegen die Weißen zu wahren, wenn ferner die aus aller Herren Ländern zusammengewürfelten Soldaten, anstatt ihre viele müßige Zeit mit Trinken, Spielen und andern verächtlichen Leidenschaften hinzubringen, dazu angehalten würden, gleichsam als Lehrer der Indianer, Colonien zu gründen, Ackerbau zu betreiben und als Polizei gegen die räuberischen Speculanten aufzutreten, wenn der Branntwein, der Fluch der westlichen Bevölkerung, Eingeborenen sowie Soldaten gänzlich entzogen würde, und wenn man, in vorkommenden Fällen, bei den Wilden den Glauben an die Straflosigkeit der sie in ihren Rechten etwa beeinträchtigenden Individuen erschütterte, dann würde das tief gewurzelte Mißtrauen allmählich schwinden; der wilde Wüstenbewohner würde sich ebensowohl zu den guten Sitten und Gewohnheiten hingezogen fühlen, wie jetzt zu den tadelnswerten.» Solche Gedanken mögen utopisch anmuten. Solange man aber keine ernsthaften Versuche unternahm, war die bereitwillig kolportierte These von der mangelnden Bildungsfähigkeit der Indianer ein bloße Ausrede, die allfällige Regungen des schlechten Gewissens betäuben sollte.

Ein Jahr nach dem Gefecht bei Ash Hollow brach zwischen den Cheyennes und der amerikanischen Armee der erste Konflikt aus. Die Cheyennes hatten bisher als amerikanerfreundlich gegolten. Harmloser Anlaß des folgenschweren Zwischenfalles war der Diebstahl eines Pferdes, angeblich begangen von Little Wolf, einem später gefürchteten Anführer seiner Nation. Auf eine gewalttätige Aktion der Truppen folgten nicht minder grausame Racheakte der Indianer, die vor allem Emigrantenkarawanen trafen. Schließlich kehrte wieder Ruhe ein, worauf der Indianeragent Thomas S. Twiss im Herbst des Jahres 1856 seinem Vorgesetzten schrieb, die Cheyennes seien friedlich und gehorchten ohne Verzug seinen Anweisungen. Einige Anführer der Nation hatten dem Agenten gegenüber ihr Bedauern über die Vorfälle ausgedrückt und beigefügt, sie seien nicht imstande, ihre Krieger im Zaum zu halten, wenn immer wieder Indianer grundlos von den Soldaten umgebracht würden. Im folgenden Jahr rückte Colonel E. V. Sumner mit einer beträchtlichen Streitmacht gegen die Cheyennes aus, um sie für ihre Aufsässigkeit zu bestrafen. In einer Kavallerieattacke mit der blanken Waffe trieb er die überraschten Krieger in die Flucht. Die Cheyennes ließen ihre Zeltdörfer im Stich und gingen über den Arkansas nach Süden.

Agenten der amerikanischen Regierung bemühten sich nun, die Cheyennes zu einer seßhafteren Lebensweise zu bewegen. Sie sollten in Zukunft im ‹Indian Territory›, in angemessener Entfernung von der Überlandroute und den Niederlassungen in Kansas und Colorado, angesiedelt werden. Doch vielen Cheyennes, vor allem der kriegerischen Kaste der ‹Dog Soldiers›, behagte ein Dasein in der muffigen Enge einer Reservation wenig. Auch die verbündeten Arapahoes wollten ihre Freiheit nicht so leicht preisgeben. Im Januar 1861 unterzeichneten einige Gruppen der Cheyennes und der Arapahoes einen Vertrag, nach dem sie ihre bisherigen Wohnsitze räumten und in eine Reservation zogen. Die ‹Dog Soldiers› und andere Indianer verweigerten die Unterschrift, denn sie wollten aus ihren reichen Jagdgründen am Smoky Hill nicht weichen. Jene Teile der Nation, die sich den Forderungen der Agenten gebeugt hatten, sahen sich bald im Stich gelassen. Die vereinbarten Subsidien blieben aus oder wurden mit erheblicher Verspätung geliefert, und die amerikanische Hilfe beim Aufbau einer indianischen Landwirtschaft erwies sich als völlig ungenügend. Es war also nicht verwunderlich, wenn sich Cheyennes häufig auf Streifzüge nach Norden begaben und durch Raub und Plünderung das zu erbeuten suchten, was sie auf friedliche Weise nicht gewinnen konnten.

Als im Jahre 1861 der Sezessionskrieg ausbrach, räumten die regulären Truppen der Union die westlichen Territorien und zogen gegen Süden. Die Prärie-Indianer verhielten sich wider Erwarten ruhig. Wären sie wirklich so rachsüchtig und kriegerisch gewesen, wie es die allgemeine Meinung wahrhaben wollte, so hätten sie nun freie Bahn gehabt. Dann wurde der Verdacht laut, es bahne sich zwischen den Indianern und den Südstaaten eine Konspiration an. Agenten und Offiziere der Konföderation versuchten tatsächlich eine Zeitlang, die Nationen im ‹Indian Territory› auf ihre Seite zu ziehen. Comanchen und Kiowas verhandelten im Jahre 1862 mit den Konföderierten, und auch bei den ‹Fünf zivilisierten Stämmen› regten sich Sympathien für den Süden, doch blieben diese Episoden ohne Bedeutung.

Im gleichen Jahre 1862 brach in Minnesota der erste Aufstand der Sioux aus. Die Krieger von Little Crow mordeten in wildem Blutrausch über fünfhundert weiße Siedler. Auch hier hatte sich der Konflikt an Streitigkeiten minderen Ranges entzündet, wie sie im ‹Frontier› alltäglich waren. Die Miliz des Staates Minnesota schlug die Revolte blutig nieder. Die Sioux wurden nun endgültig über den Mississippi getrieben. Der elementare Ausbruch dieser Nation verbreitete Schrecken unter den Siedlern im Westen, so daß sich das Mißtrauen bald unterschiedslos gegen alle Indianer richtete. Die Cheyennes, die Arapahoes und die Kiowas zeigten sich gereizt, seit die Goldsucher auf dem Weg nach Colorado ihre Jagdgründe in Unruhe versetzten und ‹Squatter› hemmungslos indianischen Boden in Beschlag nahmen. Es häuften sich die Zusammenstöße zwischen marodierenden Indianern und Siedlern, wobei wiederum Unschuldige zu Schaden kamen. Die Miliz von Colorado, von Colonel J. M. Chivington geführt, griff nicht nur herumstreifende Kriegsparteien, sondern auch friedliche Indianerdörfer an. Im Jahre 1864 brachen die Feindseligkeiten am Arkansas und am Platte River aus. Zu allem entschlossene Banden von Sioux und Cheyennes überfielen Karawanen auf der Überlandroute, mordeten Emigranten, sprengten die Zugtiere davon und zerstörten Stationen der Postkutschenlinie. Inzwischen erließ Gouverneur Evans Proklamationen, in denen er die Bewohner von Colorado aufforderte, jeden Indianer, sei er nun feindlich gesinnt oder nicht, umzubringen und sich seinen Besitz anzueignen. Es gab auf beiden Seiten einige besonnene Leute, die stets wieder versuchten, dem Blutvergießen ein Ende zu setzen. Auf amerikanischer Seite war es vor allem Major E. W. Wynkoop, der von der Friedensliebe der Cheyennes überzeugt war. Er brachte Black Kettle, einen der tatkräftigsten Cheyenne-Führer, dazu, mit seiner Nation nach dem Sand Creek Valley im südöstlichen Colorado zu ziehen und dort den Augenblick abzuwarten, da man ernsthaft über den Frieden sprechen könnte. Dabei versicherte Wynkoop, das Lager sei dem Schutze der Armee unterstellt.

Mit einem so banalen Ende der Affäre wollte sich Colonel Chivington nicht zufriedengeben, und seine Vorgesetzten bestärkten ihn in der Meinung, die Indianer müßten vor einem Friedensgespräch ihrer gerechten Strafe zugeführt werden. Chivington, ehemaliger Methodistenprediger, war begierig nach kriegerischem Ruhm, und so mußte noch etwas geschehen, bevor seine Freiwilligen entlassen wurden. Er sorgte vorerst dafür, daß Major Wynkoop seines Kommandos enthoben wurde, was vor allem bedeutete, daß die Garantie für die Cheyennes dahinfiel. Black Kettle und sein Volk waren nach wie vor der Meinung, sie lebten unter der Protektion der Armee. Die nun folgende Episode gehört zu den dunklen Punkten der amerikanischen Geschichte. Zwar sind die Einzelheiten umstritten, doch herrscht über den Vorgang an sich kein Zweifel. Spät im November des Jahres 1864 fiel Chivington mit seiner Truppe über die ahnungslosen Indianer am Sand Creek her. Der seltsame Apostel hatte seine Garde offenbar in einen Blutrausch versetzt, denn sie wütete grauenhaft unter den Bewohnern des Dorfes.

Im Herbst des Jahres 1868
kämpfte Colonel Forsyth
gegen die Cheyennes bei
Beecher Island.

Custer überfällt mit seiner
Kavallerie Black Kettles Dorf
am Washita.

Indianer auf dem Kriegspfad.
Illustration von Theo R. Davis
in ‹Harper's Weekly› (1870).

Die Cheyenne-Krieger kämpften verbissen, doch sie waren hoffnungslos in Minderheit. Im Lager lebten hauptsächlich Frauen und Kinder, die von den entfesselten Soldaten niedergemetzelt wurden. Chivington rühmte sich, fünfhundert Indianer getötet zu haben. Die Cheyennes selber nannten niedrigere Zahlen. Während des Überfalls hielt sich im Lager der Halbblut-Indianer George Bent auf, ein Sohn des berühmten Handelsherrn William Bent. Obschon verwundet, gelang es ihm, nach der Handelsstation seines Vaters zu entkommen. Sein Bericht, von Grinnell aufgezeichnet, ist für die Amerikaner wenig schmeichelhaft. Er schildert das Geschehen nach dem unverhofften Erscheinen der Truppen mit den folgenden Worten:

«Als ich nach dem Zelt des Anführers blickte, sah ich, daß Black Kettle am Fahnenmast eine große amerikanische Flagge hochgezogen hatte als ein Zeichen dafür, daß das Lager friedlich war. Ein Teil der Krieger rannte zu den Pferden, und die meisten Leute strömten im Lager in großer Angst hin und her. Black Kettle rief ständig, sie sollten sich nicht fürchten, denn das Lager stehe unter dem Schutz der Armee, und es bestehe keine Gefahr. Dann aber eröffneten die Truppen plötzlich das Feuer auf die Masse von Männern, Frauen und Kindern, und alle begannen auseinanderzustieben. Die meisten Indianer rannten durch das Bachbett hinauf, das aus trockenem und glattem Sand bestand, der nur da und dort durch Wasserlöcher unterbrochen war. Zu beiden Seiten des breiten Baches erhoben sich zwei bis zehn Fuß hohe Uferböschungen. Während der größte Teil der Bevölkerung durch das trockene Bachbett floh, versuchten junge Männer, die Herde vor den Soldaten zu retten, und kleinere Gruppen rannten in allen Richtungen den sandigen Hügeln entgegen. Eine dieser Gruppen, die aus etwa zehn Cheyennes mittleren Alters bestand, strebte den Sandhügeln im Westen des Baches zu, und ich schloß mich diesen Leuten an. Bevor wir weit gekommen waren, erblickten uns die Soldaten und eröffneten gegen uns ein schweres Feuer, das uns zwang, den Rückweg anzutreten und im Bachbett Deckung zu nehmen. Wir marschierten nun flußaufwärts und folgten dem Haupttharst der Indianer. Eine ganze Kavalleriekompanie war uns auf den Fersen. Wir kamen an vielen Indianern vorbei, Männern, Frauen und Kindern, die verwundet oder tot im Sand oder in den Wasserlöchern lagen. Bald darauf erreichten wir eine Stelle, wo sich der große Haufe aufhielt, und wir verbargen uns in Löchern, die wir in die hohe Uferböschung gruben. Gerade als wir hier ankamen, wurde ich von einer Kugel in die Hüfte getroffen und recht übel verwundet, aber es gelang mir gleichwohl, in ein Loch zu kriechen ...»

«Die Soldaten konzentrierten ihr Feuer auf die Menschen in den Löchern, und wir fochten, so gut es ging, mit unsern Gewehren und Bogen, aber wir hatten wenige Feuerwaffen. Die Truppen kamen nicht näher heran und suchten keinen Nahkampf. Nur ein- oder zweimal drangen sie, nachdem sie die meisten Männer darin getötet hatten, in eine Höhle ein und brachten die Verwundeten und die noch unverletzten Frauen und Kinder um. Der Kampf dauerte bis fast zum Sonnenuntergang, bis schließlich der kommandierende Offizier seine Leute zusammenrief und alle den Bach hinunter den Rückweg nach dem Lager antraten, aus dem sie uns vertrieben hatten. Dabei skalpierten die Soldaten die Toten, die im Bachbett lagen, und verstümmelten ihre Körper auf so schreckliche Weise, wie es kein Indianer getan hätte.»

Zahlreiche Cheyenne-Krieger, unter ihnen Black Kettle, entkamen dem Massaker und fanden in benachbarten Lagern Zuflucht. Chivington jagte noch eine Zeitlang nach Indianern, dann kehrte er mit seiner Truppe im Triumph nach Denver zurück. Die Beute, darunter etwa fünfhundert Pferde und Maultiere, teilten die Soldaten unter sich auf. Eine besondere Attraktion wurde den Theaterbesuchern von Denver geboten: Zwischen den Akten zeigte man über hundert Skalps, die sichtbaren Beweise für den überschwenglich gefeierten Sieg. Als die Wahrheit allmählich zutage kam, ordnete das Kriegsministerium eine Unter-

Aufruf für Freiwillige zum Kampf gegen die Cheyennes, publiziert in Denver am 8. Juni 1867. Wiederum wurden – wie schon zur Zeit des Sand-Creek-Massakers – Skalpprämien in Aussicht gestellt.

suchung an. Das Ergebnis war für die Miliz von Colorado eindeutig und peinlich, doch Colonel Chivington hatte zu diesem Zeitpunkt die Armee bereits verlassen und entging der Bestrafung. Die Bundesregierung zahlte den Cheyennes eine Abfindung für ihre schweren Verluste.

In den nun folgenden zehn Jahren bemühte sich das Bureau of Indian Affairs, die indianischen Nationen zum Abzug in Reservationen zu bewegen. Das konnte nur gelingen, wenn die Indianer seßhaft wurden und mit Bundeshilfe eine Landwirtschaft aufbauten, die mindestens zur Selbstversorgung ausreichte. Gewisse indianische Stämme ergaben sich resigniert in ihr Schicksal, andere rebellierten gegen Verträge, die sie zur Aufgabe ihrer alten Lebensweise zwangen. Vor allem der Verzicht auf die Jagd und die mit ihr verbundenen Gewohnheiten fiel schwer. «Seit ich geboren bin, habe ich das Fleisch des Wildes gegessen», erklärte ein Indianer bei einer Friedensverhandlung. «Mein Vater und mein Großvater haben vor mir auch Wildbret gegessen. Wir können nicht so rasch die Sitten unserer Väter aufgeben.» Doch der Eigensinn des roten Mannes war nicht die alleinige Ursache für das offenkundige Scheitern der Indianerpolitik. Die Bundesregierung und die Indianeragenten zeigten sich außerstande, den Eingeborenen beim Übergang zu neuen Lebens- und Wirtschaftsformen wirksam beizustehen. Der Vorgang war stets derselbe: Man brachte eine Nation in ausgedehntem Palaver dazu, ihre Jagdgründe mit einer Reservation zu vertauschen. Dabei verpflichtete sich die Regierung, Subsidien und Lebensmittel für die erste Zeit, dazu auch Kleider, Werkzeuge und Handwerker zur Verfügung zu stellen. Trafen die Indianer in ihren neuen Wohnbezirken ein, so erlebten sie die fast unvermeidliche Enttäuschung: Die versprochene Hilfe blieb aus, weil der Kongreß den Kredit verweigert oder ein korrupter Beamter die Lieferung verzögert hatte, oder dann erwies sich das als Reservation bestimmte Land als ungeeignet. In solchen Fällen begaben sich die über den Wortbruch erbitterten und von Hunger gequälten Indianer häufig auf den Kriegspfad, plünderten auf den Überlandwegen oder überfielen einsame Farmen. Diese Ausbrüche mit ihren unberechenbaren Folgen ereigneten sich zwangsläufig wie ein Naturereignis. So geschah es mit den Cheyennes, den Arapahoes, den Kiowas und vielen andern Nationen.

Unmittelbar nach dem Ende des Bürgerkriegs war auch die reguläre Armee wieder auf der Szene erschienen. Sie zeigte sich selbstbewußter als in früheren Jahrzehnten und traf Anstalten, auch im Westen Siege zu erringen. Aber von den

Da gegen Ende der sechziger Jahre die Feindschaft zwischen Amerikanern und Indianern wuchs, häuften sich die Überfälle durch marodierende Indianerbanden auf Siedlungen in Colorado und Kansas.

Indianern, ihrer Lebensweise und ihrer Kriegführung wußten die Generale noch weniger als ihre Vorgänger in den fünfziger Jahren. Sie räsonierten in streng militärischen Kategorien und waren deshalb außerstande, auf die völlig anders geartete Denkweise der Prärie-Nationen einzugehen. Der schon lange schwelende Konflikt zwischen der Armee und den Indianeragenten trat nun offen zutage. Männer wie Colonel Leavenworth, Major Wynkoop, William Bent und Kit Carson, die als Agenten des Bureau of Indian Affairs in enger Tuchfühlung mit den Indianern lebten, wußten das Verhalten der Eingeborenen meist besser zu deuten als die Truppenoffiziere, denn sie kannten ihre Nöte und übten bei den Stämmen einen gewissen Einfluß aus. Die Generale der Armee hingegen sahen alle Vorgänge aus der Perspektive der Ordnungsmacht, die kaum nach den Motiven fragte, sondern überall da mit Feuer und Schwert eingriff, wo der rote Mann ihrer Meinung nach ein Unrecht verübte. So wurden die Bemühungen des Innenministeriums, die Indianer auf friedlichem Weg in die Reservationen zu führen, häufig durch Kraftakte der Truppe gestört, die zuschlug, sobald auch nur ein Anschein von Aufruhr registriert wurde. Die Präsenz der Armee im Westen war nun viel eindrücklicher als vor dem Sezessionskrieg. Die Streitkräfte zwischen den großen Strömen und den Rocky Mountains waren in der sogenannten Military Division of the Missouri zusammengefaßt, die aus den Departementen Missouri, Arkansas, Platte und Dakota bestand.

Die Strafaktionen der Armee richteten sich in den ersten Jahren nach dem Bürgerkrieg zur Hauptsache gegen die Cheyennes, die sich nach der erlittenen Unbill rastlos und streitsüchtig zeigten. Zwar beteuerten die Indianeragenten in ihren Berichten, die führenden Männer der Nation seien friedliebend, aber die kommandierenden Offiziere waren anderer Meinung. Im Jahre 1867 rückte eine Strafexpedition gegen die Siedlungen der Cheyennes vor. Der Feldzug nahm einen eigenartigen Verlauf und zeigte deutlich, wie wenig die Truppe von der Kriegführung der Indianer verstand. General Hancock, Anführer der Streitmacht, zog mit Infanterie und schwerem Brückenmaterial durch die Prärie auf der Suche nach seinen berittenen Gegnern. Zu einem richtigen Kampf kam es nicht, hingegen zerstörte Hancock ein Dorf der ‹Dog Soldiers› und der Sioux am Pawnee Fork. Banden der Cheyennes und der Sioux beantworteten diese Handlung mit neuen Überfällen auf die Überlandroute und auf die Baustellen der Union Pacific am Platte River. Scharmützel und Blutvergießen steigerten die Feindschaft beider Parteien. Auf amerikanischer Seite zeichnete sich der ‹Indian fighter› (Indianerkämpfer) George Armstrong Custer durch Draufgängertum und Rücksichtslosigkeit aus. Bei seinen Kameraden stand er im Verdacht, weniger der Sache als dem persönlichen Ehrgeiz zu dienen. Dem Publikum hingegen, das gern einen Helden verehrte, war der Haudegen Custer der richtige Mann, um die Dinge im Westen zu regulieren. Wie er die Mission der Armee verstand, zeigte er beim Angriff auf ein Cheyenne-Dorf am Washita River. Black Kettle und andere Anführer hatten im Vertrag von Medicine Lodge endlich dem Umzug der Cheyennes in eine Reservation südlich des Arkansas zugestimmt. Im November des Jahres 1868 überfiel General Custer mit seiner Kavallerie das Dorf von Black Kettle. Angeblich hatten die Spuren von marodierenden Kriegern an diesen Ort geführt. Die Soldaten metzelten wahllos Männer, Frauen und Kinder nieder. Auch Black Kettle fand mit seiner Familie den Tod. Die Armee feierte einen Sieg, und nur wenige wagten zu widersprechen. Die Aktion trug General Custer, der mit Eitelkeit seine wallende Haartracht pflegte, bei den Indianern den Spitznamen ‹Long Hair the Squaw Killer› (‹Langhaar der Frauenmörder›) ein. Zum Tode von Black Kettle meinte Grinnell: «Black Kettle war das eindrückliche Beispiel eines unbeirrbar freundlich eingestellten Indianers, der gerade weil er den Amerikanern gegenüber wohlgesinnt war, und weil man auch seinen Aufenthaltsort ständig kannte, für die Taten von Leuten bestraft wurde, die er, wie man meinte, hätte unter Kontrolle halten können.»

Im Feldzug gegen die Sioux leisteten die Dampfboote unschätzbare Dienste. Unsere Aufnahme von 1876 zeigt den Heckraddampfer ‹Rosebud› mit Truppen und Material unterwegs in einem unbekannten Abschnitt des Missouri.

Feldzug General Crooks
gegen die Sioux im Frühjahr
1876:

Eine Kavallerieabteilung
verläßt Custer City.

Crooks Infanterie passiert
auf dem Vormarsch eine
verlassene Militärstation, ein
‹stockade› genanntes Bau-
werk aus Palisaden.

Infanterie im Lager in den
Black Hills.

Das Gefecht am Rosebud zwischen der Kolonne
Crooks und den Sioux endete für beide Seiten
ohne Ergebnis. Der amerikanische Aufmarsch
wurde jedoch erheblich verzögert.
Die Illustration zeigt den Angriff der Sioux auf
das Detachement von Colonel Royall.

382

Das Gefecht am Little Big Horn endete mit der schlimmsten Niederlage, welche die amerikanische Armee in den Feldzügen gegen die Indianer je erlitt. General George A. Custer begab sich mit seinen Kavalleristen mutwillig in die Falle, die ihm Crazy Horse gestellt hatte und aus der es kein Entrinnen gab. Selten hat ein Ereignis die amerikanische Nation so bewegt wie das soge-nannte ‹Custer-Massaker›. Überaus zahlreich sind denn auch die bildlichen Darstellungen, die den letzten Akt des dramatischen Geschehens – ‹Custer's last stand› – zum Gegenstand haben. Da kein amerikanischer Augenzeuge den Tag überlebte, ließen die Künstler ihrer Phantasie freien Lauf.

1 Sitting Bull, Medizinmann und
  Anführer der Hunkpapa-Sioux.
2 Buffalo Bill Cody.

3 Red Cloud, Anführer der Sioux.
4 Washakie, Anführer der mit den Amerikanern
  verbündeten Shoshonen.

DIE NIEDERLAGE AM LITTLE BIG HORN

Nachdem sich Custer von Renos sieben Kompanien getrennt hatte, führte er seine fünf Kompanien zur Rechten am Fuße eines hohen Hügels entlang, der das Little-Big-Horn-Tal überragte. Die Schlucht, die er gewählt hatte, war gerade breit genug, um seine Viererkolonne durchzulassen. In den Hügeln rechts vom Little Big Horn ließ kein Zeichen auf die Anwesenheit von Indianern schließen, und die Kolonne bewegte sich stetig vorwärts, um den Hügel herum, bis das Dorf unten im Tal in Sicht kam. Custer schien freudig erregt und befahl zum Angriff zu blasen. Dann schwenkte er seinen Hut, um die Leute anzufeuern, und ritt an die Spitze der Kolonne. Als sie sich dem Fluß näherten, eröffneten die Indianer, welche im Unterholz auf dem gegenüberliegenden Ufer im Hinterhalt gelegen hatten, das Feuer auf die Truppen, deren Vormarsch sofort eingestellt wurde. Ein Teil des Kommandos saß ab und eilte zum Fluß, um das Feuer zu erwidern. Während dieser Zeit sah man, wie die berittenen Krieger zu Hunderten ihr Dorf verließen, um sich über Custers Front und nach seiner Linken zu entwickeln, als wollten sie den Fluß zur Rechten des Generals überqueren. Scharen von Frauen und Kindern eilten in entgegengesetzter Richtung aus dem Dorf.

Während dieser Phase der Schlacht sah Curly, wie zwei von Custers Männern tot in den Fluß fielen. Nachdem Custer einige Zeit in dieser Stellung gekämpft hatte, sah er ein, daß eine Flußüberquerung hier unmöglich war, da seine Viererkolonne (hier die einzig mögliche Marschordnung) während dieses Manövers einem heftigen Beschuß von vorn und von beiden Seiten ausgesetzt gewesen wäre. Er befahl daher die Vorhut nach links und lenkte schräg in die Hügel hinein, flußabwärts; seine Leute mußten absitzen und ihre Pferde führen. In der Zwischenzeit hatten die Indianer haufenweise den Fluß überquert und begannen an Custers rechter Flanke und hinter ihm aufzutauchen. Erst wenige hundert Meter hatte er in der neuen Richtung zurückgelegt, als er von den Indianern, die den Fluß überschritten hatten, erneut zum Kampf gezwungen wurde. Erst blieb das Kommando beisammen, wurde in der Schlacht jedoch schon nach wenigen Minuten gespalten, wobei ein Teil sich im Halbkreis nach links entwickelte. Der Rest verteilte sich in gleicher Weise nach rechts, so daß die fertige Gefechtslinie kreisähnlich verlief. So gut wie möglich nutzte man die Vorteile des Terrains zur Deckung; die Pferde bildeten die Nachhut, die Männer waren alle abgesessen und kämpften zu Fuß. Curly wußte nicht viel über den Kampfverlauf in anderen Teilen des Schlachtfeldes zu berichten, da er sich in einer tiefen Schlucht verborgen hielt und nur einen kleinen Teil des Geschehens überblicken konnte.

Die Schlacht muß nach Curlys Beschreibung des Sonnenstandes um 14.30 oder 15.00 Uhr angefangen haben; danach tobte sie pausenlos bis fast zum Sonnenuntergang. Die Indianer hatten das Kommando vollständig umzingelt. Die Pferde in Gebirgsschluchten weit hinter sich zurücklassend, drängten sie zu Fuß zum Angriff. Im Vertrauen auf ihre zahlenmäßige Übermacht griffen sie Custers Front auf der ganzen Länge verschiedentlich an. Die Truppen behaupteten jedoch ihre Stellung und trieben die Indianer immer wieder durch schweren Beschuß zurück. Curly bezeugt, daß die Intensität des Feuers seine Vorstellungen weit übertroffen hätte — es glich einem andauernden, dumpfen Rollen, oder, wie er sich ausdrückte: «es war wie das Krachen der Fäden beim Zerreißen einer Decke». Nachdem die Truppen die ganze Munition aus ihren Gürteln verschossen hatten, gingen sie zu ihren Pferden, um die Reservemunition aus den Satteltaschen zu holen.

Solange die Munitionsvorräte vorhielten, konnten die Truppen trotz beträchtlicher Verluste und trotz aller Anstrengungen der Sioux ihre Stellung behaupten. Als das Feuer am späten Nachmittag schwächer wurde, nahmen die Indianer an, die Munitionsvorräte Custers seien erschöpft, und machten einen letzten großen Angriff. Während dieser Aktion wurde der letzte Rest des Kommandos aufgerieben, die Männer in ihren Stellungen an der Front erschossen — manche sogar mit Pfeilen aus nächster Nähe. Curly berichtet, daß Custer den größten Teil des Endkampfes miterlebte und immer wieder seine Leute zum festen Widerstand anfeuerte. Ungefähr eine Stunde vor Gefechtsende fiel er.

Ferner berichtete der Crow, das Feld sei dicht übersät gewesen mit den Leichen der im Angriff gefallenen Sioux, ja es hätten sehr viel mehr tote Indianer da gelegen, als Soldaten im Gefecht gewesen seien. Befriedigt stellte er fest, daß die Schlacht die Indianer über 200 Tote und zahllose Verwundete gekostet hatte. Curly rettete sich, indem er seine Decke nach Art der Sioux um sich schlug und durch eine Bresche sprang, die sich beim ersten Angriff ergeben hatte, als sich die Indianer über das Feld verteilten. Er war der Ansicht, daß die Sioux ihn wohl gesehen, aber für einen der ihren oder einen verbündeten Arapahoe oder Cheyenne gehalten hatten.

Bericht des Indianers Curly, zitiert nach Finerty, War-Path and Bivouak.

Ein Anführer der Sioux verwehrt einer Karawane den Eintritt in indianisches Territorium.

Noch in den sechziger Jahren waren die sogenannten Indianerkriege vereinzelte Scharmützel, die sich auf dem gewaltigen Kontinent nicht allzu bedeutend ausnahmen. Auch die Zahl der Kämpfenden blieb auf beiden Seiten bescheiden. In der Phantasie des Publikums allerdings war das furchterregende Bild von den indianischen Reiterscharen lebendig, die mit durchdringendem Kriegsgeschrei gegen Truppen oder gegen Karawanen anstürmten. In Wirklichkeit zählten die Banden, die durch den Westen streiften, selten mehr als hundert Krieger. Jeder Gedanke an militärische Operationen und Manöver in großen Verbänden lag den Indianern fern. Sie hätten dazu weder die Kenntnisse noch die Disziplin aufgebracht.

Mit der Zeit jedoch führten die massiven Interventionen der Armee die Stämme dazu, sich im Kampf gegen die Weißen nach Verbündeten umzusehen. Das geschah zumeist aus einer augenblicklichen Not und nur selten aus tieferer Einsicht heraus. So verhielt es sich beispielsweise beim aussichtslosen Kampf der Cheyennes und der Sioux gegen die Union Pacific, die mit ihrem Schienenstrang die Prärie und auch die Büffelherden endgültig in zwei Hälften trennte. Der im Jahre 1866 anhebende Kampf um den ‹Bozeman Trail›, den kürzesten Weg von Fort Laramie nach den Minenstädten von Montana, war das frühe Signal für die Indianerkriege der siebziger Jahre. Die Regionen zwischen Platte River, Black Hills, Big Horn Mountains und Yellowstone waren die immer noch begehrten Jagdgründe der nördlichen Gruppe der Cheyennes, der mit den Amerikanern verbündeten Crows und der Sioux, die auf ihrem Rückzug nach Westen in die Black Hills eindrangen. Als die Armee nach dem Bürgerkrieg den ‹Bozeman Trail› öffnete, begannen sogleich erbitterte Kämpfe um diesen Weg, der wie kein zweiter vitale Interessen der Indianer bedrohte. General Curtis hatte zuvor mit einigen Anführern der Sioux eine fragwürdige Vereinbarung getroffen, in der er sich die Neutralität dieser Nation erkaufen wollte. Die tatkräftigsten Führer jedoch, Red Cloud und Man Afraid of His Horses, gingen nicht auf den Handel ein und sagten den Amerikanern den Kampf an. Die Armee errichtete am ‹Bozeman Trail› drei befestigte Stützpunkte: Fort Reno, Fort Phil Kearny und Fort C.F. Smith. Red Cloud fiel mit seinen Kriegern mit solcher Energie über die Verbindungswege her, daß der Durchgang nach Montana trotz der Anwesenheit der amerikanischen

Streitkräfte versperrt blieb. Die Forts erwiesen sich unter solchen Umständen mehr als Mausefallen denn als nützliche militärische Einrichtungen. Noch im Jahre 1866 wurde in unmittelbarer Nähe von Fort Phil Kearny eine amerikanische Kolonne unter dem Kommando von Lieutenant Colonel William J. Fetterman in einen Hinterhalt gelockt und bis auf den letzten Mann aufgerieben.

Im November 1868 unterzeichnete Red Cloud einen Friedensvertrag, der den Sioux die westlich des Missouri gelegenen Gebiete des späteren Staates South Dakota als Reservation zuteilte und ihnen darüber hinaus Jagdrechte in Regionen einräumte, in denen sich bisher die Nation der Crows aufgehalten hatte. Die Armee gab die Forts auf und zog sich wieder an den Platte River zurück. Damit war der ‹Bozeman Trail› bis auf weiteres geschlossen. Red Cloud durfte mit diesem Ergebnis zufrieden sein. Er ließ sich in der nach ihm benannten Red Cloud Agency nieder und galt fortan bei seinen Stammesgefährten wie auch bei den Weißen als der Mann, der die amerikanische Armee vom indianischen Boden vertrieben hatte. Für die Generale war der Ausgang dieser Affäre einigermaßen peinlich, denn es blieb der Öffentlichkeit nicht verborgen, daß sie am ‹Bozeman Trail› unglücklich operiert hatten. Dabei zählte die Armee im Jahre 1868 mehr als 26 000 Mann, den höchsten Bestand, den sie im Westen je erreichte. Unzufrieden war man vor allem in den Minenstädten Montanas, die von den Truppen erwartet hatten, daß sie die Indianer ein für allemal aus dem Territorium zwischen Platte River und Yellowstone verbannten. Auch in Wyoming herrschte Empörung. Das Parlament dieses Territoriums wandte sich im Jahre 1869 mit den folgenden Worten an den Kongreß in Washington: «Gebt uns einen Custer, einen Carr oder einen Sheridan mit einer starken Kavallerietruppe, einen General, der die alte Powder-River-Route (‹Bozeman Trail›) wieder öffnet und die Siedlungen von der ständigen Gefahr indianischer Angriffe befreit.» Das Bureau of Indian Affairs meinte dazu allerdings, eine solche Forderung sei «höchst unzweckmäßig und gefährlich für den Frieden im ‹Frontier›».

Custer, nach dem die Siedler von Wyoming gerufen hatten, erschien einige Jahre später auf der Szene. Zu Beginn der siebziger Jahre ging das Gerücht um, in den Black Hills sei Gold gefunden worden. General Sheridan gab Custer den Auftrag, den Dingen auf den Grund zu gehen. ‹Long Hair the Squaw Killer› führte sein von Geologen begleitetes Expeditionskorps in die den Weißen verschlossene Region, die ein Teil der Sioux-Reservation war. Den Truppen auf dem Fuß folgte ein bunter Haufen von Goldsuchern und Pionieren. Als die Geologen auf reiche Goldvorkommen stießen, brach über die Black Hills das Chaos herein. Noch einmal vermochte ein Goldrausch Tausende von Glücksjägern in Bewegung zu setzen. Ehrsame Bürger und Desperados strömten in die bisher so weltabgeschiedene Berggegend. Deadwood und andere Städte entstanden im Zeitraum von wenigen Wochen. Eine gesetzlose, exaltierte Menge breitete sich mit unheimlicher Geschwindigkeit über die Gegend aus. Die Sioux ersuchten die amerikanische Regierung, die unerwünschten Gäste aus ihrer Reservation zu entfernen. Eine Zeitlang bemühten sich die Truppen tatsächlich, den Ansturm abzuwehren. Wie ernst dieser Versuch gemeint war, läßt sich schwer ergründen. Die Goldgräber kümmerten sich jedenfalls wenig um amtliche Proklamationen und um die militärischen Sperren, die leicht zu umgehen waren. Als dann aber die Sioux in ihrer wilden Wut über Karawanen und Minen-Camps herfielen, rief man sogleich nach der Armee, die nach dem Wortlaut der Verträge den Indianern hätte beistehen müssen. Red Cloud wurde nach Washington geholt, denn die Regierung hoffte, mit ihm einen Kompromiß aushandeln zu können. Doch zu diesem Zeitpunkt war Red Cloud, der sich in den Augen der Indianer allzu weit mit den Amerikanern eingelassen hatte, nicht mehr der anerkannte Führer der Nation. Einige bedeutende Männer, unter ihnen der Oglala-Chef Crazy Horse und der Medizinmann der Hunkpapa, Sitting Bull, beide vom Stamm der Teton-Sioux, hatten sich mit ihrem beträchtlichen Anhang stets außerhalb der Reservation ge-

Nach einem Zweikampf skalpierte Buffalo Bill den Indianerführer Yellow Hand.

halten. Sie weigerten sich, wie Red Cloud einen Vertrag zu unterzeichnen, der ihre Freiheit beschnitt, hielten sich mit ihren Völkern am Powder River, am Big Horn und am Rosebud auf und kämpften mit Vorliebe gegen die Crows. Sitting Bull soll einmal gesagt haben: «Gott hat aus mir einen Indianer gemacht, aber keinen Agentur-Indianer.» Die Vorgänge in den Black Hills zeigten, daß auf die Amerikaner und ihre Versprechungen kein Verlaß war. Deshalb verließen Sioux und Cheyennes im Lauf des Jahres 1875 in Massen die Agenturen und schlossen sich den freien Sioux von Crazy Horse und Sitting Bull an. Die Indianeragenten schlugen Alarm, denn die Bedeutung einer so umfassenden Bewegung blieb ihnen nicht verborgen. Von Red Cloud und andern mehr oder weniger gefügigen Gestalten war nichts mehr zu erwarten. Am 3. Dezember 1875 erließ der Innenminister durch die Agenten ein Ultimatum, in dem er alle außerhalb der Reservationen weilenden Sioux aufforderte, bis zum 31. Januar 1876 in ihre Heimstätten zurückzukehren. Weigerten sie sich, so «sollten sie als feindlich betrachtet und von den Streitkräften entsprechend behandelt werden». Der Termin war so knapp angesetzt, daß ihn – mitten im Winter – wohl kaum jemand hätte einhalten können. Der Aufruf war denn auch nur ein Vorwand für das Innenministerium, das die Regelung einer peinlichen Angelegenheit der Armee übertragen wollte. So führte die Unfähigkeit der amerikanischen Regierung, den Indianern gegen ihre eigenen Bürger beizustehen, zum Sioux-Krieg des Jahres 1876.

Die Auseinandersetzung mit den aufsässigen Sioux war nun Sache der Armee, die offensichtlich schon lange auf eine solche Gelegenheit gewartet hatte. Die vom Innenminister für die Rückkehr in die Reservationen gesetzte Frist verstrich ungenützt, und jedermann wäre überrascht gewesen, wenn es sich anders verhalten hätte. Von den Sioux hielten sich die Oglalas und die Hunkpapas in den nördlichen Prärien auf. Zu ihnen stießen in wachsender Zahl Krieger aus andern Sioux-Stämmen. Crazy Horse und Sitting Bull konnten auch auf die Hilfe der nördlichen Cheyennes und einiger Arapahoes zählen. Die Amerikaner wußten wenig über Stärke und Aufenthalt der dissidenten Indianer. Ein Indianeragent hatte den Anhang von Sitting Bull auf 5000 bis 10000 Stammesangehörige geschätzt; andere Berichte meinten hingegen, die indianischen Nationen seien nicht in der Lage, auch nur fünfhundert Krieger an einem Punkt in den Kampf zu werfen. Als General Sheridan seinen Feldzug plante, ging er offenbar von der Annahme aus, seine Armee sei den roten Kriegern an Schlagkraft weit überlegen. Vermutlich übersah er dabei, daß sich die Sioux in den letzten Jahren mehr und bessere Feuerwaffen beschafft hatten und daß sie damit auch umzugehen wußten. Die amerikanischen Operationen waren großräumig angelegt und vor allem darauf ausgerichtet, die feindlichen Indianer in einem Gebiet, das weitab von amerikanischen Siedlungen lag, von verschiedenen Seiten her in die Zange zu nehmen. Die Aktionen begannen im März des Jahres 1876 mit Scharmützeln am Little Powder River, die für die Amerikaner mit Schlappen endeten. Im Mai endlich rückte General George Crook mit einem größeren Truppenverband vom Platte River über den alten ‹Bozeman Trail› auf der Suche nach der Hauptmacht der Sioux nach Nordwesten vor. Eine schwächere Kolonne unter Generalmajor John Gibbon hatte sich in Fort Shaw in Montana besammelt und näherte sich vom Oberlauf des Missouri her dem Yellowstone. General Terry, in dessen Armee sich auch der turbulente Custer befand, brach im Mai mit dem 7. Kavallerieregiment und weiteren Truppen von Fort Abraham Lincoln am Missouri nach Westen auf. Die Besammlung seines Verbandes war durch den harten Winter erheblich verzögert worden, so daß er sich schließlich mit Verspätung auf den Weg begab. Sheridans Plan sah vor, daß die verschiedenen Kolonnen konzentrisch gegen den oberen Yellowstone vorrückten, doch geriet das Konzept durch Terrys Verspätung und andere unvorhergesehene Zwischenfälle aus den Fugen. Nach wie vor wußte man wenig vom Gegner, der sich offensichtlich vor dem anrückenden Gegner in entferntere Regionen zurückzog.

‹Auf einer heißen Spur›, lautet der Titel dieses Holzschnitts aus den achtziger Jahren, der eine amerikanische Patrouille irgendwo im Westen zeigt.

In den achtziger Jahren trat ein Künstler vor das Publikum, der die charakteristischen Szenen aus dem Leben im Westen mit unvergleichlicher Sicherheit gestaltete: Frederic Remington. Seine Liebe galt den Cowboys, den Soldaten und den Pferden.

Da er den Dingen an Ort und Stelle nachging, wirkten seine Darstellungen durch ihre unmittelbare Frische. Der hier wiedergegebene Holzschnitt Remingtons aus ‹Harper's Weekly› trägt den Titel: ‹Die letzte Kampfpause›.

Überfall auf ein indianisches Dorf im
Morgengrauen (oben).

Ein Aufruhr der Crow-Indianer in ihrer
Reservation in Montana (unten).

Im Jahre 1887 brach der alte Chief Colorow mit einer Gruppe ▷
von Ute-Indianern aus der Reservation aus und machte die
Umgebung der Stadt Meeker im Westen Colorados unsicher.
Truppen und freiwillige Milizen verfolgten die Bande durch
Cañons und Bergregionen der Rocky Mountains.

Die Apachenkriege wurden von beiden Seiten grausam geführt. Häufig wichen die Apachen nach Mexiko aus, wo sie von mexikanischen Truppen bekämpft wurden. Im Jahre 1886 befürchtete man die Rückkehr von Geronimo aus seinem mexikanischen Schlupfwinkel. Auch die Mescalero-Apachen in der Reservation zeigten sich unruhig. «Die Wachfeuer in den Bergen von Mexiko jenseits der Grenze werden von den ängstlichen Siedlern als Signale für die Agenten Geronimos gedeutet, die in die Mescalero-Reservation geschickt worden sind, um die Krieger zum Aufstand zu bewegen», schrieb ein Berichterstatter des ‹Harper's Weekly›. Die Illustrationen des Zeichners Thulstrup zeigen die Armee in Arizona.

REMINGTON

Ein Innenhof von Fort Union in Neu-Mexiko. Fern von
den eigentlichen Kampfhandlungen, war Fort Union gleichwohl ein wichtiger Stützpunkt in den verschiedenen Feldzügen
gegen die Apachen.

Geronimo, der letzte Anführer der Apachen, ließ sich kurz
vor seiner Verbannung nach Florida noch einmal zu Pferd
photographieren (zweiter von links).

Grundriß von Fort Union, gezeichnet von
Colonel Mansfield in den fünfziger Jahren.
Wie zahlreiche andere sogenannte Forts der
Armee war Fort Union nicht eine Festung,
sondern eine ausgedehnte Kasernenanlage.

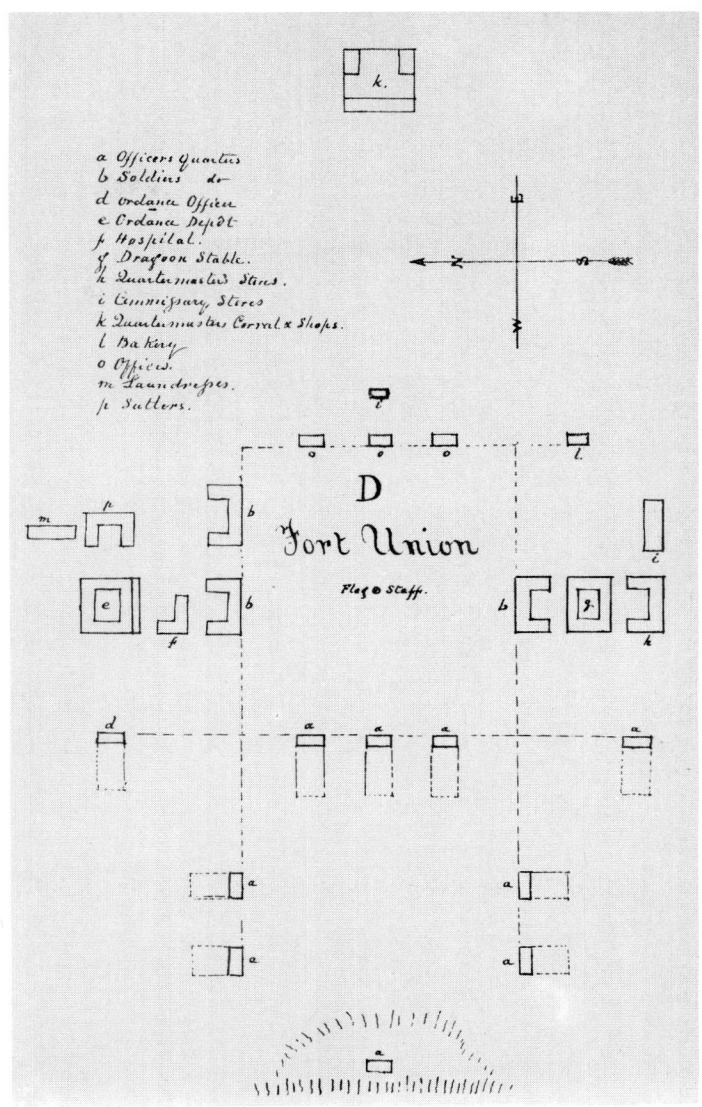

Der Aufmarsch der Armee ging umständlich vor sich. Bei den Truppen Crooks zum Beispiel hatte sich die Kavallerie beim Vormarsch nach der geringen Marschgeschwindigkeit der Infanterie und der Nachschubkolonnen zu richten. General Crook war ein vorsichtiger Mann, der seine Leute nach Möglichkeit vor indianischen Hinterhalten bewahren wollte. Indianische ‹Scouts› (Pfadfinder) – Pawnees, Crows, Cheyennes und auch Sioux – ritten der Kolonne voraus und überwachten die Flanken. Offiziere und Soldaten gaben sich darüber Rechenschaft, daß sie einer entscheidenden Auseinandersetzung entgegengingen. Auch der Umstand, daß einige Berichterstatter von großen Zeitungen mit von der Partie waren, deutete auf wichtige Vorgänge hin. Beim Aufbruch machte die Truppe einen frischen Eindruck und war guter Laune. John F. Finerty, Mitarbeiter der ‹Chicago Times›, hielt sich bei Crooks Kolonne auf und gab von ihr die folgende Schilderung: «Die Männer unseres Kommandos waren meist jung und durch Übung gestählt, und sie boten mit ihren blauen Hemden, ihren breiten Filzhüten, den Kavalleriestiefeln, den blauen oder wildledernen Hosen (in einem Indianerfeldzug legte man wenig Wert auf die Uniform) einen athletischen und zugleich kriegerischen Anblick. Ihre Waffen glänzten, wie es nur bei ständiger Reinigung möglich ist, und um seine Hüften trug jeder stramme Soldat einen Gürtel, der mit sechzig Patronen für den Springfield-Karabiner gefüllt war. Jeder Mann führte noch einen Vorrat an Revolverpatronen mit sich. Die Säbel hatte man als unnützen Ballast auf den verschiedenen Posten zurückgelassen. Ich erinnere mich an das martialische Auftreten der prächtigen Truppe von Guy V. Henrys drittem Regiment, die mit klirrenden Waffen und Geschirr im abendlichen Zwielicht mit großer Geschwindigkeit unserer Flanke entlang trabte, um sich an die Spitze der Kolonne zu setzen.»

Doch die langen Märsche und die Ungewißheit über das Verbleiben des Gegners dämpften die Zuversicht. Da und dort sah man indianische Signale und konnte daraus schließen, daß die Sioux über den Vormarsch ihres Gegners wohlunterrichtet waren. Die Nation der Crows, die zu den Truppen von General Crook hätte stoßen sollen, zeigte sich nicht, und die gute Laune sank beträchtlich. Crook rückte noch vorsichtiger vor und schaltete längere Pausen ein. «Die Monotonie des Lagerlebens», schreibt Finerty, «wurde trotz der Schönheit der Landschaft unerträglicher denn je. Offiziere, die sich sonst in Augenblicken der Spannung nicht um Lappalien kümmerten, wurden reizbar und übten ihre Autorität über die Untergebenen in einer Weise aus, die an Menschenschinderei grenzte. Das führte wiederum, wie nicht anders zu erwarten war, zu Auseinandersetzungen und schlechter Stimmung ... Noch nie hat ein Auge eine unromantischer aussehende Ansammlung von militärischen Helden gesehen. Staub, Regen, Sonne und Schweiß haben den nie besonders eleganten Uniformen schwer zugesetzt. Die Hinterteile der meisten Hosen sind völlig abgenutzt. Die Stiefel sind kaffeebraun. So etwas wie eine reglementarische Kopfbedeckung ist im ganzen Lager nicht zu sehen – jedermann vom General abwärts trägt eine Art Sombrero, der sehr pittoresk, aber eher unmilitärisch wirkt. Jedes Gesicht ist ausgetrocknet – beinahe jeder Bart ungeschoren, und die Augen sind ermüdet vom endlosen Anblick der hellblauen Hosen und der dunkelblauen Hemden, die alle mehr oder weniger in Auflösung begriffen sind.»

Nach langer Ungewißheit signalisierten die ‹Scouts› ein feindliches Dorf. Der Versuch Crooks, den Gegner zu überraschen, mißlang völlig, denn die indianischen Hilfsvölker verhielten sich undiszipliniert und verrieten den Anmarsch der Amerikaner zum voraus. Am 17. Juni traf die Kolonne im Tal des Rosebud Creek auf die Sioux, die unter der Führung von Crazy Horse sogleich mit wilder Energie über die Vorhut herfielen. Es kostete Crook einige Mühe, seine Truppen aus der Falle zu ziehen, und von einer Zerstörung des feindlichen Dorfes konnte keine Rede mehr sein. Zwar blieben die Verluste auf beiden Seiten gering, aber die Amerikaner sahen sich gezwungen, das Feld zu räumen. Mit ihrer Versorgung war es offenbar nicht zum besten bestellt. Finerty bemerkt in seinem Bericht: «Die Truppen hatten ihre Rationen beinahe aufgebraucht und etwa 25 000 Schuß Munition abgefeuert. Man braucht oft eine ungeheure Menge Blei, um einen einzigen Indianer in die ewigen Jagdgründe zu senden.» Der Rückzug von Crook erfolgte genau in dem Augenblick, da sich vom Yellowstone her die Kolonne des General Terry dem Schauplatz näherte. Am 21. Juni war Gibbon mit seinem Kommando zu Terry gestoßen, der seine Aktion daraufhin energisch vorantrieb. Hätte die südliche Streitmacht von diesen Vorgängen gewußt und trotz der Schlappe am Rosebud rechtzeitig die Verbindung hergestellt, so wäre der Feldzug vermutlich anders verlaufen. Doch solche Hypothesen sind gegenstandslos angesichts der Ereignisse, die nun über die Armee hereinbrachen.

Die Sioux und in geringerer Zahl die Cheyennes lagerten zu diesem Zeitpunkt am Little Big Horn River, der sich in den Big Horn River und später in den Yellowstone ergießt. Ein Zeltdorf dehnte sich meilenweit im Tale aus. Mehrere Tausend Krieger hatten sich mit ihrem Anhang auf engem Raum niedergelassen, ein für Prärie-Indianer ungewohntes Bild. Doch war diese Versammlung von Stämmen und Banden nicht das Resultat höherer Strategie, sondern eher das Ergebnis der herrschenden Not und Bedrängnis. Sitting Bull und Crazy Horse erschienen den Indianern unter diesen Umständen als die prädestinierten Führer, die ihr Volk dem drohenden Untergang entziehen konnten.

Das Ende des Feldzuges gegen die Nez Percés: Bundestruppen greifen das Lager von Chief Joseph an, der kurz darauf mit seinen Getreuen kapituliert.

Da Crook weiter im Süden auf Verstärkungen wartete, rückte General Terry allein gegen die vermuteten Positionen des feindlichen Heerlagers vor. Man hatte vernommen, daß sich südlich des oberen Yellowstone Krieger der Sioux in beträchtlicher Zahl befanden, gab sich aber über ihre wahre Stärke keine Rechenschaft. Terrys Plan war einfach: General Custer sollte mit einem Teil des 7. Kavallerieregiments die Indianer im Süden umfassen, während Gibbon mit einer andern Kolonne von Norden her anrücken würde. So konnte die Abrechnung mit den verhaßten Sioux beginnen, denn ein Entweichen schien unmöglich. Custer ritt mit seiner Abteilung das Tal des Rosebud hinauf und überquerte die Wasserscheide zum Little Big Horn. Von den ‹Scouts› wußte er, daß sich die Sioux und möglicherweise noch andere Stämme in diesem Flußtal festgesetzt hatten. Generationen von Historikern haben sich darüber ereifert, ob Custer in diesem Augenblick im Sinne seines Vorgesetzten handelte oder ob er die Instruktionen General Terrys mißachtete. Der Verdacht liegt jedenfalls auf der Hand, daß der ehrgeizige Haudegen einen raschen Sieg über die Indianer anstrebte, da er den Ruhm nicht mit Gibbon teilen wollte. Als Custer das Lager im Tal des Little Big Horn erblickte, beging er einen verhängnisvollen Fehler. An Zahl war seine Truppe den Indianern unterlegen. Gleichwohl teilte er sein Kommando in drei Abteilungen auf, von denen jede den Feind von einer andern Seite her angreifen sollte. Custer selber stieß mit fünf Kompanien das Tal hinab und geriet sogleich an die Hauptmacht der Sioux unter Crazy Horse. Als Custer seine verzweifelte Lage erkannte, war es bereits zu spät. Die Soldaten kämpften während einiger Stunden tapfer gegen die von allen Seiten angreifenden Indianer, doch wurden sie bis auf den letzten Mann niedergemacht. Über 250 tote Amerikaner blieben auf dem Schlachtfeld. Auch Custer zahlte seine Unbesonnenheit mit dem Leben. Einzig ein indianischer ‹Scout› stahl sich in Verkleidung unerkannt davon. Die beiden andern Abteilungen von Custers Kommando, geführt von Major Reno und Captain Benteen, hatten sich inzwischen nach blutigen Kämpfen auf einer Anhöhe über dem Little Big Horn verschanzt. Auch sie verloren viele Leute und verdankten ihr Überleben schließlich nur dem Umstand, daß die Indianer ihr Lager abbrachen und nach Süden abzogen.

Die Nachricht vom Verhängnis, das den populären General Custer erreicht hatte, klang so unglaublich, daß sie anfänglich kaum zur Kenntnis genommen wurde. Im Lager General Crooks zum Beispiel wurde die Meldung von ‹Scouts› verbreitet, die sie ihrerseits von andern Indianern vernommen hatten. «Wir vermuteten, die Geschichte beziehe sich auf unser eigenes Gefecht am Rosebud», meinte Finerty, «und unsere Offiziere, die sich schon lange an die indianische Sitte der Übertreibung gewöhnt haben, schenkten diesem Bericht aus zweiter Hand keine Beachtung.» General Crook jedenfalls brach gerade in diesen Tagen zu einer ausgedehnten Jagdpartie in die Big Horn Range auf.

Als die Wahrheit zutage kam, ging eine ungeheure Erregung durch die Nation. Die Geschichte vom ‹Custer-Massaker› am Little Big Horn wurde mit Pathos und grotesken Übertreibungen kolportiert. Die Legende zeichnete auf der einen Seite den bis zum letzten Atemzug fechtenden Helden, auf der andern Seite die ‹roten Teufel›, die wieder einmal ihre Niedertracht demonstriert hatten. Für die Armee war die Angelegenheit peinlich, denn sie machte in diesem Feldzug nicht die beste Figur. Nach der Niederlage Custers manövrierten die Truppen der Generale Terry und Crook auf der Suche nach den Sioux umständlich in der Gegend herum, ohne daß es noch zu einer größeren Begegnung mit den feindlichen Indianern gekommen wäre. Crazy Horse und Sitting Bull hatten eine Schlacht gewonnen; aber sie verloren, wie es in den Auseinandersetzungen mit den Weißen die Regel war, den Krieg. Dabei wurden die Sioux mehr vom Hunger als von der feindlichen Armee besiegt. Die amerikanischen Truppen setzten das, was sie schon immer betrieben hatten, mit verdoppeltem Eifer fort: Sie schossen die frei lebenden Büffel zu Tausenden nieder, denn, so argumentierte man in aller Offenheit, mit dem letzten Büffel würde auch der letzte Indianer verschwinden. Die militärischen Aktionen dauerten bis in den Winter hinein und kamen erst im Frühjahr 1877 zum Abschluß. Sitting Bull ging mit einem Teil seiner Anhänger nach Kanada ins Exil, Crazy Horse begab sich in amerikanische Gefangenschaft und wurde in Fort Robinson unter seltsamen Umständen erschossen. Die eigenwilligen Sioux waren keine freie Nation mehr.

In den folgenden Jahren wurden die Indianer in immer kleiner werdenden Reservationen zusammengedrängt und nach Möglichkeit aus den Ebenen entfernt. Man schob die Überreste zahlreicher Nationen nach dem ‹Indian Territory› ab, wo die Lebensbedingungen mit der Zeit unerträglich wurden. Dabei war auch dieses Land nur eine Heimstätte auf Zeit, denn schon warteten die Siedler an den Eingängen zum Territorium, das später Oklahoma heißen sollte. Die Unterdrückung der noch frei lebenden Indianer ging nicht ohne Kämpfe vor sich, die aber an Bedeutung mit dem Feldzug gegen die Sioux nicht zu vergleichen sind. Im Jahre 1877 unternahm Chief Joseph mit einem Teil der Nez Percés einen bemerkenswerten Exodus aus Oregon, wo sich die Goldsucher in den Jagdgründen festgesetzt hatten. Nach einem Marsch, der unsägliche Mühen und Opfer kostete, landete die verlorene Schar in Gefangenschaft. Einen verzweifelten Ausbruch aus dem ‹Indian Territory› versuchten später mehrere Gruppen der Cheyennes unter Führung von Little Wolf und Dull Knife. Für die aus dem Norden stammenden Cheyennes waren Klima und Lebensbedingungen südlich des Arkansas unerträglich, so daß sie um jeden Preis in ihre alte Heimat zurückkehren wollten. Am Platte River trennte sich die von Truppen verfolgte Elendskolonne: Little Wolf ergab sich der Armee und wurde mit seinen Kriegern sogleich in den Scharmützeln gegen die versprengten Banden der Sioux eingesetzt. Dull Knife hingegen geriet in Fort Robinson mit dem ganzen Anhang in Gefangenschaft. Da sich die Gruppe standhaft weigerte, in die Reservation zurückzukehren, versuchten die Amerikaner, die Cheyennes – Krieger, Frauen und Kinder – durch Hunger zur Räson zu bringen. Mitten im Winter überwanden die Gefangenen die nachlässig gewordenen Wachen und flohen in die Schneewüste hinaus. Die Truppen setzten den Ausreißern nach, schossen über sechzig Indianer nieder und brachten die wenigen Überlebenden, die in Eis und Kälte umherirrten, wieder in Gewahrsam.

Sogenannte Indianerkriege wurden in den siebziger und in den achtziger Jahren in verschiedenen Regionen der Union ausgefochten. Man kämpfte gegen die

Im Jahre 1883 fuhr der erste Zug der Northern Pacific durch die Reservation der Crows am oberen Yellowstone. Zu Ehren der illustren Gäste aus Amerika und Europa tanzten die Crows während Stunden um das Lagerfeuer. Dabei wurde, wie ein zeitgenössischer Bericht meldet, der Kontrast zwischen den beiden so verschiedenartigen Welten besonders offenkundig, als sich die Lokomotive mit ihrem Pfeifen in den monotonen Gesang der Eingeborenen und in den Trommelwirbel mischte.

Gespenstertanz der Oglala-Sioux in der Pine Ridge Agency, dargestellt von Frederic Remington, der die Szene auf dem Schauplatz beobachtete.

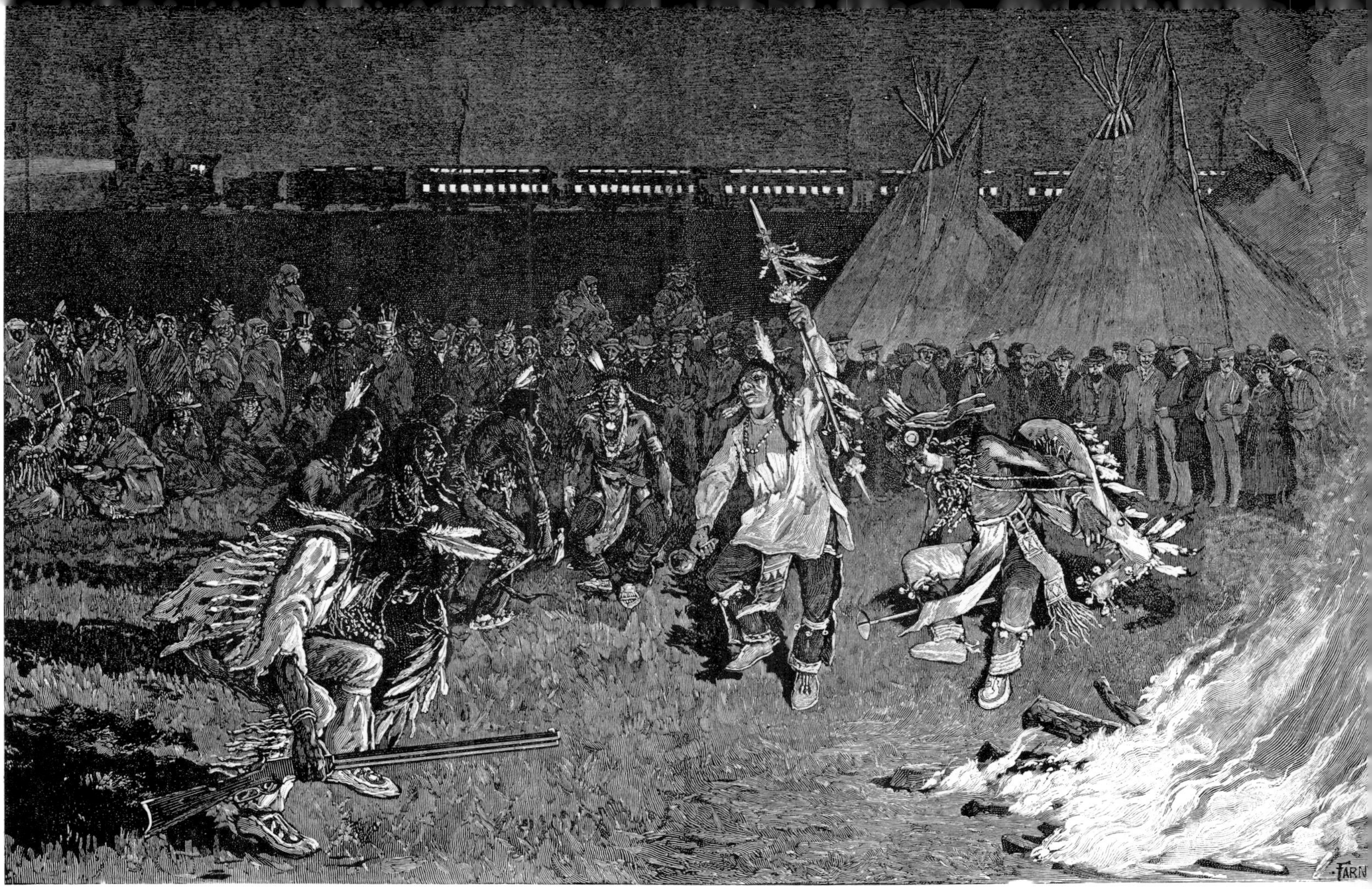
FARN

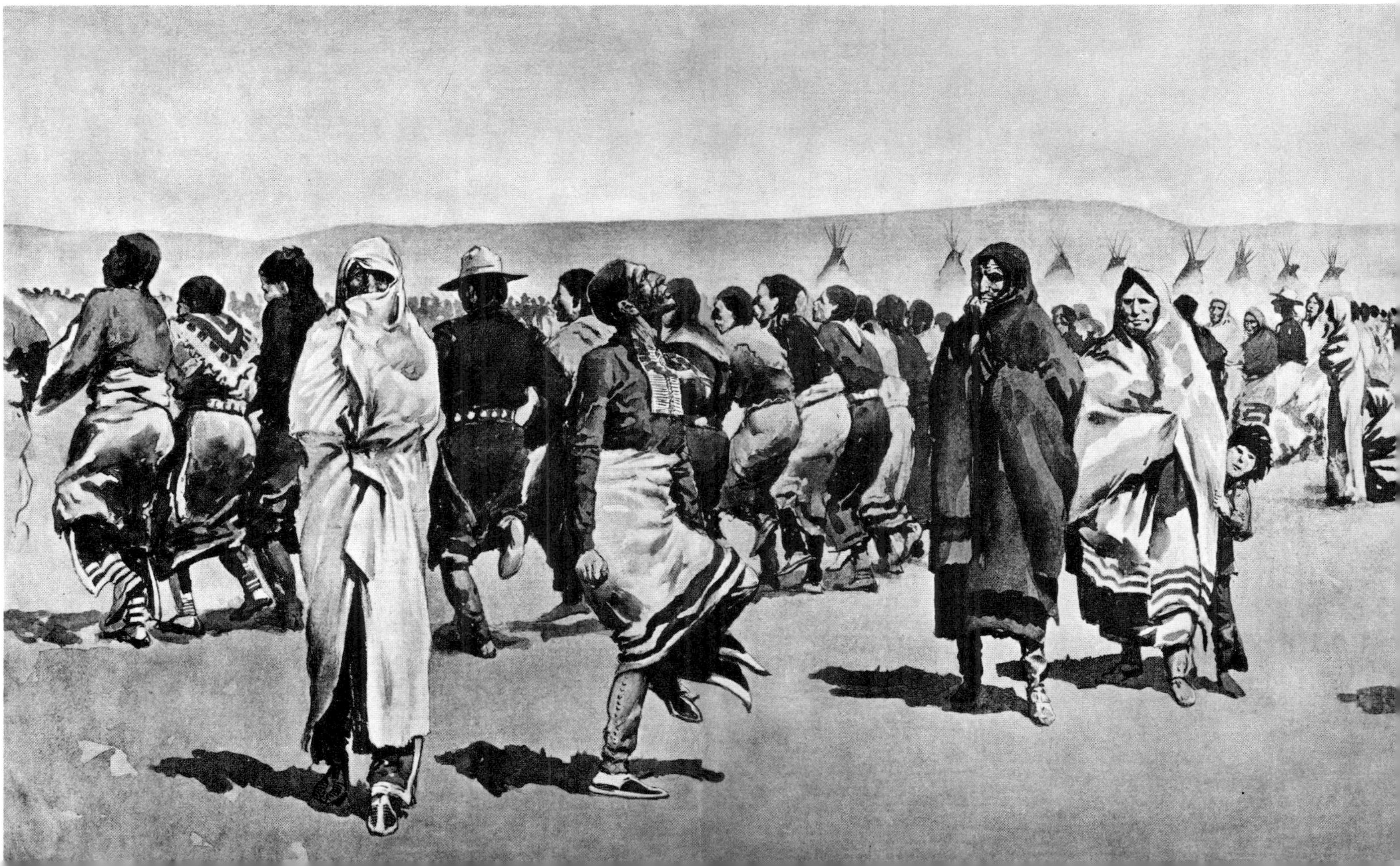

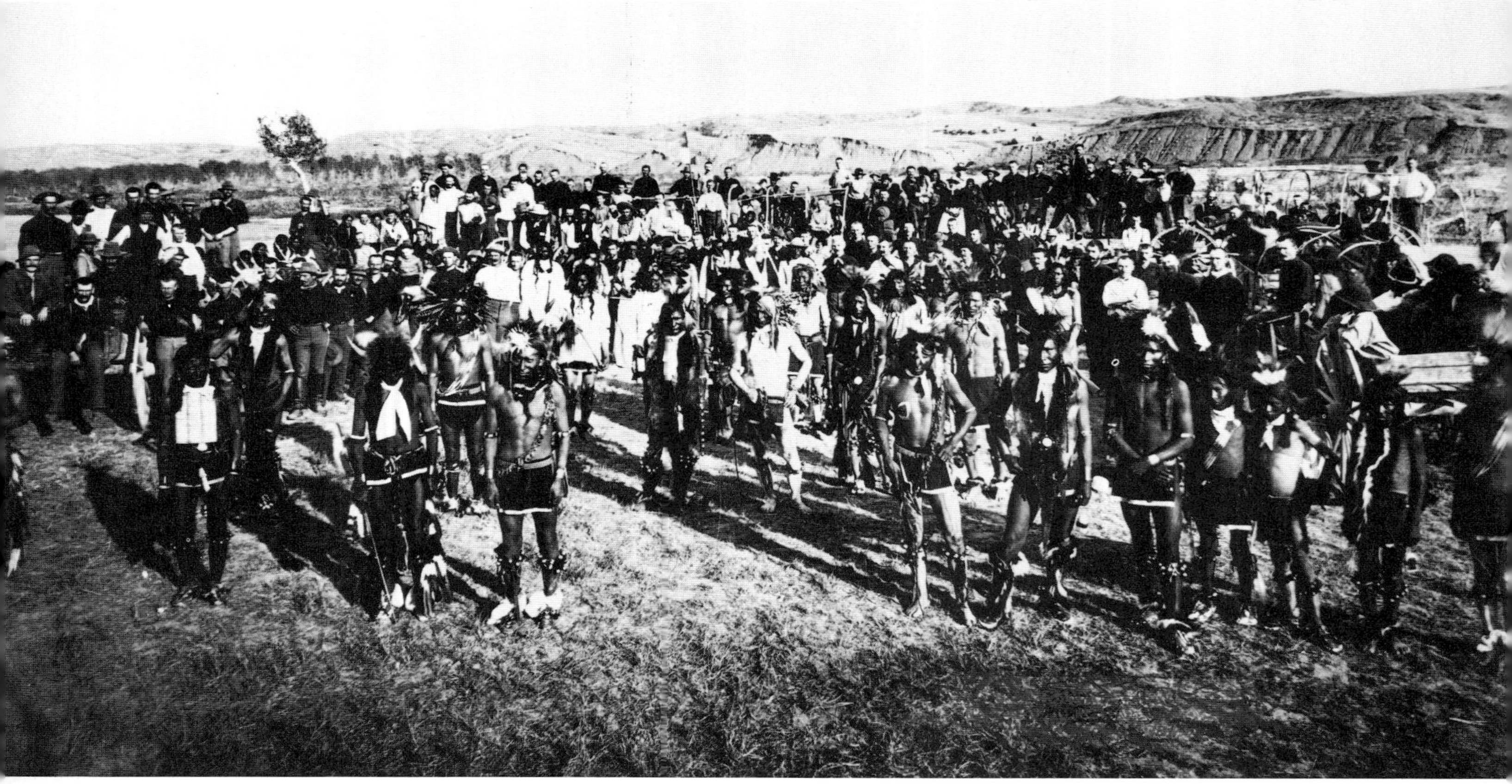

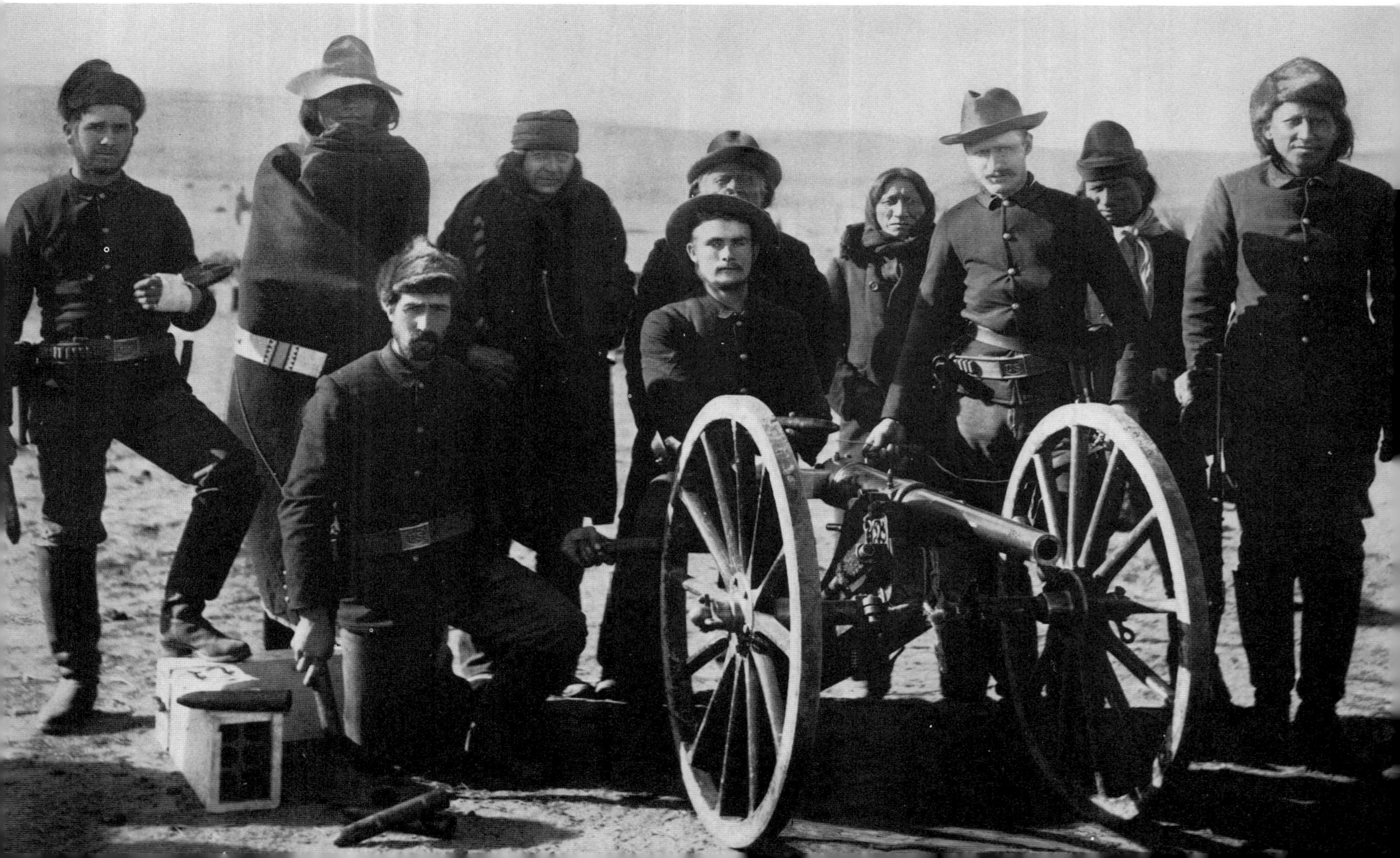

Das Lager der Sioux nach der Kapitulation.

Amerikanische Soldaten und Miniconjou-Sioux von
Big Foots Bande posieren vor dem Photographen im
Herbst des Jahres 1890, kurz vor dem blutigen
Gefecht bei Wounded Knee.

Das Hotchkiss-Geschütz, das beim Treffen von
Wounded Knee unter den indianischen Kriegern
große Verheerung anrichtete, mit seiner Bedienungs-
mannschaft.

Nach dem Gefecht bei Wounded Knee veröffentlichte
‹Harper's Weekly› diesen Holzschnitt unter dem Titel:
‹Die letzte Szene aus dem letzten Akt der Sioux-Kriege›.

404

Modocs, gegen die Bannocks und die Utes im westlichen Colorado. Vor allem aber führte die Armee einen über Jahrzehnte hin dauernden Krieg gegen die Apachen in Neu-Mexiko und Arizona. Die blutige Auseinandersetzung begann in den Wirren des Sezessionskrieges. Eine im Jahre 1862 von General Carleton erlassene Instruktion an die Truppen, die sich auf die Apachen bezog, lautete: «Alle indianischen Männer dieses Stammes sind zu töten, wann und wo immer ihr sie finden könnt.» Die Apachen nahmen im Umgang mit den Amerikanern nicht minder rüde Sitten an. Sie waren tapfer, verschlagen und grausam und legten keinen Wert darauf, ihr Heldentum wie die Prärie-Indianer malerisch zur Schau zu stellen. So wurde der Kampf von beiden Seiten mit List, Tücke und Wortbruch geführt, wobei wiederum Tausende von Unschuldigen zu Schaden kamen. Tüchtige Männer führten die Apachen an: Mangas Coloradas, Cochise, Victorio und Geronimo. Geronimo ergab sich mit seinen Getreuen im Jahre 1886, und damit waren die Apachen-Kriege zu Ende. Die Armee steigerte sich in diesen Jahren in einen geradezu pathologischen Haß gegen die Apachen hinein, so daß sie nach dem Sieg nicht nur den Anführer Geronimo, sondern auch ihre eigenen Apachen-‹Scouts›, die den Amerikanern treu gedient hatten, nach Florida in die Gefangenschaft schickte.

Der Untergang der indianischen Nationen vollzog sich nach den Indianerkriegen im allgemeinen ohne spektakuläre Begleiterscheinungen. Die besiegten Krieger lebten in den Reservationen in kläglicher Resignation, ergaben sich dem Alkohol und entfernten sich immer mehr vom stolzen Urbild des freien Indianers. Einzig die Sioux wurden zeitweise bedrohlich, denn einige ihrer Anführer setzten den Indianeragenten einen passiven Widerstand entgegen. Die alten Chefs Red Cloud und Spotted Tail hatten sich mit der Unterwerfung abgefunden und bemühten sich lediglich, von den Amerikanern Vorteile einzuhandeln, die das tägliche Leben erleichterten. Sie setzten sich damit dem Vorwurf der Komplizenschaft aus. Als Spotted Tail in den achtziger Jahren von einem Indianer ermordet wurde, wußte jedermann, daß der Anschlag seiner allzu weit gehenden Willfährigkeit gegenüber den weißen Herren galt. Im Jahre 1881 kehrte Sitting Bull freiwillig aus seinem kanadischen Exil zurück. Man brachte ihn mit gelindem Zwang in die Standing Rock Agency, wo er die nächsten Jahre tatenlos verbrachte. Die Indianeragenten wußten ohne Zweifel, daß der berühmte Krieger von seinen unabhängigen Ansichten um kein Jota abgerückt war, und sie beobachteten ihn deshalb mit unverhohlenem Mißtrauen. Zur allgemeinen Erleichterung holte Buffalo Bill im Jahre 1885 seinen alten Gegner aus der Reservation heraus und präsentierte ihn in ‹Buffalo Bill's Wild West Show› als besonderes Schaustück einem sensationshungrigen Publikum. Sitting Bull ertrug die penible Prozedur mit einer Würde, die jedermann beeindruckte. Im folgenden Jahr kehrte er in die Standing Rock Agency zurück.

Im Jahre 1890 ergriff ein seltsamer mystisch-religiöser Vorgang, die sogenannte ‹Ghost Dance›-Bewegung (Gespenstertanz-Bewegung), die indianischen Völkerschaften und rüttelte sie aus ihrer Lethargie auf. Urheber dieses Phänomens war Wovoka, ein christlich erzogener Paiute-Indianer aus Nevada. Er verkündigte für das kommende Jahr die Ankunft eines neuen Messias, der die toten indianischen Helden wieder zum Leben erwecken und die Büffel zu Tausenden in die Ebenen zurückführen würde. Damit sei auch die Herrschaft des weißen Mannes zu Ende. Dieses Ergebnis könnte, so meinte der Prophet, nicht mit Waffengewalt, sondern mit unablässigem Gebet und Tanz herbeigeführt werden. Die Lehre Wovokas breitete sich wie ein Prärie-Feuer nach Osten aus und griff auf die meisten Reservationen über. Die Sioux tanzten in Erwartung des Messias den ganzen Sommer hindurch. Dabei trugen die Indianer durch den Tanz geweihte Hemden, die vor den Kugeln des weißen Mannes schützen sollten. Zu diesem Zeitpunkt war die ‹Ghost Dance›-Bewegung immer noch eine friedliche Manifestation, geboren allerdings aus Hoffnungslosigkeit und Verzweiflung.

Indianeragenten und Armee sahen im ‹Ghost Dance› den Anfang einer Widerstandsbewegung. Vor allem die Sioux-Agenturen waren von Unruhe erfaßt. McLoughlin, Agent der Standing Rock Agency, beobachtete Sitting Bull mit steigendem Mißtrauen, obschon der Sioux-Führer sich über die Erweckungsbewegung kritisch geäußert hatte. Der Agent wollte offenbar durch ein hartes Exempel jeden Ungehorsam zum vorneherein verhindern. Er ordnete auf einen vagen Verdacht hin die Verhaftung von Sitting Bull an. Als die indianische Polizei den alten Krieger festnehmen wollte, entstand ein Handgemenge, und Sitting Bull wurde bei dem Geplänkel erschossen. Niemand glaubte an Zufall, denn der Tod dieses Mannes kam den amerikanischen Behörden gelegen. Buffalo Bill hatte schon vor dem fatalen Tag Unheil geahnt und sich auf den Weg gemacht, um Sitting Bull an seinem Wohnsitz zu besuchen. Doch die Armee hielt ihn mit Gewalt von der Agentur fern, da der eigenwillige Kämpfer vermutlich ein unbequemer Zeuge geworden wäre.

Im Herbst des Jahres 1890 brachen einige Banden der Sioux aus den Reservationen aus. Im Gespenstertanz fanden sie die Kraft für das verzweifelte Unternehmen. Der Krieger Big Foot zog mit einer Gruppe in die sogenannten ‹Badlands›, wo er eine uneinnehmbare Festung errichten wollte. Bei Wounded Knee verlegte das 7. Kavallerieregiment, die alte Truppe General Custers, den Indianern den Weg. Big Foot erkannte, daß er in eine hoffnungslose Lage geraten war, und bot die Kapitulation an. Bei der Entwaffnung der Bande scheinen einige Krieger Widerstand geleistet zu haben, so daß eine Schießerei entstand. Die amerikanischen Truppen schlugen erbarmungslos zu, hatte doch das 7. Regiment mehr als zwanzig Jahre auf eine Gelegenheit gewartet, um für die Niederlage am Little Big Horn Rache zu nehmen. Mit ihren überlegenen Feuerwaffen schossen die Soldaten in den verlorenen Haufen. Ungefähr 150 Krieger, 250 Frauen und eine unbekannte Zahl von Kindern blieben tot auf dem Kampfplatz. Die Armee nannte das blutige Geschehen euphemistisch ‹Schlacht bei Wounded Knee›. Für die Amerikaner war nun die Gefahr, daß sich die Sioux je wieder zum Kampf stellen würden, endgültig gebannt. Der Gespenstertanz hörte auf, und mit ihm schwand die Hoffnung, daß sich das Schicksal noch zugunsten der unterdrückten indianischen Völker wenden werde.

Das letzte Kapitel

Nach den erbarmungslosen Kriegen der siebziger Jahre stellten manche Amerikaner nachdenkliche Betrachtungen über das künftige Schicksal der indianischen Nationen an. So schrieb General Nelson A. Miles, der gegen Sitting Bull gekämpft und Chief Joseph zur Übergabe gezwungen hatte, in einem Bericht an seinen Vorgesetzten über die Nez Percés: «Dieses Volk war bisher loyal gegenüber der Regierung und der weißen Rasse freundlich gesinnt, seit die ersten Entdecker durch sein Land zogen. Während seines so geschickt geführten Feldzuges hat es Hunderte von Menschenleben und Güter im Wert von Tausenden von Dollars verschont, obschon es sie hätte vernichten können. Da dieses Volk meiner Meinung nach in den letzten Jahren grob mißhandelt wurde, fast alle seine Pferde, sein Eigentum und überhaupt alles außer einigen wenigen Kleidern verlor, möchte ich Ihnen empfehlen, die Leute mit allem zu versorgen, was sie zum Leben brauchen, und sie in die Lage zu versetzen, daß sie sich selbst erhalten können. Sie sind intelligent genug, das Entgelt zu schätzen, das ihnen die Regierung zukommen läßt. Die Nez Percés sind die kühnsten Krieger und die besten Schützen unter allen Indianern, die ich je getroffen habe, und Chief Joseph ist ein Mann von höchster Weisheit und Verstand. Er hat vom Krieg abgeraten und sich den üblichen Grausamkeiten, die von Indianern praktiziert werden, widersetzt, und er ist viel humaner eingestellt als etwa Crazy Horse und Sitting Bull. Der Feldzug der Nez Percés zeigt deutlich, wohin Treulosigkeit und schlechte Behandlung gegenüber den Stämmen der Indianer führen, die den größten Teil der Rocky Mountains besetzt halten.» Die Fürsprache von General Miles bewahrte die Nez Percés nicht vor weiterem Wortbruch und schmählicher Mißhandlung. Der Prozeß, der die freien Indianer aus dem Weg räumte, schritt weiter voran. Der Journalist John F. Finerty, der die Truppen in den Sioux-Kriegen begleitet hatte, nahm den Bericht von General Miles zum Anlaß für kritische Überlegungen: «Seit General Miles die eben zitierten Worte geschrieben hat, sind die meisten Indianer in die Agenturen am Missouri oder hinunter nach dem ‹Indian Territory› getrieben worden. Jene, die am Missouri angesiedelt sind, haben sich während mehrerer Jahre friedlich verhalten, aber – wie der General richtig bemerkt – Ungerechtigkeit und schlechte Behandlung können sie jederzeit in eine ‹lebende Flamme› verwandeln. Die weiße Habgier ist noch keineswegs gestillt, obschon die besten Teile der Sioux-Reservation abgetrennt und den Siedlern übergeben worden sind. Der Ruf geht nach noch mehr Land ... Die Grenzen der Geduld gegenüber dem roten Mann sind enger, als sie im Umgang mit weißen Sterblichen zu sein pflegen, und wir von der kaukasischen Rasse müssen, wenn auch mit Widerstreben, gestehen, daß auch der rote Indianer ein gewisses Recht auf den Boden hat, der ihn trägt, und daß die Weißen dieses Recht respektieren sollten ...»

Auch in den Reservationen sollten die Indianer nicht zur Ruhe kommen. Sobald die in Massen anrückenden Siedler neues Land forderten, trieb man die Stämme in noch weiter entfernte und für die Landwirtschaft kaum geeignete Regionen. «Warum setzt der ‹Große Vater› (der Präsident der Vereinigten Staaten) seine roten Kinder nicht auf Räder, damit er sie nach Belieben herumschieben kann?» fragte spöttisch ein Führer der Sioux. Die Lebensbedingungen im ‹Indian Territory› und in den andern Reservationen waren so bedenklich, daß sich immer wieder das Gewissen humaner Bürger regte. «Die Amerikaner werden das Indianerproblem nicht lösen, bevor die letzten Indianer ausgestorben sind», schrieb die Engländerin Isabella L. Bird, die in den siebziger Jahren ausgedehnte Reisen im Westen unternahm. «Sie haben sie so behandelt, daß sie in Verrat und Teufeleien Zuflucht suchten. Soweit sie freundlich eingestellt sind, vegetieren sie in erniedrigender Armut, und es fehlen ihnen die primitivsten Grundlagen der Zivilisation. Der einzige Unterschied zwischen wilden und zivilisierten Indianern besteht darin, daß die letzteren Feuerwaffen bei sich tragen und sich mit Whisky betrinken. Die Indianeragenturen sind eine Morastgrube von Betrug und Korruption. Man sagt, daß kaum dreißig Prozent der staatlichen Rationen je die Leute erreichen, für die sie bestimmt sind ...»

Es herrschte während all der Jahre kaum ein Zweifel darüber, daß sich die indianischen Angelegenheiten in schlechten Händen befanden. Das von Präsident Jackson eingeführte System, wonach die Ämter als Pfründen an Parteifreunde und Günstlinge vergeben wurden, hatte sich auf die Moral der amerikanischen Verwaltung bedenklich ausgewirkt. Bei einer so delikaten Materie wie der Indianerpolitik waren die Folgen verheerend. Auf wichtige Posten wurden Agenten gesandt, die in ihrem Leben noch keinen Indianer gesehen hatten. Zwar war die Honorierung nicht eben fürstlich; aber wer keine Skrupel verspürte, wußte sich zu helfen. Meist waren die Lieferanten der Reservationen zu unsauberen Geschäften bereit. Die Indianer zahlten dafür mit Hunger und Krankheit. Ein Beispiel unter vielen ist die San-Carlos-Reservation in Arizona, in der Apachen, Yumas und Mohaves lebten. Hier betrieb ein Agent auf eigene Rechnung Silberminen, wobei er Material und Lebensmittel den staatlichen Magazinen entnahm. Dem Inspektor, der sein Geschäftsgebaren untersuchen sollte, verkaufte er eine Mine, und dieser wiederum sicherte sich vor unangenehmen Folgen ab, indem er den Sohn des Commissioner of Indian Affairs zum Teilhaber machte. Unter solchen Umständen war es verständlich, daß die Indianer in den Reservationen nur ein geringes Verlangen nach den Segnungen der Zivilisation zeigten. Die Schulen waren ohnehin ungenügend, und die christlichen Missionare bewiesen bei allem Eifer wenig Verständnis für die besonderen Anliegen ihrer Schützlinge. Die unchristlichen Auseinandersetzungen zwischen den Konfessionen nahmen der verkündeten Lehre die Glaubwürdigkeit. Die Missionstätigkeit war in verhängnisvoller Weise mit der Person des Indianeragenten verknüpft. So geschah es häufig, daß bei einem Wechsel des Agenten die Reservation das Glaubensbekenntnis änderte. Gelegentlich wurden Versuche unternommen, den Augiasstall des Bureau of Indian Affairs auszumisten. Am eindrücklichsten tat es Carl Schurz, der ehemalige deutsche achtundvierziger Revolutionär, der als Innenminister unter Präsident Hayes den indianischen Angelegenheiten seine besondere Sorge angedeihen ließ. Doch man kehrte nach solch erhebenden Bemühungen stets wieder zum alten Schlendrian zurück.

Im Osten des Landes entfalteten einige philanthropische Vereinigungen eine rührige Tätigkeit zugunsten der Indianer. Im Jahre 1881 erschien von Helen Hunt Jackson ein Buch mit dem Titel ‹A Century of Dishonor› (‹Ein Jahrhundert der Schande›), eine beredte Anklage gegen die amerikanische Indianerpolitik. Das wohldokumentierte und umfangreiche Pamphlet, dessen Wirkung man häufig mit der tief gehenden Erschütterung von ‹Onkel Toms Hütte› verglichen hat, wurde sogleich Gegenstand leidenschaftlicher Kontroversen. Mochte die Darstellung auch einseitig und in gewissen Punkten fragwürdig sein, so bestätigte sie doch an zahllosen Beispielen einen Satz, den Carl Schurz im gleichen Jahr in der ‹North American Review› im Hinblick auf die Indianer schrieb: «Die amerikanische Geschichte ist zu einem großen Teil ein Protokoll über gebrochene Verträge, ungerechte Kriege und grausamen Raub.»

Eine Streitfrage war in der öffentlichen Meinung auch in den achtziger Jahren noch nicht entschieden: Sollten die Indianer als Individuen in die amerikanische Gesellschaft eingegliedert werden, oder war vielmehr anzustreben, daß die Stämme und damit die Autorität ihrer Anführer erhalten blieben? Eine fortschrittsgläubige

Mehrheit war immer noch der Meinung, die Ureinwohner des Landes seien durch Erziehung so weit zu fördern, daß sie an der Zivilisation teilhaben könnten. Nur zögernd gab sich die Öffentlichkeit darüber Rechenschaft, daß es für derartige Bemühung zu spät war. Regierung und Verwaltung hatten inzwischen ihre Wahl getroffen. Schon in den siebziger Jahren wurden die indianischen Stämme nicht mehr als autonome Nationen behandelt, und man setzte alles daran, die Autorität der Stammesführer zu brechen. Im Jahre 1887 vollzog der Kongreß mit der Dawes Act einen entscheidenden Schritt, der die Völkerschaften in ihrer Substanz treffen sollte. Das Gesetz sah vor, daß der Präsident das Land der Reservationen an Indianer verteilen konnte. Die Indianer durften somit frei von jeder Stammeszugehörigkeit Grund und Boden besitzen und Bürgerrechte ausüben. Der so fortschrittlich wirkende Akt fand den Beifall vieler Indianerfreunde. Damit würde sich – so war die Meinung – das korrupte System der Indianeragenturen von selbst überleben. Doch das Ergebnis war für die Indianer wenig erfreulich. Da ihnen der Begriff des Privateigentums nicht geläufig war, saßen sie in ihrer neuen Eigenschaft als Grundbesitzer ziemlich ratlos auf dem Land. Sogleich nahmen sich weiße Spekulanten der Sache an und brachten in kurzer Frist Tausende von Indianern um ihr Eigentum. Was seit Generationen auf dem amerikanischen Kontinent Übung war, vollzog sich von neuem: Die Weißen nahmen den Indianern das Land weg. Nur gab es jetzt keine Indianerkriege mehr, denn die Stämme waren in sich zerfallen und machtlos.

Musterung in einer Indianerreservation im Jahre 1880: Die einst stolzen indianischen Nationen erscheinen als apathische und heruntergekommene Haufen, die den Indianeragenten nur noch selten Widerstand entgegensetzen.

Das Ende der Pionierzeit

Das Ende des ‹Frontier›: Die Ruinen von Fort Benton in Montana
in den achtziger Jahren.

In den achtziger Jahren häuften sich die Anzeichen dafür, daß die Pionierzeit zu Ende ging. Die ‹Frontier›-Situation wurde selbst in abgelegenen Regionen durch einen Zustand abgelöst, der sich in bezug auf die öffentliche Ordnung und die Institutionen nicht mehr wesentlich von den Verhältnissen im Osten unterschied. Wer sich weiterhin als Pionier betätigen wollte, fand einen neuen ‹Frontier› in Alaska, das die Amerikaner im Jahre 1867 von den Russen gekauft hatten. Im amerikanischen Westen lebte der Bürger zu dieser Zeit nicht mehr in der für den Grenzraum charakteristischen Isolierung. Das erfuhren zu ihrem Leidwesen die Viehzüchter und Farmer, die von den weiterum wirkenden Agrarkrisen noch schwerer betroffen wurden als die Landwirte in den Atlantikstaaten. Zu Ende war die Pionierzeit auch in den Minenregionen, denn der Bergbau war längst zu einer kapitalintensiven Industrie geworden, die eng mit amerikanischen und selbst mit europäischen Kreditinstituten verbunden war. Als schließlich die Reserven an öffentlichem Grund und Boden zu Ende gingen, wurde dies als deutliches Signal für den Anbruch einer neuen Epoche verstanden.

Mancher Bürger zeigte sich betroffen, als die Abhängigkeit des Westens deutlich wurde, denn dieser nun offenkundige Zustand war mit dem Selbstbewußtsein der Pioniere schwer zu vereinbaren. Schon zu Beginn des Jahrhunderts hatte man sich gegen die übermächtigen Institutionen des Ostens zur Wehr gesetzt. Gegen die Allmacht der Bundesregierung zum Beispiel, aber auch gegen private Mächte wie Banken und Monopolgesellschaften. Am Ende des Jahrhunderts fühlte sich der agrarische Westen von der dynamischen Industriegesellschaft, die sich inzwischen am Atlantik etabliert hatte, in seiner Lebensweise und in den politischen Rechten bedrängt. Politisch kamen die Forderungen des Westens in der Bewegung der ‹Populisten› zum Ausdruck, die im Jahre 1896 mit William Jennings Bryan als Präsidentschaftskandidaten ins Feld zogen.

Während die westlichen Regionen mit etlicher Mühe um eine angemessene Position im Rahmen des Bundesstaates rangen, trat der Historiker Frederick Jackson Turner mit Thesen auf den Plan, die sich wie ein Abgesang auf die Pionierzeit ausnahmen. Seine ‹Frontiertheorie› handelte vom Pionier, der in der unberührten Natur ein besseres Amerika aufbaute. Im Westen war, so meinte Turner, das wahre Amerikanertum angesiedelt. In die Wildnis zog, wer sich den europäischen Einflüssen, den gesellschaftlichen Konventionen und andern unerträglichen Situationen entziehen wollte. In den unberührten Zonen des amerikanischen Kontinents wurde der Pionier in der täglichen Auseinandersetzung mit der Umwelt zu einem neuen Menschen geformt, doch gleichzeitig transformierte er auch die Wildnis. Was dabei entstand, war nicht etwa ein neues Europa, denn die Natur diktierte hier das gesellschaftliche und politische Verhalten. Die wahre amerikanische Demokratie kam – in der Vision Turners – gewissermaßen aus dem Wald heraus. Das Blockhaus wurde zum Symbol des Amerikanertums und der Westen zur Retorte, in der die neue Gesellschaft entstand. «Die Wildnis beherrscht den Kolonisten», schrieb Turner. «Sie findet ihn als Europäer in seiner Kleidung, in seiner Betätigung, in seinen Werkzeugen, in seiner Art zu reisen und im Denken. Sie holt ihn aus dem Eisenbahnwagen und setzt ihn in ein Kanu aus Birkenrinden. Sie reißt das Gewand der Zivilisation von ihm ab und kleidet ihn mit dem Hirschlederhemd und Mokassins.» So entsteht eine Demokratie besonderer Art, wesentlich anders als alle europäischen Spielarten. Im übrigen, so glaubte der amerikanische Historiker, wiederholte sich im Westen in geraffter Form die Geschichte der gesamten Menschheit, gekennzeichnet durch die vier Stadien menschlicher Kultur: Jäger, Viehzüchter, Ackerbauer, Städter.

Ein Mann mit einem so romantischen Geschichtsbewußtsein konnte für die neue Industriegesellschaft nur Verachtung hegen. Turner hat sein Bedauern darüber, daß die Zeit der Pioniere um war, nicht verheimlicht, doch hoffte er, die ‹Frontier›-Ideale würden noch während Generationen lebendig bleiben. Später sind die Kritiker mit Turners Thesen scharf zu Gericht gegangen. Sie haben zum

Beispiel nachgewiesen, daß der amerikanische Westen Institutionen und Gesellschaftsformen sozusagen unverändert aus den Atlantikstaaten übernahm und im Bereich der staatlichen Einrichtungen kaum etwas Originelles schuf. Unbestritten war auch, daß die Auswanderer mit den zu Hause geformten Meinungen und Vorurteilen auf die Wanderschaft gingen und ihre Eigenarten am neuen Wohnsitz meist nicht ablegten. Turner übersah auch die Tatsache, daß die Siedler im Westen sich nicht bloß mit der Natur und den Indianern, sondern auch mit konkreten wirtschaftlichen Problemen auseinanderzusetzen hatten, die nicht allein durch die ‹Frontier›-Situation bedingt waren. Die bleibenden Leistungen im Bergbau, in der Landwirtschaft und im Transportwesen sind nicht den einsamen Pionieren, sondern den Unternehmern, Spekulanten und Kapitalgesellschaften zu verdanken, denen die sogenannten ‹Frontier-Ideale› so fremd waren wie irgendeinem Bürger von Boston oder von New York.

Turners Lob der Pioniertradition war der Bevölkerung im Westen aus der Seele gesprochen. Daran mochten auch die Schwächen seiner Theorie nichts zu ändern. Obschon die Zeiten des ‹Frontier› zu Ende waren, identifizierte man sich mit den Vorstellungen und Idealen der Pioniergenerationen. Die so kurze Geschichte des amerikanischen Vordringens zum Pazifik erschien in romantischer Verklärung. «Für mich ist der Westen eine nie versiegende Quelle von Wundern, und ich kann mir nicht vorstellen, warum noch Leute im überfüllten Osten bleiben», schrieb General James S. Brisbin in seiner Abhandlung über die ‹Beef Bonanza›. Die Überzeugung war allgemein, das echte und tüchtige Amerikanertum wurzle in den Landstrichen westlich des Mississippi. Man mißtraute den akademisch geschulten Juristen und Ärzten, den Beamten des Bundes, den künstlich geschaffenen Strukturen. Die direkte ‹Frontier›-Demokratie war primitiv und einfach in ihren Verrichtungen. Man nahm daran keinen Anstoß. In einer Petition von Bürgern hieß es: «Einige unserer Mitbürger werden denken, daß wir nicht fähig seien, unsere Geschäfte zu führen und unsere eigenen Interessen wahrzunehmen. Wenn unsere Gesellschaft auch primitiv ist, so ist nicht viel Weisheit vonnöten, um unsern Bedürfnissen zu genügen. Ein Verrückter kann oft seine Kleider besser anziehen, als es ein weiser Mann für ihn tun könnte.»

Weiterhin herrschte die Meinung, der im Westen geformte Mensch sei von besonderer Art, fähig zu außergewöhnlichen Leistungen, von rauher Art und unzimperlichen Manieren. Wer sich ungeschliffen gab, war der Natur am nächsten und bewies damit eine besondere nationale Tugend. Schon in der ersten Jahrhunderthälfte hatte man vom Kentucky-Charakter gesprochen, der gewissermaßen die tüchtigste und derbste Spielart des Amerikanertums darstellte. Henry Lewis hatte darüber geschrieben: «Da der Kentucky-Charakter der im Westen vorherrschende ist, mag es wohl am Platze sein, hier noch einige Hauptzüge desselben zu beschreiben. Von Virginien hierher verzweigt, unterscheidet er sich noch von dem Charakter jenes Staates durch die Liebe zu einer abentheuerlichen, aber abgeschlossenen Lebensweise. Das Auftreten des Kentuckier's ist kühn und sein Benehmen stolz (lofty), allein, seine Würde wird durch Witz und Lustigkeit in Etwas geschmälert. Er besitzt jenen Grad von bescheidenem Selbstvertrauen, der stets dem mit seinen Leistungen zufriedenen Menschen eigen ist. Ein Mensch ist nach seinen Begriffen ebenso gut als der andere, und es gibt für ihn keinen Standesvorzug. Er verdirbt niemals ein Unternehmen durch Mangel an Selbstvertrauen; er glaubt, alles Mögliche ausführen zu können, und dieser Glaube setzt ihn in der That in den Stand, jedes Unternehmen zu vollbringen.»

Die Kentucky-Naturen haben in ihrer nicht zu besiegenden Vitalität die Besiedlung des amerikanischen Kontinents entscheidend vorangetrieben. Sie waren die unentbehrlichen Protagonisten einer Expansion, die weitgehend von privater Initiative getragen war. Mit ihrem sicheren Instinkt und der praktischen Veranlagung schufen diese Leute in kürzester Frist eine Gemeinschaft, in der sie sich wohl fühlten. Als dann aber die Strukturen der Gesellschaft differenzierter wurden,

414

verwandelten sich die Tugenden der Pioniere in offenkundige Fehler, die den so oft beschworenen Fortschritt der Nation hemmten. Die Amerikaner im Westen waren selbstbewußt, von ihrer Sendung überzeugt, untolerant gegenüber jeder andern Verhaltensweise und in mancher Hinsicht reaktionär. Anstelle der wirtschaftlichen und gesellschaftlichen Bindung, die man im Osten als drückend empfunden hatte, traten neue Konventionen, die nicht weniger zwingend waren. Die angelsächsische Mehrheit im Westen neigte dazu, das von ihr Geschaffene ein für allemal als vorbildlich zu betrachten. Diese Mehrheit verfügte über eine beinahe unbegrenzte Macht. Andrew Jackson hatte die Nation schon in den dreißiger Jahren gelehrt, wie man davon zum eigenen Vorteil Gebrauch macht. Unter solchen Umständen waren die Minderheiten in Amerika zu einem Schattendasein verurteilt. In einer Gesellschaft, die so viel Wert auf den materiell meßbaren Erfolg legte, blieben Neger, Indianer, Lateinamerikaner und Chinesen ohne Chance. Hin und wieder wiesen besonnene Leute auf die möglichen Folgen eines derartigen Verhaltens hin. Alexis de Tocqueville zum Beispiel hatte die Macht der Mehrheit als Gefahr für die amerikanische Demokratie empfunden. Er schrieb darüber im Jahre 1835: «Wenn in Amerika die Freiheit jemals verlorengeht, so wird man der Allmacht der Mehrheit die Schuld daran geben müssen, da sie die Minderheiten zur Verzweiflung gebracht und gezwungen haben wird, ihre Zuflucht zur äußeren Gewalt zu nehmen. Dann wird, aber nur als Folge des Despotismus, die Anarchie eintreten.» Manche Amerikaner zeigten sich ehrlich darüber erstaunt, daß die Minderheiten in einem so freien Land nicht gediehen. So meinte der Abgeordnete Duncan in einer im Jahre 1844 vor dem Kongreß gehaltenen Rede: «Es scheint etwas Eigenartiges in unsern Gesetzen und Institutionen zu liegen: sie sind zwar besonders auf unsere angelsächsische und amerikanische Rasse zugeschnitten, die denn auch wächst und gedeiht. Aber unter den selben Gesetzen und Institutionen schwinden alle andern dahin und sterben. Wo immer auf diesem Kontinent unsere Gesetze und freien Institutionen auf Franzosen und Spanier ausgedehnt wurden, sind diese Leute allmählich verschwunden. Nicht daß sie weggezogen wären. Sie gedeihen nicht und vermehren sich nicht, sondern schwinden im Gegenteil dahin. Etwas Unergründliches scheint mit ihnen vorzugehen. Wir können uns das nur so erklären: Diese Nationen sind zwar geschaffen für eine verfeinerte Zivilisation, sie sind aber nicht in der Lage, unsere liberalen und demokratischen Gesetze und Institutionen zu ertragen.»

Die Ära der Pioniere, die Frederick Jackson Turner beschwor, war in den neunziger Jahren zu einem natürlichen Ende gekommen. Für die neuen Aufgaben der modernen Industriegesellschaft benötigte man weder den einsamen Siedler noch den schnellschießenden Desperado. Die Eroberung des Kontinents war abgeschlossen, und das Pionier-Kredo konnte nicht länger Maßstab aller Dinge bleiben. Den Bewohnern des Westens, vor allem den Farmern und Viehzüchtern, bereitete der Gedanke, daß die Zukunft des Landes nicht mehr im ‹Frontier› liegen sollte, etlichen Verdruß. Ihr Auszug über den Mississippi hatte unter anderem so etwas wie eine soziale Revolution dargestellt. Nun aber war die Bewegung aufgefangen im größeren Ganzen der Nation. Vorbei war der Kampf gegen die Natur und die Indianer, und die Nachfahren der Pioniere hatten Auseinandersetzungen neuer Art zu bestehen: Der Westen rang fortan um seine Position in einer von mächtigen Monopolen beherrschten Industriegesellschaft. Dabei halfen ihm kein Sendungsbewußtsein und kein ‹Manifest Destiny›.

Anhang

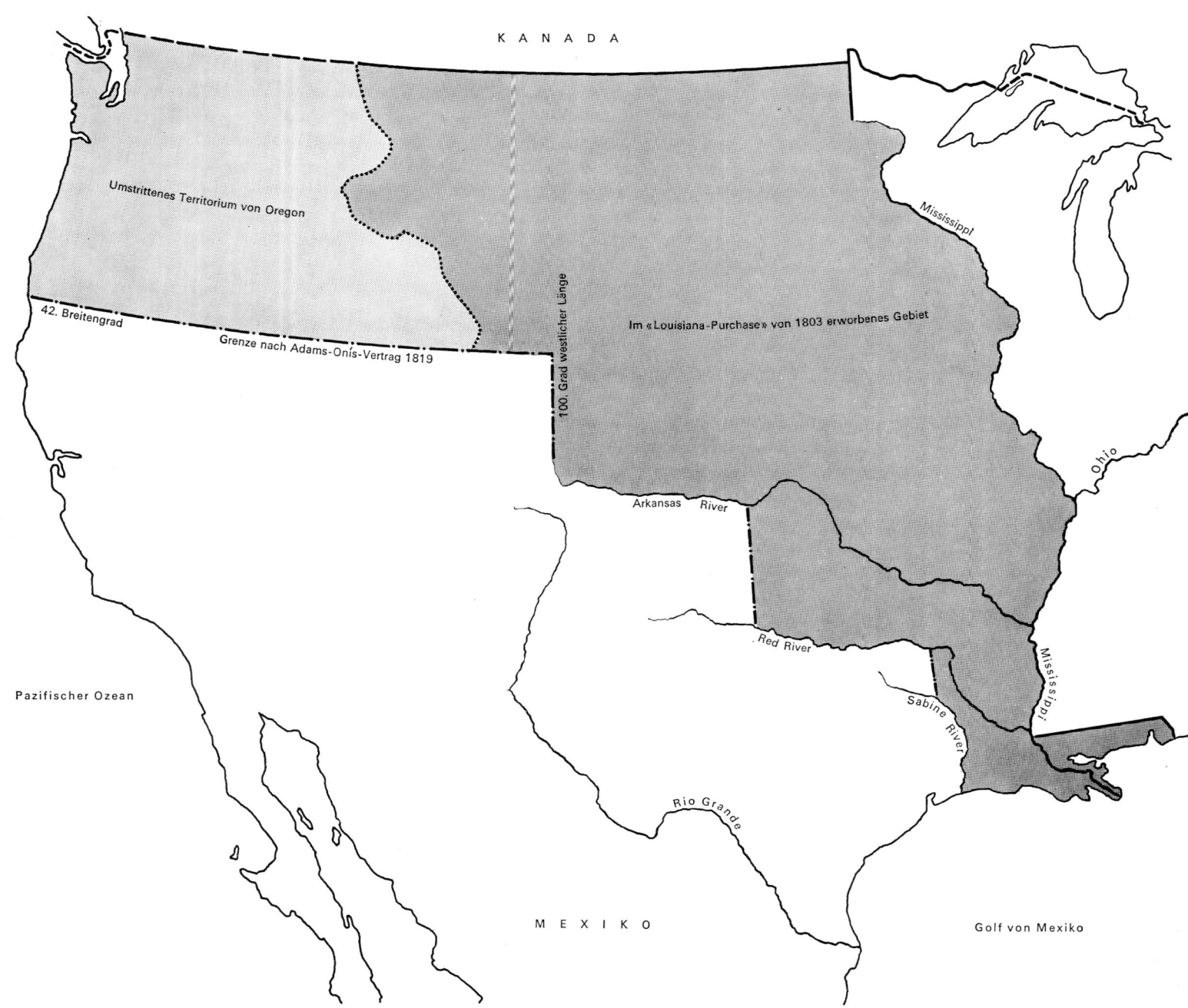

KANADA

Umstrittenes Territorium von Oregon

42. Breitengrad

Grenze nach Adams-Onís-Vertrag 1819

100. Grad westlicher Länge

Im «Louisiana-Purchase» von 1803 erworbenes Gebiet

Mississippi

Ohio

Arkansas River

Red River

Sabine River

Mississippi

Pazifischer Ozean

Rio Grande

MEXIKO

Golf von Mexiko

Grenzen der Vereinigten Staaten
im Westen um 1825

Im «Louisiana-Purchase» erworbenes Territorium

Umstrittenes Territorium von Oregon

Grenze zwischen den Vereinigten Staaten und Oregon

Grenze zwischen den Vereinigten Staaten und Mexiko
nach Adams-Onís-Vertrag 1819

418

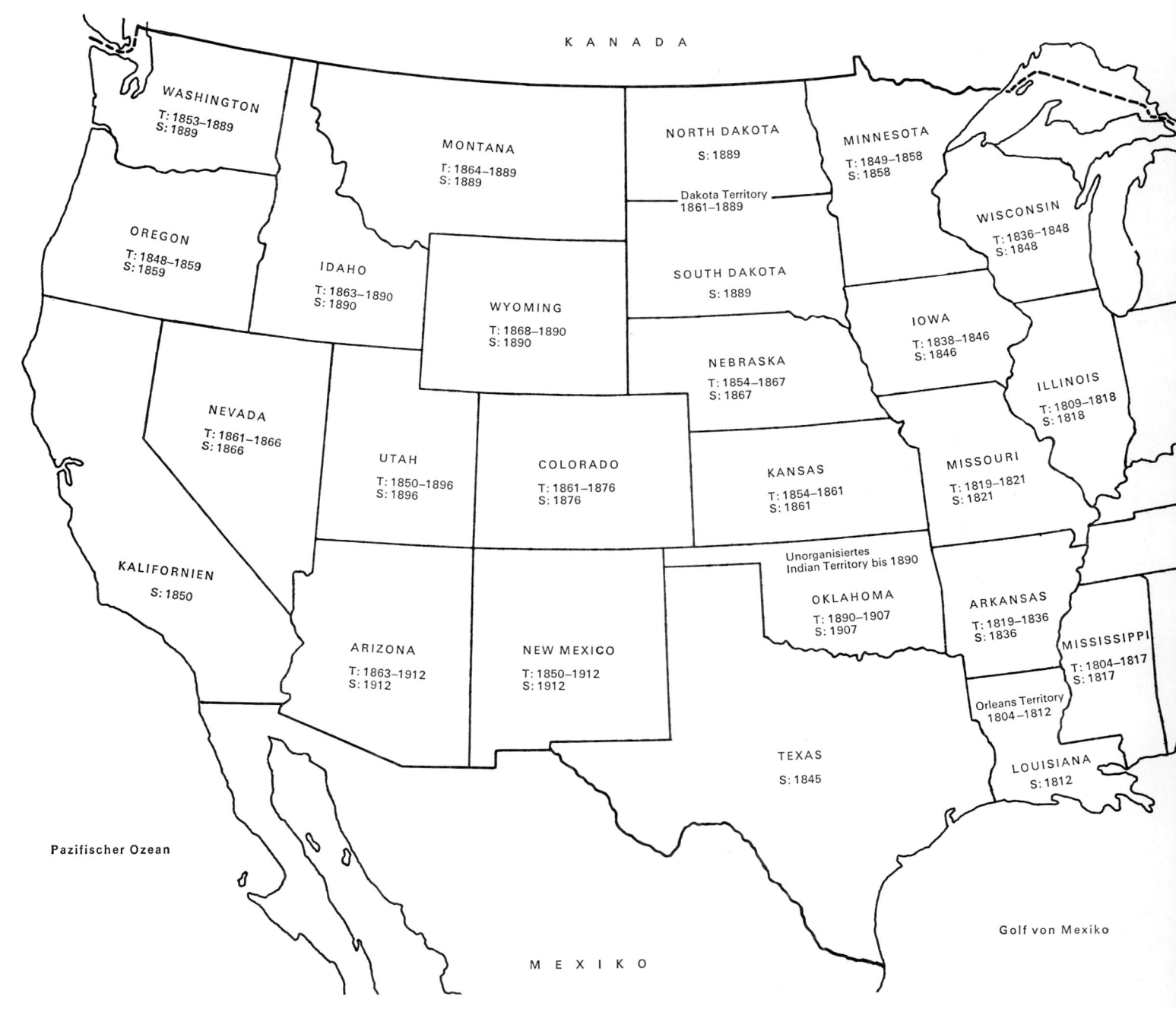

KANADA

WASHINGTON
T: 1853–1889
S: 1889

MONTANA
T: 1864–1889
S: 1889

NORTH DAKOTA
S: 1889

MINNESOTA
T: 1849–1858
S: 1858

Dakota Territory
1861–1889

WISCONSIN
T: 1836–1848
S: 1848

OREGON
T: 1848–1859
S: 1859

IDAHO
T: 1863–1890
S: 1890

WYOMING
T: 1868–1890
S: 1890

SOUTH DAKOTA
S: 1889

IOWA
T: 1838–1846
S: 1846

NEVADA
T: 1861–1866
S: 1866

UTAH
T: 1850–1896
S: 1896

COLORADO
T: 1861–1876
S: 1876

NEBRASKA
T: 1854–1867
S: 1867

ILLINOIS
T: 1809–1818
S: 1818

KANSAS
T: 1854–1861
S: 1861

MISSOURI
T: 1819–1821
S: 1821

KALIFORNIEN
S: 1850

Unorganisiertes
Indian Territory bis 1890

OKLAHOMA
T: 1890–1907
S: 1907

ARKANSAS
T: 1819–1836
S: 1836

MISSISSIPPI
T: 1804–1817
S: 1817

ARIZONA
T: 1863–1912
S: 1912

NEW MEXICO
T: 1850–1912
S: 1912

Orleans Territory
1804–1812

TEXAS
S: 1845

LOUISIANA
S: 1812

Pazifischer Ozean

MEXIKO

Golf von Mexiko

Die Bundesstaaten im Westen

T = Territorium
S = Staat

Karawanenwege, Forts und Handelsstationen
in der ersten Hälfte des 19. Jahrhunderts

○ Ortschaften
□ Forts und Handelsstationen

420

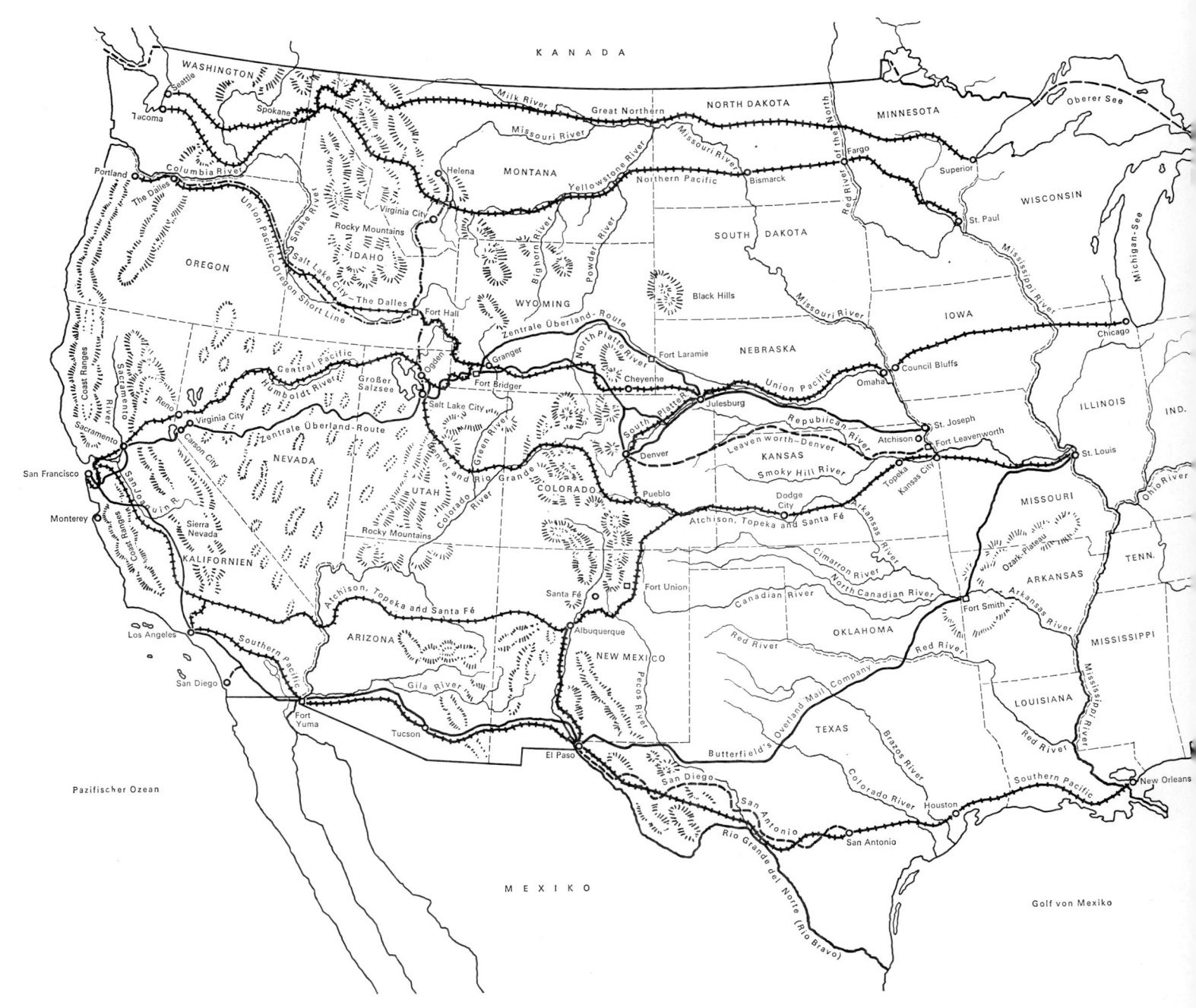

Transkontinentale Postkutschen-
und Eisenbahnlinien
im amerikanischen Westen

+++++++ Eisenbahnen
══╧══ } Postkutschen-Linien

421

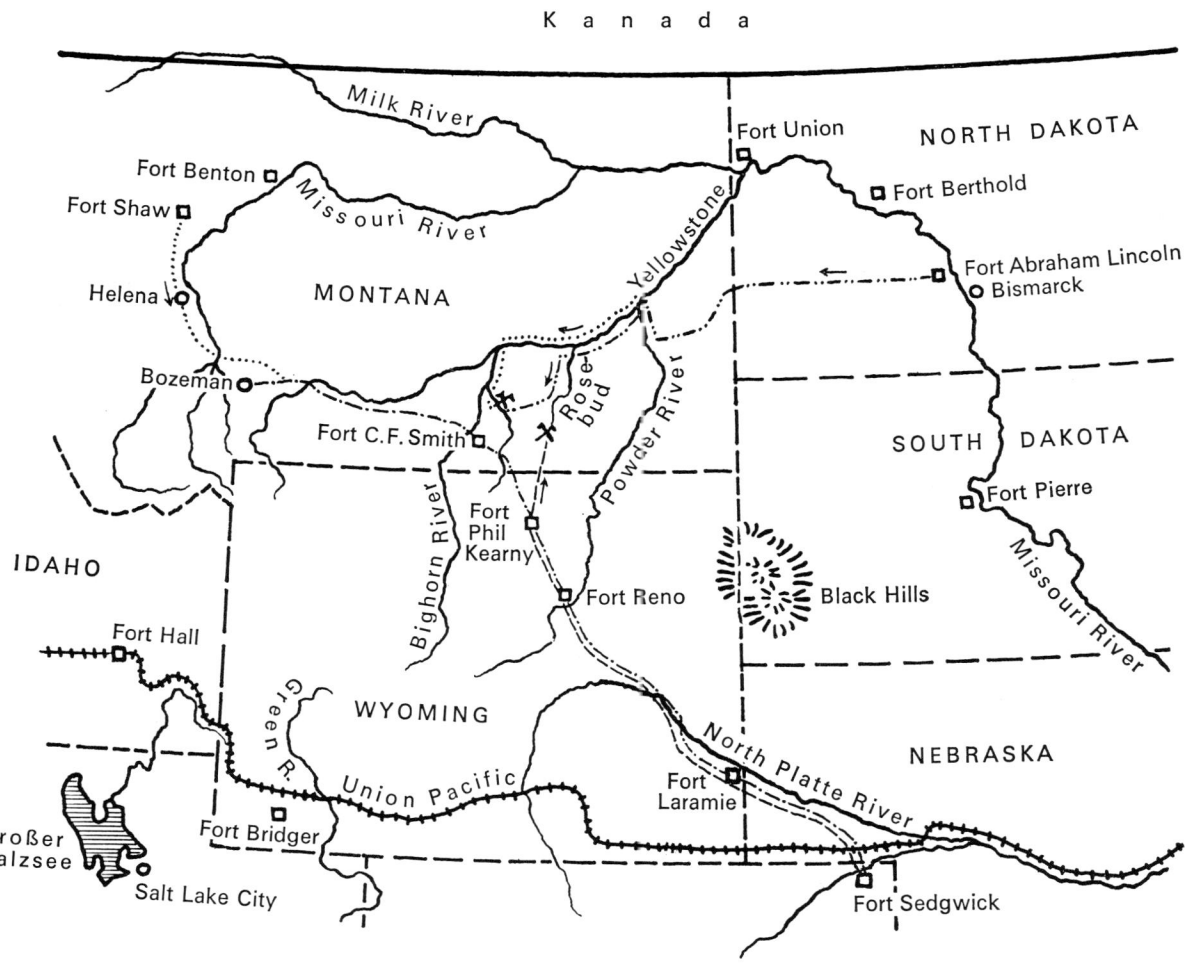

Kanada

Milk River

Fort Union   NORTH DAKOTA

Fort Benton

Fort Shaw

Missouri River

Fort Berthold

Yellowstone

Fort Abraham Lincoln

Helena   MONTANA   Bismarck

Bozeman

Rosebud

Fort C.F. Smith

Powder River

SOUTH DAKOTA

Bighorn River

Fort Pierre

Fort Phil Kearny

Missouri River

IDAHO   Fort Reno   Black Hills

Fort Hall

Green R.   WYOMING

Union Pacific   NEBRASKA

North Platte River

Großer Salzsee   Fort Bridger   Fort Laramie

Salt Lake City   Fort Sedgwick

‹Bozeman Trail› 1866–1868 und Feldzug
gegen die Sioux 1876

▬▪▬▪▬ ‹Bozeman Trail› 1866–1868
▬ ▬ ▬ Marsch General Crooks 1876
▬▪▬▪▬ Marsch der Generäle Terry und Custer 1876
▪▪▪▪▪▪▪▪ Marsch General Gibbons 1876
X Schlachtfelder am Rosebud und am Little Big Horn

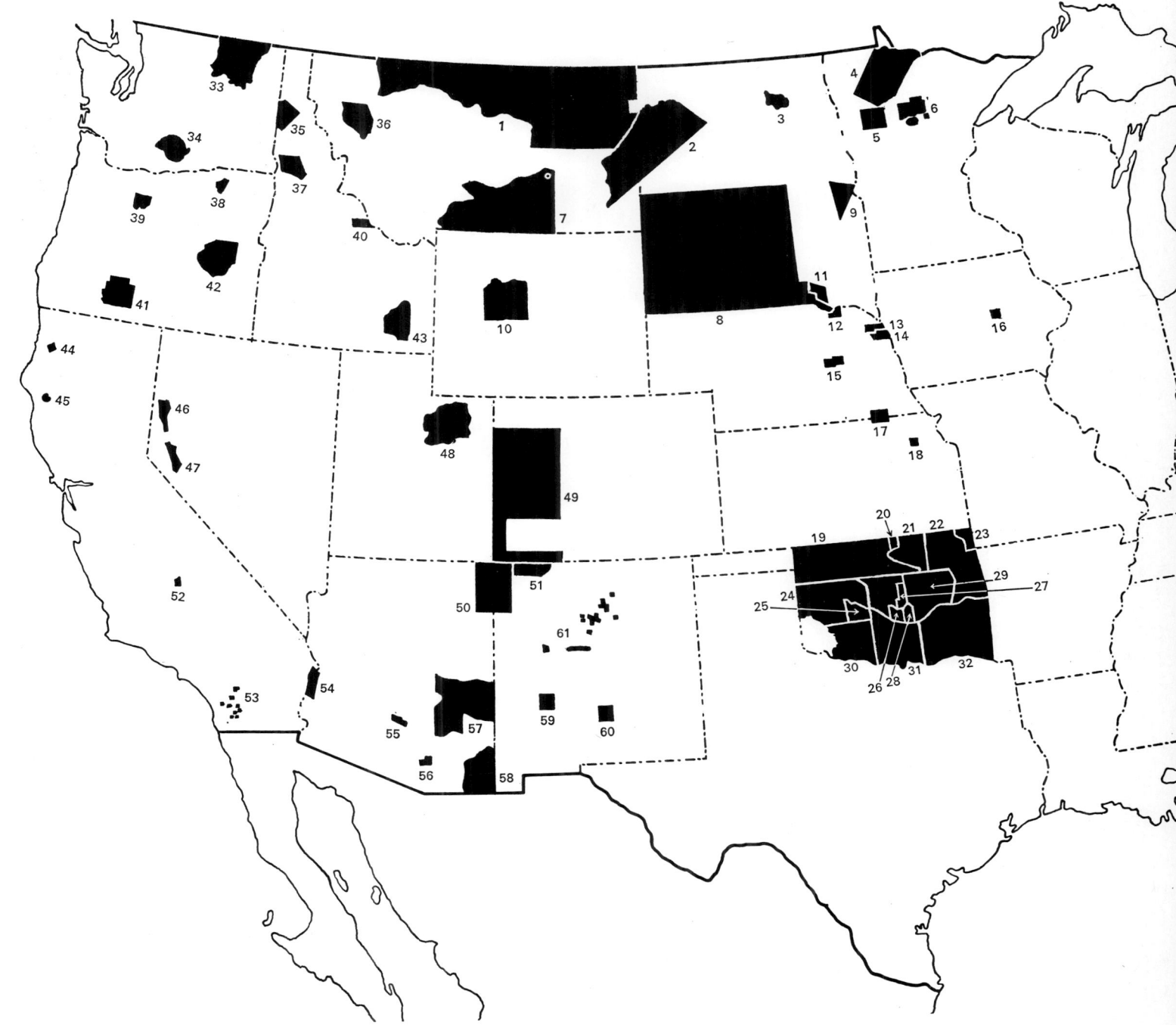

Wichtige Indianerreservationen bis zum Jahre 1875

1 Blackfeet, 1873	17 Otoe, 1854	31 Chickasaw, 1837	47 Walker River, 1874
2 Fort Berthold, 1870 (Mandan und andere)	18 Pottawatomi, 1837	32 Choctaw, 1820	48 Uintah Valley, 1861
3 Devil's Lake, 1867	19–32 Indian Territory:	33 Colville, 1872	49 Ute, 1863
4 Red Lake, 1863	19 Cherokee Outlet, 1828 (Osage, Pawnee und andere)	34 Yakima, 1855	50 Navajo, 1868
5 White Earth, 1867	20 Kansa, 1872	35 Cœur d'Alène, 1867	51 Jicarilla-Apachen, 1874
6 Winnebago, 1855	21 Osage, 1870	36 Jocko, 1855	52 Tule River, 1873
7 Crow, 1868	22 Cherokee, 1828	37 Lapwai, 1863	53 Missionsindianer, 1875
8 Große Sioux-Reservation, 1868	23 Östliche Stämme	38 Umatilla, 1855	54 Colorado River, 1865
9 Lake Traverse, 1867	24 Cheyenne, Arapahoe, 1869	39 Warm Springs, 1855	55 Gila River, 1859
10 Wind River, 1868	25 Wichita, 1872	40 Lemhi, 1875	56 Papago, 1874
11 Yankton, 1858	26 Pottawatomi, 1867	41 Klamath, 1864	57–60 Apachen-Reservationen:
12 Niobrara, 1866	27 Sac and Fox, 1867	42 Malheur, 1871	57 White Mountain, 1871
13 Winnebago, 1865	28 Seminole, 1833	43 Fort Hall, 1868	58 Chiricahua, 1872
14 Omaha, 1854	29 Creek, 1833	44 Hoopa Valley, 1864	59 Hot Springs, 1874
15 Pawnee, 1857	30 Kiowa und Comanche, 1865	45 Round Valley, 1856	60 Mescalero-Apachen, 1873
16 Sac and Fox, 1867		46 Pyramid Lake, 1874	61 Pueblo-Indianer, 1858

Der Verfasser dankt

Bei meiner Arbeit habe ich von zahlreichen Helfern Förderung erfahren und statte dafür an dieser Stelle meinen verbindlichen Dank ab. Vor allem sind die zahlreichen Dienste zu nennen, die mir bei der Beschaffung des Bildmaterials in Bibliotheken, Archiven und Sammlungen zuteil wurden. Besonders erwähnen möchte ich die folgenden Institutionen und Persönlichkeiten:

Western History Department der Denver Public Library in Denver, deren Leiterin Mrs. Alys Freeze jederzeit mit Rat und Tat zur Verfügung stand; Mrs. Clara S. Beatty von der Nevada Historical Society in Reno, die in großzügiger Weise Bildmaterial über Virginia City besorgte; Mrs. Irene Simpson, Direktorin des History Room der Wells Fargo Bank in San Francisco; die Herren E.C. Schafer und Richard Tincher von der Public Relations-Abteilung der Union Pacific Railroad Company sowie das Personal des Union-Pacific-Museums in Omaha; die Public Relations-Abteilung der Southern Pacific Company in San Francisco; Mrs. Helen S. Giffen von der Society of California Pioneers in San Francisco; das Personal der Prints and Photographs Division der Library of Congress in Washington; Mr. Charles Clegg danke ich für seine Auskünfte über die Minen von Virginia City und über den Nachlaß von Lucius Beebe, dem Verlag Howell-North in Berkeley für die Erlaubnis, Vorlagen aus dem Werk ‹San Francisco's Golden Era› zu reproduzieren.

Bildmaterial stellten ferner die folgenden amerikanischen Sammlungen zur Verfügung: Free Public Library, Council Bluffs; Joslyn Art Museum, Omaha; Montana Historical Society, Helena; Museum of New Mexico Library, Santa Fé; National Archives, Washington D.C.; Smithsonian Institution, Washington D.C.; South Dakota State Historical Society, Pierre; State Historical Society of Colorado, Denver; Washington State Historical Society, Tacoma. Ratschläge und Auskünfte verschiedenster Art verdanke ich der Bancroft Library, Berkeley; der California Historical Society in San Francisco; dem Fort Union National Monument in Watrous, sowie Dr. Horst Hartmann, Museum für Völkerkunde in Berlin.

In Zürich standen mir die reichen Bestände der Zentralbibliothek ohne Einschränkung zur Verfügung. Für die zahlreichen Hilfen spreche ich dem Personal der Zentralbibliothek meinen Dank aus. Die Direktion des Bernischen Historischen Museums gestattete die Wiedergabe von Zeichnungen aus dem Skizzenbuch von Friedrich Kurz. Weiteres Bildmaterial stammt aus den folgenden schweizerischen Bibliotheken und Sammlungen: Universitätsbibliothek Basel; Stadtbibliothek Bern; Schweizerisches PTT-Museum, Bern; Hauptbibliothek der ETH, Zürich; Schweizerische Landesbibliothek, Bern.

Mein besonderer Dank gilt Ursula Vetterli, die während Jahren mit großem Einsatz an diesem Werk mitgearbeitet hat. Sie redigierte auch die Bibliographie, den Bildernachweis und das Register. Ferner danke ich den Mitarbeitern im Atlantis Verlag Zürich und Freiburg im Breisgau, die in irgendeiner Weise an den Vorarbeiten beteiligt waren. Ria Rosa Lüscher übersetzte einige dokumentarische Texte. Die Karten im Anhang wurden von Hans Frei nach meinen Angaben gezeichnet.

Max Mittler

Bibliographie

Das folgende Verzeichnis führt aus der unübersehbaren Flut von Publikationen über den amerikanischen Westen jene Werke an, die der Verfasser hauptsächlich benützt hat. Darunter befinden sich zahlreiche zeitgenössische Schriften amerikanischer und europäischer Herkunft, deren Wert als Geschichtsquelle in wissenschaftlicher Hinsicht gering sein mag, die aber wertvolle Aufschlüsse über menschliche und soziale Hintergründe geben. Nicht verzeichnet sind Werke zur allgemeinen amerikanischen Geschichte, da eine solche Aufzählung den Rahmen dieses Buches sprengen würde.

Albright, George Leslie: Official explorations for Pacific railroads, 1853–1855. Berkeley 1921.

Alta California Pacific Coast and Trans-continental railroad guide, The. San Francisco 1871.

America is West. Anthology of Middlewestern life and literature. Ed. by John T. Flanagan. Minneapolis 1945.

American West, The. A treasury of stories, legends, narratives, songs and ballads of Western America. Ed. by William Targ. Cleveland/New York 1946.

Annals of San Francisco. Ed. by Frank Soulé. New York 1855.

Athearn, Robert G.: Rebel of the Rockies. A history of the Denver and Rio Grande Western Railroad. New Haven/London 1962.

Atlantic and Pacific Railroad Company. New York 1866.

Auger, Ed.: Voyage en Californie, 1852/53. Paris 1854.

Bancroft, Hubert Howe: History of the Pacific States. 39 vols. San Francisco 1882–1887.

– Popular Tribunals. 2 vols. San Francisco 1887.

Bartlett, Richard A.: Great surveys of the American West. Norman 1962.

Beauvoir, Ludwic marquis de: Pékin, Yeddo, San Francisco. Voyage autour du monde. Paris 1872.

Beck, Roland H.: Die Frontiertheorie von Frederick Jackson Turner, 1861–1932. Zürich 1955.

Beebe, Lucius; Clegg, Charles: San Francisco's golden era. Berkeley 1960.

– Steamcars to the Comstock. The Virginia and Truckee Railroad, the Carson and Colorado Railroad. Berkeley 1957.

– U.S. West: The saga of Wells Fargo. New York 1949.

Beidler, X.: Vigilante. Ed. by Helen Fitzgerald Sanders. Norman 1957.

Belcher, Edward: Narrative of a voyage round the world, 1836–1842. London 1843.

Bell, James Christy: Opening a highway to the Pacific, 1838–1846. New York 1921.

Best, Gerald M.: Ships and narrow gauge rails. The story of the Pacific Coast Company. Berkeley 1964.

Billings, ...s.: Voyage ... sur les côtes de l'Amérique depuis ... 5 jusqu'en 1794. Paris 1802.

Billington, Ray Allen: Westward expansion. A history of the American frontier. 2nd edition. New York 1960.

Binkley, William Campbell: The expansionist movement in Texas, 1836–1850. Berkeley 1925.

Bird, Isabella L.: A lady's life in the Rocky Mountains. New edition. Norman 1960.

Bodenstedt, Friedrich: Vom Atlantischen zum Stillen Ozean. Leipzig/New York 1882.

Book of the American West, The. Ed. by Jay Monaghan. New York 1963.

Bowen, Elbert R.: Theatrical entertainments in rural Missouri before the Civil War. Columbia 1959.

Bowles, Samuel: The Pacific Railroad – open. Guide for travel to and through Western America. Boston 1869.

Brackenridge, Henry Marie: Views of Louisiana; together with a journal of a voyage up the Missouri River, 1811. Pittsburgh 1814.

– Ansichten von Louisiana. Weimar 1818.

Bradley, Glenn Danford: The story of the Santa Fé. Boston 1920.

Bradley, James H.: The march of the Montana column. A prelude to the Custer disaster. Ed. by Edgar I. Stewart. Norman 1961.

Briefe, neueste, und Nachrichten aus Texas. Heilbronn 1846.

Brisbin, James S.: The Beef Bonanza; or, How to get rich on the plains. New edition. Norman 1959.

Brown, Alexander D.: The galvanized yankees. Urbana 1963.

Brown, Samuel R.: The Western gazetteer, or emigrants directory. Auburn 1817.

Browne, John Ross: Adventures in the Apache Country. New York 1869.

– Reisen und Abenteuer im Apachenlande. Jena 1871.

– Crusoe's Island. With sketches of adventure in California. New York 1867.

Bryant, Edwin: Voyage en Californie. Paris 1849.

Buhren, E. R.: Das Goldland Kalifornien und Amerika im Allgemeinen. Bern 1874.

Butte, George C.: Rechtsverhältnisse der Indianer in den Vereinigten Staaten. Berlin 1913.

Calendar of the American Fur Company's papers, 1831–1849. Washington 1945.

(California.) A pictorial view of California; including a description of the Panama and Nicaragua routes. By a returned Californian. New York 1853.

California Mercantile Journal, The. San Francisco.

Catlin, George: Letters and notes on the manners, customs and condition of the North American Indians. 2 vols. London 1841.

Chittenden, Hiram Martin: The American Fur Trade of the Far West. 3 vols. New York 1902.

– History of early steamboat navigation on the Missouri River. New York 1903.

– The Yellowstone National Park. New edition. Norman 1964.

Clark, Thomas D.: Frontier America. The story of the Western movement. New York 1959.

Cleland, Robert Glass: The early sentiment for the annexation of California. (The Southwestern Historical Quarterly, 1924).

Clissold, Stephen: The seven cities of Cibola. London 1961.

Colfax, Schuyler: The Mormon question. Salt Lake City 1870.

Cook, D. J.: Hands up; or, Twenty years of detective life in the mountains and on the plains. New edition. Norman 1958.

Correspondence, diplomatic, of the Republique of Texas. Washington 1908–1911.

Cotterill, Robert S.: Early agitation for a Pacific railroad, 1845–50. (The Mississippi Valley Historical Review, vol. V, 1919).

Cox, Ross: The Columbia River. Ed. by Edgar I. Stewart and Jane R. Stewart. Norman 1957

(Crawford, Thomas Edgar.) The West of the Texas Kid, 1881–1910. Recollections of Thomas Edgar Crawford. Norman 1962.

Crofutt's New Overland Tourist and Pacific Coast Guide. Chicago 1878/79.

Cummings, Samuel: Western pilot: containing charts of the Ohio River and of the Mississippi. Cincinnati 1838.

Custer, Elizabeth B.: 'Boots and saddles'; or, Life in Dakota with General Custer. New edition. Norman 1961.

Custer, G. A.: My life on the plains. New York 1874.

Dale, Edward Everett; Litton, Gaston: Cherokee cavaliers. Norman 1940.

Dana, Richard Henry: Two years before the mast. London 1876.

Davis, Britton: The truth about Geronimo. Ed. by M. M. Quaife. New Haven/London 1963.

Dellenbaugh, Frederick S.: A Canyon voyage. The narrative of the second Powell Expedition down the Green-Colorado River from Wyoming ... 1871 and 1872. New Haven/London 1962.

Denys, Ferd.: Les Californies, l'Orégon et les possessions russes en Amérique. Paris 1849.

Devol, George H.: Forty years a gambler on the Mississippi. 2nd edition. New York 1892.

De Voto, Bernard Augustine: Mark Twain's America. Boston 1932.

Dictionary of American history. Ed. by James Truslow Adams and Roy V. Coleman. 6 vols. New York/London 1940.

Dimsdale, Thomas J.: The Vigilantes of Montana. New edition. Norman 1953.

Discovery of gold in the Northwest. (The Mississippi Valley Historical Review, vol. IV, 1917).

Domenech, E.: Journal d'un missionnaire au Texas et au Mexique, 1842–56. Paris 1857.

Downey, Joseph T.: The cruise of the Portsmouth, 1845–1847. A sailor's view of the navel conquest of California. Ed. by Howard Lamar. New Haven/London 1958.

Driggs, Howard R.: Westward America. New York 1942.

Duden, Gottfried: Bericht über eine Reise nach den westlichen Staaten Nordamerika's und einen mehrjährigen Aufenthalt am Missouri, 1824, 25, 26, 27, in Bezug auf Auswanderung und Übervölkerung. St. Gallen 1832.

Ellison, Joseph: California and the nation, 1850–69. Berkeley 1927.

Emmett, Chris: Fort Union and the winning of the Southwest. Norman 1965.

Ewers, John C.: The Blackfeet. Raiders on the Northwestern plains. Norman 1958.

Farnham, Thomas Jefferson: Travels in the great Western prairies. Ploughkeepsie 1843.

– Wanderungen über die Felsengebirge in das Oregon-Gebiet. Leipzig 1846.

Fatout, Paul: Mark Twain in Virginia City. Bloomington 1964.

Fenton, William N.: American Indian and White relations to 1830. Chapel Hill 1957.

Finerty, John F.: War-Path and Bivouac; or, The conquest of the Sioux. New edition. Norman 1961.

Fletcher, Robert Samuel: Eureka. From Cleveland by ship to California, 1849–1850. Durham 1959.

Flint, Henry M.: The railroads of the United States. Philadelphia 1868.

Foreman, Grant: Indian removal. The emigration of the Five civilized tribes of indians. New edition. Norman 1956.

Frazer, Robert W.: Mansfield on the condition of the Western forts, 1853/54. Norman 1963.

Frémont, John Charles: Geographical memoir upon Upper California, in illustration of his map of Oregon and California. Washington 1848.

– Report of the exploring expedition to the Rocky Mountains in the year 1842, and to the Oregon and North California, in the years 1843, 44. Washington 1845.

– Die Felsengebirge Oregon und Nordcalifornien. Stuttgart 1847.

Friederici, Georg: Indianer und Anglo-Amerikaner. Braunschweig 1900.

Froebel, Julius: Seven years' travel in Central America, Northern Mexico, and the Far West of the United States. London 1859.

Frontier in American history and literature. Frankfurt a. M. 1960.

Fuller, John D. P.: The movement for the acquisition of all Mexico, 1846–48. Baltimore 1936.

– The slavery question and the movement to acquire Mexico, 1846–48. (The Mississippi Valley Historical Review, vol. XXI, 1934.)

Furniss, Norman F.: The Mormon conflict 1850–59. New Haven 1960.

Gannet, Henry: A gazetteer of Texas. Washington 1902.

Garber, Paul Neff: The Gadsden treaty. Philadelphia 1923.

Garrard, Lewis H.: Wah-to-yah and the Taos Trail; or, Prairie travel and scalp dances, with a look at los rancheros from Muleback and the Rocky Mountain Campfire. New edition. Norman 1955.

Garrett, Pat F.: The authentic life of Billy, the Kid. New edition. Norman 1954.

Garrison, George P.: Texas, a contest of civilisations. Boston/New York 1903.

Gass, Patrick: A journal of the voyages and travels of a corps of discovery, under the command of Captain Lewis and Captain Clarke of the army of the United States, from the mouth of the river Missouri through the interior parts of North America to the Pacific Ocean, 1804, 1805, and 1806. Pittsburgh 1807.

– Voyage des capitaines Lewis et Clarke. Paris 1810.

(Geiger, Vincent; Bryarly, Wakeman.) Trail to California. The Overland journal of Vincent Geiger and Wakeman Bryarly. Ed. by David Morris Potter. New Haven/London 1962.

Gentry, Curt: The madams of San Francisco. Garden City 1964.

Gerstäcker, Friedrich: Gold! Ein kalifornisches Lebensbild. Leipzig 1858.

– Scènes de la vie californienne. Genf 1859.

Ghent, W. J.: The road to Oregon. A chronicle of the great emigrant trail. New York 1934.

Gillett, James B.: Six years with the Texas rangers, 1875 to 1881. New Haven/London 1963.

Giraud, Marcel: Histoire de la Louisiane française. 2 tomes. Paris 1953–1958.

Goetzmann, William H.: Army exploration in the American West, 1803–1863. New Haven/London 1965.

Goodwin, Cardinal: A larger view of the Yellowstone expedition, 1819–20. (The Mississippi Valley Historical Review, vol. IV, 1917.)

Greeley, Horace: An overland journey from New York to San Francisco in the summer of 1859. Ed. by Charles T. Duncan. London 1965.

Gregg, Josiah: Commerce of the prairies. 2 vols. New York 1844.

Gregg, Robert D.: The influence of border troubles on relations between the United States and Mexico, 1876–1910. Baltimore 1937.

Grinnell, George Bird: By Cheyenne campfires. New Haven/London 1962.

– The fighting Cheyennes. New edition. Norman 1956.

Hafen, LeRoy R.: The Overland Mail, 1849–1869. Glendale 1926.

Hagan, William T.: American indians. Chicago 1961.

Hagen, Christopher S.: Feuerroß im Wilden Westen. Bayreuth 1966.

Hale, Will: Twenty-four years a cowboy and ranchman in Southern Texas and Old Mexico. New edition. Norman 1959.

Hall, Basil: Forty etchings from sketches made in North America in 1827 and 1828. London 1830.

Hamilton, W. T.: My sixty years on the plains. Trapping, trading, and Indian fighting. New edition. Norman 1960.

Handbook of American Indians North of Mexico. Ed. by Frederick Webb Hodge. 2 vols. Washington 1907–1910.

(Hardin, John Wesley.) The life of John Wesley Hardin, as written by himself. New edition. Norman 1961.

(Harpending, Asbury.) The great diamond hoax and other stirring incidents in the life of Asbury Harpending. New edition. Norman 1958.

Harris, Benjamin Butler: The Gila Trail. The Texas argonauts and the California gold rush. Norman 1960.

Hart, Herbert M.: Old forts of the Northwest. Seattle 1963.

Hartmann, Horst: George Catlin und Balduin Möllhausen; zwei Interpreten der Indianer und des Alten Westens. Berlin 1963.

Hassrick, Royal B.: The Sioux. Life and customs of a warrior society. Norman 1964.

Hawgood, John Arkas: The American West. London 1967.

– America's Western frontiers. The exploration and settlement of the Trans-Mississippi West. New York 1967.

Heap, Gwinn Harris: Central route to the Pacific, from the Valley of the Mississippi to California, 1853. Philadelphia 1854.

Hellwald, Friedrich von: Amerika in Wort und Bild. 2 Bde. Leipzig 1892.

Hesse-Wartegg, Ernst von: Mississippi-Fahrten, 1879–1880. Leipzig 1881

– Nord-Amerika, seine Städte und Naturwunder, das Land und seine Bewohner. 3 Bde. Leipzig 1886.

Hine, Robert V.: Edward Kern and American expansion. New Haven/London 1962.

Hoffmann, Hemmann: Californien, Nevada, Mexiko. Wanderungen eines Polytechnikers. Basel 1871.

Horan, James D.: Desperate men. Revelations from the sealed Pinkerton files. New York 1949.

– Sann, Paul: Pictorial history of the Wild West. London 1954.

(Horn, Tom.) Life of Tom Horn, Government scout and interpreter, written by himself. New edition. Norman 1964.

Hotz, Gottfried: Indianische Ledermalereien. Figurenreiche Darstellungen von Grenzkonflikten zwischen Mexiko und dem Missouri um 1720. Berlin 1960.

Hungerford, Edward: Advancing the American Frontier. New York 1949.

– Wells Fargo. New York 1949.

Hyde, George E.: Indians of the High Plains. From the prehistoric period to the coming of Europeans. Norman 1959.

– A Sioux chronicle. Norman 1956.

Irving, Washington: Astoria, or anecdotes of an enterprise beyond the Rocky Mountains. Philadelphia 1836.

– Astoria oder Geschichte einer Handelsexpedition jenseits der Rocky Mountains. Stuttgart/Tübingen 1838.

– The adventures of Captain Bonneville in the Rocky Mountains and the Far West, digested from his journal. New edition. Norman 1961.

– A tour on the prairies. New edition. Norman 1956.

(Ives, Joseph C.) Report upon the Colorado River of the West, explored in 1857 and 1858 by Lieutenant Joseph C. Ives. Washington 1861.

Jackson, Helen Hunt: A century of dishonor. New York 1881.

Jackson, Joseph Henry: Anybody's gold. The story of California's mining towns. New York/London 1941.

Jackson, William Turrentine: Wagon roads West. A study of federal road surveys and construction in the Trans-Mississippi West, 1846–69. Berkeley/Los Angeles 1952.

Jacobs, Melvin Clay: Winning Oregon. A study of an expansionist movement. Caldwell 1938.

James, Thomas: Three years among the Indians and Mexicans. The 1846 edition. Philadelphia/New York 1962.

Jefferson, Thomas: Memoirs, correspondence and private papers. 4 vols. London 1829.

Jones, Howard Mumford: The frontier in American fiction. Jerusalem 1956.

Josephson, Matthew: The robber barons. The great American capitalists, 1861–1901. New York 1935.

Kellersberger, Getulius: Erlebnisse eines schweizerischen Ingenieurs in Californien, Mexico und Texas zur Zeit des amerikanischen Bürgerkrieges, 1861–65. Zürich 1896.

Kelly, William: Across the Rocky Mountains from New York to California. London 1852.

Keys, James M.: Las misiones españolas de California. Madrid 1950.

King, Charles: Campaigning with Crook. New edition Norman 1964.

Kouwenhoven, John Atlee: Adventures of America, 1857–1900. A pictorial record from Harper's Weekly. New York/London 1938.

Kuhlman, Charles: Legend into history. The Custer mystery. Harrisburg 1952.

Kurz, Rudolph Friedrich: Tagebuch. Manuskript im Bernischen Historischen Museum, Bern.

– Journal of Rudolph Friedrich Kurz. Washington 1937.

– Skizzenbuch. Original im Bernischen Historischen Museum, Bern.

La Farge, Oliver: As long as the grass shall grow. Chicago 1940.

– A pictorial history of the American Indians. New York 1956.

Lamar, Howard Roberts: Dakota Territory, 1861–1889. A study of frontier politics. New Haven/London 1956.

(Lee, Nelson.) Three years among the Comanches. The narrative of Nelson Lee, the Texas ranger. New edition. Norman 1957.

Leslie, Mrs. Frank: California. A pleasure trip from Gotham to the Golden Gate. New York 1877.

Lewis, Henry: Valley of the Mississippi. Philadelphia 1855–1857.

– Das illustrierte Mississippithal. Düsseldorf 1857.

Lewis, Meriwether; Clark, William: Travels to the source of the Missouri River and across the American continent to the Pacific Ocean, 1804–06. Longman 1814.

– Tagebuch einer Entdeckungs-Reise durch Nord-Amerika. Weimar 1814.

– Original journals of the Lewis and Clark Expedition, 1804–1806, printed from the original manuscripts ...

Ed. by Reuben Gold Thwaites. 8 vols. New York 1904/5.

– Letters of the Lewis and Clark expedition, with related documents, 1783–1854. Ed. by Donald Jackson. Urbana 1962.

Lewis, Oscar. Sea routes to the gold fields. New York 1949.

Lienhard, Heinrich: From St. Louis to Sutter's Fort, 1846. Ed. by Erwin G. and Elisabeth K. Gudde. Norman 1961

– Californien unmittelbar vor und nach der Entdeckung des Goldes. Bilder aus dem Leben des Heinrich Lienhard. Zürich 1898.

Lindley, Harlow: Western travels, 1800–20. (The Mississippi Valley Historical Review, vol. VI, 1919.)

Long, Bryant Alden; Dennis, William Jefferson: Mail by rail. New York 1951.

Loomis, Noel M.: The Texan-Santa Fé pioneers. Norman 1958.

Lord, Clifford L.; Lord, Elizabeth H.: Historical atlas of the United States. New York 1953.

Lord, Eliot: Comstock mining and miners. Reprint of the 1883 edition. Berkeley 1959.

Lowrie, Samuel Harman: Culture conflict in Texas, 1821–35. New York 1932.

(Ludecus, Eduard.) Reise durch die mexikanischen Provinzen Tumalipas, Cohahuila und Texas im Jahre 1834. In Briefen an seine Freunde von Eduard Ludecus. Leipzig 1837

Lyman, George D.: The saga of the Comstock Lode. New York 1937.

McCoy, Joseph G.: Historical sketches of the cattle trade of the West and Southwest. Kansas City 1874.

Mack, Effie Mona: Mark Twain in Nevada. New York/London 1947.

McKelvey, Blake: The urbanization of America, 1860–1915. New Brunswick 1963.

M'Kenney, Thomas L.: Memoirs, official and personal; with sketches of travels among the Northern and Southern Indians. 2 vols. New York 1846.

Mackenzie, Alexandre: Voyage from Montreal ... through the continent of North America, to the frozen and Pacific Ocean, 1789 and 1793. 2 vols. London 1801.

– Voyage dans l'intérieur de l'Amérique septentrionale, 1789, 92 et 93. Paris 1802.

(McLoughlin, John.) Dr. John McLoughlin's last letter to the Hudson's Bay Company as chief factor, in charge at Fort Vancouver, 1845. (The American Historical review, 1915.)

McWilliams, Carey: North from Mexico. Philadelphia 1949.

(Magoffin, Susan Shelby.) Down the Santa Fé Trail and into Mexico. The diary of Susan Shelby Magoffin, 1846–47. Ed. by Stella M. Drumm. New Haven/London 1962.

Manning, William R.: Diplomacy concerning the Santa Fé Road. (The Mississippi Valley Historical Review, vol. I, 1915.)

Marcy, Randolph Benton: Exploration of the Red River of Louisiana, 1852, Washington 1854.

- The Prairie traveler. Handbook for overland expeditions. New York 1859.

Marshall, Thomas Maitland: A history of the Western boundary of the Louisiana purchase, 1819–41. Berkeley 1914.

Martin, Charles L.: A sketch of Sam Bass, the bandit. New edition. Norman 1956.

Mercer, A.S.: The banditti of the plains; or, The cattlemen's invasion of Wyoming in 1892. New edition. Norman 1954.

Meyer, Carl: Nach dem Sacramento. Reisebilder eines Heimgekehrten. Aarau 1855.

(Miller, James Knox Polk.) The road to Virginia City. The diary of James Knox Polk Miller. Ed. by Andrew F. Rolle. Norman 1960.

Möllhausen, Balduin: Reisen in die Felsengebirge Nord-Amerikas bis zum Hoch-Plateau von Neu-Mexico, unternommen als Mitglied der im Auftrag der Regierung der Vereinigten Staaten ausgesandten Colorado-Expedition. 2 Bde. Leipzig 1861.

- Wanderungen durch die Prairien und Wüsten des westlichen Nordamerika. Leipzig 1860.

Mofras, Duflot de: Exploration du territoire de l'Orégon, des Californies et de la Mer Vermeille, 1840, 1841 et 1842. 2 vols. Paris 1844.

Moody, Ralph: Stagecoach West. New York 1967.

Moore, David R.: Canada and the United States, 1815–30. Chicago 1910.

Moses, Bernard: The establishment of municipal government in San Francisco. Baltimore 1889.

Muir, John: My first summer in the Sierra. Boston/New York 1911.

Murray, Hugh: An historical and descriptive account of British America; comprehending Canada Upper and Lower. 3 vols. Edinburgh 1839.

Ogden, Adele: The California sea otter trade, 1784–1848. Berkeley 1941.

(Ogden, Peter Skene.) Peter Skene Ogden's Snake Country journals, 1824–25 and 1825–26. London 1950.

Ogg, Frederic Austin: Pioneers of the Northwest. Part 1. New Haven 1919.

- Stephenson, Nath. W.: The frontier in politics. New Haven 1919.

O'Reilly, Harrington: Fifty years on the trail. A true story of Western life. The adventures of John Young Nelson. New edition. Norman 1963.

Ormsby, Waterman: The Butterfield Overland Mail. Ed. by L.H. Wright and J.M. Bynum. San Marino, Calif., 1942.

Osgood, Ernest Staples: The day of the cattleman. Chicago 1929.

Ostrander, Gilman M.: The prohibition movement in California, 1848–1933. Berkeley 1957.

Parkman, Francis: The Oregon trail. Sketches of prairie and Rocky-Mountain life. Boston 1919.

Paul Wilhelm, Herzog von Württemberg: Erste Reise nach dem nördlichen Amerika, 1822–24. Stuttgart 1835.

Paullin, Charles O.: Atlas of the historical geography of the United States. Ed. by John K. Wright. Washington 1932.

Paxson, Frederic Logan: History of the American frontier, 1763–1893. Cambridge, Mass., 1924.

- Recent history of the United States, 1865 to the present. Boston 1937.

- When the West is gone. New York 1930.

Pearce, Roy Harvey: The savages of America. A study of the Indian and the idea of civilization. Baltimore 1953.

(Perkins, Elisha Douglass.) Gold rush diary. Being the journal of Elisha Douglass Perkins on the Overland Trail in the spring and summer of 1849. Ed. by Thomas D. Clark. Lexington 1967.

Peters, Dewitt C.: Pioneer life and frontier adventures. An authentic record of the romantic life of Kit Carson and his companions, from his own narrative. London 1888

Phillips, P.C.; Trexler, H.A.: Notes on the discovery of gold in the Northwest. (The Mississippi Valley Historical Review, vol. IV, 1917).

Pike, Zebulon Montgomery: An account of expeditions to the sources of the Mississippi and through the Western parts of Louisiana. Philadelphia 1810.

- Reise durch die westlichen Gebiete von Nord-Amerika ... in den Jahren 1805, 1806 und 1807. Weimar 1813.

- Papers of Zebulon M. Pike, 1806–07, contributed by Herbert E. Bolton. (The American Historical Review, vol. 13, 1908.)

(Point, Nicolas.) Wilderness kingdom. Indian life in the Rocky Mountains, 1840–47. The journal and paintings of Nicolas Point. Transl. and introd. by Joseph P. Donnelly. New York 1967.

Powell, John Wesley: Report of explorations in 1873 of the Colorado of the West. Washington 1874.

Preuss, Charles: Exploring with Frémont. Norman 1958.

Rae, William Fraser: Westward by rail. Journey to San Francisco and back and a visit to the mormons. Leipzig 1874.

Ratzel, Friedrich: Die Vereinigten Staaten von Nord-Amerika. 2 Bde. München 1878–80.

Raumer, Friedrich von: Die Vereinigten Staaten von Nord-Amerika. 2 Bde. Leipzig 1845.

Remington, Frederic: Pony tracks. New edition. Norman 1961.

Reports of explorations and surveys, to ascertain the most practicable and economical route for a railroad from the Mississippi River to the Pacific Ocean, 1853–54. 12 vols. Washington 1855–1860.

Reports of the secretary of war with reconnaissances of routes from San Antonio to El Paso. Washington 1850.

Richardson, Albert Deane: Beyond the Mississippi. Hartford 1867.

- Jenseits des Mississippi. Von dem großen Strome bis zum großen Ocean. New York 1867.

Richthofen, Ferdinand Baron: Die Metall-Produktion Californiens. Gotha 1864.

Richthofen, Walter von: Cattle-raising on the plains of North America. New edition. Norman 1964.

Riegel, Robert Edgar: The story of the Western railroads. New York 1926.

Roemer, Ferdinand: Texas. Bonn 1849.

Roosevelt, Théodore: La conquête de l'Ouest; des Alléghanys au Mississippi. Paris 1904.

Root, Frank A.; Connelley, William Elsey: The Overland Stage to California. Topeka 1901.

Rosa, Joseph G.: They called him Wild Bill. The life and adventures of James Butler Hickok. Norman 1964.

Ross, Alexander: The fur hunters of the Far West. Ed. by Kenneth A. Spaulding. Norman 1956.

Royce, Josiah: California, from the conquest in 1846 to the second vigilance committee in San Francisco. Boston 1886.

Ruth, Kent: Great day in the West. Forts, posts, and rendezvous beyond the Mississippi. Norman 1963.

Ruxton, George Frederick: Life in the Far West. Ed. by LeRoy R. Hafen. Norman 1951.

Ryan, William Redmond: Personal adventures in Upper and Lower California in 1848–49. 2 vols. London 1850.

Sabin, Edwin L.: Building the Pacific railway. Philadelphia/London 1919.

Saint-Amant, Pierre Charles de: Voyages en Californie et dans l'Orégon. Paris 1854.

Sanborn, John Bell: Congressional grants of land in aid of railways. (Bulletin of the University of Wisconsin, no. 30, 1899).

Sandmeyer, Elmer Clarence: The anti-Chinese movement in California. Urbana 1939.

Saunderson, Mont H.: Western land and water use. Norman 1950.

Schafer, Joseph: British attitude toward the Oregon question. (The American Historical Review, vol. 16, 1911.)

– The social history of American agriculture. New York 1936.

Schiel, Jakob: Reise durch die Felsengebirge und das Humboldtgebirge nach dem stillen Ocean. Schaffhausen 1859.

– Journey through the Rocky Mountains and the Humboldt Mountains to the Pacific Ocean. Norman 1959.

Schlagintweit, Robert von: Californien, Land und Leute. Köln 1871.

– Die Pacific-Eisenbahn in Nordamerika. Köln 1870.

– Die Santa Fé- und Südpacificbahn in Nordamerika. Köln 1884.

Schneider, Carl E.: The German Church on the American frontier. St. Louis 1939.

Schoolcraft, Henry Rowe: Historical and statistical information respecting the Indian tribes of the United States. 3 vols. Philadelphia 1851–1853.

– Narrative of an expedition through the Upper Mississippi to the Ithaca lake, 1832. New York 1834.

– Personal memoirs of a residence of thirty years with the Indian tribes on the American frontiers. Philadelphia 1851.

Schultz, J. W.: My life as an Indian. New edition. New York 1957.

Shaw, Reuben Cole: Across the plains in '49. Edited, with an introduction, by Milo Milton Quaife. New York 1966.

Sheppee, Lester B.: First railroad between the Mississippi and Lake Superior. (The Mississippi Valley Historical Review, vol. V, 1918.)

Simpson, James H.: Navaho expedition. Journal of a military reconnaissance ... 1849. Ed. by Frank McNitt. Norman 1964.

– Report from the Secretary of war ... and map of the route from Fort Smith, Arkansas, to Santa Fé, New Mexico, made by Lieut. Simpson. 8 vols. Washington 1850.

Singletary, Otis A.: The Mexican war. Chicago 1960.

Siringo, Charles A.: Riata and spurs. The story of a lifetime spent in the saddle as a cowboy and detective. Boston 1927.

– A Texas cowboy. New York 1950.

Smith, George A.: The rise, progress and travels of the Church of Jesus Christ of Latter-Day Saints. Salt Lake City 1869.

Soulé, Frank; Gihon, John H.; Nisbet, James: The annals of San Francisco. New York 1855.

Sprague, Marshall: Money Mountain. The story of Cripple Creek gold. Boston 1953.

Stenhouse, T. B. H.: An Englishwoman in Utah. The story of a life's experience in mormonism. London 1880.

Stephenson, George Malcolm: A history of American immigration, 1820–1924. Boston 1926.

Stewart, George R.: The California Trail. Norman 1964.

– Committee of Vigilance. Revolution in San Francisco, 1851. Boston 1964.

Stover, John F.: American railroads. Chicago 1961.

Strahorn, Robert E.: To the Rockies and beyond, or a summer on the Union Pacific railway and branches. Omaha 1878.

(Stuart, Robert.) The discovery of the Oregon Trail; Robert Stuart's narratives of his Overland trip eastward from Astoria in 1812/13. New York 1935.

– On the Oregon Trail. Robert Stuart's journey of discovery. Ed. by Kenneth A. Spaulding. Norman 1953.

Sunder, John E.: The fur trade on the Upper Missouri, 1840–1865. Norman 1965.

Sutter, John August: Memorial to the senate. Washington 1876.

– Neu-Helvetien. Frauenfeld 1934.

– New Helvetia Diary. San Francisco 1939.

Tocqueville, Alexis de: De la démocratie en Amérique. 2 vols. Bruxelles 1835.

Trans-Continental Tourist's Guide, Great. New York 1870.

Trenholm, Virginia Cole; Carley, Maurine: The Shoshonis. Sentinels of the Rockies. Norman 1964.

Turner, Frederick Jackson: Rise of the New West, 1819–1929. New York 1906.

– The frontier in American history. New York 1931.

Twain, Mark: Life on the Mississippi. Leipzig 1883.

– Roughing it. Leipzig 1880.

– Mark Twain's San Francisco. Ed. by Bernard Taper. New York/London 1963.

Tyrwhitt-Brooks, J.: Vier Monate unter den Goldsuchern im Sacramento-Thale. Zürich 1849.

Underhill, Ruth Murray: Red Man's America; a history of Indians in the United States. Chicago 1953.

Utley, Robert M.: The last days of the Sioux nation. New Haven/London 1963.

Vaughn, J.W.: The battle of Platte Bridge. Norman 1963.

Vestal, Stanley: New sources of Indian history, 1850–1891. The ghost dance, the Prairie Sioux. Norman 1934.

– Sitting Bull, champion of the Sioux. Boston/New York 1932.

– Warpath. The true story of the fighting Sioux. Boston/New York 1934.

View of the valley of the Mississippi. Philadelphia 1832.

Volney, Constantin-François: Tableau du climat et du sol des Etats-Unis d'Amérique. 2 tomes. Paris 1803.

– Schilderungen der Vereinigten Staaten von Nordamerika. Weimar 1804.

Wakefield, John A.: History of the war between the United States and the Sac and Fox nations of Indians, 1827, 31 and 32. Jacksonville 1834.

Walker, Franklin: San Francisco's literary frontier. New York 1943.

Wallace, Ernest; Hoebel, Edward Adamson: Comanches, lords of the South Plains. Norman 1954.

Weinberg, Albert K.: Manifest Destiny. Baltimore 1935

Wetmore, Alfonso: Gazetteer of the State of Missouri. St. Louis 1837.

Wheeler, Olin D.: The trail of Lewis and Clark, 1804–1904. 2 vols. New York/London 1904.

Wied-Neuwied, Maximilian Alex. Phil., Prinz von: Reise in das Innere Nord-America in den Jahren 1832 bis 1834. 2 Bde. und Tafelband (Kupfer von Karl Bodmer). Coblenz 1839–1841.

Williams, Mary Floyd: History of the San Francisco Committee of Vigilance, 1851. Berkeley 1921.

Wissler, Clark: Indians of the United States. New York 1940.

Woodward, P.H.: Guarding the mails. Hartford 1881.

Wordell, Morris L.: A political history of the Cherokee nation, 1838–1907. Chicago 1938.

Wright, Louis B.: Culture on the moving frontier. Bloomington 1955.

Yellow Bird (John Rollin Ridge): The life and adventures of Joaquín Murieta, the celebrated California bandit. New edition. Norman 1955.

Zierer, Clifford M.: California and the Southwest. New York 1956.

Zirckel, Otto: Tagebuch, geschrieben während der nordamerikanisch-mexikanischen Campagne in den Jahren 1847 und 1848 auf beiden Operationslinien. Halle 1849.

Zollinger, J.P.: Johann August Sutter: Der König von Neu-Helvetien. Zürich 1938.

Zeitschriften

The American Historical Review, New York.

Ballou's Pictorial Drawing-Room Companion, Boston.

The Century. Illustrated Monthly Magazine, New York/London.

Frank Leslie's Illustrated Newspaper, New York.

Globus; illustrierte Zeitschrift, Braunschweig.

Harper's Weekly, New York.

The Illustrated London News, London.

L'Illustration, Paris.

Illustrierte Zeitung Leipzig, Leipzig.

The Mississippi Valley Historical Review.

The Southwestern Historical Quarterly Review, Austin.

Bildernachweis

Personen- und Sachregister